朱翰墨 著

德鲁克管理思想研究

基于文献计量学方法

A Comprehensive Study on
Peter Drucker's Management Thoughts

Based on Bibliometric Analysis

南京大学出版社

图书在版编目（CIP）数据

德鲁克管理思想研究：基于文献计量学方法 / 朱翰
墨著 . —— 南京：南京大学出版社，2024. 10. —— ISBN
978-7-305-28407-6

Ⅰ . C93-097.12

中国国家版本馆 CIP 数据核字第 202459BR54 号

出版发行　南京大学出版社

社　　址　南京市汉口路22号　　　　　　邮　编　210093

DELUKE GUANLI SIXIANG YANJIU: JIYU WENXIAN JILIANGXUE FANGFA

书　　名　**德鲁克管理思想研究：基于文献计量学方法**

著　　者　朱翰墨

责任编辑　张　静

照　　排　南京新华丰制版有限公司

印　　刷　南京新世纪联盟印务有限公司

开　　本　787mm×960mm　1/16开　印张 14　字数 243 千字

版　　次　2024年10月第1版　印次　2024年10月第1次印刷

ISBN　978-7-305-28407-6

定　　价　98.00元

网　　址：http://www.njupco.com

官方微博：http://weibo.com/njupco

官方微信号：njupress

销售咨询热线：（025）83594756

序　言

　　德鲁克先生的管理学思想思接千古，融通东西，既厚植于管理实践的现实土壤，也联通着精神理念的云端。从德鲁克管理学浩瀚的著述和观点中提取出基本的观念和原则是一项富有挑战性的任务。数十年来，管理学研究者们孜孜以求，试图为我们揭开这些基本理念和原则的端倪。这也激励着我和我的学术团队进行深入的探索。

　　德鲁克先生是深受爱戴的管理学巨擘，秉持着积极向善的价值观和以人为本的原则。德鲁克管理学产生于德鲁克先生追求功能社会的初心，他希望通过对管理学的研究，以有效运行的组织为中介，在世俗的社会中为人类寻找一种有尊严、有意义的生活方式，这种思想与生俱来地烙上了道德和人本的印记。通过德鲁克的著作，有人从他对管理者理想人格的描述中读出了荷马史诗《伊利亚特》里的英雄形象；有人从他对个人与组织关系的界定中读出了亚里士多德的《尼各马可伦理学》的道德哲思；也有人从他对人"生而平凡但又生而不凡"的理解中读出了存在主义中超越绝境的希望。这些诚心正意的求索映射了德鲁克管理学以人为本的光辉和人的全面发展的宏愿——管理的目的是通过提升绩效来成就人的发展；管理的手段是依靠激活人的主体性来提升绩效；管理的过程是通过人性化的沟通形成共同愿景，在目标的指引和管理者的协同下进行自我管理，为组织和社会作出贡献，实现人生价值。

　　德鲁克先生是在喧嚣背后冷静旁观的社会生态学家。相较于世人公认的管理学家身份，他给自己的首要定位是社会生态学家。他秉持着变化的世界观和包容创新的原则，在巨变的时代积淀应对不确定性的管理智慧。发展和变化是自然界和人类社会发展的规律和常态。人的天性可能并不偏好变化，但人的智慧能够适应和驾驭变化，德鲁克管理学的智慧就在于悦纳变化，并教会人们在其中发掘契机。这种奥妙在于通过有机联系的认知方法，见微知著地洞悉发展的趋势，主动解读其中蕴含的机会，并付诸切实的行动。

德鲁克先生是包容性创新的倡导者和践行者。在德鲁克看来，用社会生态学家的视角纵观玄览，就会发现机会存在于社会发展的方方面面，每一个行业的有心人都可能寻找到创新的角度和发力点。创新的管理方法有迹可循，创业的路径丰富多元，既可以是创立企业，也可以是用创造性的方法在已有的各种岗位上建功立业，每一个真心投入的人生都可以收获精彩。他本人也在用自己在管理学上的建树，诠释着一个思想创新者的不懈努力。

在朱翰墨攻读博士期间，我指导其对德鲁克博大精深的思想体系做了一些规范的梳理，希望为介绍、解读和发展德鲁克管理思想，为认识、指导和启发管理实践作出一些微薄的贡献。

杨　忠

目　录

图目录

表目录

1 绪论

1.1 研究背景和意义

1.1.1 德鲁克管理思想的重要影响力

德鲁克是经验主义管理思想流派的创立者（Koontz，1961），是现代组织理论和管理学科的重要奠基人（赵曙明，2009），被誉为现代管理学之父（Bowman & Wittmer，2000）。德鲁克的管理思想包括目标管理、知识管理、战略管理、非营利组织管理以及创新和企业家精神等管理学者所熟知的内容，"组织作为社会的器官""知识工作者""创造顾客""有计划的创新"等一系列在当时石破天惊的管理学理念在他的推广下已成为管理学常识。其以实践为导向的研究思路为当代管理学研究带来了鲜活的实践素材和直击本质的现实问题解决方法，将管理学理论以管理者易于接受的面貌进行了卓有成效的传播，使理论与实践紧密联系（Wren，2009）。因此，德鲁克成为管理学领域中引用率最高的思想家（Mclaren et al.，2009）。

在象牙塔之外德鲁克也是一位备受推崇的管理咨询巨擘。他一生获得7次麦肯锡奖（杜鹏程，2009），被称为大师中的大师（Micklethwait，1996）。管理思想家查尔斯·汉迪指出，许多当下看来时兴的管理理念早已蕴含在德鲁克的管理思想中（Boyett，1998）。美国的吉姆·柯林斯、汤姆·彼得斯以及日本的大前研一等管理专家都十分推崇德鲁克管理思想（Wartzman，2013）。德鲁克在《哈佛商业评论》和《华尔街日报》等报刊上发表了大量理论结合实际的文章（Zahra，2003），其以清晰的思路和饱含人文关怀的笔触为管理实践提供了极富启发性的指导。

因此，"只要一提到彼得·德鲁克的名字，在企业的丛林中就会有无数双耳朵竖起来听"（Kantrow，2009）。德鲁克的管理思想引领了许多世界顶级的企业管理者。通用电气的杰克·韦尔奇、英特尔的安迪·格鲁夫、微软的比尔·盖茨（赵曙明，2010）、宝洁的阿兰·雷富礼（Lafley，2007）等都是德鲁克管理思想的积极践行者，日本商业领袖伊藤雅俊、中内功等与德鲁克保持了长期的思想交流。张瑞敏等国内企业家也是德鲁克管理思想的忠实学习者（张瑜，2002）。在德鲁克管理思想指导下，企业焕发了蓬勃的生机，推动了国民经济发展和社会进步（张远凤，2004），为此日本政府于1966年授予德鲁克三等瑞宝勋章（上田惇生，2008），美国时任总统乔治·W.布什于2002年授予德鲁克总统自由勋章（那国毅，2010）。

德鲁克管理思想以其博大精深的内容体系和直面问题的实践导向获得了学界和业界的广泛认可。不可计数的学习者和研究者活跃在世界各地的德鲁克学院、德鲁克论坛，通过学术期刊等专业出版物进行分享、交流和探讨，不断发掘德鲁克管理思想的现实意义和时代价值，共同促进管理实践和管理研究回归管理和企业经营的本质（陈春花和陈鸿志，2013）。

1.1.2 全面梳理德鲁克管理思想的必要性

德鲁克管理思想在学界和业界有着广泛而深刻的影响力，然而对于德鲁克管理思想的理解还存在相对的盲区和常见的误区。对于管理思想的学习者和研究者来说，德鲁克可能是一位"熟悉的陌生人"，德鲁克管理思想的体系架构有待系统地呈现和阐释。

一方面，德鲁克管理思想内容丰富，但相关研究不够全面透彻。相比于其组织管理方面的思想，对德鲁克社会生态方面的思想的研究还不充分，存在相对意义上的研究盲区。德鲁克认为自己首先是一名社会生态学家，而非管理学大师，其著述中有很大部分都不是典型意义上的管理学内容。他的著作既有对哲学宗教的终极追问，又有对政治经济现实的犀利洞察；既有对社会历史脉络的追根溯源，又有对"已经发生的未来"的先见之明；既有对组织机构运行原理切中肯綮的分析，又有对个体微观管理精当准确的指导；既有对社会生态栩栩如生的描摹，又有对人文艺术细致传神的点评。这些内容涉猎广泛，所涉及的领域大大超出了传统意义上管理学的范畴。当前德鲁克管理思想研究仍然主要集中在内容观点本身，以分门别类的专题研究为主，且主要依靠较为传统的研究方法，研究者进行自由诠释解读的空间较大，在一定程度上忽略了对经典文本的取证和科学梳理，对德鲁克管理思想尚未形成"各部分之间相互独立（mutually exclusive）、所有部分完全穷尽（collectively exhaustive）"的全面梳理。

另一方面，德鲁克管理思想有时易被误读，存在望文生义等不得要领的情况。如德鲁克最广为人知的"目标管理"思想，其中的"目标"往往被狭隘地解读为"指标"，在被引述时常常被简单地理解为严格的KPI考核。而如果回溯德鲁克所阐释的"目标"要义，就会发现其强调的是管理者和员工要通过沟通，围绕企业的使命，激发双方对努力方向的共同认可和自觉投入。

综上，学界有必要对德鲁克管理思想进行系统深入的梳理，还原德鲁克管理思想发展的过程和内容的体系。

1.1.3 深入揭示德鲁克管理思想方法的重要意义

德鲁克管理思想的指导作用不仅体现在其具体观点的启发性，还体现在德鲁克构建其管理思想的立场和方法（Kantrow, 2009）。后者是德鲁克管理思想有待进一步深入探究的领域，在德鲁克管理思想观点已经较为研究者所知的当下，更需要审视这些观念是如何形成的，这对管理学理论与实践有机结合有着重要的启示意义。

管理学研究有两个辩证统一的目标，一是理论的严谨性（rigor），二是实践的关联性（relevance）。好的理论通过科学方法促进知识创造和传播，通过界定核心问题启发学术研究，并为管理实践提供借鉴（Pool & Van de Ven, 1989）。尽管学者们意识到理论与实践关联的重要性，但是管理学领域仍面临着理论与实践渐行渐远的尴尬（Pullins et al., 2017）。如何让严谨的管理学研究与生动的管理学实践相结合，既使实践赋予理论更强的生命力，又使理论给予实践更强的指导性，是管理学界值得思考的重要问题。

在众多探索中，德鲁克管理思想是融合管理学理论和管理实践的典范。如前文所述，德鲁克让目标管理、知识管理、战略管理以及创新与企业家精神等成为经典的管理学话题，但时过境迁，德鲁克管理思想的具体见解在今天已经不像当初那样振聋发聩，一些根植于西方文化传统和美国意识形态的具体判断也不一定与其他国家的国情相兼容，但是其管理思想的建构方法和思维方式却有着穿越时间、跨越国界的经典价值。德鲁克思考和应对管理现实的立场和方法，在某种程度上，比他的研究结论更具有启示意义。

综上，需要认真分析德鲁克管理思想形成的逻辑思路和思维方法，发掘德鲁克管理思想的核心架构与思想特质，并阐释其对管理实践与理论的启示意义。

1.2 研究问题

为了全面研究德鲁克管理思想体系，本书的研究问题包括：（1）德鲁克管理思想的发展脉络是什么？（2）德鲁克管理思想的内容体系是什么？（3）德鲁克管理思想的核心架构是什么？

对发展脉络的研究是从时间维度上对德鲁克管理思想的考察。对内容体系的研究是从要素维度上对德鲁克管理思想的梳理。这两个研究问题分别从过程和内容的视角，对德鲁克管理思想全面扫描，互相支撑地还原德鲁克管理思想的完整样貌。对发展脉络的回答可以分两个递进的步骤：第一步是回答德鲁克管理思想的演进阶段，第二步是回答德鲁克管理思想的发展脉络。对内容体系的回答也可以分为两个递进的步骤：第一步是回答德鲁克管理思想包含的构成维度，第二步是回答德鲁克管理思想有机联系的内容体系。德鲁克管理思想的核心架构指德鲁克建立和发展其思想体系的根本问题和应对策略构成的系统，对核心架构的归纳在对纵向发展脉络和横向内容体系综合归纳的基础上形成，核心架构的要素集中体现了德鲁克管理思想的特质，可以通过对思想特质的探究解读德鲁克管理思想的实践和理论启示意义。上述研究问题汇总如图1-1所示。

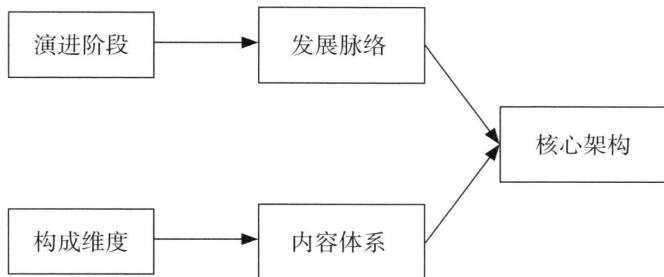

图 1-1　研究问题

1.3 研究思路与范式

本研究采用量化文本统计和质性文本分析相结合的方法，层层递进地揭示德鲁克管理思想的核心要义。该方法与典型的管理学定量研究范式有所不同，以意义结构浮现的方式推进研究问题的回答，不事先提出研究假设。研究大致分为四个步骤：第一步采取文献计量学方法，通过著作聚类划分德鲁克管理思想演进阶段，通过高频词的抽取和聚类获得对德鲁克管理思想构成维度的分类；第二步采取质性文本分析的方法，通过对第一步划分出的各阶段的内容分析，归纳各阶段的主题，并通过对第一步划分出的各个构成维度进行高频词语义分析，归纳各个维度的核心内涵；第三步融入文本以外的背景信息，结合对德鲁克人生经历及思想观念的分析，基于第二步获得的各演进阶段主题提取贯穿各阶段的发展脉络，基于第二步获得的各维度内涵还原有机关联的内容体系；第四步进行整合式的总结提炼，对第三步获得的发展脉络和内容体系综合比较，归纳德鲁克管理思想的核心架构，解读其思想特质及启示意义。具体研究设计与技术方法将在本书第3章进行详细介绍。研究思路如图1-2所示。

德鲁克管理著作
（29 本）

纵向：德鲁克管理
思想的演进视角

横向：德鲁克管理
思想的要素视角

阶段划分　　文献计量　　维度划分

阶段主题　　质性分析　　维度内涵

发展脉络　　　　　　　　内容体系

综合归纳

核心架构
及其
思想特质和启示意义

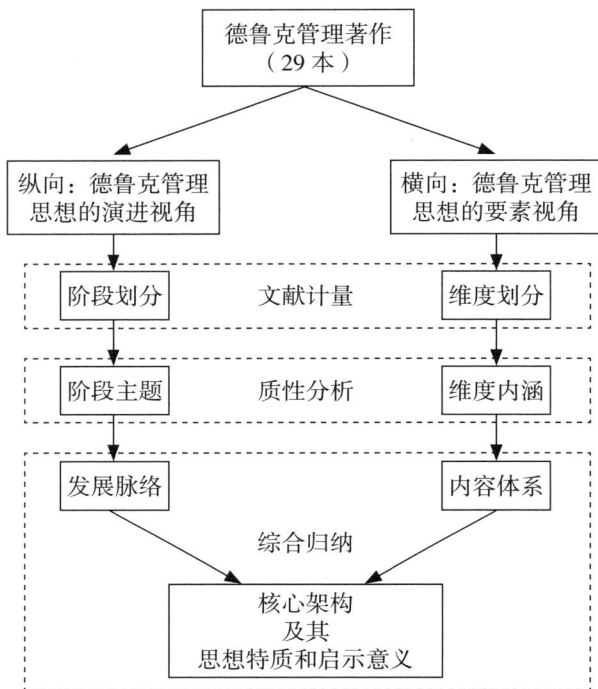

图 1-2　研究思路

1.4 章节安排

根据上述研究框架和思路，本书分10章撰写，具体内容安排如下。

第1章为绪论，介绍德鲁克管理思想的重要理论和实践影响；分析全面系统梳理德鲁克管理思想的必要性；阐明德鲁克管理思想核心架构研究对于管理学理论与管理实践相融合的重要意义；围绕德鲁克管理思想发展脉络、内容体系、核心架构等三个研究问题阐述研究任务，在划分和概括演进阶段的基础上梳理发展脉络，在划分和概括构成维度的基础上梳理内容体系，在发掘核心架构的基础上进一步阐释其思想特质和启示意义；介绍文献计量学方法与文本质性分析方法相结合的研究框架与技术路线；介绍各章节的内容安排。

第2章为文献回顾，通过对Web of Science、ABI/INFORM和CNKI中的德鲁克管理思想方面的文章进行文献计量分析，识别国内外对于德鲁克管理思想体系和内容研究的重点领域；根据识别结果对德鲁克在领导力、创新、知识管理、公共管理、目标管理、人本管理、企业伦理和社会生态学方面的专题研究进行梳理，对德鲁克管理思想发展脉络、内容体系和逻辑架构等方面的综合性研究进行回顾和述评。

第3章为研究设计与方法，根据研究问题设计范畴划分、意义建构、线索归纳和特质总结四个环环相扣的研究步骤；介绍选取研究样本的依据和构成研究样本的29本德鲁克生平主要著作概况；依据研究设计的框架，逐一介绍所涉及的各项文献计量学和质性文本分析相结合的方法步骤。

第4和第5章从纵向时间的角度梳理德鲁克管理思想的发展脉络。第4章为德鲁克管理思想的阶段划分和要点归纳，通过著作聚类分析提出德鲁克管理思想的阶段划分方案，并通过著作内容分析以及各阶段高频词、特征词分析，归纳并修正、完善各阶段的研究要点和主题。第5章为德鲁克管理思想的发展脉络，基于德鲁克管理思想形成的个人经历背景、社会现实背景和思想文化背景，对贯穿各阶段的线索词进行语义分析，提出贯穿各阶段研究要点和主题的发展脉络。

第6和第7章从横向要素的角度梳理德鲁克管理思想的内容体系。第6章为德鲁克管理思想的维度划分和主要内涵，提出德鲁管理思想三级维度的细分方案，并讨论各个维度的主要内涵。第7章为德鲁克管理思想的内容体系，分析德鲁克管理思想各细分维度的逻辑关系和内容主旨，探明德鲁克管理思想的内容体系。

第8章为德鲁克管理思想的核心架构介绍，通过综合分析德鲁克管理思想在纵横两个维度上的梳理结果，借助其共性指向揭示德鲁克管理思想的核心架构，并分别论述"一问三策"的具体内容。

第9章为德鲁克管理思想的启示意义，阐述其在理论范式和实践指导方面的启示意义，与此同时指出其存在的局限性。

第10章为研究结论与展望，围绕研究问题总结上述各章的研究成果，形成关于德鲁克管理思想发展脉络、内容体系、核心架构及启示意义方面的研究结论；指出本研究在推进德鲁克管理思想研究向纵深性、全面性、精练性、启发性、整合性和规范性等方向进一步发展方面作出的贡献；结合本研究在样本选取、概念诠释和结合案例方面的局限，提出未来开展进一步研究的方向。

结合上文介绍的研究问题和研究思路，各章节内容安排如图1-3所示。

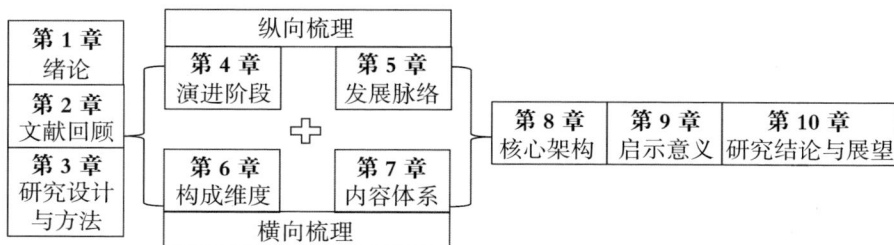

图 1-3　章节安排

2 文献回顾

2.1 德鲁克管理思想研究概览

2.1.1 国外研究概况

笔者通过使用ABI/INFORM Collection数据库提供的文献统计功能对德鲁克管理思想研究的主题和关键词等信息进行分析，检索得到1795篇文献。[①]1950—2009年每十年的发文量逐渐增加，而2010年后发文量有所下降，其中2000—2009年是发文的高峰期。文献来源包括行业杂志、学术期刊、报纸、学位论文等。其中行业杂志数量最多，有674篇；其次是学术期刊，有328篇；而学位论文数量较少，仅有10篇。

行业杂志有14家的发文量在10篇以上，其中*Business World*和*Business Line*杂志发文量在40篇以上，剩余12家杂志发文量为10~20篇。在行业杂志文献中排名前10的关键词包括领导力（leadership）、管理者（executives）、雇员（employees）、管理（management）、目标管理（management by objectives）、管理风格（management styles）、市场营销（marketing）、生产力（productivity）、书评（book reviews）、管理技能（managerial skills）。上述关键词中，书评表征了相关文章的体例特征，管理、管理者、雇员体现了德鲁克管理思想的范畴属性，而领导力、管理风格、目标管理、市场营销、生产力、管理技能则是相关文章中出现的重要话题。

学术期刊有8家的发文量在5篇以上，发文量最多的期刊为*Leader to Leader*，

① 搜索德鲁克相关研究，输入检索式为：AB,TI（'peter drucker' or 'drucker p f' or 'drucker pf' or 'drucker p. f' or 'p drucker' or 'p. drucker' or 'p.f drucker' or 'drucker p.' or 'drucker p'）。

发文量在40篇以上，占所有期刊发文量的13%，远高于其他学术期刊。学术期刊中相关研究的前10个关键词分别是领导力（leadership）、研究（studies）、管理理论（management theory）、管理者（executives）、市场营销（marketing）、目标管理（management by objectives）、社会责任（social responsibility）、员工（employees）、创新（innovations）、商业伦理（business ethics）。10个关键词中，研究、管理理论、管理者、员工表征了这些文章管理学研究的属性，领导力、市场营销、目标管理、创新、社会责任和商业伦理可解读为学术期刊中德鲁克管理思想的研究主题。

学位论文10篇，至少在2篇论文中出现的主题有管理（management）、研究（studies）、管理理论（management theory）、工商管理（business administration）和哲学（philosophy）。

对所有文献主题进行描述性统计，前10个关键词中能表征德鲁克管理思想研究主题的包括：领导力（leadership）、管理者（executives）、管理（management）、雇员（employees）、目标管理（management by objectives）、市场营销（marketing）、管理理论（management theory）、研究（studies）、管理风格（management styles）、生产力（productivity）等。

除了上述关键词中含义比较宽泛的管理（management）、管理者（executives）等，国外对于德鲁克管理思想研究的主题主要涉及：领导力（leadership）、创新（innovations）、社会责任（social responsibility）、知识管理（knowledge management）、管理风格（management styles）、管理技能（management skills）、非营利组织（nonprofit organizations）、战略规划（strategic planning）、公司文化（corporate culture）、趋势分析（trends）、商业伦理（business ethics）等。

2.1.2 国内研究概况

国内研究情况以中国知网（China National Knowledge Infrastructure，CNKI）为来源进行检索，得到247篇相关文献。[①]文献发表趋势显示，1992年起出现德鲁克管理

---

① 选择主题检索，输入检索词"德鲁克"和"管理思想"。

思想研究，整个发展趋势可以分为3个阶段：1992—2006年，呈现逐步上升状态，说明德鲁克管理思想逐渐受到学者们的关注；2006—2010年，发文量呈现波动状态，但是在2009年达到了高峰，说明该主题在这一时间段受到较高关注；2010年后，发文量呈现下降趋势，逐渐趋于稳定。

在检索得到的相关文献中，包含期刊论文200篇，硕博士学位论文26篇，会议论文3篇，其他文献（报纸、学术辑刊）6篇。在期刊论文中，38篇来源于核心期刊，27篇来源于中文社会科学引文索引（CSSCI），10个主要来源期刊均为管理类期刊。在相关的学位论文中，21篇为硕士学位论文，5篇为博士学位论文，苏州大学为授予相关研究的学位最多的高校。学科分布方面，46%分布在管理学领域；其次是企业经济领域，占比35%左右；剩余文献分布在教育、人物传记、工业经济、政治、劳动科学等领域。

研究主题方面，企业管理、行政管理、自我管理、目标管理、知识管理、领导力、人本管理等主题出现频次较高。关键词方面，目标管理、自我管理、知识管理、创新等排序靠前。将词频小于4的关键词过滤后构建的关键词共现网络显示，较为显著的关联主题包括目标管理、知识工作者、企业家精神、社会生态学等。

综上所述，国内关于德鲁克管理思想的研究主题主要包括：行政管理、自我管理、目标管理、知识管理、领导力、人本管理、创新、企业家精神、社会生态学等。

2.1.3 国内外研究主题综合归纳

将国内与国外关于德鲁克管理思想的研究主题进行对照，如表2-1所示，可以发现，领导力、创新、知识管理是国内外一致关注的主题；行政管理和非营利组织管理、自我管理和目标管理等管理技能、人本管理等管理风格、战略规划和趋势分析等社会生态学方法是国内外研究从不同侧重点关注的关联性主题。此外，国外研究对社会责任以及公司文化等主题给予了更多关注。

表 2-1　德鲁克管理思想国内外主要研究主题对比

对比结果	国外	国内
相同	领导力（leadership）	领导力
	创新（innovation）	创新、企业家精神
	知识管理（knowledge management）	知识管理
相关	非营利组织（nonprofit organizations）	行政管理
	管理技能（managerial skills）	自我管理、目标管理
	管理风格（management styles）	人本管理
	战略规划（strategic planning）趋势分析（trends）	社会生态学
相异	社会责任（social responsibility）公司文化（corporate culture）商业伦理（business ethics）	

基于上述分析，本研究将国内外对德鲁克管理思想的高频研究主题归纳为：领导力、创新、知识管理、公共管理、目标管理、人本管理、企业伦理、社会生态学。

2.2 德鲁克管理思想的分专题研究

本部分将对上述国内外德鲁克管理思想研究中的高频研究主题逐一回顾分析。

2.2.1 德鲁克领导力思想研究

德鲁克认为领导力是一种将员工的眼界提升到更高方位、将员工的绩效提升到更高水准、将员工的个人修为发展到更高程度的影响力。Cohen（2010）将德鲁克式的有效领导力总结为五个要素：一是以战略规划为基础，明确组织业务，制订战略计划，仔细观察、倾听、分析，切实采取行动推动执行；二是营造重视商业伦理和个人品德的氛围，领导者应当诚实正直，组织应当拒绝为恶；三是向军队管理学习借鉴，参考其在培养和发展领导者以及选拔任用领导者方面的做法；四是正确的激励，合理的工作任务安排，提出高标准的绩效要求，提供员工所需的信息和帮助，鼓励员工站在领导者的角度看问题；五是领导力要参考市场营销的理念，根据领导对象的特质进行细分，选择或界定领导者所面对的不同的细分领导对象群体，采取针对性的管理策略加以沟通影响。Teodixon和Monin（2007）依据德鲁克的经典文献回溯了德鲁克管理思想中领导力概念的发展过程和多重含义：领导力最初基本等同于富有成效的管理能力，后逐渐发展为高于一般管理的、需要具备远见卓识和给他人赋能的本领，并伴随着德鲁克关于知识社会管理理论的发展融入了知识工作者管理的内容。起初讨论针对员工的领导力，继而讨论针对管理者的领导力，最终讨论针对领导者的领导力并落脚到CEO的功能角色上。一方面德鲁克指出领导力致力于取得绩效，经常伴随着平淡、缺乏浪漫甚至是无聊的平凡过程，但另一方面他又将领导力描述成充满担当、道义、智慧和远见的超凡状态。领导力的输出最终体现为管理的卓有成效，赵曙明等（2020）通过对德鲁克自传《旁观者》中的人物案例进行细致分析，从中归纳出 23 个取得成效的要素，并进一步将其与德鲁克提出的5项卓有成效的要求进行比照印证，深化了对卓有成效领导者的理解。

2.2.2 德鲁克创新思想研究

在《创新与企业家精神》中，德鲁克（2009）系统阐述了其创新观念。他指出，创新是通过回应市场需求提升原有资源的产出，这一观点因袭了熊彼特新生产函数的思路，可以理解为熊彼特创新思想在管理学情境中的具体解读。但是，德鲁克跳出熊彼特设定的技术创新框架，将创新从企业推及更广泛的社会领域，观点鲜明地指出创新不仅关乎技术，更关乎人和社会，为创新研究提供了包容性的理论视角（纪光欣和岳琳琳，2012）。对德鲁克创新思想的研究主要包括以下三种类型：一是归纳德鲁克创新思想中的主要观点并编入新的案例加以解析。例如，埃德莎姆（2012）将德鲁克的创新步骤概括为放弃现有的业务活动、不断寻求机遇、将机会转化为客户价值以及战略性地配置资源，并加入自己的解读和生动的案例；李东明和张坤（2015）、柳亚涛（2015）等国内学者也开展了此类总结加例析的研究工作。二是探究德鲁克创新思想的灵感来源和哲学基础。例如，Linkletter（2004）和那国毅（2007）指出德鲁克的创新思想深受熊彼特影响；赵向阳（2009）归纳了德鲁克创新思想的五个根源，即德语文化的潜移默化、基督教精神、社会生态学的宏大视野、熊彼特和奥地利学派的传承以及管理咨询经验的滋养；宫向阳（2010）从变化观、实践观、企业家精神三个视角考察了德鲁克创新思想的哲学基础。三是探究德鲁克创新思想的应用领域和机制。例如，Maciariello（2009）分析了德鲁克的目标管理体系如何支撑组织创新，并借由其和市场营销的共同作用实现企业宗旨；Mohr和Sarin（2009）分析了德鲁克管理思想对高科技产业中协同创新和市场营销的指导功能；Wallman（2009）从制度理论的角度考察了德鲁克创新观在管理创新和客户创造方面的应用。

2.2.3 德鲁克知识管理思想研究

知识工作者的生产力是21世纪管理面临的最大挑战（Drucker，2011b）。Lane和Down（2010）介绍了德鲁克关于知识社会的预见及其对价值创造模式的影响：政治经济现实快速变化的背景下，知识和信息已经替代资本、土地、体力劳动成为生产力构成的决定性要素以及价值和财富创造的关键因素。经济模式的变化对管理和组织设计都提出了新的命题，如构建由负责任的知识工作者组成的合伙人体制、有效衡量知识工作者的绩效贡献等。为此他主张融合科学管理学派对工作特点和流程的科学化分析以及人际关系学派对工作者身份的认同和尊重。在此基础上，通过借鉴Hardt和Negri（2001）、Thrift（2005）等学者的社会政治观察视角，进一步拓展并阐明了德鲁克对于知识工作的理解——知识社会的生产方式新变化表面上看主要来自技术变革，但这种技术变革本身还蕴含着与之匹配的工作任务分配、工作流程制定、工作权力管理等一系列社会性因素。Key和Tompson（2009）总结了德鲁克关于提高知识工作者工作产出的六要素：明晰任务、自主管理、持续创新、不断学习、关注质量、重视人才，并提出需要通过营造支持性的文化环境促进知识创造、知识分享和知识获取。Wong和Neck（2012）根据六要素开发了量表，并综合运用多种研究方法研究了德鲁克关于提高知识工作者产出的六要素在提升知识工作质量，帮助知识工作者和组织确定正确方向、落实战略目标、具体完成任务的过程中发挥作用的机制。孙锐等（2010）在德鲁克知识管理思想的启发下将知识社会的特征概括为知识没有疆界、个人向上流动、成败概率均等三点；认为知识工作具有较为不确定性和模糊性的特征且需要通过集成知识解决复杂问题；知识工作者具有专业化、自主性、流动性的特点，需要不断更新和升级知识结构以保持竞争力；知识工作者的作用和生产力依凭团队协同得以实现，知识工作团队应当整合个人优势，保持组织柔性，推动持续学习。

2.2.4 德鲁克公共管理思想研究

学者们在关注德鲁克企业管理思想的同时往往忽略了他在公共管理方面的思想，事实上德鲁克有大量关于非营利组织和政府组织管理的论述，他是最早关注非营利组织管理重要性及其制约条件的学者之一，也是终其研究生涯一直关注政府如何有效治理的学者，并提出政府应当集中优势制定有效政策而将具体事务交给企业和非营利组织（Gazell，2000）。

一是非营利组织管理。Guy（2000）指出德鲁克关于非营利组织的管理思想涉及话题广泛，涵盖了对学校、实验室、公共设施管理运营机构、医院，以及各类职业、工业和贸易协会的探讨。从这些机构中德鲁克抽象出非营利机构的共同特征，即不能用市场竞争的逻辑衡量其绩效。一方面，非营利机构和商业机构有共通之处，都需要承担社会功能、明确宗旨方向、分解目标任务、设立优先次序和考核标准、服务目标对象并提升其满意度以及不断创新并发扬创业精神。另一方面非营利机构和商业机构也有显著不同，企业通过市场营利而非营利组织依靠拨款和募资，企业绩效目标较为清晰而非营利组织要平衡多个维度的绩效诉求。非营利组织虽有上述局限，但也为商业组织的管理提供了有益的借鉴，尤其在战略制定实施和董事会运行方面（Kesler，2011）。国内研究者吸收和学习德鲁克非营利组织管理思想立足外部贡献定义使命，从市场营销、创新和基金发展等方面制定战略，重视组织绩效的评估和反馈、重视组织内部人员成长等方面的重要内容，并在此基础上提出从绩效管理、财务管理、外部监督等方面完善和发展德鲁克非营利组织管理理论的主张（张海静和贾学军，2013）。

二是政府组织管理。德鲁克对政治学的研究和思考先于他管理学思想的形成。面对快速变化的世界，德鲁克关于新政治理论、政府职责和具体社会背景下政府管理者应当如何作为的探索贯穿了他的整个研究生涯，这些思考包括政府及其职能部门的权力分配和绩效评价、组织化社会中个人权力的特征与意义、多元化世界里公共利益的界定与保护、非私人化的多权力中心格局下对个人尊严和自由的保护（Dahlin，2000）。与国外学者宏大的社会叙事形成对比，国内学者多从行政管理的微观视角发掘和分析德鲁克政府组织管理思想。李睿祎（2007b）立足德鲁克管理思想的基本原理，构建了德鲁克行政管理体系。该体系主要包括以下方面：第一，传承于目标管理理论的"以目标为导向"行政思想；第二，强调责权对等、"以责任为核心"的行政思想；第三，有计划地抛弃旧事物，树立"以创新为任务"的行政思想；第四，组织架构是成功的先决条件，把握"以正确的组织设计"的行政思想；第五，强调人是最大资产，梳理"以人为本"的行政思想。

2.2.5 德鲁克目标管理思想研究

目标管理（MBO）的思想由德鲁克于1954年在其经典著作《管理的实践》中首次正式提出（Drucker，1993e）。Odiórne（1978）将目标管理总结为组织内上下级经理人共同制定目标，以预期成果的形式界定每个人的主要责任，并以对结果的考评为依据对个体贡献作出评估并指导组织运行的过程。Greenwood（1981）深入考察了目标管理思想诞生的过程，认为德鲁克在通用电气哈罗德·史密迪（Harold Smiddy）的帮助下，基于唐纳森·布朗（Donaldson Brown）、皮埃尔·杜邦（Pierre Du Pont）和艾尔弗雷德·斯隆（Alfred Sloan）等企业家的实践，对目标管理的方法和支撑这一方法的哲学思想进行了系统的梳理，将其整合为易于理解和传播的形式。

后续的研究者在长达数十年的应用探讨、理论思辨和实证检验的过程中对目标管理的核心理念形成了较为一致的理解：组织围绕战略解析具体绩效目标，将这种解析的逻辑和过程与员工进行充分的沟通并形成共识，设置专门的机制保障目标管理流程的持续推进，在此模式下员工将努力为组织目标奋斗并取得绩效（Ford et al.，1980；Becker & Gerhart，1996； Stephens，2012）。

当然，学者也对目标管理思想提出了不同的看法：马斯洛认为现实中符合目标管理人性假设的员工并不是多数，因此目标管理的适用性将大打折扣（Maslow，1998）；质量管理之父戴明指出目标管理与质量管理间存在着较大的差别，对于强调目标而忽略过程的控制，无益于提升整体管理水平（Deming，2000）。

我国学者在介绍和探讨目标管理的过程中对于目标管理的思想渊源进行了探讨，认为德鲁克目标管理思想是对科学管理、管理过程及人际学派等理论的批判继承，德鲁克将目标看成实现每一个人责任的途径和手段，蕴含着任务和责任的统一（李睿祎，2006）；深入剖析了目标管理思想的后现代理论特质（罗珉，2009；邱国栋和王涛，2013）；探讨了目标管理的行为科学基础，即自我控制及参与式管理；对目标管理理论在中国管理实践中的应用提出了见解，如通过中国儒家性善说来加深目标管理中"有责任心的工人"的假设，通过中国道家"君无为，臣有为"的思想来加深"高层管理者定战略，中层管理者分解目标"的做法，通过中国传统文化中的圣贤理想加深对目标管理中自我控制机制的理解（许一，2006）。贺广明等（2020）还独辟蹊径地选取了德鲁克自传《旁观者》章节"忆恩师"中埃尔莎老师因材施教的目标管理式的教学过程作为典型"史料"，细致入微地剖析了目标管理的核心内涵。

2.2.6 德鲁克人本管理思想研究

德鲁克指出管理是关于人的学问，并坦言他所写的一切都是关于人的易变、人的多元以及人的独特之处（Drucker，1993e）。在德鲁克的本体论观念中，个人在社会中获得生存和发展的条件，人的经验来源于社会接触和社会参与，人生的意义也是因其社会行为而存在和生成的。但这并不意味着个人无关紧要，相反德鲁克对管理学的最主要贡献就是强调对人的尊重。基于此，在管理实践中，德鲁克认为组织和管理者应对组织成员负责，应当通过组织和社群的分工协作帮助组织成员发挥长处，规避短处，这也给管理者赋予责任，管理者应当引导和推动组织成员围绕组织使命和目标获取成效，而不是家长式的简单命令和驱使（Medlin，2012）。管理者的两大任务就是创造绩效和发展员工，绩效的实质是使组织外部的人获得效用，发展员工是使组织内部的人收获成长。在管理学常识的语境中，人本主义以人为目的的理论主张和实践意义不难理解。

　　国内外学者对德鲁克管理思想的研究普遍认同德鲁克管理思想以人为出发点和归宿点的鲜明特征。国内管理学者大多直接以人本主义的概念指代这种特征并展开探讨，而国外管理学者在研究中较少直接使用humanism的抽象概念来探讨，而是更多地从管理思想史的视角探讨德鲁克管理思想以人为本的文化基因和历史成因。在国内对德鲁克管理思想的研究中，人本主义特质是学者集中关注的一个重要研究话题，主要可以归结为以下三个方面：一是强调了德鲁克管理思想对人的价值的重视。陈长里、陈莉妤（2011）指出人本主义是贯穿德鲁克管理思想的一条基本线索，德鲁克管理思想吸收借鉴了克尔凯郭尔、萨特、杜威等思想家的理论成果，并在此基础上，回答了"人是什么？""人应是什么？""人如何实现自身"等问题，构成了其人本思想的主要内容。李睿祎（2007a）认为德鲁克的管理思想重视对人性的探究，尊重人的地位，追寻人的价值，并进而概括出"以人为本"的个人与组织的和谐发展观、人力资源管理方法和创新理念。二是辨析了德鲁克管理思想中人性与效率的对立统一关系。罗珉（2007b）从管理学研究的科学主义范式和人本主义范式之辩中抽丝剥茧地探明德鲁克管理思想所蕴含的人本主义寓于科学精神之中，将人性置于完成工作的组织情境和达成效率的实践过程中加以理解，达成了人性与效率的辩证统一，并在这一理念的指导下生成了目标管理的实践方案。张玉英（2009）进一步聚焦德鲁克的目标管理思想并指出其中所体现的人的自主性和道德性。三是揭示了德鲁克管理思想中组织帮助个人在社会中贡献力量并实现价值的中介协调作用。宫向阳（2011）从机制的角度提炼了德鲁克的管理思想中突显人本属性的三个典型制度设计：提高管理者积极性的"地方分权"、提高劳动者尊严的"外包"分工和增强员工归属感的工厂社区模式。李涛、张宗建（2002）认为德鲁克管理思想的核心追求是致力于实现人与组织的和谐并通过自我管理达成自我实现。姜丽丽（2011）将德鲁克管理思想的人本主义要素放在人、组织和社会的关系视角中去考量，并认为德鲁克通过对上述关系的深入探索回应了管理学研究的关键核心。

　　而在英语语境下的德鲁克管理思想研究中，学者们从道德性、能动性、社会性等角度出发辨析和阐释德鲁克管理思想的人本主义特质。一是揭示德鲁克管理思想人本主义的道德性基因。德鲁克的管理思想反映出亚里士多德的道德伦理观念。他的管理学探索之旅起源于对人生意义的探求，强调个人的道德人格、意义和愿景，并关注个人和群体的关系（Kurzynski, 2012）。德鲁克认为商业组织是现代社会中让人实现价值的社区，亚里士多德非常重视人与社群的关系，他在《政治学》中指出人是政治动物，个体离开城邦无法生存，在《尼各马可伦理学》中提到人无法离开他人和社群生存并成为完全意义上的人。德鲁克在管理中强调组织的使命、宗旨，主张以此统领部门和个人的目标并引导行动，亚里士多德认为人类通过践行道德追求至善的终极目标（telos）。德鲁克重视领导者的品格，正如亚里士多德关注个人的道德品质，分析和描述了美德的特质，并指出美德是人获得幸福的要义。德鲁克管理思想继承了德意志思想家的道德情怀。Kumar（2006）指出国别文化特质根植于其文化叙事和底层文化代码，并会影响社会科学理论的发展和流派的形成。德鲁克毕生所著深受德国知识界的文化传统影响。虽然德国思想家的研究范式各异、主张不同，如马克思的唯物主义和韦伯的唯心主义大相径庭，但他们研究问题的动因和底层文化代码却有相似之处。正如歌德浮士德式的对现代性的描摹：世界告别了神性的存在，被盲目的力量驱使。德国思想家不约而同地思索如何弥合这种意义缺失：海德格尔提出用"冥想之思"替代机械理性的算计，马克思主张消灭私有资本，哈贝马斯提倡"理想交往的共同体"。他们致力于解决的共同问题就是现代性之殇，在此过程中他们并不天真地试图回到过往的伊甸园，而是积极地构建在世俗之中为人们提供神性价值的解决方案，德鲁克通过组织实现功能社会的主张正是如此。二是揭示德鲁克管理思想人本主义的能动性基因。德鲁克的管理思想富有荷马史诗中的英雄主义情怀。在荷马史诗中英雄不懈地追求无上的光荣，英雄生命的意义在于完成使命，对光荣追求的片刻偏离都将使英雄的精神走向瓦解。德鲁克心目中理想的经理人也是执着于实现企业宗旨的领导者。荷马史诗中英雄为胜利而战，在战斗中脱颖而出的英雄能够成为王者，《伊利亚特》中的英雄要么胜利，要么死亡，这为德鲁克关于绩效的思想提供了生动的注脚，企业为绩效而奋斗，个人以绩效计贡献，管理者应当卓有成效，否则就失去了存在的合法性。德鲁克的管理思想蕴含着克尔凯郭尔式的意义求索。德鲁克本人并不讳言他对管理的兴趣来源于对宗教和社会机构的兴趣（Steinfels，2005），他早年在德国实习时研读了克尔凯郭尔的《恐惧与战栗》，这启发他毕生致力于发现和确证人性存在主义的、精神层面的和个体化的一面（Drucker，1992）——克尔凯郭尔认为世界是荒谬的，人在通过理性寻找意义的过程中必然经历无所适从的绝望，而绝望之后并非陷入玩世不恭的堕落，而是笃信神性的存在并义无反顾地努力，即放弃了天真地相信应许之地后，同时又坚信有一种值得为之奋斗的向善的力量存在，而对于这种崇高的追求就体现在激情和行动之中。三是揭示德鲁克管理思想人本主义的社会性基因。德鲁克的管理思想体现了在断裂的时代寻找连续性的折中主张。在法兰克福学习期间，德鲁克为研究德国政治体制而开始关注威廉·冯·洪堡（Wilhelm von Humboldt）、约瑟夫·玛丽亚·冯·拉多维兹（Joseph Maria von Radowitz）、弗里德里希·尤利乌斯·斯塔尔（Friedrich Julius Stahl），他们虽然研究领域各不相同，但都试图创建一个稳定的社会和政体，既能保护传统，又能容忍变革，尤其是在急速的社会变迁中致力于保守与变革之间的平衡（慈玉鹏，2012）。斯塔尔生活在一个政治和社会巨变的时代，目睹了打破欧洲大陆整整一代人平静生活的1848年革命。彼时，普鲁士正处在激进革命和君主制复辟的政治角力之中，斯塔尔试图探索新的政治体制，在对立的政治两级中寻找折中的路线（Linkletter & Maciariello, 2009）。在斯塔尔的政治体制设计中，贯穿着自由和责任的辩证关系，自由并非无所限制，而是个人在至高的道德律令下积极承担社会责任。政权通过承担责任而具备合法性，在此前提下个人自愿服从于具有合法性的政权（Drucker, 2002a）。

德鲁克的管理思想深受美国联邦体制的启发。他向启蒙思想家和美国开国元勋们学习了如何正视人性的阴暗面，并在追求社会正义和权力滥用的博弈中以及社会公共利益最大化和个人自由充分保障的张力中寻求平衡（Linkletter & Maciariello, 2010）。美国的联邦党人在讨论国家政治体制设计之初，对一系列重点话题进行了深入的激辩，日后也成为德鲁克指导企业治理的重要思路。这些核心问题包括：多数派权力不受限制的危险——防止多数人的暴政，保护少数派的合理权益；领导者的道德——国家应由具有高尚道德情操的社会精英统治；权力的合法性——权力的合法性在于政府承担责任作出贡献；国家主权——国家主权属于全体人民，联邦和州政府为人民服务；三权分立——立法权、行政权和司法权分属国会、政府和法院。

2.2.7 德鲁克企业伦理思想研究

德鲁克的企业伦理思想基于对20世纪80年代初甚嚣尘上的道德相对主义的企业伦理学说的批判，他认为企业应当遵守广泛适用于组织和个人的一般性伦理要求约束，而不能在"市场在利己动机驱动下必然产生利他结果"的经济逻辑掩护下回避企业行为应有的利他动机（Drucker，1981）。Klein（2000）指出德鲁克的企业伦理思想追求管理者的审慎品格并要求管理者发挥模范作用。Romar（2004）认为其关于组织中个人之间彼此承担义务的相互依存观点富有儒家哲学的意味，在企业伦理思想的视角下员工的努力来源于内生动力。Schwartz（2004）一方面总结了德鲁克的企业伦理思想的三个重要方面：利润虽然在企业运行中非常重要，但并不能构成企业的宗旨；公司是社会中的组织，因此应当承担社会责任；公司对员工也应负有责任。另一方面他也提出了德鲁克管理学给企业伦理实践带来的挑战和命题：分权化的管理模式要求管理者进行自我管理和自我监督；独立核算运营的部门和事业部引发了企业内部的资源竞争，应当防止其走向无序竞争；目标管理的不当使用会使企业员工过于关注绩效指标，产生短视行为，破坏长期导向。陈长里（2008）总结了德鲁克义利并举的生产目的和价值认同的生产规则：目的论有限、兼顾利他的营销伦理及绿色营销；公正合理、选拔人和培养人的人力资源管理原则；勇于开拓、诚信正直、富有团队精神的管理者培养等。张军（2017）对德鲁克企业伦理思想进行了深入探讨，将德鲁克的企业伦理思想概括为义利统一的绩效管理思想、以人为本的人本伦理思想和社会价值导向的责任伦理思想。

2.2.8 德鲁克社会生态学思想研究

社会生态学家的工作就是界定那些业已发生的社会、政治、经济方面的重大变革并将之转化为发展的机遇（Drucker，2015）。德鲁克作为一个社会生态学家，从思考如何让社会远离专制暴政出发，提出了由有效运行的组织来保证社会良性发展，并由管理来保证组织的有效运行。德鲁克将良性运转的社会称为功能社会。在功能社会中，一方面个人拥有自由选择权利，并对自己的选择负责到底，这种责任在外部体现为对他人和组织绩效的贡献和支撑，在内部体现为内心的承诺和担当；另一方面组织以多元的形式存在，但各司其职为社会作出各自的贡献。为了找到功能社会的实现方案，社会生态学家必须先人一步洞悉"已经发生的未来"，并将社会发展趋势中所蕴含的机遇转化为能够付诸行动的指南。沿着这一思路，德鲁克预测并描绘了以知识工作为特征的下一个社会的愿景。同时德鲁克也认识到现实社会总会存在缺憾，这就需要超越世俗社会的信念和希望帮助人们找寻到人生意义。德鲁克作为社会生态学家，在人生之旅中留下了对自由、组织运行、管理、个人成就、个人社会身份和功能、社区、社会价值观等重要话题的广泛思索（Maciariello，2010）。在研判社会趋势的过程中，德鲁克也形成了社会生态学家进行战略思考的独有方法步骤：一是找到熟稔当下情况和未来走向的专家，通过询问关键性问题，促使他们产生并提供创造性的战略执行选项；二是进一步简化和澄清关键问题，从而能够审慎思考问题相关各方面的轻重缓急和优劣势对比，并在竞争的市场环境中找到合适的行动方案；三是鼓励和吸纳不同的观点，对现有选择和选择背后的假设进行反思，考虑是否存在其他的可能性，以及其他可能的选择对事业的发展有何战略性影响（Zand，2010）。何兆清（2013）将德鲁克社会生态管理思想的主要内容概括为：为了人和通过人的目标和途径、人才及其生态责任核心理念、在变革和保守中寻求平衡的基调、关注未来的鲜明导向、服务人类与自然的本质、在变化中寻找机遇进行创新的精髓以及为了可持续发展构建功能型社会等。

2.3 德鲁克管理思想的综合性研究

通过文献统计分析可知，国内外对德鲁克管理思想的高频研究主题主要涉及领导力、创新、知识管理、公共管理、目标管理、人本管理、企业伦理、社会生态学等领域。在既往研究中，国内外学者对德鲁克管理思想开展了大量富有成效的梳理和挖掘，较为全面地研究了德鲁克管理思想的各个重要主题，在勾勒德鲁克管理思想轮廓和揭示德鲁克管理思想的内涵方面都做了有益的探索。相对于上述分门别类的研究，对德鲁克管理思想在发展过程、内容体系和核心架构方面的综合研究与本书试图回应的问题有着更为直接和深入的联系。

2.3.1 纵向维度的发展过程梳理

对德鲁克管理思想的纵向维度梳理主要包括两个方面，一是划分德鲁克管理思想的演进阶段，二是探讨贯穿各演进阶段的发展脉络。这方面的研究成果主要基于研究者的主观分析。

演进阶段方面。罗珉（2007a）根据德鲁克的研究兴趣点转变将德鲁克管理思想的发展划分为三个阶段：20世纪30到40年代为探索转折期，研究聚焦"工业社会早期的矛盾与冲突"和"工商企业的角色和地位"；20世纪50到70年代为理论形成期，研究兴趣点为"工业社会的发展问题"；20世纪80年代到21世纪初为理论扩展期，研究兴趣点为"工业社会向知识社会转变时期的主要管理问题"。张远凤（2017）将德鲁克管理思想的发展放在西方经济社会变迁的历史背景中考量，提要地勾勒出德鲁克管理思想发展流变的主要阶段：20世纪30、40年代，第二次世界大战前后欧美社会风云巨变，德鲁克从历经社会动荡和战乱的欧洲移居远离二战中心的美国，见证了公司的蓬勃发展，从政治社会研究出发逐步探索进入管理学领域；20世纪50至70年代，以美国为代表的资本主义经济经历了战后持续的发展，德鲁克管理思想也伴随着经济管理实践的繁荣日渐走向成熟；20世纪70年代末以来，知识要素在社会经济发展中发挥着日益重要的作用，知识工作者逐渐成为劳动力队伍中最具活力和影响力的群体，德鲁克也将研究的重点转向创新创业、知识社会及非营利组织管理。吴旭（2018）也提出了年代划分较为相似的德鲁克管理思想演进阶段论说：20世纪30至50年代，在政治学和社会学领域发表针对社会矛盾与冲突问题的见解并开启管理学研究；20世纪50至70年代中期，关注工业社会发展过程中大企业的管理问题；20世纪70年代以后，关注创新创业、知识社会、非营利组织等话题。上述学者对德鲁克管理思想划分的节点较为接近，三阶段始于20世纪30年代终于21世纪初，两个转折点都在20世纪50年代和70年代之间。

发展脉络方面。Toubiana 和 Yair（2012）指出德鲁克管理思想围绕在现代性的世界里为人在世俗社会中寻找价值展开，并倡导通过组织在现代社会构建个人与社会的关联，帮助个体实现人生的意义。德鲁克的思考开始于对二战前欧洲社会秩序崩塌的反思。面对经济理性对传统社会秩序的解构，他详细分析了资本主义、法西斯主义等各种传统社会运行机制的替代方案失败的原因，并提出了如何让沉沦世俗的无助个人获得生命意义这一关键问题。德鲁克的思考发展于通过重塑管理帮助个人在社会中获得人生意义。他主张将现代组织打造成一个像传统宗教组织一样能够为人提供生命意义的场所。德鲁克的思考深化于对信息革命和知识工作、公司社会责任和非营利组织的深入观察和研究。他认为信息革命将引发工作关系和性质的变革，组织通过成就知识员工得以发展；公司以利润为生存前提，以其能力资源禀赋实现对社会的贡献并获得认可；非营利组织为个人创造获得意义的机会，使其从事既能自由选择又能肩负责任的工作。

德鲁克管理思想发展脉络方面的研究成果主要基于较为传统的主观分析方法，研究者在提炼观点和得出结论的过程中论述旁征博引、分析入木三分，但仍缺乏令人信服的文本证据。

2.3.2 横向维度的内容体系梳理

对德鲁克管理思想内容结构的横向梳理主要包括两个方面，一是归纳德鲁克管理思想所包含的构成维度，二是分析所含维度之间的逻辑关联及其呈现的内容体系。

构成维度方面。皮尔斯等（2012）认为德鲁克管理思想包括关于政府、商业和社会关系的哲学思辨、知识工作者的管理、基于价值和价值观的管理、公司治理、企业目的、战略制定与执行、社会组织、组织生存发展环境、创新与企业家精神、领导力以及自我管理等内容。科恩（2014）从管理实践应用的视角将德鲁克的管理思想划分成人、管理、营销与创新以及组织四个部分。赵曙明和杜鹏程（2009）以总分结合的方式解读了德鲁克管理思想，从德鲁克管理思想中提取出创新与企业家精神、目标管理与企业社会责任理论、管理者自我管理与人本主义管理理论、人力资源管理理论、组织变革与管理理论等重要内容。宋克勤（2012）以"富有成效"的管理目标为线索串联起有效的决策、组织、领导、控制、创新等内容。吴越舟（2015）将德鲁克管理思想的精髓归纳为管理的本质、管理的历程、管理的主体三个主要维度，以及目标管理、决策管理、绩效管理、人力资源管理和创新管理等五个重要领域。

内容体系方面。埃德莎姆（2012）以汽车为比喻，将德鲁克的管理思想分为：战略——倒车镜和挡风玻璃，通过倒车镜回顾历史，通过汽车的挡风玻璃前瞻未来；客户——方向盘，市场的需求是确定企业目标的依据；创新、放弃、合作和知识——车轮，使企业之车向前行驶的部件；决策机制、规范和价值观——底盘，凝聚企业发展其他要素的整合性装置；高层管理者——驾驶员，带领企业发展的管理者。那国毅（2010）将德鲁克管理思想的精髓概括为"德鲁克的1358"框架。"1"指管理的一个定义，即"界定企业的使命，并激励和组织人力资源去实现这个使命"。"3"指管理的三大任务，即"实现组织的特定目的和使命；使工作富有成效、员工具有成就感；处理对社会的影响与承担社会责任"。"5"指管理者的五项工作，即"设定目标、组织、激励与沟通、评估绩效和培养人才（包括自己）"。"8"指管理的八大目标，即"营销、创新、人力资源、财务资源、实物资源、生产力、社会责任和利润需求"。

对德鲁克管理思想内容结构的划分标准多元、层次多样，但在对德鲁克管理思想梳理上还存在进一步提升的空间：一是系统性不足，对德鲁克管理思想尚未形成"各部分之间相互独立（mutually exclusive）、所有部分完全穷尽（collectively exhaustive）"的全面梳理；二是整合度不够，多数学者倾向于关注德鲁克管理思想中与管理直接相关的内容，而相对较少关注德鲁克管理著作中篇幅更多的社会生态学方面的内容，更加缺少将社会生态学与管理学两方面思想放在同一体系中考量的研究。

2.3.3 纵横结合的思想内核研究

Linkletter（2004）从哲学基础的视角探究了德鲁克管理思想的核心主题，认为德鲁克毕生求索的问题是人类共同体、人性本质和善恶判别。为此，她从美国社会现实和欧洲文化传统的视角出发，观察德鲁克管理思想的独特哲学特性，认为德鲁克管理思想深受三位思想家的影响，分别是19世纪普鲁士法学理论和法哲学专家弗里德里希·尤利乌斯·斯塔尔、丹麦存在主义哲学家索伦·克尔凯郭尔、奥地利经济学家约瑟夫·熊彼特。德鲁克从上述三位学者的思想中汲取养分，穷其职业生涯，探索和发展了哲学思想体系，希望让人在工业社会和组织机构中既能获得精神层面上的意义价值，又能获得在社会群体中的身份地位。德鲁克对管理思想探索的目标是在集权主义和无政府主义的两极之间审慎地寻求平衡点，既不能完全牺牲个人的独特身份和自由状态，也不能彻底放弃社会的共同目标和责任约束。

宫向阳（2013）从观念的视角对德鲁克管理思想进行抽象和概括，提炼出德鲁克管理思想的政治理念、社会历史观、管理价值观、管理绩效观、管理实践观以及其管理思想的终极关怀。德鲁克管理思想秉持怀疑主义和有中心的多元主义的政治理念、自由的功能型社会的社会历史观、继承西方责任伦理思想并强调责任元素的管理价值观、注重组织对外部贡献的管理绩效观、以变革与创新为特征的管理实践观、以自由和人本为核心的管理思想终极关怀。

罗珉（2017）从结构的视角解析了德鲁克管理思想的坐标。德鲁克管理学坐标，也就是他在管理学方面的研究指向，主要分布在管理哲学、企业经营、管理原理、非营利组织管理、组织结构、高层管理等领域。分布在这些领域的管理学研究主要内容又可以归为两类基本问题，一是企业组织的活动方向，主要涉及高层管理、战略、管理哲学等；二是企业活动的组织，主要涉及组织结构、管理方法等。在此坐标划定的研究范围内，德鲁克的管理思想又体现在六个维度，即效能与效率维度——自由而多元的人通过选择做正确的事和正确地做事获得持续的高效能和高效率，人本主义维度——将人性、人的作用发挥和价值实现作为管理学研究的核心问题，责任维度——管理者的绩效责任、员工的贡献责任和组织的社会责任等，社会（历史）维度——将管理的问题放到特定的社会历史情境中理解和考察，创新维度——提升各类资源的财富创造能力，以及系统维度——将个体、组织和社会视为一个有机联系的大系统。

上述对于德鲁克管理思想的总结超越了简单的内容体系概括，在更加抽象的层面上试图把握德鲁克管理思想的精髓，体现了对德鲁克管理思想内容熟稔和深入的哲学思考与洞见，但在对德鲁克管理思想内核的归纳方面还有进一步凝练的空间。

2.4 本章小结

在既往的研究中，国内外学者对德鲁克管理思想开展了大量富有成效的梳理和挖掘，一是焦点清晰地研究了德鲁克管理思想的各个重要专题，二是从发展过程、内容体系和核心架构等角度均有对德鲁克管理思想的综合性研究。这些研究在呈现德鲁克管理思想轮廓和揭示德鲁克管理思想的内涵方面都做了有益的探索，但是在一些方面仍然有待提升：一是在方法规范性方面，对德鲁克管理思想阶段划分和维度概括主要依赖研究者的主观判断，缺乏充分的文本依据；二是在全面性方面，分类标准多元但无法做到完全覆盖，更多关注德鲁克管理思想中与组织管理直接相关的部分，缺少涵盖德鲁克管理思想全部内容且以一致标准进行的归纳；三是在整合性方面，对德鲁克管理思想的发展脉络、构成维度和核心架构具有探索，但是缺少将三者放置于同一框架内一以贯之地深入研究并揭示其思想特质和启示意义的成果。

3 研究设计与方法

    本研究拟通过文献计量学的方法研究德鲁克生平主要管理学著作，同时结合质性文本分析方法并引入历史、文化、哲学视角加深对内容的理解，纵向上划分演进阶段并梳理发展脉络，横向上划分构成维度并梳理内容体系。在此基础上进行整合性分析，归纳出德鲁克管理思想的核心架构并解读其思想特质和启示意义。

    本方法较之于典型的管理学定量研究方法有所不同，主要体现在用文献计量手段分析德鲁克管理著作是一个意义和结构浮现的过程，无须提出假设。相应的也就没有研究假设篇章的安排，而是直接进行研究设计与方法的介绍。

3.1 研究设计

    每一种研究方法都有它的不足和局限，合理地综合运用各种研究方法能够互相补足并提升研究的科学性（Turner， 2017）。本研究在对德鲁克管理思想进行梳理的过程中，既要划分德鲁克管理思想的演进阶段和构成维度，又要概括各演进阶段的主题和各构成维度的内涵，还要在此基础上探究贯穿各演进阶段的发展脉络和连接各构成维度的内容体系。针对上述各项细分的研究任务，本研究拟针对性地采用不同研究方法，最终形成整合性的研究成果。

    第一，针对德鲁克管理思想演进阶段和构成维度的划分，采取聚类分析的文献计量学方法，为研究提供更加充分和科学的文本依据，增强结论的可信性和说服力，在一定程度上促进对德鲁克管理思想体系理解的学术共识。操作层面，本研究拟使用Python、Gelphi、Antconc文献计量软件对德鲁克生平29本主要管理学著作组成的专门语料库进行文献计量分析，形成对德鲁克管理思想的演进阶段和构成维度的划分方案。具体来说，对德鲁克管理思想演进阶段的划分采用著作聚类的方法；对德鲁克管理思想构成维度的划分采取高频词聚类的方法。

第二，针对德鲁克管理思想演进阶段要点和构成维度内涵的界定，采用质性文本分析的方法。通过归纳和演绎的交互使用提炼核心观点；参考质性文本主题分析方法中构建类目、多次编码的操作流程（库卡茨，2017），结合本研究特点设计具体研究步骤：通过对聚类分析所界定的演进阶段所对应的著作和章节内容以及构成维度所包含的高频词和特征词语义进行概括和编码，归纳各个演进阶段的主题和各构成维度的内涵。

第三，针对德鲁克管理思想发展脉络和内容体系总结的任务，采用结合文本之外背景信息总结归纳的方法。对发展脉络的提炼基于对上一步划分出的演进阶段的主题界定，结合德鲁克管理思想形成的个人经历背景、社会现实背景和思想文化背景，进一步把握德鲁克管理思想的发展过程和规律。对德鲁克管理思想内容体系的归纳基于对上一步划分出的各构成维度的主题界定，即将各构成维度放在德鲁克管理思想整体内容中考量和观察，厘清各维度之间的有机关联。

第四，针对德鲁克管理思想核心架构发掘的任务，采用纵向维度和横向维度综合比照方法，从发展脉络和内容体系的共同指向中寻找德鲁克管理思想核心架构的组成要件并基于对德鲁克管理思想的整体理解勾画要件间逻辑关系，在此基础上阐释德鲁克管理思想的特质和启示意义。

根据研究设计，德鲁克管理思想体系架构的纵横两个向度研究具体步骤如表3-1所示。详细方法将在3.3节介绍。

表 3-1 德鲁克管理思想体系架构纵横两个向度研究的具体步骤

研究视角	研究任务	研究方法	方法类型
纵向视角	演进阶段划分	著作聚类	文献计量
	各阶段要点主题归纳	分阶段著作内容分析	质性文本分析
		关键词提取	文献计量

续表

研究视角	研究任务	研究方法	方法类型
纵向视角	各阶段要点主题归纳	关键词语义分析	质性文本分析
	发展脉络提炼	结合思想背景溯源	总结归纳
横向视角	构成维度划分	高频词聚类	文献计量
	各维度核心内涵归纳	高频词语义分析	质性文本分析
		章节内容分析和编码	质性文本分析
	内容体系归纳	逻辑关系分析和综合	总结归纳
纵横综合	核心架构发掘	综合对比	总结归纳

3.2 文本概况：德鲁克管理思想的大样本

本研究选取的研究样本是德鲁克生平的主要管理学著作，包括专著和收录其代表性论文的文集，共29本，按初次出版时间排列如表3-2所示。

表 3-2　本研究选取的德鲁克管理学著作 ①

序号	著作名	初次出版时间	本研究使用版本
1	The End of Economic Man	1939	Routledge 2017
2	The Future of Industrial Man	1942	Routledge 2017
3	Concept of the Corporation	1946	Routledge 2017
4	The New Society	1950	Routledge 2017
5	The Practice of Management	1954	HarperCollins 1993
6	America's Next Twenty Years	1957	Harper & Brothers Publishers 1957
7	Landmarks of Tomorrow	1957	Harper & Brothers Publishers 1957
8	Managing for Results	1964	HarperCollins 1993
9	The Effective Executive	1967	HarperCollins 2002

① 著作主要内容详见"附表 1：本研究选取的 29 本著作内容提要"。

续表

序号	著作名	初次出版时间	本研究使用版本
10	The Age of Discontinuity	1968	Routledge 2017
11	Technology, Management, and Society	1970	Routledge 2011
12	Men, Ideas, and Politics	1971	Harvard Business Review Press 2010
13	Management: Tasks, Responsibilities, Practices	1973	HarperCollins 1993
14	The Pension Fund Revolution	1976	Transaction Publishers 1996
15	Managing in Turbulent Times	1980	HarperCollins 1993
16	Toward the Next Economics and Other Essays	1981	Harvard Business Review Press 2010
17	The Changing World of the Executive	1982	Routledge 2011
18	Innovation and Entrepreneurship	1985	Routledge 2015
19	The Frontiers of Management	1986	Routledge 2011
20	The New Realities	1989	Routledge 2011
21	Managing the Non-Profit Organization	1990	HarperCollins 1992
22	Managing for the Future	1992	Routledge 2011
23	The Ecological Vision	1993	Routledge 2017
24	Post-Capitalist Society	1993	HarperCollins 1993
25	Managing in a Time of Great Change	1995	Routledge 2011
26	Drucker on Asia	1995	Routledge 2011
27	Peter Drucker on the Profession of Management	1998	Harvard Business Review Press 1998
28	Management Challenges for the 21st Century	1999	Routledge 2011
29	Managing in the Next Society	2002	St. Martin's Press 2002

　　德鲁克一生著述颇丰。在我国对德鲁克管理思想的相关介绍中，比较常见的观点是德鲁克一生有39本著作（那国毅，2010）。这些著作大部分已经翻译出版，部分书籍还经由多家出版社翻译出版，其中机械工业出版社的"德鲁克译著丛书"版本最为齐全。在上述39本著作中，*America's Next Twenty Years*（1957），*Technology,*

Management, and Society（1970），*Men, Ideas, and Politics*（1971），*Song of the Brush: Japanese Painting from the Sansō Collection*（1979）等4本著作尚未见中译本。在这39本书之外，国内的出版市场上还有一些书籍的作者也标为德鲁克，如《德鲁克经典管理案例解析》《管理（上下册）》（机械工业出版社）、《德鲁克最后的演讲》（中华工商联合出版社）。与此同时，国外德鲁克管理研究界对德鲁克管理学著作的范畴也有不同的认定，较为明确完整的代表如德鲁克的故乡——奥地利德鲁克学会提供的46本版。

以上这些情况说明国内外学术界和出版界对德鲁克著作的范畴尚未达成完全共识。面对上述分歧，德鲁克本人的界定至关重要。德鲁克先生于2005年逝世，其于2004年出版的*The Daily Drucker*中提供的书目总表及简介（"Annotated Bibliography"）部分列出了德鲁克本人认可的34本著作，其中有2本小说（*The Last of All Possible Worlds; The Temptation to Do Good*），1本自传（*Adventures of a Bystander*），2本过往的著作选集（*The Essential Drucker; A Functioning Society*）。本研究在选取文本分析对象时将其排除，以其余29本著作作为文本挖掘和分析的对象。

3.3 研究方法：文献计量和质性文本分析相结合

根据3.1节介绍的研究设计，本节对照表3-1所列研究步骤逐一详细说明。

3.3.1 纵向梳理发展脉络

1. 阶段划分——著作聚类

著作聚类的依据是以段落为单位观察不同词语共同出现的情况。词语在段落中共现的情况反映了文本所涉及的话题内容，如"管理"一词在某几本著作的段落中与"董事会"一词经常同时出现，而在另几本书中经常与"创新"一词同时出现，则可能说明前几本书和后几本书讨论的是两类话题，前者可能是关于董事会管理的著作，后者可能是关于创新管理或管理创新的著作。在段落层面观察这种共现关系是著作关系分析较为常用的一种做法，如果以整本书为观察单位考察某两个词是否会共同出现，共现的概率会非常大，而以句子为单位考察某两个词是否会共同出现，则共现的概率会比较小。一般情况下若干句子的组合才能形成一个完整的意群，研究中经常以段落来代表相对独立完整的意群。本研究用文献计量软件将著作分组并以各组著作出版时间的分布为依据划分德鲁克管理思想演进阶段。

（1）著作关系网络构建

①数据预处理：首先对德鲁克29本著作的txt文本文件，采用Python的NLTK（Natural Language Toolkit）包，进行分词、去停用词、提取词根的操作；然后将处理后的词根保存为三元组〈著作id，术语，术语权重〉的形式，其中著作id取值为1到29，术语取值为词根，术语权重取值为词根出现的频次，例如〈1，econom，494〉代表econom在id为1的著作中出现了494次；最终得到161488个三元组，33352个词根（下文各高频词、特征词、线索词多以词根形式出现，为论述简洁，词根均简称为词）。

②构建DTM：基于数据预处理部分得到的三元组，构建著作×术语（DTM）的矩阵。

$$\mathbf{DTM} = \begin{pmatrix} c_{11} & \cdots & & & c_{1n} \\ & \cdots & c_{ij} & \cdots & \\ & \cdots & & & \\ c_{m1} & \cdots & & & c_{mn} \end{pmatrix} \qquad (1)$$

公式（1）所描述的DTM是一个$m \times n$维的著作术语矩阵，其中m是德鲁克著作数量，即29；n是这29本著作中所包含的术语数量，即33352，c_{ij}则表示术语j出现在文档i中的次数，如果没有出现，则为0。

③构建DDM：用术语向量表示著作，通过用术语向量之间的余弦相似度来描述著作之间的关系，见公式（2），得到著作×著作矩阵（DDM），形成一个$m \times m$维的矩阵。由于术语在各本著作中频数分布不均，可能不在同一数据量纲上，会影响著作关系的计算，因此在计算余弦相似度之前，对DTM先进行归一化处理。DDM是一个m维的对称矩阵，DDM$[i][i]$取值为0，DDM$[i][j]$代表i与著作j之间的余弦距离。

$$\text{Similarity}(D_p, D_q) = S_{pq} = \frac{\sum_{k=1}^{n}(c_{pk} \times c_{qk})}{(\sum_{k=1}^{n}c_{pk}^2 \times \sum_{k=1}^{m}c_{pk}^2)^{\frac{1}{2}}} \qquad (2)$$

（2）著作关系网络分析

①网络基本结构分析：将得到的DDM矩阵输入Gephi软件中，得到著作关系网络，其中每个节点代表一本著作，节点之间的连线代表著作之间的关系，连线的权重代表关系的紧密程度。关系越紧密，连线越粗，颜色越深，当某本著作与越多的著作之间存在连线，则该著作节点越大。著作关系网络常用的网络基本结构属性及取值如表3-3所示，其中：网络密度越大，说明网络中存在的关系越多；平均度为网络密度的另一种表现，该值越大，说明每个节点平均与越多的节点存在关系；聚类系数越大，说明网络中存在小群体的可能性越大；网络直径为1，说明每本著作最多通过1本著作就能够与任意一本著作产生联系。

表3-3　著作关系网络基本结构属性

属性名称	属性含义	取值
节点数	网络包含节点数目	29
边数	网络包含边数目	406
网络密度	网络中实际存在的边数与可容纳的边数上限的比值	1
平均度	网络中所有节点的度的平均值	28
聚类系数	网络中节点聚集程度的系数	1
网络直径	网络中任意两节点间距离的最大值	1

②聚类分析：对生成的网络采用Gephi的聚类功能进行聚类分析。在Gephi中对群组的聚类分析通常被称为团体发现分析，具体是通过运行"模块化"功能，进行随机算法并产生最终划分结果，划分后的网络模块度值越大，说明团体划分的效果越好。在进行模块化计算时，设置解析度参数，参数标准值为1，若该值越小，则产生的聚类数目越多。

2. 阶段要点的归纳

（1）阶段要点和主题的提出——著作内容分析

阶段要点是各阶段内德鲁克研究关注的若干重要话题，阶段主题是对研究要点的进一步总结凝练。对各阶段的著作进行逐本精读并归纳每本著作的内容要点和写作目的；综合各阶段内的著作内容要点和写作目的，归纳各阶段的研究要点和主题。

（2）阶段要点和主题的完善——关键词分析和著作节点加权度分析

一是通过各阶段关键词的语义解读来进一步验证通过著作内容分析提出的阶段要点，并作必要的修正和调整。关键词是表征各阶段内容要点的两类词，一类是每一个阶段（聚类）中的著作集中高频词，另一类是上述著作集中虽不一定达到绝对高频但只在这一阶段相对多见的特征词。两类关键词提取方式如下：高频词基于DTM矩阵统计各个术语的总频数，根据频数对术语的重要性进行排序，在分阶段高频词分析中，筛选出排名前50的有意义的术语。特征词采用AntConc软件提取。特征词表的生成原理是计算某一文本的词语分布，并与其他文本的词语分布进行对比，把该文本中显著出现的词语析取出来，因此需要两个语料库：观察语料库；参照语料库。在本书中，首先将所有著作，即29本著作，作为参照语料库，依次将各阶段著作作为观察语料，导入软件运行得到特征词，然后根据关键性值（Keyness）由高到低进行排序（Keyness代表一个单词在两个库之间的"频率差异的显著性"），选取排名前200的特征词组成各本著作的重要特征词表。

二是通过著作节点加权度分析进一步讨论各阶段主题归纳的合理性。著作加权度是体现某一本著作在其所属的著作聚类，即该阶段著作集中与其他著作联系紧密程度的指标，加权度越高的著作越有可能表征该阶段著作的共同主题。加权度的定义和计算原理如下：由于著作关系网络中各个节点的度相同，无法通过节点度的大小比较著作的重要性，且著作关系网络为含权网络，因此用著作节点的"强度"来衡量著作重要性。任意节点"强度"为与该节点相连的边的权重之和，也称作加权度，例如存在节点A，与其相连的边的权重分别为 ω_1，ω_2，ω_3，…，ω_n，则节点A的加权度由公式（3）计算得到。某个著作节点的加权度越大，说明该节点在著作关系网络中，与其他节点的联系越紧密，重要性也就越大。

$$WD_A = \omega_1 + \omega_2 + \omega_3 + \cdots + \omega_n = \sum_{i=1}^{n} \omega_i \qquad （3）$$

3. 发展脉络归纳

（1）发展脉络的提出——思想背景溯源

通过对各阶段要点和主题的归纳，并深入挖掘文本以外德鲁克管理思想形成的个人成长背景、时代背景和文化背景，总结德鲁克管理思想形成的情境因素，提出德鲁克管理思想的发展脉络。

（2）发展脉络的讨论——线索词分析

线索词是贯穿各演进阶段高频出现的词，可以表征德鲁克管理思想始终关注的一些话题和概念。通过对线索词语义的分析可以讨论上一步骤提出的发展脉络的合理性。线索词不同于高频词，高频词可能只集中在某一阶段高频出现。线索词需要满足两个条件：词频率较高；词频率变化较小。首先挑选出词频率较高的词，词频率计算公式见公式（4），其中F_k代表词在第k本著作中的词频率，即该词的词频在第k本著作总词频中所占的比例。

$$A\_F = \frac{\sum\limits_{k=1}^{m} F_k}{m} \tag{4}$$

按照词频排序，筛选出排名前100的有意义的术语，计算这些词在各本著作中的词频率变化值，计算公式如公式（5）所示，Var值越小，代表这个词是线索词的可能性越大。基于Var值对各个词进行升序排列，排名靠前的50个词认定为线索词。

$$Var = \frac{\sum\limits_{k=1}^{m} (F_k - A\_F)^2}{m} \tag{5}$$

3.3.2 横向梳理内容体系

1. 维度划分——高频词聚类

提取全语料库的高频词，对提取的高频词进行聚类分析，根据聚类的结果提出构成维度划分的方案。

（1）首先基于DTM矩阵，统计各个术语的总频数，基于频数对词术语的重要性进行排序，在全语料库高频词分析中，筛选出前150的有意义的术语，用于后续高频词关系分析。

（2）高频词关系网络构建

①构建PTM：高频词往往在各本著作中出现的频次均很高，基于著作粒度对高频词关系进行计算，会放大高频词之间的关系，无法很好地体现各高频词之间关系的差异性，因此本研究将基于段落粒度对高频词关系进行计算。基于分阶段高频词提取与分析部分选取的150个高频词，统计各高频词在段落中出现的频次，构建段落×高频词（PTM）矩阵，同公式（1），也是一个$m \times n$维的矩阵，其中m是著作的所有段落数，即52030；n是高频词的数量，即150，c_{ij}则表示高频词j出现在段落i中的次数，如果没有出现，则为0。

②构建TTM：将PTM进行转置得到词根×段落矩阵（TPM），用段落向量表示高频词，最后通过用段落向量之间的余弦相似度来描述高频词，得到高频词×高频词矩阵（TTM）。TTM是一个n维的对称矩阵，TTM[i][j]代表高频词i与高频词j之间的余弦距离。

（3）高频词关系网络分析

①网络基本结构分析：将得到的TTM矩阵输入Gephi软件中，得到高频词关系网络，其中每个节点代表一个高频词，节点之间的连线代表高频词之间的关系，连线的权重代表关系的紧密程度。当关系越紧密，连线越粗，颜色越深；当某个高频词与相连节点的权重和越大（节点加权度），该高频词节点越大，重要性也越大。高频词关系网络常用的网络基本结构属性及取值如表3-4所示。

表3-4　高频词网络基本结构属性取值

属性名称	属性含义	取值
节点数	网络包含节点数目	150
边数	网络包含边数目	11174
网络密度	网络中实际存在的边数与可容纳的边数上限的比值	1
平均度	网络中所有节点的度的平均值	148.987

续表

属性名称	属性含义	取值
聚类系数	网络中节点聚集程度的系数	1
网络直径	网络中任意两节点间距离的最大值	2

②聚类分析：对生成的网络采用Gephi的聚类功能进行聚类分析。在进行模块化计算时，设置解析度参数为标准值，即为1，根据聚类结果，将不同类别的高频词设置为不同的颜色，即同一种颜色的高频词节点属于同一类别。

2. 维度内涵的归纳

本部分根据各高频词聚类中的词义建构维度内涵进一步细分维度，通过对整个语料库中著作所有章节的内容进行编码，验证和完善前一步建构的维度内涵并优化维度细分方案。语义分析和章节编码工作由作者和所在研究团队的一位管理学专业教师共同讨论完成，以增加文本质性分析的可靠性。构成维度的内涵编码参考国家自然科学基金项目申报学科代码[①]、国家社会科学基金项目申报学科代码和美国管理学会（Academy of Management）研究方向（divisions and interest groups）[②]，并结合德鲁克管理思想的研究实际提出。

（1）维度内涵的建构——高频词语义编码

根据各个维度聚类中所含的高频词的语义分析提出所在维度的内涵，每个维度的内涵往往不止一个方面，根据这些内涵的主要方面进一步细分维度，同时这些内涵的细分要素也即成为对应细分维度的内涵。

（2）维度内涵的完善——章节内容编码

以章节为单位的维度类型编码：分析29本著作中所有章节的内容，以上一步骤中高频词聚类分析提出的维度内涵为基础，对各章节标注对应的维度内涵。对于无法和已有维度内涵进行匹配的章节，则根据实际情况提出新的维度内涵并予以标注。编码完成后，以各类型章节的数量和分布作为文献计量学依据，结合对德鲁克管理思想

---

① http://www.nsfc.gov.cn/publish/portal0/tab938/info79473.htm.

② https://aom.org/network/divisions-interest-groups-(digs).

的整体理解，对上一步骤提出的方案进行修正。

3. 内容体系的发掘

将上一步骤概括出的各个维度放到德鲁克管理思想的整体背景中分析并构建联系，分别分析"管理"维度和"社会生态"维度下各个子维度的逻辑关系，并分析这两大维度之间的逻辑关系，在上述逻辑结构中反观各个细分维度的内涵和内容主旨，对德鲁克管理思想内容体系进行归纳。

3.3.3 综合归纳核心架构

德鲁克管理思想的核心架构可以从纵横两个视角的综合比较中进行归纳。纵向的发展脉络体现德鲁克管理思想思考的动因、关注点的变化和治学的方法。横向的内容体系是发展过程积累的最终成果，体现德鲁克管理思想考量的范畴、要素的关系和内在的逻辑。纵横两个视角梳理的成果所共同指向的关键问题和重要元素就是归纳德鲁克管理思想核心架构的要件，基于纵横梳理形成的对德鲁克管理思想的整体理解提供了组合这些要件的架构形态。在归纳得出德鲁克管理思想核心架构的同时，根据纵横两个视角梳理的共性指向进一步提炼德鲁克管理思想的特质和启示意义。

4 因时而新的演进阶段

德鲁克管理思想体系是在长达60多年的行业咨询和学术研究生涯中逐渐积累而成的，从最初在政治学领域崭露头角的学术新秀到我们所熟识的管理学大师，从工业社会跨入知识社会，从企业组织到非营利组织，德鲁克的管理研究之旅经历了许多变化和调整。本部分将探究德鲁克管理思想形成、更新和反思的过程，对德鲁克管理思想的演进阶段作出划分并对阶段研究要点和主题进行概括。

4.1 阶段划分的提出：著作聚类分析

按照著作关系分析方法的具体操作步骤，将构建的DDM矩阵导入Gephi中，设置解析度参数为标准数值1，得到聚类数目为3，著作聚类网络如图4-1所示。

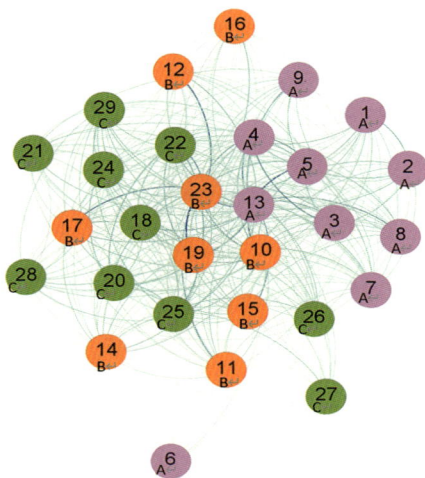

图 4-1　著作聚类网络

图中圆圈内数字为著作的序号，由小到大代表各著作出版年代的先后；圆圈左下角的大写字母为该著作所属的聚类，序号数值较小的著作编为A类，居中的编为B类，较大的编为C类。

根据对A、B、C三类著作在聚类网络中分布情况的初步观察，可见各类型内部著作序号相对连续分布。由于著作序号代表初次发表的时序，可以初步判断德鲁克著作的研究要点变化存在较为清晰的阶段性特征。为进一步观察分析，将聚类结果按著作名称、初次出版年份和所属类别汇总成表4-1。

表 4-1 著作聚类结果

ID	著作	初次出版年份	所属类别
1	The End of Economic Man	1939	A
2	The Future of Industrial Man	1942	
3	Concept of the Corporation	1946	
4	The New Society	1950	
5	The Practice of Management	1954	
6	America's Next Twenty Years	1957	
7	Landmarks of Tomorrow	1957	
8	Managing for Results	1964	
9	The Effective Executive	1967	
10	The Age of Discontinuity	1968	B
11	Technology, Management, and Society	1970	
12	Men, Ideas, and Politics	1971	
13	Management: Tasks, Responsibilities, Practices	1973	A
14	The Pension Fund Revolution	1976	B
15	Managing in Turbulent Times	1980	
16	Toward the Next Economics and Other Essays	1981	
17	The Changing World of the Executive	1982	
18	Innovation and Entrepreneurship	1985	C
19	The Frontiers of Management	1986	B
20	The New Realities	1989	C
21	Managing the Non-Profit Organization	1990	

续表

ID	著作	初次出版年份	所属类别
22	Managing for the Future	1992	C
23	The Ecological Vision	1993	B
24	Post-Capitalist Society	1993	C
25	Managing in a Time of Great Change	1995	
26	Drucker on Asia	1995	
27	Peter Drucker on the Profession of Management	1998	
28	Management Challenges for the 21st Century	1999	
29	Managing in the Next Society	2002	

表格显示A著作共10本，其中9本出版于1939年到1967年之间，只有一本 *Management*：*Tasks*，*Responsibilities*，*Practices*出版时间为1973年；B类著作共9本，其中7本出版于1968年到1982年之间，另两本分别出版于1986年和1993年；C类著作共10本，出版时间分布在1985年到2002年之间。

从著作聚类的结果来看，著作的聚类结果具有阶段性，可以将德鲁克的思想暂时划分为三个阶段：第一阶段，20世纪30年代末到60年代末；第二阶段，20世纪60年代末到80年代初；第三阶段，20世纪80年代初到21世纪初。下面将对各个阶段的研究重点进行归纳，并结合德鲁克思想形成的背景探索其发展脉络。

4.2 各阶段要点：著作粒度的内容分析

如果上述划分结果成立，每个阶段应当有其相对独特的阶段性研究要点，为此本研究对三个拟分阶段所对应的著作进行了逐一梳理和研究要点提炼。

4.2.1 第一拟分阶段：工业社会的分析报告和管理思想的形成确立

为总结提炼第一拟分阶段的著作所承载的思想内容要点，在对每本著作主要内容进行梳理的基础之上，对第一阶段所有著作的研究内容进行总结。

《经济人的终结》一书认为随着工业化时代的到来，生产力急剧加速发展，经济日益成为社会生活和个人生涯中一个极为重要的主导性领域，思想家和改革者纷纷从人的经济属性这一角度来探讨社会发展的机理和建设社会的方案。在他们看来，人的本质属性是趋利避害的经济理性，在经济关系中个体竭尽所能追求当前利益，在政治关系中不同利益集团因经济利益而相互斗争。虽然亚当·斯密提出的"看不见的手"在一定程度上解释了追求个体利益的积极社会价值，阶级斗争学说也能在一定程度上描摹社会关系的重要逻辑，但是这些见解在市场失灵的情况下以及阶级结构不断演化的情境下都会失去合理性，沦为一种深刻的偏见。在现实中，各谋私利的个人和剑拔弩张的群体也渐渐失去了合作共赢的机会，随之而来的后果是社会无法实现有机的整合。在德鲁克进行此番思考的两次世界大战前后，欧洲主要国家要么陷入失序的状态，要么被法西斯乘虚而入，独裁者利用人们对社会发展的向往施行集权控制，引发社会危机和战争。

《工业人的未来》一书认为经济人的基本假设遮蔽了人性中道德性的元素，人性中固有的、对崇高价值的向往和追求被粗暴地忽略和掩盖。据此德鲁克提出经济人的假设应当终结，在工业化的时代，他要为工业人的生存和发展探索一个充满希望的未来。这个未来建立在德鲁克关于人性"自由而负责任"的基本假设之上：德鲁克认为人是不完美的，任何人都可能犯错，但人类仍然需要负责任地对待自己和世界。人性不完善意味着每一个人都不可避免地会在不同的情境下作出错误的判断和采取失当的行动，因此没有人能够一直掌握绝对的真理，任何个人都不应当拥有凌驾于他人之上的判断力和主导其他人命运的裁定权。从这个意义上看，人和人之间应当保持一种平等的关系，同时每一个个体都应当审慎地行使自己选择的权力，既实现自身的自由，又尊重他人的权益。与"自由而负责任个人"相匹配的，是一个"功能社会"。功能社会为社会成员提供共同的愿景，并在尊重个体合法权益的基础上有效运作。在功能社会中个人能够获得身份认同和社会地位，并从中找寻自身的价值和意义。

《公司的概念》一书认为在工业时代探讨的功能社会不可能是建立在田园牧歌理想中的封闭乡野或城镇，工业时代的功能社会由许多彼此联系的组织构成，这些组织既有商业机构，又有政府机构，以及医院、学校等公共事业机构。它们各司其职，为社会作出自身的贡献。作为社会的基本单元，这些组织构建起了个人与社会之间的桥梁，一方面承担着推动社会发展进步的社会责任，另一方面为个人提供了分工合作、发挥所长的场所，成了人在社会中实现价值的依托。在工业时代方兴未艾之时，企业组织成为各类组织的一个缩影和样本。德鲁克选取通用汽车公司作为企业组织的典型代表进行了深入的案例研究，借此完成了对公司概念的描摹，并通过公司这一在当时处于主流和上升期的组织模式，探讨了组织管理的诸多重要话题和原则，包括组织结构设计与重组、组织战略设计和政策分解、组织目标和绩效的取得、组织中个人的身份定位和作用发挥以及组织中的权力关系和运行法则等。

《新社会》通过对工业社会秩序和结构的解剖，归纳和发展了关于工业社会及其组成元素、主要机构、主要特征、重要问题及未来走向的社会理论，其中既探讨了组织的管理和个人的处境，又包括社会的功能发挥和政治的价值追求，为组织管理理论提供了背景性的指导原则。工业时代的生产力和生产方式改变了社会中各个利益主体的格局，企业既有自己的利益也要承载社会的功能，员工既追求个人利益也要服务于企业的目标，个人既有经济的利益诉求也有社会地位的精神要求，于是员工和企业、公司总部和分支机构、管理层和工会、劳动和资本、企业治理和工厂社区治理之间都广泛存在着张力和可能的冲突。为了调和这些矛盾，德鲁克提出以绩效为组织活动合法性和评价公正性的依据，将企业管理的主逻辑和工厂社区治理的辅逻辑相结合以保证既有效率又有秩序，用联邦主义的政治治理思路开启公司总部和分支部门合力分权、各司其职的模式。

《管理的实践》在《新社会》所发展出的理论体系基础上，过滤掉了社会机理和政治原则方面的分析内容，将管理学推向了自己研究界面的前台，也将管理学作为一门专门的学问推向了理论和实务界。他从管理的重要意义出发，介绍了管理工作的使命、内容和挑战，从管理企业、管理管理者和管理员工三个层面归纳呈现了管理的基本原理和方法、企业的组织设置以及管理者的使命职责。

《美国的下一个20年》记录了德鲁克在新旧范式交叠的20世纪中叶对美国社会发展动向的一系列思考和研判：虽然人口总数增长，但是青壮年人口减少的状况造成美国社会阶段性的劳动力短缺，社会发展呼唤技术和市场的多方位创新；机器自动化生产的普及淘汰掉了一般的体力劳动者，同时增加了对知识工作者和有效管理者的需求；广大员工分散地掌握了企业股权，但投资掌握在少数的机构信托手中，需要形成有效的机制促成长期导向和社会公益导向的投资模式；内政外交面临新情况、新挑战，政府应当重新思考和调整自身的治理模式，研究制定有效的政策措施。

《明日的里程碑》开始注意到不断涌现的新动态逐渐突破了现代性逻辑，为此德鲁克试图从已经发生的现实变化中描绘一个隐约浮现的后现代社会。他的观察和思考包括三个方面：新世界观、新趋势和新处境。一是新世界观、新概念和新能力，新世界观区别于笛卡尔式的机械理性，是一种总体性整合式的世界观，强调事物的有机联系和动态变化，德鲁克基于此探讨了抓住机遇创新的新能力，以及统筹各方诉求开展有效管理的新能力。二是新趋势、新任务和新机遇，德鲁克描绘了四个重要趋势，分别是教育普及使社会越来越依靠知识来创造生产力，部分地区的极度贫困给世界秩序带来了威胁，民族国家政府治理的无力给国内、国际事务带来了困扰，东方文明的阶段性式微使得世界一时缺少了多元的参照发展模式。三是人类的新处境，科学技术的进步给人类带来福祉，也让人类社会处于随时可能失控和毁灭的危险之下，德鲁克主张在此背景下重新审视人的本性和潜能，思考如何有效地管理人性。

《成果管理》面向决策制定层的管理者，主要探讨如何找到"做正确的事"的方向：方向来源于目标，目标就是要取得的成果，德鲁克开宗明义地界定了成果的领域和内涵，即产品、市场和渠道，然后依此讨论如何计算成本产出来确定所获得的成果，并提出应当聚焦机会取得成果、立足优势取得成果、顺应变化取得成果、依靠人才取得成果，因此在制定战略时要以不断革故鼎新的姿态将知识技术在市场中转化为盈利，将变化机会在聚焦中转化为发展，将人力资源在管理中转化为绩效。

《卓有成效的管理者》面向广大管理者详细解析了在组织管理情境中"做正确的事"的方法：组织有效运行依靠卓有成效的管理者，在现代组织中，管理者不仅包括各级领导他人的经理，也包括致力于为组织作出贡献并能够通过自己的行动影响组织的知识工作者，广大的管理者可以通过学习掌握卓有成效的方法，包括取舍有度地有效管理时间，着眼贡献和绩效开展工作和处理人际关系，发挥自己的优势和调动他人的优点，在动态变化中学会有效决策等。

《管理：使命、责任、实务》分使命、责任和实务三个篇章分别讨论企业的宗旨目标和所需回应的各方诉求，广大管理者的工作、职责、所需技能、组织方式，以及高层管理者的任务、高管层的组织、组织战略的制定方式。美中不足的是，德鲁克想探讨的内容范畴非常宏大，而他又不愿意为了呈现的清晰性而牺牲思想的丰富性，因此三个篇章的标题并未能很好地概括和表征其在三个篇章中所阐述的内容。

根据以上梳理，将本拟分阶段研究要点归纳如下。德鲁克这一阶段的思考从工业社会动荡变化的现实矛盾和问题出发，思考人类如何建立一个有效运行的社会从而实现自身的福祉，进而将目光锁定在承担社会功能且凝聚个体共识和力量的中介载体组织，并发展自成系统的管理学思想。在对工业社会深度剖析并取得重要管理对策的同时，德鲁克敏锐地洞察到人口年龄结构变化、自动化和知识工作的兴起等工业社会这一现代性社会母体中所孕育的后现代元素，从而开启了他社会生态学观察的研究生涯。

一是指出工业社会存在的问题并分析原因。随着20世纪初第二次工业革命在主要资本主义国家的完成，工业化大生产改变了劳动关系和社会结构，并深刻影响着国际政治格局，突出体现在劳资矛盾的激化、法西斯利用社会矛盾攫取独裁权力以及资本主义扩张在世界范围内的纷争引发冲突并逐步升级为世界大战。彼时，德鲁克还是一个在政治学领域崭露头角的年轻学者，他从政治学、社会学和经济学的视角思考社会动荡的原因并研究破解的思路。德鲁克在《经济人的终结》中通过时事观察和理论思辨指出，面对社会的剧烈动荡，单从人的经济理性角度提出的理论和指导的实践，并不足以平息社会动荡、促进人类社会发展，这一问题日后也成为德鲁克思考微观管理问题的深刻背景（Schwartz，2002）。面对经济人假设的局限性，他提出人同时具有政治、社会和精神层面的属性，在考虑社会政策和设计社会建设方案时应当充分尊重人多元而全面的属性，并在《工业人的未来》中阐明了"自由而负责任"的社会人的理论假设，为理解和建设工业社会提供了指导性的思路。在此基础上，他在《公司的概念》中以通用汽车公司为案例解析了公司这一工业社会的典型组织机构，分散地提出了组织管理思想的一些重要的基本主张，并在《新社会》中立足于工业社会公司组织中人的社会、经济和权力关系，提出了参考联邦制治理模式的一些基本管理原则。

二是构建系统化的组织管理思想以提供对策。通过对以通用汽车为代表的美国公司管理的深入观察研究，德鲁克提出了以富有成效的组织作为中介，帮助人在有效发挥作用的社会中获得有意义的人生。在这一过程中，德鲁克通过创新企业的使命、战略和目标等方面的知识并借鉴已有的组织、工作流程和员工管理方面的理论（Drucker，2015），将其本来在社会学研究方面的副产品一举转变为管理学这一伴随其终生的成就。《管理的实践》标志着德鲁克的研究领域由社会、政治、经济的背景式研究转移到管理学的研究，在其勾画的管理学理论基本蓝图上，德鲁克通过《成果管理》集中研究了战略管理，并通过《卓有成效的管理者》聚焦了自我管理的方法。经过数年沉淀，德鲁克将管理学方面的研究成果梳理整合，出版了他经典管理思想的集大成之作《管理：使命、责任、实务》，系统论述了管理在取得经济绩效、使工作有成效和工人有收获、应对社会影响和承担社会责任以及平衡当下和未来发展等方面的功能与方法。

三是在预见后工业社会趋势中形成社会生态观察方法。通过对工业社会的详细解析，德鲁克找到在现代组织中开展管理的方案，但他并没有止步于阶段性任务的完成，仍然敏锐地洞察着社会发展的新趋势，并在现代工业社会兴旺发展的阶段就察觉了后现代元素兴起的端倪。《美国的下一个20年》通过当时的人口结构预测未来20年美国发展的趋势，《明日的里程碑》沿着用当下发生的重要变化推测未来发展方向的思路，指出了经济社会发展的一系列具有后现代特征的趋势，并总结了一套与之匹配的新世界观和方法论，开启了用社会生态学启发管理者的思想领航之旅。

综上可以得出结论，A类著作具有较为明确的阶段研究要点，且内部要点间存在紧密的逻辑联系，可以视为一个有机的集合。

4.2.2 第二拟分阶段：对后工业社会的积极观察和社会生态学的形成

为总结提炼第二拟分阶段的著作所承载的思想内容的要点，在对每本著作主要内容进行梳理的基础之上，对第二阶段著作的研究内容进行总结。

《不连续的时代》指出，以美国为代表的发达国家在经历了半个多世纪（1913年至1968年）的持续发展并保持了相对稳定的发展格局之后，即将进入一个发展范式转换和方式变革的时代，主要体现在四个方面。一是新的科技发展催生了新的产业形态，主流产业从农业、钢铁、汽车等领域转向信息、海洋、材料和城市化相关的领域；新的经济形态又呼唤新的生产组织方式和新的政策导向，即不断通过技术和社会创新提升资源产出能力的创业模式，以及鼓励人才和资本向更具生产力的领域流动的有效政策。二是全球经济一体化的新趋势，从国家间基于不同资源禀赋的国际贸易的交流模式，过渡到在统一全球市场的驱动下国际经济的深度整合，跨国公司成为这一变化中的积极适应者和作用者，但是在国内外经济政策层面仍缺乏与之匹配的措施。三是由各类组织和机构组成的新的、多元化的社会结构，旧有的社会治理模式以及支撑它的哲学伦理判断和由它衍生出的政府政策措施都不能适应新的社会现实，新的政府治理需要凝聚全社会的共识并充分发挥全社会各类组织的积极作用，从而服务于全体公民的福祉和全社会的共同价值观。四是知识社会和知识经济兴起的新潮流，知识日益成为决定生产力的关键因素和新兴资本，因此知识工作者的地位和价值大幅提升，如何发挥知识和知识工作者的作用将引发经济、政治、社会、道德层面的核心关注。

《技术、管理和社会》是德鲁克关于物质文明方面思考的论文集，共12篇，探讨了人类工作的历史和性质，工作发展的机构和组织，以及工作所依赖技术、工具和材料方面的新进展。其中5篇关于技术发展的历史，他从7000年前的灌溉技术变革谈起，到19世纪的前工业革命技术状况，再到20世纪的技术发展过程，直到成书之时信息和通信技术的发展方向，分析了技术对人类生活、社会机构以及管理范式的影响。4篇关于管理的社会功能，当管理日益发挥着关键的社会功能时，管理者也成为社会的主人翁，他们掌握着让组织有效运行的技术和方法，并通过将个人的价值实现与组织的目标达成相关联，促进人类的经济成就、能力成长和精神满足。
3篇关于企业内部的管理方法，讨论了在现实的不确定性和管理的主观属性前提下
开展长期规划的方法。

　　《人、理念和政治》是德鲁克关于精神文明方面思考的论文集，用旁征博引、
灵活跨界的分析视角关注和思考新的经济政治社会形势，描摹美国社会的"政治生
态"，为管理者、政策制定者乃至普通公民提供了美国社会多角度观察和整合式理
解，从而有的放矢、富有成效地开展管理决策活动，从容应对时事变迁。在经济方
面，他预测了强势生长的资本市场和日益壮大的知识工作者队伍为创业经济提供了成
长的土壤；通过评析凯恩斯的经济思想指出经济理性的局限，提出对经济发展和政策
制定能够产生长期导向方案的期待；结合社会诉求多元化、世界全球化的趋势，反思
了美国政治依靠经济利益决定论的思路应对社会问题的传统做法；分析了日本经济崛
起的经验以及在决策制定、保障就业和培养年轻管理者方面的启示。在政治方面和社
会方面，讨论了人口结构、社会和政治结构、美国社会的权力中心变化对政策制定的
启示，揭示了美国政治崇尚自由、信仰、宪政，重视培养自我管理的公民，通过党派
竞争吸纳社会共识，以及强调志愿精神和开拓精神等基因。在社会方面，描述了年轻
一代关注小我的心理倾向以及教育和城市化的兴起趋势，讨论了克尔凯郭尔在绝望中
追求希望的存在主义哲学、卡尔霍恩为少数群体保留否决权的多元主义原则以及以福
特为代表的民粹主义思想和实践。

　　《养老金革命》聚焦分析了养老基金社会主义化的过程、影响和待解决的问题。
美国劳动者通过缴纳养老基金获得退休后的经济保障。这些投资于美国资本市场的养
老基金规模庞大，劳动者成为美国企业主要的股权人和债权人。通过养老基金，美国
劳动者以集体的形式成为美国企业生产资料的拥有者，在资本主义制度下自下而上
地衍生出养老金社会主义。美国劳动者兼具资本所有者的角色后，劳资一体的双重性
质对原有的政治经济假设产生了挑战，如增税增加政府对劳动者转移支付能力的同时
会削弱劳动者作为资本所有者的收益，工会代表劳动者与资本方博弈的同时也触及了
劳动者所掌握的资本收益。同时，养老金制度也会因劳动人口比例下降面临难以为继

的风险，不同年龄层次、不同收入水平的劳动者对养老金缴纳意愿不一，不同经济形势下需要不同的养老金政策，这些运转过程中的问题也给养老金体系带来现实的挑战。为了让养老金社会主义产生建设性的作用，一方面，要通过提升管理的水平提高企业的产出能力，通过做大社会财富的蛋糕解决养老金结构性的矛盾；另一方面，要构建能够代表掌握资本的劳动者群体权益的董事会和托管人，规避现有投资代理人的短期逐利行为模式，以促进生产力提升和可持续发展为导向，进行负责任的投资筛选和决策，同时对企业日常经营进行有效的监管和督促。在分析中德鲁克还跳出了美国社会的边界，讨论了养老金革命对发达国家与发展中国家国际分工的影响。

《动荡时代的管理》认为20世纪末是一个变化加速的时代，这一判断促使德鲁克一方面努力界定和描述急剧的变化发生在哪些领域，另一方面思考如何面对不确定性来设定战略、开展管理并采取行动。关于动荡时代的特征，德鲁克找到了世界经济一体化、货币政策关联化、资本所有权社会化、社会运行组织化、社会群体诉求多元化，以及各主要发达国家和发展中国家人口结构和劳动力就业结构的变化等变化趋势。关于不确定性情境下的管理，德鲁克提出在企业计算成本、制定预算的过程中要充分考量通货膨胀，预留资金和人力流动性的弹性冗余；努力提升知识工作者的生产力；将资源投向能够产生成果的领域，有计划地淘汰过时的生产方式，从而获得有质量的增长；拥抱变化，以瞄准市场领先地位和细分领域绝对优势的战略采取技术、市场和管理创新，并从资本分配产出绩效、用人决策成败以及创新和战略实施绩效方面综合考量和提升管理质量。

《迈向经济学新纪元及其他论文》被德鲁克本人定义为社会生态学的论文集，围绕这一主题的12篇文章可以分为两类，一类是对社会生态的现实描述，包括环境污染、科技与商业的融合、跨国公司的兴起、固定退休年龄制度难以为继、科学发展缺乏长期导向的政策和经济支持；另一类是对现实中出现问题的回应，包括新经济理论的发展方向、目标管理的运用方法、科学管理的本质和现实意义、董事会的职能变革和日本的管理经验启示等。作为该书的开篇和冠名论文，《迈向经济学新纪元》回顾了经济学发展从聚焦财富、铸币、征税和对外贸易的供给侧的统治者立场的重商主义宏观经济视角，到关注个人土地所有权和产出能力的重农主义微观经济视角，到强调微观视角但更加关注个体价值和需求的古典经济学，再到回归宏观视角、关注货币和信贷的符号意义并且强调需求侧的凯恩斯主义经济学。凯恩斯经济学的假设依托于存在既能洞明经济又能驱动政治的圣贤，但在西方资本主义经济现实中无法确保这一假设，常常出现生产力提升和资本形成的困境，因此下一代经济学应当在凯恩斯主义的基础上兼容宏观与微观、供给与需求，兼具科学理性的方向、人文价值的追求以及人性现实的驱动力。该书末尾德鲁克以两篇关于日本的文章压轴，之前认为东方文化式微的德鲁克在观察日本经济蓬勃发展和有效管理经验后，提出世界需要与西方风格不同的现代化文明形态。《日本成功背后》总结了日本企业凝聚共识形成合力的机理和做法，即以国家利益为共同遵循，注重构建彼此关联，正视并管控分歧矛盾，与竞争对手寻求互利共赢。《通过艺术看日本》揭示了日本文化透过现象把握本质、务实精进、善于吸收和转化外来文明成果的特点。

　　《变动中的管理界》致力于回应两个问题：一是帮助管理者洞察他们所处的世界，即了解新科技、劳动关系、政府管制、经济一体化、税收和补贴等对管理活动和管理者意味着什么；二是通过这份洞察为管理者提供一套提高组织绩效的行动指南，通过组织内部变革和管理者的全面发展提升管理水平。全书共40篇文章，大部分发表于《华尔街日报》，分析了美国人的职业期待、劳动力结构变化、雇员兼具劳方和资方的新双重身份、科技发展动态和世界经济局势；讨论了企业、学校、医院和政府机构等各类组织面临的问题和挑战；重新审视了管理者的工作和任务、绩效和衡量指标以及管理者薪酬等问题；提出了应对通货膨胀、支持中小企业发展、限制管理者薪酬、放宽强制退休年限、适应信息爆炸、借鉴日本等国外经验方面的建议；思考了如何在持续高速增长后经营管理、如何对日益重要的非营利组织进行管理等问题。在该书中，德鲁克进一步关注了东方智慧对管理的指导意义，认为要通过儒家人伦道德中重视互相依存的思路构建商业伦理，弥补西方道德绝对主义和相对主义都无法妥善解决的伦理和现实问题。

　　《管理前沿》收录了德鲁克1982年到1986年间分析时势、探明趋势的30余篇"酝酿新知识"的评论和短文，分别以经济、人、管理和组织四个专题呈现。经济部分分析了当时世界的经济格局，评论了美国的内外经济政策，介绍了德国、日本等国的经济经验，并延续了他在《迈向经济学新纪元及其他论文》中的观点，认为凯恩斯主义宏观经济学在应对经济现实方面暴露了缺陷，并赞同熊彼特关于经济"动态不均衡"常态、实体经济被符号经济异化以及"创造性破坏"的经济创新发展逻辑等判断。人的部分从教育培训、劳动力队伍结构、管理者诉求、人才选拔等具体且具有指导性的视角论述了人力资源优化的问题。管理部分提出了控制参谋工作、精简中层管理、建设信息组织、改革工会等管理主张，并深入思辨了管理者阶层合法性的问题，指明了管理学科博雅综合的特点。组织部分探讨了兼并收购、反托拉斯、科研管理、创新组织等话题。与《管理前沿》的书名相呼应，德鲁克通过研究实验室、欧洲美元等案例探索了社会创新这一管理的新领域。

《生态远景》精选了德鲁克在社会生态方面横跨40年的代表性文章，大部分在上述著作中均已有收录。该书探讨了美国社会的政治文化基因，如机会平等和自由选择、宗教传统和立宪精神、联邦治理和社会责任、强调地方和利益妥协的多极主义、平民主义理想和特立独行的个性等；从社会整体的视角反思经济学，提出了凯恩斯主义经济学的诸多局限和融入社会和人的因素改造经济学理论的主张；针对管理学领域理论广泛存在的一系列误区，提出管理不仅关涉企业而且存在于社会中的所有类型组织中，管理不仅局限于当下和内部而且面向未来并需要创新，管理不但针对体力劳动而且更要提升知识劳动的生产力，管理不是经济发展的副产品而是经济发展的推动力；并以社会和制度理论视角审视商业伦理、生产效率的挑战、生产制造理论创新、恶意收购及其负面影响、社会创新的管理新维度、工作与工具的发展史、科学技术与文化的融合以及信息技术的特性和对经济和组织管理的影响等。此外，该书还在总结前期研究成果的基础上详细探究了日本的社会特点、文化特征、管理经验和东方智慧；以专题形式论述了克尔凯郭尔提出的人既作为精神上的自我又作为社会中的公民的处境和应对这种张力的存在主义哲学智慧；最后，在题为"一个社会生态学家的思考"的后记中，将其长期从事的观察社会政治、经济发展变化的系统性工作定义为社会生态学，并明确了此项工作的使命和方法。

根据以上梳理，将本拟分阶段研究要点归纳如下。这一阶段，德鲁克的著作多以文集的形式出现，他执着于搜寻 "明日的里程碑"，即在工业社会中不断涌现的后工业社会图景，努力寻找一些当时发生的、可能影响未来发展趋势的事件或变化，在实际影响并没有完全显现时推测这些事件将来的走向及其对社会经济发展可能产生的影响。在此过程中，德鲁克一方面坚持锤炼社会生态学家的敏锐洞察力并积累社会生态学的研究方法，另一方面根据动荡环境下管理实践的需求，丰富和完善了上一阶段总结的管理思想体系。

一是持续发掘已经发生的未来。德鲁克积极敏锐地捕捉时代发展的脉搏，这些事件和变化既有科学技术层面的，如技术工作特点和组织方式，科学与技术的分工协作模式和系统论的资源整合方式，以及材料、海洋、信息化、城市化等具有潜力的科技发展领域；也有社会政治经济层面的，如养老金革命下员工分散持有美国资本的主要份额深刻地改变了劳资的身份定位和相互关系；既有美国国内的，如通货膨胀、高管薪酬过高、恶意收购、制造业再工业化等新的社会问题，也有国际对比的，如日本对劳动者的工作保障、日本管理中的决策艺术和精进传统以及印度在产业政策中对技术方向的选择等。相较于上一阶段，德鲁克的分析涉及话题更广、覆盖地区更多、思考整理更为细致。虽然主题纷繁，但思路仍然有迹可循，即在动荡和变化局势的不确定性中寻找趋势和原则的确定性。

二是系统总结社会生态学方法。在对变化现实的捕捉和一次次迭代完善的分析中，德鲁克诠释了社会生态学家观察趋势、把握方向的方法和智慧，也系统地描述了他心目中的社会生态学科：社会生态学像自然生态学研究生物学环境一样研究社会环境，用纪实文学式的笔触和宏观综合的视野给出对社会问题的思考；社会生态学家的工作就是努力发现社会变化，判别变化的趋势和影响并从中解读发展的机遇；社会生态学并不是科学，而是在有机联系的世界观指导下，带有实践导向和价值追求的学科。德鲁克的社会生态学研究主题包括社会发展的连续性和变革性之间的张力，组织结构原则和运行机制，企业、政府和社会组织的职责功能，知识社会与知识工作者，现代社会人的自由、尊严和身份，组织在人获得成长、成就和完善方面的功能以及社会和社区对人的意义。

三是补充和改进管理学思想体系。德鲁克的社会生态学观察给这一阶段标注上了动荡和不连续性的特征，快速变化的现实也促使他对其管理思想体系中的增长管理、通胀背景下流动的资金管理、知识工作生产力管理以及变革管理进行了再思考，并提出了管理者的计分卡，较为系统地回应了如何排除历史原因对当下的管理绩效进行评价的问题，主要包括跟踪评价资本划拨后项目实际运行绩效，人员选任后胜任情况，工作产出、产品开发和市场开拓等方面的创新成效，以及企业战略规划的合理性和有效性。

综上所述，B类著作具有较为明确的阶段性研究要点，且要点间存在较为紧密的联系，可以视为一个有机的集合。

4.2.3 第三拟分阶段：知识社会的界定和创新创业思想的系统化

为总结提炼第三拟分阶段的著作所承载的思想内容的要点，在对每本著作主要内容进行梳理的基础之上，对第三阶段著作的研究内容进行总结。

《创新与企业家精神》系统总结了德鲁克关于创新和创业方面的思想和主张。德鲁克对创新和创业的研究兴趣来源于经济现实中创新和创业行为日趋重要的驱动作用，他将创新定义为通过采用新方法提升资源产出能力的各种科技、管理、市场和社会行为方式的改进和变革，将创业定义为将管理和战略应用于创新活动，从而把握发展机遇，满足人类需求的行动。对于开展创新实践，德鲁克总结了有目的的创新的方法原则和七个来源，即意外事件、不协调的事件、程序需要、产业和市场结构、人口统计数据、认知的变化和新知识。对于开展创业实践，德鲁克分大企业、非营利机构和新创企业三种情况讨论了如何依托组织，借助管理培养企业家精神，推进创新策略，扮演企业家角色并履行企业家职责。在介绍创新创业实践方式的基础上，德鲁克提炼出开展创新创业活动时集中优势资源、精选市场切入点、抢占领先地位、为客户提供效用等关键战略思维导向，并将创新创业的内涵和意义从新创企业扩展到更为广泛的各类社会创新行为，将创新视为推动社会持续改进和发展的涓涓动力。

《新现实》界定1968年到1973年为世界发展的一个重要分水岭，通过分析这一分水岭前后发生的新社会现实，预言分水岭之后世界将迈入新的发展模式并研判了其趋势特征。在政治现实方面，判断了社会拯救和通过经济利益整合不同政治派别的政府治理模式都已式微，预言了苏联行将解体，分析了军备竞赛的破坏性，进而提出了政府的局限性和新型多元化社会的政治治理，提出对政治领导力的新要求，提醒警惕魅力型领导模式；在经济现实方面，通过美国与日本和德国等发达国家、东南亚新兴经济体乃至印度和墨西哥等发展中国家的经济互动关系分析和发展模式的比较，分析了跨国经济发展形势，提出了经济理论无法解释美元贬值后美国进出口结构以及他国持有美国国债的变化趋势与宏观经济理论预测相悖，并由此反思主流经济学理论的局限和发展方向；在管理现实方面，描绘了知识社会这一后商业社会的管理所面临的新的背景环境，关注了第三部门兴起，指出其在构建人人积极参与和承担责任的社会方面的重要意义，分析了信息时代来临对组织管理的深刻影响，提出了以任务团队为活力单元、以扬长避短共同行动为组织原则、以文化为管理的重要关切等主张，并开创性地探讨了管理绩效考核、管理的社会责任、管理学人文艺术性、教育培训范式革新、从分析到感知的新世界观等颇具启发性的话题。

《非营利组织的管理》集成了德鲁克数十年来关于非营利组织管理的思考。德鲁克认为非营利组织从社会结构边缘逐渐走向中心，不但承担了越来越多的社会职能，吸纳了越来越多的参与者，还承载了提升美国公民意识、搭建心灵纽带和传承美国价值观的重要作用。德鲁克从非营利组织的领导者谈起，总结了领导者界定组织使命、制定长短期发展目标、合理配置资源、关注绩效、倾注激情拥抱创新、发挥榜样示范作用等方面的职责；提出了非营利组织应当借鉴市场营销的思路制定战略，确定组织的服务对象是谁、服务对象需要组织提供什么样的价值、服务对象通过什么渠道获取组织的服务以及组织基于以上三点提供服务时有何独到的优势；明确了非营利组织应当紧紧围绕组织的使命，遵循社会的核心价值观，结合变化的社会现实，确定关键绩效领域，以结果而非意愿为衡量标准，采用量化和质性相结合的方法，由非营利组织的服务对象和管理者共同开展绩效评估；分析了非营利组织所面对的复杂的利益相关者全体，主张通过合理安排分工、积极促进信息全方位沟通、兼顾绩效与人文关怀、构建学习型组织来提升非营利组织雇员、志愿者和董事会的获得感和满意度，助力组织功能的实现；最后落脚在非营利组织管理者自我发展的方法，一是勇于担当、做出选择，明确自己人生的方向，二是立足自身特长不断提升现有能力并未雨绸缪地跳出原有的舒适区开发新的潜力。

《管理未来》沿袭了《管理前沿》一书的写作目标、风格和体例，同样分经济、人、管理、组织四个章节，站在管理者立场分析世界变化的局势并提供管理工作所需的方法，在内容上则主要延续了《新现实》关于后商业社会方面的思路和判断。经济部分分析了互惠的国际经济整合原则、跨国贸易到跨国投资的模式转变、企业联盟的世界经济融入模式、公司重组和业务外包、社会化的养老金体系引发的公司治理变革需求、经济学理论的缺陷和革新需求等趋势，深度剖析了美国、日本、欧洲以及拉美代表性国家的经济形势和经贸关系；人的部分解析了知识经济背景下人们工作特点、工作场所集聚方式、劳动力结构和绩效管理要求的转变，描述了知识社会对领导者和领导力的核心要求以及对工作岗位设计的重要原则；管理部分提出了信息化和兼并重组增加两大趋势、设计专业发展通道和提供职业保障的主张、主动理解和沟通"管理上司"的方法、企业文化构建要素、零缺陷管理和企业创新战略、非营利组织管理对企业的启示等洞见；组织部分讨论了公司治理、市场营销、绩效考核、研发、外包、联盟、生产流程革新等方面的最新思考。

《后资本主义社会》延续了《新现实》中社会发展进入"分水岭"后的阶段的判断并进一步展开深入思考。德鲁克认为传统的典型资本主义模式从二战以后就已经开始被逐渐颠覆，资本家控制生产资料、剥削工人的模式在生产力提高和中产阶级兴起背景下逐渐成为历史，知识取代资本成为最重要的生产要素，知识工作者通过组织发挥作用、贡献生产力并成为新的社会主导阶级。该书分社会、政治和知识三个版块描绘和分析了后资本主义社会的图景、问题和对策。社会部分描述了从资本主导转为知识主导的社会变化、组织社会中组织的特征功能结构、传统意义上劳资双方的新关系定位和未来互动方式、知识工作者构成的新的劳动力队伍提高生产力的方式以及以责任为基础的组织的运作方式；政治部分指出民族国家作为国际社会基本政治单位发挥作用的传统秩序格局在世界经济一体化和政治多元化的背景下受到挑战并演化出新的跨国政治协同机制，探讨了政府提高治理有效性以及社会组织补足政府功能塑造公民社会的可能性；知识部分分析了知识经济和知识工作带来的生产力提升，讨论了学校教育体系如何改进以适应知识社会的需求以及在知识社会中受过良好教育的个人应当符合哪些基本要求。

《巨变时代的管理》继续探明"已经发生的未来"的思路，讨论20世纪90年代前半段已经发生且不可逆转的变革并分析它们的影响。相较于前两本形势分析类的书《管理前沿》和《管理未来》，《巨变时代的管理》在保持写作目标、风格和体例的同时微调了论述框架，将经济、人、管理、组织四个部分调整为管理、组织、经济和社会四个部分，用"社会"替代原来的"人"，将人的境遇放在宏观的视野中去考察，也体现了德鲁克对后资本主义社会的新近思考。该书管理部分讨论了充分融合环境、使命和核心能力的企业经营之道，结合时代机遇和企业优势开展有计划创新来应对不确定性的策略，尊重消费者利益的定价方式，以企业而非家族逻辑开展的家族企业管理，基于美国历届总统成败经验总结的领导力准则以及基于共识和参与的网络社会的管理模式；组织部分剖析了以知识为基础的组织在多元化的社会中凝聚政治和社会力量产出经济绩效的作用，团队运行的三种模式及情境，组织所需要的信息以及对信息进行分析和运用的方法；经济部分论述了世界经济贸易形势和经验教训，美国、日本等环太平洋地区的经济发展态势以及新兴市场和海外华人力量的兴起；社会部分则解析了知识社会结构变化和运行机理，非营利组织的发展和启示，政府内政外交思维和政策的变革建议等。

《德鲁克论亚洲》根据德鲁克与日本大荣集团创始人中内功的书信往来编辑而成，二人依据各自所在领域的优势专长，围绕知识社会和知识经济背景下政府治理改革、世界经济格局、组织管理策略、企业发展机遇等展开了富有启发的探讨，通过企业家视角，紧密联系个人经历阐述了德鲁克的管理思想。二人不约而同地关注中国经济起飞为世界经济繁荣、管理实践发展和企业开拓创业提供的机遇。该书分"挑战时代"和"重塑时代"两部分，前者倾向于对现实变化形势的分析，后者则更多地讨论应对现实变化的策略。"挑战时代"探讨了中国经济发展给世界和日本带来的挑战和机遇，无国界世界中平衡全球、区域和地方三者关系的挑战和机遇，知识社会教育变革以及创新和企业家精神塑造所面临的机遇和挑战。"重塑时代"呈现了两位智者关于上述变革对个人、企业、社会和政府进行重塑的主张，通过提升绩效、准确定位和承担责任重塑知识社会中的个人，通过组织变革、厘清使命和提升行动力重塑知识社会中的企业，通过企业立足本质创造绩效、各类组织和个人广泛参与和非营利组织对公民意识的培养重塑社会，通过发挥市场配置资源优势、统筹国内国际政策和借助私营部门执行力重塑政府。

《德鲁克论管理》站在20世纪90年代的视角汇编德鲁克60年代到90年代在《哈佛商业评论》上发表的与管理相关的代表性文章，其中多篇在上述著作中先后采用。该书分为"管理者责任"和"管理者的世界"两个部分。第一部分选录了介绍企业基本管理实践的文章，涉及企业的战略制定、有效决策、选人任事、创新管理、绩效提升等主题；第二部分选录了分析知识经济背景下管理者应对策略的文章，涉及信息化的内涵和影响、知识社会的结构特征和工作场景、非营利组织的标杆实践和借鉴意义等主题。此外，该书在开篇和结尾引用了德鲁克关于"已经发生的未来"和"后资本主义社会"的经典论述，分别代表了德鲁克在社会生态学中探索出的独特思考方法和主要分析结果。

《21世纪的管理挑战》是20世纪末德鲁克结合最新时势观察和长年思考的积淀，较为全面地对其管理学思想的主要话题开展总结提升和与时俱进的再创新，通过捕捉当时发生的重要变化预测未来的趋势和挑战，为管理者提供应对的管理思维和方法。在管理理论方面，该书开篇即对管理和管理学的基本范式作出了反思，颠覆了管理领域的两套假设。第一套假设关于管理原则，即认为管理只是企业管理，只有一种恰当的组织形式以及只有一种有效的管理人的方式；第二套假设关于管理实践，即认为技术和用户是既有不变的，管理范围由法律决定，管理只针对内部以及管理以国家为界限。在战略方面，该书提出了五项发展趋势作为制定战略的基本考量，即发达国家日渐下降的人口出生率、可支配收入分配变化、定义绩效的方式变革、全球竞争力的新要求、经济上全球化和政治上分裂趋势的不协调。在创新变革方面，该书提出有计划放弃、持续改进和挖掘成功经验的原则，创新的机遇来源和陷阱类型，试点推进变革的策略和方法，以及如何在变革与连续性之间达成平衡。同时该书还以专题形式论述了应对信息时代挑战、应对提高知识工作绩效要求以及应对自我实现需要提升管理的问题和对策。

《下一个社会的管理》是世纪之交德鲁克孜孜不倦地观察社会生态提供管理洞见的力作，也是德鲁克正式出版的最后一本著作，既面向最新的政治经济社会发展形势，又沉淀着数十年来一以贯之的思考，为管理者在充满不确定性的世界中寻找引领组织发展的航标。该书分析信息时代社会结构和劳动力特征的变化动态，互联网对教育、医疗、商务以及组织模式的影响，知识工作者取得绩效的方法以及以首席执行官为代表的企业高管在新形势下应具备的素养；洞悉了新经济环境下涌现出的人力资源外包、金融服务创新和非营利组织发展等契机，并把握机遇创新创业过程中存在的四大陷阱，即因产品和服务没有在预想的领域取得成功而轻易放弃、只注重利润而忽视现金流、管理能力落后于企业扩张节奏、创业有成后将个人愿景置于企业目标之上；同时着眼世界经济的变动，勾勒出以专门功能为基础的组织构成的新多元化社会背景、民族国家主权政府和跨国公司在国际政治经济舞台竞逐态势、社会目标和经济目标在国家政策中的平衡互动情形以及各类组织在构建人类城市新社区过程中的功能和建树。

根据以上梳理，将本拟分阶段研究要点归纳如下。在这一阶段，基于已经形成的管理学思路和社会生态学的思考方法，德鲁克更加从容地运用和发展这两方面的成就，并通过将社会生态学对外部形势的研判和对变化机遇的发掘与组织管理学厘清目标使命的战略思维和发挥优势激发行动力的目标管理方法相结合，发展了创新创业这一面向未来的、对管理者和整个社会经济发展都不可或缺的学说。

一是与时俱进开展社会生态学观察。德鲁克与时俱进地捕捉世纪末世界政治、经济、社会发展的最新趋势，研究要点更加聚焦知识社会的政治、经济、社会动态，包括知识工作、信息时代、国际贸易和投资、非营利组织发展等；范围进一步扩大，从美国、日本等发达国家、资本主义国家，逐渐拓展到包括南美、东欧、东南亚在内的更广阔的国际舞台。

二是反思和完善管理学思想体系。德鲁克娴熟应用其经典管理思想指导实践，通过对他人和自己先前的管理思想的反思，一是提出了颠覆一般管理学诸多基本假设的新范式，指出管理学不存在一成不变的前提假设和适用所有人的管理方法，为其管理学思想注入了紧贴实践的活力和包容发展的开放性；二是结合非营利组织蓬勃发展承担起社会公民意识培养以及搭建新多元社会人际纽带的新动向，系统梳理了非营利组织管理的情境、问题、挑战和方法，拓展了其组织管理思想的范畴并为企业组织管理提供了新鲜的借鉴素材；三是勇敢否定了自己早期提出的企业内部"利润中心"等概念以及"工厂社区"等主张。

三是建立面向未来的创新创业学。德鲁克提出创新是提升资源产出能力的努力，创业是通过管理实现创新取得绩效的实践。创新创业的学问一方面来源于德鲁克的管理思想体系，他将创业（entrepreneurship）和日常管理（administration）视为管理的两个并行的组成部分，创业面向未来将资源重组到更高产出的领域，而日常管理面向当下将既有的工作做得更好（Drucker，2015）；另一方面也来源于德鲁克的社会生态学方法，创新创业的核心思路是顺应变化、发掘机遇并通过选择和行动把握机遇。随着政治、经济、社会和组织自身特点的快速变化和迭代，不确定性也不断增长，创新创业作为应对变化、发挥管理职能的交叉领域也愈发重要。为此，德鲁克系统总结了创新的定义内涵、机遇来源、实践方法、战略思维以及社会经济意义，帮助管理者破除创新创业依凭灵感和运气的误解，使其成为一套思路清晰、可学可做的学说，帮助管理者掌握应对未来的富有成效的方法。

可以看出，C类著作具有较为明确的阶段性研究要点，且要点间存在较为紧密的联系，可以视为一个有机的集合。

梳理过程中，本研究发现上阶段的《管理前沿》（1986）与本阶段著作有较为紧密的关联：第一，该书与本阶段的《管理未来》（1992）在内容上都是最新社会生态分析加管理启示梳理的融合，且体例编排上均分为经济、人、管理和组织四个专题呈现，在所分析的社会生态方面存在一定的连续性，所讨论的管理话题也主要围绕知识社会提升管理绩效展开；第二，该书以"社会创新"作为后记收束全书，与本阶段的著作专门系统论述"社会创新"的《非营利组织管理》（1990）形成紧密呼应；第三，作为文集，该书所收录的文章发表于1982年至1986年，讨论的政治经济现实也基本发生在20世纪80年代初。因此，拟对著作聚类的形成的阶段划分结果进行微调，将《管理前沿》（1986）归入第三阶段。

4.3 阶段划分方案以及各阶段研究要点和主题的提出

4.3.1 阶段划分初步结论

经讨论和归纳，可以得出初步结论，A、B、C三类著作具有较为明确的阶段性研究要点，且每类要点间均存在较为紧密的联系，可以视为三个有机的集合。通过对个别著作（《管理前沿》）的归属进行微调，调整后的三类著作时间跨度仍为：第一阶段为20世纪30年代末到60年代末，研究的内容主要对应工业社会成熟阶段的社会现实；第二阶段为20世纪60年代末到80年代初，研究的内容主要对应工业社会向知识社会过渡阶段的社会现实；第三阶段为20世纪80年代初到21世纪初，研究内容主要对应知识社会深化发展的社会现实。

4.3.2 各阶段研究要点和主题的提出

按照上述阶段划分，每个阶段的研究要点分别为：第一阶段通过对工业社会现实问题和对策的思考构建了较为完整的管理学思想体系，并开始对后工业社会的趋势展开研判；第二阶段通过多角度、大范围地开展后工业社会的发展要素研究形成社会生态学的立场和方法，并用观察和分析的结果补充和完善管理学研究；第三阶段通过坚持对知识社会发展动态和挑战进行社会生态学的观察，为管理理论和实践提供指导和参考，与时俱进地反思管理的基本假设并调整对企业组织社会功能的基本判断。

由此分析，德鲁克管理思想三个演进阶段分别具有相对明晰的研究要点。其中，第一阶段研究要点为工业社会分析报告、管理思想体系构建和后工业社会趋势初探；第二阶段研究要点为后工业社会趋势系统扫描、社会生态学目标和方法确立以及管理思想体系补充改进；第三阶段的研究要点为知识社会观察研判、管理思想体系反思完善和创新创业学说建立。

本研究认为，通过进一步整合，可以分析对应各阶段的三个研究要点之间的关系并进一步整合凝练出各阶段的研究主题。

第一个阶段处于工业社会成熟和知识社会方兴未艾的时期，德鲁克从工业社会面临的问题出发，思考社会如何为人类提供福祉，因而给出了工业社会分析报告，并进一步发掘工业社会发展过程中孕育的后工业社会发展元素，且工业社会分析报告和后工业社会的初探都水到渠成地引出了德鲁克关于组织管理和管理原则的系统性思考，并成为其思想体系中最为人们熟知的面向，因此这一阶段的研究主题可以归纳为"通过观察工业社会的现实问题和发展趋势，构建管理思想体系"。

第二个阶段处于工业社会向后工业社会转型的时期，后工业社会的扫描的内容占据绝大部分比重，系统而全面，专门论述管理的内容较少，且大多是紧密结合社会生态观察作出的，可以说这一阶段思考推进的主线是工业社会向后工业社会转型过程中的社会生态的跟踪观察以及前一阶段形成的管理思想中相关要点的深化和阐释。这一阶段所进行的大量社会观察工作与时俱进，在得出一系列极具启发性的观点和主张的同时，更加促进了德鲁克社会生态学研究理念和方法的形成。

第三个阶段处于知识社会快速发展的时期，德鲁克对社会生态的观察也集中在科技进步、信息化发展、流程再造、管理创新、非营利组织发展等领域，在此基础上进行的对管理思想体系的反思和完善也取得了重要成果，且更具有面向未来意义和统领性特征的是德鲁克综合了知识社会生态观察中拥抱变化、发掘机遇的要领和管理思想中关于目标绩效和战略变革的经典主张，系统总结了创新创业的理念和方法，并将其建立为一套可学可用的学说。

与此同时，德鲁克管理思想体系的不同阶段之间虽然有主题和研究要点之分，但是按照德鲁克自己的说法，其著作主要分为两类，一是为人熟知的管理学著作，二是他自己更加看重的有关社区、社会和政治方面的著作（Drucker，1994），这一分类基本对应着本书所探讨的管理学和社会生态学两个领域。德鲁克管理思想发展是一个对社会生态观察思考和对管理原则方法总结凝练交替进行的过程，这些思考源于社会发展产生的问题。德鲁克在对社会发展中的问题进行观察和分析的过程中，一方面不断综合调用学科的知识积累和储备并总结形成一套系统的研究方法，即德鲁克的社会生态学思想；另一方面根据观察的结果研究对策，即德鲁克的管理学思想。简言之，德鲁克在这两方面思想的发展是一个持续回应现实的交替迭代和螺旋上升的过程。

德鲁克各阶段的管理思想统一于一个有机的整体，贯穿始终的发展脉络呼之欲出。为了寻找这一脉络，本研究在后续部分追溯德鲁克管理思想形成的个人经历背景、社会现实背景和思想文化背景，从而形成对德鲁克管理思想形成的情境因素的深入理解，并且结合分阶段要点分析提炼德鲁克管理思想的发展脉络。

4.4 阶段划分和归纳的合理性讨论

为了进一步考量前文著作聚类和内容梳理结果的合理性和可靠性，本研究将综合运用文献计量学和质性文本分析方法对前文结果进行讨论：一是通过对美国经济政治社会在20世纪30年代到21世纪初的演进阶段特征的分析，考察思想演变阶段划分的合理性；二是通过对各阶段高频词的提取和分析，考察每阶段研究要点提取的合理性；三是通过对各阶段特征词的提取和分析，考察每阶段主题凝练的合理性。

4.4.1 分阶段高频词分析

按照研究设计部分介绍的方法，本研究分别提取了三个阶段排名前50的有效高频词或词根汇总成表，详见表4-2。高频词直接表征的语义和联系的关系网络在很大程度上反映了所属阶段著作的研究要点。

表 4-2　3 类著作排名前 50 高频词

ID	A 类（第一阶段）		B 类（第二阶段）		C 类（第三阶段）	
	高频词	词频	高频词	词频	高频词	词频
1	manag	7882	manag	3143	work	3058
2	busi	5292	work	2720	manag	2861
3	work	4202	econom	2710	organ	2670
4	product	3932	busi	2678	busi	2660
5	organ	3639	product	2328	peopl	2550
6	compani	3072	countri	2199	product	2133
7	societi	2799	peopl	2060	compani	1988
8	econom	2773	develop	2015	knowledg	1952
9	industri	2771	industri	1825	market	1933
10	social	2561	organ	1778	develop	1776
11	worker	2299	american	1774	world	1772
12	job	2231	compani	1732	chang	1649
13	market	2050	world	1716	countri	1634
14	man	2035	social	1654	econom	1559
15	peopl	1993	govern	1651	industri	1482
16	develop	1936	technolog	1598	innov	1415
17	decis	1864	polit	1580	societi	1377
18	function	1856	job	1455	american	1338
19	enterpris	1816	societi	1418	govern	1313
20	perform	1709	economi	1365	japan	1175
21	respons	1691	knowledg	1350	inform	1170
22	result	1660	japanes	1294	servic	1166
23	govern	1552	state	1233	economi	1155
24	union	1471	market	1215	success	1125
25	effect	1452	pension	1208	know	1125
26	power	1432	capit	1206	state	1122

续表

ID	A类（第一阶段）		B类（第二阶段）		C类（第三阶段）	
	高频词	词频	高频词	词频	高频词	词频
27	individu	1382	chang	1206	cost	1076
28	profit	1304	japan	1128	worker	1064
29	know	1271	unit	1085	social	1058
30	polit	1259	institut	1067	job	1029
31	general	1249	employ	1030	perform	985
32	system	1248	labor	1025	unit	974
33	institut	1246	power	1012	result	969
34	cost	1215	worker	1009	japanes	952
35	control	1200	polici	1001	institut	951
36	knowledg	1200	result	973	manufactur	942
37	countri	1197	know	966	war	896
38	chang	1194	system	930	school	876
39	american	1186	cost	860	learn	857
40	execut	1169	fund	855	polit	828
41	demand	1150	school	826	educ	785
42	war	1145	tradit	821	power	754
43	unit	1094	nation	804	effect	749
44	world	1083	war	776	execut	717
45	polici	1072	decis	763	nonprofit	698
46	men	1060	perform	755	technolog	694
47	servic	1015	educ	753	custom	694
48	plant	1010	interest	747	system	687
49	structur	989	man	746	creat	677
50	success	980	union	724	polici	662

合理性讨论一：第一阶段研究要点为工业社会分析报告、管理思想体系构建和后工业社会趋势初探。第一阶段高频词与研究要点关联性分析如表4-3所示。

表 4-3　第一阶段高频词与研究要点关联性分析

研究 要点	高频词 数量	对应高频词	关联性解读
工业社会 分析报告	22	societi, social, function, institut, job, man, men, people, union, individu	社会中个人的处境以及组织机构的职能
		economy, demand, industri, enterpris, plant	经济中市场、产品、服务以及公司、企业、工厂等经济单元
		govern, power, polit, polici, countri, world, war	政治中权力、政策和国际关系
管理思想 体系构建	21	manag, organ, unit, compani, system, control, execut, structur	管理的单元、机构、系统和控制
		busi, profit, cost, perform, result, effect, success, market, produc, servic	企业的利润、成本和绩效
		respons, decis	责任和决策
		general （motors）	德鲁克企业组织研究的案例通用汽车
后工业 社会趋 势初探	7	develop, know, knowledg, chang, american, work, worker,	发展变化的趋势，以及引发德鲁克关注的知识和知识工作者

第一拟分阶段对著作中的50个高频词进行筛选分类，全部可以归入上文总结的本阶段三个研究要点，较好地印证了本阶段研究要点的归纳。"工业社会分析报告"对应的高频词有22个，这一部分既是工业社会分析报告的过程与结果，也是管理思想体系构建的前提与素材，占比较大，合乎情理；与"管理思想体系构建"对应的高频词有21个，这部分为本阶段的重要成果，也为德鲁克整个管理思想体系的形成奠定了坚实基础，比重合理；与"后工业社会趋势初探"对应的有7个，由于是衔接下一阶段研究要点的探索与开启，比重相应较小，较为合理。

合理性讨论二：第二阶段研究要点为后工业社会趋势系统扫描、社会生态学目标和方法确立以及管理思想体系补充改进。第二阶段高频词与研究要点关联性分析如表4-4所示。

表 4-4 第二阶段高频词与研究要点关联性分析

研究要点	高频词数量	对应高频词	关联性解读
后工业社会趋势系统扫描	38	social, societi, institut, organ	社会中的组织
		econom, industri, economi, market, capit, interest	经济中的市场、资本、利润
		govern, polit, power, polici, country, american, world, japanes, state, japan, nation, war, tradit	政治中的权利、政策、国际关系、美国和日本的经验
		knowledge, work, worker, technolog, know, school, educ	科技、教育、知识工作和知识工作者
		people, job, pension, employ, labor, fund, man, union	养老金革命对工作者社会地位属性关系的影响
社会生态学目标和方法确立	2	develop, chang	发展和变化
管理思想体系补充改进	10	manag, company, unit, system	管理中的企业
		busi, perform, product, result, cost	企业目标和绩效
		decis	决策

第二拟分阶段对著作中的50个高频词进行筛选分类，全部可以归入上文总结的本阶段三个研究要点，与"后工业社会趋势系统扫描"对应的高频词有38个，与"社会生态学目标和方法确立"对应的有2个，与"管理思想体系补充改进"对应的有10个，次数分布比例也反映了第一个研究要点"系统扫描"（因为系统全面所以对应词较多）、第二个研究要点"方法确立"（因为是抽象的方法所以直接对应的词较少）以及第三个研究要点"补充改进"（对应词不多）的判断定位，较好地印证了本阶段研究要点的归纳。

合理性讨论三：第三阶段的研究要点为知识社会观察研判、管理思想体系反思完善和创新创业学说建立。第三阶段高频词与研究要点关联性分析如表4-5所示。

表 4-5　第三阶段高频词与研究要点关联性分析

研究要点	高频词数量	对应高频词	关联性解读
知识社会观察研判	32	societi, social, job, people, institut, organ	社会中的组织和人
		economy, service, economi, manufactur, industri	经济中的工业生产和服务提供
		govern, state, polit, power, polici, world, country , war, american, japan, japanes	政治中的权力、政策、国家、国际关系、美国和日本经验
		knowledge, know, work, worker, inform, school, learn, educ	信息、教育、知识工作和知识工作者
		nonprofit, charity	非营利组织兴起
管理思想体系反思完善	11	manag, execut, unit, system	管理系统和单元
		busi, product, cost, perform, result, effect, success	企业目标和绩效
创新创业学说建立	7	innov, creat, chang, develop	创新创造应对变化发展
		market, technolog, custom	创业基于市场、科技和顾客

　　第三拟分阶段对著作中的50个高频词进行筛选分类，全部可以归入上文总结的本阶段三个研究要点，较好地印证了本阶段研究要点的归纳。"知识社会观察研判"对应的高频词有32个，较大的占比符合德鲁克与时俱进跟踪观察社会生态的判断；与"管理思想体系反思完善"对应的有11个，占比居中，符合"反思和改进"的判断；与"创新创业学说建立"对应的有7个，因为此部分较为专门，占比较小，符合预期。

　　综合上述三阶段分析，高频词的提取结果能够与三个拟分阶段的研究要点形成合理的对应，"德鲁克管理思想三个演进阶段分别具有相对明晰的研究要点"这一结论得到较好的支撑。

　　每一阶段高频词的分析给出了与前期提炼研究要点吻合的证据，同时也在细节上释放出有意义信息：第一，按照德鲁克对自己著作的二分法，关于"社会生态"的高频词明显多于关于"管理"的高频词根，印证了他本人更加"看重社区、社会和政治"的论断；第二，每一阶段中关于社会、经济、政治和管理的关键词存在大量的重合，这说明德鲁克的管理思想发展存在一些一以贯之的主线，如societi、economi、govern、manag等词根表征了德鲁克研究的领域，perform可能代表德鲁克管理思想对绩效的重视，甚至战后半个多世纪war一直出现在德鲁克的著作中可能意味着战争和社会功能崩塌在德鲁克心理和思想上留下的深刻烙印，并使其不断思考如何通过卓有成效的管理促进社会有效运行；第三，每一阶段的高频词中都有一些具有特点的词，如responsi只出现在了第一阶段的高频词中，可能说明这一阶段的管理思想重视对管理者或管理社会责任的思考，japan从第二阶段开始才出现在高频词根中，可能与日本经济崛起和管理成熟的时间恰好吻合，nonprofit和information在第三阶段才出现在高频词中，可能意味着非营利组织管理和信息化时代直到第三阶段才成为独立而完整的研究要点。

4.4.2 各阶段特征词和著作节点加权度分析

对于高频词的分析在总体上印证了本研究提出的阶段研究要点均能得到较好的支撑，但是各阶段内部的研究要点之间有无主辅之分，每个阶段中是否有要点能够代表和统领其他要点，从而代表这一阶段的最显著特征并描述这一演进阶段主要工作是需要进一步探讨的话题。

本部分采用特征词分析的方法开展考察，将每一类的著作集合作为目标语料库，所有著作集合作为参照语料库，即将第一阶段10本著作、第二阶段8本著作和第三阶段11本著作归整成三个子语料库，和所有29本著作构成的总语料库进行对比，用antconc软件生成每一个子语料库的特征词表，共生成三个特征词表。根据keyness值，即词语在该子语料库中的代表性大小，排除无实际意义的虚词、一般性形容词、特殊符号等无效词语后，每类取前10个特征词用于分析，如表4-6所示。

表4-6　3类著作中keyness排名前10的特征词

ID	A 类		B 类		C 类	
	特征词	keyness	特征词	keyness	特征词	keyness
1	management	331.027	pension	438.876	information	260.728
2	enterprise	330.248	labor	215.377	knowledge	214.072

ID	A 类		B 类		C 类	
	特征词	keyness	特征词	keyness	特征词	keyness
3	manager	309.537	retirement	204.636	China	177.162
4	man	302.642	Japanese	199.206	volunteers	164.328
5	business	205.794	ethics	166.233	Japan	161.004
6	worker	191.377	countries	159.079	people	142.48
7	industrial	153.249	age	155.438	organizations	142.366
8	union	150.713	keyness	152.853	mission	134.501
9	plant	130.328	technology	139.685	innovation	126.837
10	motors	126.386	capital	130.697	entrepreneurial	122.09

与此同时，本研究还运用著作网络分析中的节点加权度分析，识别每一本著作的重要程度，加权度表示一本著作与其他著作联系的条数和关联度的情况，联系越多、关联度越大则说明该作品对其著作网络覆盖的其他作品的代表性越高，其本身的重要程度相对于其他作品也越高。将加权度数据归入分组观察，则可以获得每一阶段中各著作的重要性和代表性情况。一本作品的加权度值较高，则表明该作品所探讨的主题更加能够表征这一阶段著作整体传达主题的情况。根据加权度大小设置节点大小，如图4-2所示：

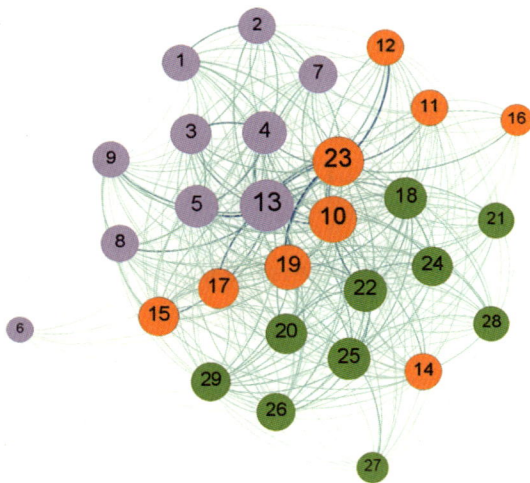

图 4-2　著作关系网络中的加权度

合理性讨论一：第一阶段主题是通过观察工业社会的现实问题和发展趋势，构建管理思想体系。

对A类著作即第一阶段的作品中最具代表性的10个特征词逐一判别其与第一阶段拟确定主题"通过观察工业社会的现实问题和发展趋势，构建管理思想体系"的关联，分析汇总如表4-7所示。10个特征词均与"管理"这一主题相关，其中4个主要与管理相关，另外6个与管理有关联的同时与工业社会的现实问题和发展趋势相关，这一方面说明本阶段的主题聚焦在管理，另一方面说明主题对管理的聚焦是在对工业社会现实问题和发展趋势的观察研判的基础上形成的。

表4-7　A类特征词与主题关联性分析

排序	特征词	特征值	意义解读	与主题关联
1	management	331.027	表征管理研究的主题	主要与管理关联
2	enterprise	330.248	这一阶段管理研究的主要对象是企业，工业社会的主要经济组织单元也是企业	与管理和工业社会现实问题均关联
3	manager	309.537	管理者是管理工作的执行者	主要与管理关联
4	man	302.642	人是研究管理的目的也是管理的核心，德鲁克的管理思想始于思考如何通过让组织富有绩效而使得社会有效运行，进而促进人的发展和人生意义的实现	与管理、工业社会现实问题和发展趋势均关联
5	business	205.794	管理的业务载体，包含着管理中宗旨、目标、战略等内涵	主要与管理关联
6	worker	191.377	工人即其工作的特征、处境和诉求是管理工作如何开展的依据，也是社会生态的重要组成部分	与管理、工业社会现实问题和发展趋势均关联
7	industrial	153.249	该阶段管理研究的主体是工业制造企业的情况	主要与工业社会现实问题关联
8	union	150.713	工会是工业社会社会生态中的重要政治力量，与管理层形成一定的制约和张力	与管理和工业社会现实问题均关联

排序	特征词	特征值	意义解读	与主题关联
9	plant	130.328	工厂是典型的工业社会组织单元，也是这一阶段组织管理的重要现实原型	与管理和工业社会现实问题均关联
10	motors	126.386	德鲁克管理思想形成过程中研究的最典型案例通用汽车（General Motors）	主要与管理关联

这种管理为主、工业社会现实问题和发展趋势分析为辅助支撑的关系在本阶段著作加权度值的比较中也得到了较好的体现，如表4-8所示。

表4-8　第一阶段著作加权度排序

排序	ID	书名	中文译名	加权度值
1	13	Management: Tasks, Responsibilities, Practices	《管理：使命、责任、实务》	6.838
2	4	The New Society	《新社会》	5.242
3	5	The Practice of Management	《管理的实践》	5.075
4	3	Concept of the Corporation	《公司的概念》	4.620
5	7	Landmarks of Tomorrow	《明日的里程碑》	4.212
6	8	Managing for Results	《成果管理》	4.109
7	1	The End of Economic Man	《经济人的终结》	3.999
8	2	The Future of Industrial Man	《工业人的未来》	3.940
9	9	The Effective Executive	《卓有成效的管理者》	3.908
10	6	America's Next Twenty Years	《美国的下一个 20 年》	2.144

《管理：使命、责任、实务》的加权度值以明显优势排在第一位，说明这本系统总结管理理论和原则的著作与该类型作品有着广泛和深入的关联，在这一阶段具有突出的重要性和代表性。工业社会现实问题和发展趋势方面的著作按加权度排列依次为《新社会》《明日的里程碑》《经济人的终结》《工业人的未来》《美国的下一个20年》。其他管理思想方面的著作按加权度排列依次为《管理的实践》《公司的概念》《成果管理》《卓有成效的管理者》。两类作品交替出现，彼此关联。

以上结果均支持第一阶段的主题界定：通过观察工业社会的现实问题和发展趋势，构建管理思想体系。

合理性讨论二：第二阶段主题是通过跟踪工业社会向知识社会转型中的社会生态变化的研究积累，确立社会生态学的理念和方法。

对B类著作即第二阶段的作品中最具代表性的10个特征词逐一判别其与第二阶段拟确定主题"跟踪工业社会向知识社会转型中的社会生态变化的研究积累，确立社会生态学的理念和方法"的关联，分析汇总如表4-9所示。

表 4-9　B 类特征词与主题关联性分析

排序	特征词	特征值	意义解读	与主题关联
1	pension	438.876	养老基金的创新使得美国工人分散持有了公司大部分的股份，打破了资本主义社会资本家掌握生产资料所有权的传统定义，深刻地改变了社会关系	与转型期社会生态关联
2	labor	215.377	劳动力结构和特点在工业社会向知识社会发展的转型期发生了巨大的变化，这一时期世界各国的人口结构变化特征也对劳动力队伍的构成产生了显著影响，这些变化成为德鲁克社会生态观察的重要发现和趋势变化的研判依据	
3	retirement	204.636	养老基金、退休年龄规定、退休后兼职就业政策、在岗和退休的人口比例等都是这一时期德鲁克关注的社会生态话题	
4	Japanese	199.206	日本经济起飞后强劲的发展态势及其背后起支撑作用的管理经验、文化特性、社会特征、经济政策、政治立场为管理者了解世界局势和企业管理提供了重要参考	
5	ethics	166.233	德鲁克对企业组织促进社会有效运行并承担社会责任寄予厚望，这激发了他融通东西方道德伦理的思想成果对商业伦理的思考	
6	countries	159.079	相较于上一阶段德鲁克将视野从美国扩大到更加广泛的世界范围，为管理者获得更加全面的社会生态参考	

续表

排序	特征词	特征值	意义解读	与主题关联
7	age	155.438	年龄是人口结构的关键指标，而人口结构是研判社会发展变化趋势的核心切入点之一	
8	keynes	152.853	德鲁克认为凯恩斯的宏观经济思想在回应新的经济现实中存在缺陷，并借助与凯恩斯理论的对话提出自己的主张	与转型期社会生态关联
9	technology	139.685	技术发展是工业社会向知识社会转型的重要力量，并且深刻地影响着工作和组织方式的变革	
10	capital	130.697	资本是进行社会生态观察重要的经济要素，在工业社会向知识社会转型的过程中，资本作为生产要素的决定性地位逐渐被知识取代，引发了劳动关系的深刻变化	

由此可见，10个特征词均与"工业社会向知识社会转型中的社会生态变化"这一主题相关，而没有特征词能直接和"确立社会生态学的理念和方法"这一主题关联。这一方面充分证明了社会生态观察确实是该阶段研究的重点，另一方面也不能否定确立社会生态学理念和方法的合理性，因为确立方法本身较为抽象，不易被具体词语直接表征。为此，本阶段通过对著作加权度值的比较来进一步分析，如表4-10所示。

表4-10　第二阶段著作加权度排序

排序	ID	书名	中文译名	加权度值
1	23	The Ecological Vision	《生态远景》	6.427
2	10	The Age of Discontinuity	《不连续的时代》	5.859
3	17	The Changing World of the Executive	《变动中的管理界》	4.615
4	15	Managing in Turbulent Times	《动荡时代的管理》	4.479
5	11	Technology, Management, and Society	《技术、管理和社会》	3.927
6	14	The Pension Fund Revolution	《养老金革命》	3.915
7	12	Men, Ideas, and Politics	《人、理念和政治》	3.882
8	16	Toward the Next Economics and Other Essays	《迈向经济学新纪元及其他论文》	3.125

《生态远景》的加权度值以明显的优势排在第一位，在这一阶段具有突出的重要性和代表性。而在前文文本梳理部分已经发现德鲁克集中阐释社会生态学研究理念的文章《一个社会生态学家的思考》恰为《生态远景》一书的后记，对全书的内容和主旨进行总结和升华。由此可以推断，社会生态学的方法和理念在这一阶段德鲁克的思想成果中具有举足轻重的意义。

以上结果较好地支持第二阶段的主题界定：通过跟踪工业社会向知识社会转型中的社会生态变化的研究积累，确立社会生态学的理念和方法。

合理性讨论三：第三阶段主题是通过整合知识社会背景下管理学和社会生态学思想，建立面向未来的创新创业学说。

对C类著作即第三阶段的作品中最具代表性的10个特征词逐一判别其与第三阶段拟确定主题"通过整合知识社会背景下管理学和社会生态学思想，建立面向未来的创新创业学说"的关联，分析汇总如表4-11所示。

表 4-11 C 类特征词与主题关联性分析

排序	特征词	特征值	意义解读	与主题关联
1	information	260.728	信息技术的发展带来了信息经济和信息社会的联动发展，是知识社会重要的发展方向，也是管理变革和创新创业的新现实背景	与知识社会和创新创业关联
2	knowledge	214.072	知识是知识社会的核心生产力，知识工作是知识社会的典型工作形态，知识工作者是知识社会的中坚力量，共同构成管理变革和创新创业的新现实背景	与知识社会、社会生态和创新创业关联
3	China	177.162	临近世纪末中国成为世界发展的重要增长极，引发了德鲁克的关注，成为管理者了解国际经济发展动态、研判发展机遇的参考	与社会生态关联
4	volunteers	164.328	志愿者组织蓬勃发展，为知识社会背景下企业管理提供了重要借鉴，为补足企业组织和政府组织在履行社会功能方面的短板提供了支撑	与社会生态和管理关联

续表

排序	特征词	特征值	意义解读	与主题关联
5	Japan	161.004	继续关注日本在经济、政治、社会、文化和管理方面的经验教训，分析美日双边及其他经贸关系，为管理者提供国际社会生态参考	与社会生态关联
6	people	142.48	人是德鲁克所有社会生态和管理思考的出发点和归宿，也是其具体思想主张提出的依据	与知识社会、社会生态和管理关联
7	organizations	142.366	组织是管理的载体，是社会功能实现的单位，是知识社会发生重大形态变革的场合	与知识社会、社会生态和管理关联
8	mission	134.501	使命是组织存在的合法性依据，是组织承担的社会功能所在，也是战略思考的重要内容和目标管理实施的起点	与社会生态和管理关联
9	innovation	126.837	创新在社会生态中对应着拥抱变化、把握机遇的主张，在管理中对应着准确定位、制定战略、提升效率的主张，是社会生态观察和管理学思考的有机结合	与创新创业关联
10	entrepreneurial	122.090	创业可以宽泛地理解成在开拓进取的企业家精神驱动下，在经济、社会、政治各类组织中采取系统化的创新行为提高各类资源经济产出和社会效益	与创新创业关联

由此可见，10个特征词中有4个与"创新创业"相关，其中2个直接相关，2个兼与"知识社会"和"社会生态"相关，说明创新创业确为这一部分的特征内容；7个特征词与"社会生态"单独或兼有关联，4个特征词与"知识社会"单独或兼有关联，4个特征词与"管理"单独或兼有关联，说明本阶段主题中"知识社会背景""管理学思想""社会生态学思想"和"创新创业学说"的相关要点均得到较好体现。但是，共同出现并不能揭示通过整合前三者建立创新创业学说的逻辑关系；4个特征词与创新创业相关，与前三者相比，也不具备数量优势，无法体现"建立创新创业学说"这一要点比前三个要点更加重要。为此，本研究通过对本阶段著作加权度值的比较进一步讨论"建立

创新创业学说"在本阶段中德鲁克思想发展中的地位，如表4-12所示。

表4-12　第三阶段著作加权度排序

排序	ID	书名	中文译名	加权度值
1	19	The Frontiers of Management	《管理前沿》	5.507
2	22	Managing for the Future	《管理未来》	4.991
3	25	Managing in a Time of Great Change	《巨变时代的管理》	4.936
4	18	Innovation and Entrepreneurship	《创新与企业家精神》	4.853
5	20	The New Realities	《新现实》	4.662
6	24	Post-Capitalist Society	《后资本主义社会》	4.487
7	29	Managing in the Next Society	《下一个社会的管理》	4.310
8	26	Drucker on Asia	《德鲁克论亚洲》	4.138
9	21	Managing the Non-Profit Organization	《非营利组织的管理》	3.833
10	28	Management Challenges for the 21st Century	《21世纪的管理挑战》	3.753
11	27	Peter Drucker on the Profession of Management	《德鲁克论管理》	3.011

最能代表"建立创新创业学说"的著作为《创新与企业家精神》，加权度排在此阶段11本著作中的第三位，但并未形成绝对的重要性和代表性优势，也无法支持讨论结果中"建立创新创业学说"相较于"知识社会背景""管理学思想""社会生态学思想"这三点更加重要的潜在推断。

再从加权度排名居于前三的著作——《管理前沿》《管理未来》《巨变时代的管理》来看，这三本书恰好是体例基本一致的论文集，都分为管理、经济、人（社会）、组织四个章节，先后收录了20世纪80年代到90年代德鲁克综合探讨知识社会生态和管理启示的文章，如《管理未来》前言指出的"帮助管理者在混乱、危险、快速变化的经济、社会和科技环境中采取行动和创造成果，也就是帮助他们取得绩效"。由此概括出本阶段著作的重点在于通过跟踪知识社会发展进程为管理者提供社会生态背景知识和管理对策。

其余的著作中，《新现实》《后资本主义社会》《德鲁克论管理》《21世纪的管理》《下一个社会的管理》的主题也属于帮助管理者在纷繁的环境中发现变化、把握机遇并有效采取行动一类，《德鲁克论亚洲》是以书信往来的体例聚焦中国和日本经济发展和机遇的作品，而《创新与企业家精神》和《非营利组织的管理》是对知识社会背景下创新和第三部门发展这两个主题的系统研究专著。但在知识社会，创新是回应社会生态变化的原则，也是管理策略的要义，包括本阶段德鲁克浓墨重彩地进行专题研究的非营利组织本身也是一种社会创新，所以创新创业仍应视为本阶段的重要主题。

在进行合理的推演之后，我们可以得出以下结论：前期关于第三阶段的主题描述有所偏差，因此将第三阶段的主题修正为"通过跟踪知识社会发展进程为管理者提供社会生态背景知识和管理对策，以创新提升绩效"。

4.5 本章小结

本章通过著作聚类的方法对德鲁克的29本著作进行了分组，并依据所分三组著作的出版时间提出德鲁克管理思想发展的三阶段划分。通过对各演进阶段内著作内容的分析对阶段划分的合理性进行论证，同时初步概括各阶段若干研究要点，并综合各要点归纳整个阶段的研究主题。

分阶段提取演进各阶段内的高频词并进行语义分析，讨论并印证了对各阶段研究要点的概括：德鲁克管理思想三个演进阶段具有相对明晰的研究要点，第一阶段研究要点为工业社会分析报告、管理思想体系构建和后工业社会趋势初探；第二阶段研究要点为后工业社会趋势系统扫描、社会生态学目标和方法确立以及管理思想体系补充改进；第三阶段的研究要点为知识社会观察研判、管理思想体系反思完善和创新创业学说建立。

分阶段提取各演进阶段内的特征词并分析各阶段内著作节点加权度，讨论并印证了各阶段研究主题的归纳：第一阶段主题是通过观察工业社会的现实问题和发展趋势，构建管理思想体系；第二阶段主题是基于跟踪工业社会向知识社会转型中的社会生态变化的研究积累，确立社会生态学的理念和方法；第三阶段主题是通过跟踪知识社会发展进程为管理者提供社会生态背景知识和管理对策，以创新提升绩效。

5 双线交融的发展脉络

德鲁克管理思想不同演进阶段的主题和要点有较大的差异，但在差异中又蕴含一以贯之的发展脉络。德鲁克思想阶段的变化过程，不仅受到时代发展和现实背景的影响，也受到德鲁克长期以来的个人经历和思想文化背景的影响。本部分将追溯德鲁克管理思想形成的个人经历背景、社会现实背景和思想文化背景，深入理解德鲁克研究动机，进而结合前期分阶段要点分析提炼德鲁克管理思想的发展脉络。

5.1 德鲁克的生平经历和成长背景

德鲁克出生于奥地利的社会精英家庭，受到良好的知识教育和人文熏陶。父亲在奥匈帝国政府经济部门担任高级公务员，母亲是同龄人中最早学习医学的女性之一，祖母是维也纳爱乐乐团的音乐家，亲友中不乏政治、经济、文化界的知名人士，奥地利经济学派的代表人物熊彼特是其父亲的好友。受路德教派的影响，德鲁克家的宗教信仰不受教条的桎梏，氛围较为自由。德鲁克就读的施瓦茨瓦尔德学校教学风格独树一帜，老师独特的教学法潜移默化地塑造了他对人格发展和心理学原理的直觉和敏感（Siemsen & Reschke，2013）。幼时和少年的成长经历使得博雅教育、古希腊罗马等西方文化经典、宗教信仰在德鲁克经济学实践和理论等管理思想的底层结构中扎根。

在完成拉丁语高级中学的学业后，德鲁克前往德国汉堡，在一家进出口贸易公司担任实习职员，随后进入汉堡大学法律系修读。期间，他博览群书，其中包括深深影响了他人生观的丹麦哲学家索伦·克尔凯郭尔所著的《恐惧与战栗》（贝蒂，

2006）。德鲁克在汉堡生活了一年多，发表了两篇经济学方面的学术文章，继而移居法兰克福，先后担任实习证券分析师、金融评论员和专栏编辑，并转学到了法兰克福大学。最后因为国籍无法考取法学博士，拿到了公法及国际关系博士学位。求学和初涉职业生涯的经历发掘和证实了他的写作天赋，奠定了他社会百科全书式的创作视野和纪实文学般夹叙夹议的写作风格，启发了他对经济组织的兴趣和理解，为他日后走上以公司为典型、探索社会组织的思想之路打下基础。

此后德鲁克移民美国，先后在位于纽约州布朗克斯威尔的萨拉·劳伦斯学院、佛蒙特州的本宁顿学院任教，开始了他集传道授业、学术研究、管理咨询于一体的笔耕不辍的传奇生涯。起先德鲁克以政治学研究为主攻方向，取得不俗的表现。1943年，德鲁克应通用汽车公司公关部副总裁保罗·加勒特的邀请开展咨询研究，走上直面问题的对策性研究之路，并以此走进了当时还未被主流学术界界定的新领域——管理学，这一抉择使得政治学界少了一位大师，却使管理学作为一个学科获得了更好的发展。德鲁克随后的生涯便进入了大众较为了解的阶段，先后在纽约大学和克莱蒙特大学任教，成为管理学界和管理咨询界的巨擘。德鲁克经历了两次世界大战期间发生的社会动荡与变革，又见证了大萧条带来的巨大社会影响。这促使他以美国为观察试验场，深入思索如何在个体与集体、自由与责任之间找到恰到好处的中间状态。

德鲁克丰富的成长经历使其管理思想根植在欧洲大陆丰厚的文化土壤之上，并不断地得到来自美国社会文化元素的滋养，形成了其兼容并蓄、自成一体的管理学思想体系。

5.2 德鲁克的研究动机和时代背景

德鲁克的管理思想是时代的产物，他在充满巨变的时代建立和发展自己的管理学原理。受到第二次工业革命的影响，大量人口从农村迁往城镇，工业化对城市格局重塑，企业发展带来巨额财富创造，中产阶级群体兴起壮大、规模稳定，这些变化从乡村农业社会跨越到城市工业社会，快速的经济增长和日新月异的变化也带来了诸多社会问题，如城市过载、食品短缺、财富集中在少数人手中、世界大战的爆发、经济萧条、商业垄断以及劳资群体之间的裂痕（Guy，2000）。

面对发展带来的冲突和矛盾，德鲁克对管理的研究肇始于对功能社会的探索，希望帮助身处其中的人们获得人生的意义（Maciariello，2005）。在二战以后资本主义（李惠斌和德里克，2007）经济获得改良和蓬勃发展的美国，德鲁克将其构建功能社会的愿景寄托于对企业组织管理的深入研究。期间，他从人性善意的角度出发，提出了后来广受管理学界和实践界认可的目标管理；并从防范人性堕落的角度出发，提出了事业部模式和董事会、监事会、管理层三权分立的公司治理模式。这一治理模式成为其管理学思想直接指导管理实践的代表性成就。这部分内容是德鲁克管理思想中最为管理实践者所熟悉和推崇的部分，也是后人谈及德鲁克管理思想时最容易想起的部分。

得益于第三次工业革命的推动，生产力取得了进一步的大发展，知识科技创造价值的方式发生了变革（Bang et al.，2010），经济全球化的浪潮席卷世界，知识工作和知识工作者走到了历史前台（罗仕国，2013），大量劳动者通过养老基金分散地持有了企业的大部分股份，劳动者作为一个群体成为美国资本主义经济体系中最大的资本势力，但是资本投资的选择权和对管理的决策权并没有集中掌握在劳动者手中。这种被德鲁克称为"养老金社会主义"的劳动关系变化，深刻地重塑了组织中管理者和员工的身份和定位，颠覆了许多过往的社会学和管理学理论假设，促使德鲁克深入思考知识社会背景下如何与时俱进地发展管理学思想以满足人在社会生活中获取意义和存在感的初心命题。

德鲁克通过持续深入的观察发现：资本主义强大的逐利动机可能致使现代企业组织走向背离人性光明面的方向，类似于安然事件的企业丑闻在美国社会层出不穷。在现实面前，德鲁克也意识到企业组织无法完全成为实现功能社会的桥梁。在赋予个人与组织意义、释放人的创造力方面，企业组织的局限性在于：一方面它先天与逐利有难以割舍的牵连；另一方面在资源有限的边界条件下，企业组织必然会面对在各个利益相关方之间分配利益的问题以及由此带来的矛盾冲突。针对这两点局限，德鲁克一方面将目光投向非营利组织，希望非营利组织因公益而生的组织宗旨能够克服企业组织逐利逻辑带来的影响；另一方面希望通过创新与企业家精神赋予企业组织不断拓展资源创造边界的能力，从而克服既定资源限制条件下的利益冲突。

进一步研究发现，本书对德鲁克管理思想演进阶段的划分与美国经济发展现实的轨迹也颇为契合。根据美国劳工部提供的数据，20世纪50年代至世纪末，美国的全要素生产率增长情况如图5-1所示（萨缪尔森等，2004）：1970年之前美国经济的全要素生产率的增长保持在2%到4%的区间；从1970年到1980年呈下降趋势，一直降至1%以下；1980年起触底反弹，至20世纪末回升到接近3%的水平。

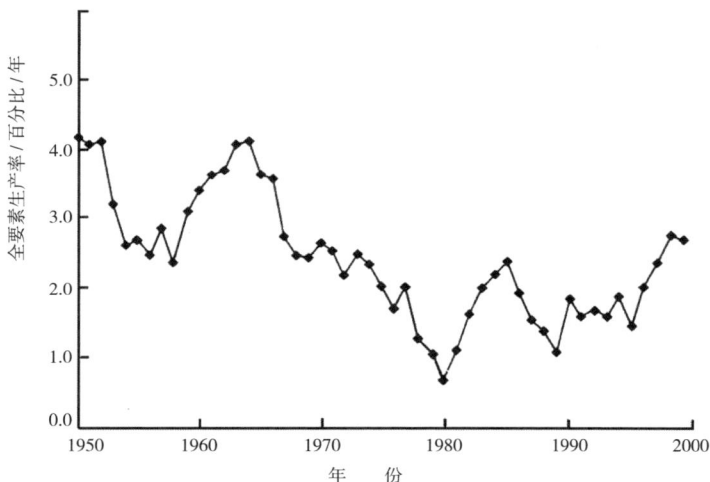

图 5-1　20 世纪后半叶美国的全要素生产率增长情况

《剑桥美国经济史》也将1970年作为美国企业经济史发展的一个重要转折点，整个20世纪70年代美国社会被石油危机、"水门事件"、越南战争、高通胀等一系列危机困扰，但灾难性的状况孕育了一场新的企业革命：在70年代后期开始积蓄力量，在80年代加速，在90年代取得明显成效（恩格尔曼，2018）。在著作梳理部分也提到德鲁克在《不连续的时代》中指出世界经济从1913年到1968年经历了连续的发展并于此后进入一个不连续的时代（Drucker，2017b）；并在《新现实》中提出1968年至1973年是近100年来人类历史发展的一个分水岭，前后发展模式将经历巨大变革（Drucker，2011h）。

70年代之前的顺利发展、70年代的动荡危机、70年代后的触底反弹动能转换——美国经济发展的阶段划分很好地印证了本研究提出的德鲁克管理思想演进阶段划分：60年代末之前，在总体良好的经济发展态势下，德鲁克重视对工业社会成熟发展经验的总结；70年代随着经济的动荡和发展降速，德鲁克在工业社会向知识社会转型变迁的不确定性中努力通过对社会生态的观察寻找未来发展的确定性；80年代经济获得新动力而快速发展后，德鲁克的创新创业学说也在管理学说和社会生态学说的交融碰撞中发展成型并不断深化。

5.3 德鲁克的价值追求和文化背景

5.3.1 道德：亚里士多德的伦理和德意志思想家的情怀

德鲁克的管理思想探索之旅起源于对人生意义的探求，始终贯穿着道德关怀（Fernandez，2009）。他的管理思想强调个人的人格、意义和愿景，并关注个人和群体的关系，这些都反映出亚里士多德的道德伦理观念（Kurzynski，2012；Malcolm & Hartley，2009）。德鲁克认为商业组织是现代社会中让人实现价值的社区；亚里士多德非常重视人与社群的关系，他在《政治学》中指出人是政治动物，个体离开城邦无法生存，在《尼各马可伦理学》中提到人无法离开他人和社群生存并成为完全意义上的人。德鲁克在管理中强调组织的使命和宗旨，主张以此统领部门和个人的目标并引导行动；亚里士多德认为人类通过践行道德，追求至善的终极目标（telos），并且主张个体目标服从国家目标，国家目标和个体目标相统一。德鲁克重视领导者的品格；亚里士多德关注个人的道德品质，分析和描述了美德的特质，并指出美德是人获得幸福的要义。

Kumar（2006）指出国别文化特质根植于其文化叙事和底层文化代码，并会影响社会科学理论的发展和流派的形成。德鲁克毕生所著深受德国知识界的文化传统影响。虽然德国思想家的研究范式各异、主张不同，如马克思的唯物主义和韦伯的唯心主义大相径庭，但他们研究问题的动因和底层文化代码却有相似之处（Toubiana &

Yair，2012）。正如歌德浮士德式地对现代性进行描摹，认为世界告别了神性的存在，被盲目的力量驱使。德国思想家不约而同地思索如何弥合这种意义缺失：海德格尔提出用"冥想之思"替代机械理性的算计、马克思主张消灭私有资本、哈贝马斯提倡"理想交往的共同体"。他们致力于解决的共同问题就是现代性之殇，在此过程中他们并不天真地试图回到过往的伊甸园，而是积极地构建在世俗之中为人们提供神性价值的解决方案（Meynhardt，2010），德鲁克通过组织实现功能社会的主张正是如此。Larsen（2003）指出德语文化中对组织持有一种"有机"的观点，这种范式认为在理解和操控组织机理时，人、关系、社会、心理和精神层面的问题比形式结构方面的问题更重要。

5.3.2 进取：荷马史诗的英雄主义和克尔凯郭尔式的宗教信仰

在荷马史诗中英雄不懈地追求无上的光荣，英雄生命的意义在于完成使命，对光荣追求的片刻偏离都将使英雄的精神和群体走向土崩瓦解；德鲁克心目中理想的经理人也是执着于实现企业宗旨孜孜以求的领导者。荷马史诗中英雄为胜利而战，在战斗中脱颖而出的英雄能够成为王者，《伊利亚特》中的英雄要么胜利，要么死亡，这为德鲁克关于绩效的思想提供了生动的注脚。企业为绩效而奋斗，个人以绩效论贡献，管理者应当卓有成效，否则就失去了存在的合法性（Joullié & Spillane，2015）。

在道德情怀和英雄主义的感召下，德鲁克的管理思想有着对人生意义的执着追求。这一点深受克尔凯郭尔存在主义哲学视角下的基督教信仰的影响，德鲁克本人也不讳言他对管理的兴趣来源于对宗教和社会机构的兴趣，他早年在德国实习时偶然接触到了克尔凯郭尔的哲学思想并被深深吸引，他庆幸读到了克尔凯郭尔的《恐惧与战栗》，这启发他像克尔凯郭尔一样毕生致力于发现和确证造物存在主义的、精神层面的和个体化的一面。克尔凯郭尔认为世界是荒谬的，人在通过理性寻找意义的过程中必然经历无所适从的绝望，而绝望之后并非陷入玩世不恭的堕落，而是笃信神性的存在并义无反顾地努力，即在放弃了天真地相信应许之地的同时，又坚信有一种值得为之奋斗的向善的力量存在，而对于这种神性的追求就体现在激情和行动之中。在克尔凯郭尔看来，世界是荒谬的，但生命不是虚无的，要通过信仰来获得意义（郑伟，2002）。

5.3.3 平衡：折中的社会平稳发展方案和联邦主义政治体制

在法兰克福学习期间，德鲁克为研究德国政治体制而开始关注弗里德里希·尤利乌斯·斯塔尔，他们虽然研究领域各不相同，但都试图创建一个稳定的社会和政体，既能保护传统，又能容忍变革，尤其是在急速的社会变迁中致力于保守与变革之间的平衡。和经历两次世界大战生活在奥地利的德鲁克一样，生活在普鲁士的斯塔尔也身处一个政治和社会巨变的时代，见证了打破了欧洲大陆整整一代人平静生活的1848年革命。彼时，普鲁士正处在激进革命和君主制复辟的政治角力之中，斯塔尔试图探索新的政治体制，在对立的政治两极中寻找折中的路线（Linkletter & Maciariello，2009）。在斯塔尔的政治体制设计中，贯穿着自由和责任的辩证关系，自由并非无所限制，而是个人在至高的道德律令下积极承担社会责任。政权通过承担责任而具备合法性，在此前提下个人自愿地服从于具有合法性的政权。德鲁克对于一个尚能接受的社会的理想愿景，继承了斯塔尔在断裂的时代寻找连续性的折中希望（Drucker，2002a）。

在如何解读通用汽车公司的事业部制管理并从中抽象出合理设计组织架构的原则方面，德鲁克深受美国联邦体制的启发。他从启蒙思想家和美国开国元勋身上学到了如何正视人性的阴暗面，并在追求社会正义和权力滥用的博弈中，以及社会公共利益最大化和个人自由充分保障的张力中寻求平衡（Maciariello & Linkletter，2010）。美国的联邦党人在讨论国家政治体制设计之初对一系列重点话题进行了深入的激辩，日后也成为德鲁克指导企业治理的重要思路。这些核心问题包括：多数派权力不受限制的危险——防止多数人的暴政，保护少数派的合理权益；领导者的道德——国家应由具有高尚道德情操的社会精英统治；权力的合法性——权力的合法性在于政府承担责任作出贡献；国家主权——国家主权属于全体人民，联邦和州政府为人民服务；三权分立——立法权、行政权和司法权分属国会、政府和法院。

5.3.4 创新：奥地利经济学派和熊彼特的破坏性创造

奥地利经济学派支持自由市场，对于政府干预、计划经济和集权主义持反对态度，同时也承认自由市场的缺陷，认为资本主义追求既得利益，固化企业家精神和阻碍生产力进步；在研究过程中注重从多学科知识和哲学智慧中获得启发，而轻视严谨的数学推理；主张公司不仅应当对雇主和员工承担责任，也应当对社会承担责任，并成为知识积累的载体（Kiessling & Glenn，2004）。

以熊彼特为代表的奥地利经济学派学者认为经济发展的模式是一个创造性破坏和企业家精神交织配合、发挥作用的动态过程：具有企业家精神的主题不断打破现有经济体制的格局和框架，创造出适合进一步发展的新格局和框架，这种至关重要的变化发展过程就构成了创新，并成为经济发展的不竭动力（Schumpeter，1978）。德鲁克的创新观承袭了熊彼特创新思想的框架，并向更为广泛的社会领域拓展。熊彼特于1912年在《经济发展理论》中最早提出现代意义上的创新理论，他指出创新是"建立一种新的生产函数"，且指明了创新对经济增长的关键性作用。熊彼特的创新理论强调生产技术和方法革新的作用，探讨的范畴主要涉及产品、市场、资源配置、技术、组织等方面的创新。在熊彼特对创新奠基性的研究之后，诺斯沿着其思想脉络将创新理论的关注点向企业之外拓展，指出制度创新在驱动经济发展方面具有更为根本性的作用。德鲁克的创新思想也是对熊彼特创新思想的发展和延伸，他认为创新是通过回应市场需求、提升原有资源的产出。这一观点因承袭了熊彼特新生产函数的思路，被认为是熊彼特创新思想在管理学情境中的具体解读。

5.4 背景影响分析和发展脉络提出

德鲁克的个人经历中包含了幼年和少年时期良好的家庭环境和教育熏陶，青年时期跨越多个国家丰富的求学和实习工作经历，以及定居美国后终身从事的治学和咨询事业，这些经历为德鲁克的管理思想提供了渊博的学识基础，帮助他形成了社会百科全书式的思维和写作风格，确立了学术研究的实践导向和问题导向（罗珉，2007a）。

德鲁克所处的时代经历了工业社会的发展成熟和知识社会的诞生成长，人类历史上第二次和第三次工业革命深刻地改变了生产方式和劳动关系，经济全球化的浪潮带来了国际经济版图的深刻变化并引发了国际格局、国际关系的变革。剧变的时代促使德鲁克在变动的不确定中寻找确定的应对方案，锤炼了德鲁克顺应变化、把握机会的思维方式，以及在全球范围内进行观察的宏大视野；在此过程中，他将研究的目标锁定在了帮助个人应对社会不确定性的载体——组织，也顺应生产力发展的趋势，对知识工作、信息技术和创新创业等新兴领域展开了跟踪研究和深入探索。

德鲁克的管理思想折射着深刻的西方哲学烙印，继承了亚里士多德的道德思想及其影响下的德意志思想家的研究立场；寄托了罗马史诗中的英雄主义追求和存在主义哲学中直面绝望的希望；吸取了保守主义学者折中平衡的社会治理方案和联邦主义者权力制约平衡的政治思想；借鉴了熊彼特经济学思想中破坏性创造的概念和原理。这些思想的源头分别塑造了德鲁克管理思想的道德感、使命感、均衡感和创新性。

综合对德鲁克管理思想形成背景的分析以及三个演进阶段要点和主题的归纳，德鲁克管理思想孕育于西方文化传统和哲学思想土壤，以人为本，以时代为命题，其发展脉络是在社会生态学指导下，以管理者立场思考如何认识和改造世界。

5.5 发展脉络讨论：线索词提取和分析

为了进一步讨论对德鲁克思想发展脉络的概括，本部分将通过对全语料库线索词的提取和分析，考察并进一步深入描述管理学和社会生态学在德鲁克思想体系中的互动关系和发展过程。

为了在各阶段高频词分析的基础上进一步观察纵贯三个阶段的共性研究主题要点和视角方法，本部分抽取了全语料库重要的线索词进行分析。本研究按照在全语料库中出现频率较高且在每本著作中出现频率的方差较小两条标准进行筛选，对全语料库词频前100的高频词按照每本书词频方差进行排序，保留前50的词。将其放在德鲁克管理思想体系的语境中加以观察和考量，对其含义从具体到抽象进行了三级编码，分别为德鲁克管理思想语境中的语义解读、初次归纳和再次归纳。线索词语义归纳如表5-1所示。

表 5-1　线索词语义归纳

词语	德鲁克管理思想语境中的语义解读	初次归纳	再次归纳
practic	管理的本质是实践	管理当下：承担责任，建立规则，立足组织，取得绩效	管理者立场
produc	管理绩效的衡量在于产出和结果		
structur	管理基于结构的考量		
control	管理依靠约束条件检验和调校		
process	管理关注过程和流程		
task	管理工作有其特有的职责使命		
rule	管理需要规则		
system	管理工作的系统性		
unit	管理工作的单元		
success	管理致力于取得成效		
profit	利润是企业履行使命的前提但不是使命本身		
respons	责任是管理的核心要义		
result	成果是管理的绩效导向		
creat	创造是德鲁克解决未来问题的基本对策，也是其构建管理思想体系的写照	应对好未来：拥抱变化，发掘机遇，进行创新	
futur	管理者面向未来、回应挑战、开展创新		
demand	市场需求是组织面向未来制定战略方向的重要遵循		
growth	增长并非全部有益，在发展战略选择中要有所取舍		
resourc	创新是提升资源的产出的行为		
opportun	机会而非问题是创新的着力点		
plan	计划是目标管理的重要组成环节		
chang	变化是社会发展的主题，也是机会的来源		
valu	管理寓于人和社会之中，具有道德和价值属性	社会生态研究以人为本	社会生态观察方法
human	人是德鲁克一切管理和社会生态研究的出发点和归宿		

续表

词语	德鲁克管理思想语境中的语义解读	初次归纳	再次归纳
person	人是德鲁克一切管理和社会生态研究的出发点和归宿	社会生态研究以人为本	
men	人是德鲁克一切管理和社会生态研究的出发点和归宿		
equal	平等是社会治理和个人生存的重要追求	社会生态观察要综合观察、思考和体悟	社会生态观察方法
exist	关注各类社会、经济、政治现象存续变化		
theori	要从现象上升到理论的思考		
account	思考是了解社会生态的重要过程		
see	观察是了解社会生态的重要过程		
concept	德鲁克的思考注重概念的理解框架		
learn	学习是知识传承创新的手段		
theori	要从现象上升到理论的思考		
nation	国家是社会、政治、经济、文化讨论的基本单元，也是在世界范围内观察社会生态的命运共同体	社会生态观察包括经济、政治、社会、文化、历史等多维视角	
invest	跨国投资逐渐超过国际贸易成为国际经济活动的重要模式		
polici	政策是社会治理的重要工具		
tradit	管理依托于社会文化传统		
public	社会的公共属性		
interest	对利益的关照和满足是社会应有的考量和管理绩效的应有之义		
equal	平等是社会治理和个人生存的重要追求		
communiti	社区是承载社会功能的单元		
individu	个人是社会的基础，社会是个人的依托		
money	货币作为经济的符号，在经济现实中深刻地影响着实体经济		
incom	收入对于工作者的重要权益		
modern	管理思想体系形成于现代性的社会现实和理论，完善于后现代性社会即知识社会的现实和理论	知识社会要素	社会生态观察结果

续表

词语	德鲁克管理思想语境中的语义解读	初次归纳	再次归纳
book	书籍是知识的载体	知识社会要素	社会生态观察结果
univers	大学是知识社会的典型机构		
know	知识、知识工作、知识工作者、知识经济和知识社会		
servic	服务工作是区别于工业生产体力劳动的工作形态，与知识工作在概念上有较大交集		
school	学校教育是知识社会的重要基础		
plant	管理行为发生的场所	工业社会要素	
manufactur	管理的对象行业之一		

通过对线索词的语义解读与两轮归纳，发现贯穿全文本的语义线索包含管理者立足当下和面向未来的思考和行动立场，社会生态学所包含的以人为本、观察思考体悟和多维视角的观察方法，以及对工业社会和知识社会的观察结论。上述分析印证了上一节对德鲁克管理思想发展脉络的归纳：在社会生态学指导下，以管理者立场思考如何认识和改造世界。

5.6 本章小结

本章在回溯德鲁克管理思想的形成背景和研究动机的基础上，综合各阶段研究要点和主题提出了德鲁克管理思想的发展脉络，通过对全语料库线索词的提取和分析进行了印证。德鲁克管理思想发展脉络及其所包含的演进阶段划分、时代背景、各阶段研究要点和主题如表5-2所示。社会生态和组织管理两条线索交织前进、贯穿全程——在社会生态学指导下，以管理者立场思考如何认识和改造世界。

表 5-2 德鲁克管理思想发展脉络

阶段划分	时代背景	研究要点	研究主题	发展脉络
第一阶段 1930 年代末— 1960 年代末	工业社会 发展成熟	工业社会分析报告 管理思想体系构建 后工业社会趋势初 探	通过观察工业社会 的现实问题和发展 趋势，构建管理思 想体系	在社会生态学 指导下，以管 理者立场思考 如何认识和改 造世界
第二阶段 1960 年代末— 1980 年代末	工业社会向知 识社会过渡	后工业社会趋势系 统扫描 社会生态学目标和 方法确立 管理思想体系补充 改进	基于跟踪工业社会 向知识社会转型中 的社会生态变化的 研究积累，确立社 会生态学的理念和 方法	
第三阶段 1980 年代末— 2000 年代初	知识社会 发展勃兴	知识社会观察研判 管理思想体系反思 完善 创新创业学说建立	通过整合知识社会 背景下管理学和社 会生态学思想，建 立面向未来的创新 创业学说	

6　双元一体的构成维度

在纵向研究部分，本书探索了德鲁克管理思想发展的不同阶段，梳理归纳出各个阶段的研究要点和研究主题，并从中提炼出德鲁克管理思想发展的脉络。这样的视角便于观察德鲁克管理思想形成的动因和变化趋势。历经60余年的探索和积累，德鲁克管理思想在发展完善的过程中积累了丰富的思想成果。将这些成果时间标签略去，将所有的内容都放在一个静态观察的集合里，可以换一个角度观察德鲁克管理思想的要素单元和组合排布——这就是研究德鲁克管理思想的横向视角。

横向研究将在纵向分析的基础之上对德鲁克的管理思想内容进行进一步梳理，具体包括德鲁克管理思想的构成维度和各个维度的主要内涵。

6.1 构成维度的提出：高频词聚类分析

纵向研究部分通过对三个拟分阶段的高频词分别进行分析，印证了阶段研究要点归纳的合理性。横向研究部分将采用相同的文献计量学方法统计整个语料库的高频词，经人工筛选，剔除冠词（如the）、数词（如one）以及表意宽泛的动词（如make）和形容词（如good），保留有实际意义的前150个高频实词。

依据词语之间在任意段落中共同出现的关系判别其语义关联，按照Gephi软件设置的默认参数，形成了全语料库高频词聚类的网络关系，结果如图6-1所示。

在高频词聚类结果中，圆圈代表词所在网络节点，圆圈颜色代表词簇的类别，圆圈大小代表词在网络中的加权度，表示某个节点相连的边的权重之和，一个词所在的节点加权度越高，表明该词与更多的词存在共现关系，且和有共现关系的词共现次数更多。结果显示，共有5个聚类，分别由紫色、黄色、蓝色、褐色、绿色5种颜色表示。

据此，本研究初步提出将德鲁克管理思想内容划分为5个维度，并通过观察每一个词簇中加权度较高的词初步判别各维度的主要内容。

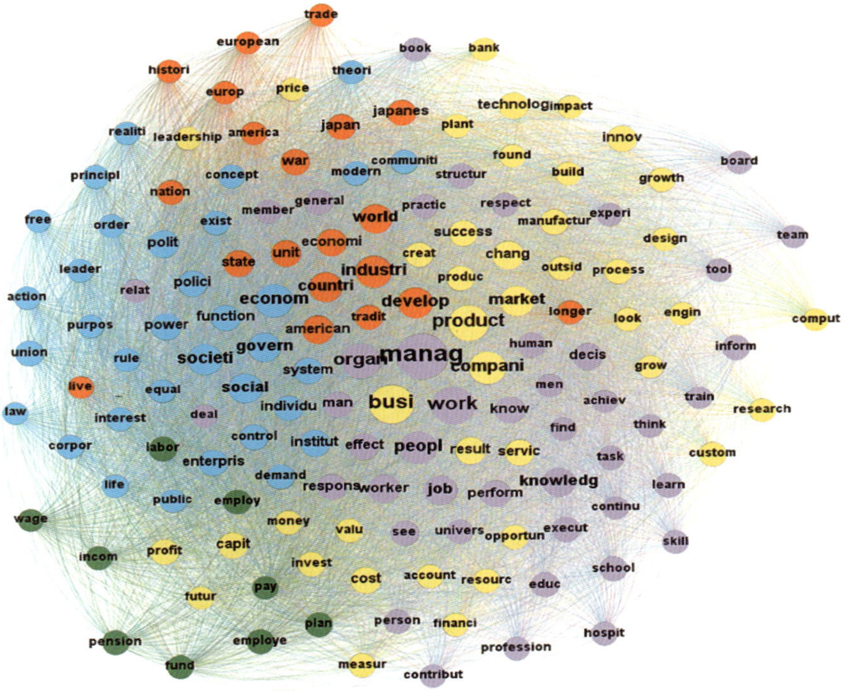

图 6-1　全语料库高频词聚类及网络关系

将第一类（紫色）高频词抽取出，生成网络关系图如图6-2所示。

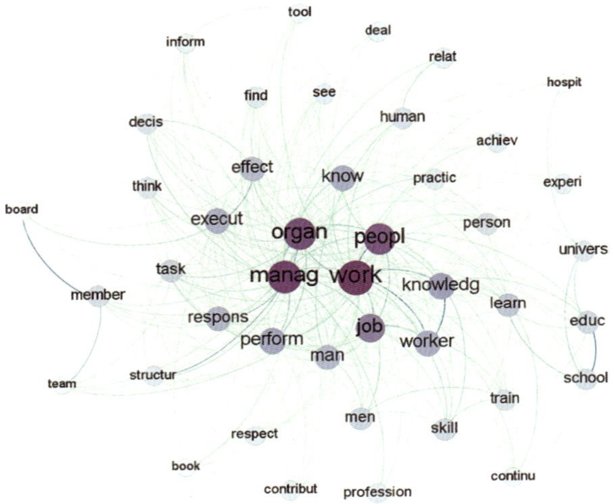

图 6-2　第一类（紫色）高频词网络关系图

居于网络中心的词具有较高的加权度，更能代表该类别词所表征的德鲁克管理思想构成维度，故从中心开始向四周展开解读。中心的manag，work，organ，people等词代表了管理中的管理和管理者、工作和工作特性、组织和社会功能以及人员和人的特点等含义，周围的job，know，execut，effect，man，perform，respons可以解读为管理中的职位、知识、管理执行、管理效果、人、绩效和责任等重要概念。据此，本拟分维度的内容初步归纳为组织管理思想。

将第二类（黄色）高频词抽取出，生成网络关系图如图6-3所示。

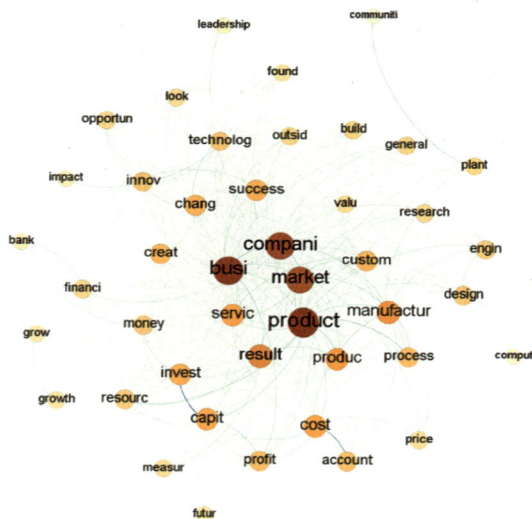

图6-3　第二类（黄色）高频词网络关系图

从中心向四周展开解读，中心的busi，company，market，product等词代表了企业和企业战略、公司和公司发展、市场和市场需求、生产和产品设计等含义，周围的chang，creat，service，result，maufactur，custom等词也可以解读为事业和公司发展面临的变化环境、应变而采取的创新、产出所对应的服务和制造类型、市场所关联的客户和绩效结果等重要概念。据此，本拟分维度的内容初步归纳为企业经营理论。

将第三类（蓝色）高频词抽取出，生成网络关系如图6-4所示。

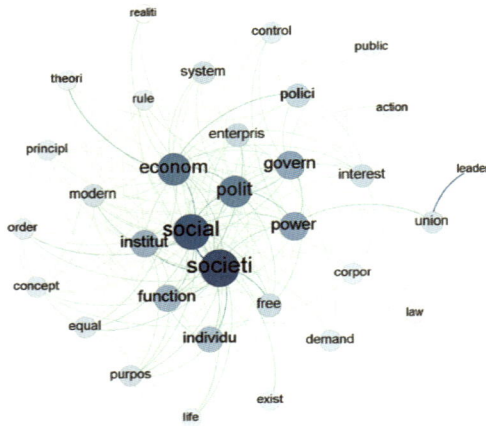

图 6-4　第三类（蓝色）高频词网络关系图

从中心向四周展开解读，中心的societi（social），govern（polit & power），econom等词代表了德鲁克所观察社会生态中的社会、政治、经济等各个角度和领域，周围的institut，function，individu，enterprise，polici等词也可以解读为社会中组织、个人及彼此功能关系，经济中的企业组织，政治的治理政策等重要概念。据此，本拟分维度的内容初步归纳为社会生态洞察。

将第四类（褐色）高频词抽取出，生成网络关系如图6-5所示。

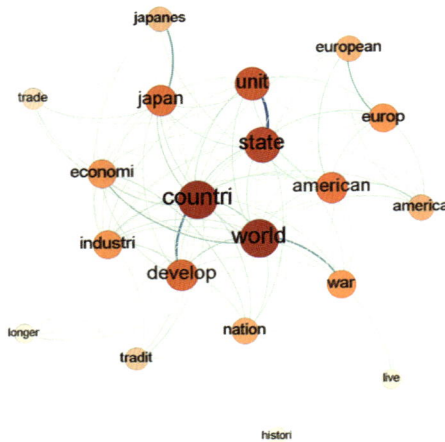

图 6-5　第四类（褐色）高频词网络关系图

从中心向四周展开解读，中心的countri，world，unit（ed）state（s），japan等词较为清晰地展示了本拟分维度在讨论国家在世界舞台上的互动，美国和日本恰恰是德鲁克著作中着墨最多的国家，周围的economi，industri，develop，war，trade等词也可以解读为世界各国互动的范畴涉及经济发展、生产贸易以及战争等。据此，本拟分维度的内容初步归纳为全球视角观察。

将第五类（绿色）高频词抽取出，生成网络关系如图6-6所示。

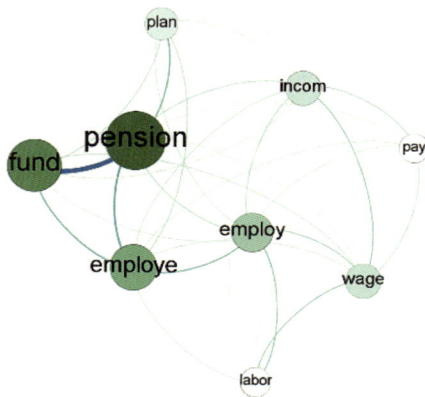

图6-6　第五类（绿色）高频词网络关系图

从中心向四周展开解读，中心的pension，fund，employ，income等词较为清晰地指向了德鲁克在工业社会向知识社会转型中讨论养老金革命的一些基本内容，包括养老基金、雇员和雇佣关系的深层次变革，工人的处境与诉求等。本类型词较少，剩余plan，pay，wage，labor等词也可以解读为养老金革命后，雇员社会的雇员兼具劳动者和企业分散股东的身份，他们所关注的养老金计划、工资待遇和劳动保障。据此，本拟分维度的内容初步归纳为劳动关系分析。

从高频词的总体观察和聚类结果可以得到其内容的划分方案，将德鲁克管理思想从总体上分为5个维度，即德鲁克的组织管理思想、企业经营理论、社会生态洞察、全球视角观察和劳动关系分析。为了进一步修正和完善分类的维度，本研究在后续部分通过对不同维度的高频词的语义进行分析，从而对其分类的合理性进行讨论。

6.2 构成维度合理性讨论：各维度高频词语义分析

本部分将上阶段提出的德鲁克管理思想的5个拟分维度，分别与5个词簇中的每一个高频词进行比照分析：首先对每一个高频词在德鲁克管理思想的语境中进行语义解读；然后将解读的语义和所在维度的内涵进行对照，判别是否符合该维度对德鲁克管理思想面向的归纳；最后进一步深入分析高频词语义，在初步提出的5个维度的概念范畴下提出该高频词代表的德鲁克管理思想内容所属的细分维度。

第一，对紫色词簇，即"组织管理思想"拟分维度所对应的44个高频词进行分析，对其语义的解读、是否可以归为该拟分维度以及进一步细分维度等内容汇总如表6-1所示。通过语义比对分析，该词簇44个词中有37个可以对应"组织管理思想"的维度内容界定，7个无法对应。37个可对应词可以进一步细分为组织行为、人力资源、非营利组织管理3个子维度，人力资源子维度中部分词明确指向人力资源中的知识管理（knowledge management，下文简称KM）范畴，故将人力资源这一维度进一步命名为人力资源（KM）。其中组织行为对应词25个；人力资源对应词9个，含人力资源（KM）5个；非营利组织管理对应词3个。7个无法对应的词中，有5个表征社会生态学观察中的价值观、认知方法和思维模式，拟新增一个备用子维度"思维认知"，待本部分讨论结束形成5个维度划分调整方案后归入相应维度；另有2个词因对应多个单词导致表意过于宽泛，故放弃对其进行维度细分。

表 6-1　紫色词簇-"组织管理思想"拟分维度对应高频词分析一览

序号	高频词	加权度	意义解读	判断	细分类别
1	manag	13.725	管理活动、管理者等	是	组织行为
2	work	13.658	工作类型、性质、特征等	是	组织行为
3	organ	12.621	组织实体、结构、行为等	是	组织行为
4	peopl	12.103	人、人的特质、人性等	是	组织行为
5	perform	8.932	管理的绩效	是	组织行为
6	effect	8.596	"做正确的事"取得成效	是	组织行为
7	respons	8.312	责任	是	组织行为

续表

序号	高频词	加权度	意义解读	判断	细分类别
8	man	8.203	人类、人性、人文	是	组织行为
9	practic	7.156	管理实践	是	组织行为
10	execut	7.07	管理者和管理行为	是	组织行为
11	human	7.044	人类、人性、人文	是	组织行为
12	structur	7.031	组织结构设计和功能	是	组织行为
13	men	7.009	人类、人性、人文	是	组织行为
14	decis	6.805	管理决策	是	组织行为
15	member	6.686	团队成员	是	组织行为
16	relat	6.503	组织的结构和关系	是	组织行为
17	respect	6.433	尊重、尊严	是	组织行为
18	achiev	6.188	取得绩效、成就等	是	组织行为
19	task	6.143	工作任务、工作设计	是	组织行为
20	contribut	6.023	贡献、组织存在意义和绩效衡量的标准	是	组织行为
21	person	5.991	人、人的特质、人性等	是	组织行为
22	inform	5.413	信息时代、信息化管理	是	组织行为
23	tool	5.341	工作中的工具和辅助	是	组织行为
24	team	3.605	团队、团队管理、团队精神等	是	组织行为
25	board	3.43	董事会	是	组织行为
26	knowledg	8.391	知识、知识工作、知识工作者等	是	人力资源（KM）
27	educ	6.676	通过教育培养知识工作者	是	人力资源（KM）
28	learn	6.387	学习获得知识	是	人力资源（KM）
29	profession	5.66	职业、职业化，多与知识工作者相关	是	人力资源（KM）
30	book	5.339	书本传承知识	是	人力资源（KM）
31	job	10.065	工作和岗位特征、设计等	是	人力资源
32	worker	9.866	员工的特点、诉求、权益	是	人力资源
33	train	5.752	培训、训练	是	人力资源
34	skill	5.75	员工技能	是	人力资源
35	univers	7.085	大学是负责高等教育的公共部门机构	是	非营利组织管理

序号	高频词	加权度	意义解读	判断	细分类别
36	school	6.106	学校普通教育的公共部分机构	是	非营利组织管理
37	hospit	4.779	提供医疗服务的公共部门	是	非营利组织管理
38	know	8.722	理解、了解	否	思维认知
39	find	6.962	发现、洞见	否	思维认知
40	see	6.569	观察、发现	否	思维认知
41	think	6.216	思考、思索	否	思维认知
42	continu	6.135	连续性	否	思维认知
43	deal	6.726	处置、协定、大量	否	NA
44	experi	5.737	经历、经验、实验、试验等	否	NA

第二，对黄色词簇，即"企业经营理论"拟分维度所对应的44个高频词进行分析，对其语义的解读、是否可以归为该拟分维度以及进一步细分维度内容等汇总如表6-2所示。通过语义比对分析，该词簇44个词中有36个可以对应"企业经营理论"的维度内容界定，8个无法对应。36个可对应词可以进一步细分为战略管理、创新管理、市场营销3个子维度。其中战略管理对应词21个；创新管理对应词7个；市场营销对应词8个。8个无法对应的词中，有4个表征社会生态学观察中的价值观、认知方法和思维模式，拟新增一个备用子维度"思维认知"，待本部分讨论结束形成5个维度划分调整方案后归入相应维度；1个应属于组织管理思想维度中的组织行为子维度；1个应属于劳动关系维度；另有2个词因对应多个单词导致表意过于宽泛，故放弃对其进行维度细分。

表6-2　黄色词簇-"企业经营理论"拟分维度对应高频词分析一览

序号	高频词	加权度	意义解读	判断	细分类别
1	busi	13.695	企业的经营的核心内容、使命宗旨以及自身特点等	是	战略管理
2	compani	11.504	作为战略实施主体的公司	是	战略管理
3	result	9.867	战略目标制定需要以结果为导向，用结果来衡量	是	战略管理

续表

序号	高频词	加权度	意义解读	判断	细分类别
4	success	8.368	战略管理的目的是取得成功	是	战略管理
5	capit	7.834	资本是战略运营中的重要资源和战略制定中的重要约束条件	是	战略管理
6	manufactur	7.544	生产制造流程围绕战略设计	是	战略管理
7	outsid	7.167	企业绩效存在于企业之外，靠对外部创造的价值进行评价	是	战略管理
8	invest	7.099	投资是制定战略的重要决策内容	是	战略管理
9	process	6.791	围绕战略设计和改造流程	是	战略管理
10	cost	6.764	成本分析是制定战略找准发力点的重要步骤	是	战略管理
11	money	6.676	战略管理关注资金和流动性	是	战略管理
12	account	6.572	财务指标是战略执行、反馈和评估的重要手段	是	战略管理
13	resourc	6.523	战略管理关注资源的开发和利用	是	战略管理
14	plant	6.447	工厂生产经营是德鲁克早期讨论战略管理的典型情境	是	战略管理
15	profit	6.275	利润是企业生存保障的条件，是战略制定当中的重要考量	是	战略管理
16	measur	5.895	财务指标是战略执行、反馈和评估的重要手段	是	战略管理
17	financi	5.671	金融是战略创新的重要领域，金融策略也是战略的组成部分	是	战略管理
18	grow	5.656	增长是企业经营的目标，科学地管理从而实现健康增长是战略选择中重要的课题	是	战略管理
19	growth	5.109	增长是企业经营的目标，科学地管理从而实现健康增长是战略选择中重要的课题	是	战略管理
20	bank	4.809	银行经营模式创新等话题是德鲁克战略管理的重要案例	是	战略管理
21	comput	3.844	用电脑提供数据是战略制定的辅助	是	战略管理
22	product	12.762	产品的定位、设计开发及产出围绕市场营销开展	是	市场营销

续表

序号	高频词	加权度	意义解读	判断	细分类别
23	market	9.575	企业制定战略需要以市场需求为指向，以市场环境为参照，以市场为导向确定战略目标并制定经营战术是市场营销的要义	是	市场营销
24	chang	8.683	变化的环境是制定战略需要面对的挑战，面对变化的常态开展战略管理是创新的核心思路	是	创新管理
25	creat	8.538	创造新方法和新市场是实现创新的具体手段	是	创新管理
26	technolog	6.824	科学技术是知识社会最显著的变化领域并蕴藏巨大的发展机会	是	创新管理
27	opportun	6.499	把握机会而非被问题牵着鼻子走是战略制定和创新的核心依据	是	创新管理
28	innov	5.74	创新是运用战略思维应对变化、寻求机会、提高资源产出的活动	是	创新管理
29	futur	5.731	未来是战略管理的指向，也是创新创业活动的指向	是	创新管理
30	research	5.162	研发工作是创新的基础和创新管理的重要领域	是	创新管理
31	produc	8.672	生产围绕市场营销开展	是	市场营销
32	servic	8.387	服务提供围绕市场营销开展	是	市场营销
33	design	6.419	产品设计围绕市场营销开展	是	市场营销
34	engin	6.338	工程化活动围绕市场营销开展	是	市场营销
35	custom	5.647	客户是企业制定战略、开展创新、界定成效的最终决定因素，是市场营销的核心	是	市场营销
36	price	5.302	定价是市场营销的重要内容	是	市场营销
37	valu	6.803	价值、价值观	否	思维认知
38	found	6.528	发现	否	思维认知
39	look	6.175	察看、关注	否	思维认知
40	impact	5.514	了解事物的相互影响是研判分析的重要前提，与战略相关，但更与思维相关	否	思维认知

续表

序号	高频词	加权度	意义解读	判断	细分类别
41	leadership	5.536	领导力与决策和战略实施有关，但属组织管理的经典话题	否	组织行为
42	communiti	6.342	企业社区承担着社会功能	否	劳动关系
43	general	7.31	通用汽车、总经理、一般等	否	NA
44	build	6.395	建造、建立、建设、建筑、建设者	否	NA

第三，对蓝色词簇，即"社会生态洞察"拟分维度所对应的33个高频词进行分析，对其语义的解读、是否可以归为该拟分维度以及进一步细分维度内容等汇总如表6-3所示。通过语义比对分析，该词簇33个词中有31个可以对应"社会生态洞察"的维度内容界定，2个无法对应。31个可对应词可以进一步细分为社会机理、经济形势、政治治理、思维认知4个子维度。其中社会机理对应词15个，经济形势对应词5个，政治治理对应词4个，思维认知对应词7个。2个无法对应的词中，1个应属于劳动关系维度，1个应属于企业经营理论维度中的战略管理。值得一提的是，本维度下分的思维认知子维度即上两部分归纳中拟新增子类别，意指社会生态学观察中的价值观、认知方法和思维模式，相关词表征的语义内容可归入此维度。

表6-3　蓝色词簇-"社会生态洞察"拟分维度对应高频词分析一览

序号	高频词	加权度	意义解读	判断	细分类别
1	social	11.556	对社会结构、功能、问题、前景的观察和分析	是	社会机理
2	societi	11.387	对社会结构、功能、问题、前景的观察和分析	是	社会机理
3	institut	9.465	各类社会管理和治理机构	是	社会机理
4	system	8.769	经济、政治、社会的系统化的管理结构和组成的实体	是	社会机理
5	function	8.661	社会和组织应当具备使人在其中实现价值的功能	是	社会机理
6	individu	8.549	个人是构成社会和组织的细胞	是	社会机理
7	polici	8.345	政策是经济、政治、社会理念实施的中介	是	社会机理

续表

序号	高频词	加权度	意义解读	判断	细分类别
8	modern	7.649	工业社会具有现代性	是	社会机理
9	control	7.557	控制、管控、限制等都是经济、政治、社会管理的手段	是	社会机理
10	public	6.594	公共部门、公众关切、公开场合等	是	社会机理
11	rule	6.456	规则、管理、管制、统治等	是	社会机理
12	order	6.123	社会规则、政治秩序、经济规律等	是	社会机理
13	leader	6.045	社会、政治、经济领域和组织的领导者	是	社会机理
14	realiti	5.493	现实而非猜测是社会观察的依据	是	社会机理
15	action	5.42	行动是理念和政策的具体实施	是	社会机理
16	econom	11.891	对经济发展形势和趋势的观察分析	是	经济形势
17	enterpris	8.074	企业是现代社会重要的经济组织	是	经济形势
18	demand	7.871	经济需求、利益诉求等	是	经济形势
19	interest	7.249	经济利益、政治权益等	是	经济形势
20	corpor	6.241	公司是现代社会的重要经济组织	是	经济形势
21	govern	9.434	对政府治理成效、机制、原理的矸判思考	是	政治治理
22	polit	8.844	政治、治理机构和治理者	是	政治治理
23	power	8.741	权力分配和制衡是政治的核心话题之一	是	政治治理
24	law	5.321	法则、法律、法规等	是	政治治理
25	equal	6.992	平等的价值追求	是	思维认知
26	concept	6.587	理念、概念、观念及其过程	是	思维认知
27	exist	6.573	现存、存续、存在、存在主义	是	思维认知
28	life	6.201	人的生活和生命	是	思维认知
29	theori	5.799	理论观点、理论视角、理论思维	是	思维认知
30	free	5.719	自由的价值追求	是	思维认知
31	principl	5.697	原则和方法	是	思维认知
32	union	6.612	工会是工业社会中体现劳资关系张力的重要组织	否	劳动关系
33	purpos	6.116	目标和宗旨是企业经营理论的重要前提	否	战略管理

第四，对褐色词簇，即"全球视角观察"拟分维度所对应的20个高频词进行分析，对其语义的解读、是否可以归为该拟分维度以及进一步细分维度内容等汇总如表6-4所示。通过语义比对分析，该词簇20个词中有18个可以对应"全球视角观察"的维度内容界定，2个无法对应。18个可对应词可以进一步细分为国际观察和国别研究等2个子维度。其中国际观察对应词8个；国别研究对应词10个。2个无法对应的词中，1个应属于企业经营理论维度中的创新管理子维度，1个因对应多个单词导致表意过于宽泛，故放弃对其进行维度细分。

表6-4　褐色词簇－"全球视角观察"拟分维度对应高频词分析一览

序号	高频词	加权度	意义解读	判断	细分类别
1	develop	11.735	发展是各国参与国际竞争的重要目标	是	国际观察
2	industri	11.601	工业经济在国际关系中地位举足轻重	是	国际观察
3	coun-ri	11.292	国家是国际舞台的主要参与者	是	国际观察
4	world	11.242	世界是各国竞相发展的舞台	是	国际观察
5	economi	9.264	经济是国际互动的最关键领域	是	国际观察
6	war	8.473	战争是国际关系激烈冲突的形态	是	国际观察
7	nation	7.612	民族国家是现代国际社会行为的主题	是	国际观察
8	trade	4.836	贸易是国际经济交往的重要形式	是	国际观察
9	american	10.756	美国是德鲁克管理思想发源之地，是其国别研究的最重要主体	是	国别研究
10	unit	10.344	United States 的词根之一，解读同上	是	国别研究
11	state	10.277	同上	是	国别研究
12	tradit	8.993	文化传统对国家经济、政治、社会行为模式影响深远	是	国别研究
13	japan	7.633	解读同 japanes	是	国别研究
14	japanes	7.121	日本经济崛起在国际经贸关系中扮演重要角色，并立足其文化传统吸收扬弃西方管理理念形成独特有效的管理模式，成为德鲁克国别研究的主要对象之一	是	国别研究
15	america	6.558	解读同 american	是	国别研究

序号	高频词	加权度	意义解读	判断	细分类别
16	europ	6.484	欧洲是世界舞台上的重要的参与者，与美国关系密切，同时也是德鲁克出生成长和学习的地方	是	国别研究
17	european	5.725	解读同 europ	是	国别研究
18	histori	5.192	历史传统对国家经济、政治、社会行为模式影响深远	是	国别研究
19	longer	6.608	绝大部分出自搭配 no longer，表达变化的含义，变化是社会生态观察的焦点和创新的机遇所在	否	创新管理
20	live	6.23	生活、生存、存活，意义较为宽泛，不局限于国际观察和其他任何一个拟分维度内	否	NA

第五，对绿色词簇，即"劳动关系分析"拟分维度所对应的9个高频词进行分析，对其语义的解读、是否可以归为该拟分维度以及进一步细分维度内容等汇总如表6-5所示。通过语义比对分析，该词簇中9个词均可以对应"劳动关系分析"的维度内容界定，且无需作出进一步细分。

表6-5 绿色词簇-"劳动关系分析"拟分维度对应高频词分析一览

序号	高频词	加权度	意义解读	判断	细分类别
1	employ	8.204	雇佣、雇佣关系	是	劳动关系
2	plan	7.755	养老金计划、福利计划等	是	劳动关系
3	employe	6.912	雇佣者、雇员	是	劳动关系
4	pay	6.425	薪水、开支	是	劳动关系
5	labor	6.213	劳动力队伍、劳资关系	是	劳动关系
6	incom	5.724	收入是劳动者的重要权益	是	劳动关系
7	fund	5.503	（养老）基金	是	劳动关系
8	pension	5.443	养老金是劳动者退休后的保障	是	劳动关系
9	wage	4.95	工资、薪水	是	劳动关系

综上所述，聚类方案中提出的组织管理思想、企业经营理论、社会生态洞察、全球视角观察、劳动关系分析5个构成维度均得到了实证支撑。并且，在用语义分析印证上述判断的过程中，本研究发现上述5个基本维度大部分还可以进一步细分为若干子维度："组织管理思想"可以进一步细分为"组织行为""人力资源（含知识管理）""非营利组织管理"3个子维度；"企业经营理论"可以进一步细分为"战略管理""创新管理""市场营销"3个子维度；"社会生态洞察"可以进一步细分为"社会机理""经济形势""政治治理""思维认知"4个子维度；"全球视角观察"可以进一步细分为"国际观察""国别研究"2个子维度；"劳动关系分析"无细分子维度（总结如表6-6所示）。但是，每一个维度所对应的词簇规模差别较大（5个维度依次为44、44、33、20、9），且内涵丰富程度不同，所以还需要进一步思考和推敲这5个构成维度的层级关系。

表 6-6　德鲁克管理思想构成维度（初步探索）

德鲁克管理思想											
1 组织管理思想			2 企业经营理论			3 社会生态洞察				4 全球视角观察		5 劳动关系分析
1.1 组织行为	1.2 人力资源	1.3 非营利组织管理	2.1 战略管理	2.2 创新管理	2.3 市场营销	3.1 社会机理	3.2 经济形势	3.3 政治治理	3.4 思维认知	4.1 国际观察	4.2 国别研究	

6.3 构成维度的调整：基于德鲁克自我评价的文本证据

鉴于对上一部分提出的构成维度层级结构调整的需要，本部分拟打破文献计量软件聚类结果的机械框架，有机地融入德鲁克对其管理思想的划分主张和研究者对德鲁克管理思想的理解，调整以上维度划分，以求更加科学和忠实地反映德鲁克管理思想的原貌。

德鲁克档案库（Drucker Archives）是德鲁克生前执教的克莱蒙特大学的图书馆整理制作的关于德鲁克手稿、往来信件、讲座记录、咨询文书、证件档案、照片以及音视频的综合资料库。其中，德鲁克在1998年亲手修改的个人介绍（Biographical Data of Peter F. Drucker）将当时已经出版的30本著作分为四类：一是社会、经济和政治（13本），二是管理（14本），三是小说（2本），四是自传（1本）。这种四分法得到了德鲁克著作主要出版商Harper Collins的采纳，在其出版的德鲁克著作丛书的扉页中，都以此分类列出德鲁克此前出版的著作。从研究德鲁克管理思想体系的角度，排除小说和自传，德鲁克自己给出的上述分类启发我们将其管理思想粗略地划分为管理和社会生态两个大的维度。

对于这两个大的维度，德鲁克曾经用"学科"（discipline）一词来予以定义。关于管理，德鲁克（1993）在《管理：使命、责任、实务》中专门以"作为一门学科的管理"（"Management as a Discipline"）为题来讨论其提出的管理思想要解决的问题，在《创新与企业家精神》中，德鲁克（2015）指出管理学科是他本人基于整合新知识所作出的重要创新［"Yet it was not until my *Concept of the Corporation*（1946）and *Practice of Management*（1954）were published that management became a discipline accessible to managers all over the world."（直到《公司的概念》（1946）和《管理的实践》（1954）出版，管理才成为一个为全世界管理者所熟知的学科。）］。关于社会生态，德鲁克在《生态远景》的后记"一个社会生态学家的思考"（"Reflection of a Social Ecologist"）最后一节以"这门学科"（The Discipline）结束全书，指出社会生态是一门基于感知洞察（based on perception）、有机整合（deals with configuration）、引导行动（deals with action）以及有价值追求（not "value free"）的学科（Drucker, 2011i）。

根据德鲁克对于自己管理思想成就的重要方面使用discipline来界定的线索，本研究通过antconc软件对全语料库中discipline一词进行检索，共检索出515处，考虑到discipline除了有学科这层意思，还有原则、约束、纪律等意思，因此将搜索项调整为discipline of后，共获得95个检索结果。

通过逐条阅读上下文，发现与上一部分提出的德鲁克研究构成维度及子维度相关的被德鲁克认定为学科（discipline）的除了管理（discipline of management）、社会生态（discipline of social ecology），还有创新（discipline of innovation）、创业（discipline of entrepreneurship）、企业经营（discipline of business enterprise / economic performance in business）。这五个学科相关内容在著作中的分布情况如表6-7所示。

表6-7　德鲁克定义为学科的研究领域及出处

学科	作出界定的著作
管理	《明日的里程碑》（Landmarks of Tomorrow） 《管理：使命、责任、实务》（Management: Tasks, Responsibilities, Practices） 《21世纪的管理挑战》（Management Challenges for the 21st Century）
社会生态	《生态远景》（The Ecological Vision）
创新	《变动中的管理界》（The Changing World of the Executive） 《创新与企业家精神》（Innovation and Entrepreneurship） 《管理前沿》（The Frontiers of Management） 《生态远景》（The Ecological Vision） 《德鲁克论亚洲》（Drucker on Asia） 《德鲁克论管理》（Peter Drucker on the Profession of Management） 《下一个社会的管理》（Managing in the Next Society）
创业	《技术、管理和社会》（Technology, Management, and Society） 《变动中的管理界》（The Changing World of the Executive） 《创新与企业家精神》（Innovation and Entrepreneurship）
企业经营	《成果管理》（Managing for Results） 《技术、管理和社会》（Technology, Management, and Society）

在上述五个学科中，"管理"和"社会生态"符合德鲁克自己的二分法，"管理"大致对应着聚类方案5个维度中的"组织管理思想"和"企业经营理论"，"社会生态"大致对应着5个维度中的"社会生态洞察"、"全球视角观察"和"劳动关系分析"。在顶层设计上，拟在5个维度的层级划分上增加一个一分为二的层级。在局部调整中，因"劳动关系分析"是一个较为专门化的主题，且上一部分讨论中对应的词簇规模很小（9个词根组成），拟将其调整为"社会生态洞察"维度下的一个子维度，又因内容与"社会机理"子维度相关，拟整合为一个子维度。"社会生态洞

察"维度下原有"社会机理""经济形势""政治治理""思维认知"4个子维度，前3个子维度都是洞察的结果，而"思维认知"是观察的价值立场和方法，与前3个子维度不构成并列关系，因此拟将其提升一个层级，并改名为"社会生态方法"，并下分"价值立场"和"认知方式"2个子维度。

"创新"和"创业"学科紧密关联且在《创新与企业家精神》一书中被整合讨论，可与聚类方案中提出的"企业经营理论"下的"创新管理"大致对应，鉴于"创新"和"创业"学科被全语料库29本著作中多达8本提及并明确定义为学科，拟将"创新管理"从"企业经营理论"的子维度中提取单列，并上升到与之并列的层级，为使其内涵更加全面准确，拟改用"创新创业学说"的名称，下分"创新"和"创业"2个子维度。相应的，"企业经营"学科对应着聚类方案中"企业经营理论"，也就对应着"战略管理"和"市场营销"2个子维度，原划分方案中"企业经营理论"名称也不作修改。根据德鲁克自己的有关判断，调整后的维度划分方案如表6-8所示。

表6-8 德鲁克管理思想构成维度（初步探索）

德鲁克管理思想													
1 管理								2 社会生态					
1.1 组织管理思想			1.2 企业经营理论		1.3 创新创业学说		2.1 社会生态洞察			2.2 社会生态方法		2.3 全球视角观察	
1.1.1 组织行为	1.1.2 人力资源	1.1.3 非营利组织管理	1.2.1 战略管理	1.2.2 市场营销	1.3.1 创新	1.3.2 创业	2.1.1 社会机理	2.1.2 经济形势	2.1.3 政治治理	2.2.1 价值立场	2.2.2 认知方式	2.3.1 国际观察	2.3.2 国别研究

据此提出关于德鲁克管理思想维度划分的调整版本——由三级细分维度构成的树形结构。德鲁克管理思想可以分为"管理"和"社会生态"2个一级维度。"管理"维度下分"组织管理思想""企业经营理论""创新创业学说"3个二级维度，"社会生态"维度下分"社会生态洞察""社会生态方法""全球视角观

察"3个二级维度。各二级维度又细分为2～3个三级维度，具体包括"组织管理思想"下的"组织行为""人力资源""非营利组织管理"，"企业经营理论"下的"战略管理"和"市场营销"，"创新创业学说"下的"创新"和"创业"，"社会生态洞察"下的"社会机理""经济形势"和"政治治理"，"社会生态方法"下的"价值立场"和"认知方式"，以及"全球视角观察"下的"国际观察"和"国别研究"。

6.4 构成维度的完善：章节粒度的内容分析

为进一步修正调整后的构成维度划分方案，本节采取章节粒度的内容分析方法。相较于阶段划分所采用的著作粒度分析方法，章节粒度更能精准地对应构成维度划分的需求，且具有人工编码的可操作性。据此，将全语料库中29本著作共212个章节（含具有实质内容的前言和后记）按"著作编号-章节编号"的形式依次进行编号，逐一分析其内容所匹配的三级维度，分别列出一个最为匹配的"隶属维度"和若干次匹配的"兼属维度"。"兼属维度"超过一个的，按匹配程度依次填入。如果在现有维度中无法找到合适匹配项的则在"隶属维度"中填写NA，并在"兼属维度"中填入能够匹配的拟新增的维度内容。对于两个较为特殊的三级维度"1.1.2-人力资源（含知识管理）"和"2.1.1-社会机理（含劳动关系）"，如果所在章节仅讨论了人力资源而没有讨论知识管理，则标注"1.1.2-人力资源"，如果讨论到了人力资源领域内的知识管理内容，则标注"1.1.2-人力资源（含知识管理）"；同理，如果所在章节仅讨论了社会机理而没有讨论劳动关系，则标注"2.1.1-社会机理"，如果讨论到了社会机理中的劳动关系，则标注"2.1.1-社会机理（含劳动关系）"。匹配汇总情况示例见表6-9，完整表格见"附表2：本研究选取的29本著作分章节构成维度归纳"。

表6-9 德鲁克管理思想构成维度章节粒度分析表（部分）

书名	章节名称	编号	隶属维度	兼属维度
The End of Economic Man《经济人的终结》	The Anti-Fascist Illusion	01-01	2.1.1-社会机理	2.1.3-政治治理
	The Despair of the Masses	01-02	2.1.1-社会机理	2.1.3-政治治理
	The Return of the Demons	01-03	2.1.1-社会机理	2.1.3-政治治理
	……	……	……	……
Management:Tasks, Responsibilities, Practices《管理：使命、责任、实务》	Business Performance	13-01	1.2.1-战略管理	1.3.2-创业
	Performance in the Service Institution	13-02	1.2.1-战略管理	1.1.3-非营利组织管理
	Productive Work and Achieving Worker	13-03	1.1.2-人力资源（含知识管理）	2.1.1-社会机理（含劳动关系）
	Social Impacts and Social Responsibilities	13-04	1.2.1-战略管理	企业伦理
	……	……	……	……
Managing in the Next Society《下一个社会的管理》	The Information Society	29-01	NA	知识科技、2.1.2-经济形势
	Business Opportunities	29-02	1.3.2-创业	1.3.1-创新、1.1.2-人力资源（含知识管理）
	The Changing World Economy	29-03	2.1.2-经济形势	2.3.1-国际观察、2.1.1-社会机理
	The Next Society	29-04	2.1.1-社会机理	知识科技、2.1.2-经济形势、1.1.2-人力资源（含知识管理）、1.1.1-组织行为、1.3.1-创新、1.3.2-创业

通观整个表格，有三点主要发现：一是少部分章节未匹配已有维度，在"隶属维度"中填入了若干拟增维度，这将在下文中讨论并对原有维度划分进行补充和调整；二是大部分章节都可以归入已有的维度，说明构成维度划分的调整方案总体上具有合理性；三是每一个章节基本上都可以找到"兼属维度"，说明德鲁克思想的各个

维度之间存在交错融合的逻辑关系，这将启发本研究进一步深入探索德鲁克管理思想的逻辑结构。

6.4.1 现有维度论证

为讨论调整方案提出的各级维度的合理性，将以三级维度为单位逐一讨论分析。

以"隶属维度"项为依据将上述表格重新排序，分维度罗列表格，并观察每一个维度所对应的章节数量，以及"兼属维度"中主要对应的是哪一类别的"隶属维度"。

以"1.1.1-组织行为"维度为例，维度对应章节汇总如表6-10所示。

表6-10　"1.1.1-组织行为"维度对应章节一览表（按兼属维度排序）

序号	章节编号	章节名称	兼属维度（仅保留第一项）
1	27-11	The New Productivity Challenge	1.1.2-人力资源（含知识管理）
2	22-04	Management	1.1.3-非营利组织管理
3	05-04	The Structure of Management	1.2.1-战略管理
4	13-06	Managerial Skills	1.2.1-战略管理
5	13-07	Managerial Organization	1.2.1-战略管理
6	13-08	Top-Management Tasks and Organization	1.2.1-战略管理
7	16-05	What Results Should You Expect? A Users' Guide to MBO	1.2.1-战略管理
8	16-07	The Bored Board	1.2.1-战略管理
9	16-10	How to Guarantee Non-performance	1.2.1-战略管理
10	27-02	The Effective Decision	1.2.1-战略管理
11	22-05	The Organization	1.2.1-战略管理
12	07-03	Beyond Collectivism and Individualism	2.1.1-社会机理
13	16-06	The Coming Rediscovery of Scientific Management	2.1.1-社会机理（含劳动关系）
14	27-07	The Information Executives Truly Need	2.2.2-认知方式
15	19-04	Management	管理通则
16	25-03	The Information-based Organization	知识科技

序号	章节编号	章节名称	兼属维度（仅保留第一项）
17	27–08	The Coming of the New Organization	知识科技
18	17–02	Executive Agenda	知识科技
19	27–09	The New Society of Organizations	知识科技

"1.1.1–组织行为"维度对应的章节有19个，这些章节对应的第一兼属维度最多的是"1.2.1–战略管理"。

依次整理各已有维度对应章节数量及共现率最高的兼属维度，结果如表6–11所示。

表 6-11　已有维度对应章节数及高频共现兼属维度

已有维度	对应章节数	共现率最高的兼属维度
1.1.1– 组织行为	19	1.2.1– 战略管理
1.1.2– 人力资源（含知识管理）	17（其中与知识管理相关的 14 个）	1.1.1– 组织行为
1.1.3– 非营利组织管理	6	1.1.1– 组织行为、1.2.1– 战略管理
1.2.1– 战略管理	17	1.1.1– 组织行为
1.2.2– 市场营销	0（作为"兼属维度" 1 次）	1.2.1– 战略管理
1.3.1– 创新	4	2.2.2– 认知方式
1.3.2– 创业	8	1.3.1– 创新、2.1.2– 经济形势
2.1.1– 社会机理（含劳动关系）	41（其中与劳动关系相关的 1 个）	2.1.3– 政治治理、知识科技、2.1.2– 经济形势
2.1.2– 经济形势	31	2.1.1– 社会机理、2.3.1– 国际观察
2.1.3– 政治治理	18	哲学历史文化、2.1.1– 社会机理
2.2.1– 价值立场	6	哲学历史文化
2.2.2– 认知方式	3	哲学历史文化
2.3.1– 国际观察	4	2.1.2– 经济形势
2.3.2– 国别研究	7	哲学历史文化

注：哲学历史文化和知识科技为拟新增维度，将在下一部分详细讨论。

通过表6-11可以看出，绝大部分已有维度都可以找到对应的章节，并作为某些章节的"隶属维度"而存在，因此维度划分的合理性得到了有效支撑。管理类的"隶属维度"大都与管理类的"兼属维度"共现，社会生态类的"隶属维度"也大都与社会生态类的"兼属维度"共现，即某一章节对应的"隶属维度"和"兼属维度"基本存在于同一个一级维度之下，这也从侧面印证了维度划分的合理性。

在总体上支持维度设置与划分方案的同时，重点讨论两个例外情况。

一是"1.2.2-市场营销"没有以其为"隶属维度"的章节，只有1个以其为"兼属维度"的章节，这一结果表面上表明市场营销相关内容在德鲁克管理思想中无足轻重，但无论学界的评价还是文献计量的结果都显示了市场营销在德鲁克管理思想中的重要地位，菲利普·科特勒曾经评价"如果说我是市场营销之父，德鲁克就是市场营销的祖父"（Gunther，2009）。以"1.2.2-市场营销"为"隶属维度"或"兼属维度"的章节较少，是因为德鲁克专题论述市场营销的文章较少，其市场营销的观点和思维方式大都融汇在了战略管理和创新创业的有关章节里。因此，拟保留三级维度"1.2.2-市场营销"。

二是一级维度"1-管理"下的"1.3.1-创新"与"1.3.2-创业"作为隶属维度时，与之共现的主要"兼属维度"落在了一级维度"2-社会生态"下，这与大部分维度与共现"兼属维度"属于同一大类的情况不同。这说明三级维度"1.3.1-创新""1.3.2-创业"及其所属的二级维度"1.3-创新创业学说"具有跨一级维度的特点，拟专门标注。

此外，对两个特殊维度进行分析。

一是"1.1.2-人力资源（含知识管理）"表示该维度的基本内容是人力资源，且其中大部分涉及知识工作、知识工作者和知识工作者管理。分析结果显示，在以其为"隶属维度"的17个章节中，14个章节重点涉及知识工作和知识工作者管理，支持原先的方案，为简化标注，改名为"1.1.2-人力资源-KM"。

二是"2.1.1-社会机理（含劳动关系）"表示该维度的基本内容是社会机理，其中劳动关系是一个主要逻辑。分析结果显示，在以其为"隶属维度"的41个章节中，

只有1个章节重点涉及劳动关系的专门讨论，不能支撑原方案，该维度名称修改为
"2.1.1-社会机理"。

6.4.2 拟增维度提出

为补充和完善德鲁克管理思想构成维度，将匹配结果中新提出的拟增维度分别
加以讨论，经整理，拟新增"哲学历史文化""知识科技"等9个维度。

以"知识科技"为例，将"兼属维度"项目为"知识科技"的章节汇总于表
6-12。"知识科技"对应30个章节，其中作为"替代隶属维度"的章节有13个，
作为"兼属维度"的章节有17个，该17个章节对应的'隶属维度'为："1.1.1-组
织行为"4个、"1.1.2-人力资源（含知识管理）"3个、"2.1.1-社会机理"8个、
"2.1.2-经济形势"2个。考虑到该维度有较多的对应章节，拟增设为德鲁克管理思
想的维度。知识科技是社会发展趋势的一个面向，所以拟将其归在"2.1-社会生态
洞察"维度下，增设为"2.1.4-知识科技"三级维度。此外，作为"兼属维度"时，
共现的"隶属维度"中"2.1.1-社会机理"共同出现频次最高，进一步印证将其编为
"2.1-社会生态洞察"下的子维度具有合理性。作为"兼属维度"时，共现的"隶属
维度"中"1.1.2-人力资源（含知识管理）"（已改名为"1.1.2-人力资源-KM"）
共同出现频次较高，揭示了知识科技的发展趋势孕育了知识管理的思想，与"1-管
理"产生于"2-社会生态"的思考理出一辙。

表6-12 "兼属维度"项目为"知识科技'的章节汇总表

序号	章节编号	章节名称	隶属类别
1	17-02	Executive Agenda	1.1.1- 组织行为
2	25-03	The Information-based Organization	1.1.1- 组织行为
3	27-08	The Coming of the New Organization	1.1.1- 组织行为
4	27-09	The New Society of Organizations	1.1.1- 组织行为
5	19-03	People	1.1.2- 人力资源（含知识管理）
6	25-06	Managing in a Post-Capitalist Society	1.1.2- 人力资源（含知识管理）

续表

序号	章节编号	章节名称	隶属类别
7	28-06	Knowledge-Worker Productivity	1.1.2- 人力资源（含知识管理）
8	06-04	Will the Colleges Blow Their Tops	2.1.1- 社会机理
9	20-04	The Knowledge Society	2.1.1- 社会机理
10	22-01	Notes on the Post-Business Society	2.1.1- 社会机理
11	22-06	The 1990s and Beyond	2.1.1- 社会机理
12	24-01	The Transformation	2.1.1- 社会机理
13	24-02	Society	2.1.1- 社会机理
14	26-03	The Challenges of the "Knowledge Society"	2.1.1- 社会机理
15	29-04	The Next Society	2.1.1- 社会机理
16	16-03	Business and Technology	2.1.2- 经济形势
17	16-09	Science and Industry : Challenges of Antagonistic Interdependence	2.1.2- 经济形势
18	07-05	The Educated Society	NA
19	10-01	The Knowledge Technologies	NA
20	11-01	Information, Communications, and Understanding	NA
21	11-03	Work and Tools	NA
22	11-04	Technological Trends in the Twentieth Century	NA
23	11-05	Technology and Society in the Twentieth Century	NA
24	11-07	The First Technological Revolution and Its Lessons	NA
25	11-11	The Technological Revolution: Notes on the Relationship of Technology, Science, and Culture	NA
26	23-05	Work, Tools, and Society	NA
27	23-06	The Information-based Society	NA
28	24-04	Knowledge	NA
29	28-05	Information Challenges	NA
30	29-01	The Information Society	NA

按此模式继续逐个分析"哲学历史文化""知识科技"等拟新增维度，对应章节和章节对应"隶属维度"情况整理于"附表3：拟增维度对应章节情况及相应维度调整方案"。

"哲学历史文化"对应章节23个，其中作为"替代隶属维度"的章节0个，作为"兼属维度"的章节23个，对应的"隶属维度"分别为："2.1.1-社会机理"6个、"2.1.2-经济形势"3个、"2.1.3-政治治理"6个、"2.2.1-价值立场"3个、"2.2.2-认知方式"2个、"2.3.2-国别研究"3个。考虑到该维度有较多的对应章节，拟增设为德鲁克管理思想的维度。一方面，该维度与"2-社会生态"下子维度共同作为某一章节的内容归属，可以理解为用哲学历史文化的积累和眼光观察研判社会生态，是一种开展社会生态观察并提供管理洞见的视角。哲学历史文化的综合符合德鲁克本人提出的"管理是一门博雅的学问（liberal art）"（Drucker，2010）的主张，而视角又与先前提出的二级维度"2.3-全球视角观察"属性相近，故拟扩大视角的内涵，将"2.3-全球视角观察"修改为"2.3-社会生态视野"，并将其下属子维度的"2.3.1-国际观察"和"2.3.2-国别研究"合并为"2.3.1-全球视野"，同时新增"2.3.2-博雅视野"与之并列。另一方面，哲学历史文化与社会洞察的共现关系表明德鲁克在研究"社会机理"（如02-03：*The Mercantile Society of the Nineteenth Century*）、"经济形势"（如12-12：*Keynes: Economics as a Magical System*）、"政治治理"（如12-09：*The American Genius Is Political*）时调用了大量的社会、经济和政治的经典思想，所以德鲁克社会生态观察中的社会维度不仅仅是"机理"，经济维度不仅仅是"形势"，政治维度也不仅仅是"治理"，故拟将上述三个"2.1-社会生态洞察"下的三级维度的名称调整为"2.1.1-社会""2.1.2-经济""2.1.3-政治"。

"自我管理"对应章节12个，其中作为"替代隶属维度"的章节9个，该9个章节作为"兼属维度"的章节3个，对应的"隶属维度"为："1.1.2-人力资源（含知识管理）"2个、"1.1.3-非营利组织管理"1个。考虑到该维度有较多的对应章节，拟增设为德鲁克管理思想的维度。"自我管理"在学科范畴上应当处于和"1.1-组织管理""1.2-战略管理"等并列的层级，但考虑到其总体体量尚未达到一般二级维度的平均水平，拟设为三级维度。因此，增设二级维度"1.4-其他管理专题"以及三级维度"1.4.1-自我管理"。

"管理通则"对应章节9个，其中作为"替代隶属维度"的章节6个，该6个章节作为"兼属维度"的章节3个，对应的"隶属维度"为："1.1.1-组织行为""2.1.1-社会机理""2.2.2-认知方式"各1个。考虑到该维度有一定的对应章节，拟增设为德鲁克管理思想的维度。根据其语义范畴，将其设置为二级维度"1.4-其他管理专题"下的三级维度"1.4.2-管理通则"。

"企业伦理"对应章节6个，其中作为"替代隶属维度"的章节3个，作为"兼属维度"的章节3个，该3个章节对应的"隶属维度"为："1.2.1-战略管理"2个、"2.1.1-社会机理"1个。考虑到该维度有一定的对应章节，拟增设为德鲁克管理思想的维度。根据其语义范畴，将其设置为二级维度"1.4-其他管理专题"下的三级维度"1.4.3-企业伦理"。

"非营利组织"对应章节4个，无作为"替代隶属维度"的章节，作为"兼属维度"的章节4个，该4个章节对应的"隶属维度"为："1.1.2-人力资源（含知识管理）"1个、"2.1.1-社会机理"2个、"2.1.3-政治治理"1个。"非营利组织"是指对非营利组织成长发展的社会现象进行描述和分析，应是"2.1-社会生态洞察"下属的内容范畴，但一方面该拟增维度对应章节较少，另一方面该拟增维度与"1.1.3-非营利组管理"的关系比较密切，"非营利组织"生态观察是"非营利组织管理"的现实背景，"非营利组织管理"是"非营利组织"生态观察的后续思想成果，故二者关系类似于"1-管理"和"2-社会生态"的关系。

"名人轶事"对应章节4个，无作为"替代隶属维度"的章节，作为"兼属维度"的章节4个，该4个章节对应的"隶属维度"为："2.1.2-经济形势"1个、"2.1.3-政治治理"1个、"2.2.1-价值立场"2个。考虑到该维度对应章节较少，且从广义上理解，"名人轶事"也可理解为"哲学历史文化"的一部分，因此放弃此拟增维度。

"生态环境"对应章节2个，无作为"替代隶属维度"的章节，作为"兼属维度"的章节2个，该2个章节对应的"隶属维度"为："2.1.3-政治治理""2.3.1-国际观察"各1个。考虑到该维度对应章节很少，因此放弃该拟增维度。

"财务管理"对应章节1个，无作为"替代隶属维度"的章节，作为"兼属维度"的章节1个，该章节对应的"隶属维度"为"1.2.1-战略管理"。考虑到该维度对应章节很少，因此放弃该拟增维度。

本部分拟增维度讨论结果汇总如表6-13所示。

表6-13　拟增维度对应章节情况及相应维度调整方案

拟增维度	对应章节数	替代隶属维度章节数	作为兼属维度章节数	维度调整方案
知识科技	30	13	17	增设三级维度"2.1.4-知识科技"
哲学历史文化	23	0	23	更改二级维度"2.3-全球视角观察"为"2.3-社会生态视野"，下列"2.3.1-全球视野"和"2.3.2-博雅视野"两个三级维度
				分别更改三级维度"2.1.1-社会机理""2.1.2-经济形势""2.1.3-政治治理"名称为"2.1.1-社会""2.1.2-经济""2.1.3-政治"
自我管理	12	9	3	增设二级维度"1.4-其他管理专题"以及三级维度"1.4.1-自我管理"
管理通则	9	6	3	增设三级维度"1.4.2-管理通则"
企业伦理	6	3	3	增设三级维度"1.4.3-企业伦理"
非营利组织	4	0	4	将"1.1.3-非营利组管理"和"1.3-创新创业学说"及其下属的"1.3.1-创新""1.3.2-创业"标注为兼具"1-管理"和"2-社会生态"类型特征的特殊维度
名人轶事	4	0	4	无
生态环境	2	0	2	无
财务管理	1	0	1	无

综合上述分析讨论结果，构成维度划分调整方案的有效性得到了印证，并且得到了进一步修正和完善，各级构成维度如表6-14所示。

表 6-14　德鲁克管理思想构成维度（二次调整）

德鲁克管理思想																	
1 管理										2 社会生态							
1.1 组织管理思想			1.2 企业经营理论		1.3 创新创业学说		1.4 其他管理专题			2.1 社会生态洞察				2.2 社会生态方法		2.3 社会生态视野	
1.1.1 组织行为	1.1.2 人力资源–KM	1.1.3 非营利组织管理	1.2.1 战略管理	1.2.2 市场营销	1.3.1 创新	1.3.2 创业	1.4.1 自我管理	1.4.2 管理通则	1.4.3 企业伦理	2.1.1 社会	2.1.2 经济	2.1.3 政治	2.1.4 知识科技	2.2.1 价值立场	2.2.2 认知方式	2.3.1 全球视野	2.3.2 博雅视野

注："人力资源–KM"表示本研究认为人力资源维度中相当大的比重与知识工作和知识工作者的管理有关；"创新创业学说"兼具"管理"和"社会生态"两个一级维度特点，为"管理"和"社会生态"的交叉维度。

6.5 本章小结

本章聚焦德鲁克管理思想维度划分方案。在方法上，主要观测对象是本研究所设定的德鲁克管理著作语料库中的高频词及其聚类以及各著作章节内容。高频词代表了德鲁克管理思想的最重要的概念，相关高频词的聚类则代表了德鲁克管理思想的主要维度，各著作章节内容代表了德鲁克管理思想的具体主题。一方面，在本研究所选定的29本德鲁克著作中提取高频词，对高频词进行聚类分析，并结合德鲁克本人对其管理思想的相关界定提出关于德鲁克管理思想维度划分的方案。另一方面，通过对上述29本著作所有章节的分析和内容编码，讨论上述构成维度划分的方案，并加以修正和完善。

德鲁克管理思想总体上由管理和社会生态两个部分组成，双元一体。"管理"和"社会生态"2个一级维度下可分为 7个二级维度和18个三级维度。在管理板块，"组织管理思想""企业经营理论""创新创业学说""其他管理专题"4个二级维度细分为"组织行为""人力资源–KM""非营利组织管理""战略管理""市场营销""创新""创业""自我管理""管理通则""企业伦理"10个三级维度。在社会生态板块，"社会生态洞察""社会生态方法""社会生态视野"3个二级维度细分为"社会""经济""政治""知识科技""价值立场""认知方式""全球视野"和"博雅视野"8个三级维度。

7 以人为本的内容体系

通过上一部分的多轮讨论和完善，本研究归纳出了德鲁克管理思想的2个一级维度、7个二级维度和18个三级维度，呈现出德鲁克管理思想的构成要素。树形图的结构是一种分析和分解的逻辑结构，而德鲁克本人秉持一种有机联系的世界观。他在《明日的里程碑》中首次提出的"新世界观"强调"合理配置关系（configuration）"而非"分析（analysis）"，强调"目的（purpose）"胜于"因果（causality）"。本研究要在德鲁克管理思想构成维度的基础上勾画出维度之间彼此联系的内容体系。

构成维度是一种观察德鲁克管理思想面貌的简化做法。德鲁克本人在《创新与企业家精神》中曾经将创新机会的7个来源比喻为7扇窗户，认为这7个来源彼此之间存在模糊的界限——7扇窗户开在同一个建筑物的不同方位，每扇窗户中呈现的景象在另一扇窗子里也能窥见一二，但个中景象的中心和重点是有区别的（Drucker，2015）。

这个比喻也适用于描述本研究归纳的德鲁克管理思想各构成维度间的关系。本部分将通过比较各扇窗户中的情景，即各个维度的内容属性，联想出整个建筑物的内部情况，即德鲁克管理思想的内容体系。德鲁克管理思想的各级维度之间的逻辑关系并不是简单的树状分叉图结构，而是纵横交错且有着紧密有机联系的整体（Starbuck，2013）。

7.1 "管理"及其子维度的结构关系分析

一级维度"管理"下共有"组织管理思想""企业经营理论""创新创

业学说""其他管理专题"4个二级维度以及下属的"组织行为""人力资源-KM""非营利组织管理""战略管理""市场营销""创新""创业""自我管理""管理通则""企业伦理"10个三级维度（详见表6-14）。

将这些三级维度放置到德鲁克管理思想的空间架构中，可以识别出一条主线和两条辅线。一条主线即企业情境下管理从理念层面到个人层面的维度要素，两条辅线分别是管理原则在非营利组织管理情境和创新管理情境下的发展，并形成相对独立的管理思想范畴。非营利组织管理和创新管理一方面吸收了企业管理思想的养分，另一方面也补充和完善了企业管理思想并为其在组织目标设定、知识工作者绩效衡量以及制度化更新落后生产要素等方面提供了有益的借鉴素材，如图7-1所示。

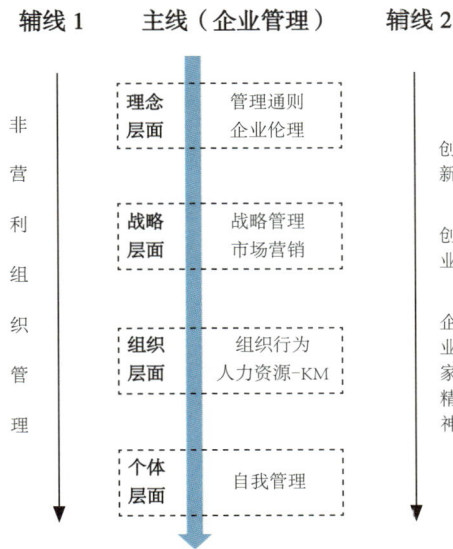

图 7-1 "管理"及其子维度的结构关系分析

在企业管理的主线上，德鲁克以通用汽车公司为组织形态的典型，构建起管理思想系统，包括理念层面、战略层面、组织层面和个人层面四部分。在理念层面，以人在社会中应然的追求和实然的人性特征与人际关系为理论前提，形成了以目标管理等经典思想为代表的管理通则和以社会责任为主体的企业伦理（王玉生和张超兵，

2008）；在战略层面，以管理通则和企业伦理为指导，结合对企业所处社会生态的形势分析，形成对企业宗旨、目标客户、优势特长等要素的精准定位；在组织层面，根据企业的战略定位，设定目标，明确工作，组织员工，激励沟通，评价反馈，培养人才；在个人层面，以责任为核心，以贡献为导向，以沟通为手段，以特长为依托，培养沟通表达、时间管理等基本技能，学会要事优先和审慎决策，将想法付诸行动，使组织绩效的提升和个人的成长相辅相成。

在非营利组织管理的辅线上，随着知识社会的发展，非营利组织无论从体量上还是承载的社会功能上都取得了显著的发展，一方面大量的非营利组织机构和专兼职岗位产生，另一方面非营利组织承担起了政府部门外包的社会公共服务和社会团体自发形成的志愿服务事业。德鲁克将企业管理在理念、战略、组织、个人四个层面上总结的方法和思路移植到非营利组织上，在理念层面用公共服务价值追求和管理通则指引非营利组织的使命确定和战略选择；以绩效为导向开展日常管理，成就非营利组织管理者和参与者的奉献、承诺和成长，形成了非营利组织管理思想。由于非营利组织在绩效的确定上缺少企业组织所具备的市场业绩指标，对非营利组织绩效评价需要更加具有智慧的判断力。为此德鲁克发展出了关键指标领域（OKR）的绩效衡量思想，促进了企业管理思想的完善。在知识工作的管理情境下，企业绩效目标并不像产业工人的计件产出一样简单明了，在非营利组织中成功运用的围绕战略目标而界定的具体工作的关键指标领域方法就发挥了不可替代的作用。

在创新管理的辅线上，无论是企业组织，还是非营利组织，要在知识经济时代获得持续的发展，都需要不断应对变化带来的挑战，睿智地在挑战中发掘机遇，作出审慎明智的战略取舍，勇于放弃过去可能赖以生存的但已过时的生产要素，有效地管理成长、发展、成熟等不同阶段的组织及其创新行为。在创新情境中践行德鲁克管理思想，发展出德鲁克创新创业的管理思想，在理念层面运用管理通则和社会生态观察方法，在战略层面上围绕创新配置资源，在组织层面上为创新创业量体裁衣设计团队结构和运营管理模式，在个体层面上积极培养塑造企业家精神和创业能力。

7.2 "社会生态"及其子维度的结构关系分析

一级维度"社会生态"之下共有"社会生态洞察""社会生态方法""社会生态视野"3个二级维度以及下属的"社会""经济""政治""知识科技""价值立场""认知方式""全球视野""博雅视野"8个三级维度（详见表6-14）。

将这些三级维度作为构成元素放置到德鲁克管理思想的社会生态版块中，可以识别出一套方法和两个要领。一套方法即社会生态方法，是贯穿社会生态分析的思考路径，从尊重人性崇尚道德的价值立场出发，关注变化，发掘机遇。两个要领即社会生态视野和社会生态洞察：社会生态视野，即融会贯通地扩大社会生态观察的时空参照系，调用人类各个学科尤其是历史哲学文化的思想宝库（博雅视野）和世界各国以及国际交往中的综合情况（全球视野）作为社会生态洞察的基础；社会生态洞察，即在社会生态视野的知识背景支撑下，系统扫描社会、经济、政治和知识科技的变化趋势，形成社会生态的判断和思考。"社会生态"及其子维度的结构关系分析如图7-2所示。

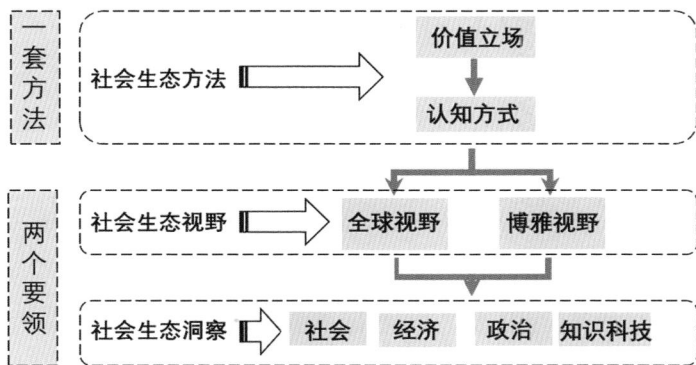

图 7-2 "社会生态"及其子维度的结构关系分析

关于价值立场，德鲁克认为社会生态学家要相信精神事物的神圣性，他的著作始终关照着自由、尊严、现代社会中人的地位、组织作为人类成功阶梯的角色和功能、人类发展和自我实现、个人对社会和社区的需要。带着人如何在世俗的社会中保有信仰并合理发展的思考，德鲁克提出了构建功能社会的愿景。功能社会并不是现实世界里的乌托邦，而是一个通过有效的政府治理、多元的社会群体竞合共生、具有感召力的共同价值引领以及运转有效的组织共同作用，能够让社会精英和普通大众都作出贡献、创造价值、实现人生意义的社会形态（Chong，2013）。在这样的社会中，虽然矛盾和冲突仍不可避免，缺失和遗憾不时存在，但人可以通过组织这一中介找到个体与社会的联结，找到超越自身的宏大意义，同时并不会淹没在社会进步宏大的叙事之中。

关于认知方式，德鲁克从机械性的认识论中跳脱出来，走入一个充满感知、结构等新元素的认知领域，让我们更加圆融地理解周边的世界：一方面纵观玄览——社会生态学的认知方式是知觉领悟。德鲁克指出社会生态学靠知觉（perception），它不是对感官信号的简单被动接受和对现象的机械分析，而是通过学习、记忆、预设和关注等过程对感官信息加以识别、组织和理解，最终形成的整体的认识和领悟。另一方面见微知著——社会生态学的核心议题是洞察趋势。社会生态学家关注的趋势是一种已经发生、不可逆转、尚未引起广泛关注但必将产生重大影响的社会变化。德鲁克形象地称之为"已经发生的未来"（future that has already happened），个中迹象德鲁克喻之为"明日的里程碑"（landmarks of tomorrow）。

社会生态视野要纵观玄览，用思接千载的哲学历史文化积淀和视通万里的全球局势观察，即本研究提出的"博雅视野"和"全球视野"。在观察和分析社会生态现象时，就事论事地思考是无法识得庐山真面目的，所谓不谋全局者不足以谋一域，不谋千古者不足以谋一时。在观察和分析社会生态的变化后，既需要深厚的历史知识背景，以洞明兴衰的规律，也需要广博的国际视角，以获得联系和比较中的定位，还需要吸取哲学文化和其他具体学科所蕴含的智慧和思辨能力。

社会生态洞察要见微知著，全面扫描社会生态的各个方面和领域，即本研究提出的"社会""经济""政治"和"知识科技"四个"社会生态洞察"的维度。社会生态学家在观察研判社会、经济、政治和知识科技趋势时会分三步思考：一是发生了什么"不是所有人都知道"的变化？二是变化在哪些领域产生影响？三是影响提供了哪些机会？"经典三问"促成了关于"社会""经济""政治"和"知识科技"的"社会生态洞察"。

7.3 德鲁克管理思想的内容主旨

在"社会生态"维度，德鲁克（1994）启发我们"born to see；meant to look——即便生而见之，亦需观而察之"，通过努力去界定那些业已发生的社会、政治、经济方面的重大变革，通盘审视、分析研判、发掘机遇，从而在断裂中找到连续性，在变化中找寻确定性。

在"管理"维度，德鲁克在变动的社会现实中找到组织这一构建社会功能的基本器官，进而通过研究对组织的管理，为人如何在社会口发挥作用寻找现实的解决方案，增加了个人价值实现的确定性和社会良性运转的确定性。

"社会生态"和"管理"在德鲁克管理思想体系中本质上是相通的（韩睿玺，2009）。在帮助人类寻找生命意义和为社会寻找功能实现路径的探索中，"社会生态"的观察帮助德鲁克找到了社会发展的问题，理解了社会发展的机理。变化是人类社会发展唯一不变的趋势，而人类身处社会中发挥主体作用的主要议题就是驾驭变化。社会不确定性的常态和人类对确定性的追求这对矛盾同时也孕育着化解矛盾的契机，德鲁克通过创立"管理"学科把握了这个机遇，使得各类企业和非营利组织富有成效地运行，以及组织中的人获得成长发展和价值实现。

在社会的不确定性和组织的确定性中间所交织的是人将不确定性转化为确定性的主观能动性。人发挥主观能动性认识和改造世界的创造力，面向未来抓住变化中的机遇，就是创新创业学说的核心要义。上一部分对"1.3-创新创业学说"兼具"1-管理"和"2-社会生态"的属性界定正好印证了这一判断。人的能动性将社会的不确定性和组织的确定性联系在一起，人发挥能动性的"创新创业"将认识世界的"社会生态"和改造世界的"管理"衔接在一起。

可见，"人"是贯穿德鲁克管理思想结构的主线，也是德鲁克管理思想体系的目的。这一点，从一、二、三级维度中对人关注的内涵分析可以得到证实，如表7-1

所示。通过对各个维度扫描式地对照分析可以发现，德鲁克管理思想无一不与人的精神追求、实际需要、现实处境、努力方向、提升方法相关，贯穿"理念-社会-组织-个人"的结构，形成从"以人为本"开始又以此为终点的逻辑闭环。德鲁克管理思想的内容主旨是对人的关注。

表7-1　德鲁克管理思想各维度以人为本内涵分析

一、二、三级维度	对人关注的主要内涵
1- 管理	通过让组织和个人富有成效，从而促使社会有效运转，为人的价值实现提供保障
1.1- 组织管理思想	组织是人在社会中获得意义、作出贡献的中介，管理提升组织绩效
1.1.1- 组织行为	组织内人、人群和整个组织基于人性特质的行为模式和规律
1.1.2- 人力资源 -KM	在组织情境中提升和发挥人尤其是知识工作者的创造力的系统工作和方法
1.1.3- 非营利组织管理	非营利组织承载了服务社会、奉献自我和寻找归属的价值功能
1.2- 企业经营理论	企业在特定的社会生态中满足人类需求的路径和方法
1.2.1- 战略管理	战略来源于组织使命，即选择承担的社会功能的定位，亦即为人提供价值的方向性选择
1.2.2- 市场营销	市场营销的核心关注是作为消费者的人
1.3- 创新创业学说	积极应对变化的社会生态，寻找和把握机会，为人和社会发展提供不绝动力
1.3.1- 创新	发挥人的主观能动性，改变方式方法，提升资源产出，为人提供更多价值
1.3.2- 创业	在组织的情境中，用战略和管理的方法，在经济和公共领域践行创新行为
1.4- 其他管理专题	同"1- 管理"
1.4.1- 自我管理	基于自己的优点特长，承担自己对他人的责任，在组织和社会的情境中发挥自身的作用
1.4.2- 管理通则	基于追求自由而承诺承担责任的人性假设，提出的目标一致并依靠自我管理取得绩效的目标管理思想
1.4.3- 企业伦理	企业与其利益相关者的关系准则，最终的影响都作用于一定的人群

续表

一、二、三级维度	对人关注的主要内涵
2- 社会生态	人类认识世界、改造世界的社会环境
2.1- 社会生态洞察	人对其生存的社会生态的描述和判断
2.1.1- 社会	人与人形成的关系总和，人生存的情境
2.1.2- 经济	创造、转化、实现价值，满足人类物质文化生活需要的活动
2.1.3- 政治	对人类社会治理的行为
2.1.4- 知识科技	人类对物质世界以及精神世界探索的结果总和，人改造自然和社会的手段
2.2- 社会生态方法	人以人本主义立场发挥主观能动性认识世界的系统方法
2.2.1- 价值立场	追求高尚道德目标、尊重人的主体性的价值立场
2.2.2- 认知方式	加入人类感知因素的非机械性的主客观对立统一的认识论
2.3- 社会生态视野	在人类历史和人类命运共同体中人类社会、组织和个人所处的现实坐标
2.3.1- 全球视野	世界各国人类文明发展的整体情况
2.3.2- 博雅视野	人文视角下社会和自然学科知识的综合

7.4 本章小结

本章基于上一章归纳出的德鲁克管理思想的构成维度，以详尽分解的三级构成维度为基本单位，首先分别讨论了"管理"和"社会生态"及其子维度的内部逻辑关系，接着讨论了"管理"和"社会生态"两大维度之间的逻辑关系，并识别出此逻辑关系中一以贯之的内容主旨，形成对德鲁克管理思想内容体系的认识，详见图7-3。

德鲁克管理思想的内容体系纵向由下往上依次是个人、组织、社会、理念四个层次，横向由左到右依次是管理、社会生态两个一级维度以及处于交叉过渡地带的二级维度创新创业。总体上看，图形的左下区域更为微观和具体，右上区域更为宏观和抽象。居于左下区域的二、三级维度主要归属于一级维度"管理"，居于右上区域的二、三级维度主要归属于一级维度"社会生态"，两大板块交汇于二级维度"创新创业"及其下属的三级维度"创新"和"创业"（及"企业家精神"），

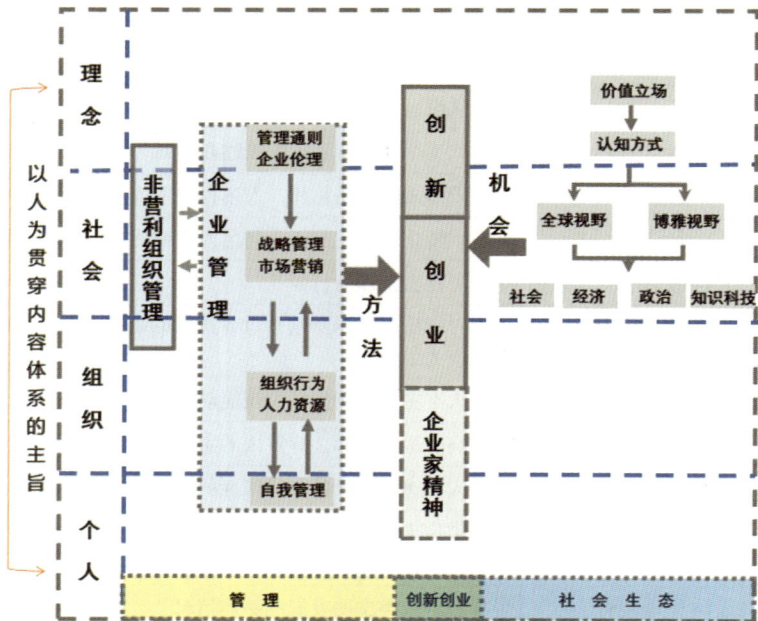

图 7-3　德鲁克管理思想的内容体系

"管理"为"创新创业"提供了行动方法，"社会生态"为"创新创业"提供了识别机会的认知手段。偏微观和具体的管理类维度与偏宏观和抽象的社会生态类维度在图中大致呈现沿对角线分布的中心对称形态。从宏观方位向微观方位观察,德鲁克在理念层面秉持以人为主旨的立场：在社会层面，通过通观玄览和见微知著的认知方式观察社会生态并形成关于趋势的洞见和对社会机理的理解；在组织层面，指明组织是帮助人在社会中发挥作用、实现价值的载体，并发展出了使组织有效运行的思想，形成一条在管理通则指导下确定战略，由战略决定组织行为，由组织情境指导个人管理的跨层链条；在个人层面，最终通过个体成长和价值实现链接回以人为主旨的理念和逻辑起点。

8 一问三策的核心架构

通过第4章到第7章的梳理，本研究从纵向的时间祝角审视了德鲁克管理思想的发展过程，具体包括德鲁克管理思想的演进阶段和发展脉络；从横向的要素视角审视了德鲁克管理思想的内容体系，具体包括德鲁克管理思想的构成维度和逻辑主线。本章将综合上述研究成果，提炼德鲁克管理思想的核心架构。

8.1 一问三策的核心架构

德鲁克管理思想的纵向体系是建立在对德鲁克管理思想发展过程的总结归纳上的，德鲁克管理思想的横向体系是建立在对德鲁克管理思想的内容要素的总结归纳上的。德鲁克管理思想的纵向体系和横向体系是对德鲁克管理思想观察展示的两个不同的视角，二者统一于德鲁克管理思想的核心架构。通过对二者的分析比较，找出纵横体系的共同指向，即在纵向体系和横向体系中都集中体现的内容，能够帮助我们探明德鲁克管理思想的核心架构的构成要件。

德鲁克管理思想在纵向发展过程中交织着对管理的聚焦和对社会生态的扫描；在横向的管理思想内容中既留下组织管理的详细论述，也包含着大量社会生态观察的思路、方法和结果。这一共同指向表明组织和社会是德鲁克管理思想的主要观察对象，组织管理和社会生态是德鲁克管理思想的主要研究成果。德鲁克管理思想在纵向发展的出发点是为了人在现实世界中获得意义从而探寻在组织管理中的可能性；在横向的内容体系中，对人的关注是贯穿个人、组织、社会、理念各个层面和各个维度的主线。这一共同指向表明对人生意义确定性的追求和对现实世界不确定性的理解构成了德鲁克管理思想构建的根本张力。德鲁克管理思想在纵向发展的过程中逐渐从对社会生态的观察和对管理的总结思考推演到了融合二者的创新研究；在横向的内容逻辑结构中，社会生态相关内容和管理相关内容交集所在之处即创新创业维度。这一共同指向表明创新和企业家精神是德鲁克管理思想的行动主张。综上分析，德鲁克管理思想核心架构的构成要件包括：组织管理、社会生态、人生意义、现实世界、创新创业等。

在对德鲁克管理思想发展脉络和研究动因的分析中，本研究指出"管理"和"社会生态"是德鲁克为了人在现实世界中寻求生命意义而选取的对破解问题起桥梁作用的研究对象。人在现实世界中如何获得生命的意义之所以是一个深刻而具有挑战性的命题，是因为这个问题的两个关键要素都充满了不确定性：一方面，人性复杂多变，不同的人因其性格禀赋和外部环境的差异而千差万别，同一个人在不同的情境下有向善的可能也有堕落的可能。另一方面，现实不可预测，科学发展已经超越了绝对的机械论和决定论，"蝴蝶效应"发现事物发展的轨迹会因微小的变化而造成结果的大相径庭，混沌理论发现一个完全被数学公式描述的系统即便没有外部干扰，也可能变得完全无法预测。而人生意义意味着人对价值和方向的某种确定性的追求，它要为不确定的人性在不确定的世界中找到确定的目的，看似是一个不可能完成的任务。

德鲁克没有陷入与人性和现实双重不确定性的正面交锋，而是另辟蹊径各个击破，在人和世界这两极之间寻找到两个关键的中间要素作为研究的发力点。第一，在现代社会中，组织是人与人协作劳动改造世界的最典型、最广泛的场合，它具备克服个体局限以及提升产出和创造力的潜在功能，通过有效的组织管理可以引导人性向积极的方向发展并发挥建设性作用，从而降低人性复杂多变的不确定性。第二，社会是人与环境形成的关系总和，包罗各类组织和个体，现实的变幻莫测对人类的影响发生在社会生态的方方面面，对于社会生态的观察虽然无法精准地预测和描述未来的具体状况，但是可以帮助人们感知未来发展的趋势、评估发生的概率，降低现实不确定性给人们找寻方向带来的困扰。第三，即便有效的组织管理可以降低人性不确定性，恰当的社会生态观察可以降低现实不确定性的影响，但是不确定性并不可能被彻底消除，这就需要人发挥主观能动性，用社会生态观察的认知成果和组织管理的方法工具，通过行动来改变世界并获得生命的意义。

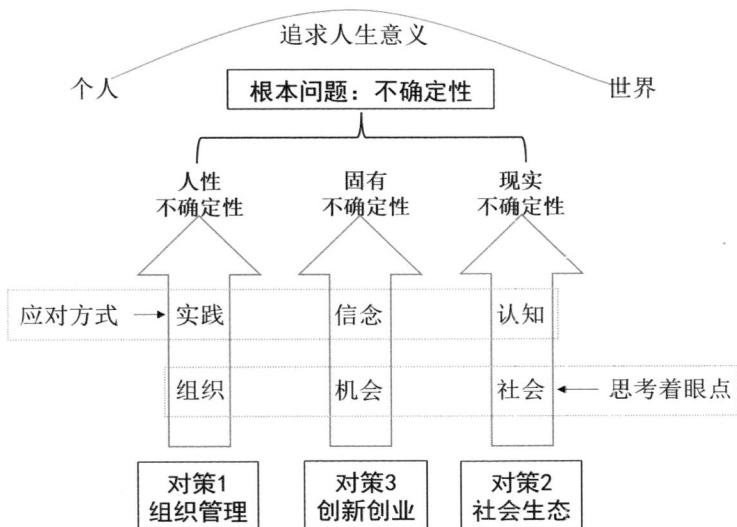

图 8-1 德鲁克管理思想的核心架构

基于上述分析，德鲁克管理思想的核心架构如图8-1所示，是一个应对现实变化和人性复杂的双重不确定性，为人在世界中追寻人生意义的双向弥合思维桥梁。孤立的个人和混沌的世界被不确定性的鸿沟隔绝而无法构建关联，德鲁克选择了个人参与改造世界的最典型场景——组织，以及世界与人类发生交互的界面——社会，作为搭建思维桥梁的桥墩。从个人的端口出发，德鲁克系统地研究和总结了个人在组织中有效发挥作用的实践模式，建立起组织管理方面的学说，降低人性复杂易变带来的不确定性。从世界的端口出发，德鲁克系统地研究和总结了从其所倡导的新世界观视角观察人类社会的认知模式，建立起社会生态方面的学说，降低现实变化莫测的不确定性。在被双向降低后，不确定性依旧存在，这就需要运用社会生态的认知发掘机遇，运用组织管理的实践把握机遇，将机遇作为在不确定性鸿沟上构架思维桥梁的第三个关键桥墩。在拥抱机遇的信念的驱使下，德鲁克系统地总结和描述了用务实进取的态度积极作为、承担风险的创新创业学说。

由此，德鲁克管理思想的核心架构可以总结为围绕一个问题展开的三组对策：一个问题即不确定性的挑战，这个问题因具有复杂人性的个人需要在变化莫测的世界中寻求人生的意义而产生。三组对策即以实践为导向的应对人性不确定性的组织管理学说、以认知为导向的应对现实不确定性的社会生态学说、以信念为驱动的应对前两项消减不尽的不确定性的创新创业学说。

德鲁克管理思想核心架构的三套应对策略和一个根本问题均以其鲜明的特点体现了德鲁克管理思想的特质：以实践为破题角度的组织管理学说体系体现出以人为本的特点，以认知为破题角度的社会生态学说体系体现出视野广阔的特点，以信念为破题角度的创新创业学说体系体现出勇于应变的特点，为管理实践在灵活权变地打开思维局限方面提供了启示。

8.2 一个根本问题：在不确定性的世界中追寻人生的确定性

在第4章我们已经将德鲁克的管理思想划分为三个阶段。20世纪30年代末到60年代末，德鲁克面对工业社会所逐步浮现的问题，以及资本主义国家发展进程中所固有的矛盾进行了自己的思考，他清晰地意识到当前的工业化大生产已经改变了先前的劳动关系和社会结构，并因此深刻地影响着国际政治格局。在这样的影响与趋势发展中，劳资矛盾日益激化以及资本主义的无序扩张在世界范围内引发纷争和冲突，并逐步升级为世界大战。基于对所处社会的人文关切与深入思考，德鲁克在这一阶段通过其基本著作逐步形成了对工业社会的分析报告并形成和确立了初期的管理思想。20世纪60年代末到80年代初，科学技术领域与社会经济发展出现了新模式、新变化。在科学技术层面，科学与技术的分工协作模式使得创新、材料、海洋、信息化、城市化等新兴领域的科技实现了迭代。在社会政治经济领域中，在这个阶段，美国陆续推进了养老金改革，美国劳工分散地持有了美国资本的主要份额，深刻地改变了劳资的身份定位和相互关系，但也面对着诸多的社会问题，在通货膨胀、高管限薪、恶意收购等问题下隐藏着诸多社会矛盾。作为一名"社会生态学家"，德鲁克在这个阶段创造性地提出了社会生态学理论，为新时期的组织管理提供了新的思路与路径。在 20世纪80年代初到21世纪初，知识工作、信息时代、国际贸易和投资、非营利组织发展蔚然成风，国际社会中南美、东欧、东南亚地区逐步发展壮大，成为国际化发展中不可忽视的重要组成部分。在创新思想充分涌流的新时代，德鲁克逐步提出了对知识社会的界定，并推陈出新实现创新创业思想的系统化。

德鲁克出生于奥地利的精英家庭，受到良好的教育，与此同时他又身逢乱世：一战爆发，欧洲大陆动乱频起。德鲁克见证了祖国的危机、见证了熟知之人战死沙场、见证了世界政治舞台上各方势力的粉墨登场与轰然倒塌。以上因素的共同作用使他具有了强烈的道德使命感。当德鲁克读到丹麦哲学家克尔凯郭尔的《恐惧与战栗》一书时，其中的存在主义观点对他产生了深刻的影响——尽管世事无常，仍需全力以赴，这样的观点潜移默化地给德鲁克带来了治学道路的方向指引。

德鲁克所处的时代经历了工业社会的发展成熟和知识社会的诞生成长，经历了深刻改变生产方式和劳动关系的人类历史上第二次和第三次工业革命。经济全球化的浪潮带来了国际经济版图的深刻变化，并引发了国际格局、国际关系的变革。剧变的时代促使德鲁克在变动的不确定性中，寻找确定的应对方案，锤炼了德鲁克拥抱变化、把握机会的思维方式，以及在全球范围内进行观察的宏大视野。在此过程中，他逐步将研究的目标锁定在了帮助个人应对社会不确定性的载体——组织；同时顺应生产力发展的趋势，对知识工作、信息技术和创新创业等新兴领域展开了跟踪研究和深入探索。

在变动不居的世界中努力察觉变化的趋势，在现实社会中顺应时变地寻找应对不确定性的组织载体，在精神深处坚持道德性的向往并执着追求人类生存的意义——德鲁克管理思想的哲学母题可以概括为在追求人生意义的过程中如何认识和应对现实世界的不确定性。

8.3 对策之一：洞察人性的组织管理学说

人性既有走向崇高的潜在可能，又有陷入平庸和堕落的可能，现实中向善的潜能经常会被人性的复杂因素羁绊。德鲁克的组织管理学说启发管理者激发人性向善的潜能以提升组织的效能。在组织管理中没有一成不变的人性，管理研究也难以界定抽象和固定的人性描述，人性是在人与人、人与组织的互动中发生的，好的管理激发人性的善意，反之则导致人性的弱点暴露。管理者应当引导和激发人性中的善意，帮助人以既对组织负责又实现内在自由的方式融入组织。工业时代初期，管理向善的主张可能在科学管理所产生的高效率面前显得缺乏现实说服力，但随着知识经济和人工智能时代的到来，劳动者的知识和创造力超越资本成为最根本的生产力，组织管理尊重人并激活个体内生的动力成为提升组织效能的关键。

8.3.1 德鲁克组织管理学的主要内涵

德鲁克组织管理学主要可以归纳为三个层面——管理组织、管理员工和管理管理者。

在管理组织方面，德鲁克提出了系统的公司治理主张。他认为企业的目标以及高层管理结构和工作属性是此前管理学领域缺失的关键知识，这三个方面构成了德鲁克关于公司治理的主要内容。德鲁克从企业如何对外部社会作出贡献的视角出发，提出了创造客户的组织宗旨，辨析了创造客户与创造利润的辩证关系，并结合经典案例诠释了如何将这种共性宗旨结合企业所属的具体行业背景和工作特点进行具体化的界定。在组织宗旨和使命的指引下，德鲁克进一步提出制定组织发展战略、目标、工作优先级，以及进行任务分配、绩效评估、工作控制和反馈的具体办法。为了固化上述管理思路和流程，德鲁克进一步通过明确管理层的工作职责和结构设计，提供了制度化的保证。

在管理员工方面，德鲁克的目标管理思想获得了学界的高度认可和业界的推崇模仿。目标管理是组织中上下级合作界定共同目标，明确各自责任和预期成果，由此开展管理和计算贡献的过程。目标是目标管理的统领，目标应当基于整个组织的使命和愿景，即这个组织能够对外部世界所作的贡献；目标应当符合特定管理者和被管理者工作情境所处的具体层次；目标同时还应产生于管理者和被管理者平等协商。责任是目标管理的关键，管理者的责任是提供被管理者所必需的条件保障和督促指导，被管理者的责任是在共同目标的指引下开展积极有效的自我管理。

在管理管理者方面，德鲁克提出了卓有成效的管理者养成方案。相较于性格论、魅力论等管理者禀赋学说，德鲁克认为卓有成效的管理者是可以通过学习培养的，并进一步提出包括时间管理、贡献导向、发挥长处、要事优先、有效决策等方面的管理者养成方案套装。德鲁克将管理者定义为立足自身岗位分解组织目标，通过沟通协调使得工作富有成效，帮助员工取得发展的人。管理者需要具备正直的品格，发掘和激发自我和他人的长处，聚焦机会、聚焦主要矛盾的主要方面，采取有序和有效的步骤推动上述过程的发生。

8.3.2 德鲁克组织管理学的人性假设

德鲁克的人性假设在应然层面上体现为人应当追求自由并勇于承担责任的主张。德鲁克认为人是不完美的，任何人都可能犯错，也无法达到至真至善的境界，但人本身又需要对不完美和无法达到完美负责。人性不完善的假设意味着每一个人都不可避免地会在不同的情境下作出错误的判断和采取失当的行动，人和人之间应当保持一种平等的关系，同时每一个个体都应当审慎地行使自己选择的权力。为此，社会需要认同个人可以并且应当为自己的行为和选择负责；而个人又要明确地理解自由和选择绝非放任自流，绝非由无拘无束带来的轻松和快感。自由意味着对社会的责任、对真善美的执着、对道德的担当。

德鲁克的人性假设在实然层面上体现为对人性复杂多变的特质的接纳。一方面，不同个体的人格特征迥异，生理、心理、道德和能力等方面的发展水平和特质倾向千差万别。另一方面，不同情境下同一个体的状态易变，在面临困境和痛苦抉择时，可能会逃避责任；即便处境顺利，人们在幸福安全、和平安逸的生活环境下也可能会忽略和放弃对自由使徒式的坚守。面对复杂和易变的人性，德鲁克并不确信学术研究能否构建足够有力的关于人性本质的理论来解释和指导如何开展管理。因此，德鲁克并不殚精竭虑地追求人性的抽象本质，而是将人性的特质与组织的环境和工作的特点结合起来思考，得出以人为本的管理学推论。

德鲁克在以上分析与理论的基础之上，以理想化的人性假设为需求端，以复杂化的人性现实为供给端，开启了其人本主义管理思想的构建，并在与麦格雷戈、马斯洛等管理学家的理论对话中阐明了其管理思想的人本主义内涵。

麦格雷戈提出了经典的X理论和Y理论：X理论假设人好逸恶劳并且缺乏主动性和创造力，应当加强监督管理并采取经济利益激励和惩戒威胁的方式进行管理；Y理论假设人积极进取并且能够自我激励和承担责任，主张通过明确目标和充分授权进行管理。在整体的理论架构层面，德鲁克认为这两种假设将复杂的人性进行了简单化的归类，并不能反映人性的多样性和不稳定性。他指出管理学的理论不应当假设存在唯一一种管理人的恰当方式。针对X理论，德鲁克认为该假设较为适用于技术含量较低的产业工人和工业社会，而不适用于管理自主性、技能性强的知识工作者和知识社会。因为在知识社会中，管理者竞相以经济利益激励员工，随着激励砝码增加，激励效应大打折扣；在工业社会初期，管理者用失业来威胁员工就范，随着知识对生产的贡献率日益提升，知识工作者再也不用惧怕被随意淘汰出局。针对Y理论，德鲁克认为信任和授权会带来管理的放任，即便是具有Y理论所描述的人格特征的员工也可能因为缺乏引导和帮助而无法取得成就。

面对X理论中经济利益的胡萝卜疗法遭遇抗药性，而恐惧威胁的大棒疗法又渐渐失效的情况，马斯洛之前提出的需求层次理论似乎给出了一个可能性的解决方案——由能力更加健全的群体主导，分析并掌握能力较弱的群体的心理状况和诉求，并巧妙地引导和满足后者的需求。德鲁克推崇平等和自由，态度鲜明地反对由一部分人操控另一部分人——一部分人承担责任拥有自由，另一部分人将责任和自由作为负担而放弃。

8.3.3 德鲁克组织管理学的圆融思考方式

根据自由而有责任的人性假设，德鲁克主张应当相信组织中很大一部分人都是具有Y理论型人格的人，同时需要基于相对稳定的雇佣承诺、有保障的福利待遇、持续和充分参与的融入性培训为组织中的人提供一种可遵循的规则和秩序。

德鲁克认为第一重要的是做正确的事，其次是正确地做事。通过对人性应然属性的思考指导管理学研究做正确的事，通过对人性实然层面的思考指导管理学研究正确地做事。在应然层面上，德鲁克主张人追求自由并勇于承担责任。在德鲁克看来人是一个矛盾体，既有脆弱的特质，又有对责任的坚守，这形成了强大的道德张力，赋予了人尊严和意义。在实然层面上，德鲁克承认人性的复杂性和权变性。一方面是不同个体的人格特征迥异，不同的个人因其家庭、教育、工作经历各有千秋，在生理、心理、道德和能力等方面的发展水平和特质倾向也千差万别；另一方面是不同情境下同一个体的状态易变，积极的勉励使人积极，消极的驱使使人倦怠。面对复杂和易变的人性，德鲁克坦言他并不确信学术研究能否构建足够有力的关于人性本质的理论来解释和指导如何开展管理。为此德鲁克并不殚精竭虑地去概括人的抽象本质，而是将人性的特质与组织的环境和工作的特点结合起来思考，得出以人为本的管理学主张。

8.4 对策之二：视域宏大的社会生态学

组织是社会的器官，应当良性有序地承担起促进社会发展的功能，而现实中组织往往囿于自身的边界阻碍了社会功能运行，也影响了自身肌体的健康。德鲁克的社会生态学说启发管理者用有机联系的观念定位组织、理解组织。德鲁克认为组织存在的意义不在于组织本身而在于组织对外部的贡献。因此在理解和建立组织与外部联系的过程中，要具有广阔的视野，系统地观察和判别经济、政治、社会、科技、文化等各个领域的趋势和状态；要有历史的眼光和全球的眼光，在事物深远的历史发展背景中洞明方向，在世界各国的差异发展中获取经验和反省；要借鉴各个自然和人文社会学科领域发展的智慧，以此来加强对于组织定位的判别力。在此基础上科学地定义组织的使命，突破组织自身的边界去探索协同高效地实现组织使命的方式。

8.4.1 德鲁克社会生态学的主要内涵

德鲁克所说的社会生态学用研究自然生态的方法来研究人类社会环境，通盘审视社会发展，研判趋势和影响，在变化中发掘机遇，从而在断裂中找到连续性，以此指导实践并实现人的全面发展和提升。

社会生态学的核心议题是洞察趋势。社会生态学家关注的趋势是一种已经发生、不可逆转、尚未引起广泛关注但必将产生重大影响的社会变化，德鲁克形象地称之为"已经发生的未来"（future that has already happened），并援引《浮士德》中的诗句"Zum Sehen Geboren; Zum Schauen Bestellt"（即便生而见之，亦需观而察之）作为社会生态学家的座右铭。

社会生态学的认知方式是知觉领悟。德鲁克指出社会生态学靠知觉（perception），它不是对感官信号的简单被动接受和对现象的机械分析，而是通过学习、记忆、预设和关注等过程对感官信息加以识别、组织和理解，最终形成整体的认识和领悟。

社会生态学的目标指向是社会实践。社会生态学家的目标不是创造知识，而是通过知识指导实践。他们要能够做一个言简意赅的教育者，在社会变迁的"断裂性"和"连续性"中把握平衡、勾画愿景，提供既循序渐进又不落后保守、既创新又不脱离现实的行动指南。

社会生态学的价值追求是人的实现。他的著作中始终关照着自由、尊严、现代社会中人的地位、组织作为人类成功阶梯的角色和功能、人类发展和自我实现、个人对社会和社区的需要。

8.4.2 德鲁克社会生态学的哲学基础

我们能够从德鲁克对社会学生态学说的定义以及他身体力行于社会生态学实践的脉络中发现：社会生态学说以其独特性与价值呈现了宏大的思想视域和有机的整体观念。社会生态学说下的观察视野之选择是与德鲁克所提倡的新世界观（Drucker，1957）相吻合的。德鲁克受到自然科学发展的启示，提出对组织管理的新理解，并提出了他的新世界观。以往的经典理论认为世界就像一台精密设计的仪器，整体是部分之和，事物按照系统设计的逻辑沿着线性的轨道发生连续性的变化。而随着相对论、量子力学等理论的发展，经典物理的一些基本假设被渐次打破。相应的，世界的机械式结构、连续性变化被有机关系网络、非线性突变等理解方式所替代。相较于笛卡尔式的机械论式的世界观，德鲁克倡导一种整体性和过程性的有机性的世界观。所谓整体性，即将整体视为部分有机联系的功能组合，反对将整体视作各部分之和，也反对各部分能够决定整体的观点。以往的世界观着眼于一种因果性的机械观念，认为只有确认和知晓部分才能把握整体。在德鲁克看来，这种从部分出发的静态逻辑无法辨别也无法认识整体，通过这种方法获得的知识也是片面的。所谓过程性，即认为只有增长、变化和发展是常态和真实的，缺乏变化和发展就会衰败和死亡。只有着眼于发展的过程，研究潜在的风险、不确定性和持续性，在自我生成和自我扬弃的过程中，才能创造出符合个体和社会的动态新秩序。所以，德鲁克管理思想就是对社会运动整体和过程性的分析和把握，强调拥抱发展和变化。

8.4.3 德鲁克社会生态学的三步追问方法

德鲁克因对于社会生态学的创设，而将"社会生态学家"视为自己的第一身份。他认为社会生态学家的工作就是界定那些业已发生的社会、政治、经济方面的重大变革并将之转化为发展的机遇。为了完成社会生态学家的上述使命，德鲁克在著作与生活中总会反复问自己三个问题：第一，发生了什么"不是所有人都知道"的变化？第二，变革使哪些领域发生了变化？第三，它提供了哪些机会？德鲁克曾经饶有兴致地借助这三个问题探讨教育发展的趋势，可以作为我们理解社会生态观察三步法的一个诠释性案例。

第一步是发现重大变化。知识曾一度是难以直接创造价值的，它像是装点门面的饰品，只是苦难者的慰藉和显赫者的消遣。以往，有文化的人要接受体力劳动者的供养才能生存，社会只能支撑一小部分人接受教育。但随着生产力的发展，知识不再是非生产性的，脑力劳动愈发成为创造生产力的核心要素。

第二步是分析变化影响。随着知识工作者为社会贡献越来越多的生产力，人们对知识的需求日益增长。因此，教育作为提供知识的主要手段，也成为一种必需品：受教育人数大幅增加，受教育程度逐步提升，受教育阶段延展向终身。在教育普及的过程中，大众开始呼唤更加科学有效的教育供给。

第三步是识别机会。德鲁克认为更加高质量的教育要在以下四方面有作为：一是塑造正确价值，关乎什么是完美的人、完美的生活和完美的社会；二是指导实践，做到理论与实践相结合、通识教育与专业教育相结合、掌握工具和学会学习相结合；三是再造流程，在人生发展最合适的阶段学习最合适的内容，并重新合理安排课堂教学和课后辅导；四是创新手段，用当时新兴的电视和电脑程序等手段增强学习的灵活性和实效性。时至今日，这些主张已经转化成我们所熟知的通识教育、继续教育、协同创新、翻转课堂和慕课课程等卓有成效的教育实践。德鲁克作为一位社会生态学家在数十年前就刻画出了"已经发生的未来"（Drucker，1996）。

8.5 对策之三：主观能动的创新创业学

管理追求的状态是方向可预判、行为可掌控，但是现实的发展又总是伴随着无法预测的情况。德鲁克的创新创业学说启发管理者拥抱不确定性，把握未来的机遇。德鲁克选择直面未来和拥抱变化，面对未来若隐若现的相对概率而非精准轨迹，德鲁克用企业家精神鼓励管理者主动开拓以提升资源的产出。对于组织，社会经济环境不完全是给定不变的外部变量，而是其能够参与创造和改变的互动系统，因此组织绝不仅是被动地对外部环境作出反应，还需要积极行动拥抱变化并创造未来。德鲁克的创新方法论对于组织管理的启示在于：在变化中寻找机遇，承认并接纳不确定性的风险，积极采取行动将潜在的机遇转化为现实的成果。

8.5.1 德鲁克创新创业学的主要内涵

在德鲁克著作的话语体系内，创新（innovation）和创业（entrepreneurship）是高度相关的概念，创业是创新行为结合组织管理、市场运营、社会协同等过程落地的实践，创新创业所体现出的积极能动、直面风险并审慎应对的人格特质体现为企业家精神[①]。德鲁克指出创新的实质在于创造新价值，即通过改变产品和服务来满足客户的价值需求。在德鲁克的创新观念中，创新不仅是技术术语，更是经济和社会术语。它的标准不单是科学或技术，更是经济或社会环境上的变化，是人在行为上的变化（德鲁克，2014）。创新主要分为三种类型：一是产品创新，这与科学技术的变革提升有较大关联；二是社会创新，即市场和消费者行为和价值方面的创新；三是管理创新，即制造产品、提供服务、市场推广的各种技能与活动的创新（Drucker，2015）。德鲁克认为创新并非灵感闪现的奇遇，而是一种有迹可循的工

---

① "企业家精神"在英文中也对应着 entrepreneurship 一词，可理解为创业者的精神气质，在翻译中应仔细辨析，防止与表达创业者行为的"创业"混淆。

作，具有与之相关的目标、思路、流程、指标、组织和人员等要素。要树立持续更新、力争上游的工作目标，采用专注于机遇和有计划淘汰旧要素的工作思路，设置定期规划研讨和检查反馈的工作流程，开展依据市场业绩和关键目标的工作评价，设计具有独立运行条件的组织结构并配备善于学习、勤奋务实的工作人员。作为创新成果的实现方式，创业是对创新机遇的积极追寻和对创新风险的勇敢承担，具有创新创业精神的人必须愿意学习、愿意努力工作、愿意自我约束、愿意采纳和应用正确的政策和实践方法，敢于作出决策。

8.5.2 德鲁克创新创业学的包容特性

创新既可以是科技变革，也可以是市场策略更新和管理方式优化。基于"新价值的创造"这一定义，创新行为外延广泛。创新给人的突出印象是尖端的科技和新奇的创意，而在德鲁克看来，创新通过改变产品和服务来满足客户的价值需求，普遍存在于经济社会的各个层面：德鲁克以麦当劳为例诠释这一观点，指出它虽然没有作出重大的科技发明，但通过标准化的物流供应、制作工艺、售卖流程、营销宣传和人员培训彻底再造了原本参差不齐的餐饮零售店，满足了大量顾客对于快捷卫生就餐方式的需求（Drucker，2015），从而取得了巨大的经济效益和社会的认可。创新既包括石破天惊的颠覆性变革，任更多地表现为逐步优化的渐进式提升。德鲁克设想中的创新是滴水穿石的过程，每一次具体的创新成果可能波澜不惊，但创新的社会系统因其不辞细壤方成其大。工业革命式的创新成就固然值得期待，但人类发展史上划时代的创新变革并不会时常发生，绝大多数的创新通过持续精进的方式孕育出经济社会发展的持久动力。创新是社会持续革新、永葆生机的动力源泉，它通过灵活敏捷的试验性探索，不断调校发展的方向，以连续性的建设和变化为经济社会的进步提供可行的方案。

德鲁克对创业的理解也是包容性的，创业不拘泥于特定的行业背景和岗位情境。狭义的创业是创立企业，而在德鲁克看来，创业的外延远不止于此，无论是新创企业还是开创事业，或是在现有工作框架中发现新的增长点并采取新的方法和行动，只要实现了资源产出的提升都是创业行为。从宏观层面理解，创业是推动经济社会发展的驱动要素。西方主流经济学理论认为，人力资源、自然资源、资本和技术是驱动经济发展的四个轮子，其中技术作为改变其他三类要素投入产出比的关键，又包括科学、工程、管理和创业四个维度。与此相符，德鲁克指出创业就是一种将知识全新地应用到人类工作中的新技术，这种技术不同于电子、遗传、新材料等。从微观层面理解，创业是采用新视角发掘机遇和采取新方法把握机遇的行为，不管身处新创企业还是传统企业，抑或是公益组织和政府部门，只要采取开拓性的手段提升工作绩效，都可以视为创业行为。创业群体可以是企业所有者，也可以是职业经理人或雇员，甚至是独立工作者，各种身份和性格的人都可以成为创业者。

8.5.3 德鲁克创新创业学的 7 个机遇靶点

德鲁克认为机遇寓于事物发展变化中的矛盾，矛盾普遍存在，因而创新创业的机会来源丰富。德鲁克归纳出了7个相互关联的创新机遇的来源：意料之外的事件、不协调的事件、程序需要、产业和市场结构变化、人口特征变化、认知变化以及新知识（见表8-1）。意料之外的事件是新变化打破旧常态的情形，不协调的事件是惯常逻辑受到挑战的情形，程序需要是以前做法不能满足工作现状的情形，其共同本质是发展过程中产生的新矛盾；产业、市场、人口、认知和知识是这些变化和矛盾发生和显现的领域。综上所述，德鲁克为定位创新机遇提供了两个层面的指导意见：一是审视机遇栖身的领域，包括产业、市场、人口、认知和知识等；二是关注机遇浮现的矛盾特征，包括意料之外、常理不通、流程缺环等。

表 8-1　创新的 7 个来源

来源类型	典型案例	机会把握
意料之外的事件——打破过往的常规	20 世纪 50 年代，随着第二次世界大战的结束，在西方社会流行趋势变化下，一批设计师创造了西方高级时装的辉煌。因此服装部门成为百货公司的销量冠军，深受商家重视。然而百货公司中的家电部门虽然不受重视，其业绩却在悄然上升。部分商家固执地优先发展服装部门，结果却收益平平，逐渐在市场的繁荣背景下失去了竞争力。	部分商家顺应了形势，在百货公司中大力升级家电部门，获利不菲，取得成功。

续表

来源类型	典型案例	机会把握
不协调的事件——颠覆正常的逻辑	20 世纪中期前后，发达国家的国民支出中医疗保健的比重从不足 1% 跃升到 10% 左右，但是意想不到的是医院的经济效益却出现了下滑。医疗支出和医院效益竟背道而驰，究其原因往往是综合医院追求大而全，试图一站式解决所有健康问题，伴随医院规模扩大，导致了运营成本的骤升。	在国民医疗保健需求日益增强的社会背景下，妇产医院、流动外科手术中心、心理诊疗中心、老年病治疗中心等新兴医疗机构可发挥小而专的优势，发展势头强劲。
程序需要——填补原来的空白	一位名叫岩佐多门的年轻人观察发现日本的老式道路既狭窄又错综复杂，容易引发交通事故。如果重建道路，问题虽能迎刃而解，但是那至少得花 20 年时间才能完成。	岩佐多门潜心研究，发明了新式公路反射镜，只需要把传统的反射镜重新设计一下，使得小玻璃镜片可以任意调节，便可以反射出从任何方向驶来的汽车前灯。日本政府很快大量地购买岩佐多门的反射镜，事故发生率也因此大幅下降，成功地使用技术手段改变了落后的交通管理状况。
产业和市场结构变化	小商人、富裕农民、专业人士等中产阶级增多，他们追求财产收益稳健和风险可控，但大部分金融产品仍是高风险、高回报型。	新兴的金融公司推出略高于存款利率且回报较为稳定的"明智投资"产品，相关的金融服务应运而生。
人口特征变化	20 世纪 80 年代，大批受过高等教育的年轻女性加入求职市场。很多公司却习惯将女性求职者拒之门外，甚至有人认为这些妇女是公司的一大"问题"。	花旗银行反其道而行之，自 20 世纪 70 年代起就积极招募和培训具有潜质的女性员工，并派往全美各地担任业务经理、放贷办事员等职务，极大地提升了公司的人力资源质量，助力花旗银行成为全国领先的银行。花旗银行也是第一个真正的全国性银行，成功跻身为行业领袖。
认知变化	20 世纪下半叶，随着黑人社会地位、求职机会和教育水平的大幅提升，他们的境遇有所改善。与此同时，一部分黑人的维权诉求和被剥夺感逐渐被唤醒。白人中的自由主义团体之前扮演的是黑人群体的传统政治盟友角色，但两者之间的政治分歧却不断显现。	杰西·杰克逊牧师通过有意强调这种认知变化，成为黑人运动领袖。
新知识	二进制、符号逻辑、打孔机、三极管等新知识和新发明相继产生。这些新知识和新发明共同孕育了计算机的诞生，由此开启了一个新的时代。	美国宾夕法尼亚大学于 1946 年成功研制出了世界上第一台电子计算机，标志着电子计算机时代的到来。

9 德鲁克管理思想的启示意义

9.1 对管理学理论发展的范式启示

9.1.1 建构主义的理论范式

德鲁克管理思想体系的核心架构围绕人如何在现实世界获得超越性的人生意义这一根本问题展开。这一问题带有强烈的道德追求，体现了克尔凯郭尔式的存在主义哲学在其管理思想体系构建中的深刻烙印——脆弱的人类如何在变化莫测的世界中找寻存在的价值——通过信仰获得意义。这种深刻的道德意识从根本上决定了德鲁克管理思想不热衷于关注管理变量间决定论式的机械因果关系，而是更加宏观地关注组织管理与社会生态的有机联系；在研究过程中不仅关注人性的实然特点，更关注人性的应然潜质。在德鲁克看来，管理的现实并不是一个管理输入导出管理输出的固定函数，这个函数随着管理者和被管理者的价值观被不断塑造和唤起而改变——价值塑造和唤起本身也是管理理论所应承载的要素。德鲁克人本主义管理思想最弥足珍贵的价值可能就在于对人性怀有永不言弃的希望以及在现实中锲而不舍地找寻追求希望的路径。

同时，德鲁克认为管理是博雅的学问，它不能完全被自然科学式的数理模型涵盖。德鲁克早在20岁时就发表过计量经济学的文章，并且曾在大学教授统计学，但他的著作中很少见到精密的数理模型和实证分析。他认为定量的方法能较好地体现当下的常态，但不能应对未来的变化，未来的变化起于细微的特殊事件，往往打破数理统计的常态。在德鲁克的管理研究中，他更加注重对关键问题的界定以及对应对原则的归纳，而非执着于提供具体解决方案。因为在德鲁克看来，在有机联系和时刻变化的现实世界和管理现实中，根本不存在确定且具体的管理学解决方案。

其理论范式可以从本体论和认识论的四种类型组合坐标中定位，并归类为"唯名主义本体论－强建构主义认识论"范式。本体论回应的是关于事物本质为何的哲学假设，按照对真理及事实真相的确定性不同程度的理解，本体论大致可以分为以下四类：实在主义（realism）、内在实在主义（internal realism）、相对主义（relativism）和唯名主义（nominalism）。实在主义者认为真理是唯一的，事实客观存在可被揭示；内在实在主义者认为真理虽然存在却是模糊的，事实是具体客观的但难于直接评测；相对主义者认为真理可以是多元的，事实的真相取决于观察者的视角；唯名主义者认为没有一成不变的真理，事实结果来源于人类的主观创造。认识论讨论的是探求事物本质的思维模式，按照认识过程中主客观成分的多少，认识论可分为实证主义（positivism）和建构主义（social constructivism）两大类，实证主义要求研究者必须独立于研究对象，摒弃个人好恶，通过大样本的随机抽样，用概率统计的方法，基于假设和演绎推理，对可量度的概念进行逻辑严密的关系分析和解释；建构主义者则可以站在与研究对象密切相关的立场，既主导参与又观察研究，有目的地选取针对性的研究案例，通过综合把握纷繁的数据资料，归纳出抽象理论。为了将两种认识论和四种本体论大致对应起来，实证主义又可以进一步细分为强实证主义和实证主义，建构主义也可进一步细分为建构主义和强建构主义，从而形成"实在主义－强实证主义""内在实在主义－实证主义""相对主义－建构主义""唯名主义－强建构主义"的本体论和认识论对应组合。在存在主义本体论和强实证主义认识论的指导下，研究方法多通过实验，从假设着手，用采集的事实数据验证假设，印证理论，获得发现。在内在实在主义本体论和实证主义方法论的指导下，研究方法多通过大样本调查和多案例分析，综合数据和文本，提出创见，用相关性和回归分析，进行理论检验和构建，揭示原理。在相对主义本体论和建构主义认识论的指导下，研究方法主要采用案例分析和调查问卷，以文本为主、数据为辅，提出新问题，用三角验证和分析比较，开展理论构建，从而使理论与实践相结合。在唯名主义本体论和强建构主义认识论的指导下，研究方法是主观代入和反思，以对话和经验为素材，进行批判性思考，通过主观理解和意义构建，获得新的洞见并付诸行动，从而实现理论创造（Easterby-Smith et al., 2015）。德鲁克管理学思想的认识论模式即属于最后这一类型——唯名主义本体论基础上的强建构主义认识论。

9.1.2　对发展管理学理论的启示

与实践的关联可以提升理论的生命力。德鲁克管理思想及其体现出来的强建构主义理论范式强调管理学研究与管理实践的关联，把管理研究从繁复的细节论证中解放出来，大胆地发现新的管理领域并开拓新的管理理论，与管理学的其他范式互相补充促进，共同推进管理学理论的发展。

管理学是一个可以兼容各种理论范式的研究场，百花齐放、各展其长。管理学研究存在不同的流派与范式，不同的范式看似彼此争鸣、各行其道，实则用己所长、各显其能，共同应对管理所面对的理论和现实问题。管理学是与人的管理实践紧密相关的学科，其发展基于对人和工作的本质深入探究，充分吸收和借鉴经济学、统计学、社会学、心理学和行为科学等领域的知识和方法，在经济、社会、政治、文化和科技等情境不断变迁的现实中探索组织形式演进和管理机制优化的规律。因此，管理学既是人文的也是科学的，在管理学的研究过程中，既需要通过大胆假设提出理论主张，也需要通过小心求证验明假设真伪。管理学的理论，从如何更好地应对管理实践出发，迸发出关于准则和策略的思维火花，即"唯名主义-强建构主义"范式下的洞见形成。这些管理思想经过系统化的综合和处理，形成理论假设的体系，即"相对主义-建构主义"范式下的理论构建。而理论体系构建后，需要进行不同情境下的重复验证，以及在不同情境下发展出新的假设进而发展和完善原有的理论体系，这就是在"内在实在主义-实证主义"范式以及"实在主义-强实证主义"范式的指导下开展细致精确的学术工作。而不管对原有理论假设验证的结果积极与否，研究的过程都将进入进一步发展过程，即在此从新的思想火花开始，走入规范的理论构建和完善过程，实现理论发展和管理学研究的螺旋式上升。

如果回到认识论范畴中实证主义和建构主义的二分法，可以说建构主义范式的贡献相对侧重于从实践出发提出观点、构建理论；而实证主义的贡献相对侧重于发展和完善理论。在管理学研究的过程中，二者各司其职，又相互交织，共同促进管理学研究的提升与进步。

管理学研究既要关注理论的纯粹性，也要关注实践的指导性。管理学研究的使命包括两方面：一是"运用科学研究方法做严格的研究，发展与商业和组织有关的知识"，二是"用高质量的研究获得的知识来培养现在与未来的管理者，改进商业实践，催进社会进步"（徐淑英，2018）。管理学研究既要尊崇社会科学研究的规范方法，体现学者的专业性，又要能够回应和指导实践，体现对现实的指导意义。据此，好的管理学研究的特点可以归纳为两条标准：严谨性和切题性。管理学界有时存在过分强调严谨性的研究倾向，因为学术评价体系和期刊录用导向等原因，许多管理研究者"似乎都是在为其他的管理学者写文章，专注于验证和完善理论，而不是开发和运用理论"（邓中华和闫敏，2011）。管理学研究应当创造更多能够有效指导管理实践的知识，所以管理学者不应仅仅满足于做研究助理式的工作，而要向科学家的方向努力，勇于面对管理实践，提出好的问题和创新的想法，故探索性的研究，实现知识创造。而这样一份责任与担当，恰恰需要发挥建构主义范式的作用。管理学研究要想满足其切题性的要求，有效地指导实践，就应当在发展和完善实证主义范式研究的同时，肯定、接纳和鼓励建构主义范式的研究。Sutton（1995）曾在其讨论管理理论的要件的可以视为经典的管理学严谨性学术指导文章的末尾留下一个意味深长的设问：如果弗洛伊德、马克思或达尔文向严格执行实证研究标准的顶级期刊投稿，他们的著作能否闯过编辑们的层层把关？当理论非常有趣或足够重要时，则可以对严谨性的要求留有余地。

一百年前的20世纪20年代正是泰勒科学管理思想大放异彩的时代，实证主义在随后几十年一直在管理学界占据主流，至今仍然处于优势的地位。德鲁克建构主义的管理思想在不确定性时代将更加彰显其启发探索、开放包容的优势，为管理学理论的发展提供历久弥新的思想动能。建构主义切题性和实证主义严谨性互补互促将有可能成为发展管理学理论的有效路径。

9.2 对"AI+"情境下管理实践的方向前瞻

人工智能的兴起对组织管理提出了新的要求，人工智能时代的组织管理面临着以不确定性、赋能性、生成性为主要特征的新情境。组织管理实践迫切需要能够适应人工智能时代要求的新的管理方法，而新的管理方法应在对具有旺盛生命力的经典管理思想进行回溯与反思的过程中产生。作为经验主义管理学派的重要代表，德鲁克的管理思想具有鲜明的人本性、整体性、过程性等理论特质，在人工智能时代仍表现出一定的活力与适应性，对组织管理实践有重要的指导意义。

9.2.1 人工智能时代组织管理的新情境

人工智能是一个多学科交叉的概念，是一门关于如何让计算机像人类一样从事知识获取、使用与表述的科学（Nilsson，1998）。人工智能的基础工具是计算机，目的是提升人类大脑能力，进而克服由于生物本性、结构以及功能等产生的局限性，ChatGPT和Sora等产品的出现让世人真切感受到了人工智能的巨大潜能。随着人工智能技术在生活和工作中的普及，组织管理面临的新情境主要是人工智能发展前景的两面性、人工智能信息高效处理的赋能性以及人工智能技术的生成性。

人工智能发展前景的两面性：乐观主义者认为，人工智能可以给社会带来美好前景，创造更大的价值；而悲观主义者则认为，人工智能犹如一个"潘多拉盒子"，人类完全无法预测人工智能会走向何方。人工智能的价值主要体现在社会生产效率的提升以及人力资本的释放。由于人工智能工作时长更长、受情绪干扰更少，所以其工作效率远高于人类。在某些重复或繁重的工作中，智能机器已经取代了人类。然而，人工智能也存在一定的风险。尽管目前人工智能出色的逻辑能力与抽象能力还是人类赋予的，但是，人们担心随着人工智能的不断迭代，未来会出现拥有自主逻辑思维且与人类逻辑相悖的超级人工智能。那么，当人工智能的逻辑与人类逻辑相悖时，我们又该如何处理？　一旦人工智能可以通过自我学习进化到自我设置与自我指令时，难以确定人类是否还能够掌控它（唐代兴，2020）。

人工智能信息高效处理的赋能性：人工智能时代的赋能性主要表现为技术赋能与信息赋能两个方面，为组织管理工作的开展提供了便利以及新的视角。技术赋能指人工智能技术通过会聚技术来模拟、延伸、拓展人类大脑的工作原理，以计算机为工具赋予机器思考的能力。随着人工智能技术的日趋成熟，智能机器不再局限于根据人类输入算法而被动接受知识，而是开始拥有自主学习知识的能力，因而可以承担一部分重复性的工作，在一定程度上释放了人类生产力。由于智能机器对环境及资源的需求不高，工作时长更长，在一定程度上对人力资本有替代作用，因而可以赋能组织的日常工作（王砚羽等，2019），提高组织工作效率。信息赋能指在人工智能时代，海量数据通过互联网、大数据及云计算的实时处理，使得信息在组织内部的充分及时传递与共享成为现实（徐鹏和徐向艺，2020）。特别是随着物联网、移动互联网等信息技术的广泛应用，人工智能可通过为个体之间的连接提供基础工具赋能人际互动，进而提升人际互动的效率（李晓华和曾昭睿，2019）。

人工智能技术交叉融合的生成性：一方面体现在知识融合生成新的知识，另一方面体现在产业融合生成新的机会。知识的融合源于人工智能的本质，人工智能本身就产生于多学科的交叉融合；而产业的融合源于人工智能的技术基础以及连接效应，人工智能将个体、团队乃至组织纳入一个聚合性网络中，实现信息在网络中的快速流动与使用。人工智能的诞生本身就涉及认知科学、神经生理学、计算机科学、心理学、控制论、数学、信息论等多个学科领域。伴随着知识在不同学科领域的渗透、交叉与融合，知识边界变得更为模糊。人工智能可以兼容不同感知通道、不同语言以及不同学科的信息，将不同来源的信息转化为统一的语义表达(张志华等，2020)，有利于以信息为载体的知识的快速融合（高山行和刘嘉慧，2018）。人工智能为组织的知识管理提供了新的契机，能促进不同知识基于数字化平台的转译、整合与再创新。人工智能通过促进不同行动主体之间的接触与连接，加速了社会网络的聚合。人工智能拓展了组织的连接网络，可实现信息在组织网络间的高效传播、共享与使用，促进不同产业之间的交流融合。此外，作为一项通用技术，人工智能具有与基础设施一样的外溢性特点。人工智能可以被用于生物医药、服务、公共安全等多个领域。

9.2.2 在"AI+"情境下开展管理实践的思路探索

一是坚持管理的向善价值，防止人工智能走向人的对立面。组织管理者应该正视人工智能的"双刃剑"效应，一方面，强化人工智能在快速信息流通、高效劳动生产等方面的优点；另一方面，克服人工智能因海量信息导致的信息过载、信息扭曲等方面的缺点，留意人工智能潜在的道德伦理、法律法规等方面的风险。在未来的实践中依托制度管理，建立人工智能价值理性。人工智能的潜在风险在于人工智能技术应用的不可控性，而这种不可控性主要来源于技术理性与工具理性的泛滥。所谓工具理性是指理性的技术化与形式化问题，与工具理性相对的是价值理性。德鲁克强调价值理性并关注人类生存意义对于社会健康发展的重要性。降低或解决人工智能潜在风险的核心，在于坚持将谋求人类共同福祉作为发展人工智能的目标理念，而这一目标理念的实现取决于如何科学把握工具理性与价值理性之间的关系。人工智能的健康发展，需要在已有的工具理性中嵌入价值理性，依托价值理性建立人工智能的规范约束。近年来，政产学界已在依托价值理性发展人工智能方面达成共识，强调并关注人工智能研究与发展过程中的伦理规范问题。在组织层面使用人工智能的过程中，伦理规范问题同等重要。组织应建立保障人工智能有序发展的规章制度，避免人工智能技术在组织内部的滥用。尽管人工智能为组织提供了及时动态的数据，但数据的使用范围也应仅限于具体的工作内容，避免利用人工智能随意获取与组织成员工作无关的个人隐私信息。对于较为简单且重复的工作，避免借由大数据计算的结果规定工作完成的时间，并根据按时完成与否进行奖惩。这种行为的本质是基于算法的剥削，忽略了人作为一个复杂人、社会人的人性及需求。此外，为了更好地支撑人工智能相关制度规范的建立与施行，组织还应关注成员的价值观管理，树立正确合规、以人为本的价值观念，切实保障人工智能的价值理性。

二是优化组织架构，保障人工智能赋能效应。组织受益于人工智能、大数据赋

予的实时、动态、高效，却又湮没于海量的数据中，难以从复杂混沌的局部窥探全
貌。海量数据信息增加了人类大脑认知处理的负荷，在屏蔽无效信息干扰的同时，
筛选出有价值的信息往往需要更长的时间和更多的精力。对于目前普遍采用的科层
制组织架构而言，从海量信息中逐层筛选传递信息，还会产生信息延迟、信息选择
偏差以及信息失真等问题，使得信息复杂性问题更为凸显。在人工智能时代，组织
需顺应新的管理情境，对组织架构进行相应的更新调整。例如，缩减组织层级以确
保信息的真实、快速流动，设立新的人工智能部门或者更新原有提供互联网支持部
门的工作责任与工作内容等。通过优化组织架构，使得信息能够更好地赋能组织内
部的人际互动管理，通过数字化、智能化机器使得个体之间的连接更为及时紧密。
在人工智能支持下信息的充分、及时流动，有利于解决员工之间、上下级之间的信
息不对称问题，提升组织成员之间的信任水平，增强组织的整体凝聚力。此外，优
化组织架构还有利于从组织的愿景与使命出发，统筹协调不同层次主体的目标，为
组织的目标管理充分赋能。

三是推进复合型人才管理，把握人工智能衍生机遇。德鲁克认为，创新是人
立足当下、面向未来，主动认识和改造客观世界和人类社会的过程。对组织创新而
言，需要人来发现、筛选并利用人工智能提供的技术和信息，实现对产品或服务的
改进，进而创造新的价值。然而，人工智能的多学科交叉融合的特点，使得传统意
义上的人才难以很好地运用和掌握该技术。在新时代背景下，组织需要更多掌握多
学科知识的复合型人才，这就要求组织从内部关注复合型人才的培养工作，例如，
加强组织内不同业务部门之间的交流与轮岗。此外，在人工智能时代把握创新机会
还需要组织优化人才资源配置，依托人工智能的大数据优势建立人才智库，强化对
组织内人才的管理以及组织外人才的储备。组织内人才管理主要包括组织内人才潜
力识别、组织内人才流动管理、组织内人才离职预判等功能模块；而组织外人才储
备主要包括组织外人才分类、组织外潜在人才识别、组织外人才离职追踪等功能模
块。强化组织内外部的人才资源管理，有助于更好地应对行业技术环境的动态变化
以及业务结构的多元创新。

9.3 中国文化背景下的融合创新的潜在可能

9.3.1 人本主义特质与中国传统文化的兼容性

德鲁克人本主义管理思想内涵的实践性、权变性和道德性的理论特征，不仅具有其自身的独创性，还与中国传统文化（主要指"儒学"）中知行合一、顺应时变、道德教化等思想观念有契合之处。实践性，与中国文化重视实践、重视人伦的特质相通；权变性，与中国哲学顺应变化、经权相济的智慧相合；道德性，与中国道教以教化修己达人的价值塑造路径相符。而这种文化契合，既说明了当代世界各国文化的借鉴与交融，也为德鲁克管理思想在当今中国传播奠定了文化基础。

德鲁克人本主义管理思想的实践导向以及对人的社会属性的关注，与中国传统文化的实践品格异曲同工。在文化背景上，与西方传统文化致力于"求真"的品格不同，中国传统文化并不强调知识论意义上的是非对错，而是关注理念趋向下的行为导向。例如古希腊关于世界起源与构成的争辩，与同时代的百家争鸣强调治世政形成了鲜明对照。柏拉图孜孜不倦地追求现实世界外的"理念世界"，而孔子所著的《论语》强调在日用伦常中实践"礼"，并深深影响了后世的儒家。相反，以逻辑严密而闻名的名家思想却在后世销声匿迹。故在管理学的两条标准，即严谨性与切题性中，中国传统文化的实践品格与"切题性"具有内在联系。而在具体的哲学理论上，德鲁克的人本主义与王阳明的"知行合一"具有契合之处。王阳明强调，"知之真切笃实处即是行，行之明觉精察处即是知"（王守仁，2017：1711），如果知识缺乏"真切笃行"，便是空洞的"虚知"。德鲁克在批判麦格雷戈提出的X理论和Y理论时，便是在具体的管理实践中显现该理论的漏洞。同时，王阳明批驳学者"徒弊精竭力，从册子上钻研，名物上考索"（王守仁，2017：32），对当时社会只知积累知识却不身体力行的现象极为不满。德鲁克的现实关怀与务实作风也与之相契，其关于必须主动追踪社会、政治、经济、科技发展的动态的主张，也是对当代学院派管理思想的警醒。

德鲁克管理思想的实践性，最为重要的体现是对人的社会属性的关注。作为社会存在中的人，很难抽象出孤立的人的概念，所以德鲁克将人性的特质与组织的环境和工作的特点结合起来思考。这一点在中国传统文化中的"群己关系"中能找到契合点。"夫仁者，己欲立而立人，己欲达而达人"（皇侃，2013），《论语》便强调了个人与群体的良性互动状态。荀子发挥了孔子的思想，认为"群"是人的基本特征："力不若牛，走不若马，而牛马为用，何也？曰：人能群，彼不能群也。人何以能群？曰：分。分何以能行？曰：义。故义以分则和，和则一，一则多力，多力则强，强则胜物。"（王先谦，1988）所以，人以"义"与"分"为原则并处于和谐的群居状态。脱离了这个原则，人与禽兽无异。安乐哲曾总结道："儒家角色伦理坚持以关系为本，不接受任何将人视为最终个体性的概念。人与人的分散、不联系是个抽象概念，也是一个误导性的虚构概念，人与人的相互关系是一个事实。"（安乐哲，2017）德鲁克强调为组织中的人提供一种可遵循的规则和秩序，这与荀子的"义"与"分"强调的秩序性是共通的。也正因如此，德鲁克十分强调自由中责任的重要性，与中国传统文化中的重视社会责任契合。

德鲁克人本主义管理思想的权变性特征与中国哲学遵循天道变化、审时度势和重视具体情境的主张思路相通。在世界观层面，儒家的"天道"理论强调阴阳交替的变化，而其"天人合一"的理论更是认为人在顺应天道的同时要更加主动地发挥自身的能动作用，其论断都体现出对事物不断发展变化这一规律常态的深刻洞察，德鲁克也认为唯一不变的就是变化本身。在方法论层面，以《周易》卦爻为代表的"唯变所适"思想给出了战略应变的管理思路，指出立足宇宙自然变化之理，明势趋时的生存智慧，强调以审时度势的循顺态度立身行事——"《易》之为书也不可远，为道也屡迁。变动不居，周流六虚，上下无常，刚柔相易，不可为典要，唯变所适"（朱熹，2009）；以《孟子》"行权合道"思想为代表的价值判断给出了辩证取舍的管理思路，强调要不断跟进和把握主次矛盾转换的动态，抓住具体环境下主要矛盾的主要方面——"嫂溺不援，是豺狼也。男女授受不亲，礼也；嫂溺，援之以手者，权也"（焦循，1987）。德鲁克思想的权变性深刻体现了传统文化的精神。

德鲁克管理思想的权变性特征，在具体表现上极为重要的一点即重视变革。20世纪50年代，他认为计算机将改变商业；1961年，他提醒美国关注日本崛起。更为重要的是，他很早就预言了"知识员工"时代的到来。"明者因时而变，知者随世而制"（桓宽，1992），德鲁克对时代变化的关注，正是他成功的最大原因之一。更重要的是，在纷繁复杂的世界发展中，德鲁克的管理思想以人为核心，而不是将人当成管理"工具"。"国将兴，听于民；将亡，听于神"（阮元，2009），中国历史上的各种改革，如果失去了"民心"，也必将失败。秦国虽统一了华夏，但滥用暴政最终灭亡；"太平天国"运动的兴起和失败，也因民心得失；故中国文化十分强调顺民、听民、安民、富民。在变革中保持以人民为主体的特点，也是德鲁克与我国传统文化的契合之处。换言之，德鲁克和中国传统文化都具有其"变易"与"不易"之处，即关注时代变化与人本主义。

德鲁克人本主义管理思想的道德性与中国传统文化中对人性具备向善潜质的判断和外施教化内行修为的主张互相照应。在孟子"人皆有不忍人之心"的性善论理路中，"恻隐之心，仁之端也；羞恶之心，义之端也；辞让之心，礼之端也；是非之心，智之端也"。人类先天具备了道德品质之端，这就为价值建构谋得了肯定性意义的基础。即便在荀子以性恶为基础的理论阐释中，所谓的性恶也是指"本始材朴"的自然之性，后天的道德规约和法律规范以及自身的思考感悟和比较抉择可以帮助人克服人性负面因素。朱熹将人性分为"天命之性"与"气质之性"，分别对应了"道心"和"人心"，只要使"人心"听命"道心"，将"气质之性"所带来的污浊的品质敝除，通过自觉的努力和自主的修为，就能格物致知，使其显露出固有的"理"。中国文化中对主体的自觉能动性与伦理道德的阐发，在管理学的理论构建中，无疑具有积极意义。从中可以看出，德鲁克对人具有道德性的信心，与中国传统文化具有契合性。

在具体的管理方法上，德鲁克基于对人本身道德品质的自信，提倡一种平等的自我控制和参与式管理，而不是以一方控制另一方。他认为在知识社会，每一个知识工作者都是"经理人"，有自己的创造力。而孟子认为的"人皆可以为尧舜"，王阳明认为的"人人皆可成圣人"，同样也是主张在对真善美的追求中，每个人都是平等的，都具有内在的道德潜质。王阳明更是强调要"亲民"，反对朱熹将《大学》的"亲民"解作"新民"，而强调爱民保民、"修己以安百姓"。这种尊重每个人的道德主体性的平等态度，也是德鲁克和中国传统文化的相契之处。但需要明确的是，关注德鲁克与中国传统文化的契合之处，并不能忽视二者的历史文化背景的差异。德鲁克与中国文化的契合可以认为是中西文化的"殊途同归"。

9.3.2 促进管理学在中国发展的理论潜质

德鲁克人本主义管理思想与中国文化语境的契合既解释了德鲁克管理思想在中国被广泛接受和传播的原因，也揭示了在中国发展管理学理论的一种融合性的可能路径。这种传统文化与现代管理学的交融现象在许多地方都有显现，如当今学界关于"管理哲学"的著作，就有许多关于中国传统文化的部分，如《孔子的管理哲学》《老子的管理哲学》等，都阐发了传统文化在管理上的现代意义。在现实的企业管理上，日本著名企业家涩泽荣一将儒家思想作为经营之道，现代企业也多在宣扬以人为本的企业观。可见，无论是在思想背景上还是现实状况下，德鲁克思想在中国的传播都具有可行性。

在具体的传播实践中，德鲁克管理思想在改革开放后被介绍到中国，日渐受到国内管理学界和实践界的认可和推崇，并在德鲁克先生逝世之后的几年达到了研究和传播的阶段性高潮，这与德鲁克管理思想的人本主义理论特质不无关联，其问题意识和实践导向以及社会意识和道德导向恰如其分地呼应了身处中国文化情境中的管理者的现实需求和学者的理论求索，引发了这两个群体的共鸣，继而同频共振地推动了管理学理论基于中国实践和中国情境的进一步发展和创新。随着信息科技和人工智能等新兴生产力要素的快速发展，组织和员工关系以及组织结构方式等生产关系领域的要素也发生着深刻的变革，呈现出平台性、开放性、协同性等特点。

线性的管理学理论中偏向抽象性、客观性、机械性、二元性与独断性的思维特征阻碍了管理学理论与管理新现实的融合协同，需要以具体性、主观性、有机性、整体性和相对性理论范式来均衡修正。德鲁克人本主义管理思想是管理学理论丛林中跳脱出机械性桎梏的突出代表，独树一帜地提出了整体性、有机性的管理认识论，为新现实下管理学理论的发展提供了方向性启示。随着中国加速走近世界舞台中央，蓬勃的经济与管理模式创新为管理理论的发展提供了广阔的潜在空间：一方面，中西不同的文化背景为管理学理论在更加多元的情境中验证和完善提供了土壤，发展了"中国管理理论"；另一方面，中国管理实践为全球管理提供崭新高效的模式范本，发展了"管理的中国理论"。德鲁克人本主义管理思想与中国文化语境的不谋而合及其在中国的广泛传播和接受，使其成为中西方管理理论对话融合的一个可能性的交汇点和中介。

9.4 德鲁克管理思想的局限性

事物往往具有一体两面的特征，德鲁克管理思想在具备开放包容、开拓进取、求真求善、持续精进等优点的同时，也不可避免地具有其局限性。

一是缺少对概念的精准界定和理论的严谨论证，影响了其在学术共同体中的理论对话。德鲁克认为管理是一门博雅的学科，而不是纯粹的科学。他能够从独特的视角出发，旁征博引地对一个管理话题娓娓道来，将其描摹得生动且具有问题带入感。但是在德鲁克散文式的阐述和讨论过程中，经常缺乏对具体概念的严谨定义，在不同语境中可能概念内涵还有所变化。这对于德鲁克本人表达其管理思想可能并不构成严重的障碍，对从事管理实务的学习者来说只要领会其本意也能收获思想的启发。然而，对于从事管理学术研究，尤其是对于遵循规范学术方法的很多管理学者来说，德鲁克的观点作为明确的概念被直接引入主流的管理学术对话存在一定的不便。

二是虽然善于开拓并提出有价值的研究问题，但是对问题的回应方式较为发散。德鲁克认为提出正确的问题比具体解决问题更加重要，他大胆地拥抱变化的现实，与时俱进地提出引领时代的管理学问题，如工业社会人类的未来是怎样的、知识社会如何有效地进行管理、新世纪管理的挑战是什么。德鲁克能够沿着问题发散出一系列有价值的线索，但较少给出一般意义上条分缕析的解决方案。这种方式尽管可以留给学习者和研究者更加灵活广阔的探索空间，但也会在实践操作性和理论完整性方面留有遗憾。

　　三是思想的底层逻辑根植于西方文化。德鲁克的管理思想对人性的洞察和剖析深刻睿智，其管理思想具有强烈的道德主张，在引导管理承担社会责任方面主张鲜明。但是德鲁克管理思想关于人性的判断以及对于道德的呼吁基于西方的文化传统，其中包括基督教新教伦理和一定的唯心主义要素，在全球化的管理理论交流和实践应用中，需要尊重具体的文化情境。在我国的文化情境中研究和推广，也要与中国文化传统和现实相融合并予以发展和扬弃。

10 研究结论与展望

本研究通过对德鲁克生平主要著作的文献计量，梳理了德鲁克管理思想的纵向发展脉络和横向内容体系并归纳了德鲁克管理思想的核心架构；通过著作聚类分析的方式提出了德鲁克管理思想演进阶段的划分、各阶段主题；采取知人见事的思想史研究方式，追溯了德鲁克管理思想的渊源与背景，并结合线索词的文本证据提炼了德鲁克管理思想的发展脉络。通过高频词聚类、词义分析以及章节粒度的内容分析，归纳了德鲁克管理思想的三级构成维度；通过各维度逻辑关系的分析和综合，探明了贯通各构成维度的内容主旨，形成对德鲁克管理思想内容体系的认识。通过纵横对比和整合提出了"一问三策"的德鲁克管理思想核心架构并阐释了其理论和实践启示意义以及德鲁克管理思想的局限。

10.1 德鲁克管理思想的发展脉络

德鲁克管理思想的发展脉络是以管理者的立场和视角思考如何认识世界、改造世界和获取意义的思维旅程，是其管理思想体系中管理和社会生态两大思想主题交互发展深化并交融衍生出创新的过程，如图10-1所示。

德鲁克的管理思想是在其个人成长经历、所处时代现实和西方哲学传统的共同作用下孕育的。德鲁克的个人经历可以概括为幼年谈笑有鸿儒的家庭环境熏陶、青年涉猎广泛的学习工作经历，以及壮年以后融会贯通的咨询治学生涯。这些经历为德鲁克的管理思想打下了深厚博学的基础，塑造了其社会百科全书式的写作风格，奠定了实践导向和以人为本的研究立场。德鲁克所处的时代从生产力发展的角度看，跨越

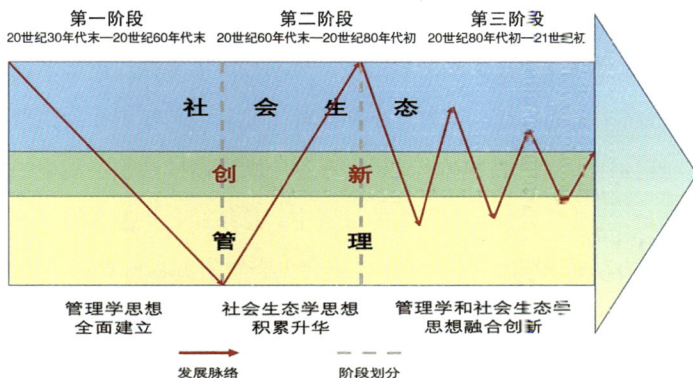

图 10-1   双线交融的发展脉络

了第二次科技革命和第三次科技革命，见证了工业社会的确立和知识社会的勃兴以及其中各类组织的成长与发展，为德鲁克关注组织、理解组织、思考管理提供了现实素材；从国际格局看，跨越了两次世界大战和美苏冷战，见证了世界重心从欧洲到美国的转移更迭以及跌宕起伏的大国兴衰，为德鲁克形成社会生态学家广阔深邃的洞见提供了不可替代的机缘。德鲁克的知识背景集成了西方哲学思想的诸多瑰宝，从亚里士多德的伦理到德意志思想家的情怀，从荷马史诗的英雄主义到克尔凯郭尔式的宗教信仰，从折中的社会平稳发展方案到联邦主义政治设计，从奥地利经济学派到熊彼特的破坏性创造，德鲁克从中获得了其管理思想的道德感、使命感、平衡感和创新性。

　　德鲁克的管理思想发展历程与时代发展的脉搏紧密相连，总体上分为三个演进阶段。第一阶段从20世纪30年代末到60年代末，为管理思想全面建立阶段。这一阶段伴随着工业社会的发展成熟、美国企业组织的成长壮大和稳步上升的经济形势。德鲁克通过观察工业社会的现实问题和发展趋势，以企业组织为原型和突破口完成了管理思想体系的构建。这个阶段的研究内容可归纳为三个要点：一是完成了对工业社会生态和人在工业社会生存状态的分析报告；二是以通用汽车公司的案例研究探索了管理的原则，并构建了从战略层面到组织层面再到个人层面的管理思想体系；三是开始关注工业社会中孕育的知识社会发展要素，为系统研究知识社会的生态做好铺垫。第二阶段从20世纪60年代末到80年代初，为德鲁克社会生态学思想的积累升华阶段。这一阶段伴随着工业社会向知识社会的发展过渡、美国经济形势的曲折徘徊以及以日本为代表的世界新经济力量的崛起。德鲁克不断跟踪工业社会向知识社会转型过程中的社会生态变化，连续翔实地记录观察的结果，并在不断丰富社会生态观察经验、拓展人文科学知识视野和提升社会生态洞察力的过程中，总结社会生态学研究的方法，阐明社会生态观察的方法论和价值观，形成对社会生态学研究目标和研究方法的清晰定位。这个阶段的研究内容可以归纳为三个要点：一是对后工业社会生态和发展趋势进行全面和跟踪式的观察记录；二是厘清和确立社会生态学的使命、任务和范式；三是根据社会生态的最新观察与时俱进地丰富和更新管理思想体系。第三个阶段从20世纪80年代初到21世纪初，为德鲁克管理和社会生态思想融合创新阶段。这一阶段伴随着知识社会的发展勃兴、美国经济的转型升级、美苏争霸向单极世界转变、世界经济多极增长等变化。德鲁克纯熟地运用社会生态学方法，重点关注了知识经济、信息技术革命、经济全球化、非营利组织影响力提升等重要趋势并解读了其中蕴含的对管理者和管理工作的影响、挑战和机遇；修正了让企业组织提供个人身份归属和精神家园功能的主张，转而寄望非营利组织承担起构建社区家园的功能，因而系统地梳理了非营利组织情境下的管理理念和方法，并反哺企业管理思想；在面向21世纪更加急剧的变化、更加充满不确定性的未来和更加广阔的机遇时，融合社会生态和管理两方面的智慧，总结归纳了创新创业方面的管理思想，继而形成可学可用的专门学说。这个阶段的研究内容可以归纳为三个要点：一是对知识社会生态的研判观察；二是对管理思想体系的反思完善；三是创新创业学说的建立。

10.2 德鲁克管理思想的内容体系

德鲁克管理思想的内容体系从理念、社会、组织和个人四个层面展开，由"管理"和"社会生态"两大板块交错融合，以人为中心、以管理为手段、以社会生态为背景，是一个从人性价值的抽象追求到人生现实的行为方法螺旋提升的、以对人的关注为内容主旨的逻辑闭环，如图10-2所示。

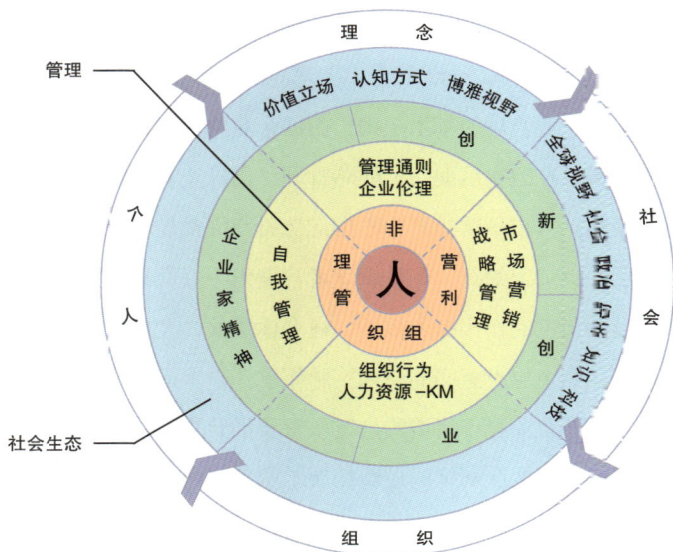

图 10-2 以人为本的内容体系

德鲁克管理思想的内容可以分为包括管理和社会生态两大维度的共三级细分维度。通过德鲁克主要管理著作的高频词抓取和聚类分析以及章节粒度的内容分析梳理，提出了包含2个一级维度、7个二级维度、18个三级维度的内容划分方案："管理"维度下分"组织管理思想""企业经营理论""创新创业学说"和"其他管理专题"等4个二级维度，"社会生态"维度下分"社会生态洞察""社会生态方法""社会生态视野"3个二级维度；各二级维度又细分为2至3个三级维度，具体包括"组织管理思想"下的"组织行为""人力资源-KM"和"非营利组织管理"；"企业经营理论"下的"战略管理"和"市场营销"；"创新创业学说"下的"创新"和"创业"；"其他管理专题"下的"自我管理""管理通则"和"企业伦理"。"社会生态洞察"下的"社会""经济""政治"和"知识科技"，"社会生态方法"下的"价值立场"和"认知方式"以及"社会生态视野"下的"全球视野"和"博雅视野"。其中，"创新创业学说"及其下属子维度"创新"兼具一级维度"管理"和"社会生态"的特点，为"管理"和"社会生态"的交叉维度。

在管理版块，各个维度要素按照一条主线和两条辅线分布。一条主线即企业情境下管理从理念层面到个人层面的维度要素：在理念层面，由"管理通则"描述企业运营的基本规律并形成企业管理的基本法则，由"企业伦理"界定企业发展的应然方向并指导企业做出选择；在战略层面，"战略管理"指导企业根据形势研判制定和实施自身发展的方针策略，"市场营销"则根据形势研判提供与顾客及其他外部主体互动的指南；在组织层面，"组织行为"为管理者管理组织提供具体指导，"人力资源"为管理者理解和发挥员工的作用提供依据；在个体层面，"自我管理"描述如何成为卓有成效的管理者。四个层次之间的原则一脉相承，自上而下逐级细化，自下而上形成有效支撑。在完成了企业管理情境的全链条管理学要素布局之余，德鲁克还在非营利组织和创新管理情境下按照同样的逻辑拓展了两条辅线：一是"非营利组织管理"及其在理念层面所对应的管理通则和价值追求、在战略层面所对应的组织使命和服务对象界定、在组织层面所对应的非营利组织目标管理以及在个人层面所对应的奉献和成长；二是"创新""创业"及其在理念层面所对应的管理通则和社会生态、在战略层面所对应的创新战略、在组织层面所对应的创业组织管理以及在个人层面所对应的企业家精神塑造。非营利组织管理和创新管理这两条衍生线一方面吸收了企业管理思想的养分，另一方面也补充和完善了企业管理思想并为其在组织目标设定、知识工作者绩效衡量以及制度化更新落后生产要素等方面提供了有益的借鉴素材。在社会生态版块，各个维度要素按照一套方法和两个要领的逻辑分布。一套方法：在以人为本的价值导向下，用关注变化发掘机遇的方法，获得社会生态洞察。两个要领：一是通观玄览，用全球的视野全面扫描社会生态，并调用哲学历史文化和各学科门类的知识方法储备为当下的社会生态观察提供支撑；二是见微知著，聚焦社会、经济、政治、知识科技领域的变化迹象，分析影响，形成相应领域的社会生态观察结果。在管理板块和社会生态板块交叉融合的部分，是综合运用社会生态洞察和组织管理方法的创新，通过发挥人的主观能动性将未来发展的不确定性转化为提高资源产出和提升人类福祉的机遇。创新在组织情境下的实践即创业，创业在个体层面上的体现即企业家精神。遍览体现人认识世界过程的社会生态板块、体现人改造世界过程的管理板块以及集中凸显人主观能动性的创新交叉板块可发现，对人的关注是贯穿德鲁克管理思想内容体系的主旨。

10.3 德鲁克管理思想的核心架构

德鲁克管理思想的核心架构可以概括为"一问三策"，如图10-3所示。"一问"即德鲁克管理思想的根本问题：在变化现实中寻找人生意义存在极大的不确定性，应当如何应对？这一根本问题联通着孤立个人和现实世界两端，其不确定性一方面来源于现实变化的不确定性，另一方面来源于人性复杂的不确定性。既然个人和世界之间存在不确定性的鸿沟，德鲁克就在这两端中间架起中介性的思维桥梁，在靠近个人的一端选择组织这个可以帮助个人克服人性缺点、放大人性优点的中介，以降低复杂人性的不确定性；在靠近世界的一端选择社会这个现实世界变化在人类生存领域投射的中介观测点，来降低现实变化的不确定性。"三策"即回应不确定性根本问题的三个应对策略——侧重于提升认知来降低现实不确定性的社会生态学说、侧重于优化实践来降低人性不确定性的组织管理学说和侧重于强化信念来降低前两者无法消减的剩余不确定性的创新创业学说。

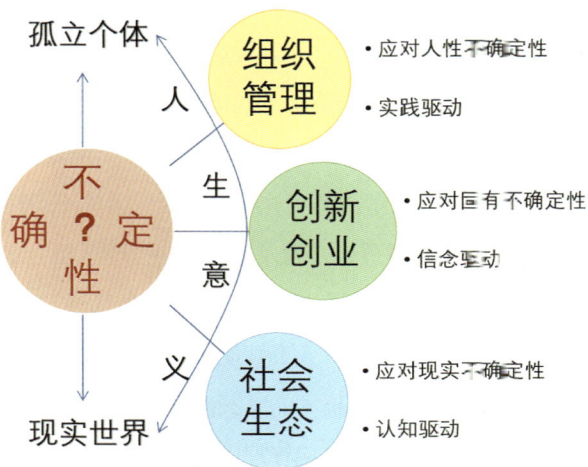

图 10-3　一问三策的核心架构

德鲁克管理思想核心架构中的三套应对策略具备开放包容和灵活权变的思想特质：第一，社会生态注重将管理学置于更加宏大和综合的学术视野下考量，主张以全球的眼光和历史的纵深感对经济、政治、社会、文化、科技等诸多领域进行观察，为管理问题提供现实定位和参考，同时综合运用自然科学和人文社科各个领域的思想成果为管理理论的探索提供思维素材和支撑；第二，组织管理尊重人性的应然所往和实然所在，保有对人性追求自由和责任崇高性的信心，并正视人性多元和多变的复杂性，认为人性不是固定抽象的存在而是有待激发和引导的潜在力量；第三，创新创业秉持正视变化、聚焦机遇的行动导向，接受变化和不确定性是常态，聚焦发展变化中蕴藏的机遇开展思考和探索。德鲁克管理思想在日趋多元复杂的管理现实下也给管理实践提供了有益的指导思路。他的新世界观启发管理者用有机联系的观念理解和定位组织，应对组织结构有机联系和分割独立的矛盾；他的人性洞察启发管理者激发人性向善的潜能以提升组织的效能，应对人性向善和人性复杂的矛盾；他的创新方法论启发管理者拥抱不确定性把握未来的机遇，应对需要确定性和面对不确定性的矛盾。

10.4 德鲁克管理思想的启示与局限

德鲁克管理思想的建构主义范式对发展管理学理论具有积极作用。它可以帮助管理学研究更加自由地锚定新领域、构建新理论、获得新洞见，更加紧密地与管理实践领域形成沟通和对话，促进管理学研究的切题性和严谨性相得益彰。管理学术界是一个分工合作的整体，德鲁克式的博雅管理学研究可以和强调科学规范性的倾向于实证主义的管理学研究发挥各自长处，在理论构建和发展完善的不同环节作出自身的贡献，共同探求管理学研究的知识世界，合力发展完备的管理学理论链条。

德鲁克管理思想对"AI+"情境下的管理实践具有前瞻性启示。人工智能对人类社会发展的影响具有好坏双重可能；人工智能对信息的高效处理对千行百业产生了巨大的赋能效应；人工智能背景下技术的交叉融合使得许多创新涌现和生成。以此为依据，前瞻管理实践的发展应当坚持管理以人为本的价值主张，让人工智能朝着有利于人的全面发展的角度演进；应当优化组织架构，让信息顺畅有效流动，释放组织潜能；应当注重对人才复合能力的培养，运用人工智能促进知识交叉融合从而产生创新。

德鲁克管理思想具有中国文化背景下的融合创新的潜在可能。德鲁克管理思想的实践性与中国文化重视实践和人伦的特质相通；其权变性，与中国哲学顺应变化和经权相济的智慧相合；其道德性，与中国道德修己达人的价值塑造路径相符。随着中国管理实践的日益发展，中国管理学领域的自主知识体系构建势在必行，德鲁克管理思想因其与中国传统文化的兼容性或将成为中西管理互鉴的重要桥梁载体。

与此同时，德鲁克管理思想也不可避免地具有其理论局限性：一是缺少对概念的准确定义和理论的严谨论证，影响了其在学术共同体中的理论对话；二是虽然善于提出关键性问题，但是对于问题的回应方式较为发散；三是关于管理的底层逻辑扎根在西方文化土壤之中，在全球化的管理理论交流和实践应用中，需要尊重具体的文化情境。

10.5 研究展望

10.5.1 研究贡献

本研究通过对德鲁克管理思想发展脉络、内容体系和核心架构的研究，推进德鲁克管理思想的研究在对思想历程理解深入性、对思想内容梳理全面性、对思想内核归纳简要性、对启示意义诠释时代性等方面取得了新的进展，同时通过引入在文学作品和文献情报分析中较常使用的文献计量方法在管理思想研究方法方面进行了新的尝试。

一是结合思想产生的来源和背景追溯了德鲁克管理思想的发展脉络，加深了对德鲁克管理思想形成的情境因素的理解。本研究深入挖掘德鲁克管理思想发展和演化的个人成长经历背景、经济社会时代背景、哲学文化思想背景，进而发现德鲁克管理思想的研究历程并不是从对组织管理本身发端的，德鲁克对组织的研究兴趣发源于他对人类如何在社会中获得生命的意义这样一层深切的人文关怀，组织因为被德鲁克认为是个人在社会中发挥作用的中介而受到关注。德鲁克的思想发展过程切入点在组织，但是始终放眼社会百态和全球各地，始终关怀人类命运和道德指向，从中寻找组织管理的灵感和可以实践的路径。通过著作聚类的方法，本研究还对德鲁克管理思想的演进阶段以及每一阶段的研究要点进行了分析。

二是分版块和层次梳理了德鲁克管理思想的内容体系，增强了对德鲁克管理思想内容要素的全面系统认识。本研究依据文献计量结果对德鲁克管理思想的维度进行了归纳，并细分为三个层级，较为全面地呈现了德鲁克管理思想内容的基本构成要素。在此基础上，根据德鲁克管理思想的动因和发展过程加深对这些构成要素内涵的理解，并分析这些基本要素之间的关联，最终将其统一于由理念、社会、组织、个人四个层次构成的框架内，勾勒出彼此呼应支撑、整体相得益彰的逻辑结构，凸显出一以贯之的以人为本的内容主旨。这一整体结构的发现为德鲁克管理思想的研究探索提供了要素全面、路径清晰的"地理信息系统"，弥补了德鲁克管理思想专项研究和分类研究中"横看成岭侧成峰"式的观察视角的局限。

三是简明扼要地归纳了德鲁克管理思想的核心架构，深化了对德鲁克管理思想内在逻辑的把握。通过对德鲁克管理思想研究动因的追溯，发现德鲁克管理思想体系建构的根本问题——不确定性，对不确定性的成因进行探究和细分，同时分析纵横梳理中的共性要点，找出其与细分不确定性成因之间的关系，总结出管理、社会生态和创新三套应对策略，得出"一问三策"的核心架构。相对于以往的研究，以更少的架构要件、更加清晰的逻辑还原并归纳了德鲁克管理思想的核心架构，帮助德鲁克管理思想的学习者提纲挈领地把握德鲁克管理思想的精髓要义。

四是围绕核心架构发掘了德鲁克管理思想的特质和启示意义，加强了对德鲁克管理思想本质和时代价值的发掘。本研究通过对德鲁克管理思想纵横体系的对照分析，发现了其在思维方式方面兼容并蓄、在价值立场方面以人为本、在行动导向方面开放创新的特质。这样的理论特质以其建构主义的特点启发管理学界在重视理论严谨性的同时注重实践的关联性，让管理学理论的各种研究范式各展其长，增强管理学术研究的现实影响力。德鲁克管理思想开放包容地汲取自然科学认知的新成果，以有机联系、二元兼容、混沌变化等崭新的视角跟踪复杂剧变的管理现实，为管理实践的与时俱进提供指导，有效地回应了管理实践中有机联系与孤立隔绝、人性向善和人性复杂以及确定性需要和不确定性现实等三对重要的矛盾。比德鲁克管理思想结论更宝贵的是德鲁克管理思想的方法（Kantrow，2009）。德鲁克管理思想的部分具体判断可能会过时，但是德鲁克管理思想的思维方法、价值立场和创新意识不会过时。随着科技进步和经济发展，管理实践将会面临不断更新的挑战（张楚高，2000；张娣英和王守昌，2005），管理理论也将面对传统假设的颠覆。在管理理论范式跃迁的潮流下（陈劲和尹西明，2019），标新立异的时髦学说和随波逐流的模仿验证都会随着大潮销声匿迹，而德鲁克管理思想对广阔历史现实的关注与思考、对人性的洞察和关照以及对变化的拥抱和应对将可能面向未来、与时俱进地在"AI+"管理情境下以及中国管理实践中为管理理论的创新和发展提供智慧与借鉴。

五是引入文献计量方法对德鲁克管理思想开展了研究，增强了管理思想研究规范性的同时拓展了文献计量学的应用场景。对经典思想的研究是一个传统的基础性研究领域，在人文和社会科学领域被广泛运用。研究者使用语言学分析和阐释处理文本，通过哲学思辨探明思想内涵和意义，并借助历史学知人见事的思路追溯与考证思想形成的背景和思想家的个性风格。管理思想研究将思想研究一般方法和管理学理论知识背景相结合，取得了丰硕的成果。无论是解读文本、哲学思辨、知人见事还是调用管理学知识的背景，都具有较强的主观因素。而运用文献计量方法，可以提供较多的客观性文本统计证据，作为主观性解读的依据，增强管理思想研究的科学性。文献计量学方法较常运用于文献情报分析、政策演变分析、网络文本数据挖掘等场景。运用文献计量方法开展管理思想研究的尝试还并不多见，一方面是因为管理思想研究者对文献计量方法的了解和掌握程度不够，另一方面是由于思想内涵在文本中具有内隐性，选取能够体现思想特征的文本观测指标较为困难。本研究努力突破了上述双重障碍，在管理思想研究领域实现了文献计量学方法的应用。

六是在统一的研究框架内整合了德鲁克管理思想纵向、横向以及双向对比的研究，尝试搭建了德鲁克管理思想学术对话的综合平台。既从纵向的时间视角梳理了德鲁克管理思想的演进阶段和发展脉络，又从横向的要素视角梳理了德鲁克管理思想的构成维度和内容体系，还从纵横综合的视角上进行了综合的比较，归纳了德鲁克管理思想的核心架构、发掘了其思维特质并诠释了启示意义。不同于以往对德鲁克管理思想某个专题或视角的研究，本研究在同一个研究框架内整合了德鲁克管理思想的不同研究向度，取得了相得益彰的研究效果，深化了对德鲁克管理思想的体系性理解，为今后对德鲁克管理思想的进一步发掘提供了经由相对规范的学术方法提出的纵横坐标。一方面，研究者可以在认可或部分认可本研究提出的演进阶段和构成维度基础上，运用这些具有相对共识的概念展开深入高效的交流；另一方面，研究者也可以对本研究涉及的演进阶段、构成维度和逻辑结构提出修正和改进。

10.5.2 研究局限

本研究在促进德鲁克管理思想学术研究、发掘德鲁克管理思想理论创新价值、深化对德鲁克管理思想理解、拓展管理思想研究方法等方面作出了一定的贡献，但是囿于研究者的知识能力，仍然存在一些局限和遗憾。

一是注重宏观上的体系构建，忽略了微观上的概念阐释。本研究的主要目标是对德鲁克管理思想体系的构建，希望建立揭示德鲁克管理思想来龙去脉的透视图和体现其整体形貌的鸟瞰图，因此研究的注意力较多地放在了对其宏观理路的把握上。而一个精确的思想导航图除了对概念拓扑关系的方向性把握，还需要对概念精准信息的把握和对概念距离的测量，这就需要在总体把握德鲁克管理思想体系结构和概念逻辑关系的基础上，继续对关键概念逐个进行详尽的观察领悟和比较分析，透彻地阐明其内涵和外延。

二是集中分析了规范文本，未将其他类型资料纳入研究样本。本研究选取的样本是贯穿德鲁克学术和咨询生涯全过程的代表性著作，既包括专著也包括文集，其中的文集收录了德鲁克管理思想的代表性论文，总体上较好地代表了德鲁克管理思想的内容集合和发展过程。但是，德鲁克的小说和自传等著作尚未纳入分析。此外，德鲁克还有一些公开发言、课程讲稿、咨询文案、往来信函以及多媒体教学资料留存于世。这些资料都承载了德鲁克管理思想的宝贵资源，提供了有价值的背景信息和观察视角，在本研究中没有充分地整合进研究框架。

10.5.3 未来展望

鉴于本研究存在的局限和遗憾，希望在未来能和志同道合的研究者们一起开展下列工作，继续深化对德鲁克管理思想体系的研究。

一是开展对关键概念的专题研究。文献计量学的方法不但可以用于对管理思想体系整体性的揭示，也可以用于对专门概念的追踪阐释。本研究在德鲁克管理思想体系的"管理"和"社会生态"内容二分法下共归纳了7个二级维度和18个三级维度，每一个维度都代表了德鲁克管理思想的一个重要方面。研究者可以综合运用文献计量学分析方法对每一个维度上的关键概念进行深入剖析。

二是尝试进行全样本分析。随着文献计量学的进一步发展以及文献计量学应用手法的进一步提高，研究者可以将更多类型的文本、图片和多媒体资料纳入德鲁克管理思想的分析中。相信随着综合学术研究水平的提升，未来可以在大样本研究的基础上对德鲁克管理思想进行全样本的研究。

三是结合具体管理情境和案例详尽阐释。德鲁克管理思想博大精深且具有穿越时间和跨越地域的启示意义。受德鲁克管理思想的启发，当下许多学者提出了与时俱进的管理学理论和主张，在世界各地包括中国有许多企业家和管理者创造性地运用德鲁克管理思想开启了管理实践的革新和尝试。这些理论和实践的最新发展都可以作为素材和案例，支撑对德鲁克管理思想启示意义的进一步发掘。

参考文献

1. BANG A, CLEEMANN C M, BRAMMING P. How to create business value in the knowledge economy: accelerating thoughts of Peter F. Drucker[J]. Management decision, 2010, 48(4):616–627.

2. BECKER B, GERHART B. The impact of human resource management on organizational performance: progress and prospects[J]. Academy of management journal,1996, 39(4): 779–801.

3. BOWMAN J S , WITTMER D L . The unfashionable Drucker: ethical and quality chic[J]. Journal of management history, 2000, 6(1):13–29.

4. BOYETT J H, BOYETT J T. The guru guide: the best ideas of the top management thinkers[M]. New York : Wiley, 1998.

5. CHONG D. The relevance of management to society: Peter Drucker's oeuvre from the 1940s and 1950s[J]. Journal of management history, 2013, 19(1):55–72.

6. COHEN W A. Heroic leadership: leading with integrity and honor[M]. New York: John Wiley & Sons, 2010.

7. COOPER C L. Peter Drucker and the wellbeing agenda[J]. Strategic direction, 2013, 29(10):21–22.

8. DAHLIN D C. The federal government and public management: the Druckerian approach[J]. Journal of management history, 2000, 6(2):77–93.

9. DEMING W E. Out of the crisis[M]. Cambridge: The MIT Press, 2000.

10. DRUCKER P F. A functioning society[M]. Piscataway: Transaction Publishers, 1994a.

11. DRUCKER P F. Adventures of a bystander[M]. Piscataway: Transaction Publishers, 1994b.

12. DRUCKER P F. America's next twenty years[M]. New York: Harper & Brothers Publishers, 1957.

13. DRUCKER P F. Concept of the corporation[M]. New York: Routledge, 2017a.

14. DRUCKER P F. Drucker on Asia[M]. London: Routledge, 2011a.

15. DRUCKER P F. Friedrich Julius Stahl: his conservative theory of the state[J]. Society, 2002a, 39(5):46–57.

16. DRUCKER P F. Innovation and entrepreneurship[M]. London: Routledge, 2015.

17. DRUCKER P F. Landmarks of tomorrow[M]. New York: Harper & Brothers Publishers, 1957.

18. DRUCKER P F. Management challenges for the 21st century[M]. London: Routledge, 2011b.

19. DRUCKER P F. Management: tasks, responsibilities, practices[M]. New York: HarperCollins, 1993a.

20. DRUCKER P F. Managing for results[M]. New York: HarperCollins, 1993b.

21. DRUCKER P F. Managing for the future[M]. London: Routledge, 2011c.

22. DRUCKER P F. Managing in a time of great change[M]. London: Routledge, 2011d.

23. DRUCKER P F. Managing in the next society[M]. New York: St. Martin's Press, 2002b.

24. DRUCKER P F. Managing in turbulent times[M]. New York: HarperCollins, 1993c.

25. DRUCKER P F. Managing the non-profit organization[M]. New York: HarperCollins, 1992.

26. DRUCKER P F. Men, ideas, and politics[M]. Boston, Mass: Harvard Business Review Press, 2010.

27. DRUCKER P F. Peter Drucker on the profession of management[M]. Boston, Mass: Harvard Business Review Press, 1998.

28. DRUCKER P F. Post-capitalist society[M]. New York: HarperCollins, 1993d.

29. DRUCKER P F. Technology, management, and society[M]. London: Routledge, 2011e.

30. DRUCKER P F. The age of discontinuity[M]. New York: Routledge, 2017b.

31. DRUCKER P F. The changing world of the executive[M]. London: Routledge, 2011f.

32. DRUCKER P F. The ecological vision[M]. New York: Routledge, 2017c.

33. DRUCKER P F. The ecological vision reflections on the American condition[M]. Piscataway: Transaction Publishers, 2011i.

34. DRUCKER P F. The effective executive[M]. New York: HarperCollins, 2002c.

35. DRUCKER P F. The end of economic man[M]. New York: Routledge, 2017d.

36. DRUCKER P F. The essential Drucker[M]. New York: HarperCollins, 2001.

37. DRUCKER P F. The frontiers of management[M]. London: Routledge, 2011g.

38. DRUCKER P F. The future of industrial man[M]. New York: Routledge, 2017e.

39. DRUCKER P F. The last of all possible worlds[M]. New York: HarperCollins, 1982.

40. DRUCKER P F. The new realities[M]. London: Routledge, 2011h.

41. DRUCKER P F. The new society [M]. New York: Routledge, 2017f.

42. DRUCKER P F. The pension fund revolution[M]. Piscataway: Transaction Publishers, 1996.

43. DRUCKER P F. The practice of management[M]. New York: HarperCollins, 1993e.

44. DRUCKER P F. The temptation to do good[M]. New York: Harper & Row Publishers, 1984.

45. DRUCKER P F. Toward the next economics and other essays[M]. Boston, Mass: Harvard Business Review Press, 2010.

46. DRUCKER P F. What is "business ethics"?[J]. The public interest, 1981(63):18–36.

47. EASTERBY-SMITH M, JASPERSEN L J, THORPE R, et al. Management and business research[M]. London: Sage Publications, 2015.

48. FERNANDEZ S. Peter Drucker's leap to faith: examining the origin of his purpose-driven life and its impact on his views of management[J]. Journal of management history, 2009, 15(4):404–419.

49. FORD R C, MCLAUGHLIN F S, NIXDORF J. Ten questions about MBO[J].

California management review, 1980, 23(2):88–94.

50. GAZELL J A . Drucker on effective public management[J] Journal of management history, 2000, 6(1):48–62.

51. GREENWOOD R G. Management by objectives: as developed by Peter Drucker, assisted by Harold Smiddy [J]. The academy of management review, 1981, 6(2):225–230.

52. GUNTHER R E. Peter Drucker: the grandfather of marketing: an interview with Dr. Philip Kotler[J]. Journal of the academy of marketing science, 2009(37): 17–19.

53. GUY M E, HITCHCOCK J R. If apples were oranges: the public/nonprofit/business nexus in Peter Drucker's work[J]. Journal of management history, 2000, 6(1):30–47.

54. HARDT M, NEGRI, A. Empire[M]. Cambridge: Harvard University Press, 2001.

55. JOULLIÉ J E, SPILLANE R. Heroic Drucker[J]. Business ethics 2015(128):95–105.

56. KANTROW A M. Why read Peter Drucker[J]. Harvard business review, 2009(11):72–82.

57. KESLER G. What business can learn from the nonprofit (and vice-versa): Drucker revisited[J]. People & strategy, 2011, 34(3):40–46.

58. KEY M, Tompson H B. Knowledge management: a glass half full[J]. People & strategy, 2009, 32(4):42.

59. KIESSLING T S, Glenn R R. Examining the theoretical inspirations of a management guru[J]. Management decision, 2004, 42(10):1269–1283.

60. KLEIN S. Drucker as business moralist[J]. Journal of business ethics, 2000, 28(2):121–128.

61. KOONTZ, H. The management theory jungle[J].The journal of the academy of management, 1961,4(3):174–188.

62. KUMAR K. English and French national identity: comparisons and contrasts[J]. Nations and nationalism, 2006, 12(3):413–432.

63. KURZYNSKI M. Peter Drucker: modern day Aristotle for the business community[J]. Journal of management history, 2012, 15(4):357–374.

64. LAFLEY A G. What Drucker taught me[J]. Leadership excellence, 2007, 24(1):7.

65. LANE D A, Down M. The art of managing for the future: leadership of turbulence[J]. Management decision, 2010, 48(4):512–527.

66. LARSEN B. German organization and leadership theory: stable trends and flexible adaptation[J]. Scandinavian journal of management, 2003, 19(1): 103–133.

67. LINKLETTER K E. Drucker Redux: management as intellectual and philosophical product[D]. Claremont: Claremont Graduate University, 2004.

68. LINKLETTER K E, MACIARIELLO J A. Genealogy of a social ecologist[J]. Journal of management history, 2009, 15(4):334–356.

69. LINKLETTER K E, MACIARIELLO J A. The next book Peter Drucker would have written: federalism and management as a liberal art[J]. Management decision, 2010, 48(4):628–655.

70. MACIARIELLO J A. Marketing and innovation in the Drucker management system[J]. Journal of the academy of marketing science, 2009, 37(1):35–43.

71. MACIARIELLO J A. Peter F. Drucker on a functioning society[J]. Leader to leader, 2005(37):26–34.

72. MALCOLM S B, HARTLEY N T. Peter F. Drucker: ethics scholar par excellence[J]. Journal of management history, 2009, 15(4):375–387.

73. MASLOW A H. Toward a psychology of being[M]. 3rd ed. New York: Wiley, 1998.

74. MCLAREN P G, MILLS A J, DUREPOS G. Disseminating Drucker: knowledge, tropes and the North American management textbook[J]. Journal of management history, 2009, 15(4):388–403.

75. MEDLIN C J. Peter Drucker's ontology: understanding business relationships and networks[J]. Journal of business & industrial marketing, 2012, 27(7):513–520.

76. MEYNHARDT T. The practical wisdom of Peter Drucker: roots in the Christian tradition[J]. Journal of management development, 2010, 29(7/8):616–625.

77. MICKLETHWAIT J, WOOLDRIDGE A. Drucker: the guru's guru[J]. Mckinsey

quarterly, 1996(3):144.

78. MOHR J J, SARIN S. Drucker's insights on market or entation and innovation: implications for emerging areas in high-technology marketing[J]. Journal of the academy of marketing science, 2009, 37(1):85–96.

79. NILSSON N J. Artificial intelligence: a new synthesis[M]. San Francisco, Calif: Morgan Kaufmann Publishers, 1998.

80. ODIORNE G S. MBO: a backward glance[J]. Business horizons, 1978, 21(5):14–24.

81. POOLE M S, VAN DE VEN A H. Using paradox to build management and organization theories[J]. Academy of management review, 1989, 14(4):562–578.

82. PULLINS E B, TIMONEN H, KASKI T, et al. An investigation of the theory practice gap in professional sales[J]. Journal of marketing theory and practice, 2017, 25(1): 17–38.

83. ROMAR E J. Managerial harmony: the Confucian ethics of Peter F. Drucker[J]. Journal of business ethics, 2004, 51(2):199–210.

84. ROSENFIELD J M. Song of the brush: Japanese painting from the Sansō collection[M]. Seattle: Seattle Art Museum, 1979.

85. SCHUMPETER J A, LEKACHMAN R L. Can capitalism survive?[M]. New York and London: Harper & Row, 1978.

86. SCHWARTZ M. Drucker's communitarian vision and its implications for business ethics[J]. Business ethics: a European review, 2004, 13(4):283–301.

87. SCHWARTZ M. Peter Drucker's weimar experience: moral management as a perception of the past[J]. Journal of business ethics, 2002, 41(1):51–68.

88. SIEMSEN H, RESCHKE C H. Can one learn to think like Drucker? Lessons in personality and management education[J]. Management research review, 2013, 36(8):767–787.

89. STARBUCK P. Peter Drucker the storyteller: a gestalt journey[J]. Strategic direction, 2013, 29(10):9–12.

90. STEINFELS P. Book review: bridging the great divide: musings of a post-liberal, post-conservative evangelical catholic[J]. Theological studies, 2005, 66(4):922–924.

91. STEPHENS C. Drucker's management by objectives: reducing the organizational impact of intergenerational conflict[D]. Claremont: Claremont Graduate University, 2012.

92. SUTTON R I, STAW B M. What theory is not[J]. Administrative science quarterly, 1995, 40(3): 371–384.

93. TEODIXON G, MONIN N. Guru of gurus[J]. Journal of management inquiry, 2007, 16(1):6–17.

94. THRIFT N. Knowing capitalism[M]. London: Sage Publications, 2005.

95. TOUBIANA M, YAIR G. The salvation of meaning in Peter Drucker's oeuvre[J]. Journal of management history, 2012, 18(2):178–199.

96. TURNER S F, CARDINAL L B, BURTON R M. Research design for mixed methods: a triangulation-based framework and roadmap[J]. Organizational research methods, 2017, 20(2):243–267.

97. WALLMAN J P. An examination of Peter Drucker's work from an institutional perspective: how institutional innovation creates value leadership[J]. Journal of the academy of marketing science, 2009, 37(1):61–72.

98. WARTZMAN R. Drucker applied, one step removed[J]. Strategic direction, 2013, 29(10):6–8.

99. WONG P S, NECK P A. A practitioner's approach to Drucker's knowledge-worker productivity in the 21st century—a new model (part two)[J]. Revista de management comparat international, 2012, 13(4):543–560.

100. WREN D A, BEDEIAN A G. The evolution of management thought. [M]. 6th ed. New York: John Wiley & Sons, 2009.

101. ZAHRA S A. An interview with Peter Drucker[J]. Academy of management perspectives, 2003,17(3):9–12.

102. ZAND D E. Drucker's strategic thinking process: three key techniques[J]. Strategy & leadership, 2010, 38(3):23–28.

103. 埃德莎姆. 德鲁克的最后忠告［M］. 吴振阳，等，译. 北京：机械工业出版社，2012.

104. 安乐哲. 儒家角色伦理学：一套特色伦理学词汇［M］. 孟巍隆，译. 济南：山东人民出版社，2017.

105. 贝蒂. 大师的轨迹：探索德鲁克的世界［M］. 李田树，译. 北京：机械工业出版社，2006.

106. 彼得·德鲁克管理学院. 德鲁克实践在中国［M］. 北京：机械工业出版社，2009.

107. 常健. 真理的等级论与交互文本论［J］. 文史哲，2003（4）：74–79.

108. 陈长里，陈莉妤. 彼得·德鲁克的人本思想[J]. 湖南城市学院学报，2011（1）：12–15.

109. 陈长里，陈莉妤. 公平、效率与人本的互动：彼得·德鲁克的管理伦理思想述论［J］. 湖南工业大学学报（社会科学版），2008（2）：109–112.

110. 陈春花，陈鸿志. 德鲁克管理经典著作的价值贡献［J］. 管理学报，2013，10（12）：1860–1867.

111. 陈劲，尹西明. 范式跃迁视角下第四代管理学的兴起、特征与使命［J］. 管理学报，2019（1）：1–8.

112. 慈玉鹏. 德鲁克的"社会生态学"［J］. 新远见，2012（4）：77–81.

113. 德鲁克. 创新与企业家精神［M］. 蔡文燕，译. 北京：机械工业出版社，2009.

114. 德鲁克. 管理：使命、责任、实务（使命篇）［M］. 王永贵，译. 北京：机械工业出版社，2006.

115. 德鲁克. 人与绩效：德鲁克管理精华[M]. 闾佳，译. 北京：机械工业出版社，2015.

116. 邓中华，闫敏. 中国管理研究的关键时刻：专访徐淑英教授［J］. 管理学家（实践版），2011，11：32–42.

117. 杜鹏程，赵曙明. 德鲁克经典管理思想解读：纪念德鲁克100周年诞辰暨德鲁克管理思想研讨会观点综述［J］. 外国经济与管理，2009，31（11）：1–10.

118. 恩格尔曼. 剑桥美国经济史：第三卷：20世纪［M］. 高德步，译. 北京：中国人民大学出版社，2018.

119. 高山行，刘嘉慧. 人工智能对企业管理理论的冲击及应对［J］. 科学学研究，
　　　2018，36（11）：2004-2010.

120. 宫向阳. 彼得·德鲁克创新思想的哲学考辩［J］. 苏州大学学报（哲学社会科学
　　　版），2010，31（1）：5-7.

121. 宫向阳. 德鲁克管理思想的人本性［J］. 苏州科技学院学报（社会科学版），
　　　2011，28（1）：33-37.

122. 宫向阳. 德鲁克管理思想研究［M］. 苏州：苏州大学出版社，2013.

123. 韩睿玺. 德鲁克管理思想评析［J］. 中共中央党校学报，2009，13（1）：104-106.

124. 何兆清. 德鲁克社会生态管理思想研究［D］. 武汉：湖北大学，2013.

125. 贺广明，赵曙明，周梦非. 德鲁克目标管理与自我控制历史溯源及启示［J］. 南
　　　大商学评论，2020（4）：99-118.

126. 桓宽. 盐铁论校注［M］. 王利器，校注. 北京：中华书局，1992.

127. 皇侃. 论语义疏［M］. 高尚榘，点校. 北京：中华书局，2013.

128. 纪光欣，岳琳琳. 德鲁克社会创新思想及其价值探析［J］. 外国经济与管理，
　　　2012，34（9）：1-6.

129. 姜丽丽. 德鲁克管理哲学对人、组织和社会关系的价值解析［D］. 哈尔滨：黑龙
　　　江大学，2011.

130. 焦循. 孟子正义［M］. 沈文倬，点校. 北京：中华书局，1987.

131. 科恩. 德鲁克思想的管理实践［M］. 王苗，顾洁，译. 北京：机械工业出版社，2014.

132. 克雷姆. 走近德鲁克［M］. 闾佳，译. 北京：机械工业出版社，2009.

133. 库卡茨. 质性文本分析：方法、实践与软件使用指南［M］. 朱志勇，范晓慧，
　　　译. 重庆：重庆大学出版社，2017.

134. 李东明，张坤. 彼得·德鲁克创新管理思想的四个维度［J］. 现代管理科学，
　　　2015（5）：118-120.

135. 李惠斌，德里克. 关于"后资本主义"问题的对话［J］. 马克思主义与现实，

2007（2）：4–24.

136. 李睿祎. 德鲁克的人本主义管理思想初探［J］. 辽宁行政学院学报, 2007a（3）：62–63.

137. 李睿祎. 论德鲁克的行政管理思想［D］. 长春：吉林大学，2007b.

138. 李睿祎. 论德鲁克目标管理的理论渊源［J］. 学术交流, 2006（8）：32–36.

139. 李涛，张宗建. 德鲁克管理思想中的人本主义追求［J］. 东南大学学报（哲学社会科学版），2002，4（5）：46–49.

140. 李晓华，曾昭睿. 前沿技术创新与新兴产业演进规律探中：以人工智能为例［J］. 财经问题研究, 2019（12）：30–40.

141. 刘庆昌. 教育家教育思想研究方法刍议［J］. 山西大学师范学院学报（哲学社会科学版），1996（1）：58–60.

142. 柳亚涛. 德鲁克创新理论与企业创新实践［J］. 互联网经济，2015（6）：84–89.

143. 罗珉. 德鲁克管理思想解读［M］. 北京：北京燕山出版社，2017.

144. 罗珉. 德鲁克管理学方法论述评：兼悼念管理大师彼得·F. 德鲁克［J］. 外国经济与管理，2005（12）：2–11.

145. 罗珉. 德鲁克管理哲学思想述评［J］. 外国经济与管理, 2007a（6）：58–65.

146. 罗珉. 目标管理的后现代管理思想解读［J］. 外国经济与管理. 2009，31（10）：1–7.

147. 罗珉. 实践：德鲁克管理思想的灵魂［J］. 外国经济与管理. 2007b（8）：58–65.

148. 罗仕国. 德鲁克关于知识劳动者的个人管理思想述评［J］. 科技管理研究，2013，33（3）：141–144.

149. 那国毅. 百年德鲁克［M］. 北京：机械工业出版社，2010.

150. 那国毅. 创新：从熊彼特到德鲁克［J］. IT经理世界，2007（21）：95–96.

151. 皮尔斯，马洽列洛，山胁秀城. 德鲁克的管理智慧［M］. 顼洁，王茁，译. 北京：清华大学出版社，2012.

152. 邱国栋，王涛. 重新审视德鲁克的目标管理：一个后现代视角［J］. 学术月刊，2013，45（10）：20–28.

153. 阮元. 十三经注疏［M］. 北京：中华书局，2009.

154. 萨缪尔森. 宏观经济学：第17版［M］. 萧琛，译. 北京：人民邮电出版社，2004.

155. 上田惇生. 德鲁克思想入门［M］. 汤文杰，译. 北京：中信出版社，2008.

156. 宋克勤. 读懂德鲁克［M］. 北京：经济日报出版社，2012.

157. 孙锐，陈国权. 知识工作、知识团队、知识工作者及其有效管理途径：来自德鲁克的启示［J］. 科学学与科学技术管理，2010（2）：189–195.

158. 唐代兴. 基因工程和人工智能：人类向后人类演进的不可逆风险与危机［J］. 江海学刊，2020（3）：111–117.

159. 王守仁. 王阳明全集（上）［M］. 吴光，等，编校. 上海：上海古籍出版社，2017.

160. 王先谦. 荀子集解［M］. 沈啸寰，王星贤，点校. 北京：中华书局，1988.

161. 王砚羽，苏欣，谢伟. 商业模式采纳与融合："人工智能+"赋能下的零售企业多案例研究［J］. 管理评论，2019，31（7）：186–198.

162. 王玉生，张超兵. 德鲁克论组织的社会责任［J］. 湖南师范大学社会科学学报，2008（1）：20–22.

163. 文彦. 德鲁克全书［M］. 北京：中国华侨出版社，2013.

164. 吴旭. 海德格尔存在论视域下的德鲁克创新思想研究［D］. 西安：西安建筑科技大学，2018.

165. 吴越舟. 非常之道：德鲁克管理思想精粹［M］. 北京：人民邮电出版社，2015.

166. 席酉民，刘鹏. 管理学在中国突破的可能性和途径：和谐管理的研究探索与担当［J］. 管理科学学报，2019，22（9）：1–11.

167. 徐鹏，徐向艺. 人工智能时代企业管理变革的逻辑与分析框架［J］. 管理世界，2020，36（1）：122–129，238.

168. 徐淑英. 负责任的商业和管理研究愿景［J］. 管理学季刊，2018，3（4）：9–20，153–154.

169. 许一. 目标管理理论述评［J］. 外国经济与管理，2006（9）：1–7，15.

170. 詹文明. 德鲁克黄金笔记：30年实践的终极结论［M］. 北京：东方出版社，2010.

171. 张娣英，王守昌. 知识社会及其启示 [J]. 广东社会科学，2005（5）：69-72.

172. 张海静，贾学军. 对德鲁克非营利组织管理思想的思考 [J]. 山东交通科技，2013（6）：103-104.

173. 张军. 德鲁克企业伦理思想研究 [D]. 南京：南京师范大学，2017.

174. 张隆高. 德鲁克论21世纪管理挑战：信息挑战 [J]. 南开管理评论，2000（2）：6-11.

175. 张隆高. 德鲁克论21世纪管理挑战：知识工作者生产率 [J]. 南开管理评论，2000（5）：26-30.

176. 张瑜. 彼得·德鲁克和他的名著《卓有成效的管理者》 [J]. 管理世界，2002（5）：147-149.

177. 张玉英. 德鲁克目标管理思想中的人本主义追求 [J]. 黑河学刊，2009（7）：136-137.

178. 张远凤. 德鲁克管理学 [M]. 北京：北京燕山出版社，2017.

179. 张远凤. 经验学派方法论研究 [J]. 经济管理，2002（18）：25-30.

180. 张远凤. 论德鲁克对日本管理的影响 [J]. 外国经济与管理，2004（3）：11-14.

181. 张志华，季凯，赵波. 人工智能促进公共卫生安全风险治理：何以可能，何以可为：以新冠肺炎重大疫情为例 [J]. 江海学刊，2020（3）：13-18，254.

182. 赵曙明，等. 德鲁克卓有成效的管理者原型溯源及启示 [J]. 中国人力资源开发，2020（9）：6-23.

183. 赵曙明，杜鹏程. 德鲁克管理思想解读 [M]. 北京：机械工业出版社，2009.

184. 赵曙明，杜鹏程. 德鲁克管理思想评价与研究：一个会议综述 [J]. 经济管理，2010（2）：174-180.

185. 赵向阳. 德鲁克思想探源 [J]. IT经理世界，2009（23）：102-106.

186. 郑伟. 克尔凯郭尔的信仰观 [J]. 广西社会科学，2002（2）：59-62.

187. 朱熹. 周易本义 [M]. 廖名春，注解. 北京：中华书局，2009.

附表 1：本研究选取的 29 本著作内容提要

序号	书名和所用版本	内容提要
1	The End of Economic Man; Routledge, 2017（originally published by John Day Company, NY, 1939）	分析了法西斯上台的历史和社会原因，认为以经济人为假设的各种政治经济理论都未能提供善治的方案，主张建立有价值依归的政治、经济、社会和宗教组织来实现社会有效运转
2	The Future of Industrial Man; Routledge, 2017（originally published by John Day Company, NY, 1942）	指出一个具有合法性的有效运行的社会（即功能社会）应当能够赋予人地位和使其在社会中发挥作用，作出贡献；探索了在工业社会中，处于公司机构内和经理人管理下的工业人如何获得一个契合功能社会愿景的未来
3	Concept of the Corporation; Routledge, 2017（originally published by John Day Company, NY, 1946）	以通用汽车公司为例剖析了公司的结构、政策和管理，并指出公司将个人力量整合在一起服务于经济进步和社会需求，是实现功能社会的组织载体
4	The New Society; Routledge，2017（originally published by Harper & Row Publishers, NY, 1950）	分析了二战后大企业、政府、工会和身处其中的工人和管理者的诉求和交互关系，研究关照各方诉求的工业社会治理方案，主张管理者应当承担起管理企业、支撑社会有效运转的责任
5	The Practice of Management; HarperCollins, 1993（originally published by Harper & Row Publishers, NY, 1954）	系统地梳理了管理的本质的内涵和外延并提供了管理组织、管理管理者和管理员工的主张，为管理者提高绩效提供了遵循；提出目标管理的思想以实现组织和个人诉求和动力的协同，成为德鲁克第一本管理学经典著作
6	America's Next Twenty Years; Harper & Brothers Publishers, 1957（originally published by Harper & Row Publishers, NY, 1957）	集选了 6 篇关于美国发展形势分析的论文，讨论了劳动力短缺、自动化、财富集中、大学发展、政策利弊等话题，首次提出"已经发生的未来"这一德鲁克管理思想的经典命题
7	Landmarks of Tomorrow; Harper & Brothers Publishers, 1957（originally published by Harper & Brothers Publishers, NY, 1957）	提出世界观认识论从机械主义向以模式、目的和构型为特点的范式变化；描述教育社会、经济发展、政府功能弱化和东方文化式微等重要现实趋势；探讨人类生存的精神层面诉求，描述"已经发生的未来"

序号	书名和所用版本	内容提要
8	Managing for Results; HarperCollins, 1993（originally published by Harper & Row Publishers, NY, 1964）	面向管理层的目标读者，解读了企业运营的资源环境、成本投入、目标愿景、绩效成果等重要维度，强调对机会的把握、对优势的发掘、对未来的准备、对方向的取舍和对责任的承担，集中呈现了德鲁克战略管理方面的思想
9	The Effective Executive; HarperCollins, 2002（originally published by Harper & Row Publishers, NY, 1966, 1967）	面向广大管理者，提出了做好正确的事、时间管理、角色定位、特长分析、要事优先、有效决策等重要管理技能提升要领，主张管理是可以被学会也必须去学的
10	The Age of Discontinuity; Routledge, 2017（originally published by Harper & Row Publishers, NY, 1968, 1969）	在把握"已经发生的未来"方面，依据当时的社会动向研判了四个重要的发展趋势：科技迅猛发展孕育新兴产业机会、国与国间经济交流合作走向更为共融共通的世界经济、组织发挥社会器官功能、知识经济崛起
11	Technology, Management, and Society; Routledge, 2011（originally published by Harper & Row Publishers, NY, 1970）	集选了德鲁克的12篇论文，围绕工作中的人这一话题，既关注技术的物质文明层面也关注人的精神文明层面，探讨人如何在工作中取得成效，内容涉及技术和技术史、管理和管理者、目标和计划以及一些特定的技术突破领域
12	Men, Ideas, and Politics; Harvard Business Review Press, 2010（originally published by Harper & Row Publishers, NY, 1971）	集选了德鲁克的13篇论文，主题涉及社会、经济、政治各个方面，其中《不合时宜的克尔凯郭尔》障显了德鲁克管理思想重视人性精神价值的主张，日本经济和管理开始被提及和关注
13	Management: Tasks, Responsibilities, Practices; HarperCollins, 1993（originally published by Harper & Row Publishers, NY, 1973）	更新和细化了《管理的实践》一书，从企业的使命、管理的任务、管理工作、管理工具、管理者责任、高管层职能等方面系统地整合德鲁克关于企业管理的思想和主张，成为德鲁克经典管理学的集大成之作
14	The Pension Fund Revolution; Transaction Publishers, 1996（originally published as The Unseen Revolution, by Harper & Row Publishers, 1976）	描述了机构投资者尤其是退休基金成为美国公司所有者的现象，分析了这一现象对美国社会情绪、价值和行为方式的影响，以及判断其对美国政策的影响及对策

续表

序号	书名和所用版本	内容提要
15	Managing in Turbulent Times; HarperCollins, 1993（originally published by Harper & Row Publishers, NY, 1980）	探讨如何面对新市场、新技术、新体制和经济全球化等新趋势，基于德鲁克建立的关于常规管理和战略管理的原理，应对人口结构和经济政治形势等变化，采取务实的行动，化动荡为机遇
16	Toward the Next Economics and Other Essays; Harvard Business Review Press, 2010（originally published by Harper & Row Publishers, NY, 1981）	集选了德鲁克关于20世纪70年代世界方位内的经济管理和社会经济发展变化的论文，话题涉及环境、技术、跨国公司、目标管理、科学管理、董事会制度、退休制度、日本管理和日本文化等领域
17	The Changing World of the Executive; Routledge, 2011（originally published by Truman Talley Books, NY, 1982）	集选了德鲁克在哈佛商业评论上发表的多篇论文，讨论高层管理、企业绩效等管理者面临的企业内部管理话题，分析了非营利机构、员工特征、全球经济发展等外部因素的变化，非营利组织和企业伦理在该书中首次详细提及
18	Innovation and Entrepreneurship; Routledge, 2015（originally published by Harper & Row Publishers, NY, 1985）	从创新经济带来的发展机遇出发，定义和描述了创新和创业的实践和原则，提出了创业者的战略思路，并引入由持续创新驱动不断发展的社会愿景，揭开创新创业神秘化了的面纱，使其成为一套可学可做的系统理论
19	The Frontiers of Management; Routledge, 2011 (originally published by Truman Talley Books, NY, 1986）	集选了35篇20世纪80年代前半段发表的文章（含25篇《华尔街日报》专栏文章），内容涵盖全球经济、他国发展经验、人力资源管理、工作设计、组织管理、恶意收购、社会创新等话题，通篇强调了对变化中机遇的把握
20	The New Realities; Routledge, 2011（originally published by Harper & Row Publishers, NY, 1989）	描摹了政府与政治、社会与社会机构、经济与经济学的未来走向，集中论述了知识社会特征和管理方式，指出了今天的问题往往来自昨天的成功，提出了如何通过预测明天的趋势做好今天的事情，书中还预测了苏联的解体

续表

序号	书名和所用版本	内容提要
21	Managing the Non-Profit Organization; HarperCollins, 1992（originally published by HarperCollins, NY, 1990）	专门论述了非营利组织的管理原则并用丰富生动的案例加以说明，探讨了非营利组织的使命和管理者的领导力，将使命落实为具体行动的推广、创新和筹资能力，组织绩效的评估和改进，管理团队和员工的互动和成长等话题
22	Managing for the Future; Routledge, 2011（originally published by Truman Talley/E. P. Dutton, 1992）	集选了德鲁克20世纪90年代初的关于世界经济形势、劳动和工作情境、管理理念和实践以及组织生态发展演进方面的论文，在国别方面重点关注南美和亚洲的发展中国家，在组织生态方面讨论了外包
23	The Ecological Vision; Routledge, 2017（originally published by Transaction Publishers, 1993）	集选了31篇纵跨40年的论文，多篇来自《技术、管理与社会》《个人、观念与政治》《迈向经济新纪元》，分析人如何在社会中发挥作用以及如何从个体的存在即自身内心精神世界中获得意义，定义了社会生态学家及其工作
24	Post-Capitalist Society; HarperCollins, 1993（originally published by HarperCollins, NY, 1993）	介绍了知识超越资本逐渐上升为生产力的主导因素的趋势，分析了全球化背景下政治格局演化、政府转型和社会第三部门崛起的情况，论述了教育的功能和知识的作用
25	Managing in a Time of Great Change; Routledge, 2011（originally published by Truman Talley/E. P. Dutton, 1995）	集选了德鲁克1991年到1994年在《哈佛商业评论》和《华尔街日报》上发表的文章，延续了对后资本主义社会的描摹、对问题的分析和关于对策的探讨，话题涉及政治、经济、商业和组织生态的变化等领域
26	Drucker on Asia; Routledge，2011（originally published by Butterworth-Heinemann, 1997; first published in Japanese by Diamond, Inc., Tokyo, 1995）	记录了德鲁克与中功关于亚洲经济发展的机遇和挑战的对话，以日本视角和亚洲案例多维度诠释了德鲁克的管理思想，提出中国经济起飞、无国界世界、知识社会、创新创业等形势，思考创新企业管理和社会治理

续表

序号	书名和所用版本	内容提要
27	Peter Drucker on the Profession of Management; Harvard Business Review Press, 1998	精选了德鲁克在《哈佛商业评论》上发表的经典文章，分为"管理者的责任"和"经营者的世界"两部分，前者关于管理者对内开展职责定位、决策执行、创新战略，后者关于经营者对外面临的社会政治经济变化趋势
28	Management Challenges for the 21st Century; Routledge, 2011（originally published by HarperCollins, 1999）	系统地梳理和集萃了德鲁克 21 世纪之前的思想成果，面对未来的热点发展问题，提出了管理的新范式、应对不确定性的战略、应对变化的领导力、信息时代的挑战、知识社会和工作以及自我管理等重要问题和破解思路
29	Managing in the Next Society; St. Martin's Press, 2002	收录了 2000 年前后德鲁克的文章和访谈，讨论了信息革命和电子商务的兴起，创新与创业成为经济社会发展的重要机遇，经济全球化和城市发展，以及下一个社会人口结构和产业结构变化特征等重要话题

附表 2：本研究选取的 29 本著作分章节构成维度归纳

编号	章节名称	隶属三级维度	兼属三级维度
01-01	The Anti-Fascist Illusion	2.1.1- 社会机理	2.1.3- 政治治理
01-02	The Despair of the Masses	2.1.1- 社会机理	2.1.3- 政治治理
01-03	The Return of the Demons	2.1.1- 社会机理	2.1.3- 政治治理
01-04	The Failure of the Christian Churches	2.1.1- 社会机理	2.1.3- 政治治理
01-05	The Totalitarian Miracle	2.1.1- 社会机理	2.1.3- 政治治理
01-06	Fascist Noneconomic Society	2.1.1- 社会机理	2.1.3- 政治治理
01-07	Miracle or Mirage?	2.1.1- 社会机理	2.1.3- 政治治理
01-08	The Future: East Against West?	2.3.1- 国际观察	2.1.3- 政治治理
02-01	The War for the Industrial Society	2.1.1- 社会机理	2.3.1- 国际观察
02-02	What Is a Functioning Society?	2.1.1- 社会机理	2.1.3- 政治治理
02-03	The Mercantile Society of the Nineteenth Century	2.1.1- 社会机理	哲学历史文化
02-04	The Industrial Reality of the Twentieth Century	2.1.1- 社会机理	哲学历史文化
02-05	The Challenge and the Failure of Hitlerism	2.1.3- 政治治理	哲学历史文化
02-06	Free Society and Free Government	2.1.3- 政治治理	2.1.1- 社会机理
02-07	From Rousseau to Hitler	2.1.3- 政治治理	哲学历史文化
02-08	The Conservative Counterrevolution of 1776	2.1.3- 政治治理	哲学历史文化
02-09	A Conservative Approach	2.1.3- 政治治理	哲学历史文化
03-01	Capitalism in One Country	2.1.2- 经济形事	2.1.1- 社会机理
03-02	The Corporation as Human Effort	2.1.2- 经济形事	2.1.1- 社会机理
03-03	The Corporation as a Social Institution	2.1.2- 经济形事	2.1.1- 社会机理
03-04	Economic Policy in an Industrial Society	2.1.2- 经济形事	2.1.1- 社会机理
04-01	The Industrial World Revolution	2.1.2- 经济形事	2.1.1- 社会机理
04-02	The Industrial Enterprise	2.1.2- 经济形事	2.1.1- 社会机理
04-03	The Problems of Industrial Order: The Economic Conflicts	2.1.2- 经济形事	2.1.1- 社会机理
04-04	The Problems of Industrial Order: Management and Union	2.1.2- 经济形事	2.1.1- 社会机理

编号	章节名称	隶属三级维度	兼属三级维度
04-05	The Problems of Industrial Order: The Plant Community	2.1.2- 经济形势	2.1.1- 社会机理
04-06	The Problems of Industrial Order: The Management Function	2.1.2- 经济形势	1.1.1- 组织行为
04-07	The Principles of Industrial Order: Exit the Proletarian	2.1.2- 经济形势	2.1.1- 社会机理
04-08	The Principles of Industrial Order: The Federal Organization of Management	2.1.2- 经济形势	1.1.1- 组织行为
04-09	The Principles of Industrial Order: The Self-Governing Plant Community	2.1.2- 经济形势	2.1.1- 社会机理（劳动关系）
04-10	The Principles of Industrial Order: The Labor Union as a Citizen	2.1.2- 经济形势	2.1.1- 社会机理（劳动关系）
05-01	The Nature of Management	NA	管理通则
05-02	Managing a Business	1.2.1- 战略管理	2.2.2- 认知方式
05-03	Managing Managers	1.1.2- 人力资源	1.1.1- 组织行为
05-04	The Structure of Management	1.1.1- 组织行为	1.2.1- 战略管理
05-05	The Management of Worker and Work	1.1.2- 人力资源	1.1.1- 组织行为
05-06	What It Means to Be a Manager	1.1.2- 人力资源	1.1.1- 组织行为
05-07	The Responsibilities of Management	NA	企业伦理
06-01	The Coming Labor Shortage	2.1.1- 社会机理	2.1.1- 社会机理（劳动关系）
06-02	The Promise of Automation	2.1.2- 经济形势	2.1.1- 社会机理
06-03	The New Tycoons	2.1.2- 经济形势	2.1.1- 社会机理
06-04	Will the Colleges Blow Their Tops	2.1.1- 社会机理	知识科技
06-05	America Becomes a "Have-not" Nation	2.1.3- 政治治理	2.1.2- 经济形势
06-06	Coming Issues in American Politics	2.1.3- 政治治理	2.1.1- 社会机理
07-01	The New World-View	2.2.2- 认知方式	哲学历史文化
07-02	From Progress to Innovation	1.3.1- 创新	2.1.1- 社会机理、知识科技

续表

编号	章节名称	隶属三级维度	兼属三级维度
07–03	Beyond Collectivism and Individualism	1.1.1– 组织行为	2.1.1– 社会机理
07–04	The New Frontiers	2.1.1– 社会机理	哲学历史文化
07–05	The Educated Society	NA	知识科技
07–06	"Up to Poverty"	2.1.2– 经济形势	2.1.1– 社会机理
07–07	Modem Government in Extremis	2.1.3– 政治治理	2.1.2– 社会机理
07–08	The Vanishing East	2.1.1– 社会机理	哲学历史文化
07–09	The Work to Be Done	2.1.3– 政治治理	2.2.2– 认知方式
07–10	The Human Situation Today	2.1.1– 社会机理	哲学历史文化
08–01	Understanding the Business	1.2.1– 战略管理	1.2.2– 市场营销
08–02	Focus on Opportunity	1.2.1– 战略管理	1.3.1– 创新、 2.2.2– 认知方式
08–03	A Program for Performance	1.2.1– 战略管理	1.1.1– 组织行为、 1.1.2– 人力资源 （含知识管理）
08–04	The Commitment	1.1.2– 人力资源 （含知识管理）	1.1.1– 组织行为
09–01	Effectiveness Can Be Learned	NA	自我管理
09–02	Know Thy Time	NA	自我管理
09–03	What Can I Contribute?	NA	自我管理
09–04	Making Strength Productive	NA	自我管理
09–05	First Things First	NA	自我管理
09–06	The Elements of Decision–making	NA	自我管理
09–07	Effective Decisions	NA	自我管理
09–08	Effectiveness Must Be Learned	NA	自我管理
10–01	The Knowledge Technologies	NA	知识科技
10–02	From International to World Economy	2.1.2– 经济形势	2.3.1– 国际观察
10–03	A Society of Organizations	2.1.1– 社会机理	2.1.2– 经济形势
10–04	The Knowledge Society	2.1.1– 社会机理	2.1.2– 经济形势

编号	章节名称	隶属三级维度	兼属三级维度
11-01	Information, Communications, and Understanding	NA	知识科技
11-02	Management's New Role	NA	管理通则
11-03	Work and Tools	NA	知识科技
11-04	Technological Trends in the Twentieth Century	NA	知识科技
11-05	Technology and Society in the Twentieth Century	NA	知识科技
11-06	The Once and Future Manager	1.1.2-人力资源（含知识管理）	2.1.2-经济形势
11-07	The First Technological Revolution and Its Lessons	NA	知识科技
11-08	Long-Range Planning	1.2.1-战略管理	1.3.2-创业
11-09	Business Objectives and Survival Needs	1.2.1-战略管理	1.1.2-人力资源（含知识管理）
11-10	The Manager and the Moron	1.1.2-人力资源（含知识管理）	1.1.1-组织行为
11-11	The Technological Revolution: Notes on the Relationship of Technology, Science, and Culture	NA	知识科技
11-12	Can Management Ever Be a Science?	NA	管理通则
12-01	The New Markets and the New Entrepreneurs	1.3.2-创业	2.1.2-经济形势
12-02	The Unfashionable Kierkegaard	2.2.1-价值立场	哲学历史文化
12-03	Notes on the New Politics	2.1.3-政治治理	2.1.1-社会机理
12-04	This Romantic Generation	2.1.1-社会机理	哲学历史文化
12-05	Calhoun's Pluralism	2.2.1-价值立场	哲学历史文化
12-06	American Directions	2.1.3-政治治理	哲学历史文化
12-07	The Secret Art of Being an Effective President	2.2.1-价值立场	名人轶事
12-08	Henry Ford	2.2.1-价值立场	名人轶事
12-09	The American Genius Is Political	2.1.3-政治治理	哲学历史文化

续表

编号	章节名称	隶属三级维度	兼属三级维度
12-10	Japan Tries for a Second Miracle	2.3.2- 国别研究	哲学历史文化
12-11	What We Can Learn from Japanese Management	2.3.2- 国别研究	1.1.1- 组织行为
12-12	Keyness: Economics as a Magical System	2.1.2- 经济形势	哲学历史文化
12-13	The Economic Basis of American Politics	2.1.2- 经济形势	哲学历史文化
13-01	Business Performance	1.2.1- 战略管理	1.3.2- 创业
13-02	Performance in the Service Institution	1.2.1- 战略管理	1.1.3- 非营利组织管理
13-03	Productive Work and Achieving Worker	1.1.2- 人力资源（含知识管理）	2.1.1- 社会机理（劳动关系）
13-04	Social Impacts and Social Responsibilities	1.2.1- 战略管理	企业伦理
13-05	The Manager's Work and Jobs	1.1.2- 人力资源（含知识管理）	自我管理、1.1.1- 组织行为
13-06	Managerial Skills	1.1.1- 组织行为	1.2.1- 战略管理
13-07	Managerial Organization	1.1.1- 组织行为	1.2.1- 战略管理
13-08	Top-Management Tasks and Organization	1.1.1- 组织行为	1.2.1- 战略管理
13-09	Strategies and Structures	1.2.1- 战略管理	1.1.1- 组织行为
13-10	The Legitimacy of Management	NA	管理通则
14-01	The Revolution No One Noticed	2.1.1- 社会机理（劳动关系）	2.1.2- 经济形势
14-02	Pension Fund Socialism: The Problems of Success	2.1.1- 社会机理	2.1.3- 政治治理
14-03	Social Institutions and Social Issues Under Pension Fund Socialism	2.1.1- 社会机理	2.1.2- 经济形势
14-04	The Political Lessons and Political Issues of Pension Fund Socialism	2.1.1- 社会机理	2.1.3- 政治治理
14-05	New Alignments in American Politics	2.1.1- 社会机理	2.1.3- 政治治理
15-01	Managing the Fundamentals	1.2.1- 战略管理	财务管理、1.1.2- 人力资源（含知识管理）

续表

编号	章节名称	隶属三级维度	兼属三级维度
15-02	Managing for Tomorrow	1.2.1- 战略管理	1.3.1- 创新
15-03	Managing the Sea-Change: The New Population Structure and the New Population Dynamics	2.1.1- 社会机理	2.1.2- 经济形势
15-04	Managing in Turbulent Environments	2.1.2- 经济形势	2.3.1- 国际观察
15-05	The Challenge to Management	NA	管理通则
16-01	Toward the Next Economics	2.1.2- 经济形势	哲学历史文化
16-02	Saving the Crusade: The High Cost of Our Environmental Future	2.3.1- 国际观察	生态环境
16-03	Business and Technology	2.1.2- 经济形势	知识科技
16-04	Multinationals and Developing Countries: Myths and Realities	2.3.1- 国际观察	2.1.2- 经济形势
16-05	What Results Should You Expect? A Users' Guide to MBO	1.1.1- 组织行为	1.2.1- 战略管理
16-06	The Coming Rediscovery of Scientific Management	1.1.1- 组织行为	2.1.1- 社会机理（含劳动关系）
16-07	The Bored Board	1.1.1- 组织行为	1.2.1- 战略管理
16-08	After Fixed-Age Retirement Is Gone	2.1.1- 社会机理	2.1.2- 经济形势
16-09	Science and Industry: Challenges of Antagonistic Interdependence	2.1.2- 经济形势	知识科技
16-10	How to Guarantee Non-Performance	1.1.1- 组织行为	1.2.1- 战略管理
16-11	Behind Japan's Success	2.3.2- 国别研究	1.1.1- 组织行为
16-12	A View of Japan Through Japanese Art	2.3.2- 国别研究	哲学历史文化
17-01	A Society of Organizations	2.1.1- 社会机理	1.1.1- 组织行为
17-02	Executive Agenda	1.1.1- 组织行为	知识科技、1.2.1- 战略管理、2.3.2- 国别研究
17-03	Business Performance	1.2.1- 战略管理	2.1.2- 经济形势
17-04	The Non-Profit Sector	2.1.1- 社会机理	非营利组织
17-05	People at Work	2.1.1- 社会机理	1.1.2- 人力资源（含知识管理）

续表

编号	章节名称	隶属三级维度	兼属三级维度
17–06	The Changing Globe	2.3.2– 国别研究	2.3.1– 国际观察、2.1.2– 经济形势
17–07	The Matter of "Business Ethics"	NA	企业伦理
18–01	The Entrepreneurial Economy	2.1.2– 经济形势	1.3.2– 创业、知识科技
18–02	The Practice of Innovation	1.3.1– 创新	2.2.2– 认知方式
18–03	The Practice of Entrepreneurship	1.3.2– 创业	1.3.1– 创新、1.1.1– 组织行为、1.2.1– 战略管理
18–04	Entrepreneurial Strategies	1.3.2– 创业	1.3.1– 创新、1.2.1– 战略管理、1.2.3– 市场营销
18–05	The Entrepreneurial Society	1.3.2– 创业	1.3.1– 创新、2.1.1– 社会机理
19–01	The Future Is Being Shaped Today	1.3.1– 创新	2.2.2– 认知方式
19–02	Economics	2.1.2– 经济形势	2.3.1– 国际观察、2.3.2– 国别研究
19–03	People	1.1.2– 人力资源（含知识管理）	知识科技
19–04	Management	1.1.1– 组织行为	管理通则
19–05	The Organization	2.1.2– 经济形势	名人轶事
19–06	Social Innovation: Management's New Dimension	2.1.1– 社会机理	1.3.1– 创新
20–01	The Political Realities	2.1.3– 政治治理	2.3.1– 国际观察
20–02	Government and Political Process	2.1.3– 政治治理	1.1.2– 人力资源（含知识管理）
20–03	Economy, Ecology and Economics	2.1.3– 政治治理	经济理论、生态环境
20–04	The Knowledge Society	2.1.1– 社会机理	知识科技、组织管理
20–05	From Analysis to Perception : The New World View	2.2.2– 认知方式	哲学历史文化

续表

编号	章节名称	隶属三级维度	兼属三级维度
21-01	The Mission Comes First: And Your Role as a Leader	1.1.3- 非营利组织管理	1.1.1- 组织行为
21-02	From Mission to Performance: Effective Strategies for Marketing, Innovation, and Fund Development	1.1.3- 非营利组织管理	1.2.1- 战略管理
21-03	Managing for Performance: How to Define it; How to Measure It	1.1.3- 非营利组织管理	1.1.1- 组织行为
21-04	People and Relationships: Your Staff, Your Board, Your Volunteers, Your community	1.1.3- 非营利组织管理	1.1.2- 人力资源（含知识管理）
21-05	Developing Yourself: As a Person, as an Executive, as a Leader	1.1.3- 非营利组织管理	自我管理
22-01	Notes on the Post-Business Society	2.1.1- 社会机理	知识科技、2.1.2- 经济形势
22-02	Economics	2.1.2- 经济形势	2.3.1- 国际观察、2.3.2- 国别研究
22-03	People	1.1.2- 人力资源（含知识管理）	2.1.1- 社会机理（劳动关系）
22-04	Management	1.1.1- 组织行为	1.1.3- 非营利组织管理、1.2.1- 战略管理
22-05	The Organization	1.1.1- 组织行为	1.2.1- 战略管理、1.3.1- 创新
22-06	The 1990s and Beyond	2.1.1- 社会机理	知识科技、2.1.2- 经济形势、2.3.1- 国际观察、1.3.1- 创新、1.3.2- 创业、自我管理
23-01	American Experiences	2.1.3- 政治治理	名人轶事
23-02	Economics as a Social Dimension	2.1.2- 经济形势	2.1.3- 政治治理
23-03	The Social Function of Management	2.1.1- 社会机理	管理通则
23-04	Business as a Social Institution	NA	企业伦理
23-05	Work, Tools, and Society	NA	知识科技

续表

编号	章节名称	隶属三级维度	兼属三级维度
23-06	The Information-Based Society	NA	知识科技
23-07	Japan as Society and Civilization	2.3.2- 国别研究	哲学历史文化
23-08	Why Society Is Not Enough	2.2.1- 价值立场	哲学历史文化
23-09	Reflections of a Social Ecologist	2.2.1- 价值立场	2.2.2- 认知方式
24-01	The Transformation	2.1.1- 社会机理	知识科技、2.3.1- 国际观察
24-02	Society	2.1.1- 社会机理	知识科技、1.1.1- 组织行为、1.1.2- 人力资源（含知识管理）
24-03	Polity	2.1.3- 政治治理	2.3.1- 国际观察、非营利组织
24-04	Knowledge	NA	知识科技
25-01	The Post-Capitalist Executive	1.1.2- 人力资源（含知识管理）	非营利组织、2.1.2- 经济形势
25-02	Management	1.2.1- 战略管理	1.1.2- 人力资源（含知识管理）
25-03	The Information-Based Organization	1.1.1- 组织行为	知识科技
25-04	The Economy	2.1.2- 经济形势	2.3.1- 国际观察、2.3.2- 国别研究
25-05	The Society	2.1.1- 社会机理	2.1.3- 政治治理、非营利组织
25-06	Managing in a Post-Capitalist Society	1.1.2- 人力资源（含知识管理）	知识科技、1.1.1- 组织行为、2.1.2- 经济形势
26-01	The Challenges of China	2.3.2- 国别研究	2.3.1- 国际观察、2.1.2- 经济形势
26-02	The Challenges of a Borderless World	2.3.1- 国际观察	2.1.2- 经济形势
26-03	The Challenges of the "Knowledge Society"	2.1.1- 社会机理	知识科技
26-04	The Challenges for Entrepreneurship and Innovation	1.3.2- 创业	1.3.1- 创新

编号	章节名称	隶属三级维度	兼属三级维度
26-05	Reinventing the Individual	1.1.2- 人力资源（含知识管理）	自我管理
26-06	Reinventing Business	1.2.1- 战略管理	企业伦理、1.1.1- 组织行为
26-07	Reinventing Society	2.1.1- 社会机理	企业伦理、1.1.2- 组织行为
26-08	Reinventing Government	2.1.3- 政治治理	2.3.1- 国际观察、2.1.2- 经济形势
27-01	The Theory of the Business	1.2.1- 战略管理	1.1.1- 组织行为
27-02	The Effective Decision	1.1.1- 组织行为	1.2.1- 战略管理
27-03	How to Make People Decisions	1.1.2- 人力资源（含知识管理）	1.1.1- 组织行为
27-04	The Big Power of Little Ideas	1.3.2- 创业	1.3.1- 创新
27-05	The Discipline of Innovation	1.3.1- 创新	1.3.2- 创业
27-06	Managing for Business Effectiveness	1.2.1- 战略管理	1.1.1- 组织行为
27-07	The Information Executives Truly Need	1.1.1- 组织行为	2.2.2- 认知方式
27-08	The Coming of the New Organization	1.1.1- 组织行为	知识科技、1.2.1- 战略管理
27-09	The New Society of Organizations	1.1.1- 组织行为	知识科技、企业伦理、1.1.1- 组织行为、1.1.2- 人力资源（含知识管理）
27-10	What Business Can Learn from Nonprofits	1.1.3- 非营利组织管理	1.2.1- 战略管理
27-11	The New Productivity Challenge	1.1.1- 组织行为	1.1.2- 人力资源（含知识管理）、知识科技
27-12	Management and World's Work	1.1.2- 人力资源（含知识管理）	2.3.1- 国际观察
27-13	The Post-Capitalist Executive	1.1.2- 人力资源（含知识管理）	1.1.1- 组织行为

续表

编号	章节名称	隶属三级维度	兼属三级维度
28-01	Tomorrow's "Hot" Issues	2.2.2- 认知方式	管理通则
28-02	Management's New Paradigms	NA	管理通则
28-03	Strategy: The New Certainties	2.1.1- 社会机理	2.3.1- 国际观察、2.1.2- 经济形势、1.2.1- 战略管理
28-04	The Change Leader	1.3.2- 创业	1.3.1- 创新、1.1.1- 组织行为、1.2.1- 战略管理
28-05	Information Challenges	NA	知识科技
28-06	Knowledge-Worker Productivity	1.1.2- 人力资源（含知识管理）	1.1.1- 组织行为、知识科技
28-07	Managing Oneself	NA	自我管理
29-01	The Information Society	NA	知识科技、2.1.2- 经济形势
29-02	Business Opportunities	1.3.2- 创业	1.3.1- 创新、1.1.2- 人力资源（含知识管理）
29-03	The Changing World Economy	2.1.2- 经济形势	2.3.1- 国际观察、2.1.1- 社会机理
29-04	The Next Society	2.1.1- 社会机理	知识科技、2.1.2- 经济形势、1.1.2- 人力资源（含知识管理）、1.1.1- 组织行为、1.3.1- 创新、1.3.2- 创业

附表 3：拟增维度对应章节情况及相应维度调整方案

拟增维度	章节编号	章节名称	隶属类别
财务管理	15-01	Managing the Fundamentals	1.2.1– 战略管理
非营利组织	25-01	The Post–Capitalist Executive	1.1.2– 人力资源（含知识管理）
	17-04	The Non–Profit Sector	2.1.1– 社会机理
	25-05	The Society	2.1.1– 社会机理
	24-03	Polity	2.1.3– 政治治理
管理通则	19-04	Management	1.1.1– 组织行为
	23-03	The Social Function of Management	2.1.1– 社会机理
	28-01	Tomorrow's "Hot" Issues	2.2.2– 认知方式
	05-01	The Nature of Management	NA
	11-02	Management's New Role	NA
	11-12	Can Management Ever Be a Science?	NA
	13-10	The Legitimacy of Management	NA
	15-05	The Challenge to Management	NA
	28-02	Management's New Paradigms	NA
企业伦理	13-04	Social Impacts and Social Responsibilities	1.2.1– 战略管理
	26-06	Reinventing Business	1.2.1– 战略管理
	26-07	Reinventing Society	2.1.1– 社会机理
	05-07	The Responsibilities of Management	NA
	17-07	The Matter of "Business Ethics"	NA
	23-04	Business as a Social Institution	NA
名人轶事	19-05	The Organization	2.1.2– 经济形势
	23-01	American Experiences	2.1.3– 政治治理
	12-07	The Secret Art of Being an Effective President	2.2.1– 价值立场
	12-08	Henry Ford	2.2.1– 价值立场
生态环境	20-03	Economy, Ecology and Economics	2.1.3– 政治治理
	16-02	Saving the Crusade: The High Cost of Our Environmental Future	2.3.1– 国际观察

续表

拟增维度	章节编号	章节名称	隶属类别
哲学历史文化	02-03	The Mercantile Society of the Nineteenth Century	2.1.1- 社会机理
	02-04	The Industrial Reality of the Twentieth Century	2.1.1- 社会机理
	07-04	The New Frontiers	2.1.1- 社会机理
	07-08	The Vanishing East	2.1.1- 社会机理
	07-10	The Human Situation Today	2.1.1- 社会机理
	12-04	This Romantic Generation	2.1.1- 社会机理
	12-12	Keynes: Economics as a Magical System	2.1.2- 经济形势
	12-13	The Economic Basis of American Politics	2.1.2- 经济形势
	16-01	Toward the Next Economics	2.1.2- 经济形势
	02-05	The Challenge and the Failure of Hitlerism	2.1.3- 政治治理
	02-07	From Rousseau to Hitler	2.1.3- 政治治理
	02-08	The Conservative Counterrevolution of 1776	2.1.3- 政治治理
	02-09	A Conservative Approach	2.1.3- 政治治理
	12-06	American Directions	2.1.3- 政治治理
	12-09	The American Genius Is Political	2.1.3- 政治治理
	12-02	The Unfashionable Kierkegaard	2.2.1- 价值立场
	12-05	Calhoun's Pluralism	2.2.1- 价值立场
	23-08	Why Society Is Not Enough	2.2.1- 价值立场
	07-01	The New World-View	2.2.2- 认知方式
	20-05	From Analysis to Perception: The New World View	2.2.2- 认知方式
	12-10	Japan Tries for a Second Miracle	2.3.2- 国别研究
	16-12	A View of Japan Through Japanese Art	2.3.2- 国别研究
	23-07	Japan as Society and Civilization	2.3.2- 国别研究
知识科技	17-02	Executive Agenda	1.1.1- 组织行为
	25-03	The Information-based Organization	1.1.1- 组织行为

续表

拟增维度	章节编号	章节名称	隶属类别
知识科技	27-08	The Coming of the New Organization	1.1.1- 组织行为
	27-09	The New Society of Organizations	1.1.1- 组织行为
	19-03	People	1.1.2- 人力资源（含知识管理）
	25-06	Managing in a Post-Capitalist Society	1.1.2- 人力资源（含知识管理）
	28-06	Knowledge-Worker Productivity	1.1.2- 人力资源（含知识管理）
	06-04	Will the Colleges Blow Their Tops	2.1.1- 社会机理
	20-04	The Knowledge Society	2.1.1- 社会机理
	22-01	Notes on the Post-Business Society	2.1.1- 社会机理
	22-06	The 1990s and Beyond	2.1.1- 社会机理
	24-01	The Transformation	2.1.1- 社会机理
	24-02	Society	2.1.1- 社会机理
	26-03	The Challenges of the "Knowledge Society"	2.1.1- 社会机理
	29-04	The Next Society	2.1.1- 社会机理
	16-03	Business and Technology	2.1.2- 经济形势
	16-09	Science and Industry : Challenges of Antagonistic Interdependence	2.1.2- 经济形势
	07-05	The Educated Society	NA
	10-01	The Knowledge Technologies	NA
	11-01	Information, Communications, and Understanding	NA
	11-03	Work and Tools	NA
	11-04	Technological Trends in the Twentieth Century	NA
	11-05	Technology and Society in the Twentieth Century	NA
	11-07	The First Technological Revolution and Its Lessons	NA
	11-11	The Technological Revolution: Notes on the Relationship of Technology, Science, and Culture	NA

续表

拟增维度	章节编号	章节名称	隶属类别
知识科技	23-05	Work, Tools, and Society	NA
	23-06	The Information-Based Society	NA
	24-04	Knowledge	NA
	28-05	Information Challenges	NA
	29-01	The Information Society	NA
自我管理	13-05	The Manager's Work and Jobs	1.1.2- 人力资源（含知识管理）
	26-05	Reinventing the Individual	1.1.2- 人力资源（含知识管理）
	21-05	Developing Yourself: As a Person, as an Executive, as a Leader	1.1.3- 非营利组织管理
	09-01	Effectiveness Can Be Learned	NA
	09-02	Know Thy Time	NA
	09-03	What Can I Contribute?	NA
	09-04	Making Strength Productive	NA
	09-05	First Things First	NA
	09-06	The Elements of Decision-Making	NA
	09-07	Effective Decisions	NA
	09-08	Effectiveness Must Be Learned	NA
	28-07	Managing Oneself	NA

后　记

　　本书是我从攻读博士开始至今对德鲁克管理思想学习和思考的阶段性小结，以我的博士学位论文为基座整合了多篇研究成果，尝试用规范有据的学术归纳过程，系统全面地描摹德鲁克管理思想的轮廓样貌，深入洗练地透视德鲁克管理思想的底层结构，追根溯源地叩问德鲁克管理思想的初心使命，与时俱进地发掘德鲁克管理思想的时代价值。在国家自然科学基金重点项目"领军企业创新链的组织架构与协同管理（71732002）"、国家社会科学基金重大项目"新型举国体制下科技创新要素的优化配置研究（23&ZD133）"的慷慨支持和南京大学出版社的专业指导下，书稿初成，心中有些许兴奋和忐忑。

　　首先，我充满敬意地感谢导师杨忠教授。我本硕就读英语专业，是杨老师"发挥自身特长"这一德鲁克式的指点引领我踏上研读德鲁克英文原著并用语料库语言学的思路分析德鲁克管理思想的学术之旅。学高为师，身正为范，杨老师谦逊严谨而又乐观豁达、沉着冷静而又富有激情。在老师的循循善诱和悉心指导下，我对德鲁克管理思想的研究才取得了当前的成果。其次，我要感谢在博士学习期间指导和帮助过我的老师同学以及一直关爱和支持我的家人亲友。本书文本计量学的研究方法得到了王昊教授的精心指导和李轲宇同学的无私帮助，AI+背景下的管理启示吸纳了丁雪博士的宝贵意见，与中国传统文化契合性的探讨得到了赖小龙同学的专业支持。

　　其实，无穷的远方，无数的人们都与我们有关。德鲁克先生为了帮助人类在现实中找到崇高的意义而仰观社会、俯察管理，如果我的研究工作也为这份宏愿贡献了绵薄之力，我将荣幸之至。德鲁克先生的管理思想属于他所生活的国家和时代，但因其所蕴含的和合仁善的道德品质和实现人的全面发展的管理学智慧，德鲁克管理思想也顺利地照进中国、启发当下。管理实践是中国式现代化社会伟大工程的有机组成部分，与世界各地优秀管理思想交流互鉴可以帮助中国式管理成为中华民族现代文明的活力组成部分。致敬新时代的中国管理工作者和管理学者，感谢这个伟大的时代和每一个与时代同行的人！

4th
edition

三玉春 主编

财务管理
学习指导与练习

Financial Management
Instruction and Practice

普通高等教育"十二五"国家级规划教材
普通高等教育"十一五"国家级规划教材
江苏省高校"十三五"重点教材
......

《财务管理》 配套

南京大学出版社

图书在版编目(CIP)数据

财务管理学习指导与练习 / 王玉春主编. -- 4 版
. -- 南京：南京大学出版社，2023.5
 ISBN 978 - 7 - 305 - 26420 - 7

 Ⅰ. ①财… Ⅱ. ①王… Ⅲ. ①财务管理－高等学校－
教学参考资料 Ⅳ. ①F275

中国版本图书馆 CIP 数据核字(2022)第 245626 号

出版发行　南京大学出版社
社　　　址　南京市汉口路 22 号　　　　　邮　编　210093
出 版 人　金鑫荣
书　　　名　财务管理学习指导与练习
主　　编　王玉春
责任编辑　唐甜甜

照　　排　南京南琳图文制作有限公司
印　　刷　南京玉河印刷厂
开　　本　710×1000 1/16　印张 13.75　字数 262 千
版　　次　2023 年 5 月第 4 版　　2023 年 5 月第 1 次印刷
ISBN 978 - 7 - 305 - 26420 - 7
定　　价　39.80 元

网址：http://www.njupco.com
官方微博：http://weibo.com/njupco
官方微信号：njupress
销售咨询热线：(025) 83594756

前　言

企业财务管理理论与实践不断发展,财务管理教学有关内容也不断更新。本书是普通高等教育"十一五""十二五"国家级规划教材,江苏省高等学校"十三五"重点教材、江苏省本科优秀培育教材——王玉春主编的《财务管理》的配套参考资料。编写本书主要基于以下考虑:给学生课后学习提供"抓手",强化学生课后练习,帮助学生明确各章的学习目标与要求、重点与难点。学生通过每章课后的训练,可以进一步掌握相关的财务管理理论与方法,真正做到课堂听得懂,课后能上手。同时,也是为了规范教师的教学工作,以进一步打造精品课程、精品教材,完善配套教学资料,再上台阶。

本书有如下特点:(1)紧扣教材内容安排练习,部分知识点适当拓展。(2)精简练习题,突出重点内容和应知应会内容,尽量选择典型例题,以达到举一反三的效果。(3)每章的学习目标与要求、重点和难点与相应的《财务管理》教材的章前引言和章后小结相结合,起到互相补充的作用。(4)与相应的《财务管理》教材章后习题相比,本书的习题更系统、完善,题型多样化,且有练习答案,并为期末课程考核提供了一定的参考。书后所附教学大纲、教学方案、试题式样、推荐的网络资源与参考书刊,更有利于学生自学和考核。《企业财务通则》和《金融企业财务规则》这"两则"是规范企业财务管理工作的准绳,系统学习"两则",有利于学习者明确非金融企业和金融企业财务管理的规范与标准。

南京财经大学王玉春教授负责本书提纲的拟定、总纂、修改和组织编写工作,以及再版的修订。本书编写具体分工如下:王玉春编写第一章、第二章,石文亚编写第三章,谢惠贞编写第四章,蒋琰编写第五章,王晓武编写第六章,朱秀丽编写第七章,陆兴顺编写第八章,许超文编写第九章,陈榕编写第十章,贺建刚编写第十一章,万如荣编写第十二章,肖凯编写第十三章,张莉芳编写第十四章,袁卫秋编写第十五章。本书由南京财经大学财务管理系部分教师参与编写,编写者均为具有财务管理教学经验的教师。

周月、杨金鹏、尹宇光、张金艳、陈心怡、顾莹莹、王娟、王宁、吴雪莹、谢爱莹、朱梦怡参与了本书资料收集整理及编校工作,在此一并表示感谢。

本次修订版在原版基础上,更新了习题及答案单元案例部分的数据,并根据教学实践以及配套教材的再版,对计算题计算过程及名词解释部分进一步更新、完善,对教学大纲进行修订完善,以求更加准确、到位;同时,增加了各章教学方案简表,便于师生教与学。

特别感谢南京大学出版社为本书出版给予的关心与支持。感谢有关授课教师对修订完善本书提出的宝贵意见。本书在使用过程中,还会存在诸多不足之处,恳请读者提出宝贵意见,以便今后再次修订完善。

编　者

2023 年 1 月

目 录

第一部分　学习指导与练习

第二部分　练习答案与小结

第三部分 参考资料

第一部分
学习指导与练习

蕃茄钟计时中……

24 day

mins   Signature……

01

4 教学课时
······

财务管理总论

学习目标与要求

❶ 了解企业财务管理在不同发展阶段的重点。

❷ 掌握企业财务与财务管理含义：财务是由财务活动和财务关系构成的，财务活动主要包括筹资、投资、营运资金日常管理和收益分配四种活动，财务关系是企业在规划、组织企业的财务活动过程中，与有关方面发生的经济关系；企业财务管理是企业规划、组织和分析评价财务活动，以及处理财务关系的一项管理工作。

❸ 掌握企业复合财务管理目标和单一财务管理目标的含义，进一步掌握不同财务管理目标的特点。

❹ 认识企业的财务管理是在一定的外部环境下开展的，企业的外部财务管理环境主要包括金融环境、财税环境等。

❺ 从现代企业财务决策和财权代理的层面理解如何建立投东大会、董事会和经理层三个层次的财务决策机制和财务控制机制。

学习重点与难点

学习重点

❶ 企业财务与财务管理含义；

❷ 单一财务管理目标与复合财务管理目标的含义；

❸ 企业价值最大化财务管理目标的特点与衡量。

学习难点

❶ 公司财务治理结构与公司治理结构的关系；

❷ 股东大会、董事会和经理层三个层次的财务决策机制和财务控制机制的建立,及其相应的财务管理人权与事权。

⊘ 练习题

一、单项选择题(共 10 题,把正确的选项序号填入该题括号)

1. 关于企业财务管理的单一目标,目前我国理论界普遍赞同的观点是( )
   A. 企业产值最大化　　　　　　B. 企业利润额最大化
   C. 企业利润率最大化　　　　　　D. 企业价值最大化

2. 财务管理学科发展的初期阶段为 ( )
   A. 18 世纪末期至 20 世纪 20 年代　　B. 18 世纪末期至 20 世纪 30 年代
   C. 19 世纪末期至 20 世纪 20 年代　　D. 19 世纪末期至 20 世纪 30 年代

3. 下列活动为广义的投资活动的是 ( )
   A. 有价证券投资　　　　　　B. 基建投资
   C. 并购投资　　　　　　D. 资金投放使用

4. 企业在规划、组织企业的财务活动过程中,与各个经济主体发生的哪种关系为财务关系 ( )
   A. 经济关系　　　　　　B. 公共关系
   C. 产权关系　　　　　　D. 会计关系

5. 企业与下列政府哪个主要部门发生财务关系 ( )
   A. 审计部门　　　　　　B. 财政部门
   C. 税务部门　　　　　　D. 主管部门

6. 股份有限公司出资人的财务决策权是通过下列哪项行使的 ( )
   A. 股东会　　　　　　B. 股东大会
   C. 董事会　　　　　　D. 监事会

7. 财务部财务经理财务控制的依据是 ( )
   A. 财务预算与计划　　　　　　B. 财务预决算
   C. 公司章程　　　　　　D. 融投资政策

8. 审计委员会具有一定财务控制和监管的责任,其在哪个机构下设 ( )
   A. 股东大会　　　　　　B. 董事会
   C. 监事会　　　　　　D. 总经办

9. 财务部财务经理的财务控制重点是 ( )
   A. 投资效率　　　　　　B. 筹资效率
   C. 营运效率　　　　　　D. 现金效率

10. 金融市场货币资金交易价格通常用下列哪一项表现 ( )

A. 证券价格   B. 兑换汇率

C. 银行利率   D. 再贴现率

二、多项选择题（共 10 题，把正确的选项序号填入该题括号）

1. 金融工具的特征有 （ ）

    A. 具有流动性   B. 具有偿还性

    C. 具有风险性   D. 具有投机性

    E. 具有收益性

2. 财务学一般由下列哪些相互联系的领域构成 （ ）

    A. 贸易学   B. 货币与资本市场

    C. 投资学   D. 财务管理

    E. 公共管理学

3. 下列哪些属于非银行金融机构 （ ）

    A. 财务公司   B. 金融租赁公司

    C. 信托投资公司   D. 金融资产管理公司

    E. 资金结算公司

4. 财务治理结构的原则主要有 （ ）

    A. 非歧视原则   B. 严格治理原则

    C. 财权合理配置原则   D. 责任和问责原则

    E. 公平性原则

5. 与公司治理模式相适应的财务治理模式有下列哪几类 （ ）

    A. 英美治理模式   B. 南美治理模式

    C. 北欧治理模式   D. 日德治理模式

    E. 东南亚家族治理模式

6. 董事会财务治理权主要有 （ ）

    A. 决定经营计划方案   B. 制订利润分配方案

    C. 聘任解聘董事长   D. 更换监事

    E. 审议批准财务预算方案

7. 财务管理目标为利润最大化的缺点有 （ ）

    A. 没有反映增收节支   B. 容易造成短期行为

    C. 没有考虑时间价值   D. 没有面向市场经营

    E. 没有考虑风险因素

8. 按交易的金融工具所代表的标的物不同，金融市场可以分为 （ ）

    A. 票据市场   B. 货币市场

    C. 证券市场   D. 外汇市场

　　E. 黄金市场

　　9. 企业财务是指企业客观存在的　　　　　　　　　　　　　　　（　　）

　　　　A. 资金运用流转　　　　　　　　B. 资金流转

　　　　C. 财务活动　　　　　　　　　　D. 财务关系

　　　　E. 财务效果

　　10. 企业财务活动可以分为　　　　　　　　　　　　　　　　　（　　）

　　　　A. 筹资活动　　　　　　　　　　B. 投资活动

　　　　C. 营运资金日常管理活动　　　　D. 收益分配活动

　　　　E. 清算财务活动

三、判断改错题（共 10 题，在该题括号中，错的打"╳"并改正，对的打"√"）

　　1. 财务部经理的财务控制的重点是资本结构优化问题。　　　　　（　　）

　　2. 20 世纪 90 年代至今为财务管理发展的后期阶段。　　　　　　（　　）

　　3. 新中国成立后，我国企业才有快速的发展，企业才有真正的理财自主权。
　　　　　　　　　　　　　　　　　　　　　　　　　　　　　　　（　　）

　　4. 企业与债权人之间的财务关系实质是债权、债务关系。　　　　（　　）

　　5. 财务管理环境是指对企业财务活动产生影响的企业内外部条件或因素，通常是指影响企业财务活动的外部条件或因素。　　　　　　　　　　　（　　）

　　6. 金融市场货币资金的交易价格是用于表现资金的使用价值，通常用股票价格来表现。　　　　　　　　　　　　　　　　　　　　　　　　　　　（　　）

　　7. 以英美为代表的财务治理模式，治理结构由股东大会、董事会和高层经营人员组成的执行机构、独立董事三部分组成。　　　　　　　　　　　（　　）

　　8. 股份有限公司财务经理人员受聘于董事会，在董事会授权范围内组织公司财务活动等。　　　　　　　　　　　　　　　　　　　　　　　　　（　　）

　　9. 企业的价值应该是全部资产的公允价值，或者是企业按照一定的折现率折算未来现金流入与流出的现值之和。　　　　　　　　　　　　　　　（　　）

　　10. 1897 年，美国人格林（Thomas L. Greene）撰写的《公司理财》（*Corporate Finance*）一书出版。　　　　　　　　　　　　　　　　　　　　　（　　）

四、填空题（共 5 题）

　　1. 明确财务治理分层关系，从财务＿＿＿＿＿＿＿、执行权和监督权三权分立的有效管理模式看，有利于公司财务内部约束机制的形成。

　　2. 1998 新修订的《普通高等学校本科专业目录》把理财学专业改为＿＿＿＿＿＿＿＿专业。

　　3. 企业与投资者之间的财务关系实质上是投资者的终极财权与企业＿＿＿＿＿＿＿＿＿的关系。

4. 我国在高度的计划经济体制下,企业追求_____最大化。

5. 为了协调所有者与经营者的利益,减少经营者的逆向选择和_____
_____,所有者需要设计一套约束和激励制度。

五、名词解释题(共 5 题)

1. 财务管理

2. 财务管理目标

3. 金融工具

4. 财务活动

5. 财务关系

六、简答题(共 5 题)

1. 企业财务关系有哪些?

2. 复合的财务管理的目标具有哪几个层次?

3. 以企业价值最大化为财务管理目标的优点有哪些?

4. 税收政策对企业财务有哪些影响?

5. 出资者、董事会、财务经理的财务控制思想和控制重点是什么?

4 教学课时
......

02 货币时间价值与风险价值

◈ 学习目标与要求

❶ 掌握货币时间价值概念及其产生的本质,明确货币时间价值的作用。

❷ 重点掌握货币时间价值的计算方法,包括一次性收付款的终值和现值计算、年金终值和现值计算,比较理解普通年金、先付年金、递延年金和永续年金的含义、特点和有关计算上的差异。

❸ 重点掌握风险价值的含义和衡量。

❹ 初步具备运用货币时间价值与风险价值理论、方法分析解决问题的能力。

❺ 理解影响利率的因素。

◈ 学习重点与难点

学习重点

❶ 货币时间价值的本质及其体现的理财思想;

❷ 一次性收付款的终值和现值计算与运用、年金终值和现值的计算运用,普通年金与先付年金的联系与区别,不同递延年金现值计算方法的比较,永续年金在资产定价上的思想与方法;

❸ 风险价值的概念、计量及其运用。

学习难点

❶ 货币时间价值的含义及应用;

❷ 风险的衡量与风险价值的计量;

❸ 影响利率的因素分析。

练习题

一、单项选择题（共 10 题，把正确的选项序号填入该题括号）

1. 年偿债基金计算公式为 （　　）

   A. $A=F\left[\dfrac{i}{(1+i)^n+1}\right]$　　　　B. $A=F\left[\dfrac{i}{(1+i)^n-1}\right]$

   C. $A=P\left[\dfrac{i}{1-(1+i)^{-n}}\right]$　　　D. $A=P\left[\dfrac{i}{(1+i)^{-n}+1}\right]$

2. 年资本回收额计算公式为 （　　）

   A. $A=F\cdot\dfrac{i}{1-(1+i)^{-n}}$　　　　B. $A=F\cdot\dfrac{i}{1-(1+i)^n}$

   C. $A=P\cdot\dfrac{i}{1-(1+i)^{-n}}$　　　　D. $A=P\cdot\dfrac{i}{1-(1+i)^n}$

3. 年名义利率为 6%，每季复利一次，其年实际利率为 （　　）

   A. 6.14%　　　　　　　　　B. 5.86%

   C. 6.22%　　　　　　　　　D. 5.78%

4. 下列只计算现值，不计算终值的是 （　　）

   A. 普通年金　　　　　　　　B. 先付年金

   C. 递延年金　　　　　　　　D. 永续年金

5. 货币时间价值形成的原因是 （　　）

   A. 流动偏好　　　　　　　　B. 消费倾向

   C. 边际效应　　　　　　　　D. 经营增值

6. 货币时间价值以下列哪项为基础 （　　）

   A. 社会平均资金利润率　　　B. 风险报酬

   C. 通货膨胀贴水　　　　　　D. 行业平均资金利润率

7. 财务风险一般是由下列哪项原因产生的 （　　）

   A. 经营不确定性　　　　　　B. 负债融资效果不确定性

   C. 权益融资效果不确定性　　D. 理财活动不确定性

8. 流动性风险大与流动性风险小的证券利率差距一般介于下列哪个区间

   （　　）

   A. 0.5%～1%　　　　　　　B. 1%～2%

   C. 2%～3%　　　　　　　　D. 3%～4%

9. 项目标准离差率为 60%，风险报酬斜率为 10%，则风险报酬率是 （　　）

   A. 6%　　　　　　　　　　　B. 50%

   C. 70%　　　　　　　　　　D. 17%

10. 通过多元化投资可以分散的风险有 （　　）

    A. 市场风险   B. 开发风险

    C. 特有风险   D. 财务风险

二、多项选择题（共 10 题，把正确的选项序号填入该题括号）

1. 年金有下列哪些 （　　）

    A. 展期年金   B. 普通年金

    C. 先付年金   D. 递延年金

    E. 永续年金

2. 递延年金现值计算公式有下列哪些 （　　）

    A. $A[(P/A,i,m+n)-(P/A,i,m)]$ B. $A(P/A,i,n) \cdot (P/A,i,m)$

    C. $A(P/A,i,n) \cdot (P/F,i,m)$ D. $A(P/A,i,n) \cdot (P/F,i,m+n)$

    E. $A(F/A,i,n) \cdot (P/F,i.m+n)$

3. 从风险产生的原因、影响程度和投资者的能动性划分，风险有 （　　）

    A. 筹资风险   B. 投资风险

    C. 市场风险   D. 财务风险

    E. 特有风险

4. 影响利率的风险有 （　　）

    A. 投机风险   B. 违约风险

    C. 流动风险   D. 期限风险

    E. 通胀风险

5. 下列哪些年金可以计算终值 （　　）

    A. 普通年金   B. 先付年金

    C. 递延年金   D. 永续年金

    E. 展期年金

6. 下列哪些事项类似年金问题 （　　）

    A. 使用年限法折旧   B. 发放养老金

    C. 零存整取   D. 分期付款赊购

    E. 支付租金

7. 表示随机变量离散程度的指标有 （　　）

    A. 标准离差率   B. 风险系数

    C. 方差   D. 标准差

    E. 全距

8. 按利率之间的变动关系分类，利率可以分为 （　　）

    A. 名义利率   B. 实际利率

  C. 基准利率   D. 套算利率

  E. 浮动利率

 9. 货币时间价值作用有   (   )

  A. 清算中作用   B. 筹资中作用

  C. 投资中作用   D. 经营中作用

  E. 分配中作用

 10. 先付年金总值计算公式为   (   )

  A. $A\left[\dfrac{(1+i)^n-1}{i}\right](1+i)$ B. $A\left[\dfrac{(1+i)^n-1}{i}\right](1+i)$

  C. $A\left[\dfrac{(1+i)^n-1}{i}+1\right]$ D. $A\left[\dfrac{(1+i)^n-1}{i}+1\right]$

  E. $A\left[\dfrac{(1+i)^{n+1}-1}{i}-1\right]$

三、判断改错题(共 10 题,在该题括号中,错的打"×"并改正,对的打"√")

 1. 货币时间价值应按复利的方法计算。   (   )

 2. 偿债基金是指为了使年金现值达到既定金额,每年年末应支付的年金数额。

                         (   )

 3. 普通年金也称后付年金。   (   )

 4. 在利息一年内要复利两次以上时,年实际利率要大于年定的年名义利率。

                         (   )

 5. 一般而言,利率变化要滞后于通货膨胀。   (   )

 6. 递延年金问题也可能是前期属于年金问题,后期不属于年金问题。(   )

 7. 财务风险通常是指权益融资风险。   (   )

 8. 投资项目风险越高,投资者所要求的期望风险报酬率越高。 (   )

 9. 期望投资报酬率等于无风险报酬率加流动风险报酬率。 (   )

 10. 在期数和年金相同的情况下,先付年金的现值小于普通年金的现值。

                         (   )

四、填空题(共 5 题)

 1. 货币时间价值,是指一定量的货币在不同时点上的 _____ 的差额。

 2. $(1+i)^n$ 被称为复利终值系数或 1 元的复利终值,一般用符号 _____ 来表示。

 3. 由于风险报酬率与风险程度成正比,所以,风险报酬率可以通过变化系数和 _____ 来确定。

 4. 基准利率,在西方通常是中央银行的再贴现率,在中国是中国人民银行对 _____ 贷款的利率。

5. 在实际工作中,通常以无通货膨胀情况下的_____来代表纯利率。

五、名词解释题(共 5 题)

1. 货币时间价值
2. 偿债基金
3. 年资本回收额
4. 财务风险
5. 风险价值

六、简答题(共 5 题)

1. 货币时间价值的本质是什么?
2. 货币时间价值的作用有哪些?
3. 风险的特点有哪些?
4. 从财务管理的角度看,风险包括哪些?
5. 利率由哪几个方面构成?

七、计算题(共 5 题)

1. 甲公司向银行借入 100 万元,借款期为 3 年,年利率为 10%,分别计算单利和复利情况下的 3 年后公司还本付息额。

2. 假定年利率为 5%,在 8 年内每年年末向银行借款 100 万元,则第 8 年末应付银行本息为多少?$(F/A,5\%,8)=9.549$

3. 假定年利率为 10%,张三有一笔 10 年后到期的借款,本息为 20 万元,从现在起每年年末偿债基金为多少,才能到期偿还借款? $(F/A,10\%,10)=15.937$

4. 乙公司欲投资一条 1 000 万元的生产线,建设期不足一年,生产线预计使用 20 年,假设社会平均利润率为 10%,则该生产线每年至少给企业带来多少收益才是可行的? $(P/A,10\%,20)=8.514$

5. 甲公司为筹建一条新的生产线,计划未来 5 年每年年初存入银行 30 万元作为投资准备金,假定银行存款利率为 12%。运用年金的方法计算甲公司在第 5 年末的投资额。

6. 某公司年初向银行借款,银行贷款复利率为 5%,为了扶持公司发展,银行规定前 5 年不用归还,以后 15 年每年年末需要偿还本息 10 万元,借款额为多少?

7. 某投资者拟购买公司优先股,优先股股利为每年 50 000 元,市场平均利率为 10%,则不高于多少元购买优先股划算?

8. 丙公司 2020 年和 2021 年年初对生产线投资均为 500 万元,该生产线 2022 年年初完工,2021 年到 2023 年各年年末预期收益均为 10 万元,银行借款利率为 10%。按复利法分别计算投资额和收益额的现值。

9. 某公司年初对外投资额为 200 万元,投资年限为 5 年,每季度复利一次,年利率为12％,则该投资额第5年末的终值是多少?

10. 某公司拟进行股票投资,现有甲、乙两公司股票可供选择,具体资料如表2-1。

表2-1　甲、乙公司股票收益率等

经济情况	概率	甲股票预期收益率	乙股票预期收益率
繁荣	0.3	60％	50％
复苏	0.2	40％	30％
一般	0.3	20％	10％
衰退	0.2	—10％	—15％

要求:分别计算甲、乙股票的期望报酬率,标准差和标准离差率,并比较说明其风险大小。

八、综合分析题(共2题)

1. 现有甲、乙两台设备可供选用,甲设备的年使用费比乙设备低2 000元,但其价格高于乙设备6 000元。假设必要的投资报酬率为12％,$(P/A,12\%,3)=2.401\,8$,$(P/A,12\%,4)=3.037\,3$。请问:选用甲设备有利的使用年限至少为多少年?

2. 某公司拟进行股票投资,现有以下两家公司的股票年报酬率等资料见表2-2。

表2-2　甲、乙两家公司股票年报酬率和概率

经济状况	概率	甲公司股票	乙公司股票
繁荣	0.3	60％	40％
稳定	0.5	20％	20％
下滑	0.2	—30％	40％

假设甲股的风险报酬系数为8％,乙股的风险报酬系数为6％,该公司作为稳健的投资者,比较选择投资哪家的股票更好,理由是什么?

要求:

(1) 计算两种股票的期望报酬率;

(2) 计算两种股票的标准差;

(3) 计算两种股票的标准离差率;

(4) 计算两种股票的风险报酬率;

(5) 分析应投资哪家公司的股票。

4 教学课时
……

03

筹资路径与资本成本

学习目标与要求

❶ 了解企业筹资的目的、原则和类型以及边际资本成本含义。

❷ 掌握筹资渠道和筹资方式的含义、种类以及筹资渠道和筹资方式的关系。

❸ 理解并运用销售百分比法进行筹资数量的预测。

❹ 理解掌握资本成本的概念、作用,并能运用个别资本成本、综合资本成本分析解决问题。

学习重点与难点

学习重点

❶ 筹资渠道和筹资方式、资本成本的含义;

❷ 资本成本的作用及影响资本成本的因素;

❸ 个别资本成本与综合资本成本的计算。

学习难点

❶ 筹资数量预测的销售百分比法;

❷ 边际资本成本的含义与计算。

练习题

一、单项选择题(共 10 题,把正确的选项序号填入该题括号)

1. 在生产能力未充分利用的情况下,采用销售百分比法预测短期资金需求量时,下列不属于敏感资产的项目有 （   ）

　A. 货币资金　　　　　　　　　　B. 应收账款

　C. 存货资金　　　　　　　　　　D. 固定资产

2. 在个别资本成本计算中,不必考虑筹资费用影响因素的是　　　　（　　）

　A. 优先股成本　　　　　　　　　B. 普通股成本

　C. 债券成本　　　　　　　　　　D. 留存收益成本

3. 下列筹资方式中,资本成本较高的是　　　　　　　　　　　　　（　　）

　A. 普通股股票　　　　　　　　　B. 企业债券

　C. 银行借款　　　　　　　　　　D. 商业信用

4. 资金成本的基础是　　　　　　　　　　　　　　　　　　　　　（　　）

　A. 资金时间价值　　　　　　　　B. 社会平均资金利润率

　C. 银行利率　　　　　　　　　　D. 市场利率

5. 一般情况下,企业个别资本成本从小到大的排序应为　　　　　　（　　）

　A. 留存收益成本≤银行长期借款成本≤债券成本≤优先股成本≤普通股
　　 成本

　B. 银行长期借款成本≤债券成本≤优先股成本≤留存收益成本≤普通股
　　 成本

　C. 债券成本≤银行长期借款成本≤留存收益成本≤优先股成本≤普通股
　　 成本

　D. 银行长期借款成本≤债券成本≤留存收益成本≤优先股成本≤普通股
　　 成本

6. 下列哪种方法计算的加权平均资本成本更适用于企业筹措新资本（　　）

　A. 账面价值权数　　　　　　　　B. 市场价值权数

　C. 目标价值权数　　　　　　　　D. 清算价值权数

7. 关于资本成本的说法不正确的是　　　　　　　　　　　　　　　（　　）

　A. 最低可接受的收益率　　　　　B. 投资项目的取舍收益率

　C. 以年度的比率为计量单位　　　D. 实际筹资付出的代价

8. 资本成本是资金使用者向资金所有者和中介人支付的　　　　　（　　）

　A. 使用费　　　　　　　　　　　B. 占用费

　C. 筹资费　　　　　　　　　　　D. 占用费和筹资费

9. 资金筹集费同资金占用期一般并无直接联系,可以看作是资本成本中的

　　　　　　　　　　　　　　　　　　　　　　　　　　　　　　（　　）

　A. 变动费用　　　　　　　　　　B. 固定费用

　C. 直接费用　　　　　　　　　　D. 间接费用

10. 属于筹资渠道的是　　　　　　　　　　　　　　　　　　　　（　　）

A. 预付账款　　　　　　　　　　B. 应收账款

C. 信贷资金　　　　　　　　　　D. 应付账款

二、多项选择题(共 10 题,把正确的选项序号填入该题括号)

1. 企业筹集自有资金的方式主要有　　　　　　　　　　　　　　　(　　)

    A. 商业信用　　　　B. 吸收直接投资　　　　C. 融资租赁

    D. 发行股票　　　　E. 发行债券

2. 企业筹集负债资金的方式主要有　　　　　　　　　　　　　　　(　　)

    A. 商业信用　　　　B. 金融机构借款　　　　C. 融资租赁

    D. 发行股票　　　　E. 发行债券

3. 下列项目中属于敏感资产的有　　　　　　　　　　　　　　　　(　　)

    A. 货币资金　　　　B. 应收账款　　　　　　C. 融资租赁

    D. 存货　　　　　　E. 债券

4. 下列项目中属于敏感负债的有　　　　　　　　　　　　　　　　(　　)

    A. 货币资金　　　　B. 应收账款　　　　　　C. 应付账款

    D. 存货　　　　　　E. 应付费用

5. 预测筹资数量常用的方法有　　　　　　　　　　　　　　　　　(　　)

    A. 销售百分比法　　B. 应收账款法　　　　　C. 应付账款法

    D. 存货基价法　　　E. 回归分析法

6. 所有者权益资本成本是指　　　　　　　　　　　　　　　　　　(　　)

    A. 借款成本　　　　B. 债券成本　　　　　　C. 优先股成本

    D. 普通股成本　　　E. 留存收益成本

7. 债务资本成本是指　　　　　　　　　　　　　　　　　　　　　(　　)

    A. 融资租赁成本　　B. 商业信用成本　　　　C. 优先股成本

    D. 普通股成本　　　E. 留存收益成本

8. 普通股资本成本计算方法有　　　　　　　　　　　　　　　　　(　　)

    A. 股票成长法　　　B. 股利增长模型法　　　C. 资本资产定价模型法

    D. 收益成本法　　　E. 风险溢价法

9. 测算综合资本成本时的权数计算方法有　　　　　　　　　　　　(　　)

    A. 账面价值权数　　B. 市场价值权数　　　　C. 资本资产定价模型法

    D. 基础比较权数　　E. 目标价值权数

10. 留存收益资本成本计算方法有　　　　　　　　　　　　　　　　(　　)

    A. 市场价格法　　　B. 股利增长模型法　　　C. 资本资产定价模型法

    D. 重置成本法　　　E. 风险溢价法

三、判断改错题（共 10 题,在该题括号中,错的打"×"并改正,对的打"√"）

1. 留存收益的资本成本是一种机会成本,应当获得与普通股等价的报酬,因此它的资本成本就是普通股的资本成本。　　　　　　　　　　　　（　　）

2. 综合资本成本率的高低是由个别资本成本率所决定的。　　　　（　　）

3. 资本成本通常用绝对数表示。　　　　　　　　　　　　　　　（　　）

4. 资本成本既包括资金时间价值,又包括投资风险价值。　　　　（　　）

5. 资本成本是筹集资金阶段的资金耗费。　　　　　　　　　　　（　　）

6. 国有企业筹资方式主要有国家财政资金、银行信贷资金等。　　（　　）

7. 企业借新债还老债肯定是财务状况恶化了而采取的筹资措施。　（　　）

8. 企业筹资的目的是以较低的成本和风险,满足较高投资回报的投资项目的资金需求。　　　　　　　　　　　　　　　　　　　　　　　　　（　　）

9. 间接筹资是指企业借助银行等金融机构进行的筹资活动。　　　（　　）

10. 不同筹资渠道和筹资方式各有其特点和适用性,两者既有联系,又有区别。　　　　　　　　　　　　　　　　　　　　　　　　　　　　　　（　　）

四、填空题（共 5 题）

1. 企业因调整_____而进行的筹资,即为调整性筹资。

2. 边际资本成本是指增加一个单位筹资,资本成本的增加数额,是企业_____时所使用的加权平均资本成本。

3. 向股东支付的股利、向债权人支付的利息被称作_____。

4. 在选择资金来源、比较各种筹资方式时,通常使用_____比较决策。

5. 在进行资本结构决策时,通常选择_____低的资本结构。

五、名词解释题（共 5 题）

1. 资本成本

2. 销售百分比法

3. 筹资渠道

4. 敏感资产

5. 筹资费用

六、简答题（共 5 题）

1. 资本成本对企业筹资决策的影响主要有哪些?

2. 企业筹资的目的是什么?

3. 企业筹资应遵循哪些原则?

4. 影响企业资本成本的因素有哪些?

5. 个别资本成本包括哪几项?

七、计算题(共 5 题)

1. 某企业计划筹集资金 1 000 万元,所得税税率 25%。有关资料如下:(1) 向银行借款 200 万元,借款年利率 7%,手续费 2%;(2) 按溢价发行债券,债券面值 140 万元,溢价发行价格为 150 万元,票面利率 9%,期限为 3 年,每年支付利息,其筹资费率为 3%;(3) 按面值发行优先股 250 万元,年股利率为 12%,筹资费率为 4%;(4) 发行普通股 400 万元,每股发行价格 10 元,筹资费率为 6%,预计每年每股股利均为 1.2 元。

要求:

(1) 计算银行借款、债券、优先股和普通股的个别资本成本;

(2) 计算该企业的加权平均资本成本。

2. 假定某公司长期资产已充分利用,全部资产都与销售收入相关。2017 年有关的财务数据如表 3-1。

表 3-1 某公司 2017 年有关的财务数据   单位:万元

项目	金额	占销售额的百分比
流动资产	2 400	48%
长期资产	2 600	52%
资产合计	5 000	
应付票据	600	12%
应付账款	1 100	22%
长期负债	1 500	无稳定关系
实收资本	1 000	无稳定关系
留存收益	800	无稳定关系
负债及所有者权益合计	5 000	
销售额	5 000	100%
净利	300	6%
现金股利	60	

要求:假设该公司实收资本一直保持不变,计算回答以下互不关联的两个问题:

(1) 2018 年计划销售收入为 6 000 万元,假定保持目前的股利支付率、销售净利率和资产周转率不变,需要补充多少外部融资?

(2) 如股利支付率为零,销售净利率提高到 8%,目标销售额为 6 500 万元,保持其他财务比率不变,需要筹集补充多少外部融资?

3. 某公司拟筹资 5 000 万元,其中按面值发行债券 2 000 万元,票面利率 10%,筹资费率 2%;按面值发行优先股 800 万元,股息率 12%,筹资费率 3%;发行普通股 2 200 万元,筹资费率 5%,目前每股价格 10 元,上期每股股利为 1.2 元,以后每年按 4% 递增,所得税率为 25%。试计算该企业的综合资本成本。

4. 某股份有限公司普通股现行市价为每股 25 元,现准备增发 5 000 万股,预计筹资费率为 5%,第一年的股利为每股 2.5 元,股利以后每年增长 5%。试计算该公司本次增发普通股的资本成本。

5. 某企业拟追加筹资 2 000 万元,其中发行债券 800 万元,筹资费率 3%,债券面值 700 万元,票面利率为 5%,2 年期,每年付息一次,到期还本,所得税率为 25%;优先股 100 万元,筹资费率 3%,年股息率 6%;普通股 1 000 万元,筹资费率 4%,第一年预期股利为 100 万元,以后每年增长 4%;其余所需资金通过留存收益取得。

要求:

(1) 计算债券、优先股、普通股、留存收益的成本;

(2) 计算该企业的综合资本成本。

八、综合分析题(共 2 题)

1. 某公司拟筹资 6 000 万元,其中按面值发行债券 2 000 万元,票面利率 8%,发行费率 2%;面值发行优先股 1 000 万元,股利率 10%,发行费率 3%;市价发行普通股 3 000 万元,发行费率 4%,预计第一年股利为 360 万元,以后每年增长 3%。该公司的所得税率 25%。假定该公司预计的资产收益率为 13%,问该公司的筹资方案是否可行?

2. 某企业由于增加新的项目,拟筹集新的资金,有关资料见下表 3-2。

表 3-2　资金种类、目标资本结构等

资金种类	目标资本结构	新筹资额	资本成本
长期借款	20%	40 000 元以内 40 000 元以上	2% 4%
长期债券	25%	250 000 元以内 250 000 元以上	10% 12%
普通股	55%	330 000 元以内 330 000 元以上	15% 16%

要求:

(1) 计算筹资总额分界点;

(2) 计算边际资本成本。

3 教学课时
⋯⋯

04

权益融资

学习目标与要求

❶ 掌握企业权益融资的方式:吸收直接投资和发行股票融资。

❷ 掌握吸收直接投资的种类和出资形式,了解直接投资的程序。

❸ 掌握普通股涉及的几个基本问题:普通股股东的权利和义务,普通股股票的价值类型,普通股的分类。

❹ 一般了解普通股首次发行的资格和条件、程序、核准、股票销售和一级市场发行价格的确定等。

❺ 了解普通股增资发行的一些相关规定。

❻ 掌握优先股的特点、优先股的权利及优先股的分类。理解掌握认股权证和可转换债券的基本概念和特征。

❼ 学会比较分析不同权益融资的利弊。

学习重点与难点

学习重点

❶ 普通股股东的权利和义务,普通股股票的价值,普通股股票一级市场发行价格的确定,普通股增发的价格确定;

❷ 优先股的特点和权利;

❸ 认股权证的含义和特征,认股权证的内在价值确定。

学习难点

❶ 认股权证对股票价格的稀释效应;

❷ 可转换债券的基本特征、设计与发行。

🔘 练习题

一、单项选择题(共 10 题,把正确的选项序号填入该题括号内)

1. 下列哪类企业通常采用吸收直接投资的方式筹集自有资本   (   )
   A. 非股份制企业   B. 股份制企业
   C. 上市公司   D. 独资企业

2. 公司发行可转换债券,要求最近三个会计年度加权平均净资产收益率不低于   (   )
   A. 3%   B. 5%
   C. 6%   D. 10%

3. 下列权利中,不属于普通股股东权利的是   (   )
   A. 公司管理权   B. 剩余财产优先要求权
   C. 优先认股权   D. 监督决策权

4. 券商将发行人的部分股票自行购入,再向社会发售的承销方式,称之为   (   )
   A. 代销   B. 部分包销
   C. 余额包销   D. 定额包销

5. 股票一级市场定价通常按下列哪种方法定价   (   )
   A. 重置成本法   B. 账面价值法
   C. 市盈率法   D. 现值指数法

6. 有限责任公司全体股东的货币资金额不得低于公司注册资本的   (   )
   A. 25%   B. 30%
   C. 50%   D. 40%

7. 根据法律规定,目前在我国设立的股份公司申请公开发行股票时,发起人认购的股本数额不少于公司拟发行的股本总数的   (   )
   A. 20%   B. 30%
   C. 35%   D. 40%

8. 证券公司承诺在股票发行期结束时,将未售出的股票全部自行购入的包销,称之为   (   )
   A. 部分包销   B. 代销
   C. 定额包销   D. 余额包销

9. 某公司发行期限为 5 年的可转换债券,面值 100 元,规定每张债券可转换 4 股该公司的普通股股票,可转换债券的转换价格为   (   )

A. 40 元　　　　　　　　　　　B. 25 元

C. 20 元　　　　　　　　　　　D. 50 元

10. 为了避免金融市场利率下降时公司承担较高利率的风险,同时还迫使投资者行使其转换权,可转换债券规定了　　　　　　　　　　　　　　　（　　）

A. 转换期　　　　　　　　　　B. 回售条款

C. 赎回条款　　　　　　　　　D. 强制性转换条款

二、多项选择题(共 10 题,把正确的选项序号填入该题括号内)

1. 可转换债券转换比率主要受下列哪些因素影响　　　　　　　　　（　　）

A. 股票面值　　　　　　　　　B. 市场价格

C. 债券面值　　　　　　　　　D. 债券价格

E. 转换价格

2. 具有权益融资性质的筹资方式有　　　　　　　　　　　　　　　（　　）

A. 发行认股权证　　　　　　　B. 发行股票

C. 发行可转换债券　　　　　　D. 融资租赁

E. 商业信用

3. 为促使可转换债券实现转换,可采取的措施包括　　　　　　　　（　　）

A. 保持股利支付率不变　　　　B. 规定强制性转换条款

C. 降低股利支付率　　　　　　D. 规定回售条款

E. 规定赎回条款

4. 普通股股东所拥有的权利包括　　　　　　　　　　　　　　　　（　　）

A. 剩余收益请求权　　　　　　B. 优先认股权

C. 监督决策权　　　　　　　　D. 股票转让权

E. 优先分配剩余资产权

5. 吸收直接投资的优点有　　　　　　　　　　　　　　　　　　　（　　）

A. 有利于增强企业信誉　　　　B. 有利于降低财务风险

C. 资金成本较低　　　　　　　D. 有利于尽快形成生产能力

E. 企业控制权不容易分散

6. 以下关于优先股的说法正确的有　　　　　　　　　　　　　　　（　　）

A. 优先股是介于普通股和公司债之间的一种筹资工具

B. 优先股股东对公司的投资在公司注册成立后可以抽回

C. 在公司的股东大会上,优先股股东没有表决权

D. 只需要支付优先股固定的股利,因而融资成本较低

E. 优先股具有一定公司债的性质。

7. 吸收直接投资的出资形式有　　　　　　　　　　　　　　　　　（　　）

A. 专利权投资
B. 建筑物投资
C. 货币资金投资
D. 土地使用权投资
E. 原材料投资

8. 以下关于普通股的说法正确的有　　　　　　　　　　　　（　　）
　　A. 公开发行股票会产生大量的直接成本和隐性成本
　　B. 按股票购买和交易的币种不同,分为 H 股和 N 股
　　C. 我国股票可以发行有面值股票,也可以发行无面值股票
　　D. 普通股股东以所缴纳的资本额为限承担公司的亏损责任
　　E. 我国股票的发行价格可分为溢价和折价发行

9. 认股权证的价值受以下哪些因素影响　　　　　　　　　　　（　　）
　　A. 认购股数
B. 执行价格
　　C. 权证面值
D. 距权证到期日的时间
　　E. 标的股票价格

10. 可转换债券的融资动机有　　　　　　　　　　　　　　　（　　）
　　A. 不稀释原有股东的控制权
B. 票面利率低
　　C. 可转换为公司普通股
D. 不用偿还本金
　　E. 不会增加公司的财务风险

三、判断改错题(共 10 题,在该题括号中,错的打"×"并改正,对的打"√")

1. 公司配股后,会迅速提高公司股票市价。　　　　　　　　　（　　）
2. 欧式权证的持有人只有在约定的到期日才有权买卖标的证券。　（　　）
3. 我国有关法律规定,股票发行价格不得低于票面价值,即不能采用折价发行。

　　　　　　　　　　　　　　　　　　　　　　　　　　　（　　）

4. 执行认股权证不会对股票的市场价格产生稀释作用。　　　　（　　）
5. 股票的清算价值通常要高于其账面价值。　　　　　　　　　（　　）
6. 当公司的发展前景被普遍看好时,有利于发行可转换债券。　（　　）
7. 投资者购买可转换公司债券后就可以随时将可转换债券转换成股票。

　　　　　　　　　　　　　　　　　　　　　　　　　　　（　　）

8. 距到期日的时间越长,认股权证的时间价值越低。　　　　　（　　）
9. 股票采用包销发行,发行方风险小但费用高。　　　　　　　（　　）
10. 认沽权证属于看跌期权。　　　　　　　　　　　　　　　（　　）

四、填空题(共 5 题)

1. 有限责任公司的全体股东货币资金的出资额不得低于注册资本的＿＿＿＿

＿＿＿＿。

2. 根据股票发行价格与其面值的关系,股票的发行价格可分为平价发行、市

价发行和_____。

3. 我国目前负责股票发行审核工作的机构是_____。

4. 普通股的增资发行是指已上市公司增发股票筹措权益资本的行为,又分为公开与定向募集和_____方式。

5. 认股权证的价值分为内在价值和_____两部分。

五、名词解释题(共 5 题)

1. 认股权证

2. 可转换债券

3. 股票包销

4. 认沽权证

5. 回售条款

六、简答题(共 5 题)

1. 普通股股东的基本权利有哪些?

2. 企业发行普通股筹资的优缺点有哪些?

3. 简述可转换债券筹资的优缺点。

4. 采用优先股筹资有哪些优缺点?

5. 认股权证的价值受哪些因素的影响?

七、计算题(共 5 题)

1. 已知某股票的市场价格 $P_0 = 45$ 元,针对该股票的认股权规定的认购价格 $K = 30$ 元,每份认股权证可认购的普通股股票数量 $q = 0.5$,求该认股权证的内在价值。

2. H 公司发行了年利率为 2‰ 的 400 000 元的可转换债券,利息每年支付一次,债券将在 5 年后到期。每一张可转换债券可以在规定的期限转换成 4 股该公司普通股股票。债券的票面价值是 100 元,假设债券的市价为 108 元,H 公司的普通股市价为 30 元。要求:计算该可转换债券的转换价格。

3. A 公司计划通过配股来筹措 4 500 万元资金,假定目前该公司发行在外的普通股为 1 000 万股,市场价格为每股 20 元,公司准备以每股 15 元的价格配售新股。问:

(1) 为筹措到所需的资金,公司需要配售多少股股票?

(2) 全部配售后的股票除权价格是多少?

4. 跃马公司准备通过配股方式发行普通股,已知配股前公司普通股数为 100 万股,公司按规定以每股 20 元的配股价配售 20 万股新股,除权后开盘公司股票的市场价为每股 25 元,则配股除权前一天公司的股价应该是多少?

5. 可转换公司债券的面值为 100 元,每张可转债转股价格为 20 元,行权期标的股票市场价格在 18 元左右，该债券转换成普通股的转换比例是多少？可转换公司债券持有者是否会选择行权？

八、综合分析题(共 1 题)

已知某股票的市场价格 $P_0 = 50$ 元，针对该股票的认股权规定的认购价格 $K = 35$ 元，每份认股权证可认购的普通股股票数量 $q = 0.5$，假设公司发行在外的普通股股票数量为 4 000 万股，发行在外的认股权证数量 $M = 1\ 000$ 万份，其他条件不变。

要求：

(1) 该认股权证的内在价值是多少？

(2) 执行认股权证后，稀释效应使公司股票价格下降了多少？

2 教学课时
······

05

债务融资

学习目标与要求

❶ 了解企业债务融资的必要性与分类。

❷ 明确短期债务融资按照来源和特点的不同,可以分为商业信用、短期借款和短期融资券等。

❸ 明确长期债务融资方式主要有长期借款、长期公司债券、长期租赁等。

❹ 熟悉不同的债务融资方式特点,以及不同的债务融资方式涉及的基本理论与方法。

❺ 学会具体选择应用各种债务融资方式。

学习重点与难点

学习重点

❶ 负债的分类;

❷ 商业信用的含义与表现形式;

❸ 现金折扣及放弃现金折扣的成本计算;

❹ 短期融资券发行的条件和程序;

❺ 债券基本要素与发行价格的计算;

❻ 长期租赁租金的构成及每期租金的计算;

❼ 比较各种负债筹资方式的优缺点。

学习难点

❶ 短期融资券发行与上市交易;

❷ 公司债券定价理论与方法；

❸ 租赁理论与方法。

🔘 练习题

一、单项选择题(共 10 题,把正确的选项序号填入括号内)

1. 以下选项中不属于商业信用表现形式的是 （　　）
   - A. 应付票据
   - B. 应交税费
   - C. 应付账款
   - D. 预收账款

2. 如果现金折扣条件为"2/10,1/20,n/30",某公司放弃选择在第 11 天到第 20 天付款,则该公司放弃的现金折扣成本为 （　　）
   - A. 36.36%
   - B. 36.73%
   - C. 38.79%
   - D. 39.18%

3. 某企业按照 10% 的年利率向银行贷款 1 000 万元,银行要求维持贷款限额 10%,则其实际利率为 （　　）
   - A. 9.09%
   - B. 10%
   - C. 11.11%
   - D. 12%

4. 某企业借入年利率 8% 的贷款 50 000 元,分 12 个月等额偿还本息,则该借款实际利率为 （　　）
   - A. 8%
   - B. 10%
   - C. 14%
   - D. 16%

5. 下列不属于长期借款优点的是 （　　）
   - A. 具有节税作用
   - B. 借款弹性大
   - C. 具有杠杆作用
   - D. 限制条款少

6. 美国的标准普尔的信用等级评级中,BB 代表的等级是 （　　）
   - A. 高级
   - B. 中级
   - C. 投机
   - D. 拖欠

7. 有一种租赁方式涉及承租人、出租人和贷款机构,这种租赁形式是 （　　）
   - A. 经营租赁
   - B. 直接租赁
   - C. 售后租赁
   - D. 杠杆租赁

8. 从出租方看,融资租赁一般为租赁期超过租赁资产经济寿命的 （　　）
   - A. 65%
   - B. 75%
   - C. 85%
   - D. 95%

9. 以下融资方式中,企业财务风险高,面临的偿债压力最大的是 （　　）
   - A. 短期借款
   - B. 长期借款

  C. 公司债券   D. 长期租赁

 10. 计算长期租赁租金构成时不需要考虑的因素是   （ ）

   A. 设备的购置成本   B. 租赁中维修费用

   C. 应计利息   D. 租赁手续费

二、多项选择题（共 10 题，把正确的选项序号填入该括号内）

 1. 与自有资本相比，负债的特征为   （ ）

   A. 将来支付的经济责任 B. 可以确定和估计的金额

   C. 有确切的到期日   D. 必须用现金偿付

   E. 未来发生的交易可能产生的债务

 2. 短期债务融资按来源和特点不同可分为   （ ）

   A. 短期借款   B. 短期融资券

   C. 应付账款   D. 预收账款

   E. 应付债券

 3. 商业信用的主要表现形式有   （ ）

   A. 信用借款   B. 应付账款

   C. 应付票据   D. 担保借款

   E. 预收账款

 4. 短期借款的信用条件包括   （ ）

   A. 信用额度   B. 信用风险

   C. 周转信贷协定   D. 补偿性余额

   E. 承诺费用

 5. 长期借款的程序包括   （ ）

   A. 提出借款申请   B. 银行审批

   C. 签订借款合同   D. 取得借款

   E. 归还借款

 6. 与发行股票相比，债券筹资的优点有   （ ）

   A. 资本成本较低   B. 限制条款较少

   C. 充分利用财务杠杆   D. 更具灵活性

   E. 保证原有股东的控制权

 7. 影响债券发行价格的主要因素有   （ ）

   A. 债券风险   B. 债券面额

   C. 债券期限   D. 票面利率

   E. 市场利率

 8. 按出租资产的取得方式，融资租赁可分为 （ ）

A. 直接租赁　　　　　　　　　B. 间接租赁

C. 售后租赁　　　　　　　　　D. 经营租赁

E. 杠杆租赁

9. 下面哪些不是经营租赁的特点　　　　　　　　　　（　　　）

A. 租赁期限较长,一般在一年以上

B. 租赁期满后,租赁资产由出租人收回

C. 出租人负责资产的维修、保养等

D. 合同不能因一方提出要求而随意撤销

E. 与租赁资产所有权有关的风险和报酬归属于出租人

10. 长期租赁的优点有　　　　　　　　　　　　　　（　　　）

A. 提高经营效率　　　　　　　B. 降低经营风险

C. 降低财务风险　　　　　　　D. 资本成本较低

E. 带来节税收益

三、判断题(共 10 题,在该题括号中打"×"或"√")

1. 负债是以往或目前已经完成的交易而形成的当前债务,凡不属于以往或目前已经完成的交易,而是将来发生的交易可能产生的债务,不能视为负债。（　　　）

2. 商业信用形成的融资关系是在企业正常生产经营活动中产生的,只要交易对方允许延期付款,企业就可以获得相应的短期资金使用权利。（　　　）

3. 贴现法借款是指在借款到期后向银行支付利息的计息方法。（　　　）

4. 我国短期融资券的发行人是在中华人民共和国境内依法设立的企业法人。（　　　）

5. 与短期借款融资相比,长期借款筹资主要有融资速度快、筹资成本低、借款弹性大、限制性条款较少、具有杠杆作用等优点。（　　　）

6. 附认股权债券票面利率通常高于一般公司债券票面利率。（　　　）

7. 债券筹资可以保证公司原有股东对企业的控制权。（　　　）

8. 长期租赁的租赁资产的维修、保养和管理由出租人负责。（　　　）

9. 杠杆租赁通常适用于投资数额较大、使用期限长的设备租赁。（　　　）

10. 债券的信用等级直接影响着公司的举债成本,信用等级越高,公司的融资成本也就越低。（　　　）

四、填空题(共 5 题)

1. 从理财角度看,资本按来源和性质不同划分为　　　　　　　　和负债资本。

2. 无担保债券也称　　　　　　　　,是指发行方没有抵押品担保的债券。

3. 长期债务融资的主要方式有长期借款、长期债券、　　　　　　　　等。

4. 长期租赁形式可分为　　　　　　　　、售后租赁和杠杆租赁三种。

5. 在我国租赁实务中,长期租赁的租金一般采用平均分摊法和＿＿＿＿＿＿来计算。

五、名词解释题(共 5 题)

1. 商业信用

2. 现金折扣

3. 长期借款

4. 售后租赁

5. 短期融资券

六、简答题(共 5 题)

1. 与自有资本相比较,负债具有什么特征?

2. 流动负债根据偿付金额是否可以确定,分为哪几种形式?

3. 商业信用的筹资的优缺点有哪些?

4. 简述短期融资券的发行程序。

5. 长期租赁的租金主要由哪些项目构成?

七、计算题(共 5 题)

1. 某企业按年利率 10% 向银行贷款 10 万元,银行要求维持贷款限额 15%,求实际利率。

2. 某企业从银行取得借款 100 万元,期限为 1 年,年名义利率为 6%,假定年贴现利率也为 6%,分别按收款法和贴现法计算该借款年实际利率。

3. 甲公司拟采购一批零件,其价格总额为 100 000 元,供应商提出如下的信用条件"2/10,$n/30$",即甲公司若能在 10 天之内付款则享受 2% 的现金折扣,该公司的信用期限为 30 天;假设企业资金不足可向银行借入短期借款,银行短期借款利率为 10%,每年按 360 天计算,公司不违背商业信用。计算分析甲公司放弃现金折扣的成本,并选择付款日期。

4. 某企业年初向租赁公司租赁一套设备,设备原价 800 万元,租赁期为 5 年,预计期末无残值,租期年复利率按 10% 计算,租赁手续费为设备原价的 6%,租金为每年年末支付一次,采用平均分摊法计算该设备每年支付的租金数额。

5. 某公司年初向某商业银行贷款 1 000 万元,该笔贷款利率为 10%,期限为 5 年。

(1)若该贷款为到期一次还本付息,按复利法求企业到期偿付的本息总金额。

(2)若该贷款为每年年末支付利息到期还本,按单利法求企业应偿付的本息总金额。

八、综合分析题(共 2 题)

1. 某公司采用长期租赁方式于 2022 年 1 月 1 日从一家租赁公司租入一台设

备,设备价款 260 万元,租期 6 年,到期后设备归租入企业所有 租赁期间年利率为 8%,年手续费为 2%,设备租入时就要付第 1 年租金。则公司每年应支付的租金额为多少?$(P/A,10\%,6)=4.355$

2. 某公司发行票面价值 100 元,票面利率 9%,期限 8 年的债券,每年付息一次。分别求当市场利率为 9%、8%、10% 时该债券的发行价格,通过计算分析什么情况下公司溢价发行债券,什么情况下公司折价发行债券,并说明溢折价发行的理由。

5 教学课时
06

杠杆作用与资本结构

学习目标与要求

❶ 正确理解经营杠杆作用及其存在的原因、财务杠杆作用及其存在的原因、联合杠杆作用及与经营杠杆和财务杠杆的关系。

❷ 熟练掌握经营杠杆系数、财务杠杆系数、联合杠杆系数的计算及其意义。

❸ 正确理解经营杠杆与经营风险的关系、财务杠杆与财务风险的关系及联合杠杆与企业总风险的关系。

❹ 熟悉资本结构及最优资本结构的概念，了解资本结构决策的影响因素，一般性了解资本结构净经营收入理论、净收入理论、传统理论、MM 理论、权衡理论、不对称信息理论。

❺ 熟练掌握资本结构决策方法中比较资本成本法和每股收益无差别点法，一般性了解比较公司价值法和比较杠杆比率法。

学习重点与难点

学习重点

❶ 经营杠杆、财务杠杆、联合杠杆的概念；

❷ 经营杠杆系、财务杠杆系数、联合杠杆系数的计算；

❸ 资本结构及最优资本结构的概念；

❹ 资本结构决策方法中的比较资本成本法和每股收益无差别点法。

学习难点

❶ 资本结构净经营收入理论、净收入理论；

❷ 传统理论、MM 理论、权衡理论、不对称信息理论。

◇ 练习题

一、单项选择题(共 10 题,把正确的选项序号填入该题括号内)

1. 企业在一定时期的最佳资本结构是指　　　　　　　　　　　　　　( )

    A. 盈利能力最强　　　　　　　B. 个别资本成本最低

    C. 资金周转速度最快　　　　　D. 企业价值最大

2. 企业可以采用负债经营,提高自有资本收益率的前提条件是　　　　( )

    A. 期望投资收益率大于利息率　B. 期望投资收益率小于利息率

    C. 期望投资收益率等于利息率　D. 期望投资收益率不确定

3. 某公司年营业收入为 500 万元,变动成本率为 40%,原经营杠杆系数为 1.5,财务杠杆系数为 2。如果固定成本增加 50 万元,变动后的总杠杆系数为　　( )

    A. 2.4　　　　　B. 3　　　　　C. 6　　　　　D. 8

4. 某公司的经营杠杆系数为 1.8,财务杠杆系数为 1.5,则该公司销售额每增长 1 倍,就会造成每股收益增加　　　　　　　　　　　　　　　　( )

    A. 1.2 倍　　　B. 1.5 倍　　　C. 0.3 倍　　　D. 2.7 倍

5. 如果经营杠杆系数为 2,综合杠杆系数为 3,息税前利润变动率为 20%,则普通股每股收益变动率为　　　　　　　　　　　　　　　　　　( )

    A. 26.67%　　　B. 15%　　　C. 30%　　　D. 40%

6. 用来衡量销售量变动对每股收益变动的影响程度的指标是指　　　( )

    A. 经营杠杆系数　　　　　　　B. 财务杠杆系数

    C. 综合杠杆系数　　　　　　　D. 筹资杠杆系数

7. 经营杠杆产生的原因是企业存在　　　　　　　　　　　　　　　( )

    A. 固定经营成本　　　　　　　B. 固定财务费用

    C. 变动经营成本　　　　　　　D. 变动财务费用

8. 如果企业存在固定成本,在单价、单位变动成本、固定成本不变,只有销售量变动的情况下,则　　　　　　　　　　　　　　　　　　　　( )

    A. 息税前利润变动率一定大于销售量变动率

    B. 息税前利润变动率一定小于销售量变动率

    C. 边际贡献变动率一定大于销售量变动率

    D. 边际贡献变动率一定小于销售量变动率

9. 与经营杠杆系数同方向变化的是　　　　　　　　　　　　　　　( )

    A. 产品价格　　　　　　　　　B. 单位变动成本

    C. 销售数量　　　　　　　　　D. 企业的利息费用

10. 考虑了企业的财务危机成本和代理成本的资本结构模型是 （   ）

    A. MM 模型   B. CPAM 模型

    C. 权衡模型   D. 不对称信息模型

二、多项选择题(共 10 题,把正确的选项序号填入该题括号内)

1. 总杠杆的作用在于 （   ）

    A. 用来估计销售变动对息税前盈余的影响

    B. 用来估计销售变动对每股盈余的影响

    C. 揭示经营杠杆与财务杠杆之间的关系

    D. 揭示企业面临的财务风险

    E. 说明企业财务状况

2. 在固定成本不变下,下列关于经营杠杆系数表述正确的是 （   ）

    A. 该系数说明了销售额变动所引起息税前利润变动的幅度

    B. 销售额越大,经营杠杆系数越大

    C. 当销售额达到盈亏临界点时,该系数趋于无穷大

    D. 增加销售额,改变产品单位变动成本,能使经营风险降低

    E. 以上都正确

3. 下列说法中,正确的有 （   ）

    A. 经营杠杆系数说明销售额变动所引起的息税前利润变动幅度

    B. 当销售额达到盈亏临界点时,经营杠杆系数趋于无穷大

    C. 财务杠杆表明债务对每股收益的影响

    D. 财务杠杆系数表明息税前利润增长所引起的利润增长幅度

    E. 经营杠杆程度较高的公司,其财务杠杆程度较低

4. 企业降低经营风险的途径一般有 （   ）

    A. 增加销售量   B. 增加自有资本   C. 降低变动成本

    D. 增加固定成本比例   E. 提高产品售价

5. 融资决策中的总杠杆具有如下哪些性质 （   ）

    A. 总杠杆能够起到财务杠杆和经营杠杆的综合作用

    B. 总杠杆能够表达企业边际贡献与税前盈余的比率

    C. 总杠杆能够估计出销售额变动对每股收益的影响

    D. 总杠杆系数越大,企业经营风险越大

    E. 总杠杆系数越大,企业财务风险越大

6. 如果不考虑优先股,融资决策中综合杠杆系数的性质有 （   ）

    A. 综合杠杆系数越大,企业的经营风险越大

    B. 综合杠杆系数越大,企业的财务风险越大

  C. 综合杠杆系数能够起到财务杠杆和经营杠杆的综合作用

  D. 综合杠杆系数能够表达企业边际贡献与税前利润之比率

  E. 综合杠杆系数能够估计出销售额变动对每股收益的影响

7. 资本结构决策的方法主要有   （ ）

  A. 资本成本分析法   B. 净利润分析法

  C. 每股收益分析法   D. 每股收益无差别点分析法

  E. 企业总价值分析法

8. 杠杆分析包括   （ ）

  A. 经营杠杆分析   B. 财务杠杆分析

  C. 综合杠杆分析   D. 经济杠杆分析

  E. 产品标杆分析

9. 产生财务杠杆是由于企业存在   （ ）

  A. 财务费用   B. 优先股股利

  C. 普通股股利   D. 债务利息

  E. 股票股利

10. 公司资本结构最佳时,应该   （ ）

  A. 资本成本最低   B. 财务风险最小

  C. 营业杠杆系数最大   D. 债务资本最多

  E. 公司价值最大

三、判断改错题(共 10 题,在该题括号中,错的打"×"并改正,对的打"√")

  1. 其他因素不变,固定成本越小,经营杠杆系数就越小,而经营风险则越大。

                      （ ）

  2. 如果企业负债筹资为零,则财务杠杆系数为 1。   （ ）

  3. 当企业获利水平为负数时,经营杠杆系数将小于零。   （ ）

  4. 由于财务杠杆的作用,当息税前利润下降时,普通股每股收益会下降更快。

                      （ ）

  5. 经营杠杆并不是经营风险的来源,而只是放大了经营风险。 （ ）

  6. 经营杠杆可以用边际贡献除以息税前利润来计算,它说明了销售额变动引起利润变动的幅度。   （ ）

  7. 财务风险之所以存在,只是因为企业经营中有负债形成。 （ ）

  8. 企业的产品售价和固定成本同时发生变化,经营杠杆系数有可能不变。

                      （ ）

  9. 财务危机成本大小与债务比率同方向变化。   （ ）

  10. 无论是经营杠杆系数变大,还是财务杠杆系数变大,都可能导致企业的总

杠杆系数变大。 （ ）

四、填空题(共 5 题)

1. 经营杠杆作用程度可以通过_____指标衡量。

2. 财务杠杆作用程度可以通过_____指标衡量。

3. 联合杠杆作用程度可以通过_____指标衡量。

4. 在实务中,资本结构有广义和狭义之分。广义的资本结构是指企业_____的构成,狭义的资本结构是指企业的_____构成。

5. 最佳资本结构是指_____达到最大,同时_____达到最小。

五、名词解释题(共 5 题)

1. 经营杠杆

2. 财务杠杆

3. 联合杠杆

4. 资本结构

5. 最佳资本结构

六、简答题(共 5 题)

1. 经营杠杆与经营风险的关系

2. 财务杠杆与财务风险的关系

3. 资本结构决策的意义

4. 简述 MM 理论

5. 资本结构决策的基本方法

七、计算题(共 10 题)

1. ABC 公司资本总额为 250 万元,负债比率为 45%,其利率为 14%。该企业销售额为 320 万元,固定成本 48 万元,变动成本率为 60%。试计算经营杠杆系数、财务杠杆系数和联合杠杆系数。

2. 某公司本年度销售收入为 1 000 万元,边际贡献率为 40%,固定成本总额为 200 万元,若预计下年销售收入增长为 20%,请计算企业经营杠杆系数和下年息税前利润。

3. 某公司本年销售产品 10 万件,单价 50 元,单位变动成本 30 元,固定成本总额 100 万元。公司负债 60 万元,年利息率为 12%,并须每年支付优先股股利 10 万元,所得税率 25%。

要求:

(1) 计算本年边际贡献;

(2) 计算本年息税前利润;

(3) 计算该公司联合杠杆系数。

4. 某企业去年销售额为 500 万元,息税前利润率(息税前利润占销售额百分比)为 10%,借款总额 200 万元,平均借款利率为 5%,该企业联合杠杆系数为 2.5。试问:今年在销售增长 10% 的情况下,企业的息税前利润能达到多少?

5. 宏达公司某年销售额为 100 万元,税后净利为 10 万元。若财务杠杆系数为 1.6,固定成本为 24 万元,所得税税率为 20%,公司预期明年销售额为 130 万元。试计算每股收益会增加的幅度。

6. 某公司本年资本总额为 1 000 万元,其中长期债务资本 400 万元,长期债务年利率 10%,普通股资本 600 万元(24 万股)。现因扩大生产规模,需追加筹资 200 万元,筹资方案有两种选择:(1) 发行债券,年利率 12%;(2) 增发普通股 8 万股。预计下年息税前利润为 200 万元,假设公司所得税率 25%。请用 EBIT-EPS 分析法(每股收益无差别点法)作出选择,并说明理由。

7. 某公司目前发行在外普通股 100 万元(每股面值 1 元),已发行 10% 利率的债券 400 万元,该公司打算为一个新的投资项目融资 500 万元。新项目投产后公司每年息税前利润预计增加到 200 万元。现有两个方案可供选择:

(1) 按 12% 的利率发行债券;

(2) 按每股 20 元发行新股,公司适用所得税率 25%。

要求:

(1) 计算两个方案的每股净收益;

(2) 计算两个方案的每股收益无差别点的息税前利润;

(3) 计算两个方案的财务杠杆系数;

(4) 判断哪个方案更好。

8. 某公司目前发行在外的普通股 200 万股(每股面值 1 元),已发行的债券 800 万元,票面年利率为 10%。该公司拟为新项目筹资 1 000 万元,新项目投产后,公司每年息税前利润将增加到 400 万元。

现有两个方案可供选择:(1) 按 12% 的年利率发行债券;(2) 按每股 10 元发行普通股。假设公司适用的所得税税率为 25%。

要求:

(1) 计算新项目投产后两个方案的每股收益;

(2) 计算两个方案每股收益无差别点的息税前利润,并分析选择筹资方案。

9. 某公司本年年资产总额为 1 000 万元,资产负债率 40%,债务平均利息率 5%,销售收入 1 000 万元,变动成本率 30%,固定成本 200 万元。预计下年销售收入提高 50%,其他条件不变。

要求:

(1) 计算本年的经营杠杆系数、财务杠杆系数和联合杠杆系数;

(2) 预计下年每股收益增长率。

10. 某公司欲筹集资金 400 万元,可采取增发普通股或长期借款的筹集方式。若增发普通股,则计划以每股 10 元的价格增发 40 万股;若长期借款,则以 10% 的年利率借入 400 万元。已知该公司资产总额为 20 000 万元,长期负债比率为 20%,年利率 8%,普通股 2 000 万股。假定增资后预计息税前利润为 3 000 万元,所得税率 25%,试用每股收益无差别点分析法确定筹资方式。

八、综合分析题(共 2 题)

1. 某企业只生产和销售 A 产品,其总成本习性模型为 $y=10\,000+3x$。假定该企业本年度 A 产品销售量为 10 000 件,每件售价为 5 元,按市场预测下年 A 产品的销售量将增长 10%。

要求:

(1) 计算本年该企业的边际贡献总额。

(2) 计算本年该企业的息税前利润总额。

(3) 计算销售量为 10 000 件时的经营杠杆系数。

(4) 计算下年该企业的息税前利润增长率。

(5) 假定该企业本年发生负债利息 5 000 元,且无优先股股息,计算联合杠杆系数。

2. 天亿公司有关资料如下:

(1) 现全部资本均为股票资本,账面价值为 1 000 万元,该公司认为目前资本结构不合理,打算举债购回部分股票予以调整。

(2) 公司预计年息税前利润为 300 万元,所得税率假定为 40%。

(3) 经测算,目前的债务利率和股票成本见表 6-1。

表 6-1 债务利率和股票成本等资料

B(万元)	K_b(%)	β	R_f(%)	R_m(%)	K_c(%)
0	—	1.2	10	15	16
100	8	1.4	10	15	17
200	10	1.6	10	15	18
300	12	1.8	10	15	19
400	14	2	10	15	20
500	16	2.2	10	15	21

要求:试测算不同债务规模下的公司价值,据以判断公司最佳资本结构。

投资决策概论

1 教学课时
......

07

学习目标与要求

❶ 理解企业投资的分类与投资应坚持的基本原则。

❷ 熟悉影响企业投资的环境要素及其评价方法。

❸ 掌握企业组合投资决策：资产组合投资决策、资本组合投资决策和资产与资本适应性组合决策。

❹ 认识企业投资是为获得未来预期收益，投入一定量财力、物力的经济行为，从组合投资的角度掌握多角投资组合决策特征。

学习重点与难点

学习重点

❶ 企业投资的分类；

❷ 企业投资应遵循的原则；

❸ 企业投资环境要素；

❹ 企业投资环境评价分析方法；

❺ 资产组合投资决策，资本组合投资决策，及资产与资本适应性组合决策。

学习难点

❶ 多角组合特点；

❷ 有效多角投资组合分析。

练习题

一、单项选择题（共 10 题，把正确的选项序号填入该题括号）

1. 符合长期投资特征的有 （　　　）

    A. 投资金额小   B. 回收期短

    C. 投资风险小   D. 投资报酬率高

2. 企业非流动资产主要包括   (　　)

    A. 存货   B. 交易性金融资产

    C. 长期待摊费用   D. 债权资产

3. 投资环境的软环境指   (　　)

    A. 政治法律   B. 自然地理

    C. 交通运输   D. 邮电通讯

4. 两种证券的相关系数为以下哪项值,表明两者是完全正相关关系 (　　)

    A. −1   B. 0

    C. 1   D. 0.8

5. 所有公司都会遇到的,投资者无法通过组合来分散的风险是 (　　)

    A. 可分散风险   B. 长期风险

    C. 短期风险   D. 系统风险

6. 按以下哪项分类,可分为对内投资和对外投资   (　　)

    A. 经营关系   B. 投资时间

    C. 投资方向   D. 投资内容

7. 企业投资应尽可能规避风险,防止投资带来的风险,以保证投入资产安全完整为前提,符合以下哪项投资原则 (　　)

    A. 安全性原则   B. 长远利益原则

    C. 谨慎性原则   D. 完整性原则

8. 根据经验主观判断分析评价企业投资环境的要素的方法为 (　　)

    A. 定量分析法   B. 定性分析法

    C. 经验判断法   D. 定性与定量结合法

9. 企业投资应选择的投资组合应在"有效界线" (　　)

    A. 之外   B. 之内

    C. 之上   D. 之下

10. 风险一定的情况下,股票值得投资的市场收益率应为 (　　)

    A. 高   B. 低

    C. 0   D. 1

二、多项选择题(共 10 题,把正确的选项序号填入该题括号)

1. 直接投资可以通过以下哪些形式进行 (　　)

    A. 货币资产   B. 实物资产

    C. 购买股票   D. 证券资金

E. 无形资产

2. 投资一般可以分为　　　　　　　　　　　　　　　　　（　　）

　　A. 直接投资　　　　　　　　　　B. 长期投资

　　C. 短期投资　　　　　　　　　　D. 间接投资

　　E. 安全投资

3. 企业投资的宏观环境可以分为　　　　　　　　　　　　（　　）

　　A. 内部制度　　　　　　　　　　B. 政治法律

　　C. 文化习俗　　　　　　　　　　D. 区域环境

　　E. 公司治理结构

4. 长期投资具有的特点是　　　　　　　　　　　　　　　（　　）

　　A. 投资金额小　　　　　　　　　B. 回收期长

　　C. 投资风险大　　　　　　　　　D. 投资报酬率低

　　E. 投资报酬率高

5. 对外投资包括　　　　　　　　　　　　　　　　　　　（　　）

　　A. 购置债券　　　　　　　　　　B. 购置固定资产

　　C. 控股　　　　　　　　　　　　D. 合资投资

　　E. 购买存货

6. 资产按流动性划分,可以分为　　　　　　　　　　　　（　　）

　　A. 流动资产　　　　　　　　　　B. 固定资产

　　C. 非流动资产　　　　　　　　　D. 无形资产

　　E. 有形资产

7. 资产与资本适应性组合决策易出现的极端包括　　　　（　　）

　　A. 组合型　　　　　　　　　　　B. 适应型

　　C. 保守型　　　　　　　　　　　D. 平衡型

　　E. 激进型

8. 投资组合风险包括　　　　　　　　　　　　　　　　　（　　）

　　A. 可分散风险　　　　　　　　　B. 不可分散风险

　　C. 有利风险　　　　　　　　　　D. 不利风险

　　E. 外部风险

9. 两种组合证券的相关系数可能为　　　　　　　　　　　（　　）

　　A. 1　　　　　　　　　　　　　B. 100

　　C. 0　　　　　　　　　　　　　D. -1

　　E. 0.6

10. 企业投资应选择以下哪些组合　　　　　　　　　　　（　　）

A. 收益率相同,风险低   B. 风险高,收益率高

C. 风险低,收益率高   D. 风险高,收益率小

E. 风险相同,收益率高

三、判断改错题(共 10 题,在该题括号中,错的打"×"并改正,对的打"√")

1. 按照投资与企业生产经营的关系,可分为短期投资和长期投资。 ( )

2. 对外投资是指企业购买金融资产或独资、控股与合资投资等。 ( )

3. 企业应选择高风险、高报酬的投资机会。 ( )

4. 当企业效益和社会效益发生冲突时,应以服从增加社会效益为主。( )

5. 投资环境评价分析方法包括定量分析法和定性分析法两种。 ( )

6. 资产按照形态可以划分为流动资产和非流动资产。 ( )

7. 企业负债应越多越好,这样可以降低资本使用成本。 ( )

8. 有效投资组合可以规避所有的投资风险。 ( )

9. 两种证券组合为完全负相关时,特定风险完全抵消。 ( )

10. 预期风险相同的情况下,应选择收益率高的投资组合。 ( )

四、填空题(共 5 题)

1. _____ 可以只通过对控股企业的投资,间接对旗下控制的企业投资;也可以通过资本市场购买金融资产间接投资受资企业。

2. 短期投资具有投资金额小、投资回收期短和_____的特点。

3. 投资应坚持符合_____、长远利益原则和安全性原则。

4. 企业资本组合涉及企业_____和自有资本结构。

5. 描述有效投资组合的股票市场收益率和风险之间关系的曲线称为_____。

五、名词解释题(共 5 题)

1. 短期投资

2. 直接投资

3. 对内投资

4. 资本组合

5. 不可分散性风险

六、简答题(共 5 题)

1. 简述投资的分类。

2. 投资环境按属性如何分类?

3. 简述用定量和定性结合分析法分析投资环境要素的步骤。

4. 简述保守型和激进型的资产与资本适应结构。

5. 简述有效多角组合的步骤。

5 教学课时 **08**

固定资产与无形资产投资决策

学习目标与要求

❶ 了解固定资产日常控制和无形资产投资管理决策。

❷ 掌握投资项目现金流量的含义、分类与组成内容、预测方法与相关现金流量的确定,这是投资项目评价的基础。

❸ 掌握不同的投资项目评价方法,如投资回收期、投资回扣率、净现值、现值指数和内含报酬率等。

❹ 熟悉各种评价指标的计算方法、决策标准及其优缺点,并能比较各评价指标在固定资产使用寿命相等与不相等的更新决策、相互排斥项目的投资决策、初始投资额不等的投资决策等实际运用中的差异。

❺ 理解投资决策中的风险问题和调整风险的基本方法,如期望值决策法、风险调整折现率法、风险调整现金流量法等,了解这些方法的基本思路、计算公式与优缺点。

学习重点与难点

学习重点

❶ 现金流量的含义、分类与组成内容,现金流量在投资经营全过程中的预测;

❷ 投资项目评价指标的计算、决策标准及其优缺点。

学习难点

❶ 比较各评价指标在固定资产更新决策、相互排斥项目的投资决策、初始投资额不等的投资决策等实际运用中的差异;

❷ 投资决策中调整风险的基本方法。

⊘ 练习题

一、单项选择题(共 10 题,把正确的选项序号填入该题括号)

1. 年末某公司拟处置一台闲置设备。该设备于 4 年前以 50 000 元购入,已计提折旧 36 000 元,目前可按 11 000 元卖出。假设公司所得税率 25%,卖出该设备对本期现金净流量的影响是　　　　　　　　　　　　　　　　　( )

    A. 减少 750 元　　　　　　　　　　B. 减少 3 000 元

    C. 增加 11 750 元　　　　　　　　　D. 增加 10 250 元

2. 某投资项目原始投资额为 50 万元,使用寿命 8 年,期满有残值 4 万元,采用直线法计提折旧。已知该项目第 8 年的营业现金流量为 8 万元,回收营运资金 5 万元,则该投资项目第 8 年的净现金流量为　　　　　　　　　　　( )

    A. 17 万元　　　　　　　　　　　　B. 13 万元

    C. 12 万元　　　　　　　　　　　　D. 13.75 万元

3. 某公司购入一批价值 30 万元的材料用于新产品试制,因性能不能达到要求无法投入使用;又购买新型材料 40 万元,但因无配套工具仍无法使用。如果从市场上采购零部件由自己加工,估计需再花费 20 万元,应当能完全符合新产品生产要求,那么评价此新产品项目的现金流出量为　　　　　　　　　　( )

    A. 20 万元　　　　　　　　　　　　B. 30 万元

    C. 40 万元　　　　　　　　　　　　D. 90 万元

4. 下列项目对内含报酬率计算没有影响的是　　　　　　　　　　( )

    A. 原始投资现值　　　　　　　　　B. 各年等额的营业额

    C. 固定资产残值　　　　　　　　　D. 固定资产折旧方法

5. 某方案的静态投资回收期是指　　　　　　　　　　　　　　　( )

    A. 净现值为 0 的年限　　　　　　　B. 现值指数为 1 的年限

    C. 净现金流量为 0 的年限　　　　　D. 累计净现金流量为 0 的年限

6. 采用净现值法评价投资项目可行性时,不能采用的折现率是　　( )

    A. 投资项目的资本成本　　　　　　B. 投资项目的内含报酬率

    C. 投资人要求的最低报酬率　　　　D. 投资的机会成本率

7. 若净现值小于 0,表明该投资项目　　　　　　　　　　　　　( )

    A. 投资报酬率没有达到预定的贴现率,不可行

    B. 各年利润小于 0,不可行

    C. 投资报酬率小于 0,不可行

    D. 投资报酬率大于 0,不可行

8. 运用肯定当量法进行投资项目的风险分析,需要调整的项目是 （ ）

    A. 无风险的现金流量   B. 有风险的现金流量

    C. 无风险的贴现率   D. 有风险的贴现率

9. 某企业拟进行一项固定资产投资项目决策,设定折现率为 8%,有甲、乙、丙、丁四个方案可供选择。其中甲方案的项目计算期为 8 年,净现值为 600 万元;乙方案的现值指数 0.75;丙方案的项目计算期为 9 年,其年净回收额为 110 万元;丁方案的内含报酬率为 7%。最佳投资方案是 （ ）

    A. 甲方案   B. 乙方案

    C. 丙方案   D. 丁方案

10. A、B 两个投资方案的项目计算期不同,且只有现金流出而没有现金流入,评价 A、B 两个方案的优劣宜采用的方法是 （ ）

    A. 比较两方案的净现值   B. 比较两方案的内含报酬率

    C. 比较两方案的现值指数   D. 比较两方案平均流出现值

二、多项选择题(共 10 题,把正确的选项序号填入该题括号)

1. 评价一个投资方案的可行性须满足下列哪些条件 （ ）

    A. 净现值大于 0   B. 现值指数大于 1

    C. 内含报酬率较高

    D. 回收期小于行业或其他类似项目基准回收期

    E. 回收期小于 1

2. 投资项目营业现金流量的计算可采用下列哪些方法 （ ）

    A. 营业现金流量＝营业收入－营业成本－所得税

    B. 营业现金流量＝收入×(1－税率)－成本×(1－税率)

    C. 营业现金流量＝税后收入－税后成本＋折旧引起的税负减少

    D. 营业现金流量＝净利润＋折旧

    E. 营业现金流量＝净利润＋折旧引起的税负减少

3. 下列有关投资项目评价方法的表述中正确的有 （ ）

    A. 净现值、获利指数、内含报酬率的计算均受设定折现率的影响

    B. 净现值衡量投资的效益,获利指数与内含报酬率衡量投资的效率

    C. 净现值、获利指数、内含报酬率均反映项目投资方案的本身报酬率

    D. 若净现值＜0,则获利指数＜1,内含报酬率＞资本成本

    E. 若净现值＞0,则获利指数＞1,内含报酬率＞资本成本

4. 下列有关肯定当量法的表述中正确的有 （ ）

    A. 肯定当量法可以消除投资决策的风险

    B. 肯定当量法不会夸大远期风险

C. 肯定当量法可以与净现值结合使用

D. 肯定当量法能比较容易地确定当量系数

E. 风险程度越大,当量系数越大

5. 下列有关风险调整折现率法的表述中正确的有　　　　　　　　　(　)

A. 风险调整折现率法把时间价值与风险价值混在一起,夸大了远期风险

B. 风险调整折现率法人为假定风险一年比一年小

C. 可以采用资本资产定价模型与风险等级评分确定风险调整折现率

D. 风险调整折现率法的基本思路是对于高风险项目采用较低的折现率计算净现值,然后根据净现值法的规则来选择方案

E. 风险调整折现率法使用很困难

6. 下列有关期望值决策法的表述中正确的有　　　　　　　　　　(　)

A. 计算净现值选用的折现率通常用考虑风险的折现率表示

B. 计算净现值选用的折现率通常用无风险报酬率表示

C. 概率需要经常调整

D. 需运用概率分析法确定投资项目现金流量的期望值和标准差

E. 夸大了远期风险

7. 对于同一个投资方案来讲,下列表述正确的有　　　　　　　　(　)

A. 资本成本越高,净现值越小

B. 资本成本越高,净现值越大

C. 现值指数大于 1 时,净现值不一定大于 0

D. 资本成本大于内含报酬率时,净现值为正数

E. 资本成本等于内含报酬率时,净现值为 0

8. 评价投资方案的静态投资回收期指标的主要缺点有　　　　　　(　)

A. 没有考虑货币时间价值　　　　　B. 计算复杂

C. 不可能衡量企业的投资风险　　　D. 没有考虑回收期满后的现金流量

E. 不能衡量投资方案投资报酬率的高低

9. 净现值法的不足之处在于　　　　　　　　　　　　　　　　　(　)

A. 没有反映投资方案本身的实际报酬率

B. 净现金流量和折现率的确定有一定难度

C. 不能衡量投资的风险性

D. 没有考虑回收期满后的现金流量

E. 无法确定互斥投资方案的优先次序

10. 在计算一个投资项目的净现值时,下列哪些现金流量应作为该项目的相关现金流量　　　　　　　　　　　　　　　　　　　　　　　　　　(　)

A. 项目事前的市场调研费用和聘请专家咨询费用

B. 设备在项目寿命期末的残值

C. 公司同类产品收益额的减少

D. 过去 3 年内有关产品的研发支出

E. 拟用借债方式为该项目筹资,新债务的年利息支出

三、判断改错题(共 10 题,在该题括号中,错的打"×"并改正,对的打"√")

1. 一般情况下,使某投资方案的净现值大于 0 的贴现率,一定大于该投资方案的内含报酬率。   (   )

2. 若某报废设备计算的预计净残值为 20 000 元,按税法规定计算的净残值为 16 000 元,所得税率为 25%,则该报废设备引起的现金流量为 19 000 元。 (   )

3. 现值指数法与内含报酬率法虽都是根据相对比率来评估投资方案,但两种方法的评价结论基本相同。   (   )

4. 投资项目采用加速折旧法计提折旧,计算出来的税后净现值比采用直线法小。   (   )

5. 内含报酬率小于行业基准收益率,说明以行业基准收益率折现的投资未收回。   (   )

6. 当折现率为 8% 时,某项目的净现值为 -200 元,则说明该项目的内含报酬率大于 8%。   (   )

7. 肯定当量法下的肯定当量系数与时间长短无关。   (   )

8. 若某一方案的净现值小于 0,则该方案的内含报酬率也小于 0。   (   )

9. 年均净回收额法可用于项目计算期不相同的多个互斥方案比较决策。
                                                          (   )

10. 净现值等于 0 表明项目产生的现金流量刚好回收了原始投资,因而项目是无任何回报的。   (   )

四、填空题(共 5 题)

1. 现金流量可按现金流动的方向划分为＿＿＿＿＿＿＿与＿＿＿＿＿＿＿。

2. 现金流量按投资经营全过程分为购建期现金流量、＿＿＿＿＿＿＿、＿＿＿＿＿＿
＿＿＿＿＿＿。

3. 投资回报率是指由于投资引起的年均现金净流量与＿＿＿＿＿＿＿＿的比率。

4. 在投资项目的评价指标中,指标值越小越好的是＿＿＿＿＿＿＿。

5. 在无资本限量决策的情况下,利用＿＿＿＿＿＿＿指标在所有的投资项目评价中都能作出正确的决策。

五、名词解释题(共 5 题)

1. 肯定当量法

2. 风险调整折现率法

3. 期望值决策法

4. 投资回收期

5. 内部收益率

六、简答题(共 5 题)

1. 为什么要选择现金流量指标作为固定资产投资决策指标的基础?

2. 提高固定资产利用效果的途径有哪些?

3. 从整个固定资产投资项目寿命期来看,投资项目的全部现金流量有哪几个组成部分? 各部分包括哪些内容?

4. 试比较净现值、现值指数和内含报酬率的异同。

5. 风险调整折现率法与风险调整现金流量法对净现值产生什么影响? 这两种方法有何优缺点?

七、计算题(共 10 题)

1. 某公司投资一新项目,现有甲、乙两个方案可供选择:甲方案需投资 54 000 元,使用寿命为 4 年,期满无残值,采用直线法计提折旧,每年营业收入 40 000 元,每年付现成本 20 000 元;乙方案需投资 80 000 元(含垫付的营运资金 16 000 元),使用寿命 4 年,期满有残值 4 000 元,采用直线法计提折旧,每年营业收入 35 000 元,付现成本第 1 年为 10 000 元,以后项目维护费逐年增加 500 元,营运资金在项目终结时收回。该公司所得税率 25%,资本成本 8%。

要求:

(1) 计算各方案的每年现金净流量;

(2) 计算各方案的净现值;

(3) 计算各方案的现值指数;

(4) 计算各方案的内含报酬率;

(5) 判断哪一方案更好。

2. 某公司拟投资一项目,有 A、B 两个方案可供选择:A 方案的初始投资 150 000 元,项目计算期 8 年,每年的净现金流量为 28 000 元;B 方案的初始投资 200 000 元,项目计算期 10 年,每年的净现金流量为 32 000 元。该公司要求的最低投资报酬率为 9%。

试问:该公司应选择哪一投资方案,为什么?

3. 某公司投资 106 000 元购入一台设备,该设备预计净残值 6 000 元,可使用 4 年,折旧按直线法计算(会计政策与税法一致)。设备投产后营业收入的增加额,第 1 年、第 2 年各为 50 000 元,第 3 年、第 4 年各为 60 000 元;付现成本的增加额,第 1 年、第 2 年各为 20 000 元,第 3 年、第 4 年各为 29 000 元。该公司目前年税后利润 30 000 元,适用的所得税率 25%,要求的最低报酬率 7%。

要求:

(1) 假设公司经营无其他变化,预测未来 4 年各年的税后利润。

(2) 计算该投资方案的净现值,并判断方案的可行性。

4. 某公司计划购入一台设备,有两个备选方案:(1) 购买 A 型设备,原价 30 000 元,使用寿命 5 年,期满有残值 1 500 元,每年末付修理费 2 000 元。(2) 购买 B 型设备,原价 40 000 元,使用寿命 6 年,期满有残值 5 000 元,第 1 年末付修理费 2 500 元,以后各年末付修理费逐年递增 500 元。该公司要求的最低投资报酬率 9%,适用的所得税率 25%,税法规定的该类设备折旧年限为 5 年,净残值率 10%。

要求:分别计算 A、B 型设备的平均年成本现值,并判断购买何种设备。

5. 某公司拟投资一新项目,有关资料如下:

(1) 设备投资。购入成本 50 万元,预计可使用 5 年,期满有残值 4 万元;税法规定的该设备折旧年限为 4 年,采用直线法折旧,残值率为 10%;计划在 2018 年 4 月 1 日购进并当即投入使用。

(2) 厂房装修。装修费用预计 2.1 万元,计划在 2018 年 4 月 1 日支付;预计在 3 年后还要进行一次装修,费用预计 2.2 万元;装修费用在其受益期内平均摊入成本。

(3) 收入和成本预计。预计 2018 年 4 月 1 日投产,前 3 年每年收入 18 万元,后两年每年收入保持 20% 的增长水平;每年付现成本 4 万元(不包括设备折旧、装修费摊销)。

(4) 营运资金预计。2018 年 4 月 1 日垫付营运资金 6 万元。

(5) 该公司要求的最低投资报酬率为 9%,适用的所得税率为 25%。

要求:用净现值法评价该项目的可行性。

6. 某公司设有三个投资方案甲、乙、丙。甲方案是一套 4 年前购入的生产线装置,原价 150 000 元,预计使用寿命 8 年,估计还可使用 4 年,每年付现成本 60 000 元;乙方案是再花 30 000 元对原生产线装置进行改良,可使用 4 年,每年付现成本 40 000 元;丙方案是投资 50 000 元对原生产线装置进行大修,可使用 4 年,每年付现成本 35 000 元。该生产线装置均按直线法计提折旧,预计残值均为原始投资的 10%。该公司所得税率为 25%,最低的投资报酬率为 9%。

要求:分析该公司选择何种方案进行投资。

7. 某公司计划对 4 年前投资为 100 万元的生产线进行改造或更新。该生产线预计使用寿命 8 年,年付现成本 12 万元。现有两个方案可供选择:方案甲,保留原生产线,再花 20 万元进行改造,改造后生产线的生产能力、使用寿命、年付现成本与原生产线完全相同;方案乙,废弃原生产线,其变现价值 10 万元,再投资 30 万元重建一生产线,年付现成本 6 万元,使用寿命为 8 年。无论何种方案生产线一律按直线法计提折旧,使用寿命期末的残值均为原价的 10%。该公司所得税率为 25%,最低的投资报酬率为 9%。

要求:

(1) 计算各方案的年平均成本现值;

(2) 该公司选择何种方案进行投资?

8. 某公司拟用新设备替换已使用 3 年的旧设备。旧设备原价 50 000 元,估计尚可使用 3 年,预计最终残值 4 500 元,税法规定采用直线法计提折旧,折旧年限 5 年,法定残值 5 000 元。旧设备每年付现成本 12 000 元,目前变现价值为 24 000 元。新设备原价 40 000 元,估计可使用 5 年,每年付现成本 11 000 元,税法规定采用年数总和法计提折旧,折旧年限 5 年,法定残值 4 000 元,预计最终残值 4 200 元。该公司所得税率为 25%,最低的投资报酬率为 9%。

要求:讨论该公司是否应该更换设备。

9. 某公司拟投资一新产品,需购置一专用设备,预计价款 600 000 元,垫支营运资金 80 128 元。该设备预计使用 5 年,采用直线法计提折旧,预计残值 60 000 元(折旧政策与有关税法规定一致),最终残值 49 829.33 元。该新产品预计每件售价 25 元,每件变动成本 15 元,每年增加固定付现成本 200 000 元。该公司所得税率为 25%,最低的投资报酬率为 9%。

要求:计算净现值为零的销售量水平(计算结果保留整数)。

10. 某公司考虑用一台新的、效率更高的设备来代替旧设备,新旧设备的有关资料如下:

	旧设备	新设备
原值(万元)	120	150
预计使用年限(年)	8	5
已使用年限(年)	4	—
尚可使用年限(年)	4	5
预计残值(万元)	10	15
年付现成本(万元)	50	35
目前变现价值(万元)	60	150
最终报废残值(万元)	12	14

该公司所得税率为 25%,最低的投资报酬率为 9%,新旧设备均采用直线法计提折旧,与税法折旧政策相同。

要求:分析该公司应否更新设备。

八、综合分析题(共 2 题)

1. 某公司拟更新原设备,新旧设备的详细资料如下:

项目	旧设备	新设备
原价(元)	80 000	100 000
税法规定残值(元)	8 000	10 000
预计使用年限(年)	8	4
已使用年限(年)	4	
尚可使用年限(年)	4	4
年销售收入(元)	20 000	60 000
年付现成本(元)	10 000	30 000
期满残值(元)	6 000	11 000
投产时需垫付营运资金(元)	——	20 000
现行市价(元)	40 000	100 000

假设公司最低投资报酬率为 8%,所得税率为 25%,按直线法计提折旧。

要求:

(1) 计算售旧更新方案的净现值;

(2) 计算售旧更新方案的投资回收期;

(3) 计算售旧更新方案的内含报酬率;

(4) 分析该公司应否更新。

2. 某公司拟投资 150 万元建一条生产线,预计寿命期为 10 年,预测投产后可使公司增加的现金流量为:前 5 年乐观的估计为每年 40 万元,概率 0.7,悲观的估计为每年 35 万元,概率 0.3;后 5 年乐观的估计为每年 30 万元,概率 0.6,悲观的估计为每年 22 万元,概率 0.4。有关变化系数与肯定当量系数的经验关系如下:

变化系数	肯定当量系数
0.00~0.05	1
0.06~0.10	0.8
0.11~0.15	0.6
0.16~0.20	0.4
0.21~0.25	0.2

该公司要求的最低投资报酬率为 9%。

要求:采用肯定当量法调整各年现金流量,计算投资方案的净现值,并判断方案的可行性。

Signature

2 教学课时

09

对外投资管理

◇ 学习目标与要求

❶ 了解企业对外投资的各种形式,掌握企业对外投资的各种类型及其含义。企业对外投资形式多样,大体有对外直接投资、有价证券投资以及基金投资。对外直接投资主要包括中外合资企业投资、合作企业投资和合并企业投资等。有价证券投资是指企业把资金用于购买其他发行主体发行的股票、债券等金融资产。基金投资包括证券基金投资、创业基金投资或风险基金投资和产业基金投资。

❷ 了解不同对外投资形式的特点。

❸ 了解不同的对外投资形式对企业的不同意义或作用,比如对外证券投资能够有效利用企业暂时闲置的资金获得一定的收益。企业应根据自身需要选择不同的对外投资方式。

◇ 学习重点与难点

学习重点

❶ 企业对外投资的种类、对外直接投资的方式、对外证券投资的形式、基金投资的种类等基本知识点;

❷ 对外直接投资包括中外合资企业投资、合作企业投资和企业合并投资。

学习难点

❶ 证券投资态势分析方法;

❷ 基金投资价值的财务指标的计算及分析。

练习题

一、单项选择题（共 10 题，把正确的选项序号填入该题括号）

1. 下列哪种合并会造成垄断，削弱企业之间的正常竞争 （ ）
    A. 吸收合并　　　　　　　　　B. 控股合并
    C. 纵向合并　　　　　　　　　D. 横向合并

2. 证券投资基金中投资风险最低的是 （ ）
    A. 股票基金　　　　　　　　　B. 混合基金
    C. 债券基金　　　　　　　　　D. 货币市场基金

3. 下列有关开放式基金的说法正确的是 （ ）
    A. 开放式基金有固定的存续期　　B. 开放式基金不上市交易
    C. 基金单位总数保持不变　　　　D. 开放式基金下提前赎回

4. 甲公司吸收合并了乙公司，合并完成后 （ ）
    A. 乙公司继续保留，甲公司不复存在
    B. 甲公司继续保留，乙公司不复存在
    C. 甲公司和乙公司都丧失法人地位
    D. 甲公司和乙公司都继续保留

5. 甲公司流动比率为 2，乙公司流动比率为 1，现甲公司和乙公司合并成立了新公司丙，请问丙公司的流动比率大约为 （ ）
    A. 大于 2　　　　　　　　　　B. 小于 1
    C. 介于 2 和 1 之间　　　　　　D. 不一定

6. 在中外合作企业合营期满后，外方投入的固定资产运营归哪方所有（ ）
    A. 中方　　　　　　　　　　　B. 外方
    C. 双方按出资比例分配　　　　　D. 出价高者

7. 从单位基金累计净值与单位基金净值的差异分析基金的分配政策，下列说法不正确的是 （ ）
    A. 两者的差异越小，说明基金公司实施消极的分红政策
    B. 两者的差异越大，说明基金公司实施积极的分红政策
    C. 该差异的大小与基金公司的分红政策无关
    D. 两者的差异越大，投资者越有可能提前赎回

8. 同行业中，经营同类产品的两个制造商或销售商的合并投资，是下列哪种合并方式 （ ）
    A. 吸收合并　　　　　　　　　B. 控股合并
    C. 纵向合并　　　　　　　　　D. 横向合并

9. 相比于单一债券,关于债券基金不正确的是 （　　）

    A. 债券基金的收益不如单一债券的利息固定

    B. 债券基金可以确定一个准确的到期日

    C. 债券基金的收益率比买入并持有单一债券到期的收益率更难以预测

    D. 所承担的风险不同

10. 关于基金的风险和收益,说法不正确的是 （　　）

    A. 基金的过往业绩并不预示基金的未来表现

    B. 投资基金的风险由投资人承担

    C. 买基金一定要买价格便宜的基金

    D. 投资者应该根据基金的市场风险、基金经理的投资风格等多种因素选择基金

二、多项选择题(共 10 题,把正确的选项序号填入该题括号)

1. 下列行为属于企业对外投资的有 （　　）

    A. 企业内部更新固定资产

    B. 企业与同行业企业合并

    C. 企业与外商合资

    D. 企业购买其他公司发行的债券

    E. 企业购买原材料

2. 下面哪几点是中外合资企业的特征 （　　）

    A. 中外合资企业是一个独立组成的公司实体

    B. 投资者必须是来自两个或更多国家/地区的投资者

    C. 由投资者提供资本

    D. 投资者在一定水平上分担一定程度的经营管理责任

    E. 投资者共同分担企业的全部风险

3. 中外合资企业的投资者可以采用以下哪些投资形式 （　　）

    A. 货币资金　　　　　　　　B. 实物资产

    C. 无形资产　　　　　　　　D. 购买公司债券

    E. 购买公司产品

4. 按照法律形式划分,可以将企业合并投资划分为 （　　）

    A. 吸收合并投资　　　　　　B. 新设合并投资

    C. 控股合并投资　　　　　　D. 横向合并投资

    E. 混合合并投资

5. 企业合并的作用有 （　　）

    A. 提高资金流动性

B. 增加资金收益性

C. 降低公司财务风险

D. 降低公司经营风险

E. 合理避税

6. 下列关于封闭式基金的说法不正确的有　　　　　　　　　　　（　　）

A. 有固定的存续期　　　　　　　　B. 规模固定

C. 可以赎回　　　　　　　　　　　D. 不可以上市交易

E. 封闭式基金折价率越高,越接近到期日,套利的空间越大,其潜在的价值越大

7. 货币市场基金的投资对象主要是　　　　　　　　　　　　　　（　　）

A. 股票　　　　　　　　　　　　　B. 银行定期存单

C. 国库券　　　　　　　　　　　　D. 商业票据

E. 政府短期债券

8. 下列收入属于证券基金投资中本期收入的有　　　　　　　　　（　　）

A. 股票差价收入　　　　　　　　　B. 债券差价收入

C. 权证差价收入　　　　　　　　　D. 债券利息收入

E. 存款利息收入

9. 开放式基金资产总净值可能受到下列哪些因素影响　　　　　　（　　）

A. 基金已实现的收益

B. 基金份额申购和赎回的影响

C. 基金投资的资产价值的增减变化

D. 基金的费用

E. 基金的折价率

10. 按照投资风险与收益不同,可以将投资基金分为　　　　　　　（　　）

A. 公司型基金　　　　　　　　　　B. 契约型基金

C. 成长型基金　　　　　　　　　　D. 收入型基金

E. 平衡型基金

三、判断改错题(共 10 题,在该题括号中,错的打"×"并改正,对的打"√')

1. 购买封闭式基金的投资者一旦认购,不可以向基金管理公司赎回,而只能在证券市场上按市场价格转让。　　　　　　　　　　　　　　　　（　　）

2. 证券投资基金中投资风险最大的是货币市场基金。　　　　　　（　　）

3. 封闭式基金货币资产比例要尽可能低一些,开放式基金要适当高一些。

（　　）

4. 中外合资投资是指中外投资者通过协商签订合同、协议,确定双方的权利、

义务所进行的投资。　　　　　　　　　　　　　　　　　　　　　（　　）

5. 基本因素分析法是通过对影响证券价格变动的基本因素,特别是证券的内在价值的分析来预测价格的变化态势的方法,主要适用于短期证券投资分析。
　　　　　　　　　　　　　　　　　　　　　　　　　　　　　（　　）

6. 我国上市的股票是不记名股票,以便于流通。　　　　　　　　　（　　）

7. 经过新设合并,参与合并的企业只保留一个法人地位,其余的丧失法人地位,不复存在。　　　　　　　　　　　　　　　　　　　　　　　　（　　）

8. 合资和合作企业,双方出资的资产均必须全部折算为注册资本,确定各自的投资份额。　　　　　　　　　　　　　　　　　　　　　　　　　（　　）

9. 对于封闭式基金,单位基金资产净值只是投资者在二级市场交易的影子价格。通常情况下,封闭式单位基金资产净值大于实际交易价格。　　　（　　）

10. 从单位基金累计净值与单位基金资产净值的差异分析基金的分配政策,两者的差异越大,说明基金公司越偏好实施积极的分红政策。　　　（　　）

四、填空题(共 5 题)

1. 对外直接投资的方式主要包括＿＿＿＿＿＿企业投资、＿＿＿＿＿＿企业投资、＿＿＿＿＿＿投资三种形式。

2. 按照法律形式划分,企业合并投资可分为＿＿＿＿＿＿投资、新设合并投资和＿＿＿＿＿＿投资。

3. 我国证券投资基金始于＿＿＿＿＿＿年,在较短的时间内就成功地实现了从＿＿＿＿＿＿＿＿＿＿到开放式基金、从＿＿＿＿＿＿到货币市场、从＿＿＿＿＿＿＿到合资基金管理公司、从＿＿＿＿＿＿到境外理财的几大历史性的跨越。走过了发达国家几十年乃至上百年的历程。

4. 按照组织形式的不同,证券基金可以分为＿＿＿＿＿＿和契约型基金。目前我国的证券投资基金均为＿＿＿＿＿＿。

5. 按照投资风险与收益的不同,证券基金可以分为＿＿＿＿＿＿、收入型投资基金和＿＿＿＿＿＿。

五、名词解释题(共 5 题)

1. 吸收合并投资

2. 开放式基金

3. 基金累计净值

4. 证券投资技术分析法

5. 对外投资

六、简答题(共 5 题)

1. 对外投资的目的是什么?

2. 对被投资企业投资项目概括评价的主要内容通常包括哪些方面？

3. 按照合并所涉及的行业划分，企业合并可以分为哪些类型？这些合并对企业控制风险有何帮助？

4. 证券投资态势分析方法主要有哪两种？其侧重点是什么？

5. 基金投资的种类有哪些？普通投资者通常投资的基金是什么？

七、计算题（共 5 题）

1. 甲公司与乙公司拟合并，合并后乙公司不复存在，经估计甲公司目前的市场价值为 12 000 万元，乙公司目前的市场价值为 6 000 万元，估计合并后新公司的市场价值将达到 22 000 万元。乙公司股东要求以 8 500 万元成交，并购过程中交易费用率估计为 10%。

要求：计算甲公司完成此并购的净收益。

2. 我国汽车行业的上市公司 A 董事会拟吸收合并同行业公司 B，以迅速实现规模扩张。

表 9-1 A、B 公司合并前的年度主要相关财务指标

项　目	A 公司	B 公司
净利润（万元）	30 000	8 000
股本（万股）	12 000	4 000
市盈率（倍）	20	15
每股收益（元/股）	2.5	2
每股市价（元）	50	30

公司的所得税率为 25%，A 公司打算以 10 股换 17 股增发新股的方式完成合并。

要求：如果并购后新的 A 公司的费用将因规模效应减少 1 500 万元，其他不变，预计合并后新的 A 公司的每股收益。

3. A 公司流动在外的普通股为 3 000 万股，现有净利润为 3 000 万元，市盈率为 20；B 公司流动在外的普通股为 100 万股，现有净利润为 80 万元，市盈率为 25。A 公司拟采用增发普通股的方式收购 B 公司，计划支付高于 B 公司市价 10% 的溢价。

要求：计算股票交换率和增发的普通股股数。

4. 假设某股票基金目前有：A 股票 20 万股，每股市价 15 元；B 股票 60 万股，每股市价 31 元；C 股票 110 万股，每股市价 12 元；银行存款 120 万元。该基金的负债有两项，对托管人或管理人应付未付的报酬为 400 万元，应付税金为 600 万元，已售出的基金单位为 2 000 万。

要求：计算该基金单位净值。

5. 某基金公司发行的是开放式基金,本年的相关资料如表 9-2 所示。

表 9-2　基金财务指标

项　目	年初	年末
基金资产账面价值(万元)	2 000	2 200
负债账面价值(万元)	500	520
基金资产市场价值(万元)	3 500	4 840
基金单位(万份)	1 000	1 200

假设公司收取首次认购费,认购费为基金净值的 5%,不再收取赎回费。

要求:

(1) 计算年初的下列指标:① 该基金公司基金净资产价值总额;② 基金单位净值;③ 基金认购价;④ 基金赎回价。

(2) 计算年末的下列指标:① 该基金公司基金净资产价值总额;② 基金单位净值;③ 基金认购价;④ 基金赎回价。

(3) 计算本年单位基金净值增长率。

八、案例分析题(共 1 题)

TCL 兼并模式①

TCL 集团公司为国内颇具实力的家电生产企业。1996 年,TCL 集团公司对香港陆氏集团彩电项目实施兼并;1997 年 6 月,TCL 对地处中原地区的新乡"美乐"集团实施兼并。两次兼并都不以"吃掉"对方为目标,而是倡导合作资本的发挥,携手共创企业发展前景,这是中国企业合作史上少有的强强合作现象。权威人士认为,TCL 的企业兼并经验对中国国有企业改革具有普遍指导意义。

陆氏集团涉足彩电市场较早,生产经验丰富,尤其是海外市场开拓能力较强。1990 年,陆氏公司抓住欧洲一体化的机会,率先在英国设立生产基地,其后又在东欧设立彩电生产基地。1991 年,投资越南,和当地一厂家联营,成立电子厂。其在蛇口的生产基地拥有完整的科研开发设施,技术力量雄厚,同时具有较大的生产规模。TCL 集团对陆氏集团实施资本合作,充分利用了原蛇口陆氏的生产能力,从而拥有了一个完整的与国际接轨的科研、开发系统,大大提高了 TCL 王牌彩电的技术含量并降低了其生产成本。

"美乐"集团原是电子部部属企业,军转民后上了两条彩电生产线。"美乐"电子集团的彩电主要适合农村市场,该产品在中原、东北、华北的农村市场基础较好,

---

① 程元杰,谷振红,张海燕. 财务管理案例. 伊利:伊利人民出版社,2000;傅元略. 财务管理学习指导与练习. 厦门:厦门大学出版社,2009;吴安平等. 财务管理学教学案例. 北京:中国审计出版社,2001.

工厂的技术力量和基本硬件有一定优势,领导班子和职工素质较高。"美乐"拥有完整的销售体系,年销售额近 7 亿元,利润 1 300 万元,且它们的目标互补性很强。通过合作,TCL 在生产能力、布局和农村市场获益的同时,"美乐"也得到了资金、技术、管理和知名度。"美乐"则是 TCL 北上中原的理想合作者,兼并后,"美乐"原基地成为 TCL 在中原的轴心,形成 500 公里半径范围,4 亿人口农村市场开发的跳板和新基地。同时,降低了销售成本,按照销售 50 万台计算,可节省运费高达1 500 万元,另外还加快了对农村市场的开拓。

TCL 集团公司兼并"美乐"的成功引起了各大媒介的关注,人民日报海外版、经济日报、工人日报、光明日报、新华每日电讯等都称这是国企强强合作、互补、内外联手的合作方式,是推动企业最大限度地解放生产力的发展模式,称之为"TCL模式"。

要求分析思考:

(1) "TCL 模式"在兼并策略上体现了哪些特点?

(2) "TCL 模式"的成功对国有企业发展有何启示?

5 教学课时
······

10

营运资金管理

◎ 学习目标与要求

❶ 了解企业营运资金的概念及特点。

❷ 理解掌握流动资产管理的一般理论与定量方法。

❸ 运用模型确定现金最佳存量。

❹ 熟悉企业的信用管理政策要素,即信用标准、信用期限、收账政策和现金折扣的含义。

❺ 掌握应收账款政策的定量评价及存货的日常控制。

◎ 学习重点与难点

学习重点

❶ 现金定量管理中的周期模式、存货模式和随机模式;

❷ 应收账款政策的定量评价;

❸ 合理确定存货的采购批量和生产批量的方法。

学习难点

❶ 确定现金最佳存量不同模式的比较及适用条件;

❷ 信用管理政策的理解与应用,不同采购经济批量的比较与应用。

◎ 练习题

一、单项选择题(共 10 题,把正确的选项序号填入该题括号)

1. 下列哪一项不是流动资产的特点   (   )

A. 流动性强　　　　　　　　　　B. 回收期短

C. 灵敏度高　　　　　　　　　　D. 收益高

2. 对存货进行 ABC 类划分后，A 类存货是指　　　　　　　　　　（　　）

A. 数量多、金额多　　　　　　　B. 数量多、金额少

C. 数量少、金额多　　　　　　　D. 数量少、金额少

3. 企业将资金占用在应收账款上而放弃其他方面投资可获得的收益是应收账款的　　　　　　　　　　　　　　　　　　　　　　　　　　　　（　　）

A. 管理成本　　　　　　　　　　B. 持有成本

C. 坏账成本　　　　　　　　　　D. 资金成本

4. 某企业的应收账款周转率为 6 次，则其应收账款周转天数为　　（　　）

A. 30　　　　　　　　　　　　　B. 40

C. 50　　　　　　　　　　　　　D. 60

5. 在材料采购批量的决策中，下列哪一项成本为无关成本　　　　（　　）

A. 采购成本　　　　　　　　　　B. 订购成本

C. 储存成本　　　　　　　　　　D. 利息成本

6. 在下列各项中，属于应收账款机会成本的是　　　　　　　　　（　　）

A. 坏账损失　　　　　　　　　　B. 收账费用

C. 信用调查的费用　　　　　　　D. 占用资金应计利息

7. 对存货进行 ABC 类划分的最基本标准是　　　　　　　　　　（　　）

A. 重量标准　　　　　　　　　　B. 数量标准

C. 金额标准　　　　　　　　　　D. 数量和金额标准

8. 在对存货采用 ABC 法进行控制时，应当重点控制的是　　　　（　　）

A. 数量较大的存货　　　　　　　B. 占用资金较多的存货

C. 品种多的存货　　　　　　　　D. 价格昂贵的存货

9. 最佳采购批量是指　　　　　　　　　　　　　　　　　　　　（　　）

A. 采购成本最低的采购批量　　　B. 订货成本最低的采购批量

C. 储存成本最低的采购批量　　　D. 相关总成本最低的采购批量

10. 企业在确定客户的信用标准前，首先必须评定客户的　　　　（　　）

A. 信用品质　　　　　　　　　　B. 信用期限

C. 现金折扣　　　　　　　　　　D. 收账政策

二、多项选择题（共 10 题，把正确的选项序号填入该题括号）

1. 采用存货模式来确定现金最佳持有量，主要考虑的成本有　　（　　）

A. 短缺成本　　　　　　　　　　B. 持有成本

C. 交易成本　　　　　　　　　　D. 利息费用

E. 现金周转成本

2. 成本分析模式中持有货币资金成本可以分解为 （　　）

A. 置存成本
B. 投资成本
C. 管理成本
D. 短缺成本
E. 交易成本

3. 评定客户信用品质的 5C 系统包括： （　　）

A. 资本
B. 品行
C. 能力
D. 担保品
E. 情况

4. 信用管理政策的要素包括 （　　）

A. 信用品质
B. 信用标准
C. 信用期限
D. 收账政策
E. 现金折扣

5. 评定客户信用品质的 5C 系统中的能力是指分析客户的 （　　）

A. 履行其付款义务的可能性
B. 流动资产的数量、质量
C. 流动负债的状况
D. 能否为信用提供担保资产
E. 信誉或形象

6. 流动资金的管理要求有 （　　）

A. 提高盈利性
B. 满足成长性
C. 保持流动性
D. 保证安全性
E. 股权优化性

7. 流动资产投资又称经营性投资，与固定资产投资相比，下列说法正确的是

（　　）

A. 投资回收期短
B. 流动性强
C. 灵敏度高
D. 资金成本高
E. 单位价值高

8. 流动负债的特点包括 （　　）

A. 资金成本低
B. 财务风险高
C. 融资弹性强
D. 融资速度快
E. 资金成本高

9. 确定现金最佳存量的模式有以下哪几种 （　　）

A. 周期模式
B. 成本分析模式
C. 存货模式
D. 随机模式
E. 现金流量模式

10. 现金的周转过程主要包括　　　　　　　　　　　（　　　）
    A. 存货周转期　　　　　　　　B. 应付账款周转期
    C. 应收账款周转期　　　　　　D. 预收账款周转期
    E. 营运资金周转期

三、判断改错题(共 10 题,在该题括号中,错的打"×"并改正,对的打"√")

1. 与采购存货有联系的订货成本的高低取决于订货的数量与质量。（　　　）

2. 企业的应收账款周转率越大,说明发生坏账损失的可能性越大。（　　　）

3. 缺货成本就是缺少存货的采购成本。（　　　）

4. 一般说来,在其他条件不变的情况下,延长信用期限,也就等于延长了应收账款的平均收账期。（　　　）

5. 应收账款周转率越高,维持赊销需要的资金越少,应收账款的机会成本越小。（　　　）

6. 应收账款周转天数与应收账款周转次数是倒数关系。（　　　）

7. 企业的现金越多,支付能力越强,盈利能力也越强。（　　　）

8. 现金周转期是存货周转期与应收账款周转期之和。（　　　）

9. 随机模式是基于现金收支不均衡且数额难以预测的确定现金存量的方法。（　　　）

10. 收账费用的增加与坏账费用的减少之间并非线性关系。（　　　）

四、填空题(共 5 题)

1. 从资金运用的角度看,营运资金是指运用在_____上的资金。

2. 现金是流动资产的重要组成部分,其价值形态既是企业资金循环的_____,也是企业资金循环的_____,其_____最强。

3. 信用期限是指企业给予客户的_____。

4. 账龄分级监控的程序是,首先计算_____,然后对_____进行分类,以便对全部应收账款实施监控。

5. 采购批量是指_____。

五、名词解释题(共 5 题)

1. 现金的周期模式

2. 信用标准

3. 收账政策

4. 采购批量

5. 信用期间

六、简答题(共 5 题)

1. 在评定信用品质时,从哪些方面调查客户的信用情况。

2. 信用报告主要包括哪些内容?

3. 企业信用管理政策包括哪几个要素?

4. 简述 ABC 分类法。

5. 简述营运资金的特点。

七、计算题(共 5 题)

1. 某厂生产 A 产品,全年需要 4 800 千克,每次生产准备成本为 200 元,每千克年储存成本为 12 元。要求:计算 A 产品最佳生产批量。

2. 凯旋股份有限公司预计计划年度存货周转期为 120 天,应收账款周转期为 80 天,应付账款周转期为 70 天,预计全年需要现金 1 400 万元,求最佳现金持有量是多少?

3. 某公司预计全年货币资金需求量为 400 000 元,每次买卖证券的费用为 60 元,证券年利率为 8%,求最佳货币资金持有量。

4. 某企业生产中全年需要某种材料 2 000 公斤,每公斤买价 20 元,每次订货费用 50 元,单位储存成本为买价的 25%。确定该企业最佳采购批量和全年的采购次数。

5. 某企业预计耗用甲种材料 72 吨,每次订货成本 16 000 元,单位储存成本 4 000 元,单位缺货成本 7 000 元,确定该企业经济订购批量和平均缺货量。

八、综合分析题(共 2 题)

1. 某企业原实行 30 天信用期限赊销,企业的平均资金利润率为 30%,赊销收入 500 万元,销售成本 350 万元,财务成本 8.75 万元,收账费用 4 万元,坏账损失 5 万元。现企业拟实施客户在 10 天内付清价款可享受 2% 的现金折扣的方案,预计方案实施后,所有客户都会在折扣期内付款,企业的收账费用可降低至 1/4,消除了坏账损失。试确定该企业拟定的现金折扣方案是否可行。

2. A 公司是一个商业企业。由于目前的信用条件过于严格,不利于扩大销售,该公司正在研究修改现行的信用条件。现推出甲、乙、丙三个信用条件的备选方案,有关数据资料见表 10 - 1。

表 10 - 1　甲、乙、丙信用条件及有关资料

项目	甲方案($n/60$)	乙方案($n/90$)	丙方案($2/30, n/90$)
年赊销额(万元/年)	1 440	1 530	1 620
收账费用(万元/年)	20	25	30
固定成本	32	35	40
坏账损失率	2.5%	3%	2.7%
收账费用	20	25	24

已知 A 公司的变动成本率为 80%,占用在应收账款上的资金成本率为 12%,坏账损失率为坏账损失与年赊销额的比率。考虑到有一部分客户会拖延付款,因此预计在甲方案中,应收账款平均收账天数为 90 天;在乙方案中应收账款平均收账天数 120 天;在丙方案中,估计有 40% 的客户会享受现金折扣,有 40% 的客户在信用期内付款,另外 20% 客户延期 60 天付款。假定各个客户购货量相等。

要求:

(1) 计算丙方案的下列指标。

① 应收账款平均收账天数;

② 应收账款机会成本;

③ 现金折扣。

(2) 计算三个方案信用成本前的收益和信用成本后的收益,选择一个最优的方案(一年按 360 天计算)。

2 教学课时
……

11

收益分配管理

✅ 学习目标与要求

❶ 了解企业收益分配的程序、形式及其相关制约因素。

❷ 一般了解并掌握股利政策制定的基本理论观点,了解投资决定模式、股利决定模式和收益决定模式下的不同股利政策理论解释,理解 MM 股利无关论;代理理论和信号传递理论对股利政策的解释。

❸ 了解企业利润总额的分配顺序。

❹ 重点掌握股利政策制定的主要类型和影响因素,以及股利支付的程序和方式。

❺ 明确股票回购的概念、类型与动机。

✅ 学习重点与难点

学习重点

❶ 收益分配的含义与形式;

❷ 影响股利政策制定的相关因素;

❸ 股利政策的主要类型及应用;

❹ 股利支付程序与方式;

❺ 股票回购动机及类型。

学习难点

投资决定模式、股利决定模式和收益决定模式下的不同股利政策理论解释。

练习题

一、单项选择题(共 10 题,把正确的选项序号填入该题括号)

1. 法律禁止公司过度地保留盈余的主要原因是　　　　　　　　　　　(　　)

　　A. 避免资本结构失调　　　　　　B. 避免损害少数股东权益

　　C. 防止股东避税　　　　　　　　D. 避免经营者从中牟利

2. 剩余股利政策的理论依据是　　　　　　　　　　　　　　　　　　(　　)

　　A. MM 股利无关论　　　　　　　B. 股利相关论

　　C. 所得税差异理论　　　　　　　D. 代理理论

3. 某公司近年来经营业务发展较快,预计现有生产能力能够满足未来 10 年稳定增长的需要,公司希望其股利支付与公司盈余保持紧密的配合。基于以上条件,该公司最适宜的股利政策是　　　　　　　　　　　　　　　　　　(　　)

　　A. 剩余股利政策　　　　　　　　B. 固定股利支付率政策

　　C. 固定股利政策　　　　　　　　D. 低正常股利加额外股利政策

4. 从企业的支付能力的角度看,采用以下何种政策是一种稳定的股利政策

　　　　　　　　　　　　　　　　　　　　　　　　　　　　　　　　(　　)

　　A. 固定股利政策　　　　　　　　B. 剩余股利政策

　　C. 固定股利支付率政策　　　　　D. 低正常股利加额外股利政策

5. 企业税后利润分配的顺序是　　　　　　　　　　　　　　　　　　(　　)

　　A. 弥补企业以前年度亏损,提取任意盈余公积金,提取法定盈余公积金,向投资者分配

　　B. 弥补企业以前年度亏损,向投资者分配,提取法定盈余公积金,提取任意盈余公积金

　　C. 弥补企业以前年度亏损,提取法定盈余公积金,向投资者分配,提取任意盈余公积金

　　D. 弥补企业以前年度亏损,提取法定盈余公积金,提取任意盈余公积金,向投资者分配

6. 某公司 2021 年度实现净利润 100 万元,2022 年投资计划预计需要 50 万元的资金。公司目标资本结构为自有资金 40%,借入资金 60%,若公司采用剩余股利政策,则该公司 2021 年可向投资者发放的股利数额为多少万元　(　　)

　　A. 20　　　　　　　　　　　　　B. 70

　　C. 80　　　　　　　　　　　　　D. 100

7. 根据公司法的规定,法定盈余公积的提取比例为当年税后利润的 10%,法定盈余公积金已达到注册资本的多少时可不再提取　　　　　　　　　　(　　)

A. 20%　　　　　　　　　　　　B. 30%

C. 40%　　　　　　　　　　　　D. 50%

8. 某公司现有普通股 1 000 000 股,每股面值 1 元,资本公积 3 000 000 元,未分配利润 8 000 000 元。若按 10 转增 1 股的比例发放股票股利,股利发放后,有关账户余额为　　　　　　　　　　　　　　　　　　　　　　(　　)

　　A. 未分配利润 7 900 000 元　　　B. 资本公积 2 900 000 元

　　C. 普通股 900 000 股　　　　　　D. 库存股 100 000 股

9. 公司发放现金股利,可能带来的结果是　　　　　　　　　　　(　　)

　　A. 股东权益内部结构变化　　　　B. 公司负债的增加

　　C. 公司资产的流出　　　　　　　D. 股东财富的总价值增加

10. 有利于优化资本结构,降低加权平均资本成本率,实现企业价值长期最大化的股利政策是　　　　　　　　　　　　　　　　　　　　　　(　　)

　　A. 剩余股利政策　　　　　　　　B. 固定股利政策

　　C. 固定股利支付率政策　　　　　D. 低正常股利加额外股利政策

二、多项选择题(共 10 题,把正确的选项序号填入该题括号)

1. 从股东保护自身利益的角度出发,在确定股利分配政策时应考虑的因素有　　　　　　　　　　　　　　　　　　　　　　　　　　　　　　　(　　)

　　A. 避税　　　　　　　　　　　　B. 控制权

　　C. 稳定股东收入　　　　　　　　D. 投资机会

　　E. 股价变动

2. 按照股份有限公司对其股东支付股利的不同方式,股利可以分为不同的种类,包括　　　　　　　　　　　　　　　　　　　　　　　　　　　　(　　)

　　A. 现金股利　　　　　　　　　　B. 财产股利

　　C. 负债股利　　　　　　　　　　D. 资产股利

　　E. 股票股利

3. 企业发放的股票股利　　　　　　　　　　　　　　　　　　　(　　)

　　A. 实际上是企业盈利的资本化　　B. 会使企业财产价值增加

　　C. 可使股票价格不至于过高　　　D. 能达到节约企业现金的目的

　　E. 可吸引更多的投资者

4. 在证券市场上,股票回购的动机主要有　　　　　　　　　　　(　　)

　　A. 替代现金股利　　　　　　　　B. 提高公司股价

　　C. 提高财务杠杆比例　　　　　　D. 降低公司股价

　　E. 防止敌意收购

5. 下列各项中,属于确定股利分配政策的法律因素的内容有　　　(　　)

　　A. 控制权考虑　　　　　　　　　　B. 资本保全限制

　　C. 资本积累限制　　　　　　　　　D. 超额累计利润限制

　　E. 偿债能力限制

6. 对于连续 5 年不能用税前利润弥补的亏损,可用下列哪些项目弥补(　　)

　　A. 盈余公积　　　　　　　　　　　B. 资本公积

　　C. 未分配利润　　　　　　　　　　D. 实收资本

　　E. 股本

7. 债权人通常会在与公司签订的债务契约中加入一些限制性条款,以限制公司股利的发放,这些条款包括　　　　　　　　　　　　　　　　　　　(　　)

　　A. 股利的支付不能超过累计盈余的一定百分比

　　B. 营运资金低于某一特定金额时不得发放股利

　　C. 从利润中提取偿债基金

　　D. 利息保障倍数低于一定水平时不得发放股利

　　E. 股利只能以签订合同之后的收益发放

8. 某公司现有普通股 5 000 000 股,每股面值 1 元,资本公积 2 000 000 元,盈余公积 1 600 000 元,未分配利润 1 000 000 元,若按 10 股送 1 股的比例发放股票股利(不考虑股本溢价),股利发放后,有关账户余额为　　　　　　　(　　)

　　A. 资本公积 1 500 000 元　　　　　B. 未分配利润 500 000 元

　　C. 普通股 4 500 000 股　　　　　　D. 普通股 5 500 000 股

　　E. 盈余公积 1 100 000 元

9. 企业选择股利政策类型时通常需要考虑的自身因素包括　　　　　(　　)

　　A. 支付能力的稳定情况　　　　　　B. 获利能力的稳定情况

　　C. 目前的投资机会　　　　　　　　D. 投资者的态度

　　E. 资金的变现能力

10. 我国企业提取的盈余公积金可以用于　　　　　　　　　　　　(　　)

　　A. 员工集体福利　　　　　　　　　B. 弥补企业亏损

　　C. 增加注册资本　　　　　　　　　D. 支付现金股利

　　E. 支付股票股利

三、判断题(共 10 题,在该题括号中,错的打"×"并改正,对的打"√")

1. 一般来说,如果一个公司筹资能力较强,则有可能采取宽松的收益分配政策。　　　　　　　　　　　　　　　　　　　　　　　　　　　　　(　　)

2. 公司采取固定股利政策可以优化资本结构、实现企业价值最大化,从而有利于企业树立良好的形象。　　　　　　　　　　　　　　　　　　　(　　)

3. 在实务中,企业收益分配的内容是净利润的分配。　　　　　　　(　　)

4. "在手之鸟"理论认为公司应保持较低水平的股利支付政策。　　（　　）

5. 企业每年必须按本年实现的税后利润的 10% 计提法定盈余公积金。

（　　）

6. 处于成长期的公司多采取多分少留的政策，而陷入经营收缩的公司多采取少分多留的政策。　　（　　）

7. 根据我国有关法律规定，股利的支付不能减少资本，如果一个公司的资本已经减少或因支付股利而引起资本减少，则不能支付股利。　　（　　）

8. 在信息不对称的情况下，股票回购可能会产生一种有利于公司的信号传递作用，当经理认为本公司普通股价值被低估时，他们往往会采取股票回购方式向市场表达股票价值被低估的信息。　　（　　）

9. 只有在除息日之前、股权登记日收盘时在册的股东，才能分享最近一次分派的股利。　　（　　）

10. 发放股票股利有利于提高公司每股净资产。　　（　　）

四、填空题（共 5 题）

1. 在实务中，企业收益分配是指＿＿＿＿＿＿的分配。

2. 我国通常采用的股利支付方式是＿＿＿＿＿＿和股票股利。

3. 常见的股利政策形式有剩余股利政策、稳定股利政策、＿＿＿＿＿＿、正常股利加额外股利政策。

4. 企业对利润总额分配的程序有税前利润弥补亏损、缴纳所得税、支付各种罚没款项、税后利润弥补亏损、＿＿＿＿＿＿、向投资者分配六个步骤。

5. 影响股利政策制定的相关因素有法律因素、＿＿＿＿＿＿、股东因素、公司自身因素。

五、名词解释（共 5 题）

1. 除权除息日

2. 剩余股利政策

3. 固定或持续增长的股利政策

4. 股票股利

5. 股票回购

六、简答题（共 5 题）

1. 短期、长期债权人对收益分配有哪些利益要求？

2. 简述选择股利政策时应考虑的相关因素。

3. 简述股票回购的概念与类型。

4. 股份有限公司向股东支付股利的程序是什么？

5. 在股利分配的实务中，公司经常采用的股利政策有哪些？说明为什么要采取这些政策。

七、计算题（共 5 题）

1. 某公司上年的税后净利润为 1 200 万元，分配的现金股利为 420 万元，本年的税后净利润为 900 万元，下年该公司的投资计划需要资金 500 万元，该公司的目标资本结构为股权资本占 60%，债务资本占 40%，该公司盈余公积已提足。

要求：

（1）如果采用剩余股利政策，计算该公司本年应分配的现金股利。

（2）如果采用固定股利政策，计算该公司本年应分配的现金股利。

（3）如果采用固定股利支付率政策，计算该公司本年应分配的现金股利。

（4）如果采用低正常股利加额外股利政策，该公司上年的现金股利为正常股利，另按净利润增加的 10% 支付额外股利，计算该公司本年应分配的现金股利。

2. 某公司下年拟投资 2 000 万元引进一条生产线以扩大生产能力，该公司目标资本结构为：股权资本占 60%，债务资本占 40%。该公司本年税后利润为 1 000 万元，采用固定股利政策，该年度应分配的股利为 300 万元。试计算下年度该公司为引进生产线需要从外部筹集股权资本的数额。

3. 某公司本年净利润为 600 万元，分派现金股利 270 万元。过去 10 年该公司始终按 45% 的比例从净利润中支付股利。预计公司下年税后利润的增长率为 5%，下年拟投资 500 万元。

要求：

（1）如果该公司采用固定股利支付率政策，计算下年发放的股利额。

（2）如果采用正常股利加额外股利政策，该公司决定在固定股利的基础上，若税后利润的增长率达到或超过 5%，新增利润的 1% 将作为固定股利的额外股利。试计算下年发放的股利额。

4. 甲上市公司在 2017 年 3 月份的股票平均市价为 22.50 元，每股收益为 2 元。股东权益项目构成如下：普通股 4 000 万股，每股面值 15 元，资本公积 6 500 万元，留存收益 9 500 万元。甲公司于 2017 年 3 月 31 日准备用现金按每股市价 25 元（平均价上浮 10%）回购 800 万股流通在外股票，且公司净利润不变，试计算：（1）股票回购之后的净利润；（2）股票回购之后的每股收益。

5. 某公司宣告每 10 股送 2.5 股的股票股利，其股权登记日为 4 月 1 日。股权登记日该公司股票收盘价每股 25 元，你拥有 160 股该公司股票。

要求：

（1）在发放股票股利后，你共拥有多少股票？

（2）如其他条件不变，你预计在 4 月 2 日每股除权价为多少？

（3）如其他条件不变，则在发放股票股利前后，即按股票除权前后价格计算，你所拥有的股票总市值各为多少?

八、综合分析题(共1题)

某公司在上年度实现净利润1 000万元,分配现金股利550万元,提取盈余公积金450万元。在本年度实现净利润为900万元,且在下年度计划投资700万元。假定公司目标资本结构为权益资本占60%,长期债务资本占40%。

要求:

(1)在保持目标资本结构的前提下,计算下年投资方案所需的权益资本和需要从外部借入的长期债务资本。

(2)在保持目标资本结构的前提下,若公司实行剩余股利政策,且盈余公积金在上年度已经提足,计算本年度可分配的现金股利。

(3)在不考虑目标资本结构的前提下,如果公司执行固定股利政策,计算本年度可分配的现金股利。

(4)在不考虑目标资本结构的前提下,若公司执行固定股利支付率政策,计算该公司的股利支付率和本年度应分配的现金股利。

(5)假定公司下年面临从外部筹资的困难,只能从内部筹集。若不考虑目标资本结构,计算在此情况下本年度可分配的现金股利。

3 教学课时
······

12

财务预算

学习目标与要求

❶ 了解全面预算的基本含义及其组成内容。

❷ 了解财务预算与 ERP 系统的关系。

❸ 理解业务预算、专门决策预算和财务预算之间的关系。

❹ 熟悉全面预算体系,理解并掌握日常业务预算、专门决策预算和财务预算的基本概念及构成内容,掌握财务预算的编制方法,尤其是财务预算编制的基本方法。

学习重点与难点

学习重点

❶ 全面预算体系;

❷ 全面预算与财务预算、财务预算与 ERP 的关系;

❸ 财务预算与经营预算、财务预算与专门决策预算的关系;

❹ 预算编制方法,主要是固定预算编制方法、零基预算编制方法与滚动预算编制方法。

学习难点

❶ 预计财务报表的编制方法;

❷ 现金收支预算编制方法。

练习题

一、单项选择题(共 10 题,把正确的选项序号填入该题括号)

1. 作为全面预算体系中的最后环节预算是   (   )

    A. 销售预算   B. 滚动预算

    C. 经营预算   D. 财务预算

2. 现金收支预算属于以下哪种预算   （   ）

    A. 经营预算   B. 特种预算

    C. 业务预算   D. 财务预算

3. 以下哪项预算是绩效考核的主要依据   （   ）

    A. 财务预算   B. 业务预算

    C. 资本预算   D. 绩效预算

4. 随着企业经济活动的日益复杂化,传统方法的局限性也日趋明显。推行弹性预算方法是为了克服以下哪项预算的缺点   （   ）

    A. 增量预算   B. 零基预算

    C. 固定预算   D . 滚动预算

5. 随着企业经济活动的日益复杂化,传统方法的局限性也日趋明显。为了消除增量预算的缺点,设计了以下哪项预算方法   （   ）

    A. 增量预算   B. 零基预算

    C. 固定预算   D. 滚动预算

6. 随着企业经济活动的日益复杂化,传统方法的局限性也日趋明显。为了弥补定期预算的不足,采用了以下哪项预算方法   （   ）

    A. 增量预算   B. 零基预算

    C. 固定预算   D. 滚动预算

7. 企业年度财务预算的实际编制,以下面哪项预算为起点,依次编制生产预算、直接材料预算、直接人工预算、制造费用预算、产品成本预算、销售和管理费用预算等业务预算,再据以编制现金预算,最后编制预计财务报表   （   ）

    A. 生产预算   B. 成本预算

    C. 现金预算   D. 销售预算

8. 企业编制成本预算的方法按其出发点的特征不同,分为增量预算方法和

                                        （   ）

    A. 增量预算方法   B. 零基预算方法

    C. 固定预算方法   D. 滚动预算方法

9. 弹性利润预算的编制是以下列哪项预算为其基础的   （   ）

    A. 弹性成本   B. 变动成本

    C. 固定成本   D. 弹性收入

10. 预算编制程序主要有以下哪三种类型   （   ）

    A. 自上而下、自下而上和折中型

  B. 自上而下、自下而上和混合型

  C. 自上而下、自下而上和综合型

  D. 自上而下、自下而上和简略型

二、多项选择题（共 10 题，把正确的选项序号填入该题括号）

1. 企业全面预算包括以下哪几种预算 （   ）

  A. 日常预算   B. 专门决策预算

  C. 财务预算   D. 固定预算

  E. 零基预算

2. 财务预算是反映企业在预算期内有关现金收支、经营成果和财务状况的预算，具体包括 （   ）

  A. 现金收支预算   B. 成本费用预算

  C. 销售预算   D. 预计利润表

  E. 预计资产负债表

3. 编制弹性预算的方法主要有 （   ）

  A. 因素法   B. 百分比法

  C. 公式法   D. 列表法

  E. 图示法

4. 财务预算的主要作用具体概括为 （   ）

  A. 财务预算是企业提高战略管理水平的重要手段

  B. 财务预算是企业内部各部门协调的工具

  C. 财务预算是实施控制的标准

  D. 财务预算是绩效考核的主要依据

  E. 财务预算的编制有助于风险预测和防范

5. 预算编制程序主要有以下哪几种类型 （   ）

  A. 自上而下   B. 折中型

  C. 自下而上   D. 自我参与预算

  E. 混合型

6. 严格地讲，企业预算编制的具体程序，应当考虑企业的行业性质、经营规模等因素。但应该依照"上下结合、分级编制、逐级汇总"的基本程序进行，具体包括以下哪些步骤 （   ）

  A. 下达目标   B. 编制上报

  C. 审查审批   D. 试算平衡

  E. 下达执行

7. 现金预算编制的基础包括 （   ）

A. 滚动预算　　　　　　　　　B. 日常业务预算

C. 专门决策预算　　　　　　　D. 弹性预算

E. 零基预算

8. 下列各项预算属于日常业务预算的有　　　　　　　　　　（　　　）

A. 生产预算　　　　　　　　　B. 制造费用预算

C. 财务预算　　　　　　　　　D. 销售预算

E. 管理费用预算

9. 在实务中,弹性预算方法主要用于编制　　　　　　　　　（　　　）

A. 弹性成本费用预算　　　　　B. 弹性利润预算

C. 经营决策预算　　　　　　　D. 弹性财务费用预算

E. 弹性期末存货预算

10. 滚动预算的滚动方式有　　　　　　　　　　　　　　　　（　　　）

A. 逐月滚动方式　　　　　　　B. 逐季滚动方式

C. 逐年滚动方式　　　　　　　D. 综合滚动方式

E. 混合滚动方式

三、判断改错题(共 10 题,在该题括号中,错的打"×"并改正,对的打"√")

1. 日常业务预算又叫经营预算,它是企业全面预算的最终归宿。　　（　　　）

2. 编制预算的方法按预算期的时间特征不同,可以分为定期预算和滚动预算。　　　　　　　　　　　　　　　　　　　　　　　　　　　　（　　　）

3. 增量预算是以基期预算为基础,对预算值进行增减调整。这种方法思路简单,操作方便。　　　　　　　　　　　　　　　　　　　　　　　　（　　　）

4. 零基预算是为了克服固定预算的不足而设计的,与固定预算相比较,零基预算的编制具有以下特点:以零为起点编制预算;进行成本效益分析;通过对业务项目的评价来确定预算金额。　　　　　　　　　　　　　　　　　　（　　　）

5. ERP 系统的核心是实现对整个供应链的有效管理,其管理理念具体表现在:(1) 充分重视对整个供应链资源进行整合;(2) 充分体现精益生产、同步工程和敏捷制造的思想;(3) 力求做到事先计划和事中控制相结合。　　　（　　　）

6. 预计资产负债表现金(货币资金)项目的期末数不一定等于现金预算中的期末现金余额。　　　　　　　　　　　　　　　　　　　　　　　（　　　）

7. 与定期预算相比较,滚动预算具有连续性、及时性和科学性等优点。但采用滚动预算方法的主要缺点是预算工作量较大。　　　　　　　　　　（　　　）

8. 财务预算从价值方面总括地反映经营期决策预算与业务预算的结果,其主要数据来源于各个业务预算及专门决策预算,可见,财务预算的编制以其他预算为基础,是全面预算体系中的最后环节。　　　　　　　　　　　　　（　　　）

9. 为了便于及时、合理地开展预算的编制工作,大中型企业一般要成立专门的预算审计委员会。　　　　　　　　　　　　　　　　　　　　　　(　　)

10. 固定预算只适用于业务量受外界影响较小的企业。　　　　　　(　　)

四、填空题(共 5 题)

1. 全面预算包括_____预算、_____预算和_____预算三个方面。

2. 财务预算是反映企业在预算期内有关现金收支、经营成果和财务状况的预算,包括_____、_____、_____。

3. 企业预算以其是否按业务量进行调整,分为_____预算和_____预算。

4. 企业编制成本预算的方法按其出发点的特征不同,分为_____方法和_____方法两大类。

5. 编制预算的方法按预算期的时间特征不同,可以分为_____和_____两大类方法。

五、名词解释题(共 10 题)

1. 全面预算

2. 日常业务预算(经营预算)

3. 专门决策预算(特种决策预算)

4. 财务预算(综合预算或总预算)

5. 固定预算(静态预算)

6. 弹性预算(变动预算)

7. 增量预算

8. 零基预算(零底预算)

9. 滚动预算(连续预算或永续预算)

10. 定期预算

六、简答题(共 5 题)

1. 全面预算的组成内容是什么,其相互关系如何?

2. 财务预算与 ERP 系统的关系如何?

3. 固定预算的缺点是什么,其适用范围如何?

4. 简述零基预算的特点、编制程序及其优点。

5. 什么是滚动预算,滚动预算具有哪些优缺点?

七、计算题(共 5 题)

1. 练习固定预算法

利源公司采用完全成本法,预算期下年生产甲产品的预计产量为 100 件,按固定预算方法编制的甲产品成本预算如表 12 - 1 所示。

表 12-1 利源公司甲产品成本预算表(固定预算法编制) 单位:万元

成本项目	总成本	单位成本
直接材料	1 000	10
直接人工	300	3
制造费用	500	5
合 计	1 800	18

假设甲产品在预算年度的实际产量为 150 件,实际发生总成本为 2 625 万元,其中直接材料 1 650 万元,直接人工 440 万元,制造费用(假定为变动费用)535 万元,单位成本为 17.5 万元。

要求根据所给资料填制该公司成本业绩报告表,如表 12-2。

表 12-2 利源公司成本业绩报告表 单位:万元

成本项目	实际成本	预算成本		差 异	
		未按产量调整	按产量调整	未按产量调整	按产量调整
直接材料					
直接人工					
制造费用					
合计					

2. 练习弹性预算法

利源公司拟编制下年度的制造费用弹性预算,其确定的业务量单位和范围是 4 000 人工工时到 5 500 人工工时,间隔 500 人工工时。各项制造费用资料如表 12-3 所示。

表 12-3 各项制造费用资料表

费用项目	变动制造费用率(元/小时)	固定制造费用(元)
间接材料	0.5	
间接人工	0.7	
电 费	0.3	
水 费	0.2	
维 修 费	0.09	2 000
其 他	0.2	1 000
折 旧 费		2 000
管 理 费		3 000
保 险 费		1 600
合 计	1.99	9 600

根据以上资料,运用列表法编制利源公司下年度制造费用弹性预算表,如表12-4。

表 12-4 制造费用弹性预算表

费用项目 （元）	变动制造 费用率	业务量（人工工时）			
		4 000	4 500	5 000	5 500
变动费用					
间接材料	0.5				
间接人工	0.7				
电费	0.3				
水费	0.2				
维护费	0.09				
其他	0.2				
小计	1.99				
固定费用					
维护费	2 000				
折旧费	2 000				
管理费	3 000				
保险费	1 600				
其 他	1 000				
小 计	9 600				
合 计					
直接人工小时成本率					

3. 练习零基预算法

利源公司采用零基预算法编制下年度销售与管理费用预算。

(1)基层预算单位的销售及管理部门全体职工,根据下年度企业的总体目标和本部门的具体任务,经过反复讨论,提出计划年度主要费用开支方案如下:

① 房屋租金　　　　　　　　　　300 万元

② 差旅费　　　　　　　　　　　400 万元

③ 办公费　　　　　　　　　　　600 万元

④ 运输费　　　　　　　　　　　200 万元

⑤ 广告费　　　　　　　　　　　400 万元

⑥ 保险费　　　　　　　　　　　　　200 万元

⑦ 销售及管理人员工资　　　　　　　200 万元

⑧ 培训费　　　　　　　　　　　　　300 万元

（2）将以上广告和培训费，根据各期资料进行成本效益分析，其结果如表12－5所示。

表 12－5　广告和培训费成本效益分析表

费用项目	成本(万元)	收益(万元)	成本效益率(%)
广告费	1	20	2 000%
培训费	1	30	3 000%

通过讨论研究，大家一致认为房屋租金、办公费、运输费、差旅费、保险费、销售和管理人员工资是不可避免的费用开支，应全额得到保证，故列为第一层次；培训费和广告费属酌量性固定成本，可根据企业预算期间的具体财力情况酌情增减，但培训费的成本收益率高于广告费的成本收益率，故将培训费列为第二层次，广告费列为第三层次。

（3）假定利源公司在预算期间下年度可用于销售费用及管理费用的资金为2 900万元。

根据以上排列层次分配资金，确定利源公司在预算期间的销售费用及管理费用预算，并填制利源公司在预算期间的销售费用及管理费用预算表（见表12－6）。

表 12－6　利源公司下年销售费用及管理费用预算表

费用明细项目顺序	费用项目明细	金额(万元)
①	房屋租金	
②	办公费	
③	差旅费	
④	运输费	
⑤	销售及管理人员工资	
⑥	保险费	
⑦	培训费	
⑧	广告费	
销售费用及管理费用的合计		

4. 练习销售收入预算

利民公司假设只生产甲产品一种产品，经预测，下年甲产品每个季度的销售量依次为 1 000 件、1 200 件、1 400 件、1 600 件,甲产品的销售单价为 100 元。根据以往的经验,每季度销售收入的 70% 可于当季收到,其余的 30% 于下一季度收到。假定本年底应收账款的金额为 48 000 元。

根据以上资料,编制利民公司下年销售预算表(见表 12－7)。

表 12－7　利民公司下年销售预算表　　　　　　　　单位:元

摘　要		第一季度	第二季度	第三季度	第四季度	全年
预计销售量(件)		1 000	1 200	1 400	1 600	
预计销售单价						
预计销售收入						
预计现金收入计算表	年初应收账款余额	48 000				48 000
	第一季度销售收入					
	第二季度销售收入					
	第三季度销售收入					
	第四季度销售收入					
	现金收入合计					

5. 练习直接人工预算

利华公司生产甲产品,假定只有一个工种,单位产品的工时定额为 10 小时,单位工时的工资率为 10 元/小时。预算下年四个季度生产量分别为:2 000 件、2 100 件、2 200 件、2 300 件。根据资料,编制下年直接人工预算表,见表 12－8。

表 12－8　利华公司下年直接人工预算表

摘　要	第一季度	第二季度	第三季度	第四季度	全年
预计生产量(件)	2 000	2 100	2 200	2 300	8 600
单位产品工时定额(工时/件)	10	10	10	10	10
需用直接人工(小时)					
小时工资率(元/小时)	10	10	10	10	10
预计直接人工成本总额(元)					

八、综合分析题(共 1 题)

利昌公司按年分季编制现金预算,有关资料如下:

(1) 利昌公司下年销售预算资料见表 12－9。

表 12 - 9　利昌公司下年销售预算表　　　　　单位:元

摘要	第一季度	第二季度	第三季度	第四季度	全年
预计销售量(件)	2 900	3 000	3 100	3 200	12 200
预计销售单价	200	200	200	200	200
预计销售收入	580 000	600 000	620 000	640 000	2 440 000
预计现金收入计算表 年初应收账款余额	30 000				30 000
第一季度销售收入	406 000	174 000			580 000
第二季度销售收入		420 000	180 000		600 000
第三季度销售收入			434 000	186 000	620 000
第四季度销售收入				568 000	568 000
现金收入合计	436 000	594 000	614 000	754 000	2 398 000

(2) 利昌公司下年直接材料预算资料见表 12 - 10。

表 12 - 10　利昌公司下年直接材料预算表　　　　　单位:公斤

摘　要	第一季度	第二季度	第三季度	第四季度	全年
预计生产量(件)	2 000	2 100	2 200	2 300	8 600
材料单耗	10	10	10	10	10
生产用量	20 000	21 000	22 000	23 000	86 000
加:预计期末库存量	2 000	1 000	2 000	3 000	8 000
材料需要量	22 000	22 000	24 000	26 000	94 000
减:预计期初库存量	2 000	2 000	4 000	6 000	14 000
材料采购量	20 000	20 000	20 000	20 000	80 000
材料单位成本(元)	10	10	10	10	10
预计材料采购金额(元)	200 000	200 000	200 000	200 000	800 000
预计现金支出计算表 应付账款年初金额(元)	50 000				50 000
第一季度采购款(元)	80 000	120 000			200 000
第二季度采购款(元)		80 000	120 000		200 000
第三季度采购款(元)			80 000	120 000	200 000
第四季度采购款(元)				80 000	80 000
现金支出合计(元)	130 000	200 000	200 000	200 000	730 000

（3）利昌公司下年直接人工预算资料见表 12 - 11。

表 12 - 11　利昌公司下年直接人工预算表

摘　要	第一季度	第二季度	第三季度	第四季度	全年
预计生产量（件）	2 000	2 100	2 200	2 300	8 600
单位产品工时定额（工时/件）	10	10	10	10	10
需用直接人工（小时）	20 000	21 000	22 000	23 000	86 000
小时工资率（元/小时）	15	15	15	15	15
预计直接人工成本总额（元）	300 000	315 000	330 000	345 000	1 290 000

（4）利昌公司下年制造费用预算预计现金支出资料见表 12 - 12。

表 12 - 12　利昌公司下年制造费用预计现金支出表　　　单位：元

摘　要	第一季度	第二季度	第三季度	第四季度	全年
预计生产量（件）	2 000	2 100	2 200	2 300	8 600
变动制造费用现金支出	4 500	4 800	5 000	5 500	19 800
固定制造费用现金支出	1 500	1 500	1 500	1 500	6 000
预计制造费用现金支出总额	6 000	6 300	6 500	7 000	25 800

（5）利昌公司下年销售及管理费用预计现金支出资料见表 12 - 13。

表 12 - 13　利昌公司下年销售费用及管理费用预计现金支出表　　单位：元

摘　要	第一季度	第二季度	第三季度	第四季度	全年
预计销售量（件）	2 900	3 000	3 100	3 200	12 200
变动销售及管理费用现金支出	2 900	3 000	3 100	3 200	12 200
固定销售及管理费用现金支出	5 950	5 950	5 950	5 950	23 800
预计销售及管理费用现金支出总额	8 850	8 950	9 050	9 150	36 000

（6）利昌公司下年资本支出预算资料见表 12 - 14。

表 12 - 14　利昌公司下年资本支出预算表

资本支出项目	购置期	原投资额（元）	估计使用年限（年）	期满残值（元）
车床（2 台）	第一季度	30 000	4	1 000
磨床（4 台）	第三季度	70 000	8	2 000
铣床（3 台）	第四季度	80 000	10	2 500

假设下年年初现金余额为 20 000 元,最低现金限额范围为 11 000～21 000 元,超过限额范围部分的现金,公司可用于交易性金融资产投资。假设超限额现金用于交易性金融资产投资和交易性金融资产出售,转换为现金的交易税费为 0,相关数据见表 12 - 15。每季度预交所得税 20 000 元、预付股利 12 000 元。下年 3 月底向银行借入短期借款 70 000 元,银行贷款年利率 6%,银行单利计息,下年 12 月底一次还本付息。

根据以上资料,编制利昌公司下年现金预算表,见表 12 - 15。

表 12 - 15　利昌公司下年现金预算表　　　　　单位:元

摘要	资料来源	第一季度	第二季度	第三季度	第四季度	全年
期初现金余额		20 000				20 000
加:现金收入						
销货现金收入						
可动用现金合计						
减:现金支出						
直接材料						
直接人工						
制造费用						
销售及管理费用						
资本支出						
支付所得税						
支付股利						
现金支出合计						
现金多余或不足						
向银行借款(年利 6%)		70 000				70 000
归还借款				70 000		70 000
支付借款利息						
交易性金融资产投资			35 000		10 000	
出售交易性金融资产				35 000		
期末现金余额						

3 教学课时

13

财务控制

学习目标与要求

❶ 了解企业财务控制的主体、客体和目标。

❷ 理解不同责任中心的划分及其评价。

❸ 熟悉责任中心之间转移价格的不同制定方法,了解国际转移定价的目标、表现形式、制定程序及制约因素。

❹ 明确财务预警系统的机制构成和构建模式,熟悉不同的财务失败预警模型。

学习重点与难点

学习重点

❶ 不同责任中心的含义、划分及其评价;

❷ 不同转移价格的制定及选择。

学习难点

❶ 责任中心之间的转移价格制定的方法和国际转移价格制定的理论;

❷ 财务预警模型的建立及其应用。

练习题

一、单项选择题(共 10 题,把正确的选项序号填入该题括号)

1. 各责任中心相互提供的产品采用协商定价的方式确定内部转移价格时,其协商定价的最大范围应该是　　　　　　　　　　　　　　　　　　　　　　(　　)

A. 在单位成本和市价之间

B. 在单位变动成本和市价之间

C. 在单位成本加上合理利润以上,市价以下

D. 在单位变动成本加上合理利润以上,市价以下

2. 为便于考核各责任中心的责任业绩,下列各项中不宜作为内部转移价格的是 ( )

A. 标准成本   B. 实际成本

C. 标准变动成本   D. 标准成本加成

3. 一个责任中心只着重考核其所发生的成本或费用,而不考核收入,这一类责任中心称为 ( )

A. 成本中心   B. 利润中心

C. 收入中心   D. 投资中心

4. 成本中心的业绩评价是以下列哪项为重点,其目的是提高成本中心控制的有效性 ( )

A. 变现成本   B. 沉没成本

C. 可控成本   D. 不可控成本

5. 产品或劳务处于完全的市场竞争条件下,并有客观的市价可供采用,各责任中心之间转让的产品或劳务应以下列哪项为基础确定转移价格 ( )

A. 完全成本   B. 变动成本

C. 协商价格   D. 市场价格

6. 以下考核指标中,使投资中心项目评估与业绩考核紧密相连,又可使用不同的风险调整资本成本的是 ( )

A. 剩余收益   B. 现金回收率

C. 投资报酬率   D. 可控成本

7. 既具有一定的弹性,又可以照顾双方利益并得到双方认可的内部转移价格是 ( )

A. 市场价格   B. 以市场为基础的协商价格

C. 全部成本转移价格   D. 变动成本加固定费价格

8. 国际转移价格制定的外部制约因素主要指的是 ( )

A. 政府管制   B. 组织形式

C. 业绩评价   D. 文化背景

9. 下列不属于协商定价优点的是 ( )

A. 保持责任中心的独立性   B. 提升公司的整体利益

C. 照顾协商双方的利益   D. 激励责任中心的业绩

10. 财务预警系统由基础机制和下列哪项构成　　　　　　（　　）

    A. 组织机制　　　　　　　　　B. 会计系统

    C. 过程机制　　　　　　　　　D. 风险机制

二、多项选择题（共 10 题，把正确的选项序号填入该题括号）

1. 责任中心根据所分配的分部决策权的不同，一般可分为　（　　）

    A. 成本中心　　　　　　　　　B. 资金中心

    C. 收入中心　　　　　　　　　D. 利润中心

    E. 投资中心

2. 投资中心与利润中心的区别在于　　　　　　　　　　（　　）

    A. 责任中心的层次不同　　　　B. 考核指标不同

    C. 决策权不同　　　　　　　　D. 占用资金数额不同

    E. 可控的范围不同

3. 适合于建立费用中心的单位是　　　　　　　　　　　（　　）

    A. 生产工厂　　　　　　　　　B. 研究开发部门

    C. 会计部门　　　　　　　　　D. 生产车间

    E. 人事部门

4. 用于考核投资中心的指标有　　　　　　　　　　　　（　　）

    A. 责任成本　　　　　　　　　B. 固定成本

    C. 贡献毛益　　　　　　　　　D. 投资报酬率

    E. 剩余收益

5. 转移价格的基本种类有　　　　　　　　　　　　　　（　　）

    A. 市场价格　　　　　　　　　B. 协商价格

    C. 双重价格　　　　　　　　　D. 成本加成价格

    E. 成本价格

6. 国际转移价格制定的内部制约因素包括　　　　　　　（　　）

    A. 组织形式　　　　　　　　　B. 业绩评价体系

    C. 文化背景　　　　　　　　　D. 公司规模

    E. 政府管制

7. 国际转移定价的目标包括　　　　　　　　　　　　　（　　）

    A. 降低总体税负　　　　　　　B. 强化管理控制

    C. 调节利润水平　　　　　　　D. 规避政治风险

    E. 规避通货膨胀风险

8. 财务预警系统的过程机制包括　　　　　　　　　　　（　　）

    A. 风险分析机制　　　　　　　B. 风险处理机制

C. 风险责任机制　　　　　　　　D. 风险规避机制

E. 风险保留机制

9. 市场价格转移定价的优点在于　　　　　　　　　　　　　　（　　）

A. 比较客观　　　　　　　　　　B. 可比性强

C. 重视成本数据　　　　　　　　D. 发挥责任中心积极性

E. 稳定性高

10. 财务预警系统按多部门负责方式构建,主要由下列哪些部门分别负责

（　　）

A. 财务部门　　　　　　　　　　B. 销售部门

C. 生产部门　　　　　　　　　　D. 供应部门

E. 服务部门

三、判断改错题(共 10 题,在该题括号中,错的打"×"并改正,对的打"√")

1. 一般而言,变动成本和直接成本都是可控成本,而固定成本和间接成本都是不可控成本。　　　　　　　　　　　　　　　　　　　　　　（　　）

2. 为了便于评价、考核各责任中心的业绩,对一责任中心提供给另一责任中心的产品,其供应方和使用方所采用的转移价格可以不同。　　　（　　）

3. 一个部门或责任中心是否为利润中心,关键的因素是看有没有独立的经营决策权。　　　　　　　　　　　　　　　　　　　　　　　　　　（　　）

4. 一个成本中心的不可控成本,往往也是另一个成本中心的不可控成本。

（　　）

5. 对于无外部市场的中间产品来说,协商确定的转移价格不失为一种行之有效的和必要的内部转移价格。　　　　　　　　　　　　　　　（　　）

6. 财务控制主要是企业经营者和财务部门的职责。　　　　　　（　　）

7. 制定内部转移价格的目的是将其作为一种价格以引导下级部门进行明智决策,并防止成本转移带来部门间责任不清的问题。　　　　　　（　　）

8. 国际转移定价不受市场一般供求关系的影响,以跨国公司全球战略和谋求最大限度的利润为目标。　　　　　　　　　　　　　　　　　　（　　）

9. Z 记分模型是一种单变量财务失败预警模型。　　　　　　　（　　）

10. 企业出现财务失败的主要原因在于企业经营者决策失误。　（　　）

四、填空题(共 5 题)

1. 财务控制的目标是_____。

2. 成本中心有两种类型,即标准成本中心和_____。

3. _____是最常用的考核投资中心业绩的指标。

4. 以市场为基础的定价方法又可分为完全市场价格法和_____。

5. 经常作为协商定价基础的是_____和市场价格。

五、名词解释题(共 5 题)

1. 成本中心
2. 双重定价法
3. 协商定价法
4. 国际转移价格
5. Z 记分模型（Z-Score Model）

六、简答题(共 5 题)

1. 简述责任中心的划分。
2. 转移价格的常见制定方法有哪几种？
3. 跨国公司制定转移价格的目标有哪些？
4. 国际转移价格的表现形式有哪几种？
5. 简述财务预警系统的构建模式。

七、计算题(共 5 题)

1. 某企业甲、乙中心有关投资和利润资料如表 13-1。

表 13-1　企业甲、乙中心有关投资和利润资料　　　单位:万元

投资中心	利润	投资	投资利润率
甲	150	1 000	15%
乙	90	1 000	9%
全企业	240	2 000	12%

现甲投资中心面临一个投资机会，该投资机会的投资额为 1 000 万元,预期投资可获利润为 130 万元。乙投资中心也面临一个投资机会,投资额为 1 500 万元,预期可获利润为 150 万元。已知该企业规定的投资报酬率为 12%。

要求:对甲、乙投资中心是否接受各自的投资机会作出决策。

2. 某公司下属有一个制造厂,系投资中心,该厂每年需要向外界某厂商购进甲零件 50 万只,其购进单价为 14 元(原单价为 15 元,由于大量采购可获得折扣每只 1 元)。最近该公司收购一家专门生产甲零件的工厂,作为公司的另一投资中心,该工厂每年能生产甲零件 200 万只,除可供本公司制造厂使用外,还可向外界出售。甲零件的单位成本资料如下:

直接材料	4 元
直接人工	3 元
变动制造费用	2 元
固定制造费用(按 200 万只分摊)	1 元

单位成本合计　　　　　　　　　　　　10 元

该公司正在研究制定这两个投资中心的甲零件的内部转让价格问题,现有以下 5 种价格可供选择:15 元、14 元、11 元、10 元、9 元。

要求:根据以上资料,对上述 5 种价格逐一加以分析,并说明是否适当,理由是什么?

3. 某企业下设投资中心 A 和投资中心 B,该公司加权平均最低投资利润率为 10%,现有两个中心需追加投资,有关资料如表 13 - 2 所示。计算并填列表中的空白之处,并简单评析哪个投资中心应追加投资。

表 13 - 2　企业 A、B 中心有关投资报酬率资料　　　　　单位:万元

项　目		投资额	利润	投资报酬率	剩余收益
追加投资前	A	20	1		
	B	30	4.5		
		50	5.5		
投资中心 A 追加投资 10 万元	A	30	1.8		
	B	30	4.5		
		60	6.3		
投资中心 B 追加投资 20 万元	A	20	1		
	B	50	7.4		
		70	8.4		

4. 某公司下设 A、B 两个投资中心。A 投资中心的营业资产为 200 万元,投资报酬率为 15%;B 投资中心的投资报酬率为 17%,剩余收益为 20 万元;该公司的资本成本为 12%。公司决定追加营业资产投资 100 万元,若投向 A 投资中心,每年可增加息税前利润 20 万元,若投向 B 投资中心,每年可增加息税前利润 15 万元。

要求:

(1) 计算追加投资前 A 投资中心的剩余收益。

(2) 计算追加投资前 B 投资中心的营业资产额。

(3) 计算追加投资前该公司的投资报酬率。

(4) 若 A 投资中心接受追加投资,计算其剩余收益。

(5) 若 B 投资中心接受追加投资,计算其投资报酬率。

5. 东方公司下设甲、乙两个投资中心,有关资料如表 13 - 3。

表 13 - 3 甲、乙两个投资中心有关资料 单位:元

投资中心	甲中心	乙中心	总公司
边际贡献额	100 000	450 000	550 000
资产平均占用额	2 000 000	3 000 000	5 000 000
总公司规定的投资贡献率	—	—	10%
投资报酬率	5%	15%	11%
剩余收益额	-100 000	150 000	50 000

现有两个追加投资的方案可供选择:

一、若甲中心追加投入 1 000 000 元经营资产,每年将增加 80 000 元边际贡献额;

二、若乙中心追加投入 2 000 000 元经营资产,每年将增加 200 000 元边际贡献额。

假定资金供应有保证,剩余资金无法用于其他方面,暂不考虑剩余资金的机会成本。

要求:

(1) 列表计算甲中心追加投资后各中心的投资贡献率和剩余收益额指标及总公司新的投资报酬率和剩余收益额指标。

(2) 列表计算乙中心追加投资后各中心的投资贡献率和剩余收益额指标及总公司新的投资报酬率和剩余收益额指标。

(3) 根据投资报酬率指标,分别从甲、乙中心和总公司的角度评价上述追加投资方案的可行性,并据此评价该指标。

(4) 根据剩余收益额指标,分别从甲、乙中心和总公司的角度评价上述追加投资方案的可行性,并据此评价该指标。

八、综合分析题(共 2 题)

1. 某公司有甲、乙两个投资中心。甲投资中心的年最大生产量为 100 000 件,生产的甲产品既可作为乙投资中心的原材料,也可以直接在市场上出售,目前市场价格是每件 40 元。乙投资中心每年需要甲产品 40 000 件,可以从甲投资中心或市场购入。其他资料如下:

乙投资中心生产的乙产品的市场单价　　100 元

单位变动成本:

　　甲投资中心　　　　　　　　　　　30 元

　　乙投资中心　　　　　　　　　　　60 元

固定成本:

　　甲投资中心　　　　　　　　　　　　　　　600 000 元

　　乙投资中心　　　　　　　　　　　　　　　200 000 元

　　要求：

　　(1) 该公司应采用何种内部转移价格？

　　(2) 假设甲投资中心的甲产品最多能对外销售 60 000 件，在这种情况下，采用何种内部转移价格为宜？

　　(3) 假设甲投资中心对外销售甲产品，每件需支付 0.3 元的销售费用，而内部转移不需支付销售费用。乙投资中心从外部市场购买甲产品也不需支付运杂费，在这种情况下，宜采用何种内部转移价格？

　　2. 2005 年 5 月，科龙电器遭到了中国证监会的立案调查。早在科龙电器公布的 2004 年年报中，存在高达 6 000 多万元的亏损额，这与 2004 年前三季度还盈利 2 亿多元的情况可谓天壤之别，科龙财务危机开始浮出水面。

　　科龙危机爆发前后有关财务数据如表 13－4 所示。

表 13－4　科龙电器 2002～2005 年有关财务资料　　　　　单位：元

财务数据	2002 年	2003 年	2004 年	2005 年
流动资产	4 862 868 408	6 033 869 860	7 513 785 536	2 868 356 029
总资产	7 656 539 329	9 432 791 214	11 160 351 150	5 369 712 592
流动负债	4 068 730 484	5 779 561 003	8 145 024 920	6 146 159 429
未分配利润	－1 211 930 161	184 436 195	－88 877 490	－3 800 717 444
盈余公积	343 742 703	114 580 901	114 580 901	114 580 901
税前利润	103 919 721	220 003 504	－232 535 800	－3 782 339 728
主营业务收入	4 878 257 017	6 168 109 963	7 923 000 768	6 978 371 717
财务费用	75 536 164	100 397 258	127 457 832	166 678 614
负债总额	4 859 319 183	6 386 693 815	8 231 710 320	6 220 082 854
每股市价	6.74	6.68	4.47	2.13
股数	992 006 560	992 006 560	992 006 560	992 006 560

　　要求：采用 Z 记分模型计算科龙的 Z 值，对科龙进行财务预警。

3 教学课时
······

14 资产估价

◎ 学习目标与要求

❶ 了解企业债券、股票及企业整体的估价方法。

❷ 了解资产估价技术广泛应用于证券投资、企业收购与兼并分析等。

❸ 掌握债券价值的不同表现形式,掌握债券估价的基本类型,及其不同还本付息条件下的债券股价模型和贴现发行的债券股价模型。

❹ 理解债券价值和到期日之间的关系。

❺ 掌握股票价值的不同形式,进一步熟练掌握不同投资期限和公司股利政策下的股票估价模型等。

❻ 一般掌握企业整体股价的方法。

◎ 学习重点与难点

学习重点

❶ 债券、股票价值的不同形式;

❷ 不同还本付息条件下的债券股价模型和贴现发行的债券股价模型;

❸ 投资期限和公司股利政策不同的股票估价模型;

❹ 企业整体估价的方法。

学习难点

❶ 有价证券的估价模型;

❷ 企业整体估价方法,主要是现金流量贴现法及运用该法涉及的预测期限、各年净现金流量和折现率等指标如何确定问题。

◇ 练习题

一、单项选择题(共 10 题,把正确的选项序号填入该题括号)

1. 贴现发行的债券也称 （　　）
   - A. 低利率债券
   - B. 无面值债券
   - C. 连续计息债券
   - D. 零息债券

2. 当债券的票面利率小于市场利率时,债券应 （　　）
   - A. 按面值发行
   - B. 溢价发行
   - C. 折价发行
   - D. 向外部发行

3. 当债券的票面利率等于市场利率时,债券应 （　　）
   - A. 按面值发行
   - B. 溢价发行
   - C. 折价发行
   - D. 向外部发行

4. ABC 公司每股盈利为 0.8 元,市盈率为 15,按市盈率法计算,该公司股票的每股价格为 （　　）
   - A. 12.00 元
   - B. 14.20 元
   - C. 15.80 元
   - D. 18.75 元

5. 债券的价格会随着到期日的来临而逐渐趋近于下列哪种价值 （　　）
   - A. 发行价值
   - B. 票面价值
   - C. 折现价值
   - D. 市场价值

6. 现金流量贴现法确定被并购企业价值,通常确定企业近几年的现金净流量现值计算,其后的现金流量可以采用下列哪种方法简化计算 （　　）
   - A. 一般复利现值
   - B. 普通年金现值
   - C. 先付年金现值
   - D. 永续年金现值

7. 下列关于长期持有、股利固定增长股票的表述错误的有 （　　）
   - A. 这类股票价格的假设条件之一是股利按固定的年增长率增长
   - B. 这类股票价格的假设条件之一是股利增长率总是低于折现率,即投资者期望的报酬率
   - C. 各期的股利折成现值再相加,即可求得普通股的内在价值
   - D. 这类股票价格的假设条件之一是每年股利发放率相等

8. 决定是否进行某种股票投资,可以用股票的内在价值与下列哪种价值相比较 （　　）
   - A. 票面价值
   - B. 清算价值
   - C. 现行市价
   - D. 投资价值

9. C 公司股票上年的股利为每股 3 元,预计以后每年以 4% 的增长率增长。假设该公司要求的必要收益率为 12%,其股票价值为 （　　）
   - A. 39.00 元
   - B. 37.50 元
   - C. 26.00 元
   - D. 30.00 元

10. 不属于企业的自由现金流量的构成是　　　　　　　　　　　　　（　　）

    A. 债券持有者的现金流量　　　　　B. 管理者的现金流量

    C. 普通股东的现金流量　　　　　　D. 优先股东的现金流量

二、多项选择题(共 10 题,把正确的选项序号填入该题括号)

1. 某企业准备发行 3 年期企业债券,每半年付息一次,票面年利率 6％,面值 1 000 元,平价发行,以下关于该债券的说法中,正确的是　　　　　　　（　　）

    A. 债券实际利率为 6％　　　　　　B. 债券年实际报酬率是 6.09％

    C. 债券名义利率是 6％　　　　　　D. 债券名义利率与名义报酬率相等

    E. 市场利率是 6％

2. 下列各项中,能够影响债券内在价值的因素有　　　　　　　　　（　　）

    A. 债券的价格　　　　　　　　　　B. 债券是单利还是复利

    C. 投资者的必要报酬率　　　　　　D. 票面利率

    E. 债券的付息方式(是分期付息还是到期一次付息)

3. 股票投资能带来的现金流入量是　　　　　　　　　　　　　　　（　　）

    A. 资本利得　　　　　　　　　　　B. 股利

    C. 利息　　　　　　　　　　　　　D. 出售价格

    E. 账面价格

4. 投资债券能带来的现金流入量是　　　　　　　　　　　　　　　（　　）

    A. 交易费用　　　　　　　　　　　B. 交易税金

    C. 利息　　　　　　　　　　　　　D. 出售价格

    E. 票面价值

5. 债券价值的不同形式包括　　　　　　　　　　　　　　　　　　（　　）

    A. 债券的票面价值　　　　　　　　B. 债券的内在价值

    C. 债券的发行价格　　　　　　　　D. 债券的市场价格

    E. 债券的公允价值

6. 股票价值的不同形式包括　　　　　　　　　　　　　　　　　　（　　）

    A. 股票的票面价值　　　　　　　　B. 股票的内在价值

    C. 股票的账面价值　　　　　　　　D. 股票的发行价格

    E. 股票的市场价格

7. 增加企业自有现金流量的项目是　　　　　　　　　　　　　　　（　　）

    A. 资本支出　　　　　　　　　　　B. 折旧

    C. 营运资本增加　　　　　　　　　D. 利息费用

    E. 净利润增加

8. 影响股票内在价值的主要因素是　　　　　　　　　　　　　　　（　　）

    A. 票面价值　　　　　　　　　　　B. 预期持有期数

　　C. 出售价格　　　　　　　　　　　D. 折现率

　　E. 每期预期股利

9. 采用现金流量贴现法确定企业价值时的关键因子是　　　　　　　（　　）

　　A. 预测期限　　　　　　　　　　　B. 预期现金净流量

　　C. 折现率　　　　　　　　　　　　D. 企业账面价值

　　E. 预测期末终值

10. 目前国际上通行的资产估价标准有　　　　　　　　　　　　（　　）

　　A. 清算价值　　　　　　　　　　　B. 续营价值

　　C. 账面价值　　　　　　　　　　　D. 公平价格

　　E. 市场价格

三、判断改错题(共 10 题,在该题括号中,错的打"×"并改正,对的打"√")

　　1. 债券票面利息要根据债券面值和实际利率来计算。　　　　　　（　　）

　　2. 债券以何种价格方式发行主要是取决于票面利率与市场利率的差异或一致程度。　　　　　　　　　　　　　　　　　　　　　　　　　（　　）

　　3. 如不考虑风险,当债券价值大于市价时,债券具有投资价值。　（　　）

　　4. 即使票面利率和期限相同的两种债券,由于付息方式不同,投资人的实际经济利益亦有差别。　　　　　　　　　　　　　　　　　　　　（　　）

　　5. 如果不考虑影响股价的其他因素,零成长股票的价值与市场利率成正比,与预期股利成反比。　　　　　　　　　　　　　　　　　　　（　　）

　　6. 清算价值是指在公司出现财务危机而破产或歇业清算时,把公司中的实物资产逐个分离而单独出售时的资产价值。　　　　　　　　　　（　　）

　　7. 购并方式下企业评估价值应是企业净资产公允价值。　　　　（　　）

　　8. 从长期来看,公司股利的固定增长率(扣除通货膨胀因素)不应超过公司的资本成本率。　　　　　　　　　　　　　　　　　　　　　　（　　）

　　9. 企业价值评估的现金流量贴现法下的各年现金净流量是指属于普通股股东的现金流量。　　　　　　　　　　　　　　　　　　　　　（　　）

　　10. 续营价值是指在保持企业未来持续经营的条件下,以其所有资产的贴现值为基础来评估公司资产的价值。　　　　　　　　　　　　（　　）

四、填空题(共 5 题)

　　1. 我国《证券法》规定公司所发行的累积债券余额不超过公司净资产的_____。

　　2. 债券的_____是指投资者投资债券所能带来的利息收入与收回的面值按照其要求的报酬率进行折现后的现值。

　　3. 无论实际生活中债券的价格如何随市场利率的变化而起伏不定,债券的价格都会随到期日的临近而趋近于_____。

4. 长期持有、股利固定稳定不变的股票价值是＿＿＿＿＿＿＿的现值。

5. 市盈率是股票＿＿＿＿＿＿＿与每股收益之比。

五、名词解释题（共 5 题）

1. 股票的内在价值

2. 股票的账面价值

3. 现金流量贴现法

4. 资产基准法

5. 业务分拆法

六、简答题（共 5 题）

1. 简述债券价值与价格之间的变动规律。

2. 简述债券价值的不同形式。

3. 简述股票价值的不同形式。

4. 简述企业整体估价的市场比较法的评估步骤。

5. 简述企业整体估价的现金流量贴现法的因子及其确定。

七、计算题（共 5 题）

1. ABC 公司拟发行债券，债券面值为 100 元，期限 5 年，票面利率为 8%，每年付息一次，到期还本。若发行债券时的市场利率为 10%，债券发行费用为发行额的 0.5%，该公司适用的所得税税率为 30%，则该债券的资本成本为多少？$(P/F, 8\%, 5 = 0.681)$；$(P/F, 10\%, 5 = 0.621)$；$(P/A, 8\%, 5 = 3.993)$；$(P/A, 10\%, 5 = 3.791)$。（计算过程保留小数点后三位，计算结果保留小数点后两位）

2. ABC 公司在本年 1 月 1 日发行 5 年期债券，面值 1 000 元，票面利率 10%，于每年 12 月 31 日付息，到期一次还本。

要求：

(1) 假定本年 1 月 1 日金融市场上与该债券同类风险投资的利率是 9%，该债券的发行价格应定为多少？

(2) 假定一年后债券的市场价格为 1 049.06 元，该债券于下年 1 月 1 日的到期收益率是多少？

3. 甲公司准备购入 A、B、C 三个公司的股票，经市场分析认为：A 公司的股票适合短期持有，B 和 C 公司的股票适合长期持有。预测 A 公司股票一年后每股发放股利 4 元，发放股利后的价格将达到每股 36 元。B 公司的股票为优先股，年股利为每股 2.7 元。C 公司股票上年的股利为每股 3 元，预计以后每年以 4% 的增长率增长。假设对 A、B、C 公司投资要求的必要收益率为 12%。

要求：对 A、B、C 三个公司的股票进行估价。（计算结果保留小数点后两位）

4. 东方公司拟进行证券投资，备选方案的资料如下：

(1) 购买 A 公司债券。A 公司债券的面值为 100 元，期限为 2 年，票面利率为

8%,每年付息一次,到期还本,当前的市场利率为 10%,东方公司按照 A 公司发行价格购买。

（2）购买 B 公司股票。B 公司股票现行市价为每股 14 元,基年每股股利为 0.9 元,预计以后每年以 6% 的固定增长率增长。

（3）购买 C 公司股票。C 公司股票现行市价为每股 13 元,基年每股股利为 1.5 元,股利分配将一直实行固定股利政策。假设东方公司股票投资的期望报酬率为 12%。$(P/F,10\%,2=0.826)$;$(P/A,10\%,2=1.736)$。

要求：

（1）计算 A 公司债券的发行价格；

（2）计算 B 公司股票的内在价值；

（3）计算 C 公司股票的内在价值；

（4）根据上述计算结果,分析东方公司是否应投资 B、C 股票。（计算结果保留小数点后两位）

5. 某公司进行一项股票投资,需要投入资金 200 000 元,该股票准备持有 5 年,每年可获得现金股利 10 000 元。根据调查分析,该股票的 β 系数为 1.5,目前市场上国库券的利率为 6%,股票市场风险报酬率为 4%。

要求：

（1）计算该股票的预期报酬率；

（2）计算股票 5 年后市值等于或大于多少时,现在才值得购买。

八、综合分析题（共 1 题）

1. 甲公司拟进行证券投资,若投资人要求的实际年必要报酬率为 6%（复利,按年计息）,备选方案的资料如下：

（1）A 公司债券,债券面值为 1 000 元,5 年期,票面利率为 8%,每年付息一次,到期还本,债券发行价格为 1 105 元,则 A 公司债券的价值与到期收益率为多少,能否购买？

（2）B 公司债券,债券面值为 1 000 元,5 年期,票面利率为 8%,单利计息,到期一次还本付息,债券发行价格为 1 105 元,则 B 公司债券的价值与到期收益率（复利,按年计息）为多少,能否购买？

（3）C 公司债券属于纯贴现债券,债券面值为 1 000 元,5 年期,债券发行价格为 600 元,期内不付息,到期还本,则 C 公司债券的价值与到期收益率为多少,能否购买？

（4）D 公司股票为固定成长股票,年增长率为 4%,预计一年后股利为 0.6 元,现行一年期国库券利率为 3%,市场平均收益率为 5%,该股票的 β 系数为 1.2,当前市价为每股 42 元,则 D 公司股票的价值为多少,能否购买？

5 教学课时
......

15

财务分析

◎ 学习目标与要求

❶ 掌握财务分析的基本比率、财务综合分析的方法、企业价值创造分析的方法。

❷ 熟练运用这些方法对企业的财务状况、现金流量、经营成果和企业所有者权益变化情况进行分析。

❸ 熟悉、掌握分析企业的偿债能力、营运能力、盈利能力、增长能力和财务综合能力的指标与方法。

◎ 学习重点与难点

学习重点

❶ 基本财务比率分析,包括偿债能力比率分析、营运能力比率分析、盈利能力比率分析和增长能力比率分析;

❷ 财务综合分析,包括沃尔财务状况综合评价法和国有资本金绩效评价体系、杜邦财务分析体系。

学习难点

❶ 财务综合分析;

❷ 企业价值创造分析。

⊘ 练习题

一、单项选择题（共 10 题，把正确的选项序号填入该题括号）

1. 下列指标中，属于效率比率的是　　　　　　　　　　　　　　　（　　）

   A. 流动比率

   B. 总资产报酬率

   C. 资产负债率

   D. 流动资产占全部资产的比重

2. 某企业现在的流动比率为 2∶1，引起该比率降低的经济业务是　（　　）

   A. 收回应收账款

   B. 银行承兑汇票质押借款

   C. 发行股票款存入银行

   D. 用银行存款偿还应付账款

3. 如果流动资产大于流动负债，则月末用现金偿还一笔应付账款会使（　　）

   A. 营运资金减少　　　　　　　B. 营运资金增加

   C. 流动比率提高　　　　　　　D. 流动比率降低

4. 下列有关每股收益说法正确的有　　　　　　　　　　　　　　（　　）

   A. 每股收益是衡量上市公司盈利能力的指标

   B. 每股收益多的公司股票所含的风险小

   C. 每股收益多意味每股股利高

   D. 每股收益多，公司市盈率就高

5. 属于综合财务分析方法的有　　　　　　　　　　　　　　　　（　　）

   A. 比率分析法　　　　　　　　B. 比较分析法

   C. 趋势分析法　　　　　　　　D. 杜邦分析法

6. 如果企业速动比率很小，下列结论成立的是　　　　　　　　　（　　）

   A. 企业流动资产占用过多

   B. 企业短期偿债能力很强

   C. 企业短期偿债风险很大

   D. 企业资产流动性很强

7. 下列各项业务中，可能导致企业资产负债率变化的经济业务是　（　　）

   A. 收回应收账款

   B. 用现金购买债券

   C. 接受投资转入的固定资产

   D. 以固定资产对外投资

8. 通过分析企业流动资产与流动负债之间的关系可以判□企业的　　（　　）

    A. 短期偿债能力　　　　　　　　B. 长期偿债能力

    C. 盈利能力　　　　　　　　　　D. 营运能力

9. 如果流动比率大于1,则下列结论成立的是　　　　　　　　　　　（　　）

    A. 速动比率大于1

    B. 现金比率大于1

    C. 营运资金大于0

    D. 短期偿债能力绝对有保障

10. 依资产负债表可以计算的比率是　　　　　　　　　　　　　　　（　　）

    A. 应收账款周转率　　　　　　　B. 总资产报酬率

    C. 利息保障倍数　　　　　　　　D. 现金比率

二、多项选择题(共 10 题,把正确的选项序号填入该题括号)

1. 财务分析的主体包括　　　　　　　　　　　　　　　　　　　　（　　）

    A. 企业经营者　　　　　　　　　B. 企业债权人

    C. 政府管理部门　　　　　　　　D. 企业供应商和客户

    E. 企业所有者或潜在投资者

2. 投资者主要关心的比率有　　　　　　　　　　　　　　　　　　（　　）

    A. 股利支付率　　　　　　　　　B. 资产负债率

    C. 净资产利润率　　　　　　　　D. 总资产周转率

    E. 总资产报酬率

3. 下列属于速动资产的项目有　　　　　　　　　　　　　　　　　（　　）

    A. 货币资金　　　　　　　　　　B. 交易性金融资产

    C. 应收账款　　　　　　　　　　D. 应付账款

    E. 存货

4. 财务分析的作用在于　　　　　　　　　　　　　　　　　　　　（　　）

    A. 评价企业过去　　　　　　　　B. 反映企业现状

    C. 预测企业未来　　　　　　　　D. 进行全面分析

    E. 进行专题分析

5. 在以下比率中,依资产负债表计算的比率是　　　　　　　　　　（　　）

    A. 流动比率　　　　　　　　　　B. 存货周转率

    C. 资产负债率　　　　　　　　　D. 营运资产周转率

    E. 产权比率

6. 某企业流动比率为2,使该比率下降的业务是　　　　　　　　　（　　）

    A. 赊销商品　　　　　　　　　　B. 偿还应付账款

C. 收回应收账款　　　　　　　　　　D. 赊购商品与材料

E. 取得短期借款已入账

7. 资产负债率,对其正确的评价主要有　　　　　　　　　　　（　　）

A. 从债权人角度看,资产负债率越高越好

B. 从债权人角度看,资产负债率越低越好

C. 从股东角度看,资产负债率越高越好

D. 从股东角度看,当全部资本利润率高于债务利息率时,资产负债率越高越好

E. 从管理者角度看,资产负债率越高越好

8. 计算速动比率时,从流动资产中扣除存货的重要原因是　　　　　（　　）

A. 存货的价值较大　　　　　　　　B. 存货的价值较小

C. 存货的变现能力较弱　　　　　　D. 存货的变现能力不稳定

E. 存货的质量难以保障

9. 在其他情况不变的条件下,缩短应收账款周转天数,则有利于企业　（　　）

A. 提高短期偿债能力　　　　　　　B. 缩短现金周期

C. 减少资金占用　　　　　　　　　D. 扩大销售规模

E. 缩短营运周期

10. 下列各项指标中可用于分析企业长期偿债能力的有　　　　　　（　　）

A. 流动比率　　　　　　　　　　　B. 资产负债率

C. 产权比率　　　　　　　　　　　D. 利息保障倍数

E. 速动比率

三、判断改错题(共 10 题,在该题括号中,错的打"×"并改正,对的打"√")

1. 盈利能力分析是以利润表为基础的,偿债能力分析是以资产负债表为基础的。　　　　　　　　　　　　　　　　　　　　　　　　　　　　　（　　）

2. 企业的应收账款增长率超过销售收入增长率,属于正常现象。　　（　　）

3. 市盈率越高,说明公司的盈利能力越强。　　　　　　　　　　　（　　）

4. 净资产收益率是杜邦分析体系的核心指标。　　　　　　　　　　（　　）

5. 资产周转次数越大越好,周转天数越短越好。　　　　　　　　　（　　）

6. 资产负债率与产权比率的乘积等于 1。　　　　　　　　　　　　（　　）

7. 应收账款周转率过高或过低对企业可能都不利。　　　　　　　　（　　）

8. 一般而言,利息保障倍数越大,企业偿还长期债务利息的可能性越大。

　　　　　　　　　　　　　　　　　　　　　　　　　　　　　　（　　）

9. 在其他因素不变的情况下,权益乘数越大则财务杠杆系数越大。　（　　）

10. 尽管流动比率可以反映企业的短期偿债能力,但却存在有的企业流动比率较高,却没有能力支付到期的应付账款。　　　　　　　　　　　　　（　　）

四、填空题(共 5 题)

1. 权益乘数主要受资产负债率的影响,反映所有者权益与_____的关系。

2. 净资产收益率＝销售净利率×_____×权益乘数。

3. EVA 价值模式是以_____为导向,使用的主要是经过调整的财务数据,作为评价指标。

4. 计算 EVA 的资本占用额:股权资本加债务资本收益率,再减_____。

5. 因素分析法具体有两种:一是连环替代法;二是_____。

五、名词解释题(共 5 题)

1. 每股收益

2. 比率分析法

3. 杜邦分析法

4. 利息保障倍数

5. 趋势分析法

六、简答题(共 5 题)

1. 反映企业短期偿债能力的指标有哪些?

2. 财务分析的含义是什么?

3. 财务分析的内容包括哪些方面?

4. 财务综合分析的含义是什么?

5. 反映企业盈利能力的指标主要有哪些?

七、计算题(共 10 题)

1. 某企业营业收入为 400 万元,营业成本为 320 万元;年初、年末应收账款余额分别为 20 万元和 40 万元;年初、年末存货余额分别为 20 万元和 60 万元;年末速动比率为 2,年末流动负债为 80 万元。假定该企业流动资产由速动资产和存货组成,一年按 360 天计算。

要求:

(1) 计算应收账款周转天数;

(2) 计算存货周转天数;

(3) 计算年末速动资产余额;

(4) 计算年末流动比率。

2. 某企业年末流动负债为 40 万元,速动比率为 1.5,流动比率为 2,营业成本为 60 万元。已知年初和年末的存货相同。

要求:计算存货周转率。

3. 假定某公司速动资产仅为货币资产与应收账款,全部资产仅为流动资产和固定资产,财务报表中部分资料如下:

货币资产	150 000(元)
固定资产	425 250(元)
销售收入	1 500 000(元)
净利润	75 000(元)
速动比率	2
流动比率	3
平均收账期	40(天)

要求计算：

(1) 应收账款；(2) 流动负债；(3) 流动资产；(4) 总资产；(5) 资产净利率。

4. 从 FF 公司本年的财务报表可以获得以下信息：本年资产期末总额为 2 560 万元，负债期末总额为 1 280 万元；本年度销售收入为 10 000 万元，利润额为 800 万元，企业所得税税率为 25%。

要求：分别计算销售净利率、资产周转率、年末权益乘数和净资产收益率。

5. 某公司本年度有关资料见表 15-1。

表 15-1　有关指标数据表

指　标	数　据
净利润(元)	250 000
优先股股息(元)	25 000
普通股股利(元)	200 000
普通股股利实发数(元)	180 000
普通股权益平均数(元)	1 800 000
发行在外的普通股平均数(股)	1 000 000
每股市价(元)	4.5

要求：根据所给资料，计算该公司本年度每股收益、普通股权益报酬率、每股股利、股利发放率和市盈率等指标。

6. A 公司简易现金流量如表 15-2。

表 15-2　本年度现金流量表(简)　　　　　　　　　单位：万元

项　目	金　额
一、经营活动产生的现金流量净额	66 307
二、投资活动产生的现金流量净额	−108 115
三、筹资活动产生的现金流量净额	−101 690

（续表）

项　目	金　额
四、现金及现金等价物净变动	
补充材料	
1. 将净利润调节为经营活动的现金流量	
净利润	B
加:计提的资产减值准备	901
固定资产折旧	15 339
无形资产摊销	4
长期待摊费用的摊销	116
待摊费用的减少(减:增加)	—91
预提费用的增加(减:减少)	— 36
处置固定资产、无形资产和其他资产的损失	0
固定资产报废损失	0
财务费用	2 047
投资损失(减:收益)	—4 700
存货的减少(减:增加)	17 085
经营性应收项目的减少(减:增加)	—2 137
经营性应付项目的增加(减:减少)	—3 419
其他	0
经营活动产生的现金流量净额	A
2. 现金净增加情况	
现金的期末余额	3 558
减:现金的期初余额	D
现金净增加额	C

要求:根据表 15-2 中数据之间的关系,计算表中 A、B、C、D四项。

7. 某公司本年有关资料如表 15-3。

表 15-3　有关指标数据表

指　标	数　据
净利润(万元)	560
营业收入(万元)	2 000

（续表）

指　标	数　据
资产总额(万元)	30 000
普通股股东权益总额(万元)	22 000
普通股股数(万股)	18 000

假定本年每股平均市价为 4.8 元。要求计算本年的如下指标：(1) 销售净利润率；(2) 每股净资产；(3) 每股收益；(4) 市盈率。

8. 某公司年末资产负债状况如表 15-4。

表 15-4　资产负债表　　　　　　　　单位：千元

资产	期末数	权益	期末数
货币资金	25 000	应付账款	
应收账款		应交税金	25 000
存　　货		长期负债	
固定资产	294 000	实收资本	300 000
		未分配利润	
总　　计	432 000	总　　计	

已知：(1) 期末流动比率＝1.5；(2) 期末资产负债率＝50%；(3) 本期存货周转次数＝4.5 次；(4) 本期销售成本＝315 000 元；(5) 期末存货＝期初存货。

要求：根据上述资料，写出计算过程并将计算结果填入资产负债表中的空项。

9. 某公司本年的净资产收益率为 14%，净利润为 120 万元，产权比率为 80%，本年销售收入为 3 600 万元，本年的所有者权益期初数与期末数相同，预计下年销售收入为 4 158 元，下年资产总额比上年增长 10%，销售净利率、权益乘数保持不变，所得税率为 30%。

要求：计算本年销售净利率、权益乘数、资产总额、资产周转率。

10. 某公司本年销售收入为 125 000 元，毛利率为 52%，赊销比例为 80%，销售净利率为 16%，存货周转率为 5 次，期初存货余额为 10 000 元，期初应收账款余额为 12 000 元，期末应收账款余额为 8 000 元，速动比率为 1.6，流动比率为 2.16，流动资产占资产总额的 27%，资产负债率为 40%，该公司只发行普通股，流通在外股数为 5 000 股，每股市价 10 元，该公司期初与期末总资产相等。

要求：计算应收账款周转率、资产净利率、每股收益、市盈率。

八、综合分析题(共 2 题)

1. 长安汽车是一家上市公司，其简化资产负债表见表 15-5。

表 15 - 5　资产负债表　　　　　　　　　　　单位:万元

日期	2021 - 12 - 31	2020 - 12 - 31	日期	2021 - 12 - 31	2020 - 12 - 31
货币资金	424 000	378 000	短期借款	270 000	204 000
交易性金融资产	14 000	0	应收账款	800 000	600 000
应收票据	230 000	141 000	应付薪资	10 000	9 000
应收账款净额	83 000	96 000	应交税金	20 000	10 000
存货	382 000	388 000	其他应付款	100 000	97 000
流动资产合计	1 133 000	1 033 000	流动负债合计	1 200 000	920 000
			长期借款	393 000	272 000
长期投资	269 600	350 000	负债合计	1 593 000	1 192 000
固定资产	900 600	467 000	股本	162 000	162 000
无形资产	20 000	15 000	资本公积	206 900	169 000
非流动资产合计	1 190 200	832 000	盈余公积	172 000	190 000
			未分配利润	189 000	152 000
			股东权益合计	730 000	673 000
资产总计	2 323 200	1 865 000	负债及股东权益总计	2 323 200	1 865 000

要求:运用水平分析法(对不同期限指标值比较计算变动额、变动率)分析资产负债表的变动情况,并作出评价。

2. F公司为一家稳定成长的上市公司,2021年度公司实现净利润8 000万元。公司上市3年来一直执行稳定增长的现金股利政策,年增长率为5%,吸引了一批稳健的战略性机构投资者。公司投资者中个人投资者持股比例占60%,2022年度每股派发0.2元的现金股利。公司2022年计划新增一投资项目,需要资金8 000万元。公司目标资产负债率为50%。由于公司良好的财务状况和成长能力,公司与多家银行保持着良好的合作关系。公司2021年12月31日资产负债表有关数据如表15-6所示。

表 15 - 6　资产负债表有关数据　　　　　　　单位:万元

货币资金	12 000
负债	20 000
股本(面值1元,发行在外10 000万股普通股)	10 000
资本公积	8 000
未分配利润	9 000
股东权益总额	30 000

2022年3月15日,公司召开董事会会议,讨论了甲、乙、丙三位董事提出的2021年度股利分配方案:

(1)甲董事认为考虑到公司的投资机会,应当停止执行稳定增长的现金股利政策,将净利润全部留存,不分配股利,以满足投资需要。

(2)乙董事认为既然公司有好的投资项目,有较大的现金需求,应当改变之前的股利政策,采用每10股送5股的股票股利分配政策。

(3)丙董事认为应当维持原来的股利分配政策,因为公司的战略性机构投资者主要是保险公司,他们要求固定的现金回报,且当前资本市场效率较高,不会由于发放股票股利使股价上涨。

要求:

(1)计算维持稳定增长的股利分配政策下公司2021年度应当分配的现金股利总额。

(2)分别计算甲、乙、丙三位董事提出的股利分配方案下的个人投资者所得税税额。

(3)分别站在企业和投资者的角度,比较分析甲、乙、丙三位董事提出的股利分配方案的利弊。

第二部分
练习答案与小结

Signature······

Just erjoy

Scores

4 教学课时
......

01 / 财务管理总论

一、单项选择题

1. D 2. C 3. D 4. A 5. C

6. B 7. A 8. B 9. D 10. C

二、多项选择题

1. ACE 2. BCD 3. ABCD 4. CDE 5. ADE

6. AB 7. BCE 8. ACDE 9. CD 10. ABCD

三、判断题

1. ×,改正:财务部经理财务控制的重点是现金效率。

2. ×,改正:20世纪60年代至今为财务管理发展的后期阶段。

3. ×,改正:只有建立社会主义市场经济以及现代企业制度,企业才能真正的理财自主权。

4. √

5. √

6. ×,改正:通常用利率来表现。

7. √

8. √

9. ×,改正:企业的价值应该是全部资产的公允价值,或者是企业按一定的折现率折算未来现金净流入的现值之和。

10. √

四、填空题

1. 决策权

2. 财务管理

3. 法人财权

4. 总产值

5. 道德风险

五、名词解释题

1. 财务管理是指企业规划、组织和分析评价财务活动,处理财务关系的一项管理工作。

2. 财务管理目标是财务管理理论要素的重要组成部分,也是财务管理工作者首先要明确的目标。企业财务管理目标可以分为财务管理复合目标和单一目标。

3. 金融工具是在信用活动中产生,能够证明货币供给者与需求者之间融通货币余缺的书面证明。其最基本的要素为支付的金额与支付条件。

4. 财务活动是企业在再生产过程中价值运动过程,是企业经营活动过程中运用货币综合反映的过程。

5. 企业在规划、组织其财务活动过程中,必然与各个经济主体发生经济关系,即财务关系。

六、简答题

1. 企业财务关系主要包括:

(1) 企业与投资者之间的财务关系;

(2) 企业与债权人之间的财务关系;

(3) 企业内部各单位之间的财务关系;

(4) 企业与员工之间的财务关系;

(5) 企业与政府之间的财务关系。

2. 包括三个层次:

(1) 生存。生存是财务管理最低目标。生存是维持企业简单再生产的财务运作的要求,企业从市场取得的货币资金刚好弥补生产经营活动过程中的各种耗费。

(2) 发展。追逐利润是企业经营活动一项最基本的要求,盈利也是扩大再生产的基本条件。

(3) 持续盈利。企业的发展须臾离不开长期可持续发展的财务战略管理思想。确定财务战略发展目标、追求持续盈利是多重财务管理目标中高层次的目标。

3. 优点有以下几个方面:

(1) 考虑了资金时间价值;

(2) 考虑了风险价值;

(3) 有利于避免经营者的短视行为;

(4) 有利于企业战略财务管理;

(5) 促使公司树立良好的公众形象。

4. 税收政策对企业财务的影响表现在以下几个方面:

(1) 融、投资方面;

(2) 财务日常管理方面;

(3) 收益分配方面。

5. 有以下几个方面:

(1) 出资者财务控制的思想。财务战略观;财务控制的重点:投资效率与资本收益率。

(2) 董事会财务控制的思想。战略与战术财务观;财务控制的重点:资产效率与资产收益率。

(3) 财务经理财务控制的思想。战术财务观;财务控制的重点:现金效率。

4 教学课时

······

02 货币时间价值与风险价值

一、单项选择题

1. B   2. C   3. A   4. D   5. D

6. A   7. B   8. B   9. A   10. C

二、多项选择题

1. BCDE   2. ACE   3. CE   4. BCDE   5. ABC

6. ABCDE   7. ACDE   8. CD   9. BCD   10. AE

三、判断改错题

1. √

2. ×,改正:偿债基金是指为了使年金终值达到既定金额,每年年末需支付的年金数额。

3. √

4. √

5. √

6. ×,改正:递延年金问题是前期不属于年金,后期属于年金问题。

7. ×,改正:财务风险通常是指债务或债权融资风险。

8. √

9. ×,改正:期望投资报酬率等于无风险报酬率加风险报酬率。

10. ×,改正:在期数和年金相同的情况下,先付年金的现值大于普通年金的现值。

四、填空题

1. 价值量

2. $(F/P,i,n)$

3. 风险报酬斜率

4. 商业银行

5. 无风险债券的利率,或国库券的利率

五、名词解释题

1. 货币时间价值是指一定量的货币在不同时点上的价值量的差额。货币时间价值是指扣除风险报酬和通货膨胀贴水之后的平均资金利润率或平均报酬率。

2. 偿债基金是指为了使年金终值达到既定金额,每年年末应支付的年金数额。

3. 年资本回收额是指为使年金现值达到既定金额,每年年末应收付的年金数额,它是年金现值的逆运算。

4. 财务风险是指由于举债融资而给企业财务成果带来的不确定性,又称筹资风险。

5. 风险价值又称风险报酬,是指企业承担风险从事财务活动所获得的超过货币时间价值的额外收益。

六、简答题

1.(1)货币时间价值是在企业的生产经营和流通过程中产生的。

(2)货币时间价值的真正来源是劳动者创造的剩余价值。货币只有投入生产和流通领域才能实现其价值的增值。

(3)货币时间价值的确定是以社会平均资金利润率或平均投资报酬率为基础的。在利润不断资本化的条件下,货币时间价值应按复利的方法计算。

2.(1)货币时间价值在筹资活动中具有重要的作用。

首先,筹资时机的选择要考虑货币时间价值。其次,举债期限的选择要考虑货币时间价值。再次,在进行资本结构决策时必须考虑货币时间价值。

(2)货币时间价值在投资活动中具有重要的作用。

利用货币时间价值原理从动态上比较衡量同一投资的不同方案以及不同投资项目的最佳方案,为投资决策提供依据,从而提高投资决策的正确性。树立货币时间价值观念能够使企业有意识地加强投资经营管理,尽量缩短投资项目建设期。

(3)货币时间价值是企业进行生产经营决策的重要依据。

3.(1)风险具有客观性。风险是指事件本身的不确定性,具有客观性。一旦某一特定方案被确定下来,风险总是无法回避和忽视的,但决策主体是否愿意去冒风险以及冒多大风险,是可以选择的。

(2)风险具有时间性。风险的大小随时间延续而变化,因此,我们说风险总是"一定时期内的风险"。

(3)风险可能给投资者带来超出预想的损失,也可能带来意外的惊喜。人们在研究风险时,侧重于减少损失,主要从不利的方面来考虑风险,经常把风险看成是不利事件发生的可能性。

4.(1)筹资风险。筹资风险是指企业在资本筹集过程中所具有的不确定性。筹资风险的影响因素包括筹资时间、筹资数量、筹资渠道和筹资方式。

(2)投资风险。投资风险是指企业将筹集的资金确定投向某经营活动中所具有的不确定性。

(3)收益分配风险。收益分配风险是指企业在收益的形成和分配上所具有的不确定性。

5.(1)纯粹利率

(2)通货膨胀附加率

（3）违约风险报酬

（4）流动性风险报酬

（5）期限风险报酬

七、计算题

1. 单利情况下

$F=100+100\times10\%\times3=130$（万元）

复利情况下

$F=100\times(1+10\%)^3=133.1$（万元）

2. $F=A(F/A,i,n)=100\times(F/A,5\%,8)=100\times9.549=954.9$（万元）

3. $A=F/(F/A,i,n)=20/(F/A,10\%,10)=20/15.937=1.2549$（万元）

4. $A=P/(P/A,i,n)=1\,000/(P/A,10\%,20)=1\,000/8.514=117.316$（万元）

5. $F=A[(F/A,i,n+1)-1]=30\times[(F/A,12\%,5+1)-1]=30\times(8.115-1)=213.45$（万元）

6. 第一种方法

$$P=A(P/A,i,m+n)-A(P/A,i,m)=10\times(P/A,5\%,20)-10\times(P/A,5\%,5)$$
$$=10\times12.462-10\times4.330=81.32$$（万元）

第二种方法

$$P=A(P/A,i,n)(P/F,i,m)=10\times(P/A,5\%,15)\times(P/F,5\%,5)$$
$$=10\times10.380\times0.784=81.3792$$（万元）

7. $P=A/i=50\,000/10\%=500\,000$（元）

8. 投资额 $P=500+500/(1+10\%)=954.55$（万元）

收益额 $P=10\times(P/A,10\%,3)(P/F,10\%,2)=10\times2.487\times0.826=20.54$（万元）

9. $F=200\times(F/P,3\%,20)=200\times1.806=361.2$（万元）

10. 甲股票的期望报酬率为：

$K=0.3\times60\%+0.2\times40\%+0.3\times20\%+0.2\times(-10\%)=30\%$

乙股票的期望报酬率为：

$K=0.3\times50\%+0.2\times30\%+0.3\times10\%+0.2\times(-15\%)=21\%$

甲股票报酬率的标准差为：

$\sqrt{(60\%-30\%)^2\times0.3+(40\%-30\%)^2\times0.2+(20\%-30\%)^2\times0.3+(-10\%-30\%)^2\times0.2}$
$=25.3\%$

乙股票报酬率的标准差为：

$\sqrt{(50\%-21\%)^2\times0.3+(30\%-21\%)^2\times0.2+(10\%-21\%)^2\times0.3+(-15\%-21\%)^2\times0.2}$
$=23.75\%$

甲股票报酬率的变化系数为：

$Q=\sigma/K\times100\%=25.3\%/30\%=0.84$

乙股票报酬率的变化系数为：

$Q=\sigma/K\times100\%=23.75\%/21\%=1.13$

因为甲股票报酬率的变化系数小于乙股票报酬率的变化系数，所以，甲股票的风险小于乙股票的风险。

八、综合分析题(共 2 题)

1. 已知：$P=6\,000$，$A=2\,000$，$i=12\%$

$P=2\,000\times(P/A,12\%,n)$

$6\,000=2\,000\times(P/A,12\%,n)$

$(P/A,12\%,n)=6\,000/2\,000=3$

$(P/A,12\%,3)=2.401\,8$，$(P/A,12\%,4)=3.037\,3$

利用插值法计算 n

$(n-3)/(4-3)=(3-2.401\,8)/(3.037\,3-2.401\,8)$

解得：$n=3.94$(年)

所以，甲设备的使用期限至少为 3.94 年时，才是有利的。

2. (1) $\overline{K}_{甲}=60\%\times0.3+20\%\times0.5+(-30\%)\times0.2=22\%$

$\overline{K}_{乙}=40\%\times0.3+20\%\times0.5+40\%\times0.2=30\%$

(2) $\sigma_{甲}=[(60\%-22\%)^2\times0.3+(20\%-22\%)^2\times0.5+(-30\%-22\%)^2\times0.2]^{1/2}$
$=0.312\,4$

$\sigma_{乙}=[(40\%-30\%)^2\times0.3+(20\%-30\%)^2\times0.5+(40\%-30\%)^2\times0.2]^{1/2}=0.1$

(3) $Q_{甲}=0.312\,4/22\%\times100\%=142\%$

$Q_{乙}=0.1/30\%\times100\%=33.33\%$

(4) $K_{甲}=8\%\times142\%=11.36\%$

$K_{乙}=6\%\times33.33\%=1.999\,8\%$

(5) 应投资乙公司股票，因为 $\overline{K}_{甲}<\overline{K}_{乙}$；$Q_{甲}>Q_{乙}$。

03

筹资路径与资本成本

一、单项选择题

1. D 2. D 3. A 4. A 5. B
6. C 7. D 8. D 9. B 10. C

二、多项选择题

1. BD 2. ABCE 3. ABD 4. CE 5. AE
6. CDE 7. AB 8. BCE 9. ABE 10. BCE

三、判断改错题

1. ×,改正:留存收益资本成本的计算与普通股基本相同,但不用考虑筹资费用。

2. ×,改正:综合资本成本率的高低是由个别资本成本率及其所占比重共同决定的。

3. ×,改正:资本成本通常用相对数表示。

4. √

5. ×,改正:资本成本是筹集资金和使用资金所付出的代价。

6. ×,改正:国有企业筹资渠道主要有国家财政资金、银行信贷资金等。

7. ×,改正:企业借新债还老债有时是为了保持一定的负债规模。

8. √

9. √

10. √

四、填空题

1. 现有的资本结构

2. 追加筹资

3. 用资费用或资金占用费

4. 个别资本成本

5. 加权平均资本成本或综合资本成本

五、名词解释题

1. 资本成本是指企业为筹措和使用资金而付出的代价,包括筹资过程中发生的筹资费用和用资过程中所支付的报酬,即用资费用。

2. 销售百分比法是根据资产负债表有关项目与销售收入比例关系,预测短期资金需要量的方法

3. 筹资渠道是指企业取得资金的来源或途径,体现着资金的来源和流量。

4. 随销售额变动的资产称为敏感资产,包括货币资产、应收账款、存货等项目。

5. 筹资费用是指企业在资金筹措过程中所支付的各项费用,如发行股票、债券支付的发行手续费、资信评估费、印刷费、公证费等。

六、简答题

1. 资本成本对企业筹资决策的影响主要有三个方面:

(1) 个别资本成本是选择资金来源、比较各种筹资方式优劣的一个依据;

(2) 综合资本成本是进行资本结构决策的基本依据;

(3) 边际资本成本是选择追加筹资方案、影响企业筹资总额的重要因素。

2. 企业筹资的目的是以较低的成本和风险为企业具有较高投资回报的投资项目筹措到足够的资金。具体有以下四种:

(1) 设立企业;

(2) 扩张和发展企业;

(3) 偿还企业债务;

(4) 调整企业资本结构。

3. 企业筹资应遵循的原则为:

(1) 分析投资和生产经营情况;

(2) 合理安排筹资时间,及时取得所需资金;

(3) 分析筹资渠道和资本市场,认真选择资金来源;

(4) 研究各种筹资方式,选择最佳资本结构。

4. 影响企业资本成本的因素有:

(1) 总体经济状况;

(2) 证券市场条件;

(3) 企业经营决策和筹资决策;

(4) 筹资规模。

5. 个别资本成本包括:

(1) 长期借款成本;

(2) 长期债券成本;

(3) 优先股成本;

(4) 普通股成本;

(5) 留存收益成本。

七、计算题

1. （1）银行借款资本成本＝7％×（1－25％）/（1－2％）＝5.36％

债券资本成本＝140×9％×（1－25％）/[150×（1－3％）]＝6.49％

优先股资本成本＝250×12％/[250×（1－4％）]＝12.5％

普通股资本成本＝1.2/[10×（1－6％）]＝12.77％

（2）该企业的加权平均资本成本＝200/1 000×5.36％＋150/1 000×6.49％＋250/1 000×12.50％＋400/1 000×12.77％＝1.07％＋0.96％＋3.13％＋5.11％＝10.28％

2. （1）新增销售额＝6 000－5 000＝1 000（万元）

股利支付率＝60/300＝20％

融资需求＝1 000×（1－34％）－6 000×6％×（1－20％）

$\qquad$ ＝660－288＝372（万元）

（2）新增销售额＝6 500－5 000＝1 500（万元）

融资需求额＝1 500×（1－34％）－6 500×8％

$\qquad$ ＝990－520＝470（万元）

3. 债券资本成本＝10％×（1－25％）/（1－2％）＝7.65％

优先股资本成本＝12％/（1－3％）＝12.37％

普通股资本成本＝[1.2/10×（1－5％）]＋4％＝16.63％

综合资本成本＝2 000/5 000×7.65％＋800/5 000×12.37％＋2 200/5 000×16.63％

$\qquad$ ＝12.36％

4. 资本成本＝2.5/[25×（1－5％）]＋5％＝15.53％

5. 债券资本成本＝700×5％×（1－25％）/[800×（1－3％）]＝3.38％

优先股资本成本＝6％/（1－3％）＝6.19％

普通股资本成本＝100/[1 000×（1－4％）]＋4％＝14.42％

留存收益资本成本＝100/1 000＋4％＝14％

债券比重＝800/2 000＝0.4

优先股比重＝100/2 000＝0.05

普通股比重＝1 000/2 000＝0.5

留存收益比重＝100/2 000＝0.05

综合资本成本＝3.38％×0.4＋6.19％×0.05＋14.42％×0.5＋14％×0.05＝9.57％

八、综合分析题

1. 综合资本成本率＝2 000/6 000×8％×（1－25％）/（1－2％）＋1 000/6 000×10％/（1－3％）＋3 000/6 000×[360/3 000×（1－4％）＋3％]＝10.96％

综合资本成本小于收益率13％，方案可行。

2. （1）筹资总额分界点的计算见表3-3。

表3-3 筹资总额分界点计算表

筹资方式	资本成本（%）	特定筹资方式的筹资范围	筹资总额分界点
长期借款	2	40 000 元以内	40 000/0.2＝200 000（元）
	4	40 000 元以上	200 000 元以上
长期债券	10	250 000 元以内	250 000/0.25＝1 000 000（元）
	12	250 000 元以上	1 000 000 元以上
普通股	15	330 000 元以内	330 000/0.55＝600 000（元）
	16	330 000 元以上	600 000 元以上

（2）边际资本成本的计算见表3-4。

表3-4 边际资本成本规划表

序号	筹资总额的范围（元）	筹资方式	资本结构（%）	资本成本（%）	边际资本成本（%）
1.	0～200 000	长期借款	20	2	0.40
		长期债券	25	10	2.50
		普通股	55	15	8.25
		第一个范围的边际资本成本＝11.15			
2.	200 000～600 000	长期借款	20	4	0.80
		长期债券	25	10	2.50
		普通股	55	15	8.25
		第二个范围的边际资本成本＝11.55			
3.	600 000～1 000 000	长期借款	20	4	0.80
		长期债券	25	10	2.50
		普通股	55	16	8.80
		第三个范围的边际资本成本＝12.10			
4.	1 000 000 以上	长期借款	20	4	0.80
		长期债券	25	12	3.00
		普通股	55	16	8.80
		第四个范围的边际资本成本＝12.60			

3 教学课时
......

04

权益融资

一、单项选择题

1. A	2. C	3. B	4. D	5. C
6. B	7. C	8. D	9. B	10. C

二、多项选择题

1. CE	2. ABC	3. BE	4. ABCD	5. ABD
6. ACE	7. ABCDE	8. AD	9. ABDE	10. BC

三、判断改错题

1. ×，改正：公司配股后，配股价格的高低会影响配股后股票市场价格的高低。

2. √

3. √

4. ×，改正：执行认股权证会对股票的市场价格产生稀释作用。

5. ×，改正：股票的清算价值通常要低于其账面价值。

6. √

7. ×，改正：投资者购买可转换公司债券后，可在规定的转换期选择是否可转换债券转换为股票。

8. ×，改正：距到期日的时间越长，认股权证的时间价值越高。

9. √

10. √

四、填空题

1. 30%

2. 中间价

3. 中国证监会

4. 配售

5. 时间价值

五、名词解释题

1. 认股权证通常也称为认购权证,是公司发行的一种长期股票买入选择权。它本身不是股票,既不享受股利收益,也没有投票权,但它的持有者可以在规定的时间内按照事先确定的价格购买一定数量的公司股票。

2. 可转换债券是指由股份公司发行的,可以按一定条件转换为一定数量的公司普通股股票的证券。

3. 股票包销是指券商将发行人的全部股票(或其他证券)按照协议全部购入或者在承销期结束时将未售出的剩余股票全部自行购入的承销方式。

4. 认沽权证是指看跌期权,即期权的购买者拥有在期权合约有效期内按执行价格卖出一定数量标的物的权利。

5. 回售条款是指可转换债券发行公司的股票价格降低到某种程度时,债券持有人有权按照约定的价格将可转换债券出售给发行者的有关规定,这种规定是对可转换债券投资者的一种保护。

六、简答题

1. 普通股股东享有以下基本权利:

(1) 剩余收益请求权和剩余财产清偿权;

(2) 监督决策权;

(3) 优先认股权;

(4) 股票转让权。

2. 企业发行普通股筹资的优点:

(1) 普通股筹资形成的公司资本金具有长久性、稳定性和安全性;

(2) 针对普通股的利润分配政策具有灵活性;

(3) 通过发行普通股可增加公司的广告效应;

(4) 公司上市是对公司经营状况和信誉的一个最好的肯定,有助于公司开展商业往来;

(5) 大量的公众股东可能成为公司未来的客户。

企业发行普通股筹资的缺点:

(1) 公开发行股票要产生大量的直接成本;

(2) 公开发行股票还会产生大量的隐性成本;

(3) 为了对广大投资者负责,上市公司负有严格的信息披露义务;

(4) 可能会稀释原股东的控制权和收益权。

3. 可转换债券筹资的优点:

(1) 可以降低筹资成本;

(2) 由于可转换债券规定的转换价格要高于发行时的公司普通股股价,因此它实际上为公司提供了一种以高于当期股价发行新普通股的可能;

(3) 当可转换债券转化为公司普通股后,债券发行者就不必再归还债券本金,免除了还本的负担。

可转换债券筹资的缺点:

(1) 尽管可转换债券的利息率确实低于同等条件下不可转换债券，但由于可转换债券实际上是债券和权益资本的混合物，因此它的成本也应介于两者之间；

(2) 如果公司发行可转换债券的实际目的是利用其转换性能发行股票，且一旦公司普通股股价未能如预期的那样上升，无法吸引债券持有者将债券转换为公司普通股股票，则公司将面临严峻的归还本金的压力；

(3) 可转换债券的低利息，将随着转换为公司股票而消失。

4. 优先股筹资的优点：

(1) 不会导致原有普通股股东控制能力的下降；

(2) 优先股不会像公司债那样加大企业的财务风险；

(3) 发行优先股不必以资产抵押，从而确保了公司的融资能力；

(4) 优先股没有规定的到期日，不用偿还本金；

(5) 大多数优先股附有收回条款，这就使发行优先股融资更有弹性。

优先股筹资的缺点：

(1) 成本较高；

(2) 由于优先股在股利分配、资产清算等方面拥有优先权，使普通股股东在公司经营不稳定时的收益受到影响；

(3) 可能形成较重的财务负担；

(4) 优先股的限制较多。

5. 认股权证的价值受以下因素影响：

(1) 所认购股票的市场价格；

(2) 权证规定的认购价格（执行价格）；

(3) 自认股权证发行至到期日的时间长短；

(4) 市场利率；

(5) 是否分配现金股利等因素。

七、计算题

1. 认股权证的内在价值＝$0.5 \times (45-30)=7.5$（元）

2. 转换价格＝$100/4=25$（元）

3. (1) 为筹措所需资金，公司需要配售的股票数量＝$4\,500/15=300$（万股）

(2) 全部配售后的股票除权价格＝$(1\,000 \times 20+4\,500)/(1\,000+300)=18.85$（元）

4. 公司配股前的股票价格＝$(120 \times 25-20 \times 20)/100=26$（元）

5. 可转换债券的转换比例＝$100/20=5$，不会行权

八、综合分析题

(1) 认股权证的内在价值＝$0.5 \times (50-35)=7.5$（元）

(2) 行使认股权证之前，公司的权益总价值＝$50 \times 4\,000=200\,000$（万元）

行使认股权证之后，公司发行新股＝$1\,000 \times 0.5=500$ 万股，收入＝$500 \times 35=17\,500$（万元）

行使认股权证之后的股票价格＝$(200\,000+17\,500)/(4\,000+500)=48.33$ 元

稀释效应使股票价格下降了 1.67 元

2 教学课时

05

债务融资

一、单项选择题

1. B   2. A   3. C   4. D   5. D

6. C   7. D   8. B   9. A   10. B

二、多项选择题

1. ABC   2. ABCD   3. BCE   4. ACD   5. ABCDE

6. ACDE   7. BCDE   8. ACE   9. AD   10. ABCE

三、判断题

1. √

2. √

3. ×，改正：借款人以未到期的票据向银行贴现融通资金的一种借款方式，贴现时就要扣除贴现息。

4. ×，改正：我国短期融资券的发行人是在中华人民共和国境内依法设立的非金融企业法人。

5. ×，改正：与股权融资相比，长期借款筹资主要有融资速度快、筹资成本低、借款弹性大、具有杠杆作用等优点。

6. ×，改正：附认股权债券票面利率通常低于一般公司债券票面利率。

7. √

8. ×，改正：经营租赁的租赁资产的维修、保养和管理由出租人负责，或融资租赁的租赁资产的维修、保养和管理由承租人负责。

9. √

10. √

四、填空题

1. 自有资本，或所有者权益资本

2. 信用债券

3. 长期租赁

4. 直接租赁

5. 等额年金法

五、名词解释题

1. 商业信用是指商品交易中由于延期付款或预收货款所形成的企业与企业间的信用关系。它是企业之间由于商品和货币在时间和空间分离而形成的直接信用关系。

2. 现金折扣又称为信用折扣，是卖方为了促使买方及早付款而给予买方付款上的优惠（现金折扣符号略）。

3. 长期借款是指企业向银行或其他非银行金融机构借入的使用期限过一年的借款，主要用于购建固定资产和满足长期资金占用的需要。

4. 售后租赁又称先卖后租或回租，即指企业先将自己拥有的某项资产卖给出租人，然后将资产租回使用，这是一种变相融资方式。

5. 短期融资券是指具有法人资格的非金融企业在银行间债券市场发行的，约定在一年内还本付息的直接债务融资工具。

六、简答题

1. 负债与自有资本相比较，具有以下特点：

(1) 负债是以往或目前已经完成的交易而形成的当前债务，凡不属于以往或目前已经完成的交易，而是将来要发生的交易可能产生的债务，不能视为负债。

(2) 负债是要在将来承担的经济责任。

(3) 负债是可以确定和估计的金额。

(4) 负债是需要用现金或其他资产支付的、确实存在的债务。

(5) 负债有确切的债权人和到期日。

2. 流动负债根据偿付金额是否可以确定，分为三种形式：

(1) 应付金额当前可以肯定的流动负债，例如应付账款、应付票据、短期借款等。

(2) 应付金额不可以肯定的流动负债，如应交税金等。

(3) 应付金额需要估计的流动负债，例如企业因实行"三包"应付的修理费用。

3. 商业信用融资的优点：

(1) 商业信用是伴随着商品交易自然产生取得的，只要企业生产经营活动一如既往，这种信用融资就会经常发生，不需要办理有关烦琐的手续，也不附加条件。

(2) 商业信用融资可能不需要成本或成本很低。

(3) 商业信用融资具有较大的弹性，能够随着购买或销售规模的变化而自动扩张或缩小。

商业信用融资的缺点：

(1) 商业信用的期限较短，应付账款尤其如此，如果企业要取得现金折扣，则期限更短。

(2) 对应付方而言，如果放弃现金折扣或者严重拖欠应付款项，其付出的成本很高。

4. 短期融资券的发行程序：

(1) 公司作出发行短期融资券的筹资决策；

(2) 委托有关的信用评级机构进行信用评级；

(3) 向银行间市场交易商协会申请注册；

(4) 对企业的申请进行审核与注册；

(5) 正式发行融资券，取得资金。

5. 长期租赁的租金构成主要包括:

(1) 租赁设备的购置成本,包括设备买价、运杂费和途中保险费。

(2) 利息,即出租人为承租人购置设备融资而应计的利息。

(3) 租赁手续费,即出租人办理租赁业务的营业费用、营业税金和利润。

七、计算题

1. $R = \dfrac{10 \times 10\%}{10 \times (1 - 15\%)} \times 100\% \approx 11.76\%$

2. (1) 收款法:实际利率=名义利率=6%

(2) 贴现法:实际利率= $\dfrac{100 \times 6\%}{100 - 100 \times 6\%} \times 100\% \approx 6.38\%$

3. (1) 计算放弃现金折扣的成本如下:

放弃优惠折扣的实际利率= $\dfrac{2\%}{1 - 2\%} \times \dfrac{360}{30 - 10} \times 100\% \approx 36.7\%$

(2) 因为 36.7%>10%

故甲企业应选择在第十天付款,即使公司资金短缺,也可以通过向银行取得短期借款的方式在第十天还款。

4. 租赁期内利息=800×(1+10%)⁵−800≈488.40(万元)

租赁期内手续费=800×6%=48(万元)

每年支付租金=(800+488.4+48)/5=267.28(万元)

5. (1) 1 000×(1+10%)⁵≈1 610.51(万元)

(2) 1 000×(1+10%×5)=1 500(万元)

八、综合分析题

1. 每年应支付的租金= $\dfrac{P}{(P/A,i,n)(1+i)} = \dfrac{260}{4.355 \times (1+10\%)} \approx 54.27$(万元)

2. (1) 计算发行价格

当市场利率为9%时:

债券的发行价格=100×(P/F,9%,8)+100×9%(P/A,9%,8)

=100×0.502+100×9%×5.535=100(元)

当市场利率为8%时:

债券的发行价格=100×(P/F,8%,8)+100×9%(P/A,8%,8)

=100×0.540+100×9%×5.747=106(元)

当市场利率为10%时:

债券的发行价格=100×(P/F,10%,8)+100×9%(P/A,10%,8)

=100×0.467+100×9%×5.335=95(元)

(2) 说明理由

① 当市场利率高于债券票面利率时,公司会折价发行债券,以此来补偿债券持有者因票面利息较低而少获得的利息。

② 当市场利率低于债券票面利率时,公司会溢价发行债券,以此来弥补自己因多向债券持有人支付利息的损失。

5 教学课时
...... **06**

杠杆作用与资本结构

一、单项选择题

1. D 　　2. A 　　3. C 　　4. D 　　5. C

6. C 　　7. A 　　8. A 　　9. B 　　10. C

二、多项选择题

1. BC 　2. ACD 　3. ABC 　4. ACE 　5. ABC

6. CDE 　7. ADE 　8. ABC 　9. BD 　10. AE

三、判断改错题

1. ×,改正:一般来说,经营杠杆系数越小,经营风险越小。

2. ×,改正:只有当债务利息和优先股股息同时为零时,财务杠杆系数才为1。

3. ×,改正:从经营杠杆系数计算公式上看,分母为负数,但分子也可能是负数,这样经营杠杆系数就未必小于0。

4. √

5. √

6. √

7. ×,改正:负债经营并不是导致财务风险产生的根本原因,负债经营得当也能带来财务杠杆利益。

8. √

9. √

10. √

四、填空题

1. 经营杠杆系数

2. 财务杠杆系数

3. 联合杠杆系数

4. 全部资本,长期资本

5. 企业价值,加权平均资本成本

五、名词解释题

1. 经营杠杆是指由于固定成本的存在,当业务量发生变化时,导致息税前利润更大幅度变化的现象。

2. 财务杠杆是指由于债务利息或优先股股息的存在,当息税前利润发生变化时,导致每股收益更大幅度变化的现象。

3. 联合杠杆是经营杠杆与财务杠杆的综合作用,即反映了业务量变动最终导致每股收益更大幅度的变动。

4. 资本结构是指企业各种资本的构成及其比例关系。

5. 最优资本结构是指综合资本成本最低、企业价值最大的资本结构。

六、简答题

1. 经营杠杆作用只是放大了有关因素变动带来的经营风险,但经营杠杆的大小并非经营风险大小的同义语。

2. 财务杠杆作用只是放大了有关因素变动对每股收益(EPS)的影响,但财务杠杆大小并非财务风险大小的同义语。

3. (1) 合理安排债务资本比例有利于降低企业的资本成本;(2) 合理安排债务资本比例有利于发挥财务杠杆作用;(3) 合理安排债务资本比例有利于提高公司价值。

4. 无公司所得税,资本结构不影响企业价值和资本成本;有公司所得税,负债越多,企业价值越大。

5. 基本方法有比较资本成本法、每股收益无差别点分析法、比较公司价值法和比较杠杆比率法。

七、计算题

1. $DOL = 320 \times (1-60\%) \div [320 \times (1-60\%) - 48] = 1.6$

$DFL = [320 \times (1-60\%) - 48] \div [320 \times (1-60\%) - 48 - 250 \times 45\% \times 14\%] = 1.25$

$DTL = 1.6 \times 1.25 = 2$

2. 边际贡献总额 $= 1\,000 \times 40\% = 400$(万元)

息税前利润 $= 400 - 200 = 200$(万元)

$DOL = 400/200 = 2$,下年息税前利润 $= 200 \times (1 + 2 \times 20\%) = 280$(万元)

3. (1) $(50-30) \times 10 = 200$(万元)

(2) $200 - 100 = 100$(万元)

(3) $DOL = 200/100 = 2$,$DFL = \dfrac{100}{100 - 60 \times 12\% - 10 \div (1-25\%)} = 1.26$

$DTL = 2 \times 1.26 = 2.52$

4. $DFL = \dfrac{500 \times 10\%}{500 \times 10\% - 200 \times 5\%} = 1.25$

$DOL = 2.5/1.25 = 2$　息税前利润增长率 $= 2 \times 10\% = 20\%$

今年息税前利润 $= 500 \times 10\% \times (1 + 20\%) = 60$(万元)

5. 设利息费用为 I,

由 $DFL=[100\,000/(1-20\%)+I]\div[100\,000/(1-20\%)]=1.6$，得 $I=75\,000$，

则 $DTL=[100\,000/(1-20\%)+75\,000+240\,000]\div[100\,000/(1-20\%)]=3.52$，

故息税前利润增长幅度$=[(1\,200\,000-1\,000\,000)/1\,000\,000]\times100\%\times3.52=70.4\%$

6. 由 $\dfrac{(EBIT-400\times10\%-200\times12\%)\times(1-25\%)}{24}=\dfrac{(EBIT-400\times10\%)\times(1-25\%)}{32}$

得每股收益无差别点息税前利润 $EBIT=136$（万元），

因为预期息税前利润为 200 万元,大于无差别点息税前利润 136 万元,故应采用发行债券方案。

7. （1）方案一每股收益$=\dfrac{(200-40-60)\times(1-25\%)}{100}=0.75$（元）

方案二每股收益$=\dfrac{(200-40)\times(1-25\%)}{125}=0.96$（元）

（2）计算两个方案的每股收益无差别点息税前利润

$\dfrac{(EBIT-40-60)\times(1-25\%)}{100}=\dfrac{(EBIT-40)\times(1-25\%)}{125}$

$EBIT=340$（万元）

（3）方案一:财务杠杆系数$=200/(200-40-60)=2$

方案二:财务杠杆系数$=200/(200-40)=1.25$

（4）方案二优于方案一

8. （1）发行债券筹资的每股收益$=\dfrac{(400-800\times10\%-1\,000\times12\%)(1-25\%)}{200}=0.75$（元）

发行股票筹资的每股收益$=\dfrac{(400-800\times10\%)(1-25\%)}{200+1\,000\div10}=0.80$（元）

（2）$\dfrac{(EBIT-200)(1-25\%)}{200}=\dfrac{(EBIT-80)(1-25\%)}{300}$

$EBIT=440$（万元）

息税前利润小于 440 万元时,增发普通股筹资比增发债券筹资有利。

9. 计算本年的经营杠杆系数、财务杠杆系数和联合杠杆系数

利息$=1\,000\times40\%\times5\%=20$（万元）

变动成本$=$销售收入$\times$变动成本率$=1\,000\times30\%=300$（万元）

$M=$销售收入$-$变动成本$=1\,000-300=700$（万元）

$DOL=M/(M-a)=700/(700-200)=1.4$

$DFL=EBIT/(EBIT-I)=500/(500-20)=1.04$

$DCL=DOL\times DFL=1.46$

（2）预计下年每股收益增长率

下年每股收益增长率$=DCL\times$销售变动率$=1.46\times0.5\times100\%=73\%$

10. $\dfrac{(EBIT-20\,000\times20\%\times8\%)(1-25\%)}{2\,040}=\dfrac{(EBIT-20\,000\times20\%\times8\%-400\times10\%)(1-25\%)}{2\,000}$

$EBIT=2\,360$（万元）

因为预期 $EBIT$ 为 3 000 万元,大于 2 360 万元,所以应采用长期借款方式。

八、综合分析题

1. (1) 边际贡献＝10 000×(5－3)＝20 000(元)

(2) 息税前利润＝20 000－10 000＝10 000(元)

(3) DOL＝20 000/10 000＝2

(4) 息税前利润增长率＝10%×2＝20%

(5) DFL＝10 000/(10 000－5 000)＝2　DTL＝2×2＝4

2. 测算结果见表6－2。

表6－2　测算结果

B(万元)	S(万元)	V(万元)	K_b(%)	K_c(%)	K(%)
0	1 125	1 125	—	16	16
100	1 030	1 130	8	17	16.21
200	933	1 133	10	18	16.58
300	834	1 134	12	19	17.15
400	708	1 108	14	20	17.83
500	629	1 129	16	21	18.78

当债权资本达到300万元时,公司的价值最大,这时资本结构最佳,即债权资本为300万元,股权资本为834万元。

130

1 教学课时 07 投资决策概论

一、单项选择题

1. D	2. C	3. A	4. C	5. D
6. C	7. A	8. B	9. C	10. A

二、多项选择题

1. ABE	2. ABCD	3. BCD	4. BCE	5. ACD
6. AC	7. CE	8. AB	9. ACDE	10. ACE

三、判断改错题

1. ✕,改正:按照投资于企业生产经营的关系,可分为直接投资和间接投资;或按照投资时间长短,可分为短期投资和长期投资。

2. ✓

3. ✕,改正:企业应在追求投资收益时,尽可能规避风险。

4. ✓

5. ✕,改正:投资环境评价分析方法包括定量分析法、定性分析法、定量与定性结合分析法。

6. ✕,改正:资产按照形态可以划分为有形资产和无形资产。

7. ✕,改正:企业负债应适度负债,过度负债会增加企业风险。

8. ✕,改正:有效投资组合只能规避非系统性风险。

9. ✓

10. ✓

四、填空题

1. 间接投资

2. 投资报酬低

3. 投入产出原则

4. 负债

5. 有效界线

五、名词解释题

1. 短期投资是指能够随时变现的,准备持有时间不超过一年的证券投资和其他投资。

2. 直接投资是指把资金投放于生产经营性资产,通常以货币资产、实物资产和无形资产对本企业和其他企业投资,以获得利润的投资。

3. 对内投资是指把资金投在企业内部,购置各种生产经营资产的投资,主要是用于资本性支出的投资。

4. 资本组合是指涉及企业负债和自有资本(所有者权益)结构(比例),及其负债、自有资本内部的结构。

5. 不可分散性风险是指系统风险,即所有公司都会遇到的,投资者无法通过组合各种公司股票来分散的风险。

六、简答题

1. 投资的分类主要包括:

(1) 按投资于企业生产经营的关系,分为直接投资和间接投资;

(2) 按投资时间,可分为短期投资和长期投资;

(3) 按投资方向,可分为对内投资和对外投资。

2. 投资环境按属性可分为:

(1) 硬环境,即物质条件,包括自然地理、交通运输、邮电通讯和能源供应等;

(2) 软环境,即非物质条件,包括政治、法律、文化等。

3. 定量和定性结合分析法的步骤为:

(1) 收集整理投资环境要素的有关资料;

(2) 确定各主要环境要素在总投资环境要素中所占的比重;

(3) 对各投资环境要素进行评价记分,再乘以环境要素的比重,即为该环境要素的评定分值;

(4) 确定投资中环境系统的总评分;

(5) 对一些难以计量的要素和投资过程中可能发生的变化进行定性分析,调整定量总体分值,得出综合分值。

4. 保守型和激进型的适应结构:

(1) 保守型的适应结构,表现为流动资产不仅由全部短期资本供给,而且还要由相当多的长期资本供给,即长期负债和所有者权益供给。

(2) 激进型的适应结构表现为:流动资产全部由短期资本供给;非流动资产不仅由全部长期资本供给,而且还要由相当多的短期资本(流动负债)供给。

5. 有效多角组合的步骤如下:

(1) 对各种投资项目进行分析,计算出每种投资项目的预期风险和收益;

(2) 进行组合分析,结合预估的每种证券收益和风险,以决定各种可选择组合,从中选择一组有效组合;

(3) 投资者按照投资战略目标,对这一组有效组合再进行组合调整。

5 教学课时
......

08

固定资产与无形资产投资决策

一、单项选择题

1. C   2. A   3. A   4. D   5. D
6. B   7. A   8. B   9. C   10. D

二、多项选择题

1. ABD   2. CD   3. BE   4. BC   5. AC
6. BD   7. AE   8. ADE   9. AB   10. BCE

三、判断改错题

1. ×,改正:使某投资方案的净现值大于 0 的贴现率,一定小于该投资方案的内含报酬率。

2. √

3. √

4. ×,改正:投资项目采用加速折旧法计提折旧,计算出来的税后净现值比采用直线法大。

5. ×,改正:内含报酬率小于行业基准收益率,说明以行业基准收益率折现投资未全部收回。

6. ×,改正:当折现率为 8% 时,某项目的净现值为－200 元,说明该项目内含报酬率小于 8%。

7. √

8. ×,改正:若某一方案的净现值小于 0,则该方案的内含报酬率没有达到预定的贴现率,不可行。

9. √

10. ×,改正:取决于选择的折现率,若折现率为资本成本,净现值等于 0 表明项目产生的现金流量刚好回收了原始投资额,投资者获得了最低的投资回报率。

四、填空题

1. 现金流入   现金流出

2. 经营期现金流量   终结期现金流量

3. 投资额

4. 投资回收期

5. 净现值

五、名词解释题

1. 肯定当量法指将不确定的现金流量调整为确定的现金流量,然后用无风险的报酬率作为折现率计算净现值的方法。

2. 风险调整折现率法指根据投资风险的大小调整折现率,然后计算净现值以进行投资决策分析的方法。

3. 期望值决策法是在不确定条件下进行投资决策的方法,根据现金流量及概率确定投资项目期望现金流量,并据以计算投资项目决策指标的期望值。

4. 投资回收期是指由于投资引起的现金流入累计到与投资额相等所需要的时间。

5. 内部收益率是指能使投资方案的全部现金净流量的现值为零的折现率。

六、简答题

1. 选择现金流量指标作为固定资产投资决策指标基础的原因:

(1) 整个投资有效期内,利润总计与现金净流量总计相等,现金流量可以取代利润作为评价项目收益的指标;

(2) 现金流量指标可以保证评价的客观性,因为利润的计算受折旧方法、存货估价方法等人为因素的影响,现金流量的计算不受这些人为因素的影响;

(3) 在投资分析中,现金流动状况比盈亏状况更重要。

2. 从分析影响产品产量的因素入手,得出提高固定资产利用效果的主要途径有以下几个方面:

(1) 改善固定资产结构,增加在用固定资产数量。应力求通过挖掘企业潜力,提高生产经营用固定资产占全部固定资产的比重,减少未使用和不需用的固定资产。在各类固定资产中,形成生产能力的关键资产是生产设备,因此,应努力提高生产设备占生产经营在用固定资产的比重。

(2) 增加生产设备的有效工作时间。从单台设备生产能力看,在生产效率一定的条件下,延长工作时间可以增加生产量。因此,企业应合理增加开工班次,加强对设备的日常检查,减少设备的修理次数和修理时间,缩短设备的准备工作和结束工作时间,减少废品损失,组织均衡生产,减少由于待料、停电等造成的停机时间。

(3) 提高设备生产效率。设备的生产效率可以用设备单位时间生产量来表示。提高设备生产效率,一是要采用先进技术、先进工艺不断对老设备进行技术改造和更新,提高设备的性能;二是提高生产工人的操作技术水平和熟练程度;三是在保证产品质量的前提下,改进产品设计,以求减少产品加工时间。

3. 现金流量的构成:

(1) 购建期现金流量。流入:固定资产更新改造或扩建过程中淘汰旧资产的残值变现收入等。流出:购置固定资产和垫支流动资金的现金流出等。

(2) 经营期现金流量。流入:营业现金流入;费用节约带来现金流入等。流出:购入存货支出;支付工资;纳税和支付的其他经营费用等。

(3) 终结期现金流量。流入:固定资产清理(出售或报废)的残值收入;收回流动资金等。流出:支付清理费用等。

4. 净现值、现值指数、内含报酬率的比较见表 8-1。

表 8-1　比较表

比较项目	净现值	现值指数	内含报酬率
指标特征	绝对指标 衡量投资效益	相对指标 衡量投资效率	相对指标 衡量投资效益
是否受设定 贴现率影响	是	是	否
是否反映项目 方案本身报酬率	否	否	是
指标间的关系	净现值＞0 时 净现值＝0 时 净现值＜0 时	现值指数＞1 现值指数＝1 现值指数＜1	内含报酬率＞资本成本 内含报酬率＝资本成本 内含报酬率＜资本成本

5.（1）风险调整折现率法一般是调增净现值计算公式的分母,风险调整现金流量法一般是调减净现值计算公式的分子,两者都是对净现值的保守估计。

（2）风险调整折现率法是对高风险的项目采用较高的折现率计算现值,反之,对低风险的项目采用较低的折现率计算净现值,易理解,操作方便,但此法把时间价值与风险价值混为一谈,夸大了远期风险。

风险调整现金流量法克服了夸大远期风险的不足,可以根据不同年份的风险程度采用不同的肯定当量系数,但合理确定肯定当量系数是比较困难的。

七、计算题

1. 甲方案

年现金净流量＝（40 000－20 000－13 500）×（1－25％）＋13 500＝18 375（元）

净现值＝18 375×（P/A,8％,4）－54 000＝18 375×3.312－54 000＝60 858－54 000
　　　　＝6 858（元）

现值指数＝60 858/54 000＝1.13

内含报酬率的计算:

年金现值系数＝54 000/18 375＝2.939

查表,利率为13％时,系数2.974;利率为14％时,系数2.914

内含报酬＝13％＋[（2.974－2.939）/（2.974－2.914）]×1％＝13.58％

乙方案

第 1 年现金净流量＝（35 000－10 000－15 000）×（1－25％）＋15 000＝22 500（元）

第 2 年现金净流量＝（35 000－10 500－15 000）×（1－25％）＋15 000＝22 125（元）

第 3 年现金净流量＝（35 000－11 000－15 000）×（1－25％）＋15 000＝21 750（元）

第 4 年现金净流量＝（35 000－11 500－15 000）×（1－25％）＋15 000＋4 000＋16 000
　　　　＝41 375（元）

净现值＝22 500×0.926＋22 125×0.857＋21 750×0.794＋41 375×0.735－80 000＝
87 476.25－80 000＝7 476.25（元）

现值指数＝87 476.25/80 000＝1.09

内含报酬率的计算：

用 11% 测试，净现值＝22 500×0.901＋22 125×0.812＋21 750×0.731＋41 375×0.659－80 000＝1 403.38(元)

用 12% 测试，净现值＝22 500×0.893＋22 125×0.797＋21 750×0.712＋41 375×0.636－80 000＝－473.38(元)

内含报酬率＝11%＋[(1 403.38－0)/(1 403.38＋473.38)]×1%＝11.75%

结论：因甲方案的净现值＜乙方案的净现值，故乙方案好。

2. A 方案

净现值＝28 000×(P/A,9%,8)－150 000＝28 000×5.535－150 000

　　　＝4 980(元)

年均净现值＝4 980/(P/A,9%,8)＝899.73(元)

B 方案

净现值＝32 000×(P/A,9%,10)－200 000＝32 000×6.418－200 000＝5 376(元)

年均净现值＝5 376/(P/A,9%,10)＝837.64(元)

因净现值指标通常是评价投资效果的指标，符合追求企业价值最大化的财务管理目标。A 方案的年均净现值＞B 方案的年均净现值，故该公司应选择 A 方案投资。

3.（1）税后利润的计算

第 1～2 年各为：30 000＋(50 000－20 000－25 000)×(1－25%)＝33 750(元)

第 3～4 年各为：30 000＋(60 000－29 000－25 000)×(1－25%)＝34 500(元)

（2）现金流量

第 1～2 年各为：33 750－30 000＋25 000＝28 750(元)

第 3 年：34 500－30 000＋25 000＝29 500(元)

第 4 年：34 500－30 000＋25 000＋6 000＝35 500(元)

净现值＝28 750×(P/A,7%,2)＋29 500×(P/F,7%,3)＋35 500×(P/F,7%,4)－10 600

　　　＝28 750×1.808＋29 500×0.816＋35 500×0.763－106 000＝－2 861.5(元)

因净现值＜0，方案不可行。

4. A 型设备

年折旧＝30 000×(1－10%)/5＝5 400(元)

	系数	现值(元)
原价＝－30 000(元)	1	－30 000
年税后修理费＝－2 000×(1－25%)＝－1 500(元)	3.89	－5 835
折旧抵税＝5 400×25%＝1 350(元)	3.89	5 251.5
残值收入＝1 500(元)	0.65	975
残值损失减税＝(3 000－1 500)×25%＝375(元)	0.65	243.75
合计		－29 364.75
平均年成本		7 548.78

B 型设备

年折旧＝40 000×(1－10％)/5＝7 200(元)

	系数	现值(元)
原价＝－40 000(元)	1	－40 000
税后修理费(元)		
第 1 年:2 500×(1－25％)＝－1 875	0.917	－1 719.38
第 2 年:3 000×(1－25％)＝－2 250	0.842	－1 894.5
第 3 年:3 500×(1－25％)＝－2 625	0.772	－2 026.5
第 4 年:4 000×(1－25％)＝－3 000	0.708	－2 124
第 5 年:4 500×(1－25％)＝－3 375	0.65	－2 193.75
第 6 年:5 000×(1－25％)＝－3 750	0.596	－2 235
折旧抵税＝7 200×25％＝1 800(元)	3.89	7 002
残值收入 5 000(元)	0.596	2 980
残值收益纳税＝(4 000－5 000)×25％＝－250(元)	0.596	－149
合计		－42 360.13
平均年成本		9 442.74

结论:A 型设备的平均年成本较低,应购买 A 型设备。

5. 原始投资现值＝500 000＋21 000＋22 000×$(P/F,9％,3)$＋60 000

$\qquad$＝581 000＋22 000×0.772＝597 984(元)

各年现金流量计算:

年折旧＝500 000×(1－10％)/4＝112 500(元)

第 1～3 年装修费年摊销＝21 000/3＝7 000(元)

第 4～5 年装修费年摊销＝22 000/2＝11 000(元)

第 1～3 年现金流量＝(180 000－40 000－112 500－7 000)×(1－25％)＋112 500＋7 000

$\qquad$＝134 875(元)

第 4 年现金流量＝(216 000－40 000－112 500－11 000)×(1－25％)＋112 500＋11 000

$\qquad$＝162 875(元)

第 5 年现金流量＝(259 200－40 000－11 000)×(1－25％)＋11 000＋40 000＋10 000×

25％＋60 000＝269 650(元)

现金流量折算为现值＝134 875×2.531＋162 875×0.708＋269 650×0.65

$\qquad$＝631 956.63(元)

净现值＝631 956.63－597 984＝33 972.63(元)

因净现值＞0,项目可行。

6. 甲方案

年付现成本现值＝60 000×(1－25％)×$(P/A,9％,4)$＝60 000×(1－25％)×3.24

$\qquad$＝145 800(元)

年折旧抵税现值＝16 875×25％×(P/A,9％,4)＝16 875×25％×3.24＝13 668.75(元)

残值现值＝15 000×(P/F,9％,4)＝15 000×0.708＝10 620(元)

现金流出现值合计＝145 800－13 668.75－10 620＝121 511.25(元)

乙方案

投资＝30 000(元)

年付现成本现值＝40 000×(1－25％)×(P/A,9％,4)＝40 000×(1－25％)×3.24
＝97 200(元)

年折旧抵税现值＝(16 875＋6 750)×25％×(P/A,9％,4)＝23 625×25％×3.24
＝19 136.25(元)

残值现值＝(15 000＋3 000)×(P/F,9％,4)＝18 000×0.708＝12 744(元)

现金流出现值合计＝30 000＋97 200－19 136.25－12 744＝95 319.75(元)

丙方案

投资＝50 000(元)

年付现成本现值＝35 000×(1－25％)×(P/A,9％,4)＝35 000×(1－25％)×3.24
＝85 050(元)

年折旧抵税现值＝(16 875＋11 250)×25％×(P/A,9％,4)＝28 125×25％×3.24
＝22 781.25(元)

残值现值＝(15 000＋5 000)×(P/F,9％,4)＝20 000×0.708＝14 160(元)

现金流出现值合计＝50 000＋85 050－22 781.25－14 160＝98 108.75(元)

结论:因乙方案的现金流出现值较其他方案低,故该公司选择乙方案进行投资。

7.(1) 甲方案

投资支出＝200 000(元)

年付现成本现值＝120 000×(1－25％)×(P/A,9％,8)＝90 000×5.535＝498 150(元)

年折旧抵税现值＝112 500×25％×(P/A,9％,4)＋22 500×25％×(P/A,9％,8)
＝28 125×3.24＋5 625×5.535＝122 259.38(元)

残值现值＝100 000×(P/F,9％,4)＋20 000×(P/F,9％,8)
＝100 000×0.708＋20 000×0.502＝80 840(元)

现金流出现值合计＝200 000＋498 150－122 259.38－80 840＝495 050.62(元)

年平均成本现值＝495 050.62/5.535＝89 440.04(元)

乙方案

投资净支出＝800 000－500 000＋[500 000－(1 000 000－90 000×5)]×25％＝287 500(元)

年付现成本现值＝60 000×(1－25％)×(P/A,9％,8)＝45 000×5.535＝249 075(元)

年折旧抵税现值＝90 000×25％×(P/A,9％,8)＝90 000×25％×5.535＝124 537.50(元)

残值现值＝80 000×(P/F,9％,8)＝80 000×0.502＝40 160(元)

现金流出现值合计＝287 500＋249 075－124 537.5－40 160＝371 877.50(元)

年平均成本现值＝371 877.5/5.535＝67 186.54(元)

(2) 因乙方案的年平均成本现值低于甲方案的平均年成本现值,故应选择乙方案投资。

138

8. 旧设备

年付现成本现值＝12 000×(1－25％)×(P/A,9％,3)＝12 000×(1－25％)×2.531
　　　　　　　＝22 779(元)

年折旧抵税现值＝9 000×25％×(P/A,9％,2)＝9 000×25％×1.759＝3 957.75(元)

残值现值＝(4 500＋500×25％)×(P/F,9％,3)＝4 625×0.772＝3 570.50(元)

现金流出现值合计＝22 779－3 957.75－3 570.5＝15 250.75(元)

年平均成本现值＝15 250.75/2.531＝6 025.58(元)

新设备

投资净支出＝原价－旧设备变现价值＋旧设备处置收益纳税
　　　　　＝40 000－24 000＋[24 000－(50 000－9 000×3)]×25％＝16 250(元)

年付现成本现值＝11 000×(1－25％)×(P/A,9％,5)＝11 000×(1－25％)×3.89
　　　　　　　＝32 092.5(元)

折旧抵税现值

第 1 年：(40 000－4 000)×(5/15)×25％×0.917＝2 751(元)

第 2 年：36 000×(4/15)×25％×0.842＝2 020.8(元)

第 3 年：36 000×(3/15)×25％×0.772＝1 389.6(元)

第 4 年：36 000×(2/15)×25％×0.708＝849.6(元)

第 5 年：36 000×(1/15)×25％×0.65＝390(元)

　小计　　　　　　　　　　7 401(元)

残值现值＝(4 200－200×25％)×(P/F,9％,5)＝4 100×0.65＝2 665(元)

现金流出现值合计＝16 250＋32 092.5－7 401－2 665＝38 276.5(元)

年平均成本现值＝38 276.5/(P/A,9％,5)＝38 276.5/3.89＝9 839.72(元)

结论:因新设备年平均成本现值高于旧设备年平均成本现值,故不应更换设备。

9. 原始投资＝600 000＋80 128＝680 128(元)

设销量 x 件,则:

第 1～5 年营业现金流量＝(10x－200 000－10 800)×(1－25％)＋10 800＝7.5x－147 300

第 5 年终结现金流量＝80 128＋49 829.33＋10 170.67×25％＝132 500(元)

(7.5x－147 300)×(P/A,9％,5)＋132 500×(P/F,9％,5)＝680 128

(7.5x－147 300)×3.89＋132 500×0.65＝680 128

x＝40 000(件)

10. 旧设备

年付现成本现值＝50×(1－25％)×(P/A,9％,4)＝50×(1－25％)×3.24＝121.5(万元)

年折旧抵税现值＝13.75×25％×(P/A,9％,4)＝13.75×25％×3.24＝11.14(万元)

残值现值＝(12－2×25％)×(P/F,9％,4)＝11.5×0.708＝8.14(万元)

现金流出现值合计＝121.5－11.14－8.14＝102.22(万元)

年平均成本现值＝102.22/3.24＝31.55(万元)

新设备

投资净支出$=150-60-(60-13.75\times4)\times25\%=88.75$(万元)

年付现成本现值$=35\times(1-25\%)\times(P/A,9\%,5)=35\times(1-25\%)\times3.89$

$\qquad\qquad\qquad=102.11$(万元)

年折旧抵税现值$=27\times25\%\times(P/A,9\%,5)=27\times25\%\times3.89=26.26$(万元)

残值现值$=(14+1\times25\%)\times(P/F,9\%,5)=(14+1\times25\%)\times0.65=9.26$(万元)

现金流出现值合计$=88.75+102.11-26.26-9.26=155.34$(万元)

年平均成本现值$=155.34/(P/A,9\%,5)=155.34/3.89=39.93$(万元)

结论：因新设备年平均成本现值高于旧设备的年平均成本现值，故不应更新设备。

八、综合分析题

1. （1）新设备投资净支出＝设备原价＋营运资金－旧设备变现价值－旧设备处置损失抵税$=100\,000+20\,000-40\,000-(80\,000-9\,000\times4-40\,000)\times25\%=79\,000$(元)

新设备年折旧$=22\,500$(元)

旧设备年折旧$=9\,000$(元)

△折旧$=22\,500-9\,000=13\,500$(元)

△第 1~4 年营业现金流量$=(40\,000-20\,000-13\,500)\times(1-25\%)+13\,500=18\,375$(元)

新设备终结现金流量$=20\,000+11\,000-1\,000\times25\%=30\,750$(元)

旧设备终结现金流量$=6\,000+2\,000\times25\%=6\,500$(元)

△第 4 年终结现金流量$=30\,750-6\,500=24\,250$(元)

△净现值$=18\,375\times(P/A,8\%,4)+24\,250\times(P/F,8\%,4)-79\,000=18\,375\times3.312+24\,250\times0.735-79\,000=-318.25$(元)

（2）投资回收期$=79\,000/18\,375=4.3$(年)

（3）内含报酬率的计算，用 7% 测试

净现值$=18\,375\times(P/A,7\%,4)+24\,250\times(P/F,7\%,4)-79\,000=18\,375\times3.387+24\,250\times0.763-79\,000=1\,738.88$(元)

内含报酬率$=7\%+[(1\,738.88-0)/(1\,738.88+318.25)]\times1\%=7.85\%$

（4）因净现值<0，内含报酬率<折现率，故售旧更新方案不可行。

2. 现金流量期望值

前 5 年：$40\times0.7+35\times0.3=38.5$(万元)

后 5 年：$30\times0.6+22\times0.4=26.8$(万元)

各年现金流入的标准差：

$\delta_1=\sqrt{(40-38.5)^2\times0.7+(35-38.5)^2\times0.3}=2.43$(万元)

$\delta_2=\sqrt{(30-26.8)^2\times0.6+(22-26.8)^2\times0.4}=3.92$(万元)

各年现金流入的变化系数：

$b_1=2.43/38.5=0.06$

$b_2=3.92/26.8=0.15$

根据变化系数与肯定当量系数之间的关系，得知肯定当量系数：

$VD_1=0.8$

$VD_2 = 0.6$

肯定现金流量：

$d_1 = 38.5 \times 0.8 = 30.80$（万元）

$d_2 = 26.8 \times 0.6 = 16.08$（万元）

$$\begin{aligned}
净现值 &= 30.8 \times (P/A, 9\%, 5) + 16.08 \times (P/A, 9\%, 5) \times (P/F, 9\%, 5) - 150 \\
&= 30.8 \times 3.89 + 16.08 \times 3.89 \times 0.65 - 150 \\
&= 10.47 (万元)
\end{aligned}$$

净现值＞0，所以该投资方案可行。

2 教学课时
...... **09**

对外投资管理

一、单项选择题

1. D 　　2. D 　　3. B 　　4. B 　　5. C
6. A 　　7. C 　　8. D 　　9. B 　　10. C

二、多项选择题

1. BCD 　　2. ABCDE 　　3. ABC 　　4. ABC 　　5. ABCDE
6. CD 　　7. BCDE 　　8. ABCDE 　　9. ABCD 　　10. CDE

三、判断改错题

1. ✓

2. ✗,改正:证券投资基金中投资风险最小的是货币市场型基金,或证券投资基金中投资风险最大的是股票型基金。

3. ✓

4. ✗,改正:中外投资者共同投资、共同经营、共负盈亏和共担风险的投资。

5. ✗,改正:基本因素分析法是通过对影响证券价格变动的基本因素,特别是证券的内在价值的分析来预测价格的变化态势的方法,主要适用于长期证券投资分析。

6. ✗,改正:我国上市的股票是记名股票。

7. ✗,改正:经过吸收合并,参与合并的企业只保留一个法人地位,其余的丧失法人地位,不复存在。或经过新设合并,参与合并的企业均失去原有法人地位,重新设立为新的法人。

8. ✗,改正:在合资企业中,双方出资的资产均必须全部折算为注册资本,确定各自的投资比例。

9. ✓

10. ✓

四、填空题

1. 中外合资　合作　合并

2. 吸收合并　控股合并

3. 1998　封闭式基金　资本市场　内资基金管理公司　境内投资

4. 公司型基金 契约型基金

5. 成长型投资基金 平衡型投资基金

五、名词解释

1. 吸收合并投资也称兼并投资,它是法人地位将继续保留的一方自三人地位将要失去的一方的投资。经过吸收合并,参与合并的企业一般只保留一个法人地位,其余的丧失法人地位,不复存在。

2. 开放式基金是指基金规模不固定,投资者可以依据基金单位净值申购与赎回,基金单位的规模因投资者的申购与赎回而相应增加或减少的基金,开放式基金不上市交易。

3. 基金累计净值是基金资产净值与基金成立以来累计分红的总和。

4. 证券投资技术分析法是根据证券市场过去的统计资料,以一定的数据指标,特别是图表资料来分析预测证券价格的变化态势,从而择优选择证券的方法。

5. 对外投资是指企业内部扩展生产经营投资以外的投资,即企业以现金、实物资产和无形资产对其他企业进行直接投资,或以购买有价证券的方式进行间接投资。

六、简答题

1. 对外短期投资的目的是为了保持资金的灵活性,正确地处理资产流动性和盈利性的关系。

对外长期投资的目的是:第一,控制其他企业的经营业务,使其为企业经营服务。其二,以较少的资金实现企业扩张,增加产品销量,迅速扩大市场份额,以联合互补的方式吸取资金与技术,提高企业的资产营运能力;其三,积累整笔资金,以供特定用途的需要。

2.(1)被投资企业的性质、组织形式、归属行业及其发展过程、厂址、占地面积与自然环境;(2)企业过去和现有的生产规模,供、产、销状况,主要经营范围与经营管理水平;(3)企业领导班子素质及其对联营项目的重视程度。

3. 可以分为横向合并投资、纵向合并投资和混合合并投资。合并投资可以增加资产的流动性,降低偿债的财务风险。企业通过横向合并投资,可以减少在激烈竞争中倒闭的风险。通过纵向和混合合并投资,增加经营产品的多样性,可减少经营单一产品的经营风险。

4. 主要有基本因素分析法和技术分析法。

基本因素分析法是通过对影响证券价格变动的基本因素,特别是证券内在价值的分析来预测价格的变化态势,从而择优选择证券的方法。这种方法试图回答这样的问题:"投资什么?",其侧重于根据各种影响因素的分析确定投资对象的实际价值或内在价值,故适用于长期投资的分析。

技术分析法是根据证券市场过去的统计资料,以一定的数据指标,特别是图表资料来分析预测证券价格的变化态势,从而择优选择证券的方法。这种分析方法试图回答:"什么时候投资?",其侧重于供给与需求关系的研究,故适用于短期证券投资。

5. 基金投资的种类有证券基金投资、创业基金或风险基金投资和产业基金投资。普通投资者由于受到资金量和消息面的限制,通常选择证券基金投资。

七、计算题

1. 并购净收益=并购后的企业价值-并购前甲的市场价值-并购交易价格-并购交易费

用＝22 000－12 000－8 500－8 500×10％＝650(万元)

2. 新 A 公司净利润＝30 000＋8 000＋1 600×(1－25％)＝39 200(万元)

新 A 公司股份总额＝原股份＋增发股份＝12 000＋10/17×4 000＝14 352.94(万股)

新 A 公司预计每股收益＝39 200/14 352.94＝2.73(元)

3. 股票交换比率即目标公司每股股票可换取并购公司股票的数量

A 公司：

每股收益＝3 000÷3 000＝1(元)

每股市价＝20×1＝20(元)

B 公司：

每股收益＝80÷100＝0.8(元)

每股市价＝25×0.8＝20(元)

$$股票交换率＝\frac{B公司每股作价}{A公司每股市价}＝\frac{20×(1＋10％)}{20}＝1.1$$

故 A 公司需要增发股票数＝1.1×100＝110(股)

4. 基金单位净值＝(基金资产总值－基金负债总额)/基金单位总份额

基金单位净值＝(20×15＋60×31＋110×12＋1 200－400－600)/2 000＝3 680/2 000
＝1.84(元)

5. (1) 计算本年年初的有关指标

① 基金净资产价值总额＝基金资产市场价值－负债总额＝3 500－500＝3 000(万元)

② 基金单位净值＝3 000/1 000＝3(元)

③ 基金认购价＝基金单位净值＋首次认购费＝3＋3×5％＝3.15(元)

④ 基金赎回价＝基金单位净值－基金赎回费＝3(元)

(2) 计算本年年末的有关指标：

① 基金净资产价值总额＝基金资产市场价值－负债总额＝4 840－520＝4 320(万元)

② 基金单位净值＝4 320/1 200＝3.60(元)

③ 基金认购价＝基金单位净值＋首次认购费＝3.60＋3.60×5％＝3.78(元)

④ 基金赎回价＝基金单位净值－基金赎回费＝3.6(元)

(3) 单位基金净值增长率＝(3.6－3.0)/3.0×100％＝20％

八、案例分析题

(1) "TCL 模式"在兼并策略上体现以下特点：

① 实现优势互补。TCL 的优势是国内城市市场,香港陆氏集团的优势在于海外市场和香港本土市场,"美乐"集团的优势在于农村市场。从兼并结果看,兼并后的 TCL 集团的市场销售能力进一步扩大了,真正实现了强强合并。除此之外,在技术、管理、生产能力上也整体形成了协同效应。

② 实现低成本高效益。从兼并的对象的选择中可以看出,TCL 这两次兼并的对象都是有的放矢,都是对紧密关联资本的有机兼并,补充了 TCL 集团原有资本功能方面的不足之处。

③ 进一步集中了市场控制主动权。可以看出,TCL 在兼并活动中非常看重品牌和销售网

络等商业资本的综合运用。兼并后既利用了香港资本,形成了海外扩张态势,又巩固了国内市场,形成了城市市场和农村市场齐头并进的态势。

④ TCL 在国外资本市场纷纷抢滩中国市场的背景下,反其道行之,积极开拓海外市场,增强了民族资本的竞争力,坚定了中国企业走出去的决心和信心。

(2)"TCL 模式"的成功对国有企业发展的启示。

① 资本经营是企业经营的发展方向,企业利用资本经营能够迅速高效、有效实施企业资本扩张计划,形成规模效应、弱化恶性竞争。

② 中国的企业经过长时间的发展以后,完全有能力走出去,成为国际品牌。

③ 政府在功能服务中,应该积极为中国的企业走出国门加大服务力度。

5 教学课时 …… **10** 营运资金管理

一、单项选择题

1. D	2. C	3. B	4. D	5. A
6. D	7. D	8. B	9. D	10. A

二、多项选择题

1. BC	2. BCD	3. ABCDE	4. BCDE	5. BC
6. ACD	7. ABC	8. ABCD	9. ABCD	10. ABC

三、判断改错题

1. ×,改正:订货成本的高低取决于订货的批次与每次订购费用。

2. ×,改正:企业的应收账款周转率越大,说明发生坏账损失的可能性越小,或企业的应收账款周转率越小,说明发生坏账损失的可能性越大。

3. ×,改正:缺货成本就是缺少存货造成的生产经营损失额。

4. √

5. √

6. ×,改正:年会计计算期天数与应收账款周转天数之比是应收账款周转次数。

7. ×,改正:企业的现金越多,支付能力越强,则盈利能力越弱。

8. ×,改正:现金周转期是存货周转期与应收账款周转期之和减应付账款周转期。

9. √

10. √

四、填空题

1. 流动资产

2. 始点　终点　流动性

3. 付款期限

4. 应收账款周转率　过期账款

5. 每次采购的数量

五、名词解释题

1. 现金的周期模式是指根据企业现金的周转速度来确定现金存量的方法,即运用周期模式确定企业最佳现金存量的公式。

2. 信用标准是指企业在给客户信用时,要求客户须满足的起码条件,主要是指客户达到最低支付能力的财力状况。

3. 收账政策是指企业催收已过期的应收账款所遵循的程序及有关策略。

4. 采购批量是指每次采购的数量。它既要满足生产需要,又要最大限度降低成本。

5. 信用期间是指企业给予客户的付款期间。信用期间的长短不同,对企业经营成果的影响程度也不同。

六、简答题

1. 5C 系统包括:

(1) 资本,资本的多少表明客户的财务能力;

(2) 品行,指客户的信誉或形象;

(3) 能力,指客户流动资产的数量、质量以及流动负债的状况;

(4) 担保品,指客户为了获取交易信用,提供给企业作为担保用的资产;

(5) 情况,指可能影响客户负债能力的经济环境和地理环境。

2. (1) 客户的资产负债表、损益表和现金流量表的主要项目;

(2) 有关支付能力的财务比率及其对这些比率的分析;

(3) 来自客户开户银行和与其发生供销关系企业的信用资料,如过去是否延迟或迅速付款,过期的平均天数,最近是否有未能按时还款的事项,还包括客户过去是否有过"破产"的诉讼,以及欺诈等记录;

(4) 针对客户的经营情况作出的文字说明;

(5) 评价客户的信用情况,决定是否采用信用方式,如果采用信用方式,还需要结合定量分析方法决定信用的数额和期限。

3. 包含四个要素,即信用标准、信用期限、收账政策和现金折扣。

信用标准是指企业给予客户信用时,对客户所要求的起码条件,主要是指客户达到最低支付能力的财力状况。

信用期间是指企业给予客户的付款期间。信用期间的长短不同,对企业经营成果的影响程度也不同。

收账政策是指企业催收已过期的应收账款所遵循的程序及有关策略。

在制定信用政策时,企业要考虑的最后一个因素就是现金折扣。

4. ABC 分类法又称重点管理法,它是运用数量统计的方法,按照一定的要求,将材料分品种并按其所占材料总额的比重以及生产中的作用划分为 A、B、C 三类。一般的分类是:

A 类存货,品种占 15% 左右,金额占 70% 左右,这类材料是管理的重点;

B 类存货,品种占 35% 左右,金额占 20% 左右,这类材料的管理介于 A 和 C 之间;

C 类存货,品种占 50% 左右,金额占 10% 左右,这类材料管理比较宽松。

5. 营运资金的特点是:

(1) 流动性强,流动资产是指能在一年或者超过一年的一个营业周期内变现或耗用。

(2) 回收期短,与固定资产比较,其循环周期较短,完成一次循环的时间与生产经营的周期基本一致。

(3) 灵敏度高,流动资产占用量的变化、分布状况和内部结构比例关系能够迅速敏感地反映企业的生产经营水平及理财状况。

七、计算题

1. $Q^* = \sqrt{\dfrac{2 \times 4\,800 \times 200}{12}} = 400(千克)$

2. 现金周转期 $=120+80-70=130(天)$

最佳现金持有量 $=1\,400/360 \times 130 = 505.56(万元)$

3. $Q^* = \sqrt{\dfrac{2 \times 400\,000 \times 60}{0.08}} = 24\,494(元)$

4. $Q^* = \sqrt{\dfrac{2 \times 2\,000 \times 50}{20 \times 25\%}} = 200(公斤)$

企业最佳采购批量 200 公斤

全年的采购次数 $=2\,000/200=10(次)$

5. $Q^* = \sqrt{\dfrac{2 \times 72 \times 1\,600 \times 11\,000}{4\,000 \times 7\,000}} \approx 30(吨)$

$RP = \dfrac{30 \times 4\,000}{4\,000+7\,000} = 10.90(吨)$

八、综合分析题

1. 采用现金折扣的损失 $=5\,000\,000 \times 2\% = 100\,000(元)$

减少的机会成本 $=3\,500\,000 \times 30\% \times 20/360 = 58\,333(元)$

减少的坏账损失、收账费用 $=1/4 \times 40\,000 + 50\,000 = 60\,000(元)$

$58\,333 + 60\,000 = 118\,333 > 100\,000$,该方案可行。

2. (1)计算丙方案的下列指标:

① 应收账款平均收账天数 $=30 \times 40\% + 90 \times 40\% + (90+60) \times 20\% = 78(天)$

② 应收账款机会成本 $=1\,620/360 \times 78 \times 80\% \times 10\% = 28.08(万元)$

③ 现金折扣 $=1\,620 \times 40\% \times 2\% = 12.96(万元)$

(2) 　　　　　表 10-1　三个方案信用成本前后的收益　　　　单位:万元

项目	甲方案($n/60$)	乙方案($n/90$)	丙方案($2/30,n/90$)
年赊销额	1 440	1 530	1 620
减:现金折扣	—	—	12.96
年赊销额净额	1 440	1 530	1 607.04
减:固定成本	32	35	40
变动成本	1 152	1 224	1 296
信用成本前收益	256	271	271.04
减:应收账款机会成本	28.80	40.80	28.08
坏账损失	36	45.90	43.74
收账费用	20	25	24
信用成本合计	84.80	111.70	95.82
信用成本后收益	171.20	159.30	175.22

结论:由于丙方案的信用成本后收益最大,应选择丙方案。

2 教学课时 **11** **收益分配管理**

一、单项选择题

1. C 2. A 3. B 4. C 5. D
6. C 7. D 8. A 9. C 10. A

二、多项选择题

1. ABCDE 2. ABCE 3. ACDE 4. ABCE 5. BCDE
6. AC 7. ABCDE 8. BD 9. ABCDE 10. BCDE

三、判断题(共 10 题,在该题括号中错的打"✕"并改正,对的打"√")

1. √

2. ✕,改正:公司采取剩余股利政策可以优化资本结构,实现企业价值最大化,从而有利于企业树立良好的形象;或公司采取固定股利政策可以稳定股利额,有利于投资者安排股利收入和支出,向市场传递着公司正常发展的信息。

3. √

4. ✕,改正:"在手之鸟"理论认为企业应保持较高水平的股利支付政策。

5. ✕,改正:企业应当按净利润的 10% 提取法定盈余公积金,但盈余公积金累计额达到公司注册资本的 50% 时,可以不再提取。

6. ✕,改正:处于经营收缩期的公司多采取多分少留的政策,而成长期的公司多采取少分多留的政策。

7. √

8. √

9. √

10. ✕,改正:发放股票股利会降低公司每股净资产。

四、填空题

1. 净利润

2. 现金股利

3. 固定股利支付率政策

4. 提取盈余公积金

5. 合同限制因素

五、名词解释

1. 除权除息日是指股权登记日后的第一个交易日就是除权除息日,这一天购入该公司股票的股东不再享有公司此次分派的股利。

2. 剩余股利政策是指在公司有着良好的投资机会时,根据目标资本结构(最佳资本结构),测算出投资所需的权益资本额,先从盈余中留用,然后将剩余的盈余作为股利来分配。

3. 固定股利或持续增长的股利政策是指将每年发放的股利保持在某一固定的水平上并在较长时期内不变,只有当公司认为未来盈余会显著地、不可逆转地增长时,才提高年度的股利发放额。

4. 股票股利是指公司以转赠或送股的方式向股东支付股利。股票股利并不直接增加股东的财富,不会导致公司资产的流出或负债的增加,因而不是公司资金的使用,同时也并不因此而增加公司的财产,但会引起所有者权益各项目的结构发生变化。

5. 股票回购是指上市公司利用债务或留存收益资金,以一定价格购回公司已发行在外的普通股的行为。

六、简答题

1. (1) 短期债权人的利益要求:短期债权人关注的是企业资产的流动性及企业在短期内偿还到期债务的能力。如果企业制定的股利分配方案中现金股利的比例过大,必然导致企业资产的流动性减弱,企业偿还短期债务的能力下降,从而威胁债权人的利益。因此,短期债权人的利益要求是支付现金股利后企业流动资产还足以偿还其短期债务。

(2) 长期债权人的利益要求:长期债权人所提供资本的偿还期较长,所以他们比短期债权人更加关心企业的发展前景和长期盈利的稳定性。由于企业如约偿还长期债务的能力主要取决于企业的基本盈利水平,长期债权人要求股利支付不能影响企业的发展后劲。在风险和收益并存的情况下,企业的财务风险及所面临的宏观经济运行风险,在很大程度上支配着长期债权人对企业股利分配的利益要求。当经济形势处于低谷时,企业面临的营业风险将会增大,从而使长期债权人的利益受到影响。此时,为了保障贷款的安全性,他们会强烈要求企业降低现金股利支付比例,甚至要求企业不分配现金股利。

2. (1) 法律因素:① 资本保全与积累限制;② 无力偿付的限制;③ 利润约束;④ 现金积累的限制。

(2) 合同限制因素。

(3) 股东因素:① 为保证控股权而限制股利支付;② 为避税目的而限制股利支付;③ 为取得固定收入或逃避风险而要求支付股利。

(4) 公司自身因素:① 资金的变现能力;② 盈余的稳定性;③ 投资机会;④ 筹资能力;⑤ 资本成本。

3. 股票回购是现金股利的一种替代方式,即企业通过购回股东所持股票的方式将现金分配给股东。类型:(1) 交换要约回购,公司可以向股东发出债券或优先股的交换要约;(2) 现金要约回购,可以分为固定价格要约回购和荷兰式拍卖回购;(3) 公开市场回购,即公司在股票市场以等同于任何潜在投资者的地位,按照公司股票的当前市场价格回购和私下协议批量购买,通常作为公开市场收购方式的补充而非替代方式。

4. 股份有限公司向股东支付股利的程序为:股利宣告日、股权登记日、除权除息日和股利支付日。

5. (1) 剩余股利政策,就是在公司有着良好的投资机会时,根据目标资本结构,测算出投资所需的权益资本额,先从盈余中留用,然后将剩余的盈余作为股利来分配。采用本政策的理由:为了保持理想的资本结构,使加权平均资本成本最低。

(2) 固定股利支付率政策,指公司确定一个股利占盈余的比例,长期按此比率支付股利的政策。采用本政策的理由:这样做能使股利与公司盈余紧密地配合,以体现多盈多分、少盈少分、无利则不分的原则,真正公平地对待每一位股东。

(3) 固定或持续增长的股利政策,指公司每年支付的股利保持在某一固定的水平上并在较长时间内不变,只有当公司认为未来盈余会显著地、不可逆转地增长时,才提高年度股利发放额。采用本政策的理由:① 稳定的股利额有利于投资者安排股利收入和支出;② 稳定的股利向市场传递着公司正常发展的信息,有利于树立公司良好形象,增强投资者对公司的信心,稳定股票的价格;③ 考虑到股票市场会受到多种因素的影响,为了使股利维持在稳定的水平上,即使推迟某些投资方案或者暂时偏离目标资本结构,也可能比降低股利或者任股利增长率更为有利。

(4) 低正常股利加额外股利政策,指公司一般情况下每年只支付固定的、数额较低的股利,在盈余多的年份,再根据实际情况向股东发放额外股利。采用本政策的理由:① 可使那些依靠股利度日的股东每年至少可以得到虽然比较低但比较稳定的股利收入,从而吸引住这部分股东。② 使公司股利政策具有较大的灵活性。

七、计算题

1. (1) 该公司本年应分配的现金股利＝900－500×60％＝600(万元)

(2) 该公司本年应分配的现金股利为 420 万元

(3) 该公司本年应分配的现金股利＝900×420/1 200＝315(万元)

(4) 该公司本年应分配的现金股利为 420 万元

2. 本年公司留存利润＝1 000－300＝700(万元)

下年股权资本需要量＝2 000×60％＝1 200(万元)

下年外部筹集股权资本的数额＝1 200－700＝500(万元)

3. (1) 下年发放的股利＝600×(1＋5％)×45％＝283.5(万元)

(2) 下年发放的股利＝270＋600×5％×1％＝270.3(万元)

4. (1) 净利润＝4 000×2＝8 000(万元)

(2) 股票回购后每股收益＝8 000/(4 000－800)＝2.5(元)

5. (1) 拥有股票数量＝160×(1＋25％)＝200(股)

(2) 每股除权价＝25×160/200＝20(元)

(3) 发放股利前的总市值＝25×160＝4 000(元)

发放股利后的总市值＝20×200＝4 000（元）

八、综合分析题

（1）下年投资方案所需的权益资本＝700×60％＝420（万元）

下年投资方案所需从外部借入的长期债务资本＝700×40％＝280（万元）

（2）本年可分配的现金股利＝900－420＝480（万元）

（3）下年分配的现金股利为 550 万元

可用于下年投资的留存收益＝900－550＝350（万元）

（4）公司的股利支付率＝550/1 000＝55％

本年度应分配的现金股利＝900×55％＝495（万元）

（5）本年度可分配的现金股利＝900－700＝200（万元）

3 教学课时

12

财务预算

一、单项选择题

1. D	2. D	3. A	4. C	5. B
6. D	7. D	8. B	9. A	10. A

二、多项选择题

1. ABC	2. ADE	3. CDE	4. ABCDE	5. ABC
6. ABCE	7. BC	8. ABDE	9. AB	10. ABE

三、判断改错题

1. ×,改正:日常业务预算又叫经营预算,它是企业全面预算的基础。

2. √

3. √

4. ×,改正:零基预算是为了克服增量预算的不足而设计的,与增量预算相比较,零基预算的编制具有以下特点:以零为起点编制预算;进行成本效益分析;通过对业务项目的评价来确定预算金额。

5. √

6. ×,改正:预计资产负债表现金(货币资金)项目的期末数等于现金预算中的期末现金余额。

7. √

8. √

9. ×,改正:为了及时、合理地开展预算的编制工作,大中型企业一般要成立专门的预算委员会。

10. √

四、填空题

1. 日常业务(或经营预算) 专门决策(或特种决策) 财务(或总、综合)

2. 现金收支预算 预计利润表 预计资产负债表

3. 固定　弹性

4. 增量预算　零基预算

5. 定期预算　滚动预算

五、名词解释题

1. 全面预算是根据企业目标所编制的经营、资本、财务等年度收支总体计划。

2. 日常业务预算是为供应、生产、销售及管理活动所编制的预算,包括销售预算、生产预算、直接材料采购预算、直接人工预算、制造费用预算、单位产品成本和期末存货预算、销售和管理费用预算等。

3. 专门决策预算亦称特种决策预算,是针对企业在销售期内不经常发生的、一次性经济活动所编制的预算,包括根据长期投资决策所编制的资本支出预算和一次性专门业务预算等。

4. 财务预算是反映企业在预算期内有关现金收支、经营成果和财务状况的预算,包括现金收支预算、预计利润表、预计资产负债表等。

5. 固定预算又叫静态预算,它是在预算期预计业务量水平的基础上,确定各项目预算的预计数量和金额,不管实际生产经营活动如何脱离计划,均不进行相应的指标调整。

6. 弹性预算又叫变动预算,它是在将成本按其习性分类的基础上,以业务量、成本和利润之间的依存关系为依据,按照预算期内可能发生的各种业务量水平编制的预算。

7. 增量预算是在基期预算及其执行情况的基础上,结合预算期各方面情况的变动,确定出各预算项目应增加或减少的数额来编制的。

8. 零基预算是以零为基数编制的预算。它的基本原理是不考虑企业以往期间发生的费用项目和费用数额,一切以零为起点来研究和分析每个费用项目是否有支出的必要和支出数额的大小。

9. 滚动预算又叫连续预算或永续预算,其基本原理是预算编制过程连续不断,随着预算的执行不断延伸补充预算,逐期向后滚动,使预算期永远保持为一个固定期间(通常为 1 年)。

10. 定期预算是指以不变的会计期间(如日历年度)作为预算期的一种预算编制方法。

六、简答题

1. 全面预算包括日常业务预算、专门决策预算和财务预算三个方面。其相互关系如下:

(1) 日常业务预算又叫经营预算,它是企业全面预算的基础;

(2) 专门决策预算亦称特种决策预算,包括资本支出预算和一次性专门业务预算等;

(3) 财务预算包括现金收支预算、预计利润表、预计资产负债表等;

(4) 财务预算作为全面预算体系中的最后环节,可以从价值方面总括地反映经营期决策预算与业务预算的结果,亦称为综合预算或总预算,其余预算则相应称为辅助预算或分预算。

2. ERP 系统与财务预算既相互联系又存在很大差异。

(1) 两者的联系具体表现在:

① 两者都是为了优化企业的资源配置,以提高企业的经济效益;

② 财务预算是 ERP 系统的一个重要组成部分,ERP 系统强大的信息集成功能和数据处理技术又为财务预算的编制提供了高效的工具;

③ 财务预算指标是 ERP 系统实施控制的依据,并据以对企业的生产经营状况进行考核、评

价,而 ERP 系统通过实施会计处理和过程控制,是财务预算圆满实现的重要手段。

（2）两者的区别主要表现在:

① 财务预算仅仅是企业财务管理的一个工作环节,是在企业进行决策后的工作筹划,其内容局限于企业自身的工作安排,而 ERP 系统不仅是企业资源企划的一个完整的系统,并且将管理的视野拓展到与企业相关联的所有单位,将整个供应链纳入企业的运筹范围,以实现企业营销的群体效应;

② 预算管理长期以来一直是企业管理的一个重要手段,既可以通过传统的手工编制方法来实现,又可以采用先进的信息技术来提高效率和强化功能,而 ERP 系统的庞大功能必须依靠现代信息技术才能发挥出来。

3. 固定预算又叫静态预算,它是在预算期预计业务量水平的基础上,确定各项目预算的预计数量和金额,不管实际生产经营活动如何脱离计划,均不进行相应的指标调整。

固定预算的缺点是:(1)当企业实际完成的业务量与编制预算所依据的业务量出现差异时,各费用项目的实际数额与预算数额就失去了相互比较的基础,使得固定预算在控制费用支出和考核经营成果方面的作用大为削弱。(2)对于未来业务量不稳定,其水平经常发生波动的企业来说,如果采用固定预算方法,可能会对企业的业绩考核和评价产生扭曲甚至误导作用。

固定预算只适用于业务量受外界影响较小的企业。

4. 零基预算的编制具有三个特点:以零为起点编制预算;进行成本效益分析;通过对业务项目的评价来确定预算金额。

零基预算的编制程序:提出费用开支方案;进行成本效益分析;分配资金、落实预算。

零基预算的优点:未来的费用预算不受现有费用项目和开支水平的影响和制约;可以督促企业内部各部门节约资金,提高成本效益率;有助于企业未来发展。

5. 滚动预算又叫连续预算或永续预算,其基本原理是预算编制过程连续不断,随着预算的执行不断延伸补充预算,逐期向后滚动,使预算期永远保持为一个固定期间(通常为 1 年)。

滚动预算具有的优点:滚动预算具有续性、及时性和科学性等优点;

采用滚动预算方法的主要缺点:预算工作量较大。

七、计算题

1. 参考答案见表 12-16。

表 12-16　利源公司成本业绩报告

单位:万元

成本项目	实际成本	预算成本		差异	
		未按产量调整	按产量调整	未按产量调整	按产量调整
直接材料	1 650	1 000	1 500	+650	+150
直接人工	440	300	450	+140	−10
制造费用	535	500	750	+35	−215
合计	2 625	1 800	2 700	+825	−75

2. 参考答案见表 12-17。

表 12-17 制造费用弹性预算表　　　　　单位:元

费用明细项目		业务量(人工工时)(小时)			
		4 000	4 500	5 000	5 500
变动费用	变动制造费用率(元/小时)				
间接材料	0.5	2 000	2 250	2 500	2 750
间接人工	0.7	2 800	3 150	3 500	3 850
电费	0.3	1 200	1 350	1 500	1 650
水费	0.2	800	900	1 000	1 100
维护费	0.09	360	405	450	495
其他	0.2	800	900	1 000	1 100
小计	1.99	7 960	8 950	9 950	10 945

费用明细项目		业务量(人工工时)(小时)			
		4 000	4 500	5 000	5 500
固定费用	费用标准(元)				
维护费	2 000	2 000	2 000	2 000	2 000
折旧费	2 000	2 000	2 000	2 000	2 000
管理费	3 000	3 000	3 000	3 000	3 000
保险费	1 600	1 600	1 600	1 600	1 600
其他	1 000	1 000	1 000	1 000	1 000
小计	9 600	9 600	9 600	9 600	9 600
制造费用合计		17 560	18 550	19 550	20 545
直接人工小时成本率(元/小时)		4.39	4.12	3.91	3.74

3. 参考答案

根据排列层次顺序分配资金,确定利源公司预算期间的销售费用及管理费用预算。

① 房屋租金	300 万元
② 办公费	600 万元
③ 差旅费	400 万元
④ 交货运输费	200 万元
⑤ 销售及管理人员工资	200 万元
⑥ 保险费	200 万元
小计	1 900 万元

　　以上 6 项必须全额得到保证的费用额共计为 1 900 万元,剩余 1 000 万元资金应按成本收益率的比例,在培训和广告费之间进行分配。故:

　　培训费可分配资金＝1 000×[20÷(20＋30)]＝400(万元)

　　广告费可分配资金＝1 000×[30÷(20＋30)]＝600(万元)

表 12－18　利源公司下年销售费用及管理费用预算表

费用明细项目顺序	费用项目明细	金额(万元)
①	房屋租金	300
②	办公费	600
③	差旅费	400
④	交货运输费	200
⑤	销售及管理人员工资	200
⑥	保险费	200
⑦	培训费	400
⑧	广告费	600
销售费用及管理费用的合计		2 900

4. 参考答案见表 12－19。

表 12－19　利民公司下年销售预算表　　　　　　单位:元

摘要		第一季度	第二季度	第三季度	第四季度	全年
预计销售量(件)		1 000	1 200	1 400	1 600	5 200
预计销售单价		100	100	100	100	100
预计销售收入		100 000	120 000	140 000	60 000	520 000
预计现金收入计算表	年初应收账款余额	48 000				48 000
	第一季度销售收入	70 000	30 000			100 000
	第二季度销售收入		84 000	36 000		120 000
	第三季度销售收入			98 000	42 000	140 000
	第四季度销售收入				112 000	112 000
	现金收入合计	118 000	114 000	134 000	154 000	520 000

5. 参考答案见表 12－20

表 12-20　利华公司下年直接人工预算表

摘　要	第一季度	第二季度	第三季度	第四季度	全年
预计生产量(件)	2 000	2 100	2 200	2 300	8 600
单位产品工时定额(工时/件)	10	10	10	10	10
需用直接人工(小时)	20 000	21 000	22 000	23 000	86 000
小时工资率(元/小时)	10	10	10	10	10
预计直接人工成本总额(元)	200 000	210 000	220 000	230 000	860 000

八、综合分析题

参考答案见表 12-21。

表 12-21　利昌公司下年现金预算　　　　　　　　单位:元

摘要	资料来源	第一季度	第二季度	第三季度	第四季度	全年
期初现金余额		20 000	19 150	15 900	17 350	20 000
加:现金收入						
销货现金收入	12-9	436 000	594 000	614 000	754 000	2 398 000
可动用现金合计		456 000	613 150	629 900	771 350	2 418 000
减:现金支出						
直接材料	表 12-10	130 000	200 000	200 000	200 000	730 000
直接人工	表 12-11	300 000	315 000	330 000	345 000	1 290 000
制造费用	表 12-12	6 000	6 300	6 500	7 000	25 800
销售及管理费用	表 12-13	8 850	8 950	9 050	9 150	36 000
资本支出	表 12-14	30 000		70 000	80 000	180 000
支付所得税		20 000	20 000	20 000	20 000	80 000
支付股利		12 000	12 000	12 000	12 000	48 000
现金支出合计		506 850	562 250	647 550	673 150	2 389 800
现金多余(或不足)		(50 850)	50 900	(17 650)	98 200	28 200
银行借款(年利 6%)		70 000				70 000
归还借款					70 000	70 000
支付借款利息					3 150	3 150
交易性金融资产投资			35 000		10 000	10 000
出售交易性金融资产				35 000		
期末现金余额		19 150	15 900	17 350	15 050	15 050

利息＝70 000×(6%÷12)×9＝3 150(元)

3 教学课时
...... **13** **财务控制**

一、单项选择题

1. B	2. B	3. A	4. C	5. D
6. A	7. B	8. A	9. B	10. C

二、多项选择题

1. ACDE	2. ABCE	3. BCE	4. DE	5. ABCDE
6. ABCD	7. ABCDE	8. ABC	9. AD	10. ABCD

三、判断改错题

1. ✗,改正:一般而言,变动成本和直接成本大部分都是可控成本,而固定成本和间接成本大部分都是不可控成本。

2. ✓

3. ✓

4. ✗,改正:一个成本中心的不可控成本,有可能是另一个成本中心的可控成本。

5. ✗,改正:对于无外部市场的中间产品来说,以成本为基础的转移价格不失为一种行之有效的和必要的内部转移价格。

6. ✗,改正:财务控制首先绝不仅是财务部门的事情,也不仅是企业经营者的职责,而是出资人对企业财务进行的综合的、全面的管理。

7. ✓

8. ✓

9. ✗,改正:Z记分模型是一种多变量财务失败预警模型。

10. ✗,改正:企业产生财务失败的原因是多方面的,企业经营者决策失误有可能是其中的一个原因。

四、填空题

1. 企业价值最大化

2. 费用中心

3. 投资报酬率

4. 市场价格扣减法

5. 成本

五、名词解释题

1. 当企业的一个责任中心被授权生产某种产品或提供劳务,同时该部门实现该目标的效率将被予以考核并据此进行奖惩时,该责任中心即为成本中心。

2. 双重定价法是指对同一种中间产品或服务采用两种不同的计价方法,对供应方采取以市场价格为基础的定价方法,而对购买方则采取以成本为基础的定价方法。

3. 协商定价法是指由公司内的供应方和购买方相互协商,确定转移价格的方法。

4. 国际转移价格是指跨国公司内部母公司与责任中心之间、责任中心与责任中心之间进行商品和劳务交换时所执行的内部贸易价格。

5. "Z记分模型"是美国的奥特曼(E. I. Altman)构建的预测财务危机的多变量模型。首先选定一定数量特定时期发生财务危机的公司和未发生财务危机的健康公司为样本;其次是对每类公司收集一套财务比率数据;接着再从这些比率中选出预测破产最有用的财务比率作为自变量,运用多元判别分析技术建立判别函数。

六、简答题

1. 责任中心主要包括四种类型:成本中心、收入中心、利润中心和投资中心。

成本中心指只发生成本费用而不取得收入的责任单位。收入中心主要用来组织营销活动,负责销售和分配。利润中心指既要发生成本,又能取得收入,还要计算利润的责任中心。投资中心指既要发生成本又能取得收入,获得利润,还有权进行投资的责任单位。

2. 转移价格的制定方法主要有以下几种:以市场价格为基础的转移定价,以成本为基础的转移定价,双重定价,协商定价。

3. 国际转移定价的目标主要有:降低总体税负,强化管理控制,调节利润水平,规避风险与管制。

4. 国际转移价格的表现形式有以下几种:实物价格,特许权使用费,劳务费用,租赁费,贷款利息。

5. 财务预警系统的构建模式主要有两种:

一是总体模式。总体预警系统可以掌握企业的整体运作是否出现潜在的危机,指出企业目前经营运作中可能存在的盲点,让企业经营者能够预先了解企业危机。

二是分部门模式。分部门模式是按照企业的主要经营活动分别设置预警系统,查出企业财务失衡的地方,进行必要的改进。

七、计算题

1. 甲中心在接受该项目前的剩余收益＝150－1 000×12％＝30(万元)

甲中心在接受该项目后的剩余收益＝(150＋130)－(1 000＋1 000)×12％＝40(万元)

剩余收益增加,甲中心可接受此项目

乙中心在接受该项目前的剩余收益＝90－1 000×12％＝－30(万元)

乙中心在接受该项目后的剩余收益＝(90＋150)－(1 500＋1 000)×12％＝－60(万元)

剩余收益减少,乙中心不应接受此项目

2. (1) 15 元——超过市场价格,不适合,因为向外界大量购买每只仅需 14 元。

(2) 14 元——与市价相比,比较适合,因为买卖双方均无偏袒,而且能调动卖方的生产积极性,促使其努力改善经营管理,降低甲零件的成本。

(3) 11 元——略高于单位成本,不合适,因为不能调动卖方厂家的生产积极性。

(4) 10 元——与单位成本相同,不合适,因为不能调动卖方厂家的生产积极性。

(5) 9 元——与单位变动成本相同,在决定采用双重内部转让价格时可作为买方的计价基础,卖方则采用市价 14 元作为计价基础。

3. 计算有关结果如表 13 - 5 所示。

表 13 - 5 A、B 投资中心投资报酬率和剩余收益 单位:万元

项 目		投资额	利润	投资报酬率	剩余收益
追加投资前	A	20	1	5%	1−20×10%=−1
	B	30	4.5	15%	4.5−30×10%=+1.5
		50	5.5	11%	5.5−50×10%=+0.5
投资中心 A 追加投资 10 万元	A	30	1.8	6%	1.8−30×10%=−1.2
	B	30	4.5	15%	4.5−30×10%=+1.5
		60	6.3	10.5%	6.3−60×10%=+0.3
投资中心 B 追加投资 20 万元	A	20	1	5%	1−20×10%=−1
	B	50	7.4	14.8%	7.4−50×10%=+2.4
		70	8.4	12%	8.4−70×10%=+1.4

A 追加投资后剩余收益和公司总剩余收益比投资前都减少,B 追加投资后剩余收益和公司总剩余收益比投资前都增加,所以 B 应追加投资。

4. (1) 计算追加投资前 A 投资中心的剩余收益

A 投资中心的剩余收益＝200×15％−200×12％＝6(万元)

(2) 计算追加投资前 B 投资中心的营业资产额

B 投资中心的营业资产额＝20÷(17％−12％)＝400(万元)

(3) 计算追加投资前该公司的投资报酬率

投资报酬率＝(200×15％＋400×17％)÷(200＋400)＝16.33％

(4) 若 A 投资中心接受追加投资,其剩余收益

剩余收益＝(200×15％＋20)−(200＋100)×12％＝14(万元)

(5) 若 B 投资中心接受追加投资,其投资报酬率

投资报酬率＝(400×17％＋15)÷(400＋100)＝16.60％

5. (1)　**表 13 - 6　甲中心追加投资后各中心的投资报酬率和剩余收益额等** 单位:元

投资中心	甲中心	乙中心	总公司
边际贡献额	180 000	450 000	630 000
资产平均占用额	3 000 000	3 000 000	6 000 000
总公司规定的投资报酬率	—	—	10%
投资报酬率	6%	15%	10.5%
剩余收益额	−120 000	150 000	30 000

(2)　**表 13 - 7　乙中心追加投资后各中心的投资报酬率和剩余收益额等** 单位:元

投资中心	甲中心	乙中心	总公司
边际贡献额	100 000	740 000	840 000
资产平均占用额	2 000 000	5 000 000	7 000 000
总公司规定的投资报酬率	—	—	10%
投资报酬率	5%	14.8%	12%
剩余收益额	−100 000	240 000	140 000

(3) 向甲中心追加投资时,由于甲中心的投资报酬率提高了,因此,甲中心认为追加投资方案可行;由于总公司的投资报酬率降低了,因此,总公司认为追加投资方案不可行。

向乙中心追加投资时,由于乙中心的投资报酬率降低了,因此,乙中心认为追加投资方案不可行;由于总公司的投资报酬率提高了,因此,总公司认为追加投资方案可行。

根据上述结论可知,用投资报酬率作为业绩评价标准存在不足,投资中心可能为了提高投资报酬率而伤害企业整体的利益。

(4) 向甲中心追加投资时,由于甲中心的剩余收益额降低了,因此,甲中心认为追加投资方案不可行;由于总公司的剩余收益额降低了,因此,总公司认为追加投资方案不可行。

向乙中心追加投资时,由于乙中心的剩余收益额提高了,因此,乙中心认为追加投资方案可行;由于总公司的剩余收益额提高了,因此,总公司认为追加投资方案可行。

根据上述结论可知,用剩余收益额作为业绩评价标准可以克服用投资报酬率作为业绩评价标准带来的次优化问题,可以使业绩评价与企业的目标协调一致,引导投资中心采纳高于企业资本成本的决策。

八、综合分析题

1. (1) 应采用市场价格。因为在题目所述的情况下,采用市场价格作为内部转移价格,不论甲投资中心将甲产品对外销售或对内转移,也不论乙投资中心是从外部购买甲产品还是从甲投资中心购买甲产品,对甲、乙投资中心及公司总体的营业收益都无影响。

(2) 应采用协商价格。因为如果还是采用市场价格,从外部市场与从甲投资中心购买甲产品的价格一样,就无法保证乙投资中心会向甲投资中心购买它所需要的 40 000 件甲产品,从而造成甲投资中心的部分生产能力闲置。尽管这对乙投资中心并无影响，但会损害甲投资中心及整个企业的利益。因此，宜由甲投资中心作出一点让步，使内部转移价格稍低于市场价格，以保证乙投资中心向其购买。

（3）应采用双重价格。乙投资中心从外部市场购买甲产品不需要支付运杂费，而甲投资中心对外销售必须支付销售费用，这两个条件表明定价应确保对乙投资中心有吸引力，否则甲投资中心必须对外销售 40 000 件产品，并发生相应的销售费用。这虽然对乙投资中心并无影响，但会损害整个企业的利益。因此，宜由甲投资中心作出让步，使内部转移价格稍低于市场价格，同时乙投资中心可以成本为基础定价，以最终确保实现内部销售。双重定价对于甲乙双方以及企业整体而言都是有利的。

2. 科龙电器的 Z 值计算结果如表 13-8 所示。

表 13-8　科龙电器 Z 值计算表

财务比率	2002 年	2003 年	2004 年	2005 年
X_1	0.10	0.03	−0.65	−0.61
X_2	−0.11	0.03	0.00	−0.69
X_3	0.02	0.03	−0.00	−0.67
X_4	1.38	1.04	0.50	0.34
X_5	0.64	0.65	0.7	1.30
$Z = 1.2 \times X_1 + 1.4 \times X_2 + 3.3 \times X_3 + 0.6 \times X_4 + 1.0 \times X_5$	1.51	1.47	0.9	−2.41

由此可见，其实早在 2002 年科龙的 Z 值就在 1.81 以下，存在严重财务危机，破产机率很高。此后 Z 值连续下降，一直到 2005 年科龙危机爆发。

3 教学课时
······

14 资产估价

一、单项选择题

1. D   2. C   3. A   4. A   5. B

6. D   7. D   8. C   9. A   10. B

二、多项选择题

1. BCDE   2. BCDE   3. BD   4. CDE   5. ABCD

6. ABCDE   7. BDE   8. BCDE   9. ABCE   10. ABCDE

三、判断题

1. ✗,改正:债券票面利息要根据债券面值和票面利率来计算。

2. ✓

3. ✓

4. ✓

5. ✗,改正:如果不考虑影响股价的其他因素,零成长股票的价值与市场利率成反比,与预期股利成正比。

6. ✓

7. ✗,改正:购并方式下企业评估价值应是企业净资产公允价值与商誉价值之和。

8. ✓

9. ✗,改正:企业价值评估的现金流量贴现法下的各年现金净流量是指属于企业的自由现金流量。

10. ✗,改正:续营价值是指在保持企业未来持续经营的条件下,以未来的收益能力为基础来评估公司资产的价值。

四、填空题

1. 40%

2. 内在价值

3. 面值

4. 永续股利

5. 市价

五、名词解释题

1. 股票的内在价值指投资者投资股票预期未来的股利收入与出售股票时的价格收入按照其要求的必要投资报酬率进行折现后的现值。

2. 股票的账面价值指普通股的账面价值，它是按账面计算的每一普通股份的资产，是普通股东实际拥有的资产权益，即普通股每股权益。

3. 现金流量贴现法是企业价值评估的最为常见的方法。它是根据企业持续经营各年的预计现金流量，按照一定的折现率所折算的现值作为企业价值的一种评估方法。

4. 资产基准法是通过对企业资产、负债和商誉进行逐项评估的方式来评估企业价值的一种方法。

5. 业务分拆法指针对业务多元化的企业，先分别评估其每一个业务单元的价值，然后加总计算其价值总额的一种评估方法。

六、简答题

1.（1）市场利率上升导致债券市场价格下降，市场利率下降导致债券市场价格上升。

（2）长期债券的市场价格对市场利率的敏感性会大于短期债券。

2. 债券价值的不同形式包括债券的票面价值、内在价值、发行价格、市场价格。

3. 股票价值的不同形式包括股票的票面价值、内在价值、账面价值、发行价格、市场价格和清算价值。

4.（1）选择参照公司。选择原则是应在经营业务和财务特征两个方面与企业相似，即具有可比性。

（2）选择和计算财务比率（乘数）。所选用的乘数有两大类：股权乘数、资本乘数。

（3）根据确定的乘数估计企业价值。

5. 四个因子，即预测期限，企业各年现金净流量，预测期末终值 V_n，折现率 i。

（1）预测期限 n 的确定。

在通常情况下，评估目标企业价值的预测期限可结合企业的行业性质、经营特点来确定。

（2）各年的现金净流量 F_t 的测算。

企业各年的现金净流量是属于所有收益索取权持有人所拥有的累计现金流量，属于企业的现金流量最一般的形式，即"属于企业的自由现金流量"。

（3）预测期期末终值 V_n 的测算。

企业的残值是指在持续经营的预期年限终止时，其整体所具有的价值。

（4）折现率 i 的确定。

折现率的确定通常应当以估价资产的市场利率为依据。如果是对公司股票（债券）价值进行估算，折现率可以选择股票（债券）的市场利率。当估价资产所采用的折现率无法从市场上获取，可以使用加权平均资本成本等替代利率估计折现率。

七、计算题

1.（1）债券售价 $=100×(P/F,10\%,5)+100×8\%×(P/A,10\%,5)=92.43$（元）

(2) 债券资本成本 $=\dfrac{8\times(1-30\%)}{92.43\times(1-0.5\%)}\times100\%=6.09\%$

2. (1) 发行价 $=1\,000\times(P/F,9\%,5)+1\,000\times10\%\times(P/A,9\%,5)=1\,038.87$(元)

(2) 用 8% 和 9% 试误法求解：

$V(9\%)=1\,000\times(P/F,9\%,4)+1\,000\times10\%\times(P/A,9\%,4)=1\,032.37$(元)

$V(8\%)=1\,000\times(P/F,8\%,4)+1\,000\times10\%\times(P/A,8\%,4)=1\,066.21$(元)

插值法求解：$I=8\%+\dfrac{1\,066.21-1\,049.06}{1\,066.21-1\,032.37}\times1\%=8.5\%$

3. (1) A 公司股票的内在价值 $=\dfrac{4+36}{1+12\%}=35.71$(元)

(2) B 公司股票的内在价值 $=\dfrac{2.7}{12\%}=22.5$(元)

(3) C 公司股票的内在价值 $=\dfrac{3\times(1+4\%)}{12\%-4\%}=39$(元)

4. (1) A 公司债券的发行价格 $=100\times(P/F,10\%,2)+100\times8\%\times(P/A,10\%,2)$
$$=96.49\text{(元)}$$

(2) B 公司股票的内在价值 $=\dfrac{0.9\times(1+6\%)}{12\%-6\%}=15.9$(元)

(3) C 公司股票的内在价值 $=\dfrac{1.5}{12\%}=12.5$(元)

(4) 因为 B 公司股票内在价值高于其市价，C 公司股票内在价值低于其市价，所以东方公司可以投资 B 公司股票，不能投资 C 公司股票。

5. (1) 预期的必要报酬率 $=6\%+1.5\times4\%=12\%$

(2) $NPV=V_5\times(P/F,12\%,5)+10\,000\times(P/A,12\%,5)-200\,000$

令 $NPV\geqslant0$，则 $V_5\geqslant289\,154$，也即股票 5 年后市值等于或大于 289 154 元时，现在按 200 000 元购买才合算，才能保证预期报酬率等于或超过 12%。

八、综合分析题

1. (1) A 公司债券的价值 $=1\,000\times(P/F,6\%,5)+1\,000\times8\%\times(P/A,6\%,5)$
$$=1\,084.29\text{(元)}$$

令 $I=5\%$，则 $1\,000\times(P/F,5\%,5)+1\,000\times8\%\times(P/A,5\%,5)=1\,129.86$(元)

插值法求解：$I=5\%+\dfrac{1\,129.86-1\,105}{1\,129.86-1\,084.29}\times1\%=5.55\%$

由于 $1\,084.29<1\,105$，则不应购买。

(2) B 公司债券的价值 $=(1\,000+1\,000\times8\%\times5)(P/F,6\%,5)=1\,046.22$(元)

$1\,105=1\,400\times(P/F,I,5)$

$(P/F,I,5)=1\,105\div1\,400=0.789\,3$

$I=5\%,(P/F,I,5)=0.783\,5$

$I=4\%,(P/F,I,5)=0.821\,95$

插值法求解：$I=4\%+\dfrac{0.821\,9-0.789\,3}{0.821\,9-0.783\,5}\times1\%=4.85\%$

不应购买。

(3) C公司债券的价值＝1 000(P/F,6％,5)＝747.3(元)

600＝1 000×(P/F,I,5)

(P/F,I,5)＝0.6

I＝10％,(P/F,I,5)＝0.620 9

I＝12％,(P/F,I,5)＝0.567 4

插值法求解:$I=10\%+\dfrac{0.620\ 9-0.6}{0.620\ 9-0.567\ 4}\times2\%=10.78\%$

应购买。

(4) 预期的必要报酬率＝3％＋1.2×(5％－3％)＝5.4％

股票内在价值$=\dfrac{0.6}{5.4\%-4\%}=42.86$(元)

可以购买。

5 教学课时
...... **15** **财务分析**

一、单项选择题

1. B 2. B 3. C 4. A 5. D

6. C 7. C 8. A 9. C 10. D

二、多项选择题

1. ABCDE 2. ACE 3. ABC 4. ABC 5. ACE

6. DE 7. BD 8. CD 9. BCE 10. BCD

三、判断改错题

1. ✓

2. ✗,改正:企业的应收账款增长率超过销售收入增长率,属于不正常现象。

3. ✗,改正:市盈率越高,并不一定说明公司的盈利能力越强。

4. ✓

5. ✓

6. ✗,改正:资产负债率与产权比率的乘积小于1。

7. ✓

8. ✓

9. ✗,改正:在其他因素不变的情况下,权益乘数越大则资产负债率越高。

10. ✓

四、填空题

1. 总资产

2. 总资产周转率

3. 股东财富最大化

4. 商业信用债务资本,或非付息负债

5. 差额分析法

五、名词解释题

1. 每股收益是指本年净利润扣除优先股股利后的余额与发行在外的普通股加权平均数的比值。

2. 比率分析法是利用财务报表各指标之间存在的内在逻辑关系,通过计算比率来考察、计量和评价企业财务状况、财务活动效果的一种方法。

3. 杜邦分析法是利用各项财务比率之间的内在关系,综合地分析和评价企业财务状况和盈利能力的方法。

4. 利息保障倍数是指企业一定时期息税前利润与利息费用的比率,用以衡量企业获利能力对偿付借款利息的保障程度。

5. 趋势分析法是通过对比不同时期财务报表中相同指标,确定其增减变动的方向、数额和幅度,来说明企业财务状况和经营成果变动趋势的一种方法。

六、简答题

1. 反映企业短期偿债能力的指标主要有流动比率、速动比率、现金比率、现金流动负债比率、到期债务本息偿付比率等。

2. 财务分析是以财务报表为主要依据,采用科学的分析技术和方法,通过对企业过去和现在有关筹资活动、投资活动、经营活动的偿债能力、盈利能力和营运能力、增长能力等进行分析与评价,从而使经营者以及企业的利益相关者能够了解企业过去、评价企业现在,预测企业未来,作出正确决策,并提高决策水平。

3. 尽管不同的财务分析主体进行财务分析有着各自的侧重点,但是财务分析的内容从总体上来看可分为四个方面:偿债能力分析、营运能力分析、盈利能力分析和增长能力分析。偿债能力是企业理财目标实现的保证,营运能力是企业理财目标实现的物质基础,盈利能力是两者共同作用的结果,增长能力是前三者的综合表现,四者共同构成财务分析的基本内容。

4. 财务综合分析就是将反映企业的偿债能力、营运能力、盈利能力等方面的财务指标纳入一个有机的整体中,系统、全面、综合地对企业财务状况、经营成果和财务状况的变动进行剖析、解释和评价,从而对企业经营绩效的优劣作出准确的评判。

5. 反映企业盈利能力的指标主要有总资产报酬率、净资产收益率、成本费用净利率、营业利润率、盈余现金保障倍数、资本收益率、每股收益、市盈率等。

七、计算题

1.（1）应收账款周转天数＝{360×[(20＋40)÷2]}/400＝27(天)

（2）存货周转天数＝{360×[(20＋60)÷2]}/320＝45(天)

（3）年末速动比率＝年末速动资产/年末流动负债＝年末速动资产/80＝2

年末速动资产＝160(万元)

（4）年末流动比率＝(160＋60)/80＝2.75

2. 流动比率－速动比率＝存货平均余额/流动负债

即:2－1.5＝存货平均余额/40

则:存货平均余额＝20(万元)

存货周转率＝营业成本/存货平均余额＝60/20＝3

3.（1）平均应收账款＝(40×1 500 000)/360＝166 667(元)

（2）流动负债＝(150 000＋166 667)/2＝158 334(元)

（3）流动资产＝158 334×3＝475 002(元)

（4）总资产＝475 002＋425 250＝900 252(元)

（5）资产净利率＝75 000/900 252＝8.33％

4. 销售净利率＝[800×(1－25％)]/10 000＝6％

资产周转率＝10 000/2 560＝3.91

年末资产负债率＝1 280/2 560＝50％

权益乘数＝1/(1－50％)＝2

净资产收益率＝6％×3.91×2＝46.92％

5. 每股收益＝(250 000－25 000)/1 000 000＝0.225

普通股权益报酬率＝(250 000－25 000)/1 800 000×100％＝12.5％

每股股利＝180 000/1 000 000＝0.18

股利发放率＝每股股利/每股收益＝0.18/0.225×100％＝80％

市盈率＝4.5/0.225＝20

6. 表中 A、B、C、D 四项应填数据为：

A＝66 307

B＝66 307＋34 419＋2 437－17 085＋4 700－2 047＋136＋91－116－4－15 369－1 001

＝72 198

C＝66 307－108 115－101 690＝－143 498

D＝27 558－(－143 498)＝171 056

7. (1) 销售净利润率＝净利润/营业收入＝3 600/28 000＝12.86％

(2) 每股净资产＝普通股股东权益/普通股股数＝22 000/18 000＝1.22(元)

(3) 每股收益＝净利润/普通股股数＝3 600/18 000＝0.2(元)

(4) 市盈率＝每股市价/每股收益＝4.8/0.2＝24

8. (1) 存货周转次数＝31 500/存货＝4.5

则：期初存货＝期末存货＝31 500/4.5＝70 000(千元)

(2) 应收账款净额＝432 000－294 000－70 000－25 000＝43 000(千元)

(3) 流动比率＝流动资产/流动负债＝(432 000－294 000)/流动负债＝1.5

则：流动负债＝138 000/1.5＝92 000(千元)

则：应付账款＝92 000－25 000＝67 000(千元)

(4) 资产负债率＝50％

则：负债总额＝432 000×50％＝216 000(千元)

则：长期负债＝216 000－92 000＝124 000(千元)

(5) 资产负债率＝50％

则：净资产＝负债总额＝216 000(千元)

未分配利润＝216 000－300 000＝－84 000(千元)

9. 销售净利率＝120÷3 600＝3.33％

权益乘数＝1＋80％＝1.8

资产总额＝120÷14％×1.8＝1 542.86(万元)

资产周转率＝3 600÷1 542.86＝2.33

10. (1) 应收账款周转率＝(125 000×80％)÷[(12 000＋8 000)÷2]＝10

(2) 净利润＝125 000×16％＝20 000(元)

销售成本＝125 000×(1－52％)＝60 000(元)

存货平均余额＝60 000÷5＝12 000(元)

期末存货＝12 000×2－10 000＝14 000(元)

流动负债＝14 000÷(2.16－1.6)＝25 000(元)

流动资产＝25 000×2.16＝54 000(元)

资产总额＝54 000÷27％＝200 000(元)

资产净利率＝20 000÷200 000＝10％

(3) 每股收益＝20 000÷5 000＝4(元)

(4) 市盈率＝10÷4＝2.5

八、综合分析题

1.

表 15－7　资产负债表变动情况分析表 单位:万元

年份	2021-12-31	2020-12-31	变动额	变动率(%)
货币资金	424 000	378 000	46 000	12.17
交易性金融资产	14 000	0	14 000	0
应收票据	230 000	141 000	89 000	63.12
应收账款净额	83 000	96 000	－13 000	－13.54
存货	382 000	388 000	－6 000	－1.55
流动资产合计	1 133 000	1 033 000	100 000	9.68
长期投资	269 600	350 000	－80 400	－22.97
固定资产	900 600	467 000	433 600	92.85
无形资产	20 000	15 000	5 000	33.33
非流动资产合计	1 190 200	832 000	358 200	43.05
资产总计	2 323 200	1 865 000	458 200	24.57
短期借款	270 000	204 000	66 000	32.35
应收账款	800 000	600 000	200 000	33.33
应付薪资	10 000	9 000	1 000	11.11
应交税金	20 000	10 000	10 000	100.00
其他应付款	100 000	97 000	3 000	3.09
流动负债合计	1 200 000	920 000	280 000	30.43
长期借款	393 200	272 000	121 200	44.56
负债合计	1 593 200	1 192 000	401 200	33.66
股本	162 000	162 000	0	0.00
资本公积	206 900	169 000	37 900	22.43
盈余公积	172 100	190 000	－17 900	－9.42
未分配利润	189 000	152 000	37 000	24.34
股东权益合计	730 000	673 000	57 000	8.47
负债及股东权益总计	2 323 200	1 865 000	458 200	24.57

分析评价

(1) 该企业本期总资产增加了 458 200 万元,增长幅度为 24.57%。从具体项目看:

① 主要是固定资产增加引起的,固定资产原值增加了 358 200 万元,增长幅度为 43.05%,表明企业的生产能力有所增强。

② 流动资产增加 10 000 万元,增长幅度为 9.68%,说明企业资产的流动性有所提高。特别是货币资金、应收票据的大幅度提高,对增强企业的偿债能力,满足资金流动性需要都是有利的。应收账款的减少应结合企业的收账政策分析。

③ 对外长期投资减少了 80 400 万元,减少幅度为 -22.97%,应引起重视。

(2) 从权益方面分析:

① 资本公积和未分配利润共增加了 74 900,增长幅度分别为 22.43% 和 24.34%,说明企业本期经营有成效。

② 负债总额增加了 401 200 万元,增长幅度为 33.66%,是由流动负债和长期负债共同作用形成的。

2. (1) 公司 2021 年度应当分配的现金股利总额 = 0.2×(1+5%)×10 000 = 2 100(万元)

(2) 甲董事提出的股利分配方案的个人所得税税额为 0。

乙董事提出的股利分配方案的个人所得税税额为:10 000×60%/10×5×50%×20% = 300(万元)

丙董事提出的股利分配方案的个人所得税税额为:2 100×60%×50%×20% = 126(万元)

(说明:2005 年 6 月,经国务院批准,对个人投资者从上市公司取得的股息红利所得,暂减按50%计入个人应纳税所得额,依照现行税法规定计征个人所得税。)

(3) 甲董事提出的股利分配方案

站在企业的角度,在公司面临较好的投资机会时可以迅速获得所需资金,但是站在投资者的角度,甲董事提出的股利分配方案不利于投资者安排收入与支出,同时也不利于公司树立良好的形象。

乙董事提出的股利分配方案

站在企业的角度,不需要向股东支付现金,在再投资机会较多的情况下:可以为公司再投资保留所需资金;可以降低公司股票的市场价格,既有利于促进股票的交易和流通,又有利于吸引更多的投资者成为公司股东,进而使股权更为分散,有效地防止公司被恶意控制;可以传递公司未来发展前景良好的信息,从而增强投资者的信心,在一定程度上稳定股票价格。站在投资者的角度,既可以获得股利,又可以获得股票价值相对上升的好处;并且由于股利收入和资本利得税率的差异,如果投资者把股票股利(公司转送股)出售,还会带来资本利得和纳税上的好处。

丙董事提出的股利分配方案

站在企业的角度,该方案向市场传递着公司正常发展的信息,有利于树立公司的良好形象,增强投资者对公司的信心,稳定股票的价格。稳定的股利额有利于吸引那些打算进行长期投资并对股利有很高依赖性的股东。但在公司面临新的投资机会时,不能为公司提供所需资金。

站在投资者的角度,稳定的股利额有助于投资者安排股利收入和支出。

第三部分
参考资料

教学大纲

教学设计

企业财务通则

试题式样

网络资源与参考书刊

教学大纲

一、《财务管理》课程教学大纲

英 文 名：Financial Management

学　　分：3 学分

课　　时：51 课时

（2 学分 34 课时可相应调整）

主讲教师：

选定教材：王玉春主编《财务管理》，国家"十一五"规划教材，国家"十二五"规划教材、江苏省普通高等教育精品建设教材、重点教材，江苏省本科优秀培育教材。

适用学科：管理、经济等。

课程概述：

本课程内容涉及企业资金运动的各个环节（筹资、投资、分配等）。内容包括：财务管理基本理论，概念、目标、原则、环节及理财环境；财务管理基本观念，时间价值观念、风险价值观念等；财务管理基本内容，本课程的教学重点，筹资管理、投资管理、营运资金管理、收益分配管理、财务分析等。因此，本课程主要研究工商企业如何根据财经法规、经济规律，组织调节财务活动，处理财务关系。

教学目的：

随着我国资本市场的诞生、规范和发展，我国企业传统的财务管理理念和方法也发生了改变，企业的筹资、投资、分配管理面临新的环境机遇和挑战。因此，通过本课程的教学，使学生能理论与实践相联系，掌握系列有关筹资、投资、资金分配等理财方法和技巧，培养具有现代理财理念、适应社会经济发展所需要的财务管理人才。

教学方法：

老师集体讨论制作多媒体课件，以课堂理论教学与案例分析相结合、课堂讨论与课堂练习为主,以学生课外实践调查、课外习题为辅的教学手段与方法。

二、各章教学要求及教学要点

第一章　财务管理总论

课时分配:4 课时

教学要求:

通过本章的教学,要使学生重点掌握财务管理的内容、财务管理的目标等基本问题,一般了解财务管理的方法、原则、特点。本章内容是本课程内容体系的综合性概括,是全课程的脉络提示,也是指导学生学习的中心线索。

教学内容:

第一节　财务管理概述

一、财务管理学的发展

二、财务管理内容

第二节　企业财务管理目标

一、复合财务管理目标

二、单一财务管理目标

三、实现财务管理目标的相互协调

第三节　财务管理环境

一、金融环境的影响

二、财税环境的影响

第四节　财务治理结构

一、财务治理结构含义及建立原则

二、财务治理结构层次

思考题:

1. 什么是企业财务? 什么是企业财务管理?

2. 什么是企业的财务关系? 企业主要财务关系有哪些?

3. 企业财务活动主要内容有哪些?

4. 企业财务管理目标有哪些? 你赞同哪一种?

5. 企业外部环境与企业财务有何关系? 企业财务受哪些外部环境因素影响?

6. 分层财务治理中的财务决策权与财务控制权是如何划分的?

第二章 货币时间价值与风险价值

课时分配：4课时

教学要求：

本章主要介绍货币时间价值的概念、货币时间价值的计算 风险价值的概念，风险价值的计算，利率的概念和构成。本章教学内容是本课程与重点之一。

教学内容：

第一节 货币时间价值概述

一、货币时间价值的涵义

二、货币时间价值的本质

三、货币时间价值的作用

第二节 货币时间价值计量

一、一次性收付款的终值和现值

二、年金的终值和现值

三、名义利率与实际利率转换

第三节 风险与风险价值计量

一、风险的概念与类型

二、风险价值

三、单项资产风险的衡量

第四节 利率

一、利率的概念与种类

二、决定利率高低的基本因素

三、未来利率水平的预测

思考题：

1. 什么是货币时间价值？从何而来？怎样计量？

2. 货币时间价值与投资风险价值的性质有何不同？

3. 什么是年金？它有哪些类型？如何计算？

4. 如何衡量投资风险的程度？

5. 什么是风险报酬？如何计量风险报酬？

6. 什么是利率？它有哪些类型？一般由哪些部分组成？

第三章 筹资路径与资本成本

课时分配：4课时

教学要求：

本章主要介绍长期筹资的基本概念、筹资渠道与筹资方式、筹资数量的预测、资本成本等内容。

177

教学内容：

第一节　筹资概述

一、企业筹资的概念

二、企业筹资的目的

三、企业筹资的原则

四、企业筹资的类型

第二节　筹资渠道与筹资方式

一、筹资渠道

二、筹资方式

三、筹资渠道与筹资方式的关系

第三节　筹资数量的预测

一、销售百分比法

二、线性回归分析法

第四节　资本成本

一、资本成本概述

二、个别资本成本

三、综合资本成本

四、边际资本成本

思考题：

1. 什么是筹资？简述企业筹资的目的。

2. 简述企业筹资时应遵循的基本原则。

3. 企业筹资如何分类？

4. 企业的筹资渠道和筹资方式有什么区别和联系？应该如何实现两者的最佳对应？

5. 预测资金需要量的方法主要有哪几种？

6. 如何使用销售百分比法和线性回归分析法预测资金需要量？

7. 什么是资本成本？资本成本的作用有哪些？

8. 简述影响资本成本高低的因素。

9. 什么是加权平均资本成本？其作用是什么？

10. 什么是边际资本成本？其作用是什么？

第四章　权益融资

课时分配：3 课时

教学要求：

本章主要介绍吸收直接投资和发行股票融资两种权益资金的筹集方式。

教学内容：

第一节 非股票方式融资

一、资本金制度

二、吸收直接投资

第二节 股票方式融资

一、发行普通股

二、发行优先股

三、可选择性股权融资

思考题：

1. 普通股股东的基本权利与义务是什么？

2. 普通股、优先股在权利性质上的主要区别是什么？

3. 普通股筹资的条件及其利弊是什么？

4. 试述认股权证融资和可转换债券融资各有何利弊。

第五章 债务融资

课时分配：2 课时

教学要求：

本章主要介绍短期债务融资和长期债务融资。

教学内容：

第一节 债务融资概述

一、企业债务的由来

二、企业债务融资的必要性

三、企业债务的种类

第二节 短期债务融资

一、商业信用

二、短期借款

三、短期融资券

第三节 长期债务融资

一、长期借款

二、长期公司债券

三、长期租赁

思考题：

1. 流动负债根据偿付金额是否确定可以分为哪几种形式？

2. 商业信用的表现形式有哪些？

3. 企业如何确定是否应享有现金折扣，以及如何确定，何时享享？

4. 商业信用筹资的优缺点有哪些？

5. 短期借款中贴现法借款和加息法贷款的实际利率如何确定？

6. 短期借款中的信用条件有哪些？

7. 短期融资券的发行条件是什么？

8. 长期借款筹资的优缺点有哪些？

9. 如何确定债券发行价格？

10. 长期租赁有哪些形式？

11. 如何计算长期租赁的租金？

第六章　杠杆作用与资本结构

课时分配：5 课时

教学要求：

本章主要讨论杠杆作用与风险；资本结构的基本理论；资本结构决策的基本方法。

教学内容：

第一节　杠杆作用与风险

一、经营杠杆与经营风险

二、财务杠杆与财务风险

三、联合杠杆与联合风险

第二节　资本结构基本理论

一、净经营收入理论

二、净收入理论

三、传统理论

四、MM 理论

五、权衡理论

六、不对称信息理论

第三节　资本结构决策基本方法

一、资本结构概述

二、资本结构决策的意义

三、资本结构的决策

四、资本结构决策的影响因素

思考题：

1. 简述经营杠杆系数的作用。

2. 简述财务杠杆系数的作用。

3. 简述联合杠杆系数的作用。

4. 试述联合杠杆与企业风险之间的关系。

5. 资本结构理论主要有哪些？其主要内容是什么？

6. 运用权衡理论,分析资本结构与企业价值之间的关系。

7. 资本结构的含义及影响因素是什么？

8. 资本结构决策的方法有哪些？其决策思路是什么？

第七章 投资决策概论

课时分配:1 课时

教学要求:

通过本章的教学,使学生掌握投资的种类与原则,了解投资环境要素的分析方法及对投资环境的评价,掌握组合投资决策和多角投资组合决策的思路。

教学内容:

第一节 投资的种类与原则

一、投资的种类

二、投资的原则

第二节 投资环境要素分析及其评价

一、投资环境的概念和分类

二、投资环境的要素分析

三、投资环境的评价

第三节 组合投资决策

一、资产、资本组合投资决策

二、多角投资组合决策

思考题:

1. 什么是投资？投资是如何分类的？

2. 影响投资环境要素的因素有哪些？如何正确评价？

3. 投资环境评价分析方法有哪些？

4. 如何正确地进行资产组合投资决策、资本组合投资决策和资产与资本适应性组合决策？

5. 资产与资本适应性组合结构通常有哪几种安排？

第八章 固定资产与无形资产投资决策

课时分配:5 课时

教学要求:

通过本章的教学,使学生掌握固定资产投资决策的几种方法(投资回收期法、投资回报率法、净现值法、现值指数法和内含报酬率法)的特点、评价标准、优缺点。

了解固定资产日常控制的方法及无形资产投资管理决策。

教学内容：

第一节 固定资产投资决策

一、现金流量

二、投资决策方法

第二节 固定资产日常控制

一、实行固定资产的日常控制责任制

二、固定资产实物的日常控制

三、提高固定资产的利用效果

第三节 无形资产投资管理决策

一、无形资产投资的涵义及特点

二、无形资产投资管理

思考题：

1. 为什么要选择现金流量指标作为固定资产投资决策指标的基础？

2. 在固定资产投资决策中，不同阶段的现金流量各有何特点？

3. 为什么通常选择贴现的现金流量指标进行投资决策？

4. 净现值法、现值指数法和内部回报率法有何联系和区别？

5. 如何加强固定资产日常管理？

6. 如何加强无形资产投资前的管理？

第九章 对外投资管理

课时分配：2 课时

教学要求：

通过本章的教学，使学生掌握对外投资的涵义与评价，对外直接投资的内容，对外证券投资的步骤及投资分析方法，掌握证券投资基金的含义、分类及对基金的价值评价。

教学内容：

第一节 对外投资的涵义与评价

一、对外投资的含义

二、对外投资项目的技术经济评价

第二节 对外直接投资

一、中外合资和合作投资

二、企业合并投资

第三节 对外证券投资

一、对外证券投资的步骤

二、证券投资态势分析方法

第四节 证券基金投资

一、证券投资基金含义、分类

二、证券投资基金分类

三、反映基金投资价值的财务指标及其分析

思考题:

1. 如何开展对外投资项目的技术经济评价?

2. 中外合资和合作投资在财务管理上有何特点?

3. 企业合并投资的主要作用什么?

4. 证券投资基本因素分析法和技术分析法各有何特点,它们之间有何关系?

5. 反映基金投资价值的财务指标有哪些? 如何分析?

第十章 营运资金管理

课时分配: 5 课时

教学要求:

本章主要介绍营运资金的管理,要求理解营运资金的概念、特点及营运管理的原则,理解现金管理的目的与内容、应收账款管理的功能与成本、存货管理的功能与成本,掌握最佳现金余额的确定方法、应收账款政策的制定方法、存货规划及存货的日常控制的方法。

教学内容:

第一节 营运资金管理概述

一、营运资金的概念及特点

二、流动资产管理的要求

第二节 现金的管理

一、现金的特点

二、现金的定量管理

第三节 应收账款的管理

一、信用管理的政策

二、改变应收账款政策的定量评价

三、应收账款的监控

第四节 存货的管理

一、存货的管理责任制

二、存货的日常控制

思考题:

1. 流动资产有何特点,在管理上有何要求?

2. 有几种现金定量管理模式，各种模式有何特点，如何正确选择运用？

3. 分析采用商业信用政策的利弊，如何规避商业信用政策的风险？

4. 从商业信用政策构成要素思考，如何设计优化的商业信用政策？

5. 如何加强应收账款的事前监管和事后监管。

6. 如何加强存货管理？

7. ABC 分类管理的要点是什么？

第十一章　收益分配管理

课时分配：2 课时

教学要求：

通过本章的教学，要求了解收益分配的程序、形式及制约因素，理解股利分配政策的基本理论，掌握股利政策的类型及其特点。

教学内容：

第一节　收益分配程序、形式及制约因素

一、收益分配程序

二、收益分配形式

三、收益分配的制约因素

第二节　关于股利政策的理论观点

一、投资决定模式

二、股利决定模式

三、收益决定模式

第三节　股利政策实务

一、利润分配的程序

二、影响股利政策制定的相关因素

三、股利政策的主要类型

四、股利支付程序与方式

五、股票回购

思考题：

1. 企业收益分配的程序包括哪几个基本步骤？企业对利润总额分配的程序是什么？股份有限公司向股东支付股利的程序主要经历哪些步骤？

2. 国家、债权人、人力资本所有者和投资者参与企业收益分配的形式分别是什么？企业收益分配过程中如何考虑各有关当事方的利益要求？

3. 投资决定模式、股利决定模式和收益决定模式下的股利政策分别是如何制定的？

4. 影响股利政策制定的相关因素有哪些？

5. 在股利分配的实务中,公司经常采用的股利政策有哪些 公司应如何结合实际加以运用?

6. 常见的股利方式有哪些?

7. 什么是股票回购,股票回购有哪些类型,公司进行股票回购的动机有哪些?

第十二章　财务预算

课时分配:3 课时

教学要求:

本章主要介绍了全面预算,要求了解全面预算的基本含义和组成内容,了解财务预算与 ERP 系统的关系,了解业务预算、专门决策预算和财务预算之间的关系,理解并掌握财务预算的编制方法

教学内容:

第一节　财务预算与 ERP 系统

一、全面预算的组成内容

二、财务预算的作用和编制程序

三、财务预算与 ERP 系统的关系

第二节　财务预算编制方法

一、固定预算与弹性预算

二、增量预算和零基预算

三、定期预算与滚动预算

第三节　财务预算编制案例

一、业务预算的编制

二、专门决策预算的编制

三、财务预算的编制

思考题:

1. 什么叫全面预算和财务预算? 其包括哪些内容?

2. 简述预算编制的程序。

3. 简述预算编制的特点和作用。

4. 如何认识预算与 ERP 的关系?

5. 什么叫弹性预算? 简述弹性预算的适用范围及其作用。

6. 什么叫零基预算? 简述零基预算的特点、作用及其编制程序。

7. 什么叫滚动预算? 滚动预算具有哪些优点?

8. 如何认识财务预算在现代企业管理中的作用?

第十三章　财务控制

课时分配：3课时

教学要求：

通过本章的教学，要求了解财务控制的内涵和财务风险控制系统，理解责任中心的业绩评价，掌握责任中心转移价格的制定方法。

教学内容：

第一节　财务控制的内涵

一、财务控制的主体

二、财务控制的客体

三、财务控制的目标

第二节　责任中心及其评价

一、成本中心

二、收入中心

三、利润中心

四、投资中心

五、责任中心业绩评价的可控原则

第三节　责任中心之间的转移价格

一、转移价格概述

二、转移价格的制定方法

三、国际转移价格

第四节　财务风险控制（预警）系统

一、财务预警系统的机制构成

二、财务预警分析方法——财务失败模型

三、财务预警系统的构建模式

思考题：

1. 何为财务控制，其内涵是什么？

2. 责任中心主要有哪几种，它们的业绩考核指标分别是什么？

3. 企业制定内部转移价格的核心问题是什么？

4. 转移价格的制定方法有哪些，各有什么优缺点，企业如何选用？

5. 跨国公司制定转移价格的目标有哪些？跨国公司选择转移价格制定方法时受到哪些企业内外部因素的制约？

6. 国际转移价格的表现形式主要有哪些？国际转移价格的制定程序包括哪几个步骤？

7. 财务失败模型有哪些类型？

8. 企业的财务预警系统的基础机制和过程机制分别包括哪些内容？企业财务风险预警系统如何构建？

第十四章 资产估价

课时分配：3

教学要求：

本章主要介绍债券和股票的各种价值形式、影响价值的因素、估价的技术方法及其投资决策方法，以及企业整体估价的各种方法及其应用。

教学内容：

第一节 债券估价

一、债券价值的形式

二、债券价值的估算

第二节 股票估价

一、股票价值的形式

二、股票价值的估算

第三节 企业整体估价

一、现金流量贴现法

二、资产基准法

三、市场比较法

四、业务分拆法

思考题：

1. 利率变动、期限长短对债券价值的变化会产生什么影响？

2. 债券发行价格与票面价值不等的原因是什么？

3. 不同形式的股票价值有何区别？

4. 在不同的股利增长情形下，股票估价的基本模型应作怎样的调整？

5. 如何运用市盈率指标评估股票的价值？

6. 影响股票市场价格的因素有哪些？

7. 如何运用净现值法和内含报酬率法进行债券、股票的投资决策？

8. 现金流量贴现公式中的各项因子如何确定？

9. 市场比较法下如何利用总资本乘数估算企业全部资本（资产）的价值？

第十五章 财务分析

课时分配：5 课时

教学要求：

通过本章的教学，要求掌握财务分析的基本比率、财务综合分析的方法、企业价值创造分析的方法,并能熟练运用这些方法对企业的财务状况、现金流量、经营成果和企业所有者权益变化进行分析,了解企业的偿债能力、营运能力、盈利能力、发展能力和财务综合竞争能力。

教学内容:

第一节 财务分析概述

一、财务分析概念

二、财务分析的目的

三、财务分析的内容

四、财务分析的依据

五、财务分析的方法

第二节 基本财务比率分析

一、偿债能力比率分析

二、营运能力比率分析

三、盈利能力比率分析

四、增长能力比率分析

第三节 财务综合分析

一、企业财务综合分析的含义及特点

二、沃尔财务状况综合评价法

三、杜邦财务分析体系

第四节 企业价值创造分析

一、EVA 的计算公式

二、EVA 的主要特点

思考题:

1. 什么是财务分析? 简述财务分析的主要作用。

2. 财务分析的主要方法有哪些? 比率分析法有哪些局限性?

3. 如何评价企业的偿债能力、营运能力、盈利能力和增长能力?

4. 什么是杜邦财务分析体系? 它的核心内容是什么?

5. 简述 EVA 的涵义及其主要内容。

教学设计

《财务管理》教学设计简表

授课内容	第一章　总论
教学课时	4 课时
教学要求与教学目标	1. 掌握财务管理的概念 2. 掌握财务管理的目标 3. 了解财务管理的环境 4. 明确财务治理结构 让学生对财务管理涉及的理论与内容有总括的认识
教学重点	财务管理的含义、财务管理目标
教学难点	财务关系协调、财务管理目标学术争论、财务治理结构讨论
教学方式	1. 多媒体教学 2. 讨论法 3. 讲授法
教学主要内容	1. 财务管理含义、财务活动、财务关系 2. 企业财务管理目标 3. 财务管理环境 4. 财务治理结构
重要概念	财务、财务管理、财务管理目标、财务治理结构等
主要思考题和作业	1. 什么是企业财务？什么是企业财务管理？ 2. 什么是企业的财务关系？企业主要财务关系有哪些？ 3. 企业财务活动主要内容有哪些？ 4. 企业财务管理目标有几种？你赞同哪一种？ 5. 企业外部环境与企业财务有何关系？ 6. 分层财务治理中的财务决策权与财务控制权是如何划分的？

注:可以按课次编写,也可按知识单元编写,本教案按知识单元编写。

《财务管理》教学设计简表

授课内容	第二章　货币时间价值与风险价值
教学课时	4 课时
教学要求与 教学目标	1. 掌握货币时间价值的概念 2. 掌握终值与现值的概念与计算 3. 掌握风险价值的概念与计量 4. 了解决定利率高低的基本因素 让学生今后在理财过程中树立货币时间价值观和风险价值观,掌握其计量方法。
教学重点	1. 一次性收付款的复利终值和现值 2. 四种年金的终值和现值
教学难点	货币时间价值的本质、风险度量及其风险价值的确定
教学方式	1. 多媒体教学 2. 案例教学法 3. 讲授法
教学主 要内容	1. 货币时间价值的涵义与本质 2. 一次性收付款的终值和现值计算 3. 年金的终值和现值计算 4. 名义利率与实际利率转换 5. 风险与风险价值计量
重要概念	时间价值、风险价值、终值、现值、折现率等
主要思考题 和作业	1. 什么是货币时间价值? 从何而来? 怎样计量? 2. 货币时间价值与投资风险价值的性质有何不同? 3. 什么是年金? 它有哪些类型? 如何计算? 4. 如何衡量投资风险的程度? 5. 什么是风险报酬? 如何计量风险报酬? 6. 分层财务治理中的财务决策权与财务控制权是如何划分的? 作业(计算分析题)

《财务管理》教学设计简表

授课内容	第三章 筹资路径与资本成本
教学课时	4 课时
教学要求与 教学目标	通过本章的教学,让学生掌握筹资渠道与筹资方式-预测筹资数量,掌握资本成本的含义及其计算,具有应用资本成本原理选择优化筹资方式的能力
教学重点	1. 筹资数量的预测 2. 个别资本成本、综合资本成本、边际资本成本计算
教学难点	筹资渠道与筹资方式的关系,销售百分比法原理,边际资本成本含义和计算
教学方式	1. 多媒体教学 2. 讲授法 3. 案例教学法 4. 启发式教学法
教学主 要内容	1. 筹资渠道 2. 筹资方式 3. 筹资数量的预测的销售百分比法和线性回归分析法 4. 个别资本成本 5. 综合资本成本 6. 边际资本成本
重要概念	筹资渠道、筹资方式、资本成本等
主要思考题 和作业	1. 企业的筹资渠道和筹资方式有什么区别和联系?应该如何实现两者的最佳对应? 2. 预测资金需要量的方法主要有哪几种? 3. 如何使用销售百分比法和线性回归分析法预测资金需要量? 4. 什么是资本成本?资本成本的作用有哪些? 5. 什么是加权平均资本成本和边际资本成本?其作用是什么? 作业(计算分析题)

《财务管理》教学设计简表

授课内容	第四章　权益融资
教学课时	3 课时
教学要求与教学目标	通过本章的教学，让学生掌握吸收直接投资和发行股票融资两种权益资金的筹集方式及其优化选择的应用；掌握原生金融工具与衍生金融工具融投资的特点与应用
教学重点	1. 发行普通股融资 2. 发行可选择性股权融资
教学难点	认购权证、认沽权证、可转换债券理论与方法
教学方式	1. 多媒体教学 2. 讲授法 3. 启发式教学法：课后写小论文"中国上市公司股权融资偏好解读" 4. 比较教学法：认购权证与认沽权证比较等
教学主要内容	1. 资本金制度 2. 吸收直接投资方式 3. 发行普通股理论与方法 4. 发行优先股理论与方法 5. 可选择性股权融资理论与方法
重要概念	资本金、普通股与优先股、认购权证与认沽权证、可转换债券转换价格与转换比例等
主要思考题和作业	1. 普通股股东的基本权利与义务是什么？ 2. 普通股、优先股在权利性质上的主要区别是什么？ 3. 普通股筹资的条件及其利弊是什么？ 4. 试述认股权证融资和可转换债券融资各有何利弊。 作业（计算分析题）

《财务管理》教学设计简表

授课内容	第五章　债务融资
教学课时	2 课时
教学要求与教学目标	通过本章的教学,让学生掌握企业债务融资的必要生,短期债务融资和长期债务融资等各种方式的特点及其有关计算分析 具备比较分析不同债务筹资方式,进行优化选择的应用能力
教学重点	商业信用融资的特点和形式,短期融资券规程,公司债券定价和发行基本条件,长期租赁特点和租金计算方法,即后付和即付等额年金法
教学难点	考虑时间价值的融资租赁租金总额和年租金的计算 公司债券发行价格的确定、短期融资券的发行条件和发行程序
教学方式	1. 多媒体教学 2. 讲授法 3. 理论联系实际教学法:介绍中国目前短期融资券发行情况 4. 比较教学法:比较长期租赁与短期经营租赁,后付租金和即付租金的特点等
教学主要内容	1. 商业信用筹资 2. 短期借款筹资 3. 短期融资券筹资 4. 长期借款筹资 5. 长期公司债券筹资 6. 长期租赁筹资
重要概念	商业信用、短期融资券、租赁等
主要思考题和作业	1. 商业信用的表现形式有哪些? 2. 短期借款中贴现法借款和加息法借款的实际利率如何确定? 4. 短期融资券的发行条件是什么? 5. 短期借款中的信用条件有哪些? 6. 如何确定债券发行价格? 7. 如何计算长期租赁的年租金? 作业(计算分析题)

《财务管理》教学设计简表

授课内容	第六章 杠杆作用与资本结构
教学课时	5 课时
教学要求 教学目标	通过本章的教学,让学生掌握杠杆作用与风险,资本结构的基本理论,资本结构决策的基本方法,树立防范经营风险和财务风险的理念,具备应用杠杆原理融资和优化资本结构的能力
教学重点	经营杠杆、财务杠杆、联合杠杆的原理,作用大小的衡量及其产生的相应风险,资本结构基本理论和资本结构决策的基本思路与方法
教学难点	三种杠杆的原理及其债务融资的选择条件、高杠杆与高风险的关系、不同资本结构理论假设与思想内核、不同资本结构决策方法应用思路
教学方式	1. 多媒体教学 2. 循序渐进讲授法 3. 启发式教学法 4. 随机提问和课后讨论等:不同资本结构理论学派争论的焦点与学术思想的发展,或从财务杠杆原理思考企业债务融资的时机和条件等
教学主 要内容	1. 三种杠杆原理、杠杆系数计算 2. 三种杠杆产生的经营风险、财务风险、企业风险 3. 不同资本结构理论与学术思想 4. 每股收益无差别点分析法和公司价值分析法
重要概念	经营杠杆、财务杠杆、联合杠杆、MM 理论、每股收益无差别点等
主要思考题 和作业	1. 简述经营杠杆、财务杠杆、联合杠杆的作用。 2. 简述经营杠杆、财务杠杆、联合杠杆产生的相应风险,如何防范? 3. 资本结构理论主要有哪些? 其主要内容是什么? 4. 运用权衡理论,分析资本结构与企业价值之间的关系。 5. 影响资本结构主要因素有哪些? 6. 资本结构决策的方法有哪些? 其决策思路是什么? 作业(计算分析题)

《财务管理》教学设计简表

授课内容	第七章 投资概论
教学课时	1 课时
教学要求 教学目标	通过本章的教学,让学生掌握投资的种类与原则,熟悉投资环境要素的分析方法及对投资环境的评价要点,了解组合投资决策和多角投资组合决策的思路
教学重点	投资的种类与原则,熟悉投资环境要素的分析方法,对投资环境的评价要点
教学难点	组合投资决策和多角投资组合决策,由于这些内容是《证券投资学》讲授的重点,本门课略讲。资产、资本组合投资决策
教学方式	1. 多媒体教学 2. 讲授法 3. 理论联系实际教学法 可联系实际:在股市"横盘"时,组合投资股票可以分散公司特有风险;但同时向学生说明,投资股票主要受市场系统风险影响,即使是优秀的基金经理,再好的股票组合也难逃"熊市"的厄运
教学主 要内容	1. 投资的种类 2. 投资的原则、分类 3. 投资环境的要素分析 4. 投资环境的评价 5. 资产、资本组合投资决策 6. 多角投资组合决策
重要概念	投资环境要素、资本组合投资、多角投资等
主要思考题 和作业	1. 什么是投资? 投资是如何分类的? 2. 影响投资环境要素的因素有哪些? 如何正确评价? 3. 投资环境评价分析方法有哪些? 4. 如何正确地进行资产组合投资决策、资本组合投资决策,以及资产与资本适应性组合决策? 5. 资产与资本适应性组合结构通常有哪几种安排?

《财务管理》教学设计简表

授课内容	第八章 固定资产与无形资产投资决策
教学课时	5 课时
教学要求 教学目标	通过本章的教学,让学生掌握固定资产投资前的现金流量的预计方法和投资决策的方法。了解固定资产日常控制和无形资产投资管理决策
教学重点	在项目整个期间尤其是经营期间的年现金流量确定,固定资产投资决策的方法的特性,优选标准和具体运用
教学难点	现金流量的预计及现值的确定的难点,固定投资决策的方法,尤其是投资额与期限差异较大的决策方法,风险调整投资决策法
教学方式	1. 多媒体教学 2. 讲授法 3. 比较法 将投资回收期法、投资回报率法、净现值法、现值指数法和内含报酬率法的优选标准和优缺点进行比较讲授。 4. 理论联系实际教学法 可联系实际:某企业典型项目盲目投资的后果,展示企业实际的《××项目投资可行性研究报告》,并联系具体报告讲述涉及本章的问题,教学效果会更好
教学主 要内容	1. 不同期间的项目年现金流量的预计 2. 投资决策方法 包括投资回收期法、投资回报率法、净现值法、现值指数法和内含报酬率法等概念、计算公式、优选标准和优缺点 3. 无形资产投资管理
重要概念	经营期现金流量、净现值、内含报酬率等
主要思考题 和作业	1. 为什么要选择现金流量指标作为固定资产投资决策指标的基础? 2. 在固定资产投资决策中,不同阶段的现金流量各有何特点? 3. 净现值法、现值指数法和内部回报率法有何联系和区别? 4. 如何加强无形资产投资前的管理? 作业(计算分析题)

《财务管理》教学设计简表

授课内容	第九章 对外投资管理
教学课时	2 课时
教学要求 教学目标	通过本章的教学,使学生掌握对外投资的涵义与评价、对外直接投资的内容、对外证券投资的步骤及投资分析方法,掌握证券投资基金的含义、分类及其对基金的价值评价
教学重点	对外投资理论与方法、证券投资基金的价值评价
教学难点	合并投资的财务问题、证券投资态势分析方法、证券投资基金的价值分析指标及其分析方法
教学方式	1. 多媒体教学 2. 讲授法 3. 情景教学法 在讲授证券投资时,运用多媒体即时播放股票价格行情和债券行情,以及证券投资工具——证券投资基金净值和封闭式基金市场价格的变化。采用情景教学法,学生有身临其境、体会角色的感受,有利于感性认识和理性认知的结合
教学主 要内容	1. 对外投资项目的技术经济评价 2. 中外合资和合作投资 3. 企业合并投资 4. 证券投资态势分析方法 5. 证券投资基金分类 6. 反映基金投资价值的财务指标及其分析
重要概念	经营期现金流量、净现值、内含报酬率等
主要思考题 和作业	1. 如何开展对外投资项目的技术经济评价? 2. 中外合资和合作投资在财务管理上有何特点? 3. 企业合并投资的主要作用什么? 4. 证券投资基本因素分析法和技术分析法各有何特点,它们之间有何关系? 5. 反映基金投资价值的财务指标有哪些? 如何分析? 作业(计算分析题)

《财务管理》教学设计简表

授课内容	第十章　营运资金管理
教学课时	5 课时
教学要求 教学目标	通过本章的教学,使学生理解营运资金的概念、特点及营运管理的原则,掌握理解现金管理的目的与方法,应收账款管理的功能与成本、存货管理的功能与成本,掌握最佳现金存量的确定方法、应收账款政策的制定方法、存货规划及存货的日常控制的方法及相关应用
教学重点	现金管理、应收账款管理、存货管理
教学难点	最佳现金存量方法、应收账款管理政策、存货最佳批量和 ABC 分类管理法
教学方式	1. 多媒体教学 2. 讲授法 3. 比较教学法 最佳现金、应收账款持有量和存货批量方法的比较。共同点:持有的机会成本;不同点:影响的变量不同。 4. 提问或课后讨论:如何构建商业信用体系,避免企业商业信用缺失
教学主 要内容	1. 现金的定量管理 2. 信用管理的政策 3. 改变应收账款政策的定量评价 4. 应收账款的监控 5. 存货的管理责任制 6. 存货的日常控制
重要概念	现金周期模式、信用标准、现金折扣、存货批量等
主要思考题 和作业	1. 如何开展对外投资项目的技术经济评价? 2. 有几种现金定量管理模式,如何正确选择运用? 3. 分析采用商业信用政策的利弊,如何规避商业信用政策的风险? 4. 从商业信用政策构成要素思考,如何设计优化的商业信用政策? 5. 如何加强应收账款的事前监管和事后监管? 6. 如何加强存货管理? 7. ABC 分类管理的要点是什么? 作业(计算分析题)

《财务管理》教学设计简表

授课内容	第十一章　收益分配管理
教学课时	2课时
教学要求 教学目标	通过本章的教学,使学生掌握收益分配的程序、形式及制约因素,理解股利分配政策的基本理论,掌握不同股利政策的类型及其特点
教学重点	不同股利政策的含义和特点、股利支付程序、股利支付方式
教学难点	关于不同股利政策的学术观点、不同类型股利政策的运用、股票回购
教学方式	1. 多媒体教学 2. 讲授法 3. 比较教学法 4. 启发式教学法:课后写小论文"中国上市公司股利支付类型的思考",或"人力资本参与收益分配的形式"
教学主 要内容	1. 关于股利政策的理论观点 2. 影响股利政策制定的相关因素 3. 股利政策的主要类型:剩余股利政策、固定股利支付率政策、低正常股利加额外股利政策、固定或持续增长的股利政策 4. 股利支付程序与方式 5. 股票回购
重要概念	现金股利、股票股利、除权除息日、剩余股利政策、股票回购
主要思考题 和作业	1. 股份有限公司向股东支付股利的程序如何? 2. 企业收益分配过程中如何考虑各有关当事方的利益要求? 3. 投资决定模式、股利决定模式和收益决定模式下的股利政策是如何制定的? 4. 影响股利政策制定的相关因素有哪些? 5. 在股利分配的实务中,公司经常采用的股利政策有哪些,公司应如何结合实际加以运用? 6. 常见的股利方式有哪些? 7. 什么是股票回购,股票回购有哪些类型,公司进行股票回购的动机有哪些? 怎样理解它也是一种股利方式? 作业(计算分析题)

《财务管理》教学设计简表

授课内容	第十二章　财务预算
教学课时	3 课时
教学要求 教学目标	通过本章的教学,使学生了解全面预算的基本含义和组成内容,了解财务预算与 ERP 系统的关系,理解掌握业务预算、专门决策预算和财务预算之间的关系,理解并掌握财务预算的编制方法
教学重点	全面预算体系、财务预算、预算编制方法
教学难点	财务预算中的预计财务报表的编制、现金收支预算编制方法
教学方式	1. 多媒体教学 2. 讲授法 3. 比较教学法 4. 案例教学法:中国电信财务预算管理简介
教学主 要内容	1. 全面预算的组成内容 2. 财务预算的作用和编制程序 3. 财务预算与 ERP 系统的关系 4. 固定预算与弹性预算、增量预算和零基预算、定期预算与滚动预算 5. 业务预算的编制 6. 专门决策预算的编制 7. 财务预算的编制
重要概念	全面预算、业务预算、财务预算、专门决策预算、弹性预算、ERP 等
主要思考题 和作业	1. 什么是全面预算和财务预算? 其包括哪些内容? 2. 简述预算编制的程序。 3. 简述预算编制的特点和作用。 4. 如何认识预算与 ERP 的关系? 5. 什么叫弹性预算? 简述弹性预算的适用范围及其作用。 6. 什么叫零基预算? 简述零基预算的特点、作用及其编制程序。 7. 什么叫滚动预算? 滚动预算具有哪些优点? 8. 如何认识财务预算在现代企业管理中的作用? 作业(计算分析题)

《财务管理》教学设计简表

授课内容	第十三章　财务控制
教学课时	3课时
教学要求 教学目标	通过本章的教学,使学生了解财务控制的内涵和财务风险控制系统,理解责任中心的业绩评价,掌握转移价格的制定方法
教学重点	各大中心的权、责、利的确定及其有关控制,转移价格的制定方法,财务预警系统的构建
教学难点	各大中心的权、责、利制度安排、转移价格的制定、财务预警定量分析方法和系统的构建模式
教学方式	1. 多媒体教学 2. 讲授法 3. 比较教学法 4. 启发式教学法:联系大型企业集团公司的财务管理机制来帮助学生理解企业各大管理中心的权、责、利关系和制约关系
教学主 要内容	1. 财务控制的要义 2. 成本中心、收入中心、利润中心、投资中心的权、责、利 3. 责任中心之间的转移价格 　　转移价格的制定方法 　　国际转移价格 4. 财务预警系统的机制构成 5. 财务预警分析方法——财务失败预警模型 6. 财务预警系统的构建模式
重要概念	成本中心、利润中心、投资中心、转移价格、财务预警
主要思考题 和作业	1. 何为财务控制,其内涵是什么? 2. 责任中心主要有哪几种,它们的业绩考核指标分别是什么? 3. 企业制定内部转移价格的核心问题是什么? 4. 转移价格的制定方法有哪些,各有什么优缺点,企业如何选用? 5. 跨国公司制定转移价格的目标有哪些? 受到哪些因素的制约? 6. 预警财务失败模型有哪些类型? 7. 企业的财务预警系统的基础机制和过程机制分别有哪些内容? 8. 企业财务风险预警系统如何构建? 作业(计算分析题)

《财务管理》教学设计简表

授课内容	第十四章 资产估价
教学课时	3 课时
教学要求与教学目标	通过本章的教学,让学生了解影响证券价值和企业价值的因素,掌握估价的技术方法,重点掌握企业整体估价的各种方法及其应用
教学重点	1. 债券估价和股票价值的估算 2. 企业整体估价
教学难点	不同投资者和不同公司股利政策下的股票价值的估价模型,企业整体估价的现金流量贴现法
教学方式	1. 多媒体教学 2. 讲授法 3. 案例教学法 4. 启发式教学法
教学主要内容	1. 债券价值的估算 2. 股票价值的形式 3. 股票价值的估算 4. 企业整体估价现金流量贴现法 5. 企业整体估价资产基准法 6. 企业整体估价市场比较法 7. 企业整体估价业务分拆法
重要概念	现金流量贴现法、资产基准法等
主要思考题和作业	1. 利率变动、期限长短对债券价值的变化会产生什么影响? 2. 不同股利形式的股票价值有何区别? 3. 如何运用市盈率指标评估股票的价值? 4. 现金流量贴现公式中的各项因子如何确定? 作业(计算分析题)

《财务管理》教学设计简表

授课内容	第十五章 财务分析
教学课时	5 课时
教学要求 教学目标	通过本章的教学，使学生掌握财务分析的基本比率、财务综合分析的方法、企业价值创造分析的方法，并能熟练运用这些方法对企业的财务状况、现金流量、经营成果和企业所有者权益变化进行分析，了解企业的偿债能力、营运能力、盈利能力、发展能力和财务综合竞争能力
教学重点	基本财务比率分析、财务综合分析、企业价值创造分析
教学难点	财务报表之间的主要勾稽关系分析，稀释的每股收益，杜邦财务分析体系，EVA 的涵义及计算
教学方式	1. 多媒体教学 2. 讲授法 3. 启发式教学法 4. 案例教学法：课堂上网链接上市公司的财务报表数据分析
教学主 要内容	1. 财务分析的内容 2. 财务分析的依据 3. 财务分析的方法 4. 四大报表的一般分析 5. 基本财务比率分析：偿债能力比率分析、营运能力比率分析、盈利能力比率分析和增长能力比率分析 6. 财务综合分析：沃尔财务状况综合评价法，杜邦财务分析体系，国有资本金效绩评价体系 7. 企业价值创造分析
重要概念	比率分析、沃尔分析法、杜邦分析法、EVA
主要思考题 和作业	1. 什么是财务分析？简述财务分析的主要作用。 2. 财务分析的主要方法有哪些？比率分析法有哪些局限？ 3. 如何评价企业的偿债能力、营运能力、盈利能力和增长能力？ 4. 什么是杜邦财务分析体系？它的核心内容是什么？ 5. 简述 EVA 的涵义及其主要内容。 作业（计算分析题）

试题式样

《财务管理》试卷

— 学年 第 学期

__财务管理__ 课程试卷(B卷)

校区_____ 专业年级_____ 班级_____ 学号_____ 姓名_____

题号	一	二	三	四	五	总分
分数						
阅卷人						
复核人						

1. 本卷考试形式为闭卷,考试时间为两小时。

2. 考生不得将装订成册的试卷拆散,不得将试卷或答题卡带出考场。

3. 可以使用普通计算器。

一、单项选择题(共 15 题,每题 1 分,共计 15 分)

二、多项选择题(共 5 题,每题 2 分,共计 10 分)

三、判断题(共 10 题,每题 1 分,共计 10 分)

四、简答题(共 2 题,每题 5 分,共计 10 分)

五、计算题(共 4 题,每题 10 分,共计 40 分)

六、综合分析题(共 1 题,每题 15 分,共计 15 分)

本题 得分	

一、单项选择题(共 15 题,每题 1 分,共计 15 分)

答题要求:下列各小题备选答案中,只有一个符合题意的正确答案,请将选定的答案填在括号内。

1. 投资于国库券时不考虑的风险是　　　　　　　　　　　　　(　　)

　　A. 购买力风险　　　　　　　　　　　B. 违约的风险

　　C. 期限性风险　　　　　　　　　　　D. 再投资风险

2. 对于货币的时间价值概念的理解,下列表述中错误的是　　　　　（　　　）

　　A. 货币的时间价值应按复利方式来计算

　　B. 货币的时间价值是评价投资方案标准

　　C. 货币的时间价值不同于风险价值概念

　　D. 货币时间价值用相对数或绝对数表示

3. 下列各项中,不会影响流动比率的业务是　　　　　　　　　　（　　　）

　　A. 用现金购买短期债券　　　　　　　B. 用现金购买固定资产

　　C. 用存货对外长期投资　　　　　　　D. 发行企业长期债券

4. 在所有财务比率中综合性最强、最具有代表性的指标是　　　　（　　　）

　　A. 权益净利率　　　　　　　　　　　B. 资产周转率

　　C. 资产净利率　　　　　　　　　　　D. 销售净利率

5. 企业留存现金的原因,主要是为了满足　　　　　　　　　　　（　　　）

　　A. 交易性、预防性、收益性需要

　　B. 交易性、投机性、收益性需要

　　C. 交易性、预防性、投机性需要

　　D. 预防性、收益性、投机性需要

6. 在企业有盈利的情况下,下列有关外部融资需求表述正确的是　（　　　）

　　A. 股利支付率提高会引起外部融资增加

　　B. 销售增加会引起外部融资需求的增加

　　C. 销售净利润提高会引起外部融资需求的减少

　　D. 资产周转率提高会引起外部融资需求的增加

7. 相对于股东财富最大化目标而言,企业价值最大化目标的不足之处是

　　　　　　　　　　　　　　　　　　　　　　　　　　　　（　　　）

　　A. 不能反映企业潜在的获利能力

　　B. 不能反映企业当前的获利水平

　　C. 没有考虑资金的时间价值

　　D. 没有考虑投资的风险价值

8. 境内主板市场申请股票上市,其股份公司股本总额不应少于人民币（　　　）

　　A. 10 000 万　　　　　　　　　　　B. 5 000 万元

　　C. 3 000 万元　　　　　　　　　　　D. 1 000 万元

9. 某公司发行可转换债券,每张面值为 1 000 元,若该可转换券的转换价格

为 40 元,则每张债券能够转换为股票的股数为　　　　　　　（　　　）

A. 40   B. 15

C. 30   D. 25

10. 某公司的经营杠杆系数为 1.5,财务杠杆系数为 1.2,则该公司销售额每增长 1 倍,就会造成每股收益增加   （　　）

  A. 1.25 倍   B. 1.8 倍

  C. 1.2 倍   D. 0.3 倍

11. 一般说来,下列筹资方式中资金成本最低的是 （　　）

  A. 发行股票   B. 留存收益

  C. 发行债券   D. 长期借款

12. 当折现率为 12% 时,某项目的净现值为 -30 元,这说明该项目的内含报酬率 （　　）

  A. 为 0   B. 小于 12%

  C. 大于 12%   D. 为负值

13. 某企业如以"1/30,N/50"的信用条件购进材料一批,则企业放弃现金折扣的成本为 （　　）

  A. 1%   B. 29%

  C. 18.18%   D. 20%

14. 某公司原发行普通股 100 000 股,拟发放 10% 的股票股利,已知原每股收益为 2.31 元,若盈余总额不变,发放股票股利后的每股收益将为多少元 （　　）

  A. 2.1   B. 3.1

  C. 0.23   D. 2.54

15. 某公司税后利润为 50 万元,目前资本结构中权益资本占 60%,债务资本占 40%。假设第 2 年投资计划需资金 40 万元,当年流通在外普通股为 13 万股,如果采取剩余股利政策,该年度股东可获每股股利为 （　　）

  A. 0.77 元   B. 1.85 元

  C. 3.85 元   D. 2 元

二、多项选择题(共 5 题,每题 2 分,共计 10 分)

答题要求:下列各小题备选答案中,有两个或两个以上符合题意的正确答案,请将选定的答案填在括号内;多选、少选、错选均不得分。

本题 得分	

1. 下列哪些股利政策不利于股东安排收入与支出 （　　）

  A. 剩余股利政策   B. 固定股利支付率政策

  C. 固定或持续增长的股利政策 D. 高现金支付股利政策

  E. 低正常股利加额外股利政策

2. 关于留存收益的资本成本,正确的说法是 （ ）

    A. 不存在资本成本问题   B. 成本计算不考虑筹资费用

    C. 成本是一种机会成本   D. 在企业实务中一般不予考虑

    E. 股东投资所要求的必要收益率

3. 下列表述正确的是 （ ）

    A. 同次发行的股票,每股的发行条件和价格应当相同

    B. 股票发行价格可以等于票面额或超过票面额,但不得低于票面金额

    C. 向发起人发行的股票为记名股票,向社会公众发行的股票为无记名股票

    D. 发行无记名股票的公司应当记载其股票数量、编号及发行日期

    E. 发行新股须由董事会作出决议

4. 下列各项中,属于应收账款管理成本的是 （ ）

    A. 坏账损失   B. 信誉调查费用

    C. 收账费用   D. 持有应计利息

    E. 现金折扣成本

5. 如果其他因素不变,一旦折现率提高,则下列指标数值将会变小的是

                                 （ ）

    A. 静态投资回收期   B. 净现值

    C. 内含报酬率   D. 现值指数

    E. 平均回报率

本题 得分	

三、判断题(共 5 题,每题 2 分,共计 10 分)

答题要求:判断对错,正确打"√",错误打"✕",并改正。

1. 企业按照销售百分比法预测出来的资金需要量,是企业在未来一定时期资金需要的总量。 （ ）

2. 某公司年末会计报表上部分数据为:流动负债 80 万元,流动比率 3,速动比率 1.6,销售成本 129 万元,年初存货 60 万元,则本年度存货周转次数为 1.5 次。

                                             （ ）

3. 在盈余一定的条件下,现金股利支付比率越高,资产的流动性越低。

                                           （ ）

4. 财务杠杆是通过扩大销售影响息税前利润(EBIT)的。 （ ）

5. 某公司考虑购买价值 8 万元的一台机器。按照直线法计提折旧,使用年限 4 年,期满无残值。预计投资后每年可以获得净利润 3 万元,则投资回收期为 2.67 年。 （ ）

<table>
<tr><td>本题
得分</td><td></td></tr>
</table>

四、简答题(共 2 题,每题 5 分,共计 10 分)

答题要求:简要回答下列问题。

1. 认购权证与认沽权证有何区别？试各举一个实例简要回答。

2. 根据公司股权变动表,主要分析哪些财务问题？

<table>
<tr><td>本题
得分</td><td></td></tr>
</table>

五、计算题(共 4 题,每题 10 分,共计 40 分)

答题要求:列出必要的计算过程,结果保留两位小数。

1. 某公司在 2020 年 1 月 1 日以 950 元价格购买一张面值为 1 000 元的新发行债券,其票面利率 8%,5 年后到期,每年 12 月 31 日付息一次,到期归还本金。可能用到的系数:$(P/A,9\%,5)=3.890$,$(P/A,10\%,5)=3.791$,$(P/A,12\%,3)=2.402$,$(P/A,12\%,5)=3.605$,$(P/F,9\%,5)=0.65$,$(P/F,10\%,5)=0.621$,$(P/F,12\%,3)=0.712$,$(P/F,12\%,5)=0.567$

要求:(1) 计算该债券到期收益率。

(2) 假定 2022 年 1 月 1 日的市场利率为 12%,债券市价为 900 元,判断是否购买该债券。

2. 某企业拟追加筹资 2 500 万元。其中发行债券 1 000 万元,筹资费率 3%,债券面值 900 万元,票面利率为 5%,2 年期,每年付息一次,到期还本,所得税率为 25%;优先股 200 万元,筹资费率为 3%,年股息率 7%;普通股 1 000 万元,筹资费率为 4%,第 1 年预期股利为 100 万元,以后每年增长 4%;其余所需资金通过留存收益取得。

要求:计算该筹资方案的综合资本成本。

3. 某厂两年前购入一台设备,原值为 61 000 元,预计净残值为 1 000 元,尚可使用年限为 4 年,且会计处理方法与税法规定一致。现在该厂准备购入一台新设备替换该旧设备。新设备买价为 52 000 元,使用年限为 4 年,预计净残值为 2 000元。若购入新设备,可使该厂每年的现金净流量由现在的 30 000 元增加到 39 000元。旧设备现在出售,可获得价款 41 000 元。该厂资本成本为 10%,所得税税率

208

为 25%。$(P/A,10\%,4)=3.170,(P/F,10\%,4)=0.683$

要求:采用净现值法评价该项售旧购新方案是否可行。

4. 某企业 2021 年的销售收入为 110 万元,变动成本率为□%,经营杠杆系数为 1.5。

要求:(1) 若 2022 年销售收入比 2021 年增长 20%,保持 2021 年的其他条件不变,预测 2022 年的息税前利润。

(2) 若 2022 年的固定成本较 2021 年上涨 8%,保持 2021 年的其他条件不变,2022 年销售收入必须增长多少,才能实现预测的息税前利润?

本题	
得分	

六、综合分析题(共 1 题,每题 15 分,共计 15 分)

答题要求:定量分析结果保留两位小数。

资料:美达公司与宏兴公司同属化工行业,两公司项目投资举债都是依靠长期借款,日常营运资金的开支举债主要依赖企业非付息负债(应付类流动负债),现将两公司上年有关财务资料整理简化如下表:

有关财务资料

项　　目	美达公司	宏兴公司
普通股股数(万股)	8 000	12 000
资本公积和盈余公积(万元)	2 132	3 621
未分配股利(万元)	1 062	2 138
长期银行借款(7%年利率,万元)	2 200	4 671
非负息负债(万元)	1 821	1 132
利润总额(万元)	1 453	2 942
所得税税率(%)	25	25

要求:

(1) 定量分析计算两个公司资本结构;

(2) 假定预计下年两公司收益增加水平相同,定量分析哪个公司的资本结构现况更有利于提高公司价值。

注:根据教学需要,以上试题式样和试题形式可以适当调整。

四　网络资源与参考书刊

一、网络资源推荐

1. 友情链接
（1）中华人民共和国财政部 http：//www. mof. gov. cn
（2）中华人民共和国商务部 http：//www. mofcom. gov. cn
（3）中国税网 http：//www. ctaxnews. com. cn
（4）国际会计师公会（AIA 中国网站）http：//www. aiaworldwide. com/China/
（5）国际财务管理师 http：//www. ifm. org. cn
（6）财务经理人网站 http：//www. ecfo. com. cn
（7）江苏省精品课程《财务管理》http：//jwc. njue. edu. cn/jpkc/

2. 主要数据库
（1）Wind 资讯金融
（2）中国期刊全文数据库（教育网）
（3）《大英百科全书》(eb-online)
（4）国泰安 CSMAR（镜像光盘下载）
（5）中国期刊全文数据库（电信网）
（6）Lexis Nexis 数据库
（7）Elsevier 数据库
（8）ProQuest 数据库
（9）重庆维普数据库
（10）万方系列数据库
（11）人大复印资料

3. 境外相关网站

（1）http：//www. careers-in-finance. com

该网站提供了金融和财务管理专业的职业信息

（2）http：//www. valuepro. net

该网站提供了估计 WACC 的软件和数据

（3）http：//www. thecorporatelibrary. com

该网站提供了有关公司治理的学习资料

（4）http：//www. ipo. com

该网站提供了有关 IPO 的丰富信息

（5）http：//www. financeadvisor. com/finadv/index. shtml

该网站提供了 EVA 的学习资料

（6）http：//money. cnn. com

该网站提供了丰富的财经信息和公司财务学习资料

（7）http：//www. finpipe. com

该网站对公司财务中的一些主要融资方式进行了详细的解释

（8）http：//www. treasuryandrisk. com

该网站提供了一些短期财务管理的文章

（9）http：//www. phoenixhecht. com/treasuryresources/index. aspx

该网站提供了有关现金管理的学习资料

（10）http：//www. creditworth. net

该网站提供了有关信用管理的学习资料

（11）http：//www. real-options. org

该网站提供了实物期权的学习资料

（12）http：//www. gecapital. com

该网站提供了各种融资解决方案

（13）http：//www. ipfa. org

该网站提供了项目融资的学习资料

（14）http：//www. mhhe. com/irwin/Ross/Web/index. html♯

该网站为公司理财在线学习辅导网站

二、参考书目推荐

1. 中国注册会计师协会. 财务管理. 中国财政经济出版社,2022

2. 财政部会计资格评价中心. 财务管理学. 中国财政经济出版社,2022

3. 周首华. 当代西方财务管理. 东北财经大学出版社,1997

4. 夏乐书,刘淑莲. 公司理财学. 中国财政经济出版社,1998

5. 余诸缨. 企业财务学. 辽宁人民出版社,1995

6. 王化成,刘俊彦,荆新. 财务管理学. 中国人民大学出版社,2021

7. 杨雄胜. 财务基本理论研究. 中国财政经济出版社,2000

8. 周首华,陆正飞,汤谷良. 现代财务理论前沿专题. 东北财经大学出版社,2000

9. 汤业国. 中西财务比较研究. 中国人民大学出版社,1998

10. 杨淑娥,胡元木. 财务管理研究. 经济科学出版社,2002

11. 郭复初. 现代财务理论研究. 经济科学出版社,2000

12. （美）威廉·L. 麦金森. 公司财务理论. 刘明辉主译. 东北财经大学出版社,培生教育出版集团,2002

13. 斯蒂芬·A. 罗斯. 公司理财精要. 吴世农译. 机械工业出版社,2000

14. 道格拉斯·R. 爱默瑞,约翰·D. 芬尼特. 公司财务管理. 荆新,王化成,李焰等译校. 中国人民大学出版社,1999

15. 道格拉斯·R. 爱默瑞,约翰·D. 芬尼特. 公司财务管理（英文版）. 中国人民大学出版社,PRENTICE HALL 出版公司,1998

16. 爱斯华斯·达英德伦. 公司财务. 中国人民大学出版社,2001

17. 尤金·F. 布瑞翰,乔尔·F. 休斯顿. 财务管理基础. 东北财经大学出版社,2004

18. 詹姆斯·C. 范霍恩. 现代企业财务管理. 经济科学出版社,1998

19. 詹姆斯·C. 范霍恩. 财务管理与政策(第 11 版). 刘志远译. 东北财经大学出版社,2000

20. Keown, Arthur J., Martin, John D., Petty, J. William, Scott, David F. Jr., *Financial Management*：*Principles and Application*, 10th edition, New Jersey：Pearson Education, Inc., 2005

21. 斯蒂芬·A. 罗斯. 公司理财(第 5 版). 吴世农,沈艺峰译. 机械工业出版社,2000

三、参考杂志推荐

《管理世界》、《会计研究》、《金融研究》、《财政研究》、《税务研究》、《财务与会计》、《财务与会计导刊》等与财务管理课程相关的纸质专业刊物及电子专业刊物。

五 / 企业财务管理法律规范

扫码查看

非金融企业财务管理
金融企业财务管理
法律规范

江苏省社科基金后期资助项目
"城市基层治理中居民社区感培育研究"（批准号：20HQ016）

城市基层治理中
居民社区感培育研究

CHENGSHI JICENG ZHILI ZHONG JUMIN SHEQUGAN PEIYU YANJIU

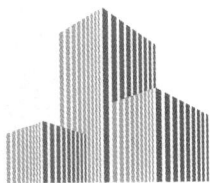

张悦琳　著

南京大学出版社

图书在版编目(CIP)数据

城市基层治理中居民社区感培育研究 / 张悦琳著
. — 南京：南京大学出版社，2021.12
ISBN 978 - 7 - 305 - 18637 - 0

Ⅰ. ①城… Ⅱ. ①张… Ⅲ. ①市民－社区建设－参与
管理－研究－中国 Ⅳ. ①D669.3

中国版本图书馆 CIP 数据核字(2021)第 259145 号

出版发行　南京大学出版社
社　　址　南京市汉口路 22 号　　　　邮　编　210093
出 版 人　金鑫荣

书　　名　**城市基层治理中居民社区感培育研究**
著　　者　张悦琳
责任编辑　刘　丹　　　　　　　编辑热线　025 - 83594071

照　　排　南京南琳图文制作有限公司
印　　刷　南京玉河印刷厂
开　　本　718×1000　1/16　印张 16.75　字数 230 千
版　　次　2021 年 12 月第 1 版　2021 年 12 月第 1 次印刷
ISBN 978 - 7 - 305 - 18637 - 0
定　　价　69.00 元

网址：http://www.njupco.com
官方微博：http://weibo.com/njupco
官方微信号：njupress
销售咨询热线：(025) 83594756

目　录

图目录

表目录

导　论

　　民心是最大的政治。"中国梦"的提出,承载着一种运用心理力量来实现国家善治的设想。[①] 人口集聚的城市社区,是国家治理的基石;[②]城市基层治理中的居民社区感培育将为国家善治奠定民心基础。那么,如何开展这项研究? 目前学术界已有哪些研究成果? 本研究将如何在他人的研究基础上有所创新? 对这些问题作出清晰的回答,是完成研究的基本前提,且构成了本章的主要内容。

第一节　研究背景与研究意义

　　民心管理是社会管理的内在基础。民心稳,则社区稳;社区稳,则社会稳,国家稳。基于特定的研究背景与研究意义,新时代城市居民社区感培育研究呼之欲出。

一、研究背景

　　中国特色社会主义进入新时代,我国社会主要矛盾已经转化为人民日益

---

① 杨宜音,李原,陈满琪. 社会心态研究新进展[M]. 北京:社会科学文献出版社,2018:87.
② 林尚立,马佳艺. 城市治理五维度[N]. 联合时报,2014 - 06 - 13.

增长的美好生活需要和不平衡不充分的发展之间的矛盾。新时代的社会主要矛盾在社会治理领域要求"打造共建共治共享的社会治理格局"，[①]要"加强社会心理服务体系建设，培育自尊自信、理性平和、积极向上的社会心态"。[②] 社会心态培育问题第一次作为社会治理现代化的重要内容被写入党和国家重要文件中。社区是社会的细胞，心理是行为的动力，社会心态培育首先必须以社区心理的核心要素——居民社区感的培育为基础。社区内涵的丰富性客观上要求从社会学、政治学、公共管理学、心理学、教育学等不同的学科视角来透视居民社区感及其培育的必要性、紧迫性、可能性等重要内容。从政治学视角对城市居民社区感培育进行研究，主要基于两方面的时代背景：

第一，城市居民社区感培育是国家治理现代化的基本途径。现代国家治理既包括党和政府自上而下的社会治理，也包括社会和个体自下而上的民主治理。一方面，城市居民社区感培育为塑造国家认同奠定精神基础。改革开放以后，伴随着城市化的加速和单位制的消解，越来越多的人口聚集到城市，居住在社区，城市社区成为社会生活的基本单元和国家治理的重心，在国家治理体系中至关重要。党和国家通过城市社区实现对大多数社会成员及主要社会活动的领导、组织和动员。国家治理嵌入城市社区治理之中，以居民的心理认同为基础。对城市居民展开社区感培育，增强居民的社区情感和社区认同，进而构建居民的社会认同和国家认同，是提升国家治理合法性与有效性的基本途径。另一方面，城市居民社区感培育为基层民主政治建设奠定精神基础。基层是民主政治的试验田，习近平总书记曾经指出："基层历来是民主政治的发源地和试验田，民主精神的培育、民主素质的锻炼、民主实践的操作，都是在基层产生，在基层发展，在基层得到检验。"[③]作为资源集中、人口集聚和居民

---

① 习近平.决胜全面建成小康社会，夺取新时代中国特色社会主义伟大胜利——在中国共产党第十九次全国代表大会上的报告[M].北京：人民出版社，2017:49.
② 习近平.决胜全面建成小康社会，夺取新时代中国特色社会主义伟大胜利——在中国共产党第十九次全国代表大会上的报告[M].北京：人民出版社，2017:49.
③ 孙培军.从基层看我国政治体制的活力[EB/OL].人民网，2018-01-08.

自我管理的生活共同体,城市社区构成了我国基层民主政治建设的天然土壤。社区居民在民主参与过程中展开的协商、对话、沟通乃至谈判活动等外部行为是以认知、情感、思维、态度、理性等基本过程构成的体验、理解、尊重、获得、压力、矛盾与冲突等心理特征为基础的。因此,城市居民社区感培育是我国基层民主政治建设的主要途径。

第二,城市居民社区感培育是社会治理创新的基本要求。改革开放40余年,中国的社会经济结构发生了翻天覆地的巨变,中国人的精神世界和社会心态也产生了前所未有的嬗变,既包括开放、竞争、进取、流动等积极心态,也包括冷漠、拜金、分裂、仇富等消极心态,并随着改革的不断深入,显现出失序迹象。2011年4月—5月,《人民日报》曾经连发5篇评论,提出"心态培育,是执政者的一道考题",而"焦躁疑惧、迷茫失落、愤青思维、拜金主义……在集聚转型中社会心态的失衡之势,是我们真正面临的挑战"。[①] 当前,人民日益增长的美好生活需要和不平衡不充分的发展之间的矛盾已成为我国社会主要矛盾,"培育自尊自信、理性平和、积极向上的社会心态"成为社会治理的明确要求。[②] 在人口、资源与社会活动集聚的城市展开居民社区感培育是回应新时代社会主要矛盾、培育积极社会心态、树立社会主义核心价值观、构建共建共治共享社会治理格局的题中应有之义。肩负着全面建成小康社会的历史重任,从政治学的研究视角结合心理学理论来阐释城市基层治理过程中的相关现象,本研究自觉地将城市居民社区感培育作为一种使命与一份责任。

二、研究意义

担负民生关切、体现民主政治的城市社区,是中国特色社会主义道路自

---

① 周晓虹.中国体验:全球化、社会转型与中国人社会心态的嬗变[M].北京:社会科学文献出版社,2017:369.
② 习近平.决胜全面建成小康社会,夺取新时代中国特色社会主义伟大胜利——在中国共产党第十九次全国代表大会上的报告[M].北京:人民出版社,2017:49.

信、理论自信、制度自信、文化自信的窗口。城市基层治理中居民社区感培育研究,将社会学和心理学研究问题纳入到政治学的研究领域,赋予其政治学的内涵与意义,丰富和深化习近平新时代中国特色社会主义社会治理思想,为构建有中国气派的国家治理与社会治理相关性路径提供理论支持与现实关怀。

(一) 理论意义

社会主义是中国共产党人为民族谋复兴、为人民谋幸福的理论基石和行动纲领,只有社会主义才能救中国。习近平新时代中国特色社会主义思想是社会主义在 21 世纪中国实践运用中的最新发展,是引领中华民族实现伟大复兴中国梦的最新理论成果,其人民价值取向、辩证思维方法、国家治理思想、社会治理思想、阶层和谐理论、精准扶贫思想等一系列治国理政的思想理念,对于新时代我国的国家治理与社会治理现代化具有决定性的影响意义。

在党的十九大上,习近平同志提出,要"打造共建共治共享的社会治理格局。加强社会治理制度建设,完善党委领导、政府负责、社会协同、公众参与、法治保障的社会治理体制",[①]并提出,要"加强社会心理服务体系建设,培育自尊自信、理性平和、积极向上的社会心态"。[②] 将社会心态培育纳入新时代社会治理的基本内容和基本手段。

本书提取社区心理学的核心概念"社区感",赋予其政治学内涵,突出其政治学功能,即,一方面,社区感是增进居民幸福的核心心理机制;另一方面,社区感是居民政治参与的催化剂。因此,对于城市居民社区感培育的研究,也就相应地具有两方面的理论意义:

其一,进一步深化现代民主理论。以代议制民主为特征的精英民主模式,

---

① 习近平. 决胜全面建成小康社会,夺取新时代中国特色社会主义伟大胜利——在中国共产党第十九次全国代表大会上的报告[M]. 北京:人民出版社,2017:49.
② 习近平. 决胜全面建成小康社会,夺取新时代中国特色社会主义伟大胜利——在中国共产党第十九次全国代表大会上的报告[M]. 北京:人民出版社,2017:49.

限制了社会弱势群体和进步力量的权利与诉求,引起了程序民主僭越价值民主的理论危机。马克思主义认为,真正的民主应该为人民所共有与共享。[①]因此,民主的本质在于"人民当家作主",民主的实施既包括国家权力的调整,也包括公民社会的建构;既包括国家层面的代议制民主,也包括基层社会的公民自主管理;既需要法律和制度安排,也需要公民意识塑造。[②]作为我国三大基本政治制度之一的基层群众自治制度,是宪法规定的人民直接行使民主权利的基本制度保障。但是,人的理性是有限的,作为人为理性设计的产物,制度自然也是有限的,基层群众自治的实现不仅需要有法律和制度层面的设计,而且需要有公民参与意识的塑造。城市基层治理中居民社区感培育的研究,以公民意识培育为重点,将中国特色社会主义基层民主理论进一步推向深入。

其二,进一步深化习近平新时代幸福感理论。人民幸福,是一个根本性、全局性的政治学命题,它不只是公民个体的目标与追求,也是中国共产党人的初心和使命,更是中国梦所内含的社会整体追求和国家治理目标。[③]幸福在本质上是人们在社会生活中基于物质条件和安全保障、个人尊严、公平正义、情感归属等多元需求的满足而获得的一种复合性的情绪体验和情感满足。[④]因此,对"人民幸福感"理论的研究必然是一个综合性的、开放性的、跨学科的研究任务。社区是社会生活的基本单元,也是人民幸福的直接来源,城市基层治理中居民社区感培育研究,着眼于"人民幸福感"的基础"居民社区感",以期通过微观和中观层面上的"居民社区感培育"研究导向宏观层面的"人民幸福感培育"研究,为进一步丰富与夯实习近平新时代幸福感理论奠定基础。

(二) 实践意义

中国特色社会主义进入新时代,人民日益增长的美好生活需要和不平衡

---

① 马克思恩格斯全集(第 4 卷)[M]. 北京:人民出版社,1958:489—491.
② 燕继荣."中国式民主"的理论构建[J]. 经济与社会体制比较,2010(3).
③ 俞光华,黄瑞雄. 论新时代人民幸福思想的内在逻辑[J]. 中国特色社会主义研究,2018(3).
④ 胡江霞. 人民幸福观实践路径的心理探析[J]. 江汉论坛,2013(11).

不充分的发展之间的矛盾成为我国社会主要矛盾。在利益格局调整和社会结构巨变的过程中，由于利益和价值取向的多元化，由于多种经济成分和分配方式并存，由于城乡之间、地区之间、行业之间、部门之间及个人之间收入差距扩大，不可避免地带来一些新的社会矛盾和消极的社会心态。[①] 自尊自信、理性平和、积极向上的社会心态培育成为社会治理的基本内容，如何进行自尊自信、理性平和、积极向上的社会心态培育继而成为与之一脉相承的重大子命题。为此，必须培育和开发社区对于我国政治建设的战略性作用。[②] 城市居民社区感培育研究，来源于新时代中国特色社会主义国家治理对于社会心态培育研究的现实之需，对"如何进行社会心态培育"这一问题作出基础性的回应与探索，主要表现在两个方面：

其一，进一步拓宽城市基层治理的基本路径。社区是社会的基本单元，也是国家治理的基本空间和民主政治的试验田。面对社会转型期产生的碎片化以及由此衍生出的个体脱嵌、政治冷漠、被剥夺感等社会与心理现象，从体制机制入手展开城市居民社区感培育是培育社会心态、凝聚社会力量、发展社会资本、增进基层民主的现实需求，将为新时代我国城市基层治理提供心理治理方案。

其二，进一步拓宽满足人民美好生活向往的基本路径。人民幸福是国家治理的根本目标，社区感培育是满足人民需求的基本路径。一方面，新时代城市居民对美好生活的需求不仅包含着对物质资料的需求，而且包含着对精神生活的需求。社区感作为社区心理的核心机制，是居民幸福的最为关键的表征。社区感培育本身就是满足居民精神生活需求的重要内容。另一方面，居民社区感培育过程中基层治理与公共服务能力的完善，民主、法治、公平、正义、安全、环境等需要的满足，也是提升居民的获得感、安全感和幸福感的必要

---

① 李培林，张翼，赵延东，梁栋. 社会冲突与阶级意识：当代中国社会矛盾问题研究[M]. 北京：社会科学文献出版社，2005：9.

② 林尚立. 社区：中国政治建设的战略性空间[J]. 毛泽东邓小平理论研究，2002(9).

条件。因此,对"如何进行居民社区感培育"的研究将成为满足人民美好生活向往的基层解决方案。

治理现代化具有鲜明的社会工程特征,是以各门社会科学、自然科学及工程科学知识为组成部分的综合性知识体系。[①] 本研究立足基层,聚焦民心,将城市居民社区感培育作为研究内容,体现理论工作者服务于国家、服务于时代的价值追求,以科学、严谨的态度回答十九大提出的社会心态培育问题。

第二节　国内外文献综述

总体来看,由于"社区感"概念本身的模糊性和复杂性,专门针对居民社区感培育进行的研究尚不多见,而从政治学视角而非心理学或社会学视角来探究居民社区感问题的研究就更是少之又少。国内外学术界对此已形成了哪些研究成果? 这些研究成果具有什么特点? 对本研究具有什么意义? 对这些问题的回答构成了本小节的研究内容。

一、国内研究综述

党的十九大报告将"培育自尊自信、理性平和、积极向上的社会心态"作为"打造共建共治共享的社会治理格局"的具体方法加以阐述。本研究从政治学视角出发,对"治理"和"社区感"展开文献研究,发现,关于"治理"的研究成果比较丰富,关于"社区感"的政治学研究还处于比较"小众化"的状态。

(一) 关于"治理"的研究

"治理"一词在中国古已有之,但是现代治理理论则来源于西方,并随着其

---

① 梁军,韩庆祥. 问题、模式与路径:"社会工程"视域下的国家治理现代化. 西安交通大学学报(社会科学版)[J]. 2017(4).

在西方的兴起而传入我国,引起了我国政治学和公共管理学研究范式的重大更新。

1. "治理"的内涵研究

"治理"一词在中国源远流长,尧舜时期就有治世的思考。古人有"公私之交,存亡之本",指尧舜治理的核心价值是天下为公,因此而得到了天下人的爱戴。春秋战国时期,"治理"一词开始出现,被诸子百家用于表达治国、理政、平天下的抱负,或者指统治者治理国家和处理政务。比如老子的"治大国如烹小鲜",就是用来形容从统治者角度出发的治国理政活动。

20世纪90年代,为应对市场失灵和政府失灵而提出的现代治理理论超越了传统的"政府—市场"二元结构范式,开始成为西方广泛流行的理论范式之一。现代治理理论传入我国以后,我国学界从不同的角度对治理的概念做出了理解和定义。俞可平对治理的主体、对象、方式、目标等问题做了综合性的阐述。他认为,"治理"就是官方或民间组织在既定的范围内运用公共权威维持公共秩序、满足公众需要,以使得公共利益最大化的过程。与自上而下的统治权力不同,治理是一个上下互动的过程,通过合作与协商,确定公共目标,实现对公共事务的管理。[①] 王浦劬认为,治理有两个维度,一是决策成本的减少,二是政治结构体系的吸纳能力。[②] 包国宪认为,治理从宏观层面上要求构建政府、市场、社会之间的横向联系,从微观层面上要求搭建政府内部政治—行政行为的桥梁,是政府行政权力和行为如何运行、如何分配、如何组织的政治—行政过程。[③] 孔繁斌认为,"治理"是比"统治"更加宽泛的一个概念,是对传统的"民主自治"思想的扩展。[④] 对于治理方式,林尚立认为,治理需要构建

---

① 俞可平. 治理理论与中国行政改革(笔谈)——作为一种新政治分析框架的治理和善治理论[J]. 新视野,2001(5).

② 王浦劬,李风华. 中国治理模式导言[J]. 湖南师范大学社会科学学报,2005(5).

③ 包国宪,郎玫. 治理、政府治理概念的演变与发展[J]. 兰州大学学报(社会科学版),2009(2).

④ 孔繁斌. 治理对话统治——一个政治发展范式的阐释[J]. 南京社会科学,2005(11).

公共服务型政府,并且要结合市场与社会,创造有机和高效的治理结构,促进国家全面、协调和可持续发展。① 郁建兴、王诗宗认为,我国的治理应包括政府改革和公民社会培育两个方面。② 张康之认为,全球化、后工业化下的社会治理必须致力于建构人们之间的合作规范,③人们之间的关系是身份平等的行动者。④ 金太军关注协同治理,认为协同治理的实现需要以政治认同、主体条件、经济绩效、制度保障为支撑。⑤ 陈剩勇关注参与式治理理论与地方实践的研究。⑥ 总体来说,学术界对于治理内涵的研究较集中于治理的元素、结构、运行机制等方面。在价值理念上,治理有别于"统治",是民主价值的彰显;在治理结构上,强调政府、市场、社会等多元主体之间权力的分配;在运行机制上,强调协同、参与与互动。"治理"与"中国梦"的美好蓝图相契合,其概念的引入对我国政治体制的发展具有深远的意义。

2. 国家治理现代化的研究

自从党的十八届三中全会将"完善和发展中国特色社会主义制度,推进国家治理体系和治理能力现代化"作为全面深化改革的总目标以后,⑦国家治理现代化迅速成为中国政治学界的热门话语。学界普遍认为,"国家治理现代化"的总目标,实际上是在继工业、农业、国防、科技"四个现代化"之后提出的第五个现代化,即政治现代化。改革开放带来了国家治理模式的重要变革,是国家治理走向现代化的重要一步。⑧ 现代国家治理从结构上说是一个"体系大厦",即以目标体系为追求,以制度体系为支撑,以价值体系为基础的结构性

①　林尚立,王华.创造治理:民间组织与公共服务型政府[J].学术月刊,2006(5).
②　郁建兴,王诗宗.治理理论的中国适用性[J].哲学研究,2010(11).
③　张康之.全球化、后工业化中的合作治理之构想[J].理论探索,2016(2).
④　张康之.论合作治理中行动者的非主体化[J].学术研究,2017(7).
⑤　金太军,鹿斌.协同治理生成逻辑的反思与调整[J].行政论坛,2016(5).
⑥　陈剩勇,赵光勇."参与式治理"研究述评[J].教学与研究,2009(8).
⑦　中国共产党第十八届中央委员会第三次全体会议公报[M].北京:人民出版社,2013:4.
⑧　陈周旺.国家治理现代化之路:改革开放的政治学逻辑[J].学海,2019(1).

功能系统。① 国家治理现代化必须在既定的国家制度框架内展开，基础制度建设的成败决定着国家治理体系和国家治理能力现代化的成败。② 我国国家治理的一切工作和活动都依照中国特色社会主义制度展开，国家治理体系和治理能力是中国特色社会主义制度及其执行能力的集中体现。③ 国家治理能力是国家特有的潜能，可以还原为"组织资源"、"价值资源"和"物质资源"三种质料，在对应的加工机制——国家结构的聚合机制、国家行动的合法化机制、国家组织的延展机制的合成和作用之下，转化为实际执行效能的显化过程。④ 学者们普遍认为，现代国家治理体系要打破国家、市场和社会之间力量不均的传统治理体系，建构"强政府—强社会"的多元协同治理网络。其中，要坚持党的统一领导，坚持人民当家做主，⑤坚持政府治理现代化，⑥政府治理是国家治理的主要载体，也是社会治理的主导。⑦ 而政府治理现代化不仅要转变政府职能，而且要重构府际关系，以使单一的国家结构既能够创造有效的市场经济发展，也能够创造有效的社会建设。⑧ 在治理技术方面，学者们认为，国家治理现代化是一项综合性的社会系统工程，必须坚持问题导向，从国家政治性要素和社会相关性要素两个方面共同入手，探索治理现代化的实践路径。⑨ 执政党、政府、企业、社会组织等主体功能和制度、法律、道德、文化、现代信息技术等具体的治理技术是学界关注的热点。

3. 社会治理的研究

通过文献研究发现，学界对社会治理的研究主要集中在"谁来治理"、"治

---

① 燕继荣. 关于国家治理现代化的对话[J]. 科学社会主义，2014(1).
② 林尚立. 国家制度与国家治理：中国的逻辑[J]. 中国行政管理，2015(5).
③ 中国共产党第十九届中央委员会第四次全体会议公报[M]. 北京：人民出版社，2019：3-4.
④ 王浦劬，汤彬. 论国家治理能力生产机制的三重维度[J]. 学术月刊，2019(4).
⑤ 中国共产党第十九届中央委员会第四次全体会议公报[M]. 北京：人民出版社，2019：5.
⑥ 俞可平. 社会自治与社会治理现代化[J]. 社会政策研究，2016(1).
⑦ 高小平，刘晶. 政府理论在治理实践中发展[J]. 中国行政管理，2014(7).
⑧ 林尚立. 重构府际关系与国家治理[J]. 探索与争鸣，2011(1).
⑨ 梁军，韩庆祥. 问题、模式与路径："社会工程"视域下的国家治理现代化[J]. 西安交通大学学报(社会科学版)，2017(4).

理什么"、"如何治理"和"以什么治理"四个方面的基本问题。

一是"谁来治理",涉及的是社会治理的主体问题。学者们普遍认为社会治理应该建立政府主导、社会自治、公民参与的多元治理模式,实现国家—社会、政府—公民之间的合作关系。[①] 李培林从"社会治理"与"社会管理"的区别出发,提出,"社会管理"是政府单一主体,"社会治理"强调多元社会主体的参与性。[②] 姜晓萍对此做了具体阐述,指出社会治理应该在党的领导下,由政府主导,多元社会主体共同参与。[③] 唐鸣从"我是谁"、"为了谁"、"依靠谁"三个问题出发,明确了党在社会治理中的正确定位。[④] 周庆智将基层社会治理的多元合作关系进一步具体化,认为,基层社会治理体系具有政社互嵌特征,由党政系统、派生系统和辅助系统三方面构成。[⑤] 综上,我国的社会治理应该构建党委领导、政府负责、社会协同、公众参与的社会治理体制,以实现社会公共利益最大化。

二是"治理什么",涉及的是社会治理的对象问题。改革开放 40 余年来,我国经济社会发生深刻巨变,政治学、社会学、公共管理学等学科的学者们从不同学科、不同视角对此给予关注。江必新认为,社会治理的任务是改善民生、促进社会公平、激发社会活力、促进社会稳定。[⑥] 钱宁认为,社会治理应该以问题为导向,将改革成果惠及民生,促进社会福祉。[⑦] 李强等关注社会结构转型带来的社会分层、公平正义、资源配置等问题。[⑧] 姜晓萍认为,社会治理的目标是实现群众的合法权益,解决各类社会矛盾和问题,促进公平正义。[⑨]

① 陈家刚. 基层治理:转型发展的逻辑与路径[J]. 学习与探索,2015(2).
② 李培林. 社会治理与社会体制改革[J]. 国家行政学院学报,2014(4).
③ 姜晓萍. 国家治理现代化进程中的社会治理体制创新[J]. 中国行政管理,2014(2).
④ 唐鸣,祁中山. 理解社会治理创新的三个维度[J]. 科学社会主义,2015(2).
⑤ 周庆智. 政社互嵌结构与基层社会治理变革[J]. 南京大学学报(哲学·人文科学·社会科学),2018(3).
⑥ 江必新,李沫. 论社会治理创新[J]. 新疆师范大学学报(哲学社会科学版),2014(2).
⑦ 钱宁. 多方参与的社会治理创新:发展社会福利的新路径[J]. 山东社会科学,2014(9).
⑧ 李强. 当代中国社会分层[M]. 北京:生活·读书·新知三联书店,2019:1 - 2.
⑨ 姜晓萍. 国家治理现代化进程中的社会治理体制创新[J]. 中国行政管理,2014(2).

殷昭举认为社会治理可从对象上分为社会个体和公共群体两个层面,从内容上分为和谐保健、矛盾化解两个环节,不同层面与不同环节共同构建起一个相互支持的有机体系,达到化解社会矛盾的目的。① 周晓虹认为理解社会变迁必须关注中国人价值观和社会心态的嬗变,凝聚,将成为一个新的价值共识。② 面对 2019 年底突发的新型冠状病毒肺炎疫情所暴露出的我国应急治理体系的短板,李维安提出,应急治理体系定位于规范应急治理主体之间的顶层设计,应急治理体系的结构决定了治理主体权责配置,调动治理主体应急响应的积极性,应急治理体系运行顺畅与否直接决定了应急管理体系设置和应急响应工作成效,是防范和化解重大安全风险的关键。③ 可以发现,社会治理的对象非常广泛,社会领域的公共事务均为社会治理的对象,转型期社会治理中"不平衡、不充分"问题是学界普遍关注的焦点。

三是"如何治理",涉及的是社会治理的工具问题。丁元竹概括了习近平新时代中国特色社会主义社会治理思想,包括:以人民为中心、完善社会治理体制、提高社会治理能力、强化安全法治保障、加强网络空间建设、培育人民的精神家园、实现社会公平正义。④ 杨宜勇认为,社会治理现代化是包括理念—体系—机制—能力在内的整体性架构,在治理理念上要坚持社会现代性和人民性,在治理体系上要建立政府与社会协同共治的社会治理体系,在治理机制上要改革政府与社会组织的运行机制,在治理能力上要提高以党的领导能力为核心的社会治理综合能力建设。⑤ 陶传进认为,社会治理的关键是通过协商民主模式实现从行政主导到多元共治,将政府的行政专长与社会的专业专

---

① 殷昭举. 基层自治:纵向分权和多元治理——基于地方治理的分析框架[J]. 华南理工大学学报(社会科学版),2011(2).
② 周晓虹. 中国体验:全球化、社会转型与中国人社会心态的嬗变[M]. 北京:社会科学文献出版社,2017:69.
③ 李维安. 抗疫情亟需提升应急治理的有效性[J]. 经济管理,2020(3).
④ 丁元竹. 习近平新时代中国特色社会主义社会治理思想研究[J]. 国家行政学院学报,2018(3).
⑤ 杨宜勇. 全面开启社会治理现代化新征程[J]. 人民论坛·学术前沿,2018(3).

长结合在一起。① 黄毅等研究了地方政府的社会治理策略，认为，应将"总体—支配型"的管控模式转变为"技术—治理型"的共享模式，提升服务效能。② 王勇强调了现代法治精神对于政府治理活动的指导。③ 李德嘉认为包含道德信念和思想培育的社会诚信体系建设将提升社会治理创新的软实力。④ 俞可平认为，培养公民参与和志愿精神，促进社会自主自治将成为社会治理改革的基本方向。⑤ 总的来说，社会治理就是对人的治理，需要在坚持"以人民为中心"发展理念的前提下，将外部制度建设和内部心态培育结合起来，通过社会化、法治化、智能化、专业化水平的提升，打造共建共治共享的社会治理格局。⑥

四是"以什么来治理"，涉及的是社会治理的系统整合问题。学界普遍认为，多元主体共建共治共享的基础在于公共利益。⑦ 维护公共利益必须实现主体之间的"联动"，而实现"联动"的关键又在于联系机制的塑造和行动者的涌现。⑧ 党建引领可促进社会参与以及一核多元之间的有机连接。⑨ 在党建引领的前提下，网格化治理也是有效的联动机制，⑩但是，网格化治理在突出政府动员能力的同时，必须重视社会力量的参与。⑪ 互联网技术对于推动民主参与、多元整合以及利益共享具有独特的优势，但其也给传统的政治沟通和

---

　　① 陶传进,刘程程. 专业嵌入行政:一种社会治理创新模式[J]. 吉首大学学报(社会科学版),2017(5).

　　② 黄毅,文军. 从"总体—支配型"到"技术—治理型":地方政府社会治理创新的逻辑[J]. 新疆师范大学学报(哲学社会科学版),2014(2).

　　③ 王勇. 社会治理创新与政府积极作为[J]. 国家行政学院学报,2017(1).

　　④ 李德嘉. 儒家"德治"思想的社会治理创新价值[J]. 理论与改革,2016(1).

　　⑤ 俞可平. 中国的治理变迁(1978—2018)[M]. 北京:社会科学文献出版社,2018:360.

　　⑥ 习近平. 决胜全面建成小康社会,夺取新时代中国特色社会主义伟大胜利——在中国共产党第十九次全国代表大会上的报告[M]. 北京:人民出版社,2017:49.

　　⑦ 王名. 公共利益决定社会治理的公共性[N]. 北京日报,2019 - 09 - 09.

　　⑧ 刘建军. 联动式治理:社区治理与社会治理的中国模式[N]. 北京日报,2018 - 10 - 15.

　　⑨ 蒋卓晔. 党建引领中国社会治理的实践逻辑[J]. 科学社会主义,2019(2).

　　⑩ 燕继荣. 走向协同治理——基层社会治理创新的宁波探索[M]. 北京:人民出版社 2017:164.

　　⑪ 吴晓林. 社区治理未必全都网格化[N]. 学习时报,2015 - 09 - 17.

社会治理带来了重大的挑战。①

各地围绕实际,开展了广泛的探索和创新,积累了丰富的社会治理经验。在治理主体创新方面,杭州市开展"增量共治"模式,其中,"增量"即增加新的治理领域、新的治理主体、新的治理结构,"共治"即塑造共同的价值理念、治理空间及跨域评价机制;②温州市开展"推位让治"模式,即"推典型让项目"、"推模式让空间"、"推规范让职权",形成独特的社会共治机制;中关村开展"士绅嫡治"模式,发动行业协会、商会、企业家来共同开展社会治理;成都市锦江区开展"借力协治"模式,借助中央、市场、个体的力量共同进行基层治理。③ 在治理工具与治理技术创新方面,铜陵市建立"政府立项、政府采购、合同管理、社会运作、绩效评估"的铜陵特色政府购买服务机制;④上海市杨浦区殷行街道探索"法治"和"德治"两条社区治理路径之外的第三条路径——"礼治"社区,培育有序、有信、有义的公共生活;深圳市将政府各部门的管理与服务信息编入数据库,通过信息资源的共建共享,再造政府管理流程,获得全国首个"政务信息共享国家示范市"以及"信息惠民示范市"称号。⑤

城市居民社区感培育是社会治理改革与创新的重要组成部分,需要以国家治理和社会治理的基本理念、目标和路径为基础,在学界已有成果和治理实践经验中汲取丰富的营养;与此同时,还要从政治学的视角出发,从心理学意义上社区感的研究成果中提取积极的元素,为将社区感概念服务于社会治理研究奠定理论基础。

---

① 严俊,俞国斌.网络传播、政治沟通与社会治理:传播路径的分析视角[J].马克思主义与现实,2015(6).

② 王名,刘国翰.增量共治:以创新促变革的杭州经验考察[J].社会科学战线,2015(5).

③ 李利平.社区治理体制改革的理论与实践创新——社区治理体制改革与基层社区治理创新座谈会观点综述[J].中国机构改革与管理,2015(6).

④ 杨宏斌,查淑华.铜陵:推进政府购买服务促进社会治理创新[J].中国社会组织,2014(22).

⑤ 李秀峰,韩亚栋,崔兴硕.深圳"织网工程":创新社会治理的新标本[J].行政管理改革,2014(10).

（二）"社区感"研究综述

在中国传统社会的邻里组织之中，便有了类似于社区的组织。我国对社区的研究始于 20 世纪 20 年代晏阳初、梁漱溟开创的"平民教育与乡村建设运动"，提出"以文艺教育攻愚，以生计教育攻穷，以卫生教育扶弱，以公民教育克私"四大教育连环并进的农村改造方案，①其思想对中国乃至世界的社区发展都具有深远的启发意义。建国后直至 20 世纪 70 年代末，对社区的研究一直处于停滞状态。"社区感"作为一个心理学概念于 20 世纪 90 年代兴起于美国，并于本世纪初传入我国。通过对中国知网来源文献按照"篇名＝社区感"的条件进行精确检索，检索出的文章数量只有 121 篇（检索时间：2019 年 3 月 10 日）。与西方大量的基础理论研究相比，中国学者对社区感研究的关注明显不足，除了个别学者对西方基本概念和基本理论的介绍之外，其他学者主要关注的是我国社会转型过程中某一具体情境中的社区感或社区感的某一方面，比如学校社区感、课程社区感、品牌社区感等。② 与社会治理相关的社区感研究主要集中于以下四个方面：

1. 社区感与社区参与

居民参与是社区治理的本质要求。随着信息技术的进步和公民意识的提高，我国居民的参与意识与服务意识逐步增长，作为民间公益形式的"微公益"应运而生，在居民与社区、居民与社会之间搭建起沟通的桥梁。③ 但从实际运行情况来看，社会变迁带来的居民居住方式改变、共同兴趣爱好消减、宗教仪式衰微、公共利益责任主体转移等，使得传统社区感逐渐消逝并陷入"共同体困境"，与社区发展的需求还存在一定差距。④ 社区志愿组织及其志愿服务也

① 晏阳初.平民教育与乡村建设运动[M].北京:商务印书馆,2014:78.
② 陈永胜,牟丽霞.西方社区感研究的现状与趋势[J].心理科学进展,2007(1).
③ 钟一彪.青年微公益的社会学分析[J].中国青年研究,2015(7).
④ 陈友华,佴莉.社区共同体困境与社区精神重塑[J].吉林大学社会科学学报,2016(4).

存在着力量孱弱、资源不足、专业水平低等问题。为此,大多数学者将其原因归结为我国基层社会先天性的缺乏公民社会的土壤。然而,也有一些学者认为,社区参与不足不能完全归因于公民性缺失,政府可以通过制度设计建构多层次的居民参与渠道,[1]提高居民参与意愿,引导居民形成社区归属感、认同感,提高其社区主体意识和责任意识,逐步形成公民意识导向的社区参与。[2]

2. 社区感与流动人口

流动人口是我国城市化进程的产物。1985 年,中共中央发布《中共中央国务院关于进一步活跃农村经济的十项政策》,提出:"在各级政府的统一管理下,允许农民进城开店设坊,兴办各种服务业,提供各种劳务",[3]由此拉开了农村劳动力向城镇和沿海经济发达地区流动的序幕。但是,与此同时,户居分离的身份登记制度又使他们无法获得居住地或劳动地的户籍身份而成为"流动人口"。学者们将游走于城乡之间的农民工称为劳动力型都市流动人口,[4]或者按照是否在城市拥有私有住房分为定居性移民与非定居性移民。[5] 崔岩认为,在人口快速流动的当下,社会融入的关键之处在于流动人口对社区身份的认同,因此,转型期社会融入最为核心的层面在于流动人口的社区心理融入。[6] 对于"心理融入"的概念,学者们则存在着不同的认知。田凯认为"心理融入"就是"文化融入",其关键是对城市文化的认同。[7] 雷华采用主成分分析法,提炼出自我积极认知、自我消极认知、城市归属感、城市疏离感和城市认同

---

① 徐林,徐畅. 公民性缺失抑或制度供给不足? ——对我国社区参与困境的微观解读[J]. 苏州大学学报(哲学社会科学版),2018(2).

② 陈建胜,毛丹. 论社区服务的公民导向[J]. 浙江社会科学,2013(5).

③ 中共中央,国务院. 关于进一步活跃农村经济的十项政策[EB/OL]. 人民网,2012-01-04.

④ 文军. 从移植与融合到反思与重建:1980 年代以来欧美社会学理论在中国的引进与发展[J]. 社会科学研究,2005(5).

⑤ 李春玲. 城乡移民与社会流动[J]. 江苏社会科学,2007(2).

⑥ 崔岩. 流动人口心理层面的社会融入和身份认同问题研究[J]. 社会学研究,2012(5).

⑦ 田凯. 关于农民工的城市适应性的调查分析与思考[J]. 社会科学研究,1995(5).

五个流动人口心理融入因子。[①] 杨菊华采用因子分析法，将心理距离和身份认同作为农民工心理融入的指标。[②] 何军采用层次分析法，将价值观念和归属感两个指标作为心理融入的维度。[③] 田北海、耿宇瀚将农民工心理融入一级指标下设自我认同、适应性、公平感三个二级指标以及若干三级指标，通过算术平均值法计算心理融入的整体水平。[④] 学者们对于社区认同、流动人口心理融入、户籍制度、住房地位、流入城市农民与城市居民关系等方面的研究给本研究中对城市基层治理问题及社区感结构的构建带来很多有益的启发。

3. 虚拟社区感

20 世纪 90 年代后期，中国互联网事业得到飞速发展，中国公民开始借助于互联网这一强大、便捷的传播工具形成庞大的虚拟共同体，以此表达自己的心理诉求和利益诉求，并影响社会事件的进程。"虚拟社区感"的概念根源于"社区感"的概念，代表着具有共同兴趣爱好的网民以因特网为沟通方式，对在线社区产生的归属感和依恋感。随着个体在虚拟社区中的持续参与和身份担当，个体与整个社区以及社区其他成员的信任感和亲密感逐步提升，将自己视为社区的一员，达成某种心理共识，其积极性和主动性增强，在社区生活中越来越多地发挥自己的作用。[⑤] 徐光考察了基于虚拟社区感知与社区参与动机影响的社会资本与组织公民行为关系，结果发现：虚拟社区社会资本的结构关系及认知维度对组织公民行为均有正向影响作用。[⑥] 徐长江考察了成员感、影响力、沉浸感等虚拟社区感的若干维度对社区成员知识共享意图的影响及

①　田北海，雷华. 人力资本与社会资本孰重孰轻：对农民工职业流动影响因素的再探讨——基于地位结构观与网络结构观的综合视角[J]. 中国农村观察，2013(1).

②　杨菊华. 流动人口在流入地社会融入的指标体系——基于社会融入理论的进一步研究[J]. 人口与经济，2010(2).

③　何军. 江苏省农民工城市融入程度的代际差异研究[J]. 农业经济问题，2012(1).

④　田北海，耿宇瀚. 农民工与市民的社会交往及其对农民工心理融入的影响研究[J]. 学习与实践，2013(7).

⑤　赵玲，鲁耀斌，邓朝华. 基于社会资本理论的虚拟社区感研究[J]. 管理学报，2009(9).

⑥　徐光，张雪，李志刚，田也壮. 基于虚拟社区感知与社区参与动机影响的社会资本与组织公民行为关系研究[J]. 管理评论，2016(7).

内在机制,发现,虚拟社区成员的归属感可以促进知识共享,而公民行为对归属感和知识共享直接起中介作用。[①]

4. 社区感与社区环境

社区环境是影响社区居民幸福感的主要因素。严华鸣等对上海市郊区居民的生活舒适状况进行调查,发现上海市郊区居民的生活舒适状况总体良好,但也存在一些不足,建议政府从增加居民收入、完善公共服务体系和改善生态环境等方面采取相应措施。[②] 陈叶秀通过调查研究发现,"景观优美"、"邻里关系良好"、"参与社区活动"、"购物方便"和"车辆停放合理"是对居民主观幸福感影响最大的五个指标。[③] 与社区环境紧密相关的问题是近年来不断增多的社区邻避行动,已产生政治、经济、社会等不同层面的影响。邻避行动即居民一方面虽然认同某些公共设施建设(如垃圾焚烧场、废水处理厂、临终关怀医院等)的必要性,但是另一方面又担心其潜在的负面作用将危及自身的利益(如环境污染、安全威胁、房产贬值等),因此要求"别在我家后院"。由于社区居民之间利益相关度高,动员成本低,互动交流方便,邻避行动往往可以在较短时间内形成一定的社会影响力。娄胜华等学者的研究发现,邻避事件产生的一个重要原因就在于居民认为自己没有能够充分参与到在邻避设施建设的决策过程中。[④] 因此,构建参与式治理体系,确保居民协商机制与参与机制的程序化、完善信息共享机制、建立信任激励模式以及利益补偿机制、培育公众参与文化,是预防与化解邻避困境的正确对策。[⑤]

---

① 徐长江,于丽莹. 虚拟社区公民行为在虚拟社区感与知识共享意图间的中介作用:自我效能感的调节机制[J]. 心理科学,2015(4).

② 严华鸣,施建刚. 大城市郊区居民生活舒适状况调查——以上海市为例[J]. 城市问题,2014(8).

③ 陈叶秀,宁艳杰. 社区环境对居民主观幸福感的影响[J]. 城市问题,2015(5).

④ 娄胜华,姜姗姗. "邻避运动"在澳门的兴起及其治理——以美沙酮服务站选址争议为个案[J]. 中国行政管理,2012(4).

⑤ 吴一鸣. 参与式治理应对邻避冲突问题探究[J]. 中国行政管理,2017(11).

二、国外研究综述

20 世纪 70 年代以来,西方国家的公共管理理念产生巨大变革,由于世界各国文明之间具有相互学习的特征,本着拿来主义的目的,有必要对国外研究现状进行学习和借鉴,为我国的国家治理和社会治理提供理论和经验的指导。

(一)"治理"理论研究

1. "治理"的内涵

现代"治理"(Governance)的概念,兴起于 20 世纪 80—90 年代,原意是引导、控制和操纵,主要用于政治活动和公共事务的管理当中。联合国"全球治理委员会"将"治理"界定为:"各种公共的或私人的个人和机构管理其共同事务的各种方法的总和。它有四个基本特征:其一,治理不是一套规则,也不是一种活动,而是一个过程;其二,治理过程的基础不是控制,而是协调;其三,治理既涉及公共部门,也包括私人部门;其四,治理不是一种正式制度,而是持续的互动。"[1]对于"治理"概念的理解,学界通常聚焦于治理的主体[2]、治理的客体[3]、治理的目标[4]、治理的工具[5]等方面。詹姆斯·N.罗西瑙是现代治理理论的主要创始人,他在将"统治"和"治理"进行比较的过程中,描述了"治理"的含义及特点。他认为,"治理"与"统治"都关系到目的性行为、目标导向的活动和一定的规则体系。但是,"治理"与"统治"又具有本质上的显著差异,"统治"

---

① 俞可平. 治理与善治———一种新的政治分析框架[J]. 南京社会科学,2001(9).

② Robert Keohane, Joseph Nye. Governance in Globalizing World[M]. Washington: Brookings Institution Press, 2000: 12.

③ G. Stoker. Governance as Theory: Five Propositions [J]. International Social Science Journal, 1998, 115(1): 19 - 26.

④ Oran Young. International Governance. Protecting the Environment in a Stateless Society [M]. Ithaca: Cornell University Press, 1994: 24.

⑤ G. Stoker. Governance as Theory: Five Propositions [J]. International Social Science Journal, 1998, 115(1): 19 - 26.

的行为主体是正式的权力机构，而"治理"的主体既包括作为正式权力机构的政府，也包含非正式、非政府的机构，各类组织和人员得以借助于治理机制满足自身的需要，并实现各自的愿望；"统治"必须依靠强制力量的支持，以确保政府政策的执行，"治理"虽然也具有共同的目标，但不一定需要依靠强制力量而得到贯彻和执行。[①] 可以看出，"治理"有着比"统治"更为丰富的内涵。根据国家—市场—社会三分法，治理理论也相应地分为四类，即以国家为中心的治理理论、以市场为中心的治理理论、以社会为中心的治理理论和以网络为中心的治理理论。[②] 不同的视角各有侧重，至今都没有形成一个统一的定义，部分学者甚至认为"治理"的概念之所以获得全世界的青睐正是由于其概念的含糊性。[③] 但是，在纷繁复杂的讨论中，唯一达成一致的观点在于："治理"是一种公共行动，以公共目标为导向，倡导多元协调、合作共治等理念，"治理"对于我国人文社会科学理论发展和民主政治建设提供了理论上的借鉴与指导。

2. "善治"理论

作为一个政治概念和政治理想，"善治"一词最早出现于古希腊哲学家柏拉图的《理想国》。柏拉图在《理想国》中谈到"哲学王之治"是"最善之治"。[④] 现代意义上的"善治"指的是政府与公民共同管理公共事务，以期达到公共利益最大化的目标，其本质是国家权力向社会的回归。[⑤] 其概念由世界银行在1989 年首次提出。[⑥] 世界银行认为，善治应该包括高效的公共服务、独立的司法体系、独立的公共稽核员、运用公共基金的官僚体系、多元制度架构和独立

---

① ［美］詹姆斯·N. 罗西瑙. 没有政府的治理——世界政治中的秩序与变革［M］. 张胜军，刘小林等译. 南昌：江西人民出版社，2001：5.

② 李泉. 治理理论的谱系与转型中国［J］. 复旦学报（社会科学版），2012(6).

③ 贝阿特·科勒—科赫，波特霍尔德·利特伯格，吴志成，潘超. 欧盟研究中的"治理转向"［J］. 马克思主义与现实，2007(4).

④ ［古希腊］柏拉图. 理想国［M］. 忠洁译. 北京：红旗出版社，2017：164 - 166.

⑤ 俞可平. 治理和善治引论［J］. 马克思主义与现实，1999(5).

⑥ Martin R Doombos. Good Governance：The Pliability of a Policy Concept［J］. Trame，2004 (4)：373.

的媒体等要素。^① 欧洲政治体认为,善治是一种在政府、社会、组织与个人之间构建以信任为基础的合作关系的过程,应包括人权、民主、自由、法治等多方面内容。^② 很显然,这些要素都是西方国家所尊崇的价值标杆,以联合国、世界银行、国际货币基金组织等为代表的国际援助机构通常以被援助国达到其提出的善治标准作为其提供经济援助的条件,本质上是借经济援助推行西方的新公共管理与自由民主的政治模式。^③ 学者们用"善治"来代表一种理想的社会治理状态,强调公民直接参与和公民之间的民主协商。查尔斯·J.福克斯强调协商的重要性,认为话语本身就是公共能量场。^④ 迈克尔·巴泽雷认为,善治是对传统政府行为的反省,体现了公民的价值。^⑤ 邦和艾思马克认为,善治是一种以网络治理为基础的公民之间的交流,其将带来更多自由、效率、参与、具有反思能力和学习精神的公民。^⑥ 总体来说,善治包含着合法性、透明性、责任性、法治、回应性、效能性等要素。但是,西方学界和国际援助机构对于善治的理解是不同的,前者认为善治是一种理想的治理状态,是走出当下西方代议制民主困境的一种崭新的民主方式;后者认为当下西方现行的民主政治模式即为善治,要求发展中国家以西方国家为样板展开政治经济和社会改革,以此为获得国际援助的条件。另外,东西方不同的政治经济文化背景之下的国家对于善治的理解也有所不同。^⑦

---

① Adrian Leftwich. *Governance*, Democracy and Development in the Third World[J]. Third World Quarterly, 1993(3):605-624.

② Rhodes, R. A. W. The New Governance: Governing Without Government? [J]. Political Studies, 1996, 44(9): 652-667.

③ R A W Rhodes. Understanding Governance: Policy Networks, Governance, Reflexivity, and Accountability[M]. Philadelphia: Open University Press, 1997: 52-53.

④ [美]查尔斯·J.福克斯,休·T.米勒.后现代公共行政——话语指向[M].楚艳红,曹沁颖等译.北京:中国人民大学出版社,2002:98-124.

⑤ [美]迈克尔·巴泽雷.突破官僚制:政府管理的新愿景[M].孔宪遂,王磊等译.北京:中国人民大学出版社,2002:143.

⑥ Henrik Bang, Anders Esmark. Good Governance in Network Society: Reconfiguring the Political from Politics to Policy[J]. Administrative Theory & Praxis, 2009(1): 7-37.

⑦ 汪庆华.中国的"善治"研究:主题、观点和政策主张[J].上海大学学报(社会科学版),2017(4).

3. 社会治理

伴随着西方资本主义的产生和推进,社会利益开始受到市场的侵害而出现一系列问题,社会形成反向的自我保护机制,国家职能也转向社会治理,政府关注人们的医疗、就业、养老、住房等社会问题。① 通过国家作用和社会作用两者的结合,以期对市场机制造成的不利结果进行弥补。因此,只有把西方的社会治理放到其产生的社会历史背景中去考察,才能够把握西方社会治理的核心目标,即"保护社会",并由此衍生出的西方社会治理理念与机制。主要表现在三个方面,第一,公民参与。20 世纪末兴起的新公共参与运动,一方面,拓展了公民参与的范围,由参与政策制定拓展为参与政策制定与参与政策执行相结合,另一方面,拓展了公民参与的技术,并为公民参与提供条件。② 民主价值贯穿于整个公民治理模式的始终。第二,集体行动。埃莉诺·奥斯特罗姆发现人们可以在没有外部协助的情况下通过自主组织以解决公共池塘资源的治理问题。③ 约·埃尔斯特提出,为了保证协商参与者具有广泛的代表性,应采纳比例代表制。④ 罗伯特·艾克斯罗德提出集体行动中长期合作的策略,包括增大未来的影响、改变收益值、教育人们互相关心、教育人们要回报、改善辨识能力等等。⑤ 第三,法治化。制度可以促进经济交往中的秩序,秩序鼓励信赖和信心,从而减少合作成本。⑥ 在西方国家的社会治理中,法律

---

① [英]哈特利·迪安. 社会政策学十讲[M]. 岳经纶,温卓毅等译. 上海:上海人民出版社,2009:49.

② [美]约翰·克莱顿·托马斯. 公共决策中的公民参与:公共管理者的新技能与新策略[M]. 孙柏瑛等译. 北京:中国人民大学出版社,2005:65－116.

③ [美]埃莉诺·奥斯特罗姆. 公共事物的治理之道:集体行动制度的演进[M]. 余逊达,陈旭东译. 上海:上海译文出版社,2012:35－67.

④ [美]约·埃尔斯特. 协商与制宪;载自陈家刚. 协商民主——视点丛书[M]. 上海:上海三联书店,2004:231.

⑤ [美]罗伯特·艾克斯罗德. 对策中的制胜之道——合作的进化[M]. 吴坚忠译. 上海:上海人民出版社,1996:97－107.

⑥ [澳]柯武刚,[德]史漫飞,[美]贝彼得. 制度经济学:财产、竞争和政策[M]. 柏克,韩朝华译. 北京:商务印书馆,2018:38.

和制度是最重要的社会资本,规范着政府、社会组织和公民的行为,保障了社会的有序运转。

(二)"社区感"理论研究

由于"社区"在西方社会生活中的基础性地位,从 20 世纪 90 年代开始,西方心理学家逐步将经典的心理学概念"安全感"、"归属感"、"认同感"、"幸福感"等概念融合成一个崭新的心理学概念:社区感,并从各个角度对此进行了大量研究。

1. 关于社区感的类型

社区作为人们的生活共同体,可以是地域性的社会生活共同体,即共同的居住区域;也可以是精神性的社会生活共同体,即共同的生活方式、兴趣爱好、价值观念等等。因此,西方心理学家通常把社区感划分为两种基本类型:地域性社区感和关系性社区感。前者强调社区居民对某一特定区域(居住小区、学校、城镇、城市等)的归属与认同;后者强调社区成员对因共同的兴趣爱好或者共同的生活方式而组成的特定组织(兴趣爱好小组、民族宗教团体、虚拟网络社区等)的归属与情感。近年来,学者们越来越多地关注于关系性社区感的研究,但是也有部分学者正在尝试进行地域性社区感和关系性社区感的比较研究或者整合研究。

Brodsky 研究发现,人们可以体验到多个层次的地域性社区感,人们对居住小区的社区感与对所在城市的社区感之间存在明显的交互影响。[①] Deneui 追踪测量了大学新生进入校园之后社区感的变化趋势,结果发现,大学生的校园社区感随着进校以后时间的推移和居住环境的变化而变化。在进入大学之后的第一学期,学生的校园社区感水平最高,之后有所下降,但差异并不显著;

---

① Brodsky A. E. , Marx C M. *Layers of identity:Multiple psychological senses of community within a community setting*[J]. *Journal of Community Psychology*,2001,29(2):161-178.

居住在校园内、积极参与校园文化生活的学生的社区感比居住在校园之外、很少参与校园文化生活的学生要高。[①] Jones 研究发现,美国的一种神秘的宗教仪式实际上是维系宗教组织成员身体健康、心理平静、社区凝聚的重要方式。[②] 这类关于宗教信仰而形成的关系性社区感的研究,对于认知和挖掘文化仪式的心理整合效应,提供了独到的视角。

2. 关于社区感的影响因素

当前研究者对社区感影响因素的研究主要集中于个体因素和环境因素两个方面。

在个体因素对社区感的影响方面,社区感与个体的人格特征和身体健康水平的关系受到研究者们的较多关注。例如,Lounsbury 等研究发现,个体的人格特征可有效预测其社区感水平。社区感与大五人格中的外向性、宜人性、道德感和神经质因素之间具有很高的正相关。[③] Farrell 等研究发现,居民社区感与个体身体健康状况及居民参与均存在较高的正相关。[④] 居民参与对于社区感的提高有一定的促进作用,而社区感的提高又可促进个体的身体健康水平。

在影响社区感的环境因素方面,社区感与个体获得的社区支持和社会认同的关系受到研究者们的较多关注。Bramston 测量了儿童社区感与社区支

---

① Deneui D. L. *An investigation of first-year college students' psychological sense of community on campus* [J]. *College Student Journal*, 2003, 37(2): 224 - 234.

② Jones P. N. *The American Indian Church and its sacramental use of peyote: A review for professionals in the mental-health arena* [J]. *Mental Health, Religion & Culture*, 2005, 8(4): 277 - 290.

③ Lounsbury J. W., Loveland J. M, Gibson L. W. *An investigation of psychological sense of community in relation to big five personality traits* [J]. *Journal of Community Psychology*, 2003, 31(5): 531 - 538.

④ Farrell S. J., Aubry T, Coulombe D. *Neighborhoods and neighbors: Do they contribute to personal well-being?* [J]. *Journal of Community Psychology*, 2004, 32(1): 9 - 23.

持的关系,发现,儿童的归属感与社区支持呈显著正相关。[1] Obst 对大学生被试进行了地域性社区感和关系性社区感的整合研究,发现,社区认同与团体特征对两种不同类型的社区感都具有较强的预测作用。[2]

3. 关于社区感的测量工具

当前使用最为广泛的社区感测量工具是社区感指数(Sense of Community Index,简称 SCI)和社区感指数修订(Sense of Community Index-Re vised,简称 SCI‐R)。

1990 年,Chavis 以"四要素模型"为理论基础,编制了"社区感指数"(SCI)量表。2004 年,Obst 和 White 对 SCI 进行了修订,修订后的量表被命名为"社区感指数修订"(Sense of Community-Revised,简称 SCI‐R),由成员资格、影响力、需要的整合与满足、情感联结 4 个分量表组成,共包含 10 个题目。[3] 但是,验证性因素分析(CFA)的结果表明,SCI‐R 题目所属的因子与预设理论的吻合程度不高。所以,对 SCI 的修订仍然将是一个重要的研究方向。

4. 关于社区感的作用

对社区感作用的研究,主要集中于社区感与居民参与行为、社区感与居民心理健康两个方面。

其一,社区感是居民参与行为的催化剂。学者研究发现,居民社区感与政治参与[4]的指标呈正相关。Talò 的研究也发现,社区感同社区居民的参与行

---

[1]　Bramston P, Bruggerman K, Pretty G. *Community perspectives and subjective quality of life*[J]. *International Journal of Disability, Development and education*, 2002, 49(4): 385 ‐ 395.

[2]　Obst P. L., White K. M. *An exploration of the interplay between psychological sense of community, social identification and salience*[J]. *Journal of Community & Applied Social Psychology*, 2005, 15(2):127 ‐ 135.

[3]　Obst P. L, White K. A. *Revisiting the sense of community Index: A confirmatory factor analysis*[J]. *Journal of Community Psychology*, 2004, 32(6): 691 ‐ 704.

[4]　Brodsky A. E. *PSOC in community context: Multi-level correlates of a measure of psychological sense of community in low-income, urban neighborhoods*[J]. *Journal of Community Psychology*, 1999, 27(6): 659 ‐ 679.

为具有较高的正相关,并认为在社区管理工作中应该高度重视社区感与社区参与行为之间的相关性。[①] Omoto 的研究发现,居民的责任意识是其参与社区公共事务和公共服务的心理根源。[②]

其二,社区感是居民心理健康的指示器。社区感对特殊群体和一般群体的心理健康状况都很重要。学者研究发现,社区感同精神疾病及孤独、抑郁等病理性特征呈负相关。[③] 同时,社区感对一般群体的心理健康也有着积极的影响。[④] 即使在控制了人口统计学因素和社会经济因素的情况下,社区感和居民健康仍然呈现出显著相关。[⑤] 总之,大量研究已经证实,社区感可以促进人们的心理健康水平,从而提高人们的生活满意度。

三、文献研究小结

通过对国内外关于"治理"和"社区感"研究成果的梳理,可以总结出以下结论:

(一) 关于"治理"研究的结论

当前学界对于"治理"的研究,主要集中于回答三个方面的问题:第一,"治理"的内涵;第二,"治理"的目标;第三,"治理"的工具。

---

① Talò C.，Mannarini T. *A Sense of community and community participation：A meta-analytic review*[J]．*Social Indicators Research*，2014，117(1)：1 - 28.

② Omoto A. M.，Synder M.．*Influences of phychological sense of community on voluntary helping and prosocial action. The phychology of prosocial behaviour：Group processes，intergroup relations，and helping*[M].Chichester，UK：Wiley-Blackwell，2009：223 - 244.

③ Moscardino U.，Scrimin S.，Capello F.．*Social support，sense of community，collectivistic values，and depressive symptoms in adolescent survivors of the 2004 Beslan terrorist attack*[J]．*Social Science & Medicine*，2010，70(1)：27 - 34.

④ Gattino S.，Fassio O. *Quality of life and sense of community：A study on health and place of residence*[J]．*Journal of Community Psychology*，2013，41(7)：811 - 826.

⑤ Kitchen P.，Williams A. *Sense of community belonging and health in Canada：A regional analysis*[J]．*Social Indicators Research*，2012，107(1)：103 - 126.

1."治理"的内涵

学界通常将"治理"一词与"统治"相比较,以此来说明治理的内涵。"治理"与"统治"追求的目标相同,都需要借助于公共权力维持社会秩序和处理公共事务,以促进公共利益的最大化,但两者实现公共利益的过程又有着明显的区别。"治理"有别于"统治"主要体现在以下五个方面:其一,管理的主体不同。"统治"由作为单一权力主体的国家机构推行,而"治理"呈现出的则是政府、企业、社会团体和个人等公共行动者共同处理公共事务的活动。其二,管理的客体不同。"统治"需要管理公共资源、处理公共问题,"治理"的对象更多、范围更广,还要解决涉及人群较少的集体事务(如公共池塘资源)。其三,管理的机制不同。"统治"凭借政府权威,由官僚制组织展开垂直的、线性的、自上而下的权力运行;"治理"依靠网络权威,由公共行动者在互动过程中运用非强制性权力进行协作。"统治"的机制是控制,"治理"的机制是信任。其四,管理的手段不同。"统治"运用的是强制性手段,比如法律、行政或军事手段;"治理"则运用新的管理工具,比如合同外包、内部市场、公共哲学等。其五,管理的重点不同。"统治"以满足统治阶级利益为出发点,强调国家和官僚组织的利益;"治理"以满足公民需求为出发点,强调国家与社会、政府与市场、私域与公域之间的合作。可以预见,随着历史的发展,统治将随着国家的消亡而消亡,治理将成为管理公共事务的协调模式。[①]

2."治理"的目标

治理以"善治"为目标。善治是 21 世纪最重要的政治合法性来源。但是,东西方国家对于善治的理解有所不同。党的十八大以来,习近平总书记系列讲话中"国家治理"和"善治"的思想是我国国家制度完善和发展的理论基础和行动指南。中国特色社会主义的善治就是国家治理体系与治理能力现代化,

---

①　陈振明.公共管理学[M].北京:中国人民大学出版社,2017:63.

是党领导人民发展和完善中国特色社会主义制度,不断提高运用我国的国家制度有效治理国家能力的体现,是包含了治理主体、治理客体、治理过程、治理工具、治理绩效等在内的系统整合,是价值理性与工具理性的统一。具体而言,我国国家治理的善治目标体现在两个方面:首先,坚持党的领导、人民当家作主、依法治国的根本原则。坚持党政军民学、东西南北中,党是领导一切的;坚持人民主体地位,确保人民依法管理国家事务、经济文化事务和社会事务;坚持法治国家、法治政府、法治社会一体化建设。其次,以制度构建与制度执行能力的提升为国家治理能力提升的基本路径。完善中国特色社会主义行政体制、基本经济制度、先进文化制度、民生保障制度、社会治理制度、生态文明制度、党对军队的绝对领导制度等。① 我国国家治理的善治目标,是民主、法治、公平、正义、公开、透明、回应等要素与我国的基本制度、价值、机制与功能的综合。

3."治理"的工具

治理的内涵与目标决定着民主和行政成为现代治理的两种基本工具。两者互为补充,缺一不可。只有民主而缺乏执行有效的行政机制,无法获得良好的治理绩效,将导致国家实力的衰落;只有行政而缺乏民主机制,公民和社会组织不具备公共参与的意识、能力和渠道,行政机制将无法获得其存在的合法性基础,成为无源之水无本之木。所以,民主和行政是国家治理的两种基本工具。这两种基本工具,又分别衍生出一系列具体的治理机制和治理技术,并随着社会科学的不断发展和科学技术的分化与融合,继续拓展出越来越多的治理工具,比如协商机制、参与机制以及网格化管理、智慧化管理等等,其目的都是为了实现民主与效能,最终达到善治的目标。因此,现代治理不仅是治理主体的多元化,而且还是治理工具和治理手段的多元化,即政府、市场、社会组织、公众等多元治理主体综合运用民主和行政及由此衍生出的多元化治理工

---

① 中国共产党第十九届中央委员会第四次全体会议公报[M].北京:人民出版社,2019:8-15.

具,实现善治。本研究所提出的通过心理机制培育促进居民的社区感,也是治理工具创新的重要组成部分。

(二) 关于"社区感"研究的结论

国内外社区感研究的现状,可以看出,对于"社区感"的研究正在趋向于以下三个方面:

1. 研究对象的精细化

社区感是居民个体的心理特质与社区的物理环境及人文社会环境交互作用的产物,受到多元复杂因素的影响。已有研究证明,不同的城市、同一城市中的不同的社区类型、同一社区内不同人口学特征、居民的物质生活条件和人格心理特质等方面的差异都将影响到居民对社区的认同感和归属感。[①] 因此,对于居民社区感的研究不能大而化之,只有基于本土化、地域化,立足于中国社会转型期的具体国情,既相对化地覆盖整体,又对于城市、社区、居民心理特征等进行精细化的研究,才具有现实的指导与应用意义。

2. 澄清概念、结构,开发或修订新的测量工具

由于社区感概念界定的模糊性,使得人们至今无法明确区分社区感和其他一些相关概念,比如社区安全感、社区归属感、社区认同感、社区幸福感、社区生活满意度等等,因此,"究竟何为社区感"的问题至今仍然存在争议,这一概念界定上的难题也阻碍了进一步的社区感测量研究。此外,被使用最为广泛的社区感指数(SCI)和社区感指数修订(SCI-R)都没有考虑到被试的背景差异情况。[②] 这样的研究现状对于后续的研究提出了两点要求,第一,需要进一步澄清社区感的概念和结构,社区感的概念既需要包括人们从社区获得的

---

① 侯慧丽,李春华. 梯度城市化:不同社区类型下的流动人口居住模式和住房状况[J]. 人口研究,2013(2).

② Abfalter D., Zaglia M. E., & Mueller, J. Sense of virtual community: A follow up on its measurement[J]. Computers in Human Behavior, 2012, 28(2): 400-404.

利益,也需要包括人们对社区应该承担的责任和义务。第二,开发或者修订新的社区感测量工具,需要充分考虑到被试的背景差异。因此,基于这两项要求而开展的研究工作,将是今后的社区感研究的方向之一。

3. 理论联系实际

社区感是应用性很强的概念,中西方学者的社区感研究始终围绕着与社会治理相关的主题展开,将"社区感"置身于社会治理的大背景中考察其与社会生活之间的关联。因此,社区感研究要充分挖掘其治理价值与功能,使之服务于国家治理与社会治理。对于社会转型期我国城市基层治理面临的一系列困境,居民社区感培育显得尤为重要。但是,综观现有的社区感研究,可以发现,现有研究大多数是西方学者基于西方人文社会背景提出的概念和理论,我国学者基于我国国情开展的研究寥寥;[1]大多基于心理学或社会学视角,[2]政治学视角下的研究寥寥;大多是对社区感的理论比如概念、结构、功能等进行界定和探讨,着眼于对社区感培育的研究寥寥。一些特定的城市治理实践比如文明城市创建、健康中国建设、平安中国建设、学雷锋活动月等,虽然也可在一定程度上增进居民的社区感,但存在着运动式、片面化与短期性等局限,影响了社区感培育的成效。本研究将立足于中国的社会历史现实,从政治学的视角给居民"社区感"赋予政治学意义的内涵和结构,为新时代城市城层治理中居民社区感培育提供整体性、长期化的实践方案,以科学、严谨的态度回答十九大提出的社会心态培育问题。

第三节　研究思路与研究方法

任何研究都必须沿着正确的逻辑思路,并运用科学的研究方法加以展开,

---

①　翟学伟.中国人行动的逻辑[M].北京:生活·读书·新知三联书店,2017:24.
②　陈友华,佴莉.社区共同体困境与社区精神重塑[J].吉林大学社会科学学报,2016(4).

本书的研究思路和研究方法如下:

一、研究思路

本研究以中国城市基层治理为背景,依据政治学相关理论,探讨城市居民社区感培育的宏观依据和微观依据,吸收发达国家和我国部分城市的社区感培育经验,提出城市基层治理中社区感培育的路径对策。为此,本研究将综合政治学、社会学、公共管理学、社区心理学、统计学等学科的最新研究成果,定性研究与定量研究相结合,有选择地对重点领域进行深入研究(见图0-1)。

第一部分(导论—第一章):这一部分将在阐述相关概念和基本理论的基础上为居民社区感培育研究提供理论依据。任何科研创新都必须建立在对既有研究成果把握的基础之上。通过对政治学、社会学、心理学、公共管理学等多学科文献的广泛阅读,把握本研究相关概念的含义、重点应用的基本理论,以及相关领域的研究现状与趋势。在此基础上正式启动研究工作。

第二部分(第二章—第四章):这一部分将从宏观依据、微观依据和典型经验三个方面为居民社区感培育提供现实依据。首先,在理论研究的基础上,对我国计划经济时代和改革开放时代的城市社区感培育模式进行纵向考察,得出关于"居民社区感培育"的宏观依据的认识,并在此基础上,提出新时代城市居民社区感培育的宏观依据。其次,按照心理测量学的要求,编制《城市基层治理中居民社区感调查问卷》,通过对居民社区感现状的了解,把握当下社区感培育的成效和影响因素,为本研究中的居民社区感培育提供微观依据。再次,对发达国家和我国部分城市居民社区感培育的典型经验进行归纳和总结,博采众长,融合提炼,为本研究城市居民社区感培育路径的探索提供经验参考。

第三部分(第五章—第七章):这一部分将从理念、资源和机制三个方面提出居民社区感培育模式。在前面提出的理论依据和现实依据的基础上,提出城市基层治理中居民社区感培育模式,包含居民社区感培育的基本理念、基本资源和路径机制三个部分,以基本理念为纲、以基本资源为工具、以路径机制为落脚点,通过机制整合,为城市治理创新提供科学有效的心理治理方案。

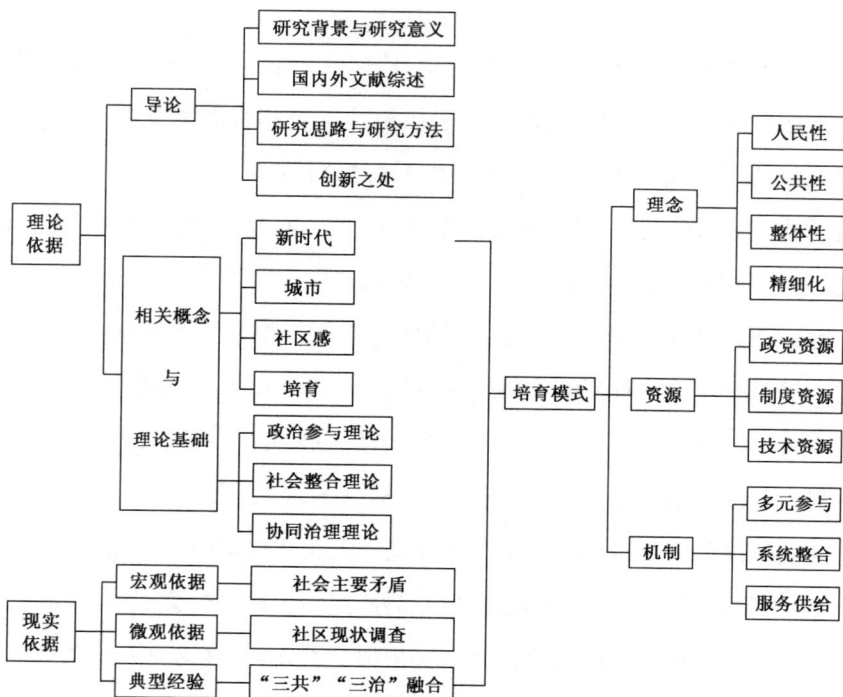

图 0-1　研究思路图

二、研究方法

研究方法是在研究过程中使用的各种资料收集方法、资料分析方法以及各种特定的操作程序和技术,通常可划分为四种主要类型,即:文献研究法、调查研究法、实地研究法和实验研究法。每一种研究方法都具有某些基本的元素和特定的语言,构成一项研究区别于其他研究的明显特征。[①] 本研究主要运用的研究方法有文献研究法、调查研究法和实地研究法。

---

① 风笑天.社会研究方法[M].北京:高等教育出版社,2006:9.

（一）文献研究法

文献研究法是一种收集、吸收和消化现存的，以文字、数字、符号等信息形式保留的文献资料来探讨和厘清各种社会行为、社会关系和社会现象的研究方法。运用文献研究法能够迅速了解该领域已有的研究成果、研究动向和研究趋势，在前人研究的基础上，获得更加广阔的视野。本研究搜集、整理大量关于新时代、城市、基层治理、社区心理、社区管理等方面的文献资料，主要包括论著、论文、研究报告、工作报告等等，了解研究现状与重点、存在不足与趋势，思考影响居民社区感培育的深层次原因，以此来把握本研究的理论基础与总体方向。

（二）调查研究法

调查研究法是利用合理的抽样和标准化的问卷直接从社会成员中收集第一手资料，并主要通过定量的统计分析来认识社会现象及其规律的研究方法，又被称为抽样调查、问卷调查或者统计调查。运用调查研究法可以迅速、高效地把握总体资料和详细的信息，尤其是公众的主观感受，而且由于遵循严格规范的操作程序和定量的统计分析技术，使得研究结果可信度和精确度较高。但是，由于资料来源于被调查者的自我报告，不一定反映真实情况；统一的操作程序和标准化的问卷收集资料，也可能使得资料不够具体、深入。[①] 本研究在文献研究和实地研究的基础上，提出城市居民社区感的操作性定义，并编制问卷，调查当下城市居民社区感培育的现状，为后续的居民社区感培育研究提供依据。

（三）实地研究法

实地研究法是研究者以不带理论预设的方式，深入到研究现象的生活背

---

① 风笑天. 社会研究方法[M]. 北京：高等教育出版社，2006：146－147.

景中,以观察和访谈等方法收集资料,并通过对这些资料的分析达到对研究对象的理解和阐释的研究方法。实地研究可以在自然条件下观察和研究人们的行为和态度,克服了其他方法表面化、简单化的缺陷,易于获得最真实、具体、丰富、生动的资料,也有利于作出纵向的历史的比较分析。实地研究的对象常常是一个人、一个群体、一个事件、一个社区等,不强调将研究结论推及超越个案之外的范围,但这种研究结论具有启发意义,往往成为针对更广泛的总体的理论假设的来源,而理论假设往往又是定量研究的逻辑起点。[①] 本研究中的实地研究体现在两个方面,其一,通过观察和访谈了解居民对于社区和社区生活的感受,丰富本研究对居民社区感的认识与把握,以建构城市基层治理中居民社区感的理论模型。其二,在调查研究的基础上,对 S 市 L 社区展开了 3 个月时间的实地研究,以更加深入、具体地掌握居民社区感培育的真实状况。

第四节　创新之处

创新,就是抛开旧的,创造新的。[②] 通过查阅文献,本研究对国内外研究成果进行了归纳与整理。已有研究成果显示,国内外学界已就"治理"、"社区感"等方面作出了卓有成效的研究,然而,相关研究也存在薄弱点,需要进一步充实与提高。本研究试图从现有研究的薄弱处加以拓展,努力从研究内容和研究方法两个方面探求新的可能。

一、研究内容创新

本研究将在研究内容上进行两项创新。其一,研究视角从心理学视角走

---

① 风笑天. 社会研究方法[M]. 北京:高等教育出版社,2006:215 - 216.
② 中国社会科学院语言研究所词典编辑室. 现代汉语词典[M]. 北京:商务印书馆,1992:167.

向政治学视角。社区感是西方社区心理学研究的核心词汇。自从社区感的概念提出以后,由于其与认同感、归属感、凝聚力、幸福感等概念有着千丝万缕的联系,西方心理学界对其概念的争论从未停止。虽然西方心理学家和我国台湾学者对此概念做出了大量的探索,但依旧没有清楚地揭示出社区感概念的本质。本研究将对现有的社区感概念进行梳理,充分挖掘其政治学价值,从政治学视角对社区感的概念进行界定,并结合我国城市治理需求,展开"培育"研究。其二,研究重点从理论探索走向实践应用。如前文所述,无论从社会治理创新的现实需求还是从社区感研究的现状上来看,基于新时代城市基层治理情境的居民社区感培育研究都有着非常重要的意义。但是由于社区感本身概念的复杂性和可操作性困难,目前国内外研究的主要方向仍然停留于对社区感本身概念与结构、功能等理论层面的研究,关于居民社区感培育的研究尚未引起学界的重视。既有的城市治理实践虽然也辐射到居民心理,但运动式、片面化、短期化的培育模式影响了社区感培育的成效。因此,本研究将突破传统的心理学研究视角,从政治学研究的视角出发,对城市基层治理中居民社区感培育模式做一些开拓性的探索。

二、研究方法创新

本研究将在研究方法上进行两项创新。其一,质的研究与量的研究相结合。由于社区心理本身的复杂性、多层性等特点,对社区感的研究方法也必然是多种多样的。当前对社区感的研究,多数采用的是测量法,本研究有意识地将质的研究方法和量的研究方法结合起来全面探讨城市居民社区感的内涵、结构和培育状况。其二,由于当下社区感研究重理论轻实践等局限性以及本研究的崭新视角,本文将在实地研究的基础上,综合参照俞可平"中国社会治理评价指标体系"[①]、王浦劬"获得感、纵向获得感和横向获得感的变量操

---

① 俞可平.论国家治理现代化[M].北京:社会科学文献出版社,2014:263.

作化"①、方然"社会资本中国本土化综合测量体系"②、心理学家苗元江"幸福感：指标与测量"③、心理学视角下的西方四维模型和国内三维模型，对"城市基层治理中的居民社区感"提出可操作性的定义，从新的研究视角开发新的测量工具，用于对城市居民社区感进行测量。

---

① 王浦劬，季程远. 新时代国家治理的良政基准与善治标尺——人民获得感的意蕴和量度[J]. 中国行政管理，2018(1).
② 方然. "社会资本"的中国本土化定量测量研究[M]. 北京：社会科学文献出版社，2014：144.
③ 苗元江. 幸福感：指标与测量[J]. 广东社会科学，2007(3).

第一章 相关概念与理论基础

城市基层治理中居民社区感培育研究,是一项既要遵循理论逻辑、又要符合实践逻辑的认识活动。所谓遵循理论逻辑,就是指在研究过程中明确认识到相关概念、命题与思想之间存在的内在联系,保持研究活动各环节之间的高度一致性,并将其贯穿于全文。所谓遵循实践逻辑,就是指研究的问题来自于实践,分析的素材来自于实践,研究的成果具有实践性。本章主要阐述论文中涉及的核心概念与运用的相关理论,明确概念"所指",论述本书所选择的相关理论的合理性与适当性。

第一节 核心概念解读

人的现代化是习近平基层治理思想的灵魂,[①]现代化的有序运动要求人的现代化与社会的现代化协调发展与同步进行。[②] 城市基层治理中居民社区感培育研究,以"新时代"为研究的时代背景,以"城市基层治理"为研究的基本场域,以"居民社区感"及其"培育"作为研究对象,以提高公民意识、社会资本、

---

① 赵秀玲.习近平基层治理思想的特征及其价值[J].学习与探索,2016(5).
② 沙莲香.社会学家的沉思:中国社会文化心理[M].北京:中国社会出版社,1998:127.

幸福感等人的现代化的基本素质为根本任务。这一研究活动围绕如下核心概念加以展开，所以明确相关概念的"所指"是本节的重要任务。

一、新时代

科学认识中国社会所处的历史方位，是中国共产党制定和执行正确的路线方针政策的根本依据。在党的十九大报告中，习近平总书记明确指出，"经过长期努力，中国特色社会主义进入了新时代。"①这一判断锁定了我国发展新的历史方位和时代坐标，令人倍加鼓舞和振奋。新时代需要新思想，新时代彰显新使命，新时代提出新要求，因此搞清楚"新时代"的深刻意蕴和进入新时代的根本依据，意义重大。

（一）"新时代"的深刻意蕴

在不同的语境下，按照不同的标准，可以对"时代"有不同的解读：以世界格局态势的特征来划分时代，有两极时代、多极时代、全球化时代、冷战时代、后冷战时代、后后冷战时代、缓和时代等；以当今科技发展的广度、深度来确定时代，有科技时代、电子时代、信息时代、生物工程时代、太空时代等；以经济形态来划分时代，如农业经济时代、工业经济时代、知识经济时代等；有的甚至以某国元首的任期、某国党派影响的期限来划分，如杜鲁门时代、肯尼迪时代、里根时代等；还有的以某学派影响的期限来划分，如凯恩斯时代、后凯恩斯时代；等等。②

党的十九大报告提出的"新时代"显然出于不同的语境。十九大报告从五个方面阐述了新时代丰富的思想内涵："这个新时代是承前启后、继往开来、在新的历史条件下继续夺取中国特色社会主义伟大胜利的时代，是决胜全面建

---

① 习近平. 决胜全面建成小康社会，夺取新时代中国特色社会主义伟大胜利——在中国共产党第十九次全国代表大会上的报告[M]. 北京：人民出版社，2017：10.

② 钟坚. 马克思主义时代观与现时代的主要特征[J]. 社会主义研究，2004(5).

成小康社会、进而全面建设社会主义现代化强国的时代,是全国各族人民团结奋斗、不断创造美好生活、逐步实现全体人民共同富裕的时代,是全体中华儿女戮力同心、奋力实现中华民族伟大复兴中国梦的时代,是我国日益走近世界舞台中央、不断为人类作出更大贡献的时代。"①除此之外,学界普遍认为,"新时代"是指中国特色社会主义进入新时代,空间限制为中国国内,而非指整个世界,因此中国特色社会主义进入新时代没有改变整个世界处于资本主义与社会主义两制长期并存、资本主义向社会主义过渡的大时代观,没有改变和平与发展是时代主题的科学判断。其次,新时代的起点从 2012 年党的十八大开始。党的十八大承前启后、继往开来,以习近平为核心的党中央接过历史接力棒,开启了中国特色社会主义新时代。社会主要矛盾的变化不是从一开始就清楚地显现出来,或者立刻便为人们所清楚地认识到,人们对此的认识也是在客观实践的展开和深入过程中不断提升的。因此,不能将新时代的提出时间作为新时代的历史起点。再次,新时代的开辟既是十八大以来党和国家事业发生历史性变革的结果,也是中国共产党人带领全国各族人民长期不懈奋斗的结果,作为一个责任使命型政党,中国共产党强调事业的接续奋进,一年接着一年办,一代接着一代干,既总结经验,又汲取教训,不断朝着崇高目标前进。②

(二)"进入新时代"的根本依据

列宁强调:"只有首先分析从一个时代转变到另一个时代的客观条件,才能理解我们面前发生的各种重大历史事件……只有在这个基础上,即首先考虑到各个'时代'的不同的基本特征,我们才能够正确地制定自己的策略;只有了解某一时代的基本特征,才能在这个基础上去考虑这个或那个国家的更具

---

① 习近平. 决胜全面建成小康社会,夺取新时代中国特色社会主义伟大胜利——在中国共产党第十九次全国代表大会上的报告[M]. 北京:人民出版社,2017:10-11.
② 王立胜. 新时代中国特色社会主义思想研究[M]. 济南:济南出版社,2019:31-34.

体的特点。"①中国特色社会主义进入新时代不是凭空产生的,而是在实践发展下矛盾运动的结果。在复杂的事物发展过程中有许多矛盾的存在,其中必有一种是主要的矛盾,由于它的存在和发展规定和影响着其他矛盾的存在和发展。② 因此,正确把握不同历史时期的社会主要矛盾是认清发展所处历史方位的根本依据。党的十九大报告明确指出:"我国社会主要矛盾已经转化为人民日益增长的美好生活需要和不平衡不充分的发展之间的矛盾。"③之所以说中国特色社会主义进入新时代,最根本的依据就是社会主要矛盾的转化。但与之前相比,根本任务的关注点及实现形式发生变化,给党和国家工作带来重要影响。

美好生活的需求为发展提供新的动力。人民对美好生活的向往就是中国共产党奋斗的目标。正如习近平总书记所指出的:经过改革开放近40年的发展,我国社会生产力水平明显提高;人民生活显著改善,对美好生活的向往更加强烈,人民群众的需要呈现多样化多层次多方面的特点,期盼有更好的教育、更稳定的工作、更满意的收入、更可靠的社会保障、更高水平的医疗卫生服务、更舒适的居住条件、更优美的环境、更丰富的精神文化生活。④ 不平衡不充分为发展提出新的需求。必须坚定不移地贯彻创新、协调、绿色、开放、共享的新发展理念,破解发展难题、增强发展动力,厚植发展优势;以供给侧结构性改革为主线推动经济发展质量变革、效率变革、动力变革;发展社会主义民主政治,健全人民当家做主制度体系,促进社会公平正义;推动社会主义文化繁荣兴盛,更好地满足人民精神文化需要;提高保障和改善民生水平,加强和创新社会治理,确保人民安居乐业;加快生态文明体制改革,建设美丽中国;坚持

---

① 列宁全集(第26卷)[M].北京:人民出版社,1988:142-143.
② 毛泽东选集(第1卷)[M].北京:人民出版社,1991:320.
③ 习近平.决胜全面建成小康社会,夺取新时代中国特色社会主义伟大胜利——在中国共产党第十九次全国代表大会上的报告[M].北京:人民出版社,2017:11.
④ 新华社.习近平在省部级主要领导干部"学习习近平总书记重要讲话精神,迎接党的十九大"专题研讨班开班式上发表重要讲话[EB/OL].中国日报中文网,2017-07-27.

以人民为中心的发展思想，着眼于提高人民素质、改善人民生活，更好地推动人的全面发展，实现共建共治共享。

二、城市

人口集聚的城市，是国家治理与社会治理的重心。城市居民社区感，根植于城市基层治理场域，并对城市基层治理产生直接的反作用。城市基层治理中居民社区感培育研究，必须准确把握"城市"的内涵及"城市基层治理"的相关问题。

（一）城市的概念及本质

"当多个村落为了满足生活需要时，就会结成一个最终和最完美的共同体形式——城邦。"①城市是人类文明进步的产物，至今已产生5000余年。关于城市的概念，国内外学者纷纷做出了解释，但是，至今仍未有一个普遍的定义可以适用于古今中外的所有城市。在中国古代，"城"和"市"是两个含义截然不同的概念。"城"一般所指的是在国家城墙保护范围之内的区域，强调的是该区域的军事功能；"市"一般所指的是人们集中开展商品交换的区域，强调的是该区域的经济功能。从古代"城"和"市"的概念中都可以看到现代"城市"的雏形，但是都还不能真正称得上是现代意义上的城市。随着历史的演进和人们对城市认识的深入，现代学者从不同学科的角度对城市做出了不同的定义。从经济学角度来看，城市是某一有限空间内住房、劳动力、交通等经济要素的集中地。从社会学角度来看，《中国大百科全书（社会学）》将城市定义为"大量异质性居民聚居、以非农业职业为主，具有综合功能的社会共同体"。② 从地理学角度来看，城市是有一定的人口、建筑、交通等等的用地规模，且非农产业

---

① ［古希腊］亚里士多德. 政治学［M］. 高书文译. 南昌：江西教育出版社，2014：4.
② 中国大百科全书总编辑委员会. 中国大百科全书（社会学）［M］. 北京：中国大百科全书出版社，1991：34.

集聚的地域。从生态学角度看,城市是人类活动和自然环境交互作用的区域。从市政管理学角度来看,可将城市理解为"人口集中,工商业发达,以非农人口为主要居民的区域,一般是周围地区的政治、经济和文化中心。"①正如李铁映所言,"作为人类文明标志的城市,是一个时代经济、社会、科学、文化的渊薮和焦点,代表着一个社会经济文化发展的高峰。"②

综合以上学科对于"城市"的理解,本书将"城市"的概念理解为:城市是人类为了满足自身需求而创设的、聚居着大量非农业人口的社会生活共同体,是区域性的政治、经济、文化、科技发展的中心。城市具有人口密集、空间集聚、人工创设、非农业人口、社会生活共同体、区域性政治经济文化科学发展中心等特征。

从本质上说,城市是人与空间交互作用的产物。一方面,城市是人化的空间,人们为了满足自身的需求而建造出城市,人的精神决定了城市的素养和品质;另一方面,城市也塑造着生活于其中的人,③以物理和文化形式而呈现出的客观实在,无时无刻不在对人们的精神世界施加着影响。城市表面上是一系列物质组成要素的形式、风格与布局关系的组合,但隐藏在城市生活背后的真谛,却是地理空间的作用。社区归属、身份认同、职业流动等无不与特定的空间相连,人类赋予空间以特定的价值与意义,空间也时刻塑造着人类的思想和情感。城市是社会过程与空间过程的深刻互动。④ 一方水土养一方人,不同的城市空间塑造着不同的居民心态,背靠长城,面南而坐,端肃安稳的北京城塑造出北京人豪爽洒脱的性格特征;偏居一隅,历史悠久的商业传统和狭小里弄塑造出精明重利的上海文明。

作为社区心理的核心机制,居民社区感是城市空间与居民心理相互作用

---

① 中国社会科学院语言研究所词典编辑室. 现代汉语词典[M]. 北京:商务印书馆,1992:138.
② 李铁映. 城市与城市学[J]. 城市问题,1983(1).
③ [英]约翰·里德. 城市[M]. 郝笑丛译. 北京:清华大学出版社,2010:1.
④ 林拓,[日]水内俊雄. 现代城市更新与社会空间变迁——住宅、生态、治理[M]. 上海:上海古籍出版社,2007:4.

的产物。城市居民社区感培育就是运用城市既有的治理资源来满足居民需求、塑造居民良好心态的治理过程。城市的治理资源与居民的生活需求通常表现为一个城市的特征。因此,对于城市特征的研究是居民社区感培育的第一步。

(二) 城市的分类

为了精准把握城市特征,掌握城市的治理资源与居民需求,人们通常根据某一方面的标准对城市进行分类,以便于对城市进行认知与识别。

城市分类的标准很多。比如,在我国,以城区常住人口规模为标准,可将城市划分为超大城市、特大城市、大城市、中等城市、小城市等五类七档;以城市的行政级别为标准,可将城市划分为准国家级、直辖市、副部级、正厅级城市等八个等级;以城市所在地域为标准,可将城市划分为国外城市、国内城市、沿海城市、内陆城市等等。根据不同的研究目的可以对城市做出不同的分类,每一种分类都有其独特的价值,有助于人们迅速把握城市的特征,继而开展分类管理。因此,每一种分类都从不同的角度为居民社区感培育提供了现实依据。在此,以按照人口规模分类为例。

人口规模是城市的主要特征之一,也是直接影响到居民社区感培育的主要因素之一。按照人口规模进行城市分类的最新标准来自于 2014 年 11 月国务院发布的《关于调整城市规模划分标准的通知》,该文件将城区常住人口在 50 万以下的城市归为"小城市",其中,20 万—50 万之间的城市为"Ⅰ型小城市",20 万以下的城市为"Ⅱ型小城市";将城区常住人口在 50 万至 100 万的城市归为"中等城市";将城区常住人口在 100 万至 500 万之间的城市归为"大城市",其中,300 万至 500 万之间的城市为"Ⅰ型大城市",100 万至 300 万之间的城市为"Ⅱ型大城市";将城区常住人口在 500 万至 1 000 万的城市归为

"特大城市";将城区常住人口在 1 000 万以上的城市归为"超大城市"。① 人口规模的差异,意味着社区感培育对象及对策的差异。根据党的十八届三中全会提出的"有序放开中等城市落户限制,合理确定大城市落户条件,严格控制特大城市人口规模"政策,②以北京和上海为代表的部分超大城市和特大城市严格限制流动人口迁入,而地广人稀的中西部城市则采取鼓励人口迁入政策。同为"街道"之名,超大或特大城市"街道"所管理的人口规模,常常相当于一个或几个 Ⅱ 型大城市,其街道的治理权限与职责也相应地比中小城市要丰富许多。在人口规模较大、异质性强的大城市以及特大、超大城市,社区感培育多侧重于开放包容的社会文化;在人口规模小、同质性强的中小城市,社区感培育侧重于运用地方性特色文化增强城市认同。

居民社区感培育立足于城市特征,服务于城市治理。每一个城市都具有共性化的特征以及自身所独有的个性化特征。因此,城市居民社区感培育,没有千篇一律的模板,而是共性化路径与个性化路径的组合。既要研究他山之石,也要立足于我国的国家治理目标以及城市与社区的具体特征,走精细化培育之路。

(三) 城市基层治理

"基层治理"是"基层社会治理"的简称,强调的是社会治理在"基层"空间范围内的实施。"基层"的空间范围通常包括两个层次:在农村是以乡镇为核心单元,向上推到县和不设区的市;在城市则是以街道为核心单元,上至不设区的市或区、下至社区的空间范围。③ "基层治理"与"社会治理"是特殊与一般的关系,除了"社会治理"的一般性内涵与特征之外,"基层治理"还具有一些

---

① 国务院. 关于调整城市规模划分标准的通知[EB/OL]. 中国政府网,2014 - 11 - 20.
② 人民网-时政频道. 三中全会《决定》:合理确定大城市落户条件 严控特大城市人口规模[EB/OL]. 东方网,2013 - 11 - 15.
③ 吴新叶. 基层治理需要跨越科层制范式的藩篱——与王龙飞博士商榷[J]. 探索与争鸣,2016(1).

因"基层"的范围设定而特有的内涵与特征。

　　基层治理的特殊性来源于基层的直接性。"基层"是各种组织中最低的一层，与群众的联系最为紧密和具体。[①] 在我国政治结构体系中，基层治理是最低层次的运作，具有基础性的地位与作用，以基层民主为核心，与人民生活密切相关。基层治理的制度逻辑反映的是国家与社会关系在基层这一场域里的互动关系，基层治理制度是国家权力向城市基层社会渗透的基本载体。[②] 不同于西方传统的国家—社会二元分立关系下的"国家取向"或者"社会取向"的治理逻辑，在我国国家—社会相互嵌套关系形态下的基层治理，一方面作为国家政权建设的基本环节，需要不断增强国家在基层社会的制度供给能力，通过科层体系向下延伸与嵌入；另一方面，基层也是社会自组织网络成长与发展的场域，社会力量寻求在公共空间中的秩序形成，汇集社会多元利益，进入公共政策参与渠道。因此，我国的基层治理主要具有四个方面的功能：第一，组织基层社会。改革开放以后，伴随着单位制的消解和人们居住空间的转移，社区成为人民生活的基本单元和社会管理的基本单位，也成为党和国家组织与动员社会、实现执政和领导的基本工作平台。[③] 国家通过社区实现对基层社会的组织与整合。第二，培育社会力量。基层是培育社会力量的空间，也是我国民主政治的试验田，只有在基层社会的生活和治理实践中社会力量才能得到成长与壮大，实现社会治理的共建共治共享。第三，维持社会秩序。基层事务具体繁杂且与人民利益直接关联，容易积累社会问题和社会矛盾，影响社会秩序。因此，基层治理担负着维持社会稳定和风险防控的重要功能。第四，公共服务供给。基层是社会治理与公共服务的最后一公里，是民生保障的基础与重心，也是公共服务落实到居民的最后一个环节。

---

　　① 中国社会科学院语言研究所词典编辑室.现代汉语词典[M].北京:商务印书馆,1992:519.

　　② 陈柏峰,吕健俊.城市基层的网格化管理及其制度逻辑[J].山东大学学报(哲学社会科学版),2018(4).

　　③ 林尚立.社区:中国政治建设的战略性空间[J].毛泽东邓小平理论研究,2002(2).

城市基层治理即是指在城市的街居管理层级中,多元行动主体政党、政府、市场、社会、公众等主体通过协商合作实现公共利益最大化的过程。[①] 城市与基层治理的内涵、特征与功能,决定了城市基层治理遵循着三重逻辑:

第一,行政逻辑。主要表现在三个方面,其一,政党与政府统合,引领基层社会发展的进程。其二,政党有效嵌入基层,建立基层社会领导权,达成"一核多元"的共治结构。其三,政府运用科层制工具将治理与服务覆盖到最后一公里。

第二,商业逻辑。主要表现在三个方面,其一,在单位体制解体以后,在商品住宅社区治理商业化的同时,引入物业管理、智能社区建设等管理技术手段和工具。其二,商业运营以物业费、管理费的形式对公共空间及社区公共事务提供服务。其三,物权属性、物业费定价、公共空间使用、服务质量、基础设施维修、物业公司的进驻等逐渐成为社区治理的显性问题。

第三,自治逻辑。主要表现在两个方面,其一,居民委员会具有"自我管理、自我教育、自我服务的基层群众性自治组织"的性质与地位。[②] 其二,住宅商品化及业主自组织行动,使得立足于业主利益诉求表达的共同体规则开始渐渐形成。

在治理模式方面,有学者将现行的城市基层治理模式划分为三类模型:行政一体化模式、行政与自治分离模式、行政与自治衔接模式,三种模式各有千秋,并建议突破社区限制,改革街道体制,重新构建社会衔接体,同时实现国家权力和社会自治。[③] 也有学者认为当前我国的城市基层治理实践已呈现出街居模式、居社分离模式以及社区自治三种典型模式,地方政府应根据城市发展

---

① 陈家刚.基层治理:转型发展的逻辑与路径[J].学习与探索,2015(2).

② 中华人民共和国城市居民委员会组织法[M].北京:中国法制出版社,2018:4.

③ 舒晓虎,张婷婷,张文静.行政与自治衔接——对我国城市基层治理模式的探讨[J].学习与实践,2013(2).

所处的相应阶段,选择最适宜的治理模式,提高城市基层治理绩效。[1]　徐永祥通过对社区治理分析模型的建构发现,未来的社区治理创新将向着自治型社区的方向发展,只有以此为出发点,才能把握社区治理创新的正确方向。[2]

我国转型期城市基层治理主要面临着两方面的挑战:第一,社区结构碎片化。伴随着社会的转型、单位制的衰微、城市化进程的加速,我国城市社区居民结构向着多元化的方向发展,分化和流动成为基层社会的主要特征。第二,居民权利意识增长,责任意识不足。在全能型政府模式下长期被压抑的居民需求得到释放,权利观念和诉求异常敏感,居民对民主、法治、公平、正义的需求不断提高。但是,与不断上升的权利需求同步的公共责任观念的建立却尚待假以时日。城市基层治理所面临的离散性和权利诉求困境,呼唤着社会的整合和公民意识的培育。

城市基层治理所面临的挑战也引起了学界的广泛关注。张康之认为,后工业化社会高度的复杂性和不确定性要求建构以道德为起点的服务型社会治理。[3]　辛自强认为,社会治理的主体是人、对象是以人为中心的社会事务、过程是多元主体的集体决策,所以,社会治理应以“人”为重点研究对象,以人的心态培育为基本路径。[4]　杨玉芳也认为,心理学研究可以为社会治理实践提供理论支持,应该关注研究理论的本土化和研究方法的多元化,处理好基础研究—应用研究的关系。[5]　方文认为,社会转型为心理学研究提供了一大契机,转型期的心理学研究应该以群体资格为中心。[6]　田晓明持续关注转型期弱势群体的心理问题,提出,社会转型期弱势群体心理上的孤独感将影响其社会融

---

①　蔡小慎,牟春雪.治理现代化背景下我国城市基层治理模式的比较与选择[J].学习与实践,2016(2).

②　徐永祥,侯利文.城市基层治理的路径分析[J].社会科学辑刊,2015(4).

③　张康之.社会治理建构的反思性阐释[J].行政论坛,2018(2).

④　辛自强.社会治理中的心理学问题[J].心理科学进展,2018(1).

⑤　杨玉芳,郭永玉.心理学在社会治理中的作用[J].中国科学院院刊,2017(2).

⑥　方文.转型心理学:以群体资格为中心[J].中国社会科学,2008(4).

入,但是,孤独也是积极的建构力量,有可能成为城市秩序重构重要的心理拐点。[①]

可见,将社会治理与心理学相结合进行跨学科研究已成为政治学界与心理学界的普遍共识。社会治理是心理学研究的出发点和落脚点,心理学研究只有放置于社会治理的宏观大背景中并且为社会治理服务才能够具有现实的生命力。心理学是社会治理创新的基本工具之一。以"人"为研究对象,以社会整合与公民意识培育为切入点,基础研究与应用研究相结合、普通人群与重点人群相结合、本土化与跨学科的研究将成为我国城市治理创新研究的必然趋势。

三、社区感

居民社区感是社区心理学的核心词汇,也是本研究将要培育的对象。作为人们生活在特定社区中而形成的心理感受,理解"居民社区感",首先要从理解"社区"开始。

(一) 社区

社区感培育,首先需要明确"社区"是什么。作为一个学术性概念,"社区"经历了不同学科的形塑而形成了不同的概念内涵。本研究需要着重把握的是社会学和政治学对于"社区"的理解。

1. 社会学视角中的社区

作为社会学的核心词汇,"社区"是被使用最为广泛的一个词汇,根据不同的研究需要,研究者们给予了"社区"不同的概念界定。美国华人学者杨庆堃发现,截至 1981 年,有关"社区"的不同定义已经达到 140 多种。[②] "社区"一

---

① 田晓明.孤独:中国城市秩序重构的心理拐点[J].学习与探索,2011(2).
② George A, Hillery J R. Definitions of community:areas of agreas of agreement[J]. Rural Sociology,1955(20):118.

词最初来源于 1887 年腾尼斯（Ferdinand Tonnies）的著作《社区与社会》（*Gemeinschaft and Gesellschat*），一般将德文"Gemeinschaft"一词译作"共同体"，表示以协作关系为基础的社会有机组织形式，既包括地缘共同体，也包括血缘共同体和精神共同体，强调社区内人与人之间形成的亲密关系和共同的社会文化。[①] 后来，德文"Gemeinschaft and Gesellschat"被翻译为英文"Community and Society"，"Gemeinschaft"也就相应地被译为"Community"，国际社会学界通常用"Community"来表示"社区"。20 世纪 30 年代，我国燕京大学社会学系费孝通先生等首次将英文的"Community"进行翻译，吴文藻先生确定将其译为"社区"，并将其定义为"乃是一地人民实际生活的具体表词，它有物质的基础，是可以观察得到的……社区既是指人民的实地生活，至少要包括下列三个要素：(1) 人民；(2) 人民所居住的生活区域；(3) 人民生活的方式或文化"。[②] 费孝通认为，社区是居住在同一个地区的居民的组织，改革开放以后，"单位人"转变为"社区人"，社区必须建立起居民自我管理的生活制度。[③]

可见，社会学意义上的社区是指聚居在特定的地域范围之内，具有互动关系和共同文化的人们构成的社会生活共同体。"地域性"和"共同性"是社区的两大特征。前者是社区的空间要求，构成社区的居民必须生活在一定的空间范围之内；后者通过共同的心理认同、社会关系、文化特征、价值取向、发展目标把个体与个体、个体与群体凝聚成有机的社会共同体。社区的形成与发展来自于内源性力量的推动。

2. 政治学视角中的社区

社区，是国家与社会关系的缩影。在西方文化孕育下的政治学经典理论范式中，国家与社会在逻辑上是相互对立的关系，但是，我国的国家与社会关系是国家主导下相互重叠、相互渗透的关系。我国的社区，在起步之初就是在

① ［德］斐迪南·滕尼斯. 共同体与社会［M］. 张巍卓译. 北京：商务印书馆，2019：68-90.
② 吴文藻. 论社会学中国化［M］. 北京：商务印书馆，2010：432-433.
③ 费孝通. 社会学初探［M］. 厦门：鹭江出版社，2003：269.

国家力量的推动之下建立起来的，国家镶嵌于社会之中，以社会治理特别是基层治理为基础。社区是中国基层政治体制的战略性空间。[①]

1986年，民政部发出在城市开展社区服务的文件，"社区"概念第一次出现在我国政府文件中。2000年，中央办公厅、国务院办公厅转发《民政部关于在全国推进城市社区建设的意见》（学界简称为"23号文件"），将"社区"定义为："社区是指聚居在一定地域范围内的人们所组成的社会生活共同体。目前城市社区的范围，一般是指经过社区体制改革后作了规模调整的居民委员会辖区。"[②]可以看出，中国特色的社区，一方面作为国家的行政区划单元而存在，另一方面也是居民的社会生活共同体，主要表现在三个方面，其一，法律规定。在法律上，《中华人民共和国城市居民委员会组织法》的第一条和第二条开宗明义地分别两次以"居民群众依法办理群众自己的事情"和"自我管理、自我教育、自我服务的基层群众性自治组织"明确了社区的自治性质。[③]其二，文件规定。在23号文件中，政府对社区的界定并没有抛弃其社会学标准，并且以社会学特征作为社区定义的第一句话。其三，实践操作。在实践中，政府对社区的划分也是以人们居住的地理位置为首要依据。以上三点表明了政府对于社区的社会学定义的尊重和肯定，社会性的心理联系将居民和地域连接起来构成一个生活共同体。因此，我国的社区兼具国家和社会两种逻辑，前者由政府出于行政管理的需要自上而下建立起来，是政府纵向行政管理体系的延伸，具有清晰的管理层级和管理职能，以实现国家对基层社会的有效治理；后者由特定地域上的人们出于生活需要自下而上建立起来，以居民的心理认同感为基础，侧重于社区内部自然而然形成的邻里关系以及居民自治。

相应地，我国的社区也就兼具"行政"和"社会"双重功能。从行政功能来说，社区是党和国家实现社会管理的基础。党和国家建立社区的初衷就是把

---

① 孙培军.从基层看我国政治体制的活力[EB/OL].人民网,2018-01-08.
② 民政部.民政部关于在全国推进城市社区建设的意见[N].光明日报,2000-12-13.
③ 中华人民共和国城市居民委员会组织法[M].北京:中国法制出版社,2018:4.

单位制解体之后模糊的社会空间塑造为标准的国家治理空间,一方面,将社区纳入国家行政管理体系的末端,以整合社会对政权体制的支持,实现国家政权对基层社会的管理;另一方面,在国家政权完全巩固、经济社会建设全面展开的情况下,转变政府职能,由"全能"、"管制"模式转为"主导"、"服务"模式,给社会赋权增能,形成国家与社会合作共治的局面。社区因可以有效整合多种自治元素,而成为国家与社会合作治理的基本平台。①从社会功能来说,社区是市场经济下陌生人世界互助合作的社会共同体。所谓社区建设,从正向上来说,就是要在社区层面建立和完善能够合理配置社会资源和社会机会的各种社会结构和社会机制,形成能够良性调节社会关系的社会组织和社会力量;从逆向上来说,就是根据社会问题、社会矛盾和社会风险的特点与趋势,构建和完善正确处理社会问题、社会矛盾和社会风险的体制机制,化解矛盾,弥合分歧,降低风险,管理冲突,促进安全,巩固团结,改善民生,把公平正义落实到社区。②我国社区的双重内涵与使命,为本研究社区感概念的提出和社区感培育模式的制定提供了理论基础。

(二) 社区感

"社区感"的概念与"社区"的概念一脉相承,密不可分。对"社区"的理解是理解"社区感"的基础,对"社区感"概念的界定是对"社区"概念界定的深化与拓展。与"社区"的定义一样,学界对社区感概念的界定也普遍存在着各家各言、各有侧重的繁华景象,对其概念、结构和测量尚无共识,且在使用中,社区感与归属感、认同感、幸福感等概念边界不清,经常被混用。

1. 心理学、社会学意义的社区感

心理学意义上的社区感定义主要有以下几种:1974 年,Sarason 出版《社

---

① 林尚立.社区:中国政治建设的战略性空间[J].毛泽东邓小平理论研究,2002(2).
② 李强,洪大用.社会运行论及其发展——郑杭生学术思想研究[M].北京:中国人民大学出版社,2020:319.

区感：社区心理学的前景》一书，首先提出"社区感"一词，认为，社区感是"同他人类似的知觉；一种公认的与他人的相互依赖感；一种维持这种依赖感的意愿，这种维持通过给予他人或为他人做人们期待的事来实现；是个体对某一更大的、可依赖的、稳定结构的归属感"。[①] McMillan 和 Chavis 认为社区感是社区成员所具有的归属感，成员之间彼此相关及其与团体相关的情感，一种通过彼此承诺而使成员需要得以满足的共同信念。[②] 10 年后，McMillan 修正了自己的观点，他认为社区感是"一种心灵的归属感，一种可信赖的权威机构的感觉，一种相互获利的社交经济，一种基于艺术传承的共同体验的精神"。[③] 我国台湾学者徐震将社区感定义为"居住于某一地区的人，对此地区及其他居民有一种心理上的认同与融合，类似于归属感"。[④] 宋念谦将社区感定义为"居民对社区具有心理上的归属情意，包括个人对社区事务及活动的参与感、对社区环境的认同感和熟悉度、对社区生活的满意度及邻里之间的互动关系"。[⑤] 林瑞钦认为，社区感是个人对居住小区，经由感觉和知觉而建构的一套涵摄情意因子的认知结构系统，此认知系统同时具有正负价值，正价值为认同社区、喜欢社区、参与社区事务；负价值为对社区消极、逃离、疏远，对社区事务采取冷漠、不参与态度。[⑥] 中国本土学者中对社区感基本理论进行的研究较少，陈永胜认为社区感就是"社区成员之间及其同团体之间的相互影响与归属感，通过彼此承诺而使成员需要得以满足的共同信念，并且以社区历史为基础所形

---

① Sarason S. B. The psychological sense of community：Prospects for a community psychology [M]. San Francisco：Jossey-Bass，1974：25.

② McMillian D W，Chavis D M. Sense of Community：A definition and Theory[J]. Journal of Community Psychology，1986，14：6 - 20.

③ McMillian D W. Sense of Community[J]. Journal of Community Psychology，1996，24(4)：315 - 325.

④ 徐震. 论社区意识与社区发展[J]. 社会建设，1995(90).

⑤ 宋念谦. 都市居民社区意识与景观管理维护态度关系之研究——以台中市黎明住宅社区为例[D]. 东海大学硕士学位论文，1997.

⑥ 林瑞钦. 社区意识的概念、测量与提振策略[J]. 社区发展研究学刊，1994(31).

成的情感联结"。① 社会学学者陈友华通过对中国传统文化和西方文化中"社区"概念的剖析,认为社区的核心是"共同体",与地域共同体相比,社区成员间的关系更为重要,并将维系这种关系的核心要素称之为"社区精神"。② 但是,他们没有对此展开后续研究,"社区感"或者"社区精神"的概念也没有引起国内学界的关注。总体来说,尽管国内外学者对于社区感定义的表达和侧重有所差异,但基本都涵盖到两方面的要素,即居民对社区心理上的归属和行为上的参与。

2. 政治学意义的社区感

托克维尔在考察美国民主制度时发现,美国民主制度的精神基础是"乡镇精神","他们关心自己的乡镇,因为他们参加了乡镇的管理;他们热爱自己的乡镇,因为他们不能不珍惜自己的命运。他们把自己的抱负和未来都投放到乡镇上了,并使乡镇发生的每一件事情与自己联系起来。"③这种"乡镇精神"在本质上就是社区感,只有居民从心理上对社区产生认同感和归属感,才会把自己当成社区的一员,进而产生关心社区发展的责任感,参与促进社区发展的事务。因此,社区感是社区参与的前提和基础。

但是,要给"社区感"一个明确的定义却是个颇有争议性的理论问题。从1974 年 Sarason 首次提出社区感概念到 1986 年 McMillan 重新定义、10 年以后 McMillan 进一步修改定义以及我国部分学者给出的定义,至今,国内外研究者在社区感的定义和理论结构这一问题上仍然存有重大分歧和争论。因此,在社区感的基本理论方面,仍然需要做大量的研究工作。本研究认为,政治学视角下对于"社区感"概念的理解,必须基于四个基本原则:第一,对于"社区感"概念的理解必须基于对于我国"社区"概念的双重内涵及使命,并且以政治学视角下社区的内涵与功能为基础;第二,对于"社区感"概念的理解必须尊

---

① 陈永胜,牟丽霞. 西方社区感研究的现状与趋势[J]. 心理科学进展,2007(1).
② 陈友华,佴莉. 社区共同体困境与社区精神重塑[J]. 吉林大学社会科学学报,2016(4).
③ [法]托克维尔. 论美国的民主[M]. 董果良译. 北京:商务印书馆,2018:86.

重心理学界和社会学界已有的关于"社区感"、"社区精神"及"归属感"、"认同感"、"依恋感"等相关概念的研究成果;第三,对于本研究来说,对"社区感"概念的理解必须立足于"新时代"的时代背景,以"共建共治共享的社会治理格局"为基本面向,以"社区感培育"为基本任务;第四,要考虑到"社区感"定义的可操作性,以便开展"培育"实践。基于这四方面原则,本研究一方面对"新时代"、"城市"、"社区感"等相关概念的定义和现有研究展开大量的文献阅读;另一方面,立足于我国城市基层治理现状,遵循传统的建模思路,采用实证方法,通过严格的质性访谈和文本分析,明确城市居民社区感的基本要素,从而将居民社区感的本质提升到一个新的理论水平。因此,本研究将城市居民社区感定义为:城市居民对社区生活的态度体验以及致力于社区发展的心理准备,包括社会资本、幸福感和公民意识三个要素。

（1）社会资本

1983 年,法国社会学家布迪厄首次正式使用社会资本这一概念,他将社会资本作为经济资本和文化资本以外的第三种资本,认为社会资本是"以社会声誉、头衔为符号,以社会规约为制度化形式。特定行动者占有的社会资本的数量,依赖于行动者可以有效加以运用的联系网络的规模大小,依赖于和他有联系的每个人以自己的权力所占有的（经济的、文化的、象征的）资本数量的多少"。①

詹姆斯·科尔曼侧重于个人的理性行为,认为社会资本能影响集体行动。他认为,"社会结构资源作为个人拥有的资本财产,即社会资本。社会资本具有两个特征:其一,"它们由构成社会结构的各个要素所组成";其二,"它们为结构内部的个人行为提供便利"。② 他认为社会科学应当以社会系统为研究

---

　　① Pierre Bourdieu. "The Forms of Capital" in Handbook of Theory and Research for the Sociology of Education, by John G. Richardson(ed), Westport, CT: Greenwood Press, 1983;载自燕继荣. 投资社会资本——政治发展的一种新维度[M]. 北京:北京大学出版社,2006:74.

　　② [美]詹姆斯·科尔曼. 社会理论的基础[M]. 邓方译. 北京:社会科学文献出版社,1999:354.

单位,而不是以个人或者组成系统的其他成分为单位。与其他学者不同,科尔曼认为拥有社会资本是行动者达到既定目标的决定因素,具有负面效应的社会结构不属于社会资本。帕特南首次将社会资本的概念引入政治学领域,且用其来解释政府绩效、政治参与等政治学现象,认为,"社会资本是指社会组织的特征,诸如信任、规范以及网络,它们能够通过促进合作行为来提高社会的效率"。①

后来的学者们在此基础上对社会资本的理论进行了解释、演绎和发展,社会资本概念的界定逐渐发展成为微观定义和宏观定义两个分支。研究微观定义的学者有布迪厄、伯特、林南、波茨等。罗纳德·伯特把社会资本定义为"朋友、同事以及更一般的熟人,通过他们获得使用金融和人力资本的机会"。②波茨认为社会资本是"个人通过他们的成员资格,在网络中或者在更宽泛的社会结构中获取短缺资源的能力。获取的能力不是个人固有的,而是个人与他人关系中包含的一种资产。社会资本是嵌入的能力"。③ 林南给出了一个简明的定义:"期望在市场中得到回报的社会关系投资。"④边燕杰综合上述观点,指出"社会资本的存在形式是社会行动者之间的关系网络,本质是这种关系网络所蕴含的、在社会行动者之间可转移的资源。任何社会行动者都不能单方面拥有这种资源,必须通过关系网络发展、积累和运用这种资源"。⑤ 研究宏观定义的学者有科尔曼、帕特南及福山等。科尔曼和帕特南的定义前文已有阐述。福山认为社会资本定义是"一种有助于两个或者更多的个体之间

---

① ［美］罗伯特·D. 帕特南. 使民主运转起来:现代意大利的公民传统［M］. 王列,赖海榕译. 北京:中国人民大学出版社,2015:197.

② Ronald Burt. Structural Holes: the Social Structure of Competition［M］. Cambridge: Harvard University Press,1992:9.

③ Alejandroed Portes. Structural Holes: the Social Structure of Competition, The Economic Sociology of Immigration［M］. New York: Russell Sage Foundation, 1995:12－13.

④ ［美］林南. 社会资本——关于社会结构与行动的理论［M］. 张磊译. 上海:上海人民出版社,2005:18.

⑤ 边燕杰. 城市居民社会资本的来源及作用:网络观点与调查［J］. 中国社会科学,2004(3).

相互合作、可用事例说明的非正式规范"。^① 为此,我国学者罗家德和赵延东认为,社会资本包括两种:"个体社会资本"和"集体社会资本"。^② 刘林平则认为"对社会资本不应作过于宽泛的解释"。^③ 学者们给社会资本做出的定义繁多,燕继荣认为"社会资本是多维度的,不同的定义服务于各自的研究目的。客观而言,很难说哪一种定义更加正确,哪种解释更加合理"。^④ 由于"政治学是讨论如何治国安邦的学问,探讨人类社会生活组织机制的学问",^⑤政治学意义上的社会资本研究应强调"集体"特征,超越了微观层面的个体投资与回报问题,关注如何发展和维持集体的社会资本、集体的社会资本如何促进集体行动。群体的范围从组织、社区延伸到地方、社会或者国家。帕特南对社会资本的定义主要包括公民之间的信任、合作与互惠,以及与之相关的态度和价值观,基本符合本文的立意,因此,本研究采用帕特南的定义。另外,需要说明的是,定义的多样性也给社会资本的测量带来了困难。本研究的主要目的不在于对社会资本做深入研究,只是将其作为社区感的维度之一,对其的测量仅限于参考方然对"社会资本"的中国本土化定量测量研究的基础上而做出的项目编制。^⑥

　　社会资本是稳定自由民主的先决条件,与法律条款、正规机构和理性一起构成了现代社会的文化层面。^⑦ 发展社会资本是居民摆脱原子化、获得社会性支持的必要条件,也是我国转型期基层社会整合、社会力量培育、共建共治共享的必要条件。因此,发展社区社会资本是政治学视角下居民社区感培育

---

① [美]弗朗西斯·福山.公民社会与发展;载自曹荣湘.走出囚徒困境——社会资本与制度分析[M].上海:上海三联书店,2003:71-79.
② 赵延东,罗家德.如何测量社会资本:一个经验研究综述[J].国外社会科学,2005(2).
③ 刘林平.企业的社会资本:概念反思和测量途径——兼评边燕杰、丘海雄《企业的社会资本及其功效》[J].社会学研究,2006(2).
④ 燕继荣.投资社会资本——政治发展的一种新维度[M].北京:北京大学出版社,2006:87-88.
⑤ 燕继荣.投资社会资本——政治发展的一种新维度[M].北京:北京大学出版社,2006:6.
⑥ 方然."社会资本"的中国本土化定量测量研究[M].北京:社会科学文献出版社,2014:144.
⑦ 周红云.社会资本与民主[M].北京:社会科学文献出版社,2011:167.

的基础与前提。

（2）幸福感

理解幸福感的概念，首先必须理解什么是幸福。

人们通常所说的幸福的概念大都是经西方文化塑造出来的。作为亚伯拉罕诸教的鼻祖，犹太教在其宗教经典中所描绘的亚当夏娃的故事说明了犹太教的幸福观：只有按照上帝规定的方式生活，才能获得幸福。到古希腊时期，苏格拉底认为，未经反思的生活不值得过。柏拉图认为，无知是不幸的根源。亚里士多德认为，有智慧的人最幸福，人们在摆脱了物质需要的困扰之后，应该争取过上有智慧的生活。[①] 基督教发扬了犹太教的传统，认为幸福就是遵从上帝的旨意去生活。奥古斯丁将柏拉图主义赋予了宗教意义，认为智慧就是通过思想去认识上帝。[②] 幸福来源于寻找到上帝，而寻找到上帝的方法，则是意志和爱。中世纪结束之后，西方进入文艺复兴时代。路德宣称信徒可以不用倚靠任何人、任何组织，只要靠自身的信仰就能得到救赎。在文艺复兴两个多世纪之后，启蒙运动把对个人幸福的追求推向高潮，人们不再相信应当禁欲以追求来世上天堂，而是要追求现世的幸福。在这样的社会背景下产生了西方古典自由主义思想。17 世纪英国经验论哲学家洛克提出的"趋乐避苦"心理倾向，[③]直接导致了后来功利主义哲学的发展。作为功利主义的创建者，边沁认为，各种不同的行为都可以归结为同样的快乐感，他还设计出了计算幸福的方法。这一原则就是人们通常所说的"最大多数人的最大利益"。[④] 密尔将边沁的功利主义和亚里士多德的古典人文精神加以整合，认为"哪里不以本人自己的性格却以其他人的传统或习俗作为行为准则，哪里就缺少人类幸福的基本因素之一，而且恰恰是个人和社会进步的主要因素。"[⑤]西方所宣扬的

---

① ［古希腊］亚里士多德.尼各马可伦理学[M].廖申白译.北京:商务印书馆,2011:331-341.
② ［古罗马］圣·奥古斯丁.忏悔录[M].唐译译.北京:北京燕山出版社,2009:3-7.
③ ［英］约翰·洛克.教育片论[M].熊春文译.上海:上海三联书店,2014:127.
④ ［英］边沁.道德与立法原理导论[M].时殷弘译.北京:商务印书馆,2000:287-346.
⑤ ［英］密尔.论自由[M].顾肃译.南京:译林出版社,2012:60.

普世价值更多地偏向自由主义。应该说，现代西方的幸福观里面都存在着上述各种思想的踪影。由此，可以看出西方思想特别是文艺复兴以来的思想如何塑造了我们现在的幸福观。

在经历了西方侵略、"文化大革命"等变革以后，中国传统文化中的幸福观已走向边缘，由西方思想占据主导，特别是心理学对幸福的研究，更是采用了西方实证主义范式，很少有中国传统思想的痕迹。但是本研究认为坚持中国特色社会主义文化自信必须回头去对中国传统的幸福观进行考察，从东方寻找智慧，才能全面、综合地把握什么是幸福。

蒙培元先生认为，"中国哲学是关于人的学说，是关于人的存在、意义和价值的学说"。① 儒家的幸福观强调道德，且重视人际关系。孟子说"天时不如地利，地利不如人和"；范仲淹也说过"先天下之忧而忧，后天下之乐而乐"，都突出了超越于个人之上的社会和谐。庄子认为幸福就是过一种"逍遥"自适的生活。在梵文中，幸福的写法是"sukha"，即断除贪、嗔、痴三毒，从而获得涅槃。② 用通俗的语言可以理解为过上一种正当的有道德的生活，使人不再受制于贪婪、愤怒和愚昧，达到身心健康。可以看出，我国传统的幸福观有一个相似之处：都强调人内心的品性对幸福的作用，反映了中国人"求之以内"的思想，这是我国传统文化的独特智慧。而作为西方文化的舶来品，"追求幸福"则体现了西方人"求之于外"的倾向。③ 中国人的幸福感研究应该凸显我国传统文化，强调人的主体性，关注中国人的深层心理结构。为此，有学者提出"主体幸福感"概念，并将其界定为"一个在追求身心之安然舒适间保持动态平衡的过程，是个体与自己、他人、自然之间相和合的过程。"④

人民幸福感思想是习近平新时代中国特色社会主义思想的重要组成部

---

① 蒙培元. 中国哲学主体思维[M]. 北京：人民出版社，2005：2.

② 苏思铭. 原始佛教涅槃思想初探[J]. 五台山研究，2017(2).

③ 白雪. 古代中国和希腊幸福观对比研究[J]. 山西农业大学学报(社会科学版)，2011(12).

④ 张晓明. 主体幸福感模型的理论建构——幸福感的本土心理学研究[M]. 沈阳：辽宁人民出版社，2015：100.

分,是习近平总书记治国理政理念和实践的根本目标。"幸福感"从抽象的治国理念话语融入到百姓日常生活,已成为人民群众对生活满意度的生动表达和心理期待。幸福感到底是什么? 各学科、各领域的学者进行了诸多探索,对其概念的探究和水平的评估也已建构起一个庞大的、动态的、多层次、多侧面的整体框架,[①]并逐步走向综合化,这种综合化集中表现在认知与情感因素的综合,即人们对生活总体或各侧面的满意程度与情感状态。[②] 从政治学的研究需要出发,结合新时代我国社会基本矛盾和东西方的幸福感理论,本研究将"居民幸福感"界定为居民在社区公共生活中得到的安然与满足,包括获得感、安全感、归属感三个要素。其中,"获得感"是指社区居民在社区生活中得到物质财富与精神财富之后而产生的满足感和成就感。[③] "安全感"是指个体对自己的身体和精神免受伤害的需要得到满足后而产生的心理安定的感觉,主要包括个人安全感、经济安全感、社会安全感、政治安全感和环境安全感等方面。[④] "归属感"是指个体对朋友、家庭的需要和受到组织、团体认同的需要得到满足后而产生的亲密感觉。[⑤]

（3）公民意识

公民意识是现代民主政治的核心机制,是公民个体与国家政治共同体之间的心理联系,关系到公民怎样以主体身份参与到国家政治运行过程中。一个国家的政治发展水平,与公民意识的水平密不可分。理解"公民意识",要从理解"公民"开始。

公民的概念起源于古希腊城邦时期,原意是"属于城邦的人"。公民的概念具有地理和政治的双重属性,即地域上属于城邦,并且心理上要保持对于城

---

① 邢占军. 中国幸福指数报告 2011—2015[M]. 北京:社会科学文献出版社,2018:2.
② 苗元江. 幸福感:指标与测量[J]. 广东社会科学,2007(3).
③ 王浦劬,季程远. 新时代国家治理的良政基准与善治标尺——人民获得感的意蕴和量度[J]. 中国行政管理,2018(1).
④ 王俊秀. 社会心理服务体系建设与应急管理创新[J]. 人民论坛·学术前沿,2019(5).
⑤ 汪新建. 西方心理学史[M]. 天津:南开大学出版社,2011:190.

邦的忠诚。后来,公民逐渐演变为一种特权,只有城邦的主人才能获得公民身份,进而参与公共政治生活。① 在古罗马时期,依然只有贵族才能享有公民身份。公元前3世纪,平民在法律上取得了与贵族平等的公民权利,公民在数量上有了大规模的增加,在公共政治领域的作用逐渐衰微,日渐转化为臣民。国家通过语言、符号、仪式等塑造臣民对于共同体的归属意识,臣民通过捍卫国家主权、遵守法律和制度、认同国家机构而获得安全保障。② 随着商业的发展,中世纪晚期开始出现市民,市民意识遵循自由发展原则和理性选择逻辑。随着市民概念的泛化,公民与市民的概念相互融合,发展成现代意义上的公民。③ 因此,现代意义上的公民是古典公民的积极参与、臣民的服从被动、市民的自由理性意识的综合。

《不列颠百科全书》对现代公民资格做出的解释是:"公民资格指个人同国家之间的关系,个人应对国家保持忠诚,并因而享有受国家保护的权利。公民资格意味着伴随有责任的自由身份。一国公民具有的某些权利、义务和责任是不赋予或只部分赋予在该国居住的外国人和其他非公民的。一般地说,完全的政治权利,包括选举权和担任公职权,是根据公民资格获得的。公民资格通常应负的责任有忠诚、纳税和服兵役。"④公民资格的核心在于:公民是一个社会人及国家人,他是以社会和国家的成员身份而存在的,具有相应的权利和义务。

因此,现代公民概念至少具有以下两个基本的价值理念:第一,人的基本权利,包括人身自由、言论、思想自由、财产权和获得公正的权利、参与政治权力运作过程的权利、基本的经济福利、安全及尊严的权利。第二,公共精神,主要包括四个方面,其一是民主的精神,即公民的意愿是政府合法性的来源;其二是法的精神,即公民对现代社会公共生活制度、规则、契约的遵守和维护;其

---

① ［古希腊］亚里士多德. 政治学［M］. 高书文译. 南昌:江西教育出版社,2014:89－92.
② 郭台辉. 市民、臣民与选民:现代公民的角色整合与嬗变［J］. 浙江学刊,2008(6).
③ 馨元. 公民概念之演变［J］. 当代法学,2004(4).
④ 不列颠百科全书(第4卷)［M］. 北京:中国大百科全书出版社,1999:236.

三是公正的精神，即公民具有平等的权利；其四是公共服务精神，即公民履行自己的义务，实现国家共同体利益，表现出一种利他主义的精神。[①]

现代公民意识包含主体意识、权利意识、民主意识、对国家社会的责任意识以及法治意识。主体意识是个体明确认识到自己是有独立意识和独立地位的政治权利主体的一种自觉意识。权利意识是公民自我保障的意识。民主意识是公民主动参与政治、自我发展与自我实现的意识。责任意识是公民自我约束的意识。法治意识是一种宏观层面上的意识，涵盖了主体意识、权利意识、民主意识、责任意识，以及自由、平等、效率、公正等意识。现代民主，以人民对民主价值、民主信念的支持为基础，公民意识有助于提升公民的认同感，引导公民积极地参与政治生活，确保政治共同体的稳定。因此，公民意识是国家政治建设的精神支柱。

本研究将西方心理学的社区感概念置于新时代中国城市治理情境中重新界定并探讨其结构，将"社区感"定义为城市社区居民对社区生活的态度体验以及致力于社区发展的心理准备，包括社会资本、幸福感和公民意识三个要素。这个定义融合了政治学、心理学和社会学因素，涵盖了知、情、意，个体与共同体、当下与未来、获得与付出等多个层面的关系，为社区感概念在政治学领域的落地和本土化研究做出了努力。当然，作为一个兴起近30年仍未取得学界共识的概念，本研究也只是基于政治学视角而对居民社区感结构的一种探索，服务于新时代的中国城市基层治理，并以此为起点，导向自尊自信、理性平和、积极向上的社会心态培育。社区感的基本理论仍待以更多的实证研究来进一步充实与完善。

四、培育

居民社区感培育的重点，在于"培育"。"培育"一词原意是指通过培养，使

---

① 刘鑫淼.当代中国公共精神的培育研究［M］.北京：人民出版社，2010：201-202.

得幼小生物发育生长，①可引申为两个含义：其一是指使某种感情得到发展，其二是指培养教育。基层治理中的居民社区感培育中的"培育"的概念显然取其引申意义。综合其两种引申含义，本研究将"培育"解释为通过培养教育，使某种感情得到发展。如此理解既点明了培育的手段，也强调了培育的目的性，较为符合本书的立意。

从"培育"的手段来看，"培养教育"中的"培养"即"按照一定的目的长期地教育和训练，使成长"②。因此，对于"培育"的理解重心便落在"教育"一词上。根据教育学基本原理，教育的定义有广义和狭义之分。广义的教育是指一切能够增进人的知识、技能、能力以及影响人的思想意识的活动。③ 这是一个很宽泛的定义，无论是否有目的、有计划、有组织的活动都可以涵盖在内。狭义的教育是指有目的、有计划、有组织地培养人的社会实践活动，即根据一定的社会需要而进行的培养人的活动。④ 由于"培育"和"培养"的概念均内含了"目的性"的要求，所以，本研究中居民社区感培育研究之"培育"，显然，应该取"教育"的狭义定义，是有目的、有计划、有组织地影响和改变人的思想意识的活动。居民社区感培育的直接目的是提升居民社区感，根本目的是增强社会凝聚力、提升公民意识，增进基层民主，实现基层善治。"培育"的"计划性"和"组织性"，意味着培育主体的多元化和培育机制的精细化。一方面，培育主体的结构应该是党领导下的多元主体共同培育，⑤另一方面，需要把握培育对象的差异性和培育过程的步骤性，展开因材施教。

从"教育"的基本形态来看，有家庭教育、学校教育、社会教育三种基本形态。首先是家庭教育，家庭是个体在世界上最先接触到的环境，是个人生存、血缘延续、社会传承、国家前进的基础。家庭教育最重要的功能是其社会化功

---

① 中国社会科学院语言研究所. 新华字典[M]. 北京：商务印书馆，2004：367.
② 中国社会科学院语言研究所词典编辑室. 现代汉语词典[M]. 北京：商务印书馆，1992：859.
③ 王雷. 社会教育原理[M]. 北京：中国社会科学出版社，2015：36.
④ 柳海民. 教育原理[M]. 长春：东北师范大学出版社，2007：138.
⑤ 林尚立. 社区：中国政治建设的战略性空间[J]. 毛泽东邓小平理论研究，2002(2).

能,担负着为社会培育未来公民的使命,这是家庭亘古不变的任务,也是其存在的原因之一。[①] 其次是学校教育,学校是根据社会的需求,有目的、有计划、有组织地开展系统教育的机构。学校不仅是公民知识传授的场所,而且还是一种准公共性的公民交往空间,有助于公共精神的塑造。再次是社会教育,社会教育是在除学校和家庭之外的教育领域中,利用各种文化教育机构与设施,对全体公民实施的有目的、有计划、有组织的教育活动。社会教育有助于弥补家庭教育和学校教育的不足,推动终身教育和学习型社会的开展与建设,以满足个体发展与国家发展的需要。社会的每一个组织、每一个团体、每一位个人,都既是教育的主体,也是教育的客体,既是教育者,也是受教育者,其组织化在很大程度上表现在通过"制度的设置"和"环境的营造"来激发公众"自我"学习、"自我"改变的动力。[②] 因此,从教育的三种基本形态,可以看出,城市基层治理中的居民社区感培育,主要以社会教育的形态展开,遵循着社会教育的一般规律和方式方法,同时,也要考虑到家庭教育和学校教育对于个体社会化的重要作用,利用好家庭教育和学校教育阵地,发挥家庭和学校对个体特别是青少年的教育作用。

　　从教育的基本途径来看,有课堂教学、课外活动和社会实践三种基本途径。助力于社区感培育的课堂教学途径,主要是将现代公民教育作为思想政治教育课程的重要组成部分,融于学校教学和政府主导的社区教育系统的教学环节。其次,课外活动和社会实践途径,也就是"实践"途径,在"做"中学,通过创设以校园和社区为背景的具体生动的基层治理制度和基层生活样态,让居民参与公共事务管理,切实感受到社区的团结、温暖和发展,提升居民对社区的认同感和社会资本。比如发展社区志愿服务,可以使居民建构新的人际交往网络,在互帮互助的过程中提升主体意识和参与意识。

　① 吴铎,张人杰.教育与社会[M].北京:中国科学技术出版社,1991:218.
　② 王雷.社会教育原理[M].北京:中国社会科学出版社,2015:9-11.

社区是培育公共精神的摇篮。[①] 人类心理的基本倾向在社会生活中得到运作。[②] 将"培育"的定义、基本形态、基本途径三个方面综合起来,可以看出,城市治理中的居民社区感培育是由党建引领、政府主导、社会协同、居民参与的协同培育体系,以社会教育为主要形态,同时发挥学校教育和家庭教育的重要作用。在培育的途径上,突出强调"实践教育"的重要意义,同时发挥课堂教学途径对于知识理论传授的重要作用。在此基础上,可以衍生出城市居民社区感培育的两个基本层次,即"直接培育"与"间接培育"。直接培育,就是由社区感的多元培育主体基层党组织、基层政府、社会组织或者社区居民有计划、有目的、有组织地对居民的社区心态直接施加影响的活动,比如各种形式的党员教育活动、思想政治教育、公民道德建设等。间接培育,就是构建共建共治共享的社区治理格局,以城市基层治理与公共服务为载体,实现社区公共利益最大化,提升居民的获得感、幸福感和安全感,从而间接达到增强居民社区感的目的。因此,城市基层治理中的居民社区感培育是一个多主体、多形态、多途径、多层次、跨领域的综合性系统工程。

第二节 理论基础

城市基层治理中的居民社区感培育涉及对实践的描述、问题的发现以及对策的提出等认识活动。然而,上述认识活动的开展,如果没有一定的理论作为分析工具,那么必将进入"自说自话、缺乏标尺"、"武断判案"的困境。因此,本书选择下列理论作为研究活动的理论基础,将其作为分析判断的标尺。

---

① 王颖. 城市社会学[M]. 上海:上海三联书店,2005:198.
② [美]威廉·麦独孤. 社会心理学导论[M]. 俞国良,雷雳,张登印译. 北京:北京大学出版社,2010:1.

一、政治参与理论

政治参与是宪法赋予公民的基本权利,也是现代民主政治和政治社会化的实现形式,反映了一国的民主发展程度与政治文明水平。党的十九大报告指出:要"扩大人民有序政治参与,保证人民依法实行民主选举、民主协商、民主决策、民主管理、民主监督"。① 民主是政治文明的基石,参与是现代民主的核心。政治参与是政治现代化的基本标志。

(一)"政治参与"的内涵

《布莱克威尔政治学百科全书》认为,"政治参与是大量普通公民参与政治的活动",即政治家、政府官员和普通公民在政治制度内参与政策的形成过程。② 公民政治参与是欧美政治生活中非常重要的现象。在政治实践上,沿循着两种方式进行,其一是增加"政治参与的权利",例如选举权、结社权、担任公职权等权利的增加;其二是增加"政治参与的人数",比如享有选举权的人数的提高,最终为全体公民共享的过程。在理论方面,多以"公民参与角色"为主题,基本上可分为两大类别。其一重视"经验性"民主理论,关注公民参与的数量、模式、成因及后果;其二重视"规范性"民主理论,关注应该赋予公民何种程度或数量的政治参与,可产生理想的公民德行。政治学者研究的焦点,集中在欧美国家。③ 直到 20 世纪 60 年代中叶以后,政治参与的研究才推展到亚洲、非洲、拉丁美洲等发展中国家。

美国学者亨廷顿的政治参与理论非常著名。他认为,政治参与是指"一般

---

① 习近平. 决胜全面建成小康社会,夺取新时代中国特色社会主义伟大胜利——在中国共产党第十九次全国代表大会上的报告[M].北京:人民出版社,2017:37.
② [英]戴维·米勒,[英]韦农·波格丹诺. 布莱克威尔政治学百科全书[M].邓正来译.北京:中国政法大学出版社,1992:563.
③ 郭秋永. 当代三大民主理论[M].北京:新星出版社,2006:131–132.

平民试图影响政府决策的活动".① 发展中国家在迈向现代化的过程中之所以出现政治不稳定,原因在于公民的政治参与需求与现有政治制度发展滞后之间的矛盾。现代化进程包括城市化、工业化、民主化等所有领域的改革,发展中国家社会需求的增长与国家能够提供的社会满足程度之间存在一定的差距,产生社会失序的诱因。如果传统社会能够提供大量的流动机会,社会稳定就可以得到保障,但是,绝大多数现代化进程中的发展中国家能够提供的社会流动机会难以满足公民需求,公民必然要求政府提供更多的政治参与机会,以影响政府决策,满足经济发展带来的渴望。现代化进程带来的经济快速发展、社会阶层分化与重组,新的社会集团迅速涌入政治领域,导致政治参与扩大与滞后的政治体制变革产生冲突,极易引起政治动荡。政治稳定在根本上依赖于政治参与程度与政治制度化之间的关系。受此思路影响,我国学者也在很大程度上延续了亨廷顿的理论。杨光斌将政治参与界定为"普通公民通过一定的方式直接或间接地影响政府的决定或与政府的活动相关的公共政治生活的政治行为。"王维国认为,政治参与是指"公民、公民群体或公民团体运用自己的政治权利,通过影响政治权力或政治系统以满足自己的利益要求和实现自我的行为"②。陈振明认为,政治参与是"公民试图影响政府决策的非职业化行为"③。王浦劬认为,政治参与影响了国家政治的运行方式,体现了公民在政治生活中的地位与作用,是公民实现政治权利的重要方式。④

(二)"政治参与"的基本类型

"参与"是与"民主"紧密相连的概念。学者们通常将民主概括为直接民主与间接民主。达尔在其著作《民主及其批评者》中提出"民主的三次转型"。第

---

① [美]塞缪尔·亨廷顿,琼·纳尔逊. 难以抉择——发展中国家的政治参与[M]. 汪晓寿,吴志华等译. 北京:华夏出版社,1989:5.
② 王维国. 公民有序政治参与的途径[M]. 北京:人民出版社,2007:89.
③ 陈振明,李云东."政治参与"概念辨析[J]. 东南学术,2008(4).
④ 王浦劬. 政治学基础[M]. 北京:北京大学出版社,1995:207.

一次转型出现在古希腊与罗马。第二次转型是近代民族国家建立民主制度的努力。第三次转型是未来向更理想的民主制度的转型。从某种意义上说,达尔的三种转型只体现了两种类型的民主。古希腊与罗马代表了一种民主类型,近代民族国家建立的民主制度代表另一种类型。直接民主是古希腊与罗马城邦政治的基本特征。卢梭在《社会契约论》里将人民直接参与公共事物视为追求真正自由的前提。根据达尔的概括,古典时期民主制度包括公民之间和谐、同质、人数较少、直接参与、自主性等特征。① 现代民主具有与古典民主全然不同的特征,表现在七个方面:第一,代议制取代古希腊的公民会议,直接参与转变为间接参与;第二,民主规模延伸,从城邦扩展到民族国家;第三,有限参与,公民参与不仅是间接的,而且是有限的;第四,公民成分多样化;第五,政治冲突成为政治生活的特征;第六,社会及组织的多元主义;第七,个人权利的扩大。② 由直接民主到间接民主的转型,也就相应地带来直接参与和间接参与两种基本类型。

(三)"政治参与"的意义

民主的本质在于一切权力属于人民,国家和政府代表人民行使政治权力。政治参与对于民主理念的践行、民主制度的建构、政治共同体的发展等都具有重要的意义。主要表现为以下四个方面,第一,政治参与是民主实践的有效途径。民主,不仅是政治理念,更是一种实践方式。作为政治理念,参与是民主的核心;作为实践方式,参与是民主政治实践的必要条件,离开公民的政治参与,民主就成了无源之水无本之木。政治参与使公民的主体意识觉醒,养成理性平和、宽容妥协的精神,提高民主实践的水平和能力。第二,政治参与

---

① [美]罗伯特·A.达尔.民主及其批评者[M].曹海军,佟德志译.长春:吉林人民出版社,2006:5-17.

② [美]罗伯特·A.达尔.民主及其批评者[M].曹海军,佟德志译.长春:吉林人民出版社,2006:295-308.

是政治社会化的实现途径。一方面,广泛有序的政治参与可以保障公民最大限度地对政治过程施加影响,满足公民个人的合法诉求;另一方面,公民的政治参与还能形成一种理性、民主的政治文化,从而维系着政治体系的存在和发展,推动政治社会化的实现。第三,政治参与是政治合法性的来源。政治合法性是政治体稳定、持续、有效运转的基础,体现为人们对政治体的认同,也就是卢梭所言的"公意"。有序的政治参与能够促进人们对政治共同体的了解,推动政治生活的社会化,形成理性协商和公共舆论,为公共权力的运行提供合法性基础。与此同时,通过政治参与,大多数人的利益诉求也能够得到满足,从而提高他们对政治体的认同感与支持。第四,政治参与是国家和社会沟通的桥梁。公民参与政治生活,一方面,构成了对国家权力的监督,另一方面,也向国家输送需求信息,推动国家制定政策满足人民的需要。所以,有序广泛的政治参与有利于政治体系的自我进化,有利于国家与社会之间的良性互动,从而推动政治秩序的稳定与和谐。

政治参与是公共参与的核心与前提,是国家、社会、公民三者之间良性互动的纽带,是国家稳定、社会和谐、公民幸福的保障,更是中国特色社会主义基层民主制度的核心。政治参与和居民社区感培育互为因果,政治参与是增强居民社区感的重要因素,居民社区感的提高也将进一步促进公民的政治参与。因此,可以说,政治参与连接起国家与社会、政府与公民,既是本书的居民社区感培育以期促进的目标,也为基层治理中居民社区感培育提供了实践的课堂。

二、社会整合理论

整合与分化是社会发展的基本逻辑。随着19世纪工业革命的开展,欧洲的现代化进程导致的社会分化呼唤着社会整合的研究。孔德的"社会内聚力"、马克思的"阶级社会理论"和"自由人联合体"、斯宾塞的"社会有机体论"思想都蕴含着社会整合理论的萌芽。但是,社会整合的概念真正得以形成始于涂尔干提出的"非契约性社会整合理论",而成为解释社会变迁的一种范式,则始于帕森斯提出的"宏大社会整合理论"。

（一）社会整合理论的主要观点

1. 涂尔干的非契约性社会整合理论

涂尔干的社会整合理论建立在劳动分工的基础上，试图从传统的和既有的准则中对劳动分工引起的秩序混乱、利己主义、缺乏合作等现象提供理论药方。[①] 他强调道德和集体情感等非契约性关系的纽带作用，主张通过宗教或政治仪式、聚会、集会和会议、教育、文化等形式，塑造人们的共同情感，以促进社会团结。

2. 帕森斯的宏大社会整合理论

20 世纪 30、40 年代，美国社会学家帕森斯在结构功能主义框架中建构了宏大社会整合理论，强调整体而批评功利主义"原子论"。他认为，部分离开整体就失去其本性，并提出解释社会行动的适应—目标达成—整合—模式维持结构功能框架。[②] 适应由以货币为条件的经济系统来实现，目标达成由以权力为条件的政治系统来实现，整合由以互相影响为基础的社会协同来实现，模式维持由以价值规范为条件的文化系统来实现。其中，社会整合就是"调整和协调系统内部的各结构，防止任何严重的紧张关系和不一致对系统的瓦解"，[③] 从而维持社会系统的平衡。

二战结束之后，宏大社会整合理论曾一度占据社会学研究的主导地位，但是，20 世纪 60 年代以后，开始受到人们的批评，学界开始从"宏观"和"微观"相结合的视角展开研究。

---

① ［法］达尼洛·马尔图切利. 现代性社会学——20 世纪的历程［M］. 姜志辉译. 南京：译林出版社，2007：18.

② Talcott Parsons. Theories of Society［M］. New York：Free Press, 1961：30-41.

③ ［美］安东尼·奥勒姆. 政治社会学导论［M］. 葛云虎译. 杭州：浙江人民出版社，1989：114.

3. 洛克伍德的"系统社会"整合二分理论

洛克伍德的突出贡献在于其挖掘了社会整合的具体意义,从帕森斯抽象的框架中将社会整合划分为"系统整合"和"社会整合","系统整合"关系到组成社会系统的社会单元之间的协调,"社会整合"关系到个人如何融入社会。[①]洛克伍德的整合二分理论从抽象的整合框架中对具体的整合加以区别,给社会整合研究赋予了新的意义。

4. 哈贝马斯的沟通整合理论

哈贝马斯认为人的行为有四种类型:目的行为、规范调节行为、戏剧性行为、交往行为。目的行为通过工具介入客观世界,以实现自己的目的;规范调节行为对应着社会世界,主体间根据群体规范建立交往行为,同时规范性行为为交往行为提出正当性和有效性要求;戏剧性行为与主观世界相关联;交往行为以语言和符号为媒介,与生活世界相关联,生活世界以文化、社会和个性为要素,[②]通过人们的交往实践实现社会整合的目标。

5. 吉登斯的时空整合理论

吉登斯认为,在前现代环境中,时空的融合和共同在场使人们之间具有更多的信任,但是现代社会的时空分离,使人们对抽象体系(象征标志和专家系统)的信任占据主导。现代社会以知识的使用为特征,人们陷于对抽象系统或专业知识的信任。[③] 简言之,就是要通过知识的输入提升时空整合的程度。

(二) 社会整合的指标和机制

1. 社会整合的指标

在帕森斯之后,学界开始了对社会整合指标和机制的探索。国外学者给

---

① David Lockwood. Exploration in Social Change[M]. London：Routledge，1964：244 - 256.
② ［德］哈贝马斯. 交往行动理论——论功能主义理性批判(第 2 卷)[M]. 洪佩郁，蔺青译. 重庆：重庆出版社，1994：189.
③ ［英］安东尼·吉登斯. 现代性的后果[M]. 田禾译. 南京：译林出版社，2011：69 - 97.

出了社会整合正反两个方面的指标，包括团结/分裂、忠诚/敌对、适应/反常、认同/排斥。在"团结/解体"指标方面，涂尔干将"社会团结"分为"有机团结"和"机械团结"，"有机团结"以个体间的同质性为基础，"机械团结"以个体间的异质性为基础。"解体"是社会整合的相反面，标志着社会整合的失败。在"忠诚/冷漠"指标方面，学者们认为，原子化的社会中依然存在着人与人之间的合作和忠诚，冷漠、排斥、敌意则是"忠诚"的反面现象。[1] 在"适应/反常"指标方面，有学者认为社会整合就是适应社会的能力，[2]理想的社会整合就是提供健康资源和社会支持，[3]孤独、自杀、离婚、精神疾病等反常现象则是整合失败的指标。在"认同/排斥"指标方面，作为社会整合的基本机制，社会认同理所当然构成社会整合的基本指标，与之相反的指标则是社会排斥和社会孤立，标志着社会整合的失败。

2. 社会整合的机制

对于社会整合的机制，主要有以下六种：第一是沟通交往机制，基于沟通整合理论，即"多元声音中的理性同一性"。[4] 已有研究表明，社会交往将减少破坏性力量的增长。[5] 沟通交往机制得到了学界的普遍认同，学者们比较一致地倾向于将沟通交往作为社会整合程度的表现。第二是规则整合机制，一方面，以涂尔干为代表的一些学者关注传统道德、文化、宗教、仪式、教育等非契约规则；另一方面，以吉登斯为代表的另外一些学者则较为关注社会制度和契约的社会整合作用，吉登斯认为社会整合就是现代制度对时间和空间的适

---

①　Steven Dijkstra, Karin Geuijen, Arie Deruiter. Multiculturalism and Social Integration in Europe[J]. International Political Science Review, 2001, 22(1): 56.

②　T. V. Parasuraman, Rachel Rose. Development of a Model of Social Integration[J]. Quality of Life Research, 2000, 9(3): 338.

③　Phyllis Moen, Robin M. Williams. Social Integration and Longevity: An Event History Analysis of Women's Roles and Resilience[J]. American Sociological Review, 1989, 54(4): 638.

④　[德]于尔根·哈贝马斯. 后形而上学思想[M]. 曹卫东、付德根译. 南京：译林出版社，2012：137.

⑤　Eldon E., Snyder A. Study in the Development of Social Integration in a New Social Group[J]. Journal of Educational Sociology, 1962, 36(4): 63.

应。第三是利益整合机制,巴巴利特则认为社会整合的基础是通过发展生产满足人们的需求,福姆等将"提供工资和经济安全"作为工会的第一位功能,[①]克莱因等发现移民会"为了将来的经济利益而整合进西班牙社会"。[②] 可见,经济利益往往构成社会整合的前提条件。第四是交换整合机制,人的本质在于其社会性,个体的生存必须满足社会的期待才可以相应地从社会换取自己需要的东西。为他人服务,便可得到权威和来自他人相应的帮助。交换达成了个体之间的整合。第五是社会参与机制,艾森斯塔德认为社会整合是移民个体对其流入空间的社会参与。社会参与除了加强社会网络以外,还可以通过在志愿组织中寻求社会支持,形成对流动性社会的一种防御。[③] 第六是社会控制机制,社会控制能够在较短的时间内通过对社会资源的操控,减少社会冲突,稳定社会秩序,从而实现社会整合的目标。

社会分化与整合是政治学、社会学、公共管理学等学科研究最重要的领域之一,也是公众最为关心的社会现象之一,涉及每一个人的切身利益,在社会发生急剧变迁的时期尤为如此。转型期我国面临的社会碎片化现象给国家与社会的健康稳定持续发展带来巨大挑战,社会整合成为我国社会治理的基本目标。社会整合理论,是西方学者应对现代化进程中的社会分化而开出的理论药方,其维护个体尊严和社会公平正义所作出的贡献,对于转型期我国社会的培育和重构,具有十分重要的借鉴和启发意义。

三、协同治理理论

协同治理理论的研究起源于对善治的研究,目的在于追求公共利益的最

---

① William H. Form, H. Kirk Dansereau. Union Member Orienlations and Patterns of Social Integration[J]. Industrial and Labor Relations Review, 1957, 2(1): 3 - 12.

② Herben S. Klein. The Social and Economic Integration of Portuguese Immigrants in Brazil in the Late Nineenth and Twentieth Centuries[J]. Journal of Latin American Sudies, 1991, 23(2): 309 - 337.

③ S. N. Eisenstadt. The Absorption of Immigrants[M]. London: Routledge and Kegan Paul, 1954: 13.

大化。"善治就是使公共利益最大化的社会管理过程,是政府与公民对公共生活的合作管理,是政治国家与市民社会的一种新颖关系,是两者的最佳状态"。① 在对善治的不断探讨过程中,"协同治理"逐步成长为一种新的研究范式,被广泛应用于政治学、经济学、社会学、管理学等学科的研究。

　　作为自然科学中的协同论与社会科学中的治理理论的交叉理论,协同治理所指向的是一个包含着多种相互关联的子系统的整体开放的复杂系统。20世纪 60 年代,德国物理学教授赫尔曼·哈肯创立了协同理论,他发现"激光的形成过程是个典型的非平衡相变"。"子系统总是存在着自发的无规则的独立运动,同时又受到其他子系统对它的共同作用,存在着子系统之间关联而形成的协同运动"。② 我国学者郑巧认为:"协同治理是指在公共生活过程中,政府、非政府组织、企业、公民个人等子系统构成的整体协同,货币、法律、知识、伦理等作为控制参量,借助系统中诸要素或子系统间非线性的相互协调、共同作用,调整系统有序、可持续运作所处的战略语境和结构,产生局部或子系统所没有的新能量,实现力量的增值,使整个系统在维持高级序参量的基础上共同治理社会公共事务,最终达到最大限度地维护和增进公共利益之目的。"③ 燕继荣将协同治理理论称为第三代善治理论,认为协同治理的前提就是要建立一个以政府为主导,包括企业、社会组织、公众在内的多元化的主体结构,通过资源共享、互利互惠、责任共担、深度交互机制,实现整体效能大于部分之和的效果。④ 协同治理理论兼具民主优势与效能优势,有助于解决复杂系统运行中的问题,特别是社会转型过程中的复杂性与不确定性问题,比如社会碎片化问题等,其核心在于开放性的价值追求和合作主义的方法论取向,即扬弃国家本位的全能治理模式或者社会本位的无政府治理模式,通过两者之间的合

①　俞可平. 全球治理引论[J]. 马克思主义与现实,2002(1).
②　郭治安. 协同学入门[M]. 成都:四川人民出版社,1988:21－23.
③　郑巧,肖文涛. 协同治理:服务型政府的治理逻辑[J]. 中国行政管理,2008(7).
④　燕继荣. 协同治理:公共事务治理新趋向[J]. 人民论坛·学术前沿,2012(17).

作与互动,使得权力符合公共性的要求,从而构成一个良性的治理结构。

我国的社区治理是政府行政逻辑和社会自治逻辑的交互,然而,转型期社会的碎片化与参与缺失,使社会难以担当起自我管理的重任,阻碍了社会善治的实现。基于这样的问题导向,习近平同志在党的十九大报告中指出:要"完善党委领导、政府负责、社会协同、公众参与、法治保障的社会治理体制",①明确将"协同治理"作为新时代我国社会治理的路径选择。相应地,作为社会治理创新路径的城市居民社区感培育,也要构建"党委领导、政府负责、社会协同、公众参与、法治保障"的培育体制,在基层党委领导、基层政府主导之下,凝聚各方力量,发挥各自功能,使社区感培育达到最佳成效。居民社区感培育将在协同治理的总体框架中运用政治参与理论和社会整合理论探寻整合社会力量、增强社会活力、推动社会民主的路径机制,为共建共治共享社会治理格局的构建开辟一条新路。

---

① 习近平.决胜全面建成小康社会,夺取新时代中国特色社会主义伟大胜利——在中国共产党第十九次全国代表大会上的报告[M].北京:人民出版社,2017:49.

第二章　城市基层治理中居民社区感培育的宏观依据：社会主要矛盾

社会主要矛盾是确立国家治理目标和政府中心工作的基本依据，也是构建城市居民社区感培育模式的宏观依据。城市基层治理中居民社区感培育，根植于社区感培育的历史与现实，承载着人民对美好生活的期盼。只有在回应民意、尊重历史、把握现实的基础上，才能够探寻到富有时代魅力且具有持续生命力的居民社区感培育路径。本章力图把握制度变迁脉络，通过对城市居民社区感培育的纵向考察，揭示社区感培育的基本规律，为城市居民社区感培育模式的构建提供宏观依据。

第一节　新中国成立以来的社会主要矛盾及城市基层管理模式

"社会主要矛盾"的概念来自于毛泽东同志的文章《矛盾论》。他认为："在复杂的事物的发展过程中，有许多的矛盾存在，其中必有一种是主要的矛盾，由于它的存在和发展，规定或影响着其他矛盾的存在和发展。这种处于支配地位,对事物的发展过程起着决定作用的矛盾,叫做主要矛盾。"①并且,"研究任何过程,如果是存在着两个以上矛盾的复杂过程的话,就要用全力找出它的主要矛盾。捉住了这个主要矛盾,一切问题就迎刃而解了。"②在不同的社会历史时期,党和国家全面深入考察当时的经济社会发展状况,对社会主要矛盾做出科学判断,并以此为基础制定一系列国家治理与社会治理方略。

一、新中国成立以来的社会主要矛盾

社会是运动的,矛盾是发展的,社会主要矛盾随着生产力和经济社会的发展而转化。新中国成立以来,党对我国社会的主要矛盾作出过三次历史性的判断。第一次判断是在 1956 年的中共八大上,基于社会主义三大改造完成和社会主义制度建立的基本国情,大会提出,"生产资料私有制的社会主义改造基本完成以后,国内的主要矛盾不再是工人阶级和资产阶级之间的矛盾,而是人民对于建立先进的工业国的要求同落后的农业国的现实之间的矛盾,是人民对于经济文化迅速发展的需要同当前经济文化不能满足人民需要的状况之间的矛盾"。③ 大会还指出,"这一社会主要矛盾的实质,是先进的社会主义制度同落后的社会生产之间的矛盾,解决矛盾的办法在于发展社会生产力,实行大规模的经济建设"。④ 这样的判断对之后形成我国的赶超式工业化,以及以发展生产力、提高人民生活水平为重点的社会主义现代化建设奠定了思想基础。党对社会主要矛盾做出的第二次判断是在 1981 年党的十一届六中全会上,大会指出,"在社会主义改造基本完成以后,我国所要解决的主要矛盾,是人民日益增长的物质文化需要同落后的社会生产之间的矛盾"。⑤ 这一重要论断为党的工作重心从以阶级斗争为纲转移到以经济建设为中心、实行改革

---

① 毛泽东选集(第 1 卷)[M].北京:人民出版社,1991:320.
② 毛泽东选集(第 1 卷)[M].北京:人民出版社,1991:322.
③ 人民日报.中共八大关于政治报告的决议[EB/OL].中央政府门户网站,2008 - 06 - 04.
④ 人民日报.中共八大关于政治报告的决议[EB/OL].中央政府门户网站,2008 - 06 - 04.
⑤ 北京日报.深入理解我国社会主要矛盾的转化[EB/OL].中国共产党新闻网,2017 - 11 - 13.

开放,开辟中国特色社会主义的伟大事业提供了理论依据。党对社会主要矛盾做出的第三次判断是在党的十九大上,大会做出了"中国特色社会主义进入新时代,我国社会主要矛盾已经转化为人民日益增长的美好生活需要和不平衡不充分的发展之间的矛盾"的科学论断。① 新时代社会主要矛盾的转化精准把握时代命题,着力解决不平衡不充分发展的问题,明确了新时代国家治理的奋斗目标,彰显着党为人民谋幸福的初心和使命,砥砺着党领导全国人民实现中华民族伟大复兴中国梦的历史担当。

二、新中国成立以来的城市基层管理模式

新中国成立以来,我国城市基层管理模式随着社会主要矛盾和国家治理目标的变化而变化,呈现出演进的阶段性特征。

(一)计划经济时代:"单位制"为主、"街居制"为辅

新中国成立之后,中国共产党亟需建立强有力的社会组织机制,以面对经历了百年战乱、资源稀缺、人口众多以及始于晚清时期的社会总体性危机,②保证政府工作的有效性,并于 20 世纪 50 年代中期,开始对城市的阶级阶层结构展开重塑。城市的阶级阶层重塑主要涉及财产制度的三个方面,其一是对私营工商业的社会主义改造,将原来私有的工商业变为"公私合营",继而转为公有制。其二是城市私有房产改造。根据中共中央转批中央书记处第二办公室《关于目前城市私有房产基本情况及进行社会主义改造的意见》,私有房产改造的基本内容是:"对城市私人房屋通过采用国家经租、公私合营等方式,对城市房屋占有者用类似于赎买的办法,即在一定时期内给以固定的租金,来逐

---

① 习近平.决胜全面建成小康社会,夺取新时代中国特色社会主义伟大胜利——在中国共产党第十九次全国代表大会上的报告[M].北京:人民出版社,2017:11.
② 孙立平."自由流动资源"与"自由活动空间"——论改革过程中中国社会结构的变迁[J].探索,1993(1).

步地改变他们的所有制;同时对依靠房租作为全部或主要生活来源的房东和二房东,进行逐步地教育和改造,使他们由剥削者改造成为自食其力的劳动者。"①其三是城市土地制度改革。1954年《宪法》第十三条提出:"国家为了公共利益的需要,可以依照法律规定的条件,对城乡土地和其他生产资料实行征购、征用或者收归国有。"②后来,财政部又发文,提出城市土地采取无偿划拨的方式。经过社会主义改造,城市土地采用了公有制的运作方式。③ 同样也在1954年,全国人大常委会通过《城市居民委员会组织条例》,④明确了居民委员会的性质、人员配备和任务职责,至1956年左右,居民委员会制度在全国建立起来。与此同时,单位制开始向城市基层扩展,经过三大社会主义改造和"大跃进",大多数城市居民被纳入单位之内,单位成为城市管理的基本单位。1958年,党的八届六中全会通过《关于人民公社若干问题的决议》,⑤街道建立人民公社,城市管理彻底单位化。对处于单位体系吸纳能力之外的社会闲散成员,比如没有工作的老人、孩子、通过单位兴办的集体企业仍旧无法安置的职工家属和不适合在单位工作或单位不愿接受的阶级斗争对象、劳改释放人员等,则通过以个人居住场所为基点的"街居制"实行"准单位化"管理。虽然1962年撤销人民公社,但始于1966年的"文化大革命"强化了单位在城市基层管理中的地位与作用,以"单位制"为主、"街居制"为辅的城市基层管理体制基本形成。

"文革"结束以后,数十万知青返回城市,人口流动性加强,"单位人"开始转化为"社会人"。同时,单位体制越来越难以满足日趋多样化的社会服务需求,大量社会事务开始回归社会自我管理,城市基层社会管理制度改革迫在眉睫。

---

① 中共中央转批中央书记处第二办公室. 关于目前城市私有房产基本情况及进行社会主义改造的意见的指示,1956-01-18;载自中央档案馆、中共中央文献研究室. 中共中央文件选集(第22册)[M]. 北京:人民出版社,2013:99-100.
② 全国人民代表大会. 中华人民共和国宪法全文(1954年)[BE/OL]. 找法网,2019-05-01.
③ 李强. 当代中国社会分层[M]. 北京:生活·读书·新知三联书店,2019:32-34.
④ 城市居民委员会组织条例[EB/OL]. 中国人大网,2000-12-10.
⑤ 关于人民公社若干问题的决议[EB/OL]. 中国网,2009-11-26.

（二）改革开放时代："单位制"为主、"街居制"为辅向"社区制"转化

改革开放以后，所有制结构由高度集中的计划经济体制向社会主义市场经济体制转变，非公有制经济的发展，带动了体制外自由流动资源的出现。随着流通体制、劳动人事、社会保障、户籍等制度的改革，社会自由活动空间出现，单位全面管理社会的局面不复存在，与此同时，市场经济带来的国有企业及政府事业单位改革，客观上也要求建立现代企业制度，实现政企分开、政社分开和事社分开。单位制的运行基础开始动摇，"国家—单位—个人"及"国家—街居—个人"的纵向管控体系开始瓦解。国家逐步通过社区组织实现属地管理，以弥补单位退场以后留下的秩序空白。

1978 年十一届三中全会的召开，拉开了改革开放的序幕，也开启了我国城市社会管理体制改革的序幕。1980 年，全国人民代表大会重新公布了 1954 年的《城市居民委员会组织条例》，街道办事处和居民委员重新成为我国城市基层管理的组织机构。1984 年，党的十二届三中全会发布《中共中央关于经济体制改革的决定》，①加速了城市经济体制改革的步伐，政府与企事业单位的社会管理职能从单位中分离出来，社区及社会组织开始萌芽，以承载从单位中分离出来的社会职能。1985 年，中共中央发布《中共中央国务院关于进一步活跃农村经济的十项政策》，提出"在各级政府的统一管理下，允许农民进城开店设坊，兴办各种服务业，提供各种劳务"，②由此拉开了农村劳动力向城镇和沿海经济发达地区流动的序幕，也开启了我国的城市化进程。1987 年，民政部倡导在城市开展社区服务，社区的概念第一次正式进入政府文件。进入 21 世纪，经济转轨和社会转型带来了基层社会的巨大变革，也推动了社区治理模式的进一步转变。国家相继出台了一系列政策，在探索社区制方面取

---

① 中共中央关于经济体制改革的决定[EB/OL]. 中国网, 2008 - 11 - 11.
② 中共中央, 国务院. 关于进一步活跃农村经济的十项政策[EB/OL]. 人民网, 2012 - 01 - 04.

得了显著的成绩。2000 年,中央办公厅、国务院办公厅转发《民政部关于在全国推进城市社区建设的意见》(23 号文件),①重新划分原有的城市居委会辖区,并且对社区建设的目标、原则、工作内容、组织结构做出明确规定。23 号文件的出台标志着中国城市社区建设步入整体推进、全面拓展的阶段。各地不断探索社区治理方式,形成诸如沈阳模式、盐田模式、江汉模式等社区治理典型。2002 年,党的十六大提出要"健全基层自治组织和民主管理制度,完善公开办事制度,完善城市居民自治,建立管理有序、文明祥和的新型社区"②,首次在党的文件中为社区发展指明目标,即"管理有序和文明祥和"的新型社区。2007 年,《中华人民共和国城市居民委员会组织法》出台,在法律上明确了居委会的自治性质。③ 2009 年,民政部发布《民政部关于进一步推进和谐社区建设工作的意见》,指明了和谐社区建设工作的思路和要求。④ 2010 年《关于加强和改进城市社区居民委员会建设工作的意见》就健全城市基层管理与服务做出了明确的指导。⑤ 2017 年,《中共中央 国务院关于加强和完善城乡社区治理的意见》印发,⑥作为深入贯彻习近平总书记系列重要讲话精神和治国理政新理念新思想新战略的决策部署,明确了新时代社区治理的战略原则和基本路径,对促进人民幸福生活、社会和谐稳定和国家长治久安具有深远意义。

三、城市基层管理模式演进的内在逻辑:社会主要矛盾的转化

对于我国城市基层治理模式的演进过程进行考察,可以发现,社会主要矛盾的转化是推动城市基层管理模式转化的根本动因。

---

① 民政部关于在全国推进城市社区建设的意见[EB/OL]. 央视网,2018 - 12 - 12.
② 人民日报. 中国共产党第十六次代表大会[EB/OL]. 中央政府门户网站,2008 - 09 - 02.
③ 中华人民共和国城市居民委员会组织法[M]. 北京:中国法制出版社,2018:4.
④ 民政部关于进一步推进和谐社区建设工作的意见[EB/OL]. 中国政府网,2009 - 11 - 26.
⑤ 关于加强和改进城市社区居民委员会建设工作的意见[EB/OL]. 人民网,2010 - 11 - 10.
⑥ 民政部编写组. 中共中央国务院关于加强和完善城乡社区治理的意见[M]. 北京:人民出版社,2017:19.

(一) 两种城市基层管理模式的主要特征

新中国成立以来的不同历史时期,我国相继建立的两种城市基层管理模式存在着截然不同的特征:

计划经济时代"单位制"为主、"街居制"为辅的管理模式,具有三个方面的基本特征:其一,"单位办社会"格局,而且由于单位内部普遍建立了党支部、工会、妇联、团支部等组织体系,单位不仅是一种职业场所,而且兼具思想教育、社会保障等多种职能,不仅从事所属行业,而且兼营食堂、浴室、学校、商店、理发等其他行业,①为其成员提供从"衣食住行"到"生老病死"全方位的服务与保障,形成单位办社会的体制。其二,纵向一体化的社会整合模式,国家通过"国家—单位—个人"和"国家—街居—个人"两条渠道实现对城市社会的高度整合,中央政府掌握着社会资源,以行政性指令的方式把资源在时空之间进行安排,以单位和街道为中介,实现对个人的纵向管理,社会高度组织化。其三,单位生活共同体,在生产与生活高度稳定合一的空间内,人们互相交往、互相熟悉、互相信任,并且通过与单位组织的互动建立起独特的公共议题、道德秩序与行为模式。②

改革开放时代的"社区制"是对传统的"单位制"为主、"街居制"为辅管理模式的转变与超越,主要表现在三个方面:其一,结束单位办社会,开展属地管理,构建地域社会体系,不再以生产单位为管理单元,"国家—社区—个人"社会管理模式逐渐形成。其二,结束纵向管理体系,构建协同共治网络,社区制强调共建共治,不再是高度整合的"国家—单位—个人"和"国家—街居—个人"纵向管理机制,而是在基层党组织引领、基层政府主导下,居民自治组织、各类社会组织和社区居民共同参与的协同治理网络体系。其三,转变政府职

---

① 李强.转型时期的中国社会分层结构[M].哈尔滨:黑龙江人民出版社,2002:209 - 210.
② 田毅鹏."单位共同体"的变迁与城市社区重建[M].北京:中央编译出版社,2014:43 - 51.

能,建设公共服务型政府,社区制强调以公共服务的供给为载体,政府职能由"全能型"、"管控型"模式向"主导型"、"服务型"模式转变,公共服务供给方式由政府行政性统一分配向政府供给、政府向社会组织购买服务、社区志愿服务等多元主体共同参与的供给模式转变。

　　总而言之,从"单位制"为主、"街居制"为辅到"社区制",国家不再以高度统合的方式实现对城市基层社会的管理,而是给社会留出自主发育的空间,以期在国家与社会关系的动态平衡中构建共建共治共享的社会治理格局。因此,培育社会力量、激发社会活力、促进社区自治成为崭新的历史主题。

(二) 社会主要矛盾的转化:推动城市基层社会管理模式演变的动因

　　单位是我国社会主义建设初期的社会生产单元和生活单元,国家以单位为载体,实现了高度的政治整合、社会整合和生产动员。虽然对于单位制的起源,学界可谓是众说纷纭,但是,无论是"根据地经验论"[①]、"革命后社会整合论"[②]、还是"民国时期起源论"[③]、"东北老工业基地起源论",[④]有三点学界已达成共识:第一,单位制度是 20 世纪中叶中国社会剧烈变迁的历史背景的产物,不是简单照搬别国经验,也不是精英人物的匠心设计。第二,"单位制为主、街居制为辅"的城市社会管理模式克服了我国自晚清以来的社会总体性危机,实现了社会秩序的重建,巩固了新生的人民政权,保证了社会的高度稳定。第三,在巩固政权、重建社会之后,我国开始步入快速工业化进程,工业企业成为城市社会动员的重点,20 世纪 50 年代的"一五"计划是单位制形成的主要推

---

　　① 路风. 中国单位体制的起源与形成;载自中国社会科学院社会学研究所. 中国社会学(第 2 卷)[M]. 上海:上海人民出版社,2003:94.

　　② 刘建军. 单位中国——社会调控体系重构中的个人、组织与国家[M]. 天津:天津人民出版社,2000:130.

　　③ [美]卞历南. 制度变迁的逻辑——中国现代国营企业制度之形成[M]. 卞历南译. 杭州:浙江大学出版社,2011:285.

　　④ 田毅鹏. "单位共同体"的变迁与城市社区重建[M]. 北京:中央编译出版社,2014:59-68.

动因素之一,"一五"计划的完成是单位制形成的标志。① 作为国家社会管理的基本单元,单位体系几乎吸纳了所有的社会成员,形成了强大的社会力量,在新中国成立以后资源紧缺、生产运动化和以政治运动调整工业关系的国情下,单位制表现出强大的社会动员能力,推动了我国的工业化进程,寻求赶超式的快速现代化,回应了中共八大对社会主要矛盾的判断。

20 世纪 80 年代以后,我国社会主要矛盾发生转化,"人民日益增长的物质文化需要同落后的社会生产之间的矛盾"成为社会主要矛盾②,党的工作重心从"文革"时期的"以阶级斗争为纲"转向"以经济建设为中心"、"实行改革开放",经济体制从计划经济向市场经济转轨,对社会管理体制改革提出了客观要求。单位体制的"政企合一"、"以政代企"、"企社合一"性使其成为我国国民经济社会文化相关部门效率低下的主要原因,不可能成为可持续性的高效管理体制。为了解决 20 世纪末期我国社会的主要矛盾,建立起与改革开放和市场经济体制相适应的社会管理体制,实现政社分开,国家通过一系列改革措施促进城市基层社会体制改革,比如住房商品化、医疗体制改革、社区建设的兴起等。所有制结构的变化、社会资源的自由流动,使得"单位制"走向解体,社会向着个体化的方向发展。街道办事处和居委会得到大的发展,工作对象大大拓宽,工作任务大大拓展,人员编制大大拓充,③"单位制为主、街居制为辅"的社会管理模式必然要被一种新的社会管理体制所替代,即由"国家—单位—个人"和"国家—街道—个人"的社会管理体制转向"国家—社区—个人"的社会管理体制。

————————

① 田毅鹏,吕方."单位共同体"的变迁与城市社区重建[M].北京:中央编译出版社,2014:64 - 65.

② 北京日报.深入理解我国社会主要矛盾的转化[EB/OL].中国共产党新闻网,2017 - 11 - 13.

③ 何海兵.我国城市基层社会管理体制的变迁:从单位制、街居制到社区制[J].管理世界,2003 (6).

第二节　城市基层治理模式演进中的居民社区感培育

计划经济时代的城市是一个高度同质化的空间,大部分居民都是单位人,市场化改革冲击了原有的空间秩序,社区呈现出碎片化和多元化特征。尽管"社区感"的概念目前尚未引起我国官方和学界的充分关注,但是,作为基层社会治理的副产品,不同的基层治理模式,也就相应地带来不同的居民社区感培育模式。本研究从海量的社区治理文献与实践中提取到一些与居民社区感培育相关的因素来进行分析和探讨。

一、单位制下的居民社区感培育

由于我国计划经济时代的单位制几乎覆盖到了所有的社会成员,街居制只是辅助性的社会管理制度,且随着 1958 年兴起的"大跃进"的失败和"文化大革命"的开展,街道权力迅速回落,街居体系受到破坏,因此,本书在对城市基层治理模式演进中居民社区感培育进行研究时,仅对占主导地位的"单位制"下的居民社区感培育展开分析。

理解中国国情下的社区和社区感,"单位"是一个无法避免的参照物。无论是新中国成立之初,还是改革开放之后,社区的地位与作用始终与单位紧密相连。关于计划经济时代的"社区",学者们从不同的角度出发存在着不同的看法,主要有三种观点:第一种观点,强调政府提出"社区"概念的时间点,认为我国的社区是改革开放以后单位制逐步解体背景之下的替代物,政府第一次提出社区的概念是 1987 年民政部发出的关于在城市开展社区服务的文件,因此,在"单位制"时代没有"社区"一说,①"社区感"自然也就无从谈起。第二种

---

① 李文茂,雷刚.社区概念与社区中的认同建构[J].城市发展研究,2013(9).

观点,强调社区的管理机构,认为在新中国成立之后较短的一段时间,社区及社区组织是存在的,但是,伴随着快速工业化和"文化大革命",高行政性的单位组织挤压了原有的社会空间,社区组织被消解,"社区感"也就无从谈起。[①]第三种观点,强调社区的共同体本质,从共同体的内涵来考察占主导地位的单位,认为,作为相对封闭的生产与生活空间,单位本身就具有共同体性质,既是生产共同体,又是生活共同体。[②]本研究考察社区感培育模式的目的,不在于追究"社区"概念和组织形态存在的具体时间,而在于考察不同的基层管理模式对于居民心态的影响。因此,本研究没有纠结于"社区"及"社区感"名称和组织机构的出现时间,而是要聚焦于占据主导的单位空间内人们的生活形态和社会心态。

如前所述,单位是适应计划经济体制的一种特殊的组织形式,以行政性、封闭性、统一性为特征,每个单位都相当于庞大行政体系中的一个部件,国家运用自上而下的行政手段,以单位为中介,建立起国家—单位—个人的强依附关系,实现国家对个人的管理。这一时期的城市居民心态培育主要通过以下两种方式得以实现:

第一,直接灌输。20世纪50年代,由于推翻蒋家王朝、新中国成立和抗美援朝的胜利,中国人民在感受到毛主席和共产党伟大的同时,也看到了自己的力量。在城市基层,以单位为基本单元,对社会成员开展理想信念教育,"文革"期间则突出地表现为知识青年上山下乡、接受贫下中农再教育、全民学习《毛主席语录》等形式,宣传党的路线、方针、政策,直接灌输国家意志,使个人丧失自我意识和判断能力,[③]产生超出日常体验的"我们感",对党和政府的决策理解、认同、支持、参与,使党的决策意图和人民群众的支持参与形成推动社

---

①　李枭.多元主体参与下的我国城市社区协同治理研究[M].北京:经济科学出版社,2018:56 - 57.

②　田毅鹏,吕方."单位共同体"的变迁与城市社区重建[M].北京:中央编译出版社,2014:53.

③　[法]古斯塔夫·勒庞.乌合之众:群体心理研究[M].段鑫星译.北京:人民邮电出版社,2016: 14.

会发展的强大合力。这种直接思想灌输的步骤通常表现为党中央及中央政府自上而下发出号召,各级党政组织、企事业单位及群众团体纷纷响应,群起应之。社会成员"同一与亢奋"成为这一时期社会心态的典型特征。①

第二,制度塑造。通过物理空间和制度体系塑造居民的依附心理和共同体价值观。一方面,永久就业制度、各种证明制度、介绍信制度等制度上的约束使人们无法走出单位,除了单位,没有其他组织存在的空间,没有自由流动的资源,单位为社会成员分配最基本的物质生活资料和人生发展机会,解决当时的民生和社会公平问题,"包下来"的福利也使人产生优越感而甘愿留在单位,以此形成个人对单位的依附心理,以及附属于单位框架下的道德规范、行为方式和社会秩序;另一方面,封闭的单位空间中,业缘关系与地缘关系高度重叠,个体的交往、互动都在单位组织框架内展开,人们相互熟悉、相互信任,接受了共同的价值观念和生活方式,也形成了工作中的同志友谊和生活中守望相助的邻里关系。但是,受制于当时的经济发展水平,单位制下的居民住房条件较差,且与房屋没有情感联系。这主要表现在三个方面,其一,财富短缺、物质匮乏,单位房屋的质量和居住条件水平较低。其二,居民没有产权,福利分房制度以强调抽象的整体利益为根本原则,与单位成员个人没有财产上的联系,无法建立起居民与居住房屋之间"有恒产者有恒心"的情感连接。② 其三,分房引发人际纠纷,房屋是关系到每一个单位成员切身利益的大事,住房分配常常引起激烈的人际纠纷。③

可以看出,单位制管理模式下的居民社区感培育具有两个明显特征:其一是全方位的福利保障,其二是成员对单位组织的高度认同。但是,深入思考便会发现,单位制下的福利待遇只能维持低水平的生活质量,其成员对单位的认同感也是以独立人格与自我意识的缺失为代价的,越是被强制性地同化,越是

---

① 周晓虹.全球化视野下的中国研究[M].北京:中国社会科学出版社,2012:306.
② 孙立平.社区、社会资本与社区发育[J].学海,2001(4).
③ 张登贵.大题小作[M].北京:中国广播电视出版社,2002:14.

失去自我，而不能形成健康的人格，成员对单位组织的权利、义务和责任意识均无从谈起。但是，单位成员间同志般的友谊，在市场化、原子化的当下，仍然是值得追忆的。

二、社区制下的居民社区感培育

理解住房商品化改革之后的中国社区，无法回避的是与之紧密相连的另一个概念"物权"。2007 年《物权法》的颁布和实施标志着住房从此成为个人的合法化财产，社区也就因此而成为一种以专有财产为核心、以共有财产为纽带的利益共同体。当居住者第一次与其居住的社区产生紧密的利益关联的时候，也就为社区回归成为一种真正富有亲密情感的社会共同体提供了可能。①

尽管学界根据不同的标准对我国的城市社区进行了分类，不同类别的社区在内外环境、区位条件、配套设施、治理方式上的差别会给居民社区感带来很大的差异，但是，总体来说，当下的社区制管理模式下对居民心态培育主要起到了三方面的影响作用：

第一，服务改善。改革开放提高了我国的经济发展水平和人民生活质量，尽管不同地区、城市和类型的社区在基本公共服务方面仍有差异，但是总体来说，相比于计划经济时代的单位福利分房都已有了较大幅度的改善。社区成为解民难、排民忧、顺民意，联系服务群众的"最后一公里"。

第二，直接培育。设立专门的社区党组织和社区教育部门，宣传党的政策和主张，培育社会主义核心价值观；化解社会矛盾，协调邻里关系，维护基层稳定；展开职业技能和生活技能教育，促进创新创业，推动终身教育和学习型社会构建。

第三，基层民主。表现在居民主体意识和社区管理体制两个方面，一方

---

① 陈鹏."社区"概念的本土化历程[J].城市观察，2013(6).

面,居民主体意识上升。有恒产者有恒心,①当房产成为个人专有财产、社区成为邻里共有财产的时候,居民对于住宅和社区的主体意识和责任意识油然而生,形成休戚与共的利益共生关系,社区认同和社区社会资本生成,②乐意为社区共同体贡献力量。另一方面,居民参与社区管理。居委会和业委会管理体制凸显了社区内居住权和房产权所有者的主体地位,③增强了居民的认同感和责任感,提升了社区居民参与基层治理的积极性,进而有利于居民社区感的培育。

但是,当下的社区制模式也存在着一些阻碍社区感培育的因素,具体表现在三个方面:

第一,个体化的空间规划。在社区之间,穷人区、富人区之间反差较大,造成居民心理上的不平衡。与破产企业有关联的原国有企业单位大院逐渐走向衰落,与邻近的新兴高档商品房社区形成强烈反差,那些习惯于单位生活的中老年国企职工容易产生心理上的失衡。在社区内部,单门独户的建筑设计,造成了户与户之间的隔离;楼宇智能识别出入系统,造成了楼与楼之间隔离;严格的社区出入制度,造成了社区与社区之间、社区与社会之间的隔离。隔离式的空间规划,虽然增加了生活的私密性与安全性,但是,也给邻里交流和信任体系的构建造成了困难,加剧了生活方式的原子化和居民之间的疏离感。④

第二,异质性的居民结构。居民之间民族、宗教信仰、教育背景、生活习惯、价值观念、个体需求等方面存在着巨大的差异,给邻里之间的社会交往和社会网络的构建造成了障碍,再加上现代社会的高速流动性,难以形成稳定持久的居住身份和以之为基础的社区精神。

第三,非协调性的社区治理。社区治理的各主体往往由于各自利益诉求

---

① 孙立平.社区、社会资本与社区发育[J].学海,2001(4).
② 邹宇春.中国城镇居民的社会资本与信任[M].北京:社会科学文献出版社,2014:6-7.
③ 物业管理条例[M].北京:中国法制出版社,2018:1-2.
④ 孙小逸.城市社区治理:上海的经验[M].上海:上海人民出版社,2017:114.

的冲突难以协调一致，比如邻避冲突、业主委员会与物业公司之间的冲突、居民的家庭利益与社区的公共利益之间的冲突、房产所有者与外来租客之间的冲突、邻里之间的矛盾纠纷问题等等，都会加剧城市和社区的矛盾冲突，影响稳定和谐的社区氛围。

　　总而言之，改革开放以后，我国经济社会获得巨大的发展，居民享受到更好的居住条件、公共服务和民主权利。但是，社区也承载着市场经济体制下社会分化而导致的"碎片化"弊端，比如社区之间的碎片化、社区内部的碎片化、社区利益的碎片化、社区权力的碎片化等。"碎片化"问题将是本研究中居民社区感培育所要攻克的重点和难点。

三、两种模式下居民社区感培育的比较

　　新中国成立以后，为了巩固新生的人民政权、整合动员社会、推动工业化进程，国家建立起高度集中的计划经济体制，并在此基础上建立起与之相适应的"单位制为主、街居制为辅"的城市社会管理体制，实现了国家与社会的高度一体化。"国家—单位—个人"的纵向管理机制，一方面成功地实现了对社会的组织与动员，另一方面却使得个体的独立性与自主性缺失，民主权利受限，社会缺乏活力。改革开放以后，制度性依附不复存在，国家给社会留出了自主发展的空间，社区自治制度开始建立起来，但也受到了来自碎片化问题的困扰。

（一）从"单位人"到"社区人"：主体性的激活

　　单位人是新中国成立初期的产物，国家掌握一切社会资源，包括人们生活必须的物质资源、就业岗位、社会福利等生活来源和发展机会，按照指令性计划的方式将社会资源分配到单位，再由单位分配到具体的个人，形成"国家-单位-个人"的纵向控制机制，绝大多数城市社会成员都被整合进单位组织之内。单位具有分配资源的经济功能和政治管理功能，包括对成员展开政治动员、思

想教育、人事管理等职责,每个单位都具有凝聚人心的政治文化,并通过设置一系列的刚性制度体系,如永久就业制度、户籍制度、介绍信制度等阻碍单位人的职业变更和社会流动,抑制个人的社会需求和社会交往,也阻碍了个体思想的开放与创新。

改革开放以后,社会经济体制改革使得国家对社会的控制程度逐渐减弱,单位办社会的模式逐渐消解,单位的社会管理职能为社区所代替,以属地为根据的基层管理模式增强了社会成员的自主性、参与性和流动性,民间社会自主性增强,人们的主体意识被激活。主要表现在三个方面:第一,社区认同的构建,单位以资源分配为基础,形成了个人对单位组织的依附;而社区居民因拥有房产权、舒适的居住条件和对社区人文环境的心理依恋,而产生对社区的信任与认同。第二,公共事务的参与,单位制模式下居民被动接受单位的管控和分配,社区制模式下构建起多元化的基层治理与公共服务参与机制。第三,社会流动的加速。以属地管理为基础的社区制打破了单位对成员个体和资源的控制局面,推动了资源和劳动力的快速流动,增强了社会的活力和个体的主体性,但同时也加剧了社会的原子化倾向。

(二)从同构到异质:结构的分化

现代化本身就是一个不断分化的过程,世界上所有国家的现代化都从分化开始。新中国成立之后,在高度集中的计划经济体制下,国家采取统一、集中的资源配置方式,形成具有很强一致性的社会结构,身份分层的特征十分突出。这种不流动的社会分层体制将每个人固定在先天决定的身份体系上,很难流动,缺少公平竞争的机会。改革是社会生活体制或规则的变化,从根本上改变了人与人、人与群体之间的社会关系,进而改变了社会结构。

改革开放以后,伴随着社会资源的流动,以单位为载体的社会组织结构不断解构,严格控制档案的人事制度也发生变革,人们更换单位、变动工作不但成为可能,而且比较普遍。身份分层地位下降,经济分层地位上升,人们从过去仅仅追求整体利益，转化为追求个体利益，不断分化出多元利益群体。当这种分化蔓延到空间因素，也波及到人们生活的基本单元：社区，导致了社区内部或者外部的分化。主要表现为三个方面：

其一，空间结构的分化。单位制管理模式下，资源由国家统一配置，居住空间的整体化特征明显；改革开放以后，原先较为统一的单位住宅区演变为普通商品房小区、高档商品房小区、动迁小区、别墅区、廉租房小区、城中村社区、原单位制社区等，空间的分化代表着住房地位群体的分化。

其二，利益结构的分化。这种分化表现在共同体生活的方方面面，比如因户籍不同而产生的差异、因房屋所有权不同而产生的差异、因入住小区的机制不同（如拆迁、回迁、购房、租赁等）而产生的差异等，社区利益结构的分化代表着群体利益的分化。

其三，治理结构的分化。计划经济时代，国家权力通过单位组织渗入基层社会；改革开放以后，社区治理结构不断分化。本研究调研的城市社区中，一般都有 5—6 个机构共同处理公共事务，包括社区党支部、社区居委会（党支部书记兼任居委会主任）、业主委员会、物业公司或房地产公司，以及社区警务站或社区综治中心等。在部分"城中村"社区，既有"村委会"又有"居委会"，形成了复杂的共治局面。在有些单位住宅区，由于单位的组织能力较强，单位制仍然发挥着较大的作用。多元化治理结构调动各方主体意识，体现民主平等原则，但也存在着因主体权责不一而有损社区认同以及治理效能降低等问题。[①]

面对社会利益的分化、多元化利益主体的出现和阶层结构的变化，社会的整合和协调面临日益变迁的社会环境。面对社会原子化下的沟通困难和政治冷漠，以及不同利益主体的利益诉求和利益表达，如何赢得他们的政治认同和政治参与，实现协同共治，成为一个崭新的课题。

从"单位制"向"社区制"的转变，是国家与社会关系调整的产物；从"单位

---

① 李强. 当代中国社会分层[M]. 北京：生活·读书·新知三联书店，2019：122 – 131.

人"向"社区人"的转变,意味着社会成员的身份从消极被动的被管理对象向着积极主动的治理主体转变。不同时期的社会主要矛盾决定着不同的基层社会管理模式以及居民社区感培育模式。因此,新时代的居民社区感培育也必然以转化了的社会主要矛盾为依据,致力于人民美好生活的实现。

第三节　新时代社会主要矛盾转化背景下居民社区感培育的新需求

中国共产党第十九次全国代表大会对我国社会主要矛盾作出如下表述:"中国特色社会主义进入新时代,我国社会主要矛盾已经转化为人民日益增长的美好生活需要和不平衡不充分的发展之间的矛盾。"[①]新时代社会主要矛盾的转化对我国城市基层治理中居民社区感培育提出了新的要求。

一、新时代社会主要矛盾的转化

党的十九大对我国社会主要矛盾作出了新的判断,新的社会主要矛盾在城市社会治理方面主要体现在以下两个方面:

(一)需求侧的新要求

把握人民需求是确定我国国家治理目标和创新国家治理工具的基本前提。从需求侧看,"人民日益增长的物质文化需要"已转变为"人民日益增长的美好生活需要",人民需求更加丰富与多元。改革开放以来,我国城乡居民收入持续增长,六千多万贫困人口稳定脱贫,贫困发生率从百分之十点二下降到

---

① 习近平.决胜全面建成小康社会,夺取新时代中国特色社会主义伟大胜利——在中国共产党第十九次全国代表大会上的报告[M].北京:人民出版社,2017:11.

百分之四以下，①教育、住房、医疗卫生、社会保障、养老等民生事业发展成效显著，人民生活不断改善。改革开放 40 年来的伟大成就构成了社会主要矛盾转化的基础。

"人民日益增长的美好生活需要"是一个全新需求体系，内容十分丰富，其多方面、多层次、多样性、个性化、多变性十分明显。② 习近平总书记曾在 2017 年 7 月 26 日"省部级主要领导干部专题研讨班"开班式上发表重要讲话，具体详细地描述了人民的美好生活需要："人民生活显著改善，对美好生活的向往更加强烈，人民群众的需要呈现多样化、多层次、多方面的特点，期盼有更好的教育、更稳定的工作、更满意的收入、更可靠的社会保障、更高水平的医疗卫生服务、更舒适的居住条件、更优美的环境、更丰富的精神文化生活。"③十九大报告将之表述为："人民美好生活需要日益广泛，不仅对物质文化生活提出了更高要求，而且在民主、法治、公平、正义、安全、环境等方面的要求日益增长。"④

可以看出，人民的美好生活需要的内容相当广泛，对共同富裕、政治参与、社会和谐、生态美丽等都提出了相应的要求，不仅包括日益增长的物质文化需要，而且包括由此衍生出来的获得感、安全感、幸福感以及人的尊严、民主权利、公平、正义等方面的需求，呈现多元化、多层次、多方面的特点。人民生活需要的品质层次在不断提高，生存型需要正在向发展型需要拓展；不仅要求公共产品和公共服务供给数量的增加，而且要求公共服务质量的提高和结构的优化。新时代的国家治理目标不再是温饱和小康，而是满足人民群众日益增长的美好生活需要，建成富强、民主、文明、和谐、美丽的社会主义现代化强国，

①　习近平.决胜全面建成小康社会,夺取新时代中国特色社会主义伟大胜利——在中国共产党第十九次全国代表大会上的报告[M].北京:人民出版社,2017:5.
②　虞崇胜.将新时代社会主要矛盾研究引入更高层次[J].云南行政学院学报,2020(4).
③　新华社.习近平在省部级主要领导干部"学习习近平总书记重要讲话精神,迎接党的十九大"专题研讨班开班式上发表重要讲话[EB/OL].中国日报中文网,2017-07-27.
④　习近平.决胜全面建成小康社会,夺取新时代中国特色社会主义伟大胜利——在中国共产党第十九次全国代表大会上的报告[M].北京:人民出版社,2017:11.

实现人民幸福。"美好生活需要"的内涵，决定了新时代党和国家治理现代化的目标和方向。

（二）供给侧的新判断

从供给侧看，我国的基本国情已经从"落后的社会生产"转变为"不平衡不充分的发展"。供给侧矛盾的转化源于改革开放 40 多年来取得的成绩和新出现的问题。一方面，改革开放以来，我国经济保持中高速增长，在世界主要国家中名列前茅，国内生产总值已经达到八十万亿元，稳居世界第二，对世界经济增长贡献率超过百分之三十。[①] 我国经济建设已经取得了举世瞩目的成就，落后的社会生产已不再是我国的基本国情。另一方面，发展不平衡不充分的问题也很突出，发展的不平衡主要体现为区域之间、贫富之间、发展的数量与质量之间的差距等。根据联合国开发署发布的《人类发展报告》，中国在保持经济持续增长的同时，居民收入差距逐渐扩大，基尼系数长期较高。中国社会发展与经济发展不够协调，收入差距加大，医疗、教育机会分配不均等，不同地区间的人均寿命差距较大。[②] 发展的不充分主要体现为生产力发展水平还不够高、资源利用还不够充分，发展的质量还不够高、创新能力还不够强，影响到人民群众美好生活的满足。发展的不充分是发展不平衡的根源，不科学的发展观和发展模式导致了发展的不平衡；由于发展不平衡，弱势群体需求得不到满足，产生对社会的不满和怨恨情绪，引起新的社会矛盾和问题。从供给侧的现状可以看出，我国仍然处于社会主义初级阶段，仍然是世界上最大的发展中国家，经济社会发展与人民美好生活需求之间尚有较大差距。发展的不平衡不充分问题，已成为新时代国家治理亟需研究的重大课题。

---

① 习近平. 决胜全面建成小康社会，夺取新时代中国特色社会主义伟大胜利——在中国共产党第十九次全国代表大会上的报告[M]. 北京：人民出版社，2017：3.
② 虞崇胜. 将新时代社会主要矛盾研究引入更高层次[J]. 云南行政学院学报，2020(4).

二、美好生活需要对居民社区感培育的新需求

如前所述,新时代人们的美好生活需要呈现出多元化、多层次、多方面的特点。美国心理学家马斯洛提出的需要层次理论认为,人类的需求像阶梯一样从低到高依次分为生理需求、安全需求、社交需求、尊重需求和自我实现需求五个层次,某一层次的需求相对满足以后,就会向高一层次的需求发展,要求更高一层次需求得到满足的驱力就成为新的激励力量。这五个层次的需要相互依赖和重叠,高层次的需要发展后,低层次的需要仍然存在,但是对个体行为影响的程度会相对减小。[①] 一国或一地区人口的需要层次结构,同该国或该地区的经济、社会、文化发展水平密切相关,在发展中国家,居民以生理需要和安全需要为主导,高层次需要为辅;在发达国家,则相反。

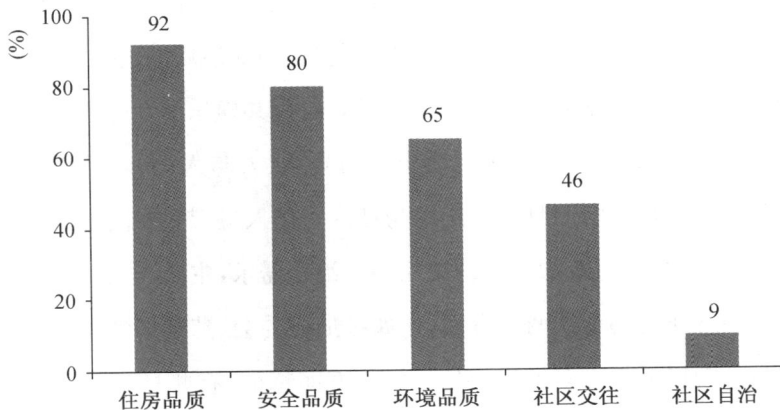

图 2 - 1　居民社区生活需求

作为居民既有生活态度的指标,社区感的水平取决于居民对于社区生活需求的满足程度,居民对社区生活需求的满足程度越高,其社区感水平也就越高,反之亦然。因此,把握城市居民对于美好社区的需要是社区感培育的前提

---

① 汪新建.西方心理学史[M].天津:南开大学出版社,2011:191.

与基础。为了探索城市居民社区生活需求的内容,本研究曾以"您对美好的社区生活有哪些需求?"为主题,在江苏省苏南地区 S 市和苏北地区 Y 市分别随机选取 700 名社区居民进行访谈,访谈结果显示,居民的社区生活需求主要集中于五个方面,即住房、安全、环境、交往、自治。表示需要有好的住房品质的居民占 92%,表示需要社区安全的居民占 80%,表示需要有舒适的社区环境的居民占 65%,表示在社区里需要社会交往的居民占 46%,表示需要参与社区治理的居民占 9%(见图 2-1)。在访谈中发现,居民的上述五种需求并非由单一因素构成,而是由多种因素交叉构成的既复杂又精细的综合性需求体系。住房需求,不仅是房子问题,而且涉及到与房子相关联的居民收入、住房政策、学区划分、城市规划、社区改造等众多方面的一系列问题。安全需求,涵盖到居民生活的各个方面,不仅包括人身安全、住房安全、财产安全、交通安全,而且包括身体健康、社保安全、食品安全、数据安全、宠物安全和社区人口异质化影响下的交往安全等。环境需求,不仅是门前屋后的清洁卫生、生态宜居、便利设施,而且包括对公共文化、公共体育、公共娱乐活动等人文社会环境的需求。交往需求,涉及到社区生活中人与自然、人与人、人与社团的一切交往,不仅包括邻里交往,而且包括居民与社区工作人员、与物业公司、与社会组织、与相关企业甚至与宠物一族的交往等。治理需求,主要涉及对社区事务的治理和对困难居民的帮扶两个方面,比如参加业委会、慈善捐赠、志愿服务等,居民参与的动机呈现出多元化、多层次、多方面特征,有些是为了打发闲暇时光;有些是为了从社区中获得实际利益,有些是为了获得一种社会交往渠道,有些是为了在公共参与中提升自我价值感,也有些是为了让自己生活的社区变得更加美好。

不同的利益群体对社区生活的需要也不尽相同。比如对大多数外来租房客而言,"社区"几乎等同于"住处",只是一个早出晚归、随时可能离开的休息场所,但其"零归属感"却给户籍居民和其他常住居民带来不安全感;对失业人员而言,更关心社会福利和就业需求;对精英阶层而言,"社区"更多的是一种

"身份地位"和"生活品质"的象征,他们更加注重优美舒适的人文环境,更加注重在社区管理中的话语权,更加注重所在社区与城市其他社区的比较;对于适龄儿童的父母而言,社区所在位置是否是重点学校的学区往往是他们的首要需求,其次是社区的公共文化环境;对于中老年人而言,最为关注的是医疗服务、出行便利、社会保障、天伦之乐……由此可见,居者有其屋、民主法治、公平正义、社会稳定、公共安全、环境保护、生命健康、社会保障、人的全面发展等是全体居民的共同向往,而不同的利益群体的具体需求和侧重又有所不同,全体居民的整体需求和不同利益群体的多元化需求共同构成了城市居民社区感培育的新需求。

三、基于居民社区感培育新需求的供给设定

社会主要矛盾决定着居民社区感的培育模式。新时代的社会主要矛盾,决定了居民社区感培育必须满足居民对美好生活的需要,对"不平衡不充分"问题作出回应。而相对于美好生活需要的社区感培育"不平衡不充分"问题,虽然仅是一种个人心理感受,但必然是个人、社区、城市和国家经济社会发展综合作用的结果。因此,居民社区感培育,既立足基层,又不囿于基层,上至国家和城市的经济社会发展和相关政策,比如社会保障政策、户籍政策、环保政策等,下至基层政府与社区关系、社区治理、家庭治理和个人发展,都应涉及。

从社区感培育的两个基本层次来看,对于居民社区感的直接培育,在培育内容上,既需要基于个体物质和精神需求的奋斗意识、职业能力、安全意识、数字化应用、法律思维、交往能力和参与能力的培育,也需要基于社区整体健康和可持续发展的环保意识、社会信任、理性思维、志愿精神和公平正义感培育。在培育方式上,既需要制度层面的党建引领、政策路线、法律法规、社规民约、学习制度、奖惩机制、机构设置等,也需要文化层面的公共空间、道德氛围、理性思维和世界观、价值观和人生观培育。既需要认知层面的宣传教育和文化

浸润，也需要实践层面的引导示范和行为塑造。既要覆盖到居民成长和社区发展的普遍性需求，又要因时因地深入考察居民的具体需求，兼顾到城市之间、群体之间、个体之间的多样性和层次性，坚持精细化培育。比如，城市经济社会发展水平是影响居民需求的一个重要因素。对于经济社会发展欠发达的城市，社区感培育首先要满足居民的生存需求，在生存需求基本得到满足的情况下，满足就业需求的奋斗精神和职业培训通常是经济欠发达城市居民社区感培育的重点。在经济社会发展较发达的城市，生存需要不再是居民占主导地位的培育需求，社区感培育的重点应侧重于满足居民对于创新创业、生态保护、社会信任和公共治理等方面的需求。比如创新创业教育、公民意识教育、农民市民化教育、消防知识教育和垃圾分类教育等文化宣传与交流活动均是满足居民较高层次培育需求的有利方式。同样，社区的具体特征，比如根据居民职业划分的城市白领社区与大学生社区、根据居民年龄划分的老龄化社区和青年人社区等社区具体特征，也是体现居民培育需求的重要因素，在此不一一展开。

对于居民社区感的间接培育，即以社区治理与公共服务供给为载体，满足居民多元化、多层次、多方面的美好生活需求，提高其获得感、安全感和幸福感。从培育主体的横向关系来看，涉及到行政部门、市场部门、社会机构以及法律资源、文化资源、技术资源等培育手段。从培育主体的纵向关系来看，居民的美好社区生活需求显然无法在基层范围内全部得到满足，需要社区、街道、基层政府、整个城市乃至国家的协同发力。在与"住房"相关联的民生需求方面，国家在劳动就业、社会保障、户籍、住房、环境保护、家庭暴力、交通与食品安全等领域的法律和制度是满足人民美好生活需求、促进社会公平正义的基本制度保障。在此基础上，构建宜居宜业宜学的城市空间规划和共建共治共享的基层治理结构，促进公共服务的便利性和均等性，打破阻碍交往的空间设计和制度障碍，可以满足居民对生活环境、邻里交往、公平正义和自我实现的需要。一方面，居民社区感培育可扩大和美化社区公共交往空间和社会互动网络,消除影响居民交流的物理空间障碍,建设可持续发展的社区人居环境;另一方面,要加强社区心理服务体系建设,培育开放包容的社区文化和协同共治的管理制度,增强居民心理健康水平和理性思维能力,推动居民间的公共交往和流动人口的社区融入,鼓励居民参与社会组织、志愿服务和社区公共事务管理,满足居民在社会交往、自我管理和自我实现等方面的需求。要关注到居民需求的差异性,提高弱势群体和特殊群体应对风险和挫折的信心和能力,拓展其社会支持网络,使其感受到党和政府的关怀以及社会共同体的温暖,增强归属感和认同感。

简而言之,有别于西方的对抗或制衡型国家-社会关系,当代中国社会是在 1949 年新中国成立之后在中国共产党的领导和培育下发展起来的,中国共产党领导人民在国家建设、改革开放和中国特色社会主义新时代等不同的历史时期对社会主要矛盾进行识别和研判,并以此作为居民社区感培育的宏观依据。居民社区感培育是社会主要矛盾的基层解决方案。新时代的社会主要矛盾"人民日益增长的美好生活需要和不平衡不充分的发展之间的矛盾",决定着居民社区感培育要以人民为中心,根据居民多元化、多层次、多方面的美好生活需求,构建起多层次、精细化、高质量的社区感培育模式,通过全员、全方位、全过程培育,全面提升居民社区感,以"人的改变"来构建更加美好的城市社区。

第三章　城市基层治理中居民社区感培育的微观依据:社区现状调查

　　"社区感"的概念引入我国的时间较短,尚未引起国内学者们足够的重视,且其定义和结构尚存争议,也给社区感的测量和培育造成了操作上的困难。本研究查阅了海量的文献,尚未发现有关专门开展社区感培育的文献。作为社区治理的副产品,社区感的培育被分散在诸如社区党建、社区治理、社区规划、社区安全、社区文化、社区生态等方面经验介绍类的文献中。当然,这也再次说明了其概念的模糊性和宽泛性。现阶段,要对"社区感培育"的全貌进行直接测量有些不切实际,但是,也并非毫无办法。城市居民社区感的现状即是当下社区感培育的成效。因此,可以通过对居民社区感展开个体水平的测量与分析,间接掌握社区感培育的现状以及必须关注的因素,以此为本书开展专门性社区感培育研究提供微观依据。本章主要通过实证研究,讨论城市居民社区感培育的现状。

第一节　城市居民社区感培育调查的总体思路

　　由于"社区感"概念的争议性和模糊性,给专门的社区感培育带来了操作性困难,现有的培育方案均局限于社区感的某一方面如社区安全、社区环境、社区文化等。因此，试图直接对城市居民社区感培育的全貌进行测量有些不切实际。但是，居民社区感的现状即当下社区感培育的成效。通过对居民社区感现状的测量，可以间接掌握社区感培育的成效。本章通过文献研究和实地调研，探索城市居民社区感的理论结构，编制出居民社区感调查问卷，并对不同类型城市和社区的居民展开调查，根据对调查结果的科学分析，把握居民社区感培育的现状。

一、居民社区感培育现状研究的主要内容

由于对"居民社区感培育"进行测量的操作性困难，而居民社区感的现状即社区感培育的成效，本书将转而通过对城市居民社区感的现状进行测量，以此推知社区感培育的成效。

本研究将以政治学的视角对社区感概念进行重新界定，针对新时代城市基层治理背景，综合参考国内外政治学和心理学界关于社区感、幸福感、公民意识、社会治理、社会资本等方面的调查问卷和评价指标体系，探索政治学意义上社区感的结构，并开发新的测量工具，编制"城市基层治理中居民社区感调查问卷"。研究的主要内容包括三个有机组成部分：第一，从文献研究、实地访谈、开放式问卷调查中得到的质化材料中提炼出城市居民社区感的操作性定义。第二，根据居民社区感的结构，编制城市基层治理中居民社区感调查问卷，依据研究的目的和现实条件选取被试，展开调查，对调查结果进行统计分析。第三，将问卷调查结果、实地访谈和质化材料相结合，对当前居民社区感的培育现状展开分析和讨论，为进一步展开科学、全面的社区感培育提供微观依据。

二、居民社区感培育现状调查的逻辑顺序

调查研究活动总是遵循一定的逻辑顺序。所谓逻辑顺序，是指一个事物或一项活动的内部构成要素之间规律性的联系。所谓遵循一定的逻辑顺序是

指按照事物或者活动内在的规律性联系,安排活动的先后次序或者确定认识活动的前后出场顺序。居民社区感现状调查活动,理所当然地存在逻辑顺序问题。本研究从以下三个层次安排研究活动的次序:第一,提出研究假设。提出三个假设,假设一,根据文献研究和理论构想,本研究假设城市居民社区感由三因素构成,初阶因素之间存在适度相关且初阶因素背后可能受某些二阶因素的影响;假设二,城市基层治理中居民社区感量表具有良好的测量学特征,能够有效评估城市居民的社区感水平;假设三,城市基层居民的社区感可能在性别、年龄、文化程度、政治面貌等变量上存在着一定的差异。这三个假设是基于本研究有关基层治理理论与实践的认知以及对城市社区居民社区感的初步确认,必须通过研究得到检验,才能形成正确的认识。第二,编制测量工具。根据已确立的城市居民社区感理论结构编制测量工具,根据理论构想进行分层探索,从每个层面中筛选出若干题目,通过因素分析检验社区感结构的稳定性和有效性,对调查问卷的可靠性和有效性进行检验,从而建构出一个较为成熟的测量工具。第三,组织实施与分析。本研究选择江苏省苏南地区S市与苏北地区Y市的若干个社区进行测量,一方面掌握居民社区感的基本特点,另一方面对这两个城市社区居民社区感进行比较,揭示两地差异,并且运用相关理论加以分析。

三、居民社区感培育调查研究的总体思路

任何一项调查研究的实施,都需要经历几个相互联系的步骤与环节。本研究遵循调查活动的一般逻辑开展实施,研究思路包含四个部分:

第一,理论构思阶段。通过文献研究、实地访谈和文本写作,给出中国城市居民社区感的操作性定义和理论构想。第二,项目编制阶段。根据中国城市居民社区感的理论构想,收集各维度项目,形成城市居民社区感的项目库。问卷项目有三个方面的来源:其一,综合参考俞可平"中国社会治理评价指标

体系"①、王浦劬"获得感、纵向获得感和横向获得感的变量操作化"②、方然"社会资本中国本土化综合测量体系"③、心理学家苗元江"幸福感:指标与测量"④、杨宜音"公民性测量工具的编制"⑤、心理学视角下的西方四维模型和国内三维模型等;其二,吸收实地访谈和开放式问卷中被试的反馈;其三,依据本研究所界定的中国城市居民社区感的概念和每个维度的理论含义,自编项目。项目库形成后,请相关专业人士对项目进行维度归纳并作出评价。根据专业人士的评价调整部分项目,并初步形成城市基层治理中居民社区感问卷。第三,量表预测阶段。将初步形成的社区感量表在 140 名社区居民中施测。对量表的每一个题目进行项目分析并做分层因素探讨,根据测量学指标删除项目并调整某些项目的措辞,最终得到城市基层治理中居民社区感的正式量表。第四,施测与应用阶段。在江苏省苏南 S 市和苏北 Y 市选取有代表性的社区进行正式施测,考察量表的信度、效度以及两市居民的社区感发展水平及其影响因素。⑥

第二节　城市居民社区感培育的维度构建与量表编制

一、维度的构建

采用质的研究方法,通过文本分析来建构城市基层治理中居民社区感的理论模型。从江苏省苏南地区 S 市的翰林苑小区、莲花二村、浪花苑社区和苏北地区 Y 市的农贸小区、悦珑湾小区、高教公寓、欧景苑等社区共抽取 130 名

①　俞可平.论国家治理现代化[M].北京:社会科学文献出版社,2014:263.
②　王浦劬,季程远.新时代国家治理的良政基准与善治标尺——人民获得感的意蕴和量度[J].中国行政管理,2018(1).
③　方然."社会资本"的中国本土化定量测量研究[M].北京:社会科学文献出版社,2014:144.
④　苗元江.幸福感:指标与测量[J].广东社会科学,2007(3).
⑤　杨宜音.当代中国人公民意识的测量初探[J].社会学研究,2008(2).
⑥　风笑天.社会研究方法[M].北京:高等教育出版社,2006:146-148.

居民作为样本,其中男性 62 名,女性 68 名,被试年龄介于 10—70 岁之间。第一,确定主题,采集文本信息。事先电话预约,告知被试写作题目"城市居民社区感"以及写作要求,描述你如何看待自己在社区中的身份;你对社区有一种怎么样的感受;你对社区的管理有哪些看法;在你心目中社区的意义是什么等等。文章字数不限,一周后以邮寄或者电子邮件的方式发给本研究的研究者。经筛选,得到有效文本 66 篇,将所有文稿全部转化为电子文档并编号。第二,特征编码。对文本中城市居民社区感的特征进行编码。运用主题内容分析方法分析文本中的思想与观点,提炼出主题和编码,记录下居民社区感的特征在文本中出现的位置。初次编码后再次阅读文本,对归类编码进行核对,重新确认编码的合理性,采用质化分析软件 MAXQDA 进行文本分析,提炼出四个主题,分别是"社区人"、"社区关系"、"社区制度"和"社区场所"(见表 3 - 1)。"社区人"主要包括本地居民、社会组织成员、社区工作者、外来打工者等。在"社区关系"这一主题上,多数被试表示能够与其他社区人建立起积极的心理联系,也有一些被试反映独门独户带来的孤独体验和对外来打工者的鄙视。"社区制度"主题反映了对居委会、业委会、物业管理制度等方面的看法。此外,众多被试对"社区场所"包括自然环境和人工环境也给予高度关注,表现出对社区环境、卫生、交通、氛围、停车、住房、安全、空间、文体设施、智能化等方面的需求。

表 3 - 1　关于"社区人"、"社区关系"、"社区制度"和"社区场所"的相关描述

主题	描述(频次)
社区人 (83)	居民(2):居民齐心合力小区才能好;外地人进来素质良莠不齐。
	社会组织成员(19):热情;开朗;人脉广;能力强;喜欢搞活动;为人善良;有一技之长;活动搞得有声有色;老党员老干部;经常出去学习;社区派人指导;很活跃;关心大家的事情;愿意帮助人;志愿服务台;公益创投项目;红色管家;拿了很多奖;文明家庭。
	社区工作者(15):年轻人多;都是大学毕业,有的还是研究生;负责任;共产党员;有朝气;现在都要经过考试才能进人;执证上岗;专业性强;忙碌;工作繁琐,任务多;为居民服务;尽心尽责;分工很细;鼓励居民捐款帮助贫困家庭;逢年过节搞社区活动。

（续表）

主题	描述（频次）
	外来打工者(17):十几岁小年轻;晚上经常逛排档喝啤酒;生活没有规律;乱扔垃圾;素质不高;染成绿头发;看上去像小混混;穷地方的;书读不下去才出来打工;群租房;随地小便;令人敬而远之;今天来明天走;飘忽不定;喜欢扎堆;不参加小区活动;也有白领住这里,但迟早要搬走的;早出晚归,没有交流。
	老漂族(18):忙碌,又要带小孩又要做饭;想念老家;做两年老了就回去;不是这里人,暂时来帮忙带小孩;老了,在这边看病不能报销,还必须回家看病;为人善良;话不多;每天带孙子出来晒太阳;这边生活条件挺好但不是家;一过来就找同乡;有朋友;不关心小区里的事情;孤独;听不懂本地方言;和儿媳处不来;偶尔和同年龄的朋友聊聊;不是这边人;暂时的,很快就要回老家。
	物管人员(12):汗流浃背;工作辛苦;节假日都值班;和事佬;调解邻里纠纷;维修不及时;尽善尽美;不敢恭维;服务周到;态度热情;排忧解难;有时候及时有时候拖拉。
社区关系 (28)	积极的社区关系(17):传递良好家风;友好相处;守望相助;动迁居民,认识的熟人多;友好;能帮则帮;尽量不影响别人;温暖;安全;进了小区就到了家;和朋友打打牌喝喝茶,挺好;和谐相处;远亲不如近邻;互帮互助;积极参加社区文艺活动;有不少朋友;社区建设靠大家。
	消极的社区关系(11):独门独户;老死不相往来;关系生疏;不认识隔壁邻居;事不关己高高挂起;很少往来;上班出门,进屋关门,别人跟我没有关系;邻里矛盾激烈;互不认识;红白喜事影响邻居休息;各扫门前雪。
社区制度 (11)	业委会是我们自己的组织,居委会是替街道办事的;我只参加跟我自己有关系的会议,其他的不参加;规章制度合情合理;参与式预算;不知道居委会在做些什么事情;有事情找业委会;有些制度我不认同;有些制度流于形式;赞同治理群租房;现在的管理制度不错;居民议事会。
社区场所 (45)	卫生(2):垃圾袋就放在楼道里;离垃圾桶两三米远就乱扔。
	交通(3):私家车太多,太堵;拥挤;电瓶车到处乱串。
	氛围(4):和谐;热闹;平静;孩子们的欢快声。
	停车(3):私家车停放问题严重;占道停车严重;外来车辆不遵守小区停车制度。
	安全(9):自行车、电瓶车经常被盗;临近节假日盗窃案增多;群租房安全隐患;比较安全;改进安全措施;配备保安;安装监控系统;加大巡逻频率;防火防盗防贼。

（续表）

主题	描述（频次）
	空间（4）：拥挤；上下班高峰期道路全被占用；公共活动空间不够；小。
	文体设施（4）：健身器材；乒乓室；棋牌室；图书室。
	环境（6）：臭水沟；环境不好；绿草如茵；环境优美；空气清新；小鸟的叫声。
	住房（7）：比过去有改善；条件不错；住得舒心；炒房；老房子，外立面剥落；满意；准备过两年置换。
	智能化（3）：楼宇出入控制系统；物业监控系统；最好将社区里的一切都纳入人工智能控制范围。

注：括号内的数字表示文本信息中此项目内容出现的次数。

从文本信息中提炼出以上四个主题，但是这种主题分析思路是对社区情感的一种较为表浅的感性认识。城市居民社区感是个比较抽象的概念，既包括居民对当下生活的满足与依恋，又包括居民在社区治理中的责任与义务，因此，本研究认为，可以从社会资本、幸福感、公民意识三方面来挖掘居民社区感的内涵与结构，也从被试的表述中得到证实（见表 3-2）。在此需要说明的是关于社会资本的定义，如前文所述，社会资本拥有多维度的内涵，不同的定义服务于不同的研究目的，本研究采用帕特南的定义，即"社会资本指的是社会组织的特征，例如信任、规范和网络，它们能够通过促进合作行为来提高社会的效率"。[①] 本书无意对社会资本开展深入研究，对其的测量仅限于在参考方然《"社会资本"中国本土化定量测量研究》的基础上而做出的项目编制。[②]

---

① ［美］罗伯特·帕特南. 使民主运转起来：现代意大利的公民传统［M］. 王列，赖海榕译. 北京：中国人民大学出版社，2015：197.

② 方然. "社会资本"的中国本土化定量测量研究［M］. 北京：社会科学文献出版社，2014：144.

表 3 - 2　社区感的结构与内容

结构(频数)	内容描述
社会资本(42)	我没时间参加小区活动;我每天跳广场舞;我喜欢找人一起打球;在这里没朋友;不认识周围邻居;参加社区老年大学;曾经参加社区文体队;我是商会成员;参加党的活动;不认识邻居们;过年没有活动;愿意帮点小忙;老年人还有朋友,年轻人不认识;我是退休老党员;参加过居委会活动;社区活动偶尔也去;向社区提过意见;遵纪守法;社区活动没兴趣;有邻居帮忙总比没人帮忙要好;不信任外人;还是比较相信居委会干部的;远亲不如近邻;小区的规则基本上合理;我遵守小区制度;跟周围邻居不熟;想念老家的朋友;跟这里人不认识;这里的老年人还是可信任的;我照常停车;不喜欢周围邻居;这里的人很杂,不能相信的;我是共青团员;我的同学都住在这一片;邻里走动很频繁;老死不相往来;都是外地来的,谁都不认识;管理制度不合理;有的人才不管小区怎么规定呢;这里绝大多数人还是好的;一帮牌友很热情;没朋友。
幸福感(60)	获得感(21):现在的生活条件比以前要好很多;现在的日子是过去做梦也不敢想的;住在这里确实挺好;在这里生活得到了实实在在的好处;住房、环境都不错,满意;比过去有改善;还是老房子,但已经装修过;条件不错;住得舒心;炒房;老房子,外立面剥落,准备过两年置换;现在活动搞得有声有色;执证上岗;专业性强;这边生活条件还好但不是家;服务周到;态度热情;排忧解难;私家车太多。
	安全感(16):自行车、电瓶车经常被盗;临近节假日盗窃案增多;群租房安全隐患;比较安全;改进安全措施;配备保安;安装监控系统;加大巡逻频率;防火防盗防贼;外来人口令人感到不安全;楼宇出入控制系统;物业监控系统;最好将社区里的一切都纳入人工智能控制范围;空气污染;水污染;地沟油。
	归属感(23):动迁居民,认识的熟人多;和谐相处;远亲不如近邻;有不少朋友;独门独户;老死不相往来;关系生疏;不认识隔壁邻居;上班出门,进屋关门,别人跟我没有关系;邻里矛盾激烈;互不认识;和谐;居民齐心合力小区才能好;今天来明天走,飘忽不定;喜欢扎堆;一过来就找同乡;有朋友;孤独;听不懂本地方言;和儿媳处不来;偶尔和同年龄的朋友聊聊;不是这边人;暂时的,很快就要回老家。
公民意识(45)	负责任;老党员;为居民服务;尽心尽责;党性强;社区也是家;尽善尽美;排忧解难;我是这里的主人;不允许破坏环境;这些人缺少法律常识;我是社区的主人;看到随意涂鸦就讨厌;要依法办事;社区的事情有我一份功劳;有需要帮助的我肯定出力;社区是大家的;这些人这样乱搞会影响社区环境;这样下去这个社区怎么得了;社区的明天会更美好;每个人约束自己就是为社区做贡献;外地人临时居住怎么会对这里有感情呢? 学点法律总是好的;我给居委会提过意见;我是小区的业主,当然要发表看法;我是业委会主任;业委会才重要,居委会不重要;社区治安跟我有什么关系;社区是居委会的事,与我无关;我只管自己;社区建设靠大家;各扫门前雪;有时参加捐款;不关心小区的事;参加居民议事会;业委会是我们自己的组织;我只参加与自己有关的会,其他都不参加;上班出门,进屋关门,其他与我无关;有时帮忙协调邻里纠纷;我是社区干部;为社区做贡献很光荣;我爱这个小区;不允许有人搞破坏;与不文明行为做斗争;被选为居民小组长感到很光荣。

二、量表的编制

（一）编制过程

通过对文献的梳理以及质化材料的归类分析，本研究将城市社区居民社区感定义为居民对社区生活的态度体验以及致力于社区发展的心理准备，包括社会资本、幸福感和公民意识三个结构要素。由于社区感是一种个人体验，因此，本研究坚持基于个体水平分析的测量取向，而不是群体水平分析。根据本研究的理论构想，分别设计各维度下的条目，量表的条目以自编为主，参考了政治学界和心理学界的相关问卷，最初建立的项目库共含 38 个项目，其中社会资本维度含 12 个项目，幸福感维度含 11 个项目，公民意识维度含 15 个项目。

项目库建立以后，对每个项目进行维度归类并给出各维度的定义，然后邀请政治学专家对项目做出评估。评估内容包含两个方面：首先，各项目是否准确反映了该维度的内涵，其次，各项目的可读性以及是否存在语言歧义、社会赞许等方面的问题，并提出相应的修改意见。根据反馈，对部分项目做了修订和筛选。评估后的量表项目缩减至 28 个，其中社会资本维度含 9 个项目，幸福感维度含 9 个项目，公民意识维度含 10 个项目，采用 Likert 六点记分法，根据符合程度 100%、80%、60%、40%、20% 和 0%，分别赋值 5 分、4 分、3 分、2分、1 分、0 分，其中项目 13、15、21、24 反向计分，构成量表初稿。

在江苏省 S 市的翰林苑小区、建屋海德公园小区、富华苑小区、浪花苑小区以个别施测的方式随机调查了 172 位居民，回收 163 份问卷，经筛选，有效问卷 140 份，问卷有效率达 85.89%。统计工具为 SPSS23.0。

（二）项目分析与因素分析

项目分析主要是求出量表中每一个题项的临界比率值，即 CR 值，删除未达显著水平的题项。其具体求法是对反向题（A13、A15、A21、A24）重新计分编码，然后对所有被试在预试量表上的分数加总并找出前后 27% 的高低分组，最后以独立样本 T—test 检验高低分组在每个题项上是否存在差异。若题项的"临界比率"达到显著水平（即 $\alpha \leqslant 0.05$ 或 $\leqslant 0.01$），表示此题项能鉴别不同受试者的反应程度。这里临界比率设定为 $\alpha \leqslant 0.05$，结果删除 CR 值未达到显著水平的题项 2 题（分别是题 A13 和 A24），保留 26 个题项。

本研究根据以往理论研究成果确定了社区感的操作性定义和量表的层面结构，并经"专家效度"检验，因此在探索量表的因素时，无须把整个量表的题项一次性纳入因素分析中，可以"分层面"来做，每个层面再筛选出一个层面。[①] 本量表正是采用这种分层思想对题项进行删除，以确定每一分量表的有效题项并保持良好的结构。

维度一：社会资本

KMO 作为取样适当性量数，当 KMO 值越大，表示变量间的共同因素越多，越适合进行因素分析。Bartlett 球形检验的 χ^2 值代表母群体的相关矩阵间是否存在共同因素。此处的 KMO 值为 0.903，球形检验 χ^2 值为 1 865.159（df＝36），从这两个指标可以看出，适合进行因素分析。采用主成分分析法和方差最大变异法社会资本维度下的 9 个题项进行探索性因素分析，共生成 2 个特征值大于 1 的共同因子，累积解释变异量达 88.293%，其中 A1 在因子一和因子二上产生交叉负荷，分别 0.492 是和 0.703，故删除 A1 题，对剩下 8 题进行第二次因素分析。KMO 检验值为 0.882，Bartlett 球形检验 χ^2 值为 1 705.163（df＝28），适合进行因素分析。按照特征值大于 1 的标准并结合陡坡图（从第 2 个因子开始，曲线渐趋平缓）（见图 3 - 1），抽取 2 个因子较为合理，其累积解释变异量为 90.647%（见表 3 - 3）。

---

① 吴明隆. SPSS 统计应用实务——问卷分析与应用统计[M].北京：科学出版社，2003：88 - 89.

碎石图

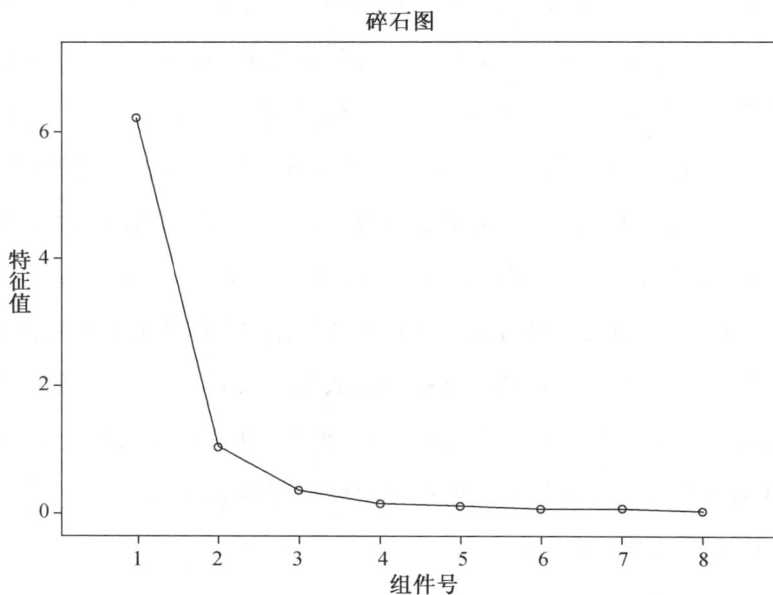

图 3-1　社会资本因素分析碎石图

表 3-3　各维度题项的因子负荷、共同度、特征值和方差解释率(旋转后)

社会资本维度			幸福感维度			公民意识维度		
题号	提取因子	共同度	题号	提取因子	共同度	题号	提取因子	共同度
A2	.852	.882	A10	.945	.892	A19	.908	.824
A3	.939	.927	A11	.956	.914	A20	.788	.620
A4	.863	.919	A12	.924	.853	A22	.888	.789
A5	.852	.877	A14	.844	.712	A23	.908	.824
A6	.758	.774	A16	.919	.844	A25	.832	.693
A7	.938	.973	A17	.958	.918	A26	.785	.617
A8	.914	.975	A18	.843	.711	A27	.879	.772
A9	.868	.926				A28	.830	.688
特征值	1.036		5.845			5.827		
方差解释率	12.925%		83.493%			72.839%		
累积方差解释率	90.647%		83.493%			72.839%		

维度二:幸福感

此处的 KMO 检验值为 0.895,Bartlett 球形检验 χ^2 值为 1 415.356 (df＝28),适合进行因素分析。采用主成分分析法和方差最大变异法对幸福感维度下的 8 个题项进行探索性因素分析。第一次探索提取了 1 个特征值大于 1 的共同因子,其累积解释变异量为 75.777%,其中 A15 的成分矩阵为 －0.500,故删除 A15。对剩下的 7 个题项进行第二次因素分析,KMO 检验值为 0.904,Bartlett 球形检验 χ^2 值为 1 365.760 (df＝21),适合进行因素分析。共抽取 1 个因子,按照特征值大于 1 的标准并结合陡坡图显示,从第 1 个因子开始,曲线渐趋平缓(图略)。适宜抽取 1 个因子,累积解释变异量为 83.493%(见表 3 - 3)。"幸福感"不同程度上反映了社区成员对彼此交流、共同合作及相互影响的情感体验,所含的题项与我们的理论设想更吻合,故选取因子一作为"幸福感"层面的代表。

维度三:公民意识

此处 KMO 的检验值为 0.901,Bartlett 球形检验 χ^2 值为 1 188.306 (df＝36),适合进行因素分析。采用主成分分析法和方差最大变异法对公民意识维度下的 9 个题项进行探索性因素分析,结合陡坡图共抽取 1 个特征值大于 1 的共同因子,其累积解释变异量为 69.756%。其中 A21 的成分矩阵为 －0.704,故删除 A21。对剩下的 7 个题项进行第二次因素分析,KMO 检验值为 0.898,Bartlett 球形检验 χ^2 值为 1 064.956 (df＝28),适合进行因素分析。共抽取 1 个因子,按照特征值大于 1 的标准并结合陡坡图显示,(从第 1 个因子开始,曲线渐趋平缓)(图略),适宜抽取 1 个因子,累积解释变异量为 72.839%(见表 3 - 3)。因而保留因子一较为适宜,因子一题项主要反映了公民意识。

第三节　城市居民社区感培育的调查

一、社区的分类及被试的选取

社区心理学研究强调社区层面的变量，比如社区文化、社区环境、社区氛围等对人们的心理与行为的影响。但是，社区是社会的缩影，嵌入于整个社会文化环境中，社区心理必定受到文化或者亚文化的影响和制约。[①] 中国幅员辽阔，不同地区的居民所置身的文化差异必然带来社区心理与行为的差异。已有研究表明，沿着我国的胡焕庸线、长城线和秦岭—淮河线将中国划分而成的四类区域之间的人们的集体主义精神存在显著差异，[②]而在江苏省内，沿着长江划分而成的长江以南和长江以北（又称"苏南"和"苏北"）两类区域也面临着不同的经济社会文化背景及城市基层治理背景。[③] 从理论上说，居民社区感培育的现状研究应该在全国范围内开展大面积的抽样调查，但是，受到区域亚文化影响的居民社区感，呈现出多样化特征，而作为一项基于政治学视角的研究，本研究开展调查研究的目的不在于心理学视角下所关注的对全国各区域的居民社区感水平的个性掌握，而在于充分利用已有的科研条件，通过局部地区的调查研究推断全国城市居民社区感培育的共性特征，进而制定出服务于城市基层治理的一般性的居民社区感培育路径。虽然只是在局部地区取样，但是，本研究也已经考虑到了城市经济和亚文化背景对居民心态的影响，因此，选取了江苏省 S 市与 Y 市这样两个背景差异较大的城市进行取样，以

---

① 黄希庭. 社区心理学研究的三个问题[J]. 社区心理学研究,2016(2).

② 任孝鹏,向媛媛. 中国人集体主义地区差异的三线理论;载自黄希庭. 社区心理学研究(第5卷)[M]. 北京:社会科学文献出版社,2018:22.

③ 焦永纪,温勇,孙友然. 江苏流动人口特征、服务管理现状及差异——基于苏南、苏中和苏北的调查[J]. 人口与发展,2013(2).

此说明城市的经济社会背景对于居民社区感培育的影响。

S 市位于江苏省东南部、长江三角洲中部,东临上海,南接嘉兴,西抱太湖,北依长江,经济总量位居江苏省第一位,是中国经济最发达的沿海城市之一,也是长江三角洲城市群最重要的中心城市之一。20 世纪 80、90 年代,S 市乡镇企业发展迅猛,形成了闻名全国的苏南模式,九十年代中后期开始,S 市逐步实现了由民营经济向外资经济的转型,世界五百强企业有近一半在 S 市落户。经济的转型带来了大量的外来人口,S 市已成为仅次于深圳的全国第二大移民城市。Y 市位于江苏省北部、长江三角洲城市群北翼,近五年来 GDP 总量均位于江苏省第七位,经济增长乏力,是苏北三个人口流出型的城市之一。S 市和 Y 市在经济社会基础、城市发展模式、基层人口结构等方面的差异不言而喻。

本研究借鉴美国城市社会学家沃伦夫妇于 1978 年提出的"三—六"社区分类理论,[1]在对江苏省 S 市和 Y 市的基层社区进行走访调研的基础上,将社区划分为老新村、普通住宅区和安置区三类。老新村是 20 世纪 80 年代左右建造的公房,是单位制下福利分房的产物,20 世纪 90 年代房改政策出台以后,大多转化为居民私有房产。房屋建造时间久,基础设施陈旧,房价普遍较低,居民多是老年人和收入相对比较低的租住人员。普通住宅区是 2000 年以后建造的商品房小区,基础设施和房屋质量都比老新村要高,因地理的位置不同,社区居民的身份也不一样。安置区是由农村转变而来的小区,居民主要是城镇化过程中的失地农民。[2]

在江苏省 S 市和 Y 市分别抽取老新村、普通住宅区和安置区各一个,分别是 S 市的苏安北社区、新加社区和浪花苑社区,Y 市的朝阳新村、钱江社区

---

① 郭彩琴,卢佳月. 沃伦夫妇"三—六"社区分类理论对我国城市社区治理的启示——基于苏州工业园区社区分类治理的实践[J]. 山西农业大学学报(社会科学版),2017(6).
② 郭彩琴,卢佳月. 沃伦夫妇"三—六"社区分类理论对我国城市社区治理的启示——基于苏州工业园区社区分类治理的实践[J]. 山西农业大学学报(社会科学版),2017(6).

和阳光社区,以街头随访的方式对社区居民进行个别施测,共收集问卷 1229 份,剔除无效问卷 15 份,剩余有效问卷 1214 份,问卷有效率为 98.78%。样本的人口学信息如表 3-4 所示。

表 3-4　样本的人口学信息描述统计

	类别	频数	百分比
性别	男	494	40.7%
	女	720	59.3%
年龄	10—19	217	17.9%
	20—29	197	16.2%
	30—39	180	14.8%
	40—49	184	15.2%
	50—59	171	14.1%
	60 以上	265	21.8%
文化程度	初中及以下	146	12.0%
	高中	359	29.6%
	大专	378	31.1%
	本科	293	24.1%
	硕士及以上	38	3.1%
政治面貌	群众	773	63.7%
	民主党派	72	5.9%
	共青团员	113	9.3%
	共产党员	256	21.1%
社区身份	本地居民	633	52.1%
	暂住人员	258	21.3%
	社会组织成员	185	15.2%
	社区工作者	76	6.3%
	社区干部	62	5.1%
地域	苏南	582	47.9%
	苏北	632	52.1%

（续表）

	类别	频数	百分比
社区类型	安置区	393	32.4%
	普通住宅区	373	30.7%
	老新村	448	36.9%
	样本总数	1 214	

二、测量工具及研究假设

自编《城市基层治理中居民社区感量表》，含 23 个题目，采用 Likert 六点记分法，评估居民在性别、年龄、文化程度、政治面貌、身份、地域、社区类型等变量上是否存在显著差异。统计工具为 SPSS23.0。

本研究的基本假设是：

假设 1：不同性别的社区居民其社区感水平存在显著差异。

假设 2：社区居民年龄不同，其社区感水平也显著不同。

假设 3：社区居民文化程度不同，其社区感水平也显著不同。

假设 4：社区居民政治面貌不同，其社区感水平也显著不同。

假设 5：社区居民身份不同，其社区感水平也显著不同。

假设 6：社区居民地域不同，其社区感水平也显著不同。

假设 7：社区类型不同，其社区感水平也显著不同。

三、居民社区感培育的调查结果

（一）效度分析

结构效度是指测验能测量到某一理论构想或心理特性的程度，也就是用心理学上某种结构或特质来解释测验分数的恰当程度。个性测评中通常使用结构效度作为评判标准，目前常用的验证结构效度的方法有维量分析和验证性因素分析。

　　首先,运用维量分析,根据因素分析理论,量表各因子之间应该呈中等程度的相关,如果相关过高则说明因子之间有重合。如果因子间相关太低则说明有的因子可能与想要测量的概念关系不大。各因子与总分的相关应高于因子之间的相关,以保证各因子之间既有不同,测的又是同一心理特征。这里,通过考察各因子之间的关系以及各因子与总分之间的关系来分析量表结构的合理性。表3-5显示,各分量表之间的相关在0.502—0.535之间,达到显著水平,正相关,说明各分量表的方向一致且彼此独立,整个量表是有效的。各分量表与总量表之间的相关在0.643—0.657之间,达到显著水平,属于正相关,说明各分量表与量表的整体概念较为一致,整个量表是有效的(见表3-5)。

表3-5　社区感因子间及其与总分的相关矩阵

皮尔逊相关	社会资本	幸福感	公民意识	总量表
社会资本	1			
幸福感	0.502**	1		
公民意识	0.535**	0.515**	1	
总量表	0.657**	0.643**	0.644**	1

** 在置信度(双测)为0.01时,相关性是显著的;

　　其次,采用验证性因素分析来检验社区感理论结构的适宜性。本研究假设观测变量之间不存在相关,另外根据社区感的理论结构和预测结果设置2个竞争模型:模型1,设置了19个观测变量和3个潜变量模型;模型二,设置了19个观测变量和3个初阶潜变量,且3个初阶潜变量均归属于一个二阶变量。

表3-6　社区感调查问卷量表模型拟合指数

维度	χ^2	df	χ^2/df	RMSEA	SRMR	CFI	TLI
模型一	2766.285	212	13.049	0.099	0.051	0.937	0.924
模型二	2708.707	212	12.777	0.098	0.025	0.938	0.926

χ^2值由于受样本量影响较大,通常情况下都是显著的(p< 0.001),χ^2/df同样受样本影响较大,因此主要看其他指标。拟合指标符合标准,说明数据质量较好。指标解释如脚注。[①]

从表3－6可知,两个模型的拟合指标非常接近,接近0.1门槛。当然,没有一个指标能说明模型的好坏,需用多个指标对模型进行全面评价。此外,拟合指数只是判定一个模型可接受程度的指标之一,判断模型是否合理的另一个重要因素则是理论的可解释性。综合数据的拟合情况和理论的可解释性,社区感二阶模型得到了更多支持。

需要说明的是,正如杨宜音关于中国公民意识测量工具编制的观点所认为的那样,公民意识的测量工具不同于一般的心理测量工具。按照测量学要求,好的测量工具一方面必须测量出公民意识的水平,另一方面必须测量出公民意识与其他社会身份意识的关系,但是,中国人公民意识的测量无法分离出这两个任务。[②] 城市基层治理中居民社区感的测量工具,也存在着类似的情况,社区感、公民意识、社会资本、幸福感四个概念本身的宽泛性决定其无法与其他相关概念相分离,因此,政治学视角下社区感的测量工具不同于一般的心理测量工具。

---

① 在验证性因素分析中,模型拟合度评估是检验模型是否可以被接受的重要指标。通常采用以下拟合指数来判断:RMSEA:近似误差均方根(Root Mean Square Error of Approximation),一般而言小于0.1就可以了;CFI:比较拟合指数(Comparative Fit Index),该指标对样本量不敏感,大于0.85即可,与SRMR小于等于0.1结合使用;TLI:也称作NNFI非规范拟合指数(Nonnormed Fit Index),该指标大于0.85为可接受,大于0.90拟合较好;SRMR:标准化残差均方根(Standardized Root Mean Square Residual),小于0.1表示拟合较好,该指标容易受样本量的影响。见王孟成.潜变量建模与Mplus应用[M].重庆:重庆大学出版社,2014:98－102.

② 杨宜音.当代中国人公民意识的测量初探[J].社会学研究,2008(2).

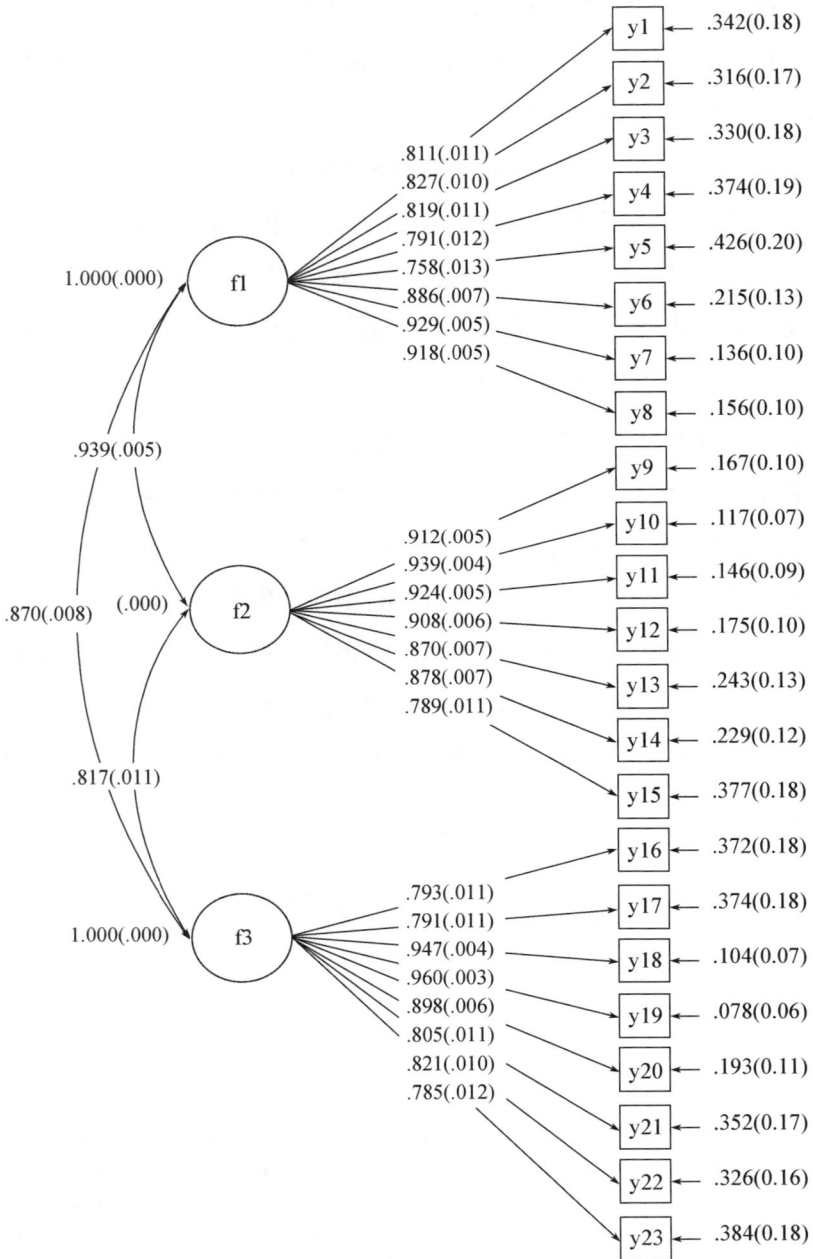

图 3 - 2　社区感结构的验证性因素分析路径图示

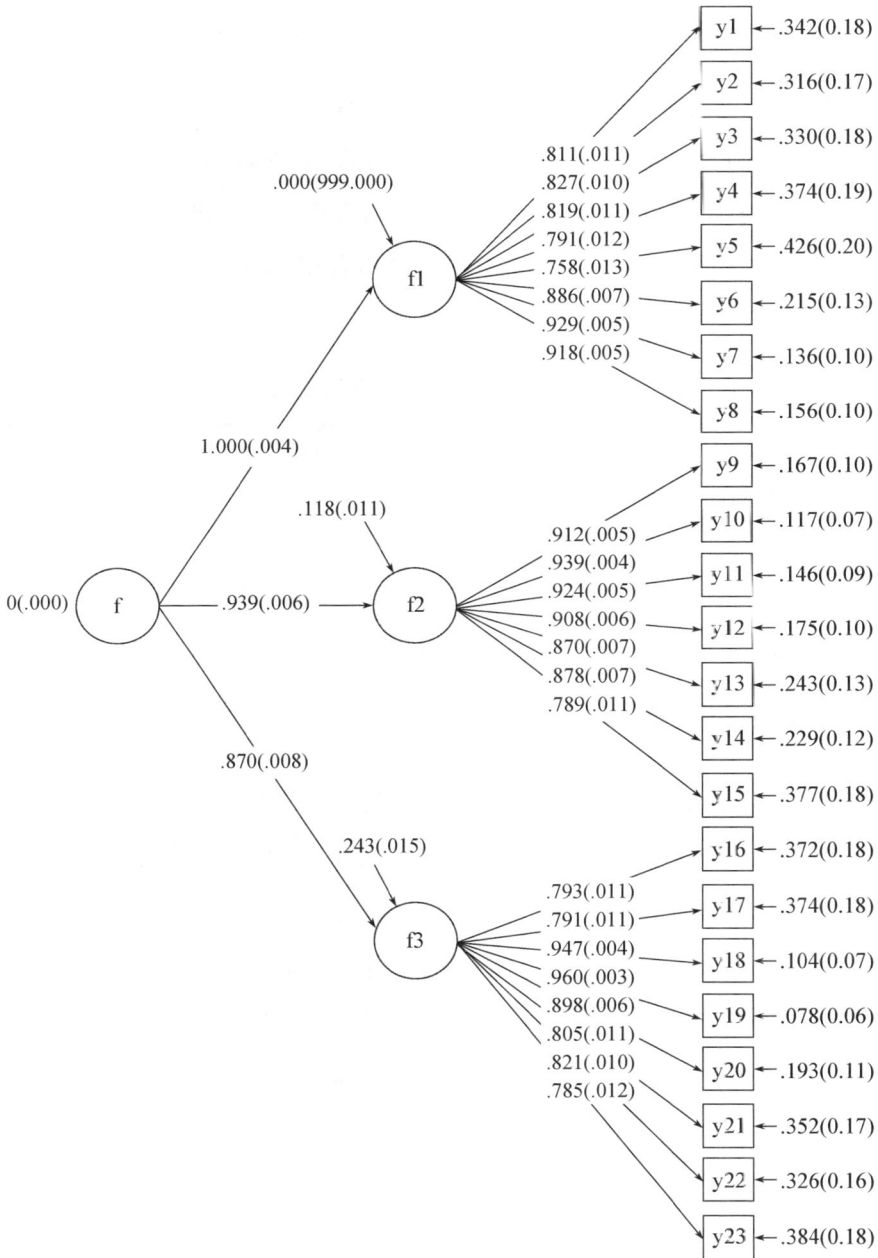

图 3-3　社区感结构的二阶因素分析路径图示

f:社区感;f1:社会资本;f2:幸福感;f3:公民意识

（二）信度分析

本研究中问卷信度分析的指标是内部一致性信度和分半信度。表 3 - 7 显示社区感调查问卷量表整体的 Cronbach's α 值为 0.978，分半信度为 0.935。每个社区感分量表的内部一致性系数介于 0.956 和 0.962 之间，分半信度介于 0.878 和 0.921 之间，说明量表整体有较高的可靠性水平，数据的可靠性较高。

表 3 - 7　社区感问卷总维度及各维度克隆巴赫 alpha 系数

维度名称	alpha 系数	分半信度	题目数量
社会资本	0.963	0.878	8
幸福感	0.962	0.921	7
公民意识	0.956	0.921	8
总量表	0.978	0.935	23

（二）社区感总体情况

总体上来看，总体社区感为 3.075 分，社区居民的社区感处于中等略微偏上的水平。在三个分量表中，幸福感个体均分最高，其次是社会资本，公民意识得分最低（见表 3 - 8）。从量表的等级水平上看，处于"基本同意"。

表 3 - 8　社区感总量表及分量表得分的描述性统计结果

	项目	最低分	最高分	平均值	标准差	单项平均分
社会资本	8	2	40	27.25	8.940	3.406
幸福感	7	0	35	25.31	7.545	3.616
公民意识	8	0	40	18.17	10.958	2.271
总量表	23	4	112	70.73	26.022	3.075

（四）社区感影响因素分析

1. 不同性别居民在社区感上的差异性分析

比较不同性别的居民在社区感总量表及其分量表上得分是否存在显著差异,这里采用独立样本 T 检验,其结果见表 3-9。

表 3-9　社区感的性别差异比较

维度	性别	数量	平均数	标准差	T	p
社会资本	男	494	27.59	8.775	1.122	0.262
	女	720	27.01	9.049		
幸福感	男	494	25.37	7.381	0.226	0.821
	女	720	25.27	7.661		
公民意识	男	494	18.58	10.449	1.078	0.281
	女	720	17.89	11.292		
社区感	男	494	71.54	25.298	0.905	0.366
	女	720	70.17	26.509		

由表 3-9 可知,在社区感总量表与分量表上,社区男居民和社区女居民的得分接近且差异不显著,独立样本 T 检验的 P 值都大于 0.05。

2. 不同年龄居民在社区感上的差异性分析

比较不同年龄的社区居民在社区感总量表及其分量表的得分上是否存在差异,这里采用单因素方差分析(one-way ANOVA)进行检验,结果见表 3-10。

表 3-10　社区感的年龄差异比较

维度	年龄	数量	平均数	标准差	F	p
社会资本	10—19	217	30.62	7.236	23.585***	0.000
	20—29	197	22.03	10.109		
	30—39	180	28.12	8.634		
	40—49	184	27.30	8.774		

（续表）

维度	年龄	数量	平均数	标准差	F	p
	50—59	171	26.05	8.886		
	60 以上	265	28.50	7.815		
	10—19	217	27.61	6.143		
	20—29	197	20.55	9.360		
幸福感	30—39	180	25.96	6.974	23.658***	0.000
	40—49	184	25.75	7.224		
	50—59	171	24.82	7.045		
	60 以上	265	26.52	6.421		
	10—19	217	21.62	7.698		
	20—29	197	11.14	10.089		
公民意识	30—39	180	17.52	10.666	28.950***	0.000
	40—49	184	17.02	10.934		
	50—59	171	18.72	11.747		
	60 以上	265	21.48	10.942		
	10—19	217	79.85	19.123		
	20—29	197	53.72	28.362		
社区感	30—39	180	71.59	24.688	27.631***	0.000
	40—49	184	70.07	25.683		
	50—59	171	69.59	26.442		
	60 以上	265	76.49	23.973		

注：* $p<0.05$，** $p<0.01$，*** $p<0.001$。

由表 3-10 可知，被试的社区感总量表及其分量表得分在"年龄"变量上存在显著差异。在社区感的各维度和总量表上，10—19 岁的居民得分均显著高于其他年龄段的居民，其次为 60 岁以上居民。

3. 不同文化程度居民在社区感上的差异性分析

比较不同文化程度的社区居民在社区感总量表及其分量表的得分上是否

存在差异，这里采用单因素方差分析（one-way ANOVA）进行检验，结果见表 3 - 11。

表 3 - 11　社区感的文化程度差异比较

维度	文化程度	数量	平均数	标准差	F	p
社会资本	初中及以下	146	28.69	8.675	47.738***	0.000
	高中	359	22.50	9.988		
	大专	378	28.02	7.448		
	本科	293	30.56	6.924		
	硕士及以上	38	33.24	7.674		
幸福感	初中及以下	146	26.02	7.141	40.804***	0.000
	高中	359	21.50	8.814		
	大专	378	26.23	6.190		
	本科	293	27.90	5.748		
	硕士及以上	38	29.39	6.466		
公民意识	初中及以下	146	19.21	8.633	24.328***	0.000
	高中	359	13.94	11.912		
	大专	378	18.80	10.132		
	本科	293	21.31	10.034		
	硕士及以上	38	23.87	11.739		
社区感	初中及以下	146	73.92	22.731	39.872***	0.000
	高中	359	57.93	29.576		
	大专	378	73.05	22.104		
	本科	293	79.77	21.177		
	硕士及以上	38	86.50	24.603		

注：* $p < 0.05$，** $p < 0.01$，*** $p < 0.001$。

被试的社区感总量表及其分量表得分在"文化程度"变量上存在显著差异，本科以上学位的居民在社区感总量表和各分量表上的得分显著高于其他群体。

4. 不同政治面貌居民在社区感上的差异性分析

比较不同政治面貌的社区居民在社区感总量表及其分量表的得分上是否存在差异，这里采用单因素方差分析（one-way ANOVA）进行检验，结果见表 3-12。

表 3-12　社区感的政治面貌差异比较

维度	政治面貌	数量	平均数	标准差	F	p
社会资本	群众	773	24.29	8.909	109.901***	0.000
	民主党派	72	27.90	7.474		
	共青团员	113	31.69	5.531		
	共产党员	256	34.02	5.426		
幸福感	群众	773	23.10	7.725	79.559***	0.000
	民主党派	72	26.08	6.924		
	共青团员	113	28.85	4.857		
	共产党员	256	30.20	4.674		
公民意识	群众	773	14.48	10.190	122.345***	0.000
	民主党派	72	17.39	9.565		
	共青团员	113	24.65	6.400		
	共产党员	256	26.69	8.969		
社区感	群众	773	61.87	25.299	120.271***	0.000
	民主党派	72	71.38	22.222		
	共青团员	113	85.19	15.099		
	共产党员	256	90.91	17.487		

注：* $p<0.05$，** $p<0.01$，*** $p<0.001$。

由表 3-12 可知，被试的社区感总量表及其分量表得分在"政治面貌"变量上存在显著差异。参加党团组织的居民在社区感总量表和各维度上的得分均高于一般居民，在参加党团组织的居民中，共产党员的社区感在社区感总量表和各维度上均高于共青团员，共青团员的社区感及各维度得分又高于民主党派居民。

(5)不同社区身份居民在社区感上的差异性分析

比较不同社区身份的社区居民在社区感总量表及其分量表的得分上是否存在差异,这里采用单因素方差分析(one-way ANOVA)进行检验,结果见表 3－13。

表 3－13　社区感的社区身份差异比较

维度	社区身份	数量	平均数	标准差	F	p
社会资本	房产所有者	633	28.79	5.186	743.612***	0.000
	暂住人员	258	13.72	5.097		
	社会组织成员	185	34.04	3.957		
	社区工作者	76	34.95	4.030		
	社区干部	62	38.02	1.996		
幸福感	房产所有者	633	27.12	4.291	658.892***	0.000
	暂住人员	258	13.76	5.277		
	社会组织成员	185	30.56	3.268		
	社区工作者	76	30.17	3.263		
	社区干部	62	33.29	1.613		
公民意识	房产所有者	633	17.80	6.322	882.375***	0.000
	暂住人员	258	3.41	3.502		
	社会组织成员	185	30.19	5.651		
	社区工作者	76	28.57	5.446		
	社区干部	62	34.85	3.259		
社区感	房产所有者	633	73.70	13.347	1066.928***	0.000
	暂住人员	258	30.89	12.192		
	社会组织成员	185	94.79	10.661		
	社区工作者	76	93.68	10.545		
	社区干部	62	106.16	4.581		

注:* p<0.05,** p<0.01,*** p<0.001。

被试的社区感总量表及其分量表得分在"社区身份"变量上存在显著差异。在社区感总量表及各维度上,房产所有者的得分显著高于暂住人员,而社会组织成员的得分又显著高于一般的房产所有者。

6. 不同地域居民在社区感上的差异性分析

比较不同地域在社区感总量表及其分量表得分上是否存在性别差异,采用独立样本 T 检验,其结果见表 3－14。

表 3－14　社区感的地域差异比较

维度	地域	数量	平均数	标准差	T
社会资本	苏南	582	26.43	10.037	−3.043**
	苏北	632	27.99	7.727	
幸福感	苏南	582	24.63	9.038	−3.008**
	苏北	632	25.93	5.781	
公民意识	苏南	582	16.91	11.931	−3.887***
	苏北	632	19.34	9.844	
社区感	苏南	582	67.97	29.300	−3.556***
	苏北	632	73.26	22.310	

注: * $p < 0.05$, ** $p < 0.01$, *** $p < 0.001$。

由表 3－14 可知,苏南居民与苏北居民在社会资本、幸福感和公民意识三个分量表及社区感总量表的得分存在显著的差异,且苏北居民得分均显著高于苏南居民。

7. 不同社区类型的居民在社区感上的差异性分析

比较不同社区类型的社区居民在社区感总量表及其分量表的得分上是否存在差异,这里采用单因素方差分析(one-way ANOVA)进行检验,结果见表 3－15。

表 3 - 15 社区感的社区类型差异比较

维度	社区类型	数量	平均数	标准差	F	p
社会资本	安置区	393	28.91	7.792	21.781***	0.000
	普通住宅区	373	28.05	9.802		
	老新村	448	25.11	8.726		
幸福感	安置区	393	26.45	6.563	8.399***	0.000
	普通住宅区	373	25.29	9.230		
	老新村	448	24.32	6.612		
公民意识	安置区	393	17.28	9.866	3.351*	0.035
	普通住宅区	373	19.31	11.996		
	老新村	448	18.01	10.905		
社区感	安置区	393	72.64	22.797	5.669**	0.004
	普通住宅区	373	72.65	29.583		
	老新村	448	67.45	25.226		

注:* $p < 0.05$, ** $p < 0.01$, *** $p < 0.001$。

由表 3 - 15 可知,被试的社区感总量表及其分量表得分在"社区类型"变量上存在显著差异。在幸福感、社会资本和社区感总量表上,老新村居民得分均显著低于安置区、普通住宅区居民得分。在公民意识量表上,安置区居民得分显著低于老新村与普通住宅区。

第四节 城市居民社区感培育的调查结果分析

从城市居民社区感培育的实证研究中,可以了解到当前居民社区感培育的成效和社区感培育的影响因素,并从中获得启发。

一、居民社区感培育总体状况调查结果分析

如上所述,由于社区感的概念尚未引起我国学界与官方的重视,专门的居民社区感培育工作也尚未开展。但是,社区感培育作为既有社会治理的副产品又已在客观上或多或少地存在着,比如说政府为城市低收入居民提供的保障性安居工程改善了民生、文明城市创建推动了城市环境的美化和社会公德的提升、九年义务教育促进了全民文化素养和思想品德的进步等等。因此,从客观上来说,居民社区感的现状就是当下社区感培育的成效。

从问卷测量的结果上来看,居民的社区感处于中等略微偏上的水平。在三个分量表中,幸福感得分最高,其次是社会资本,公民意识得分最低。从量表的等级水平上看,处于"基本同意"。问卷测量的结果,说明当前的基层治理与公共服务在总体上已经取得了一定的成效,改革开放的巨大成就以及政府的惠民政策已经给人民带来了实实在在的幸福感,但是仍然存在着很大的提升空间,特别是在居民的公民意识培育方面。当然,这样的调查结果也有可能是为了迎合社会赞许,即被试进行自我评价时倾向于迎合社会价值判断。如果是这样,说明居民社区感的实际状况尚不容乐观。无论是出于哪一种情况,都说明了进一步开展城市居民社区感培育的必要性。

为了进一步摸清当下的社区感培育存在着哪些方面的问题,笔者于 2018 年 4 月—6 月近 3 个月时间,每天如上班族一样,朝九晚五,奔赴 S 市 L 社区进行蹲点调查。

L 社区位于 S 市 G 区 S 街道中心地带,是在工业化、城镇化过程中由失地农民组成的居住区,又称"动迁户"居住区。本世纪初,S 街道抢抓机遇,开拓创新,累计引进内外资企业千余家,经济社会获得较好发展的同时也带来了大量的外来人口,使得 L 社区一方面保留着农村社区的属性,另一方面又具有城市社区的治理功能,正处于由农村社区向城市社区转变的过程中,因而又被称为"过渡型社区"。S 街道较早建立起了"大城管"体系,城市环境得到优

化;社区教育成效初显,先后获得过"国家卫生镇"、"全国环境优美镇"、"S市和谐示范社区","全国社区教育示范乡镇"、"中国民间文化艺术之乡"、"全国学习型社区示范街道"等一系列荣誉称号。

但是,经过近3个月的观察与访谈,研究者发现:与全国其他城市和街道一样,社区感培育作为基层治理的副产品由地方政府通过"条条运作"转移给街办和居委会以单一的"行政化"方式执行,并呈现出四方面的特点:

一是"一元化"主体,缺乏居民参与。L社区对外宣传中的居民形象,实际上只是部分居民为支持居委会工作,临时助阵拍照,拍完照便各自离去。青少年通过学校教育,对社区事务充满热情,但由于课业繁重,通常只能参加学校或社区组织的公益活动。中青年居民忙于工作,无暇顾及社区事务,老年人大多参与文化休闲类项目或者与自身利益密切相关的事务,比如棋牌、书画、广场舞或者义务体检、楼道卫生、法律咨询等。占社区人口绝大多数的外来人口在社区事务中普遍缺席。培育主体单一化,使得培育工作难以覆盖到全体居民;操作中的形式主义,也会使居民对政府的诚信产生质疑;真实的公共需求被遮蔽,行政系统疲于应付又难以引起群众的共鸣。

二是"政绩化"培育,偏离公共性目标。居委会在现实中被行政化而俨然已成为"第五级政府",其权力来自于国家而不是个人能力或居民授权,[①]崇尚"体制身份","组织观念"浓厚,官僚意识盛行,具有明显的政绩化倾向,迎合上级胜于服务居民,以参加各类"创建"或"评比"为工作重点。社区图书馆、社区心理咨询室、社区健身房等部分服务设施形如虚设,实际上并未正常使用。社区领导倾向于闭门造车设计有"显示度"的项目,研究者曾多次建议开展居民需求调查,均未得到回应。在本研究展开蹲点的3个月中,平均每三天就要迎接一次参观或者检查,每当此时,居委会大部分服务项目暂停,只留一名工作人员在一站式服务大厅值班,办事居民只能等候或另寻时间再来。居委会行

---

① 郭圣莉.国家的社区权力结构:基于案例的比较分析[J].上海行政学院学报,2013(6).

政化导致的政绩驱动是官僚主义和形式主义的主要原因。

三是"碎片化"培育，整合性不足。地方政府按照自上而下"条条运作"的方式展开社会管理。而条条运作的弊端之一就是部门横向协调不足而导致的部门主义，九龙治水、各自为政、头痛医头、脚痛医脚，各部门只坚持自身利益，不代表公众的利益，①社会的整体性需求被肢解。政府各部门将行政权力延伸到街办和社区，在基层展开"地盘争夺战"。在研究者所蹲点的社区，街办下设的社区教育中心和社区文化站对于教育培育类项目的争夺日趋激烈，再加上近年来专业社会组织和草根社会组织的加入，基层文化教育领域的竞争更加复杂化。

四是"粗放式"培育，多元化被忽视。作为典型的过渡性社区，L 社区兼具农村社区和城市社区的特征。社区居民结构多元，常住人口 28 000 多名，其中户籍人口数量不到 10 000 名，非户籍人口占绝大多数。根据社区感的高低，可将居民群体分为五类：第一类，动迁居民；第二类，通过市场化途径购得房产并取得户籍的新居民；第三类，通过市场化途径购得房产，但尚未取得户籍的新居民；第四类，以"炒房"为目的而购得房产的新居民，其社区意识主要出于理性经济人的利益考量；第五类，外来打工者，没有户籍和房产所有权。面对这样一个复杂性和流动性兼具的社区，社区感培育仍然只面向占人口总数不到 50％的户籍人口展开，忽视了占人口大多数的非户籍居民的需求和不断分化的社区结构。

综上所述，当下社区感培育状况尚可，但是依然存有一定的提升空间。由于社区感培育是内含于社区治理的副产品，因此社区治理的一些突出问题也在社区感培育中显现出来。实地研究所发现的诸如培育主体单一、居民参与

---

① ［法］皮埃尔·卡蓝默. 破碎的民主——试论治理的革命［M］. 高凌翰译. 北京：生活·读书·新知三联书店，2005：8.

不足,①以及碎片化、②政绩化等问题③也是学界所关注的普遍性问题。虽然从研究方法的角度来说,实地研究的结论难以推广,L社区的具体问题难以精准地代表全国千差万别的众多社区,但是该社区所体现出的社区治理普遍性问题依然值得关注。现实呼唤着回归于人民的整合式、参与式、协同式社区感培育,以全体社区居民为培育的主体和客体,以满足全体居民的公共性和多元化需求为培育目标,激发居民参与,整合社会资源,协同培育行动,构建起多主体、多层次、多方面的社区感培育模式。

二、居民社区感培育影响因素调查结果分析

本研究涉及的人口学变量包括性别、年龄、文化程度、政治面貌、社区身份、地域、社区类型。统计检验发现,在除性别变量之外的其他变量上,居民的社区感总分以及在分量表上的得分均存在显著差异,大部分假设得到了研究结果的支持。

通过调查分析,可以发现,"年龄"对居民社区感培育有着显著的影响。"10—19岁"和"60岁以上"两个年龄段的居民在社区感总量表和各维度上得分显著高于其他年龄段。本研究推断青少年由于受到学校教育和集体生活的影响,与同伴、老师之间具有更多的社会连接,也更有责任心、规则意识和对他人的信任感,乐于奉献自我以促进社区的进步。60岁以上老年人一般都已退休,没有工作的压力,拥有更多的休闲时间用于公共交往或参加社区服务,其社区社会资本、公民意识和幸福感也相应地较高。这样的调查结果说明从年龄的角度来看居民社区感培育的重点人群在于中青年居民,可发挥"一个孩子带动全家"的积极带动作用,通过青少年和老年人带动中青年人和全体社区居民,将社会主义核心价值观教育融入日常生活,帮助中青年人处理好公益与私

---

① 何绍辉.政策演进与城市社区治理70年(1949—2019)[J].求索,2019(3).
② 尹浩.碎片化社区的多维整合机制研究[J].社会主义研究,2015(5).
③ 孙柏瑛.城市社区居委会"去行政化"何以可能?[J].南京社会科学,2016(7).

利、小家与大家、工作与休闲的关系，引导其积极参与社区感培育与社区治理，发展社区社会资本，促进中青年人幸福感和公民意识的提升。

在居民文化程度的影响作用上看，本科以上学历居民的社区感水平显著较高，这充分说明了文化教育对于社区感培育的积极作用。教育水平对我国居民主观幸福感存在正向影响，[①]作为终身教育的一种形式，社区感培育需要遵循教育的基本原则和规律，充分利用学校教育、家庭教育和社会教育三种教育基本形态，以及课堂教学、课外活动和社会实践等基本途径，全员、全程、全方位培育。

在社区身份和政治面貌的影响作用上，可以看出，首先，房产所有者得分显著高于外来流动人口。其次，社会组织成员的社区感显著高于普通居民。再次，党团组织成员的社区感显著高于普通群众，而共产党员和共青团员的社区感又要显著高于民主党派居民。这说明：第一，是否拥有房产所有权是影响居民社区感的重要因素。外来人口流动性强，居住时间短，视社区为"临时住所"，谈不上社区情感，而本地居民对房屋拥有所有权，有恒产者有恒心，容易产生社区意识，因此，社区感的培育要特别关注外来流动人口的社区融入问题。需要说明的一点是：由于社区人口分化的日益细密性和动态性，比如"炒房客"也有可能改变主意将房屋用来自己居住或改造为群租房，外来人口一部分是外来打工人员，但也有从老家来到 S 市照顾儿孙的"老漂"一族。而量表编制不宜做过于精细的人口学区分，因此，没有对购房者的购房动机进行区分。只是笼统地分为"房产所有者"与"暂住人员"。第二，参与社会组织有助于提高居民的社会资本、公民意识和幸福感，因此，要鼓励居民参与各种社会组织，共同管理社区公共事务，提供社区公共服务。第三，基层治理中的政治参与和政党活动有助于提高居民的主体性和社区的社会资本，因此，社区感培

---

① 罗智红. 教育水平对居民幸福感的效应及机制分析——基于阶层流动的视角[D]. 山东大学博士学位论文，2020.

育必须要高度重视基层党建的重要作用,鼓励居民政治参与,帮助居民树立主人翁意识,构建社会信任网络,实现基层治理中的共建共治共享。

从地域差别上来看,苏北城市 Y 市的居民社区感要明显高于苏南城市 S 市,本研究推断其原因来自两个方面:一方面,作为全国第二大移民城市,本研究取样的苏南经济强市 S 市是典型的陌生人社会。而经济相对落后的苏北 Y 市则是江苏省典型的人口输出型城市,经济不够发达,外来人口较少,社区居民以本地人口为主,商品房交易也不够活跃,很大程度上停留于熟人社会的格局,居民对社区的依恋感较高。因此,地域差异引起的居民社区感差异也证明了对于移民城市而言,外来人口的心理融入是社区感培育的基本任务。另一方面,也可能是因为经济发达地区人们面临着更大的工作强度、更快的生活节奏,更多关注个人事务,无暇或者无心关注公共交往和公共事务,原子化倾向更强。因此,对于经济发达城市的居民社区感培育,不但要关注外来人口的融入与社区整合,而且要引导居民养成正确的价值观念和生活方式,帮助居民树立良好的社会心态,客观对待工作与生活、利益与休闲、公益与私利的关系,塑造健康的生活方式。

从社区类型的影响上可以看出物质生活条件的重要性。居住条件最低的老新村居民的总体社区感、幸福感和社会资本均显著低于安置型社区和商品房社区,而安置型社区居民的公民意识显著低于老新村与普通住宅区居民。社区,对于居民而言,居住的需求是第一位的,好的住房品质是社区居民的基本需求,而经历了城镇化过程的失地农民的公民意识也有待提升。这样的调查结果,一方面突出了房屋品质及城市更新的重要性,另一方面也说明了对于新型城镇化进程中农民市民化教育特别是公民意识教育的重要意义。[①]

居民的美好社区生活需要和社区感培育现状说明:城市基层治理中居民社区感培育应该是以人民为中心、公共性、整体性和精细化兼具,制度、法律、

---

① 贺雪峰. 新乡土中国[M]. 北京:北京大学出版社,2013:10.

空间、文化等多种资源复合，全员主体、高效衔接、供需匹配的全方位培育过程。具体而言，表现在两个方面：

其一，在培育内容上，以民生保障制度建设和社会主义公民意识培育为居民社区感培育的基本内容。物质需求的满足是人们获得感和幸福感的首要条件。社区感培育以良好的住房、就业、养老及社会保障服务为基础，继而建设平安社区、健康社区、绿色社区，满足居民对社区安全和环境品质的需要。随着城镇化的不断加速，以外来流动人口社区融入为基础的社区融合也构成了社区感培育的基本内容。一方面，由于户籍和住房限制，外来人口往往没有本地身份和房产所有权，也就缺乏相应的主体性及"有恒产者有恒心"的社区情怀；另一方面，由于文化资本与社会资本的缺乏，他们易因力不从心而陷于失业贫困，或产生孤独感和漂泊感，还有可能受到户籍居民的排斥产生矛盾和不公平感，不利于身心健康和社区治理。因此，城市居民社区感培育要特别关注外来人口的社区融合问题。

其二，在培育方式上，将党的领导和文化的整合功能覆盖到社区感培育的各个方面。首先，发挥党的领导和凝聚作用。中国共产党是人民根本利益和中国先进文化的代表，中国共产党员的社区感显著高于其他群体。居民社区感培育中坚持党的领导和凝聚作用，发挥党的政治思想引领和组织动员优势，在党的领导下制定法律政策，规范培育行为，是确保培育工作获得人民支持，并沿着社会主义和为人民谋幸福的正确方向取得成效的根本保证。其次，发挥文化的整合与教育功能。文化对个体的规训作用是根本性的、整体性的、可持续的。一方面，要从整体上培育社会主义公民意识和自尊自信、理性平和、积极向上的社会心态，将社会主义核心价值观融入日常生活，提高居民的公民意识和个人文化素养。为此，要发挥特殊人群"以点带面"的推动性作用。利用"一个孩子带动全家"的情感动员机制，通过学校教育和社区教育提升青少年居民的社区感，通过青少年社区感的提升推动家庭文明建设，继而通过家庭文明建设带动中青年人和整个社区精神文明水平的提高，构建美好的社区生活。同时,要保护和发扬老年人的社区情感和志愿精神,发挥老年人在社区文体活动和社区公共事务中的积极性和主动性,增进社区融合和邻里交流,建构健康、理性、友好的城市文化。另一方面,要精准把握城市和社区文化的独特性。每个城市甚至每个社区都有自己独特的文化产品和精神符号,社区感培育可利用其空间标识和文化习俗凝聚人心,塑造社区认同和城市认同,增强居民的归属感和共同体精神,提升幸福感和参与意识。

由于我国幅员辽阔、文化多样、需求多元,居民社区感培育没有统一的方法可循,东部经济发达城市和西部经济欠发达城市居民的物质与精神需求很不相同,高级白领社区和公租房、廉租房社区的培育重点也大相径庭。因此,本研究只是从政治学视角对社区感培育一般性模式的探究,不能照搬照抄和"一刀切",基于各城市、各社区的居民需求调研和培育现状调研才是展开社区感培育工作的基本前提。

第四章　城市居民社区感培育的典型经验：
"三共""三治"融合

作为城市基层治理创新的一部分,居民社区感培育既要回应于新时代的社会主要矛盾,又要立足于现有的社区感培育现实,还要吸收和借鉴东西方文明成果和成功经验,才能够探寻出一种具有中国和时代特色的居民社区感培育模式。但是,由于目前专门对居民社区感进行培育的文献非常稀缺,本研究只能从发达国家和我国主要城市社区治理的成功经验中提取与居民社区感培育相关的路径加以归纳和总结,以给本研究中社区感培育模式的探索提供宝贵的经验参考。

第一节　发达国家居民社区感培育的典型经验

社区,是国家与社会关系的窗口。世界各国的政治经济社会发展背景不同,也就带来了不同的国家与社会关系,以及社区感培育模式。从政社关系的角度,可大致将发达国家的社区治理模式分为三种类型:以美国为代表的社区自治型治理模式、以新加坡为代表的政府主导型治理模式、以日本为代表的混合型治理模式,三种不同的治理模式下的居民社区感培育各有独到之处(见表4-1)。

一、美国经验

美国是典型的分权联邦制国家,有着发达的经济、完善的法律体系和高度民主的政治环境,社区事务由社区居民自主管理,形成以社区自治为主导的治理模式。其居民社区感培育路径主要有以下三个方面:

第一,法律保障。美国社区的法律保障主要表现在两个方面:其一,制定地方性法律。1825 年美国国会修正 1787 年《西北法令》确立的共和监护政治模式之后,威权主义色彩的监护统治让位给民主自治,[①]各州由议会或州宪法授权各市,制定地方性的社区自治宪章,为社区发展提供法律保障与行为规范。[②] 其二,推行"社区警务计划"。美国开展社区警务计划,维护社区安全和生活质量,为社区居民提供全方位的服务。其理论和经验为世界各国社区警务的发展所借鉴和吸收。[③]

第二,高度自治。社区治理主体由政府、社区委员会、非政府组织、居住社区协会和公民构成。政府负责制定法律、协调组织间关系、资金支持等宏观管理职责。社区委员会是整个社区运转的核心,是社区事务的决策机构,社区委员由居民选举产生。发达的非政府组织是美国社区管理与服务的具体承担者,有着强烈的责任感,与居民关系最为密切,推动社区建设与服务,实现社会组织主导公共服务的格局。美国的居住社区协会由社区业主投票产生,负责对住宅小区内的一切事务进行管理。社区居民通过多种途径参与社区管理,参加志愿服务、竞选社区委员会委员和参加居住社区协会等都是居民自治的主要途径。[④]

第三,社区教育。美国是全世界社区教育最为发达的国家之一,社区教育

---

① 徐扬.美国早期国家建构之谜:"共和监护"视域下的西部领地[J].史林,2018(2).
② 凌军芬.借鉴美国社区治理经验推进新区社区建设[J].浦东开发,2014(5).
③ 王小海.社区警务是这样产生的——美国警察的理论与实践[J].贵州社会科学,2015(1).
④ 凌军芬.借鉴美国社区治理经验推进新区社区建设[J].浦东开发,2014(5).

被视为一种教育哲学理念,覆盖到国民生活的方方面面。美国的社区教育主要具有三个方面的功能:其一,推广实用主义教育,为每一个社区成员服务以满足他们的多元化需要,弥补普通教育的不足。其二,展开公民法治教育和志愿精神培育,[①]50％以上的美国成年居民每周至少参加一次志愿服务,慈善组织救助弱势群体,增进社会问题的解决,也推动终身教育和学习型社会的发展。[②] 其三,塑造居民的社区认同,政府补贴社区服务中心为居民提供生活上的便利,社区图书馆也提供融文化、教育、娱乐、便民于一体的综合性、多功能服务,以多种形式凝聚人心,构建居民的认同感。

美国是具有高度自治传统的国家,社区强大的自我管理能力主要通过法律框架内的居民自治制度和自治精神的塑造得以实现,这对于我国新时代共建共治共享格局中社会力量的培育以及对居民参与意识的培育都具有很强的借鉴意义。

二、新加坡经验

新加坡是以政府治理为主导的国家,受儒家文化的影响,公民参与意识不足,政府自上而下垂直管理社区,而基层组织及居民则按照政府的计划参与活动。新加坡的基层治理模式受到世界各国的广泛推崇,其居民社区感培育路径主要包括四个方面:

第一,整合型城市规划。新加坡80％的人口居住在政府提供的公共住房"组屋",[③]新加坡的"组屋计划"堪称全球典范。组屋,全部为无围墙的开放社区,不仅解决了居民的住房问题,而且还承载着公共交往、社区稳定、家庭维系、民族和谐、民主治理、社会发展等多方面的功能,增加居民对居住地的情感

---

① 张冠南,苑莹炎.美国社区公民法治教育研究[J].开放学习研究,2018(6).
② 欧庭宇,闫艳红.美国社区教育的发展与展望[J].思想政治课教学,2017(4).
③ 王春能,王春玲,郎永霞.没有围墙的住宅小区[M].北京:中国建筑工业出版社,2017:2.

认同和国家认同。[①]　与此同时,作为"组屋计划"的一部分,新加坡还将美国的"邻里中心"模式发展为"区域性组团式商业服务中心"模式,[②]学校、公园、商店等公共服务设施既满足居民需要又便于居民步行到达,通过公共设施丰富社区生活,增强居民的社区认同。[③]

第二,培育基层组织。在李光耀时代(1965—1990),政府直接培育基层组织,以帮助政府传递国家意志,并收集民意。新加坡现执政党为人民行动党,政府设立行政机关即人民协会专门负责社区治理,由国家总理担任人民协会主席,国会议员委任或推荐社区组织主要领导,人民行动党通过人民协会将执政理念渗透到社区。[④]　随着社会经济的发展,新加坡逐步对过去强制性的、自上而下的基层组织政策进行修正,并于1991年首次提出要组成由政府、非政府组织、志愿者、社区、家庭等多个部门共同参与的帮助网络,即"多手协助"原则。"多手协助"成为新加坡公民社会崛起的标志。志愿服务是新加坡居民参与社区治理的主要方式。[⑤]

第三,"法治""德治"相融。新加坡堪称依法治国的楷模,不但依法严管,而且以法治推动社会公德建设。首先是立法严密。新加坡的法律覆盖到政治、经济、文化、社会各个方面,从国家层面的政府管理、经济管理、公民权利,到个体层面的车辆停放、餐饮服务、公共卫生等全部有法可依,形成了较为完备的法律体系。其次是严格执法。新加坡将刑事责任年龄降低至7岁,广泛使用罚款措施,并保留了死刑和鞭刑。[⑥]同时,新加坡还重视道德教育,法德并

①　徐国冲."组屋"的政治学密码——来自新加坡住房政策的启示[J].中国行政管理,2017(3).

②　陈伟东,舒晓虎.城市社区服务的复合模式——苏州工业园区邻里中心模式的经验研究[J].河南大学学报(社会科学版),2014(1).

③　李强.从邻里单位到新城市主义社区——美国社区规划模式变迁研究[J].世界建筑,2006(7).

④　王新松.国家法团主义:新加坡基层组织与社区治理的理论启示[J].清华大学学报(哲学社会科学版),2015(2).

⑤　黄伶俐.新加坡社区社会组织:政府主导与社区自治[J].中国民政,2018(24).

⑥　赵景芳.新加坡依法治国建设的基本经验及启示[J].当代世界与社会主义,2016(4).

重,新加坡人自觉维护制度权威。极强的法律意识和道德意识塑造了新加坡的文明与安宁。[①]

第四,发展社区教育。20 世纪 80 年代,新加坡经济建设取得了巨大成就,精神文明建设被政府纳入社区建设中。社区逐渐发展成为开展思想文化教育、传播儒家文化的主要基地,社区教育活动与社区建设活动紧密融合,形成了以"提供服务、满足需求、建立秩序"为宗旨的独具特色的社区教育模式。[②]

新加坡的社会文化背景与我国有着某些方面的相似之处,比如强大的政党和政府治理能力、儒家文化传统、多民族的融合等。因此,从 20 世纪 90 年代开始,我国就开始研究并学习新加坡经验。新加坡的社区感培育经验在于,借鉴他山之石并根据自身发展需要而不断调整,融空间上的城市规划和制度上的自治、法治、德治于一体,并重视各种培育手段之间的贯通,这一点非常值得我国学习。

三、日本经验

日本是一个经济高度发达的亚洲国家,在东西方文化的共同影响下,日本形成了混合型的社区治理模式,即政府与社区在保持职能分工的基础上坚持合作共建,政府给予规划和经费上的支持,社区负责具体事务的管理,保证社区的正常运转。日本社区感培育的经验主要有以下四个方面:

第一,人性化的城市规划。日本在 20 世纪 50—60 年代的工业化与城市化过程中,出现了资源过度集中、地区差距凸显、环境污染严重等问题,政府先后于 1965 年、1969 年和 1977 年出台《第二次全国综合开发计划》、《广域市街村圈计划》和《第三次全国综合开发计划》,提出"广域生活圈"概念和"定居构

---

① 周进.新加坡道德治理概述[J].道德与文明,2014(4).
② 郝美英.北欧、美国、日本和新加坡社区教育理念探析[J].成人教育,2010(12).

想"开发模式,该模式包括定居圈(由若干个定住圈构成)—定住圈(由若干个居住区构成)—邻里—街坊四个层面。① 其中,定住圈是以居民的住所为中心,开展通勤、就读、购物、健康、休闲等日常生活必需的活动所形成的空间范围,是组织生活圈的基本空间单位。生活圈的规划与实施,尊重地方特色和传统文化,建设良好的综合人居环境,实现了各地区教育、文化、医疗等公共服务的均等化。②

第二,居民参与。日本通过基层自治组织、社区志愿服务组织和信息反馈制度来推动居民参与。日本的基层自治组织叫盯内会,盯内会的成员由社区居民志愿性地轮流担任,为社区成员提供诸如关怀弱势群体、表达民意、居民身份登记、婚姻登记等方面的公共服务。社区志愿者组织也热心于组织各种文化和社会活动,以加强社区凝聚力。"广报制度"和"公听制度"是日本最主要的信息反馈制度。前者的功能在于自上而下地将政府工作告知居民,后者的功能在于自下而上地听取居民诉求,帮助居民充分理解政府工作,两者的目的都是为了推动居民与政府之间的合作与对话,推动居民参与政府决策。③

第三,法律保障。日本已建立起较为健全的社区法律法规体系,对社区生活中各种问题做出了详尽而具体的规定,几乎所有社区问题都可以有法可依,比如汽车必须使用无铅汽油、严禁乱放废弃物、单位常务副职以下的上班族严禁乘坐小汽车、车辆不准乱停乱放、果蔬店不准出售变味变色食品等等。居民自觉遵守,一切依法行政,按章办事。④

第四,社区教育。日本的社区教育具有民众教化的功能,通过国家意识、社会观念、个人能力三个层面的共同作用来振奋国民精神、培养国民性格、实现个体的社会化。主要表现在三个方面,其一,传播国家意识与公民意识,提

---

①　和泉润,王郁译.日本区域开发政策的变迁[J].国外城市规划,2004(3).

②　穆占一.均衡发展之路——日本国土规划的历程及特点[J].中国党政干部论坛,2012(3).

③　俞祖成.战后日本社区政策的逻辑起点——基于政策文本的分析[J].社会科学,2019(1).

④　刘航.我国新型城市社区治理模式研究[D].首都经济贸易大学硕士学位论文,2011.

升居民对于国家的认知与忠诚度,为国家培养合格的公民。[①] 其二,传播正确的社会价值观念,开展诸如生活习俗、文化传统、社会归属感等方面的教育。其三,促进终身教育,使居民个体的学习需求得到满足。随着国家经济社会发展需要的变化,日本政府不断调整社区教育的方向,在二战前期,社区教育成为宣扬日本军国主义思想、开展战前思想动员的工具,具有强烈的政治色彩,在二战之后的社会稳定与经济快速发展期,社区教育主要致力于传播公民意识和开展各层次的职业技能教育。

综观美国、新加坡和日本的社区感培育经验,可以发现,尽管这三个国家有着不同的国家—社会关系,但是其培育路径却有着一定的共性之处,即一方面以人性化的城市规划创设公共空间,塑造文化认同,提供便民服务,另一方面以严格的法律和道德规范居民行为、以民主机制激活居民的主体性、以文化教育机制持续改造居民的思想,并随着不同时期的社会主要矛盾和国家治理目标调整上述路径。简言之,即人性化、整合化的城市规划与"自治法治德治"相结合。这样的培育路径,对于解决我国新时代的社会主要矛盾,并改善居民社区感培育状况,具有较强的借鉴意义。

表 4-1　部分发达国家居民社区感培育典型经验

国家	美国	新加坡	日本
模式	自治型	政府主导型	混合型
背景	移民国家 自治传统	移民国家 儒家文化	东西方文化 共同影响
培育 基本 路径	法律保障 高度自治 社区教育	城市规划 培育基层组织 "法治""德治"相融 社区教育	城市规划 居民参与 法律保障 社区教育

---

① 　姚舜,张德伟.日本区域教育发展模式管窥——以社区学校为例[J].全球教育展望,2015(5).

第二节　中国城市居民社区感培育的典型经验

自 2000 年新一轮社区调整和建设以来,我国各地不断探索社区治理模式,涌现出青岛模式、江汉模式、盐田模式、南京模式等一系列典型经验。本书重点研究了"上海经验"、"厦门经验"和"枫桥经验",从中获得有益的启发(见表 4 - 2)。

一、上海经验

根据上海新一轮总体规划,2040 年的上海将会是一座"更具活力的繁荣创新之城","更富魅力的幸福人文之城","男女老幼安居乐业","城市空间舒适安全","人居环境生机盎然"。[①] 上海坚持以人民为中心的基本思想,以市民幸福为城市发展的根本追求,下"绣花"功夫提升城市治理的精细化水平,在改善群众教育就业、医疗养老、生活环境等方面均取得了突出的成绩。这里以上海的"15 分钟社区生活圈"城市规划为例。

首先,人本主义的城市规划,打造人民满意的城市生活空间。上海以"宜居、宜业、宜游、宜学"为目标,紧紧围绕居民生活,从街区构建、功能整合、精准服务、步行可至和绿色休闲五个方面来提升社区的空间品质和内涵。[②] 街区构建,即建构人性化的街区尺度和街道界面。功能整合,即推广社区邻里中心建设,预留一定的就业用地,将社区生活圈建为一个集居住、生活以及就业、创业等多功能为一体的有机整体。精准服务,即提供多样化的公共服务。步行

[①]　上海市城市总体规划编制工作领导小组.上海市城市总体规划(2016—2040)[EB/OL].上海政府网,2016 - 08 - 22.

[②]　李萌.基于居民行为需求特征的"15 分钟社区生活圈"规划对策研究[J].城市规划学刊,2017(1).

可至,即以步行可至作为公共设施配置的指标,在对居民群体的活动规律进行充分调研的基础上,将公共设施进行精细化区分,全面提高公共设施配置的效能。绿色休闲,即构建人性化、高品质、富有活力的公共空间,对零星的城市消极空间进行改造,并推动私人用地内部的附属公共空间对外开放,提升城市公共空间的使用率。根据居民的人口构成和需求特征设计公共空间,尤其关注老人、儿童、孕妇、残疾人等弱势群体的需求,让空间设计更加富有人文关怀。

其次,居民参与,问计于民。公共事业不是"行政事业",也可以由市民或者企业承担。[①] 上海将公众参与贯穿在整个规划实施的各个环节,主要包括四个方面:其一,需求调查环节,在社区开展各类居民需求调查与现状评估,推动居民关心社区规划与建设,引导居民有效参与讨论。其二,编制方案环节,引导社会公众通过多种形式参与行动方案的讨论,及时反馈意见。其三,实施建设环节,组织社会公众参与行动计划的推广,举办各类社区活动,提升社区凝聚力和活力。其四,评估成果环节,通过网络平台展开实时评估,针对民众诉求进行合理的设施转换与更新。[②]

浦东"缤纷社区"通过四种主要渠道扩大公众参与:其一,扩大公众范围。以街道、居委会、业委会等为主体,社区居民、驻区单位、物业公司、社会组织、专家、设计师和艺术家等多方共同参与,通过微信公众号、空间案例展、新闻媒体报道等多种方式进行线上线下宣传和动员。其二,建立"一图三会"制度。"一图"指一张设计方案图,"三会"指听证会、协调会和评议会。居委会、业委会通过"听证会"收集居民想法,通过"协调会"确定居民意向,通过"评议会"评估设计方案及实施效果。其三,发挥社会组织作用。兼具城市规划设计与社会工作能力的社会组织,可有效发现市民诉求,整合各界力量推动项目落实。

---

① [日]山崎亮.全民参与社区设计的时代[M].林明月,付奇鑫,黄泽民译.北京:海洋出版社,2017:51.
② 程蓉.以提品质促实施为导向的上海15分钟社区生活圈的规划和实践[J].上海城市规划,2018(2).

其四，建立专家导师制。浦东新区政府聘请9位行业内权威专家作为导师，与街道建立"一对一"指导关系，参与筛选符合社区需要、居民意愿的项目，指导方案设计。①

人塑造了城市，城市也改变着人。上海秉持精细化理念，以人民多元化需求为导向展开城市公共空间规划的城市，其城市规划上的温暖和贴心令人感动。以人民为中心的城市空间规划和居民参与机制将全方位地满足居民需求，提升居民的获得感、幸福感和安全感，从而创造出更加美好的城市生活。

二、厦门经验

根据《美丽厦门战略规划》(2013—2030年)，厦门具有生态环境、山海格局、社会和谐等五个方面的特质，将实现"两个百年"发展目标，即在建党100周年和新中国成立100周年的时候建成美丽中国的典范和中国梦的样板城市。② 为此，厦门开展了"美丽厦门·共同缔造"行动，取得了很好的成效。"美丽厦门·共同缔造"行动具有以下六个方面的经验：

第一，社区党建引领。通过街道层面的"大党工委制"和社区层面的"大党委制"，建立以社区党组织为核心的多元主体协商共治机制、群团组织参与机制、党员进社区机制、党代表工作室机制等，实现社区党组织对基层治理的有效领导。第二，治理重心下移。厘清市、区、街道和社区之间的纵向关系，区分各自的角色与职能，制定社区"自治事务"清单和"协助事务"清单，使社区减负增效；推进市、区两级的政府职能下移，强化街道公共服务与社会管理职能，把资源、服务、管理放到基层，让基层有职有权有物，更好地服务居民。第三，扩大公众参与。通过全员参与社会组织、社会组织参与治理、需求导向项目设置、分类定级财政补贴等多种方式，从经济激励和精神鼓励两个方面促进公众

---

① 程蓉.以提品质促实施为导向的上海15分钟社区生活圈的规划和实践[J].上海城市规划，2018(2).

② 厦门市规划局.美丽厦门战略规划[EB/OL].厦门网，2014－03－04.

持续参与。① 第四，美化人居环境。各级政府、社区组织和社区居民以人居环境项目改造为载体，小街小巷、房前屋后、街道两侧环境明显好转。第五，协商共治机制。厦门构建起多元化的协商共建机制，比如，成立了社区理事会、社企共建理事会和"四民家园"（民生倾听室、民情调查队、民智议事厅、民心服务站）等协商共治组织，完善了居民代表会议、社区事务协调会、听证会和社区民主监督评议会、道德评议会等协商会议机制，出台了全国第一部多元化的矛盾纠纷解决条例等。② 第六，培育社区精神。厦门市以多种方式塑造居民的社区精神，以美好人居环境感染人，增强居民对于社区的认同感与归属感；以公共参与渠道的构建塑造居民的社区精神，激发居民的广泛参与；以公共交往推进社区社会资本的发展；以居民公约规范居民行为，引导居民崇德向善。

厦门市通过美丽的社区环境营造和党建引领下共建共治共享的制度构建共同塑造和发展居民的公民意识、社会资本和幸福感。本研究欣喜地看到，厦门市已经关注到社区治理中的精神培育问题，并将社区精神培育纳入到社区治理体系，开始了初步的探索。这也从地方政务实践的角度证明了本研究开展社区感培育的价值和意义，其实践经验给本研究提供了很多有益的参考和启发，并进一步提出了开展全面的、专业的理论研究的要求。

三、枫桥经验

枫桥经验是党领导人民创造出来的一整套行之有效的基层治理方案，形成于 20 世纪 50—60 年代的社会主义建设时期，发展和创新于改革开放时期与中国特色社会主义新时代。习近平同志对枫桥经验高度重视，曾 42 次在重

---

① 民政部编写组.中共中央国务院关于加强和完善城乡社区治理的意见［M］.北京：人民出版社,2017：187.

② 民政部编写组.中共中央国务院关于加强和完善城乡社区治理的意见［M］.北京：人民出版社,2017,：187－188.

要讲话和相关指示中提出要学习推广、创新发展枫桥经验。① 作为中国共产党治国理政的宝贵经验，不断丰富发展中的枫桥经验已成为新时代基层社会治理的典范，是实现国家长治久安的“东方模式”。

　　新时代枫桥经验的基本元素包含：党建引领，人民主体，“三治”结合，共建共治共享，平安和谐。其中，党建引领是根本保证，人民主体是价值核心，“三治”结合是基本要义，共建共治共享是基本格局，平安和谐是目标效果。第一，党建引领，即通过党的政治引领、思想引领、组织引领，把党组织的领导、管理和服务延伸到社区治理的每一个环节，实现党委领导下的政府治理和居民自治良性互动。第二，人民主体，即以“解决人民群众的切身利益问题”为逻辑起点、发动群众参与，让人民群众的作用贯穿整个治理环节，并运用大数据技术，增加群众参与的精准性。第三，“三治”结合，即综合运用自治、法治、德治三种方式，把群众能够自己办的事交给群众，运用法治思维，强化道德约束。第四，共建共治共享，即联动融合，开放共治，成果共享，提升基层治理的社会化水平，增强人民群众的获得感、幸福感和安全感。第五，平安和谐，发展了的枫桥经验既包括矛盾化解，也包括平安社区、和谐社区建设，是对习近平同志平安中国、和谐社会、法治中国思想的遵循。②

　　如何促进社会“公益”和如何治理社会“公害”是社会治理所面对的两个核心问题，也是居民社区感培育所面对的基本问题。促进社会“公益”是增进人民幸福感的必要条件，治理社会“公害”是增进人民安全感的必要条件。新时代枫桥经验对这两个问题都做出了完美的回答。综合上海经验、厦门经验和枫桥经验，可以看出，我国的城市居民社区感培育最重要的是要树立以人民为中心的理念，在党的领导下，依靠人民，服务人民，为人民创设良好的城市生活

---

　　① 中国法学会“枫桥经验”理论总结和经验提升课题组.“枫桥经验”的理论构建［M］.北京：法律出版社，2018：56.
　　② 中国法学会“枫桥经验”理论总结和经验提升课题组.“枫桥经验”的理论构建［M］.北京：法律出版社，2018：28－52.

环境和民主参与制度,培育公民意识,精准满足人民对美好生活的需要。简言之,即党领导下的共建共治共享。本研究将这些经验作为学习范本,倍加珍惜,并将其融入到本研究的居民社区感培育路径之中。

表4-2 国内部分城市居民社区感培育典型经验

城市	上海	厦门	枫桥
特色	精细化	美丽社区 共同缔造	平安和谐
培育 模式	城市规划 居民参与	社区党建引领 治理重心下移 扩大公众参与 美化人居环境 协商共治机制 培育社区精神	党建引领 人民主体 "三治"结合 共建共治共享 平安和谐

第三节 国内外经验的总结与启示

本章基于历史与现实两个视阈的统一与转换,从发达国家和我国主要城市社区治理的成功模式中分疏、提取一些与居民社区感培育相关的经验,发现成功的居民社区感培育模式具有四个方面的特征:

一、社区感培育的主客体

社区是国家与社会关系的集中体现。社区感培育作为城市基层治理的重要组成部分,理所当然,谁来培育、培育谁,也都是国家与社会关系的结果。综观国内外的典型经验,可以发现,社区感培育的主体无非是两个:以政府为代表的国家、以公众或者社会组织为代表的社会。区别只是在于谁占主导地位,或者在城市发展的某项公共事务中谁的功能与地位更加突显。根据一国或者城市的社会历史文化传统来看,在有着自治传统的国家,社区感培育的主导力量往往是以社会组织为代表的社会力量，而在有着强政府—弱社会关系的国家，例如新加坡，社区感培育则是以执政党和政府为主导力量，社会组织、公众发挥参与作用。一般说来，凡涉及城市基础设施或基本制度建设的领域，比如城市规划、法律制定等方面，都由政府为主导，其他领域事务如社区教育、公共服务等有些也由政府主导，有些由社会主导，或者政府与社会合作管理。总的来说，在居民社区感培育的所有领域、空间和过程中，政府主体与社会主体都在发挥着作用。

在我国强政府-弱社会的背景之下，为了回应新时代转化了的社会主要矛盾，打造共建共治共享的社会治理格局，国家亟需开展对社会力量的培育，增强社会活力。因此，本研究的居民社区感培育的主体必然也是两个：以政府为代表的国家与以居民为代表的社会，前者为主导力量，后者是重要的参与力量。社区感培育要充分发挥政府主体与公众主体的积极性、主动性、创造性，实现培育模式的共建共治共享。

社区感培育，就是通过一定的方法与手段，培养居民的社区感，使之得到提升。因此，社区感培育的客体，是居民的社区感。但是，由于"社区感"是社区居民的一种态度体验与心理准备，具有内隐性和抽象性，在现实中，无法直接操作于此，所以，只能通过"社区感"的主体"人"的中介作用，来改变居民的社区感。如此一来，居民社区感培育的客体，也就由内隐、抽象的心理体验转化为具体的、现实中的"人"，即社区居民。因此，社区感培育要关注居民的特征与需要，有的放矢，因材施教，以增强培育的成效。

综上，居民社区感培育的主体是以政府为代表的国家与以居民为代表的社会，其中，政府是居民社区感培育的主导，居民和社会组织是重要的参与力量。社区感培育的客体是居民。因此，社区感培育要改革政府主体、激发居民主体，满足作为客体的居民的多元化需求，实现多渠道、多层次、多主体、全方位的协同培育。居民既是培育的主体，又是培育的客体，承担着主客同体的角色和功能。

二、社区感培育的理念

居民社区感培育的国内外典型经验都蕴含着以人为本的基本理念，主要表现在三个方面：第一，需求导向。即满足作为培育主体的"人"的需求和作为培育客体"人"的需求。满足作为主体的人的需求，就是要发挥人的主观能动性，实现共建共治共享。居民参与和服务共享是国内外成功经验的基本内容。满足作为培育客体的"人"的需求，就是要根据居民的特征与需要，有的放矢地开展社区感培育措施，提高社区感培育工作的针对性和有效性。第二，公共性建构。人的本质是社会关系的总和。社会性是人的本质属性。社区的本质是人们的生活共同体。居民社区感培育是一项公共性的事业。国内外的典型经验，无论是物理环境的规划与设计，还是社区治理规范的设定，无外乎都是围绕着促进居民的公共交往、培育居民的公共精神、促进公共利益而采取的举措。第三，整体性、精细化培育。多元化的培育主体、各部门各主体间联动协调、数字化的技术手段、精准回应居民需求，以操作层面上的经验技术实现人本理念，为社区感培育理论转化为实践提供了有力的工具。

三、社区感培育的资源

一切可以有助于达到培育目标的工具或者手段，都可以称之为资源，比如说空间资源、法律资源、文化资源、网络资源、政策资源、商业资源等等。不同的资源造就了不同的培育路径，比如空间资源在城市规划方面的利用以及自治、德治、法治等相关制度的构建等。即使同样的资源在不同的运作方式下也会造就出不同的培育路径，比如新加坡在不同时期采取不同的基层组织政策、城市规划中政府资源和商业资源的结合等。因此，可以运用于社区感培育的资源及其运作方式是无穷无尽、多种多样的。在我国，政党资源、制度资源和技术资源是居民社区感培育最为重要的资源。中国共产党的领导是中国特色社会主义民主政治的最大优势，也是新时代城市善治的根本保证。制度资源是作为社区感培育主导的政府得以运转的保障,技术资源是实现社会整合与整体化性培育、精细化培育的必要条件。

四、社区感培育的机制

居民社区感培育的机制问题主要涉及培育主体与主体、主体与客体之间的连接与互动,具体表现在两个方面,第一,协同机制。主要包括各培育主体的参与机制和主体之间的整合机制,通过适当的制度和技术手段将不同地位与作用的参与主体连接在一起,展开共同的培育工作。第二,服务机制。解决的是主客体之间的关系问题,即主体根据自身的需求和客体的特点,使用一系列的工具与手段作用于培育客体,使客体的心理意识水平发生改变。基于新时代的社会主要矛盾和社区感培育现状,解决主客体之间的关系,更加强调的是通过提供高质量的公共服务,以满足居民对美好生活的需要。

综合国内外典型经验,可以发现,社区感培育是一项综合性系统工程,需要将自然科学和社会科学方法结合起来,具体而言,即将城市规划技术、现代信息技术与"共建共治共享"、"自治德治法治"等制度构建结合起来,以先进的技术来提高制度培育的精准性和全面性,最终实现以人为本的基本理念。基于我国新时代社会主要矛盾提出的宏观依据、社区现状调查提供的微观依据以及国内外社区感培育的典型经验,本研究将构建出自己的社区感培育模式,包括理念、资源、机制三个部分。理念指导实践,依据理念才能够探寻到相应的资源和机制;资源是社区感培育赖以依靠的工具,也是理念得以走向现实的中介与桥梁;机制是理念与资源得以在现实中落地的工作方法,是社区感培育由理念转化为实践、资源转化为现实的飞跃,也是居民社区感提升的关键所在。

第五章　城市居民社区感培育的理念：
以人民为中心

新时代的社会主要矛盾和当下社区感培育的现状客观上要求构建以人民为中心，满足人民美好生活需要的居民社区感培育模式。国内外的典型经验也在理念、资源、机制等方面为本研究居民社区感培育模式的探索提供了学习的范本。理念是行动的先导，行动是理念的落实。城市居民社区感培育是塑造国家认同与社会认同的心理基石，肩负着基层治理创新和社会共同体重建的基本任务。人民性理念、公共性理念、整体性理念和精细化理念是连接国家与社会、个人与共同体、需求与供给、传统与现代的交集，将助力于推动居民参与和社会整合，实现协同培育。其中，人民性理念是根本，明确了居民社区感培育的主体与目标；公共性理念、整体性理念和精细化理念是人民性理念的延伸与深化，指明了社区感培育的方向与路径，也为提高社区感培育的效能提供了坚实的技术保障。

第一节　居民社区感培育的人民性理念

"人民性是马克思主义最鲜明的品格"，[①]也是居民社区感培育必须坚守

---

① 习近平. 在纪念马克思诞辰 200 周年大会上的讲话[N]. 人民日报，2018 - 05 - 04.

的根本性理念，清醒地回答了社区感培育"谁来培育"、"为谁培育"、"依靠谁培育"三个基本问题。

一、人民性理念的内涵

人民性理念，即"以人民为中心"的发展理念，是马克思主义中国化的最新理论成果。恩格斯曾经明确指出，"历史不过是追求着自己目的的人的活动而已"，[①]毛泽东同志也曾指出，"人民，只有人民，才是创造世界历史的动力"。[②]十八大以来，以人民为中心的发展思想已成为党和国家治国理政的基本理念与奋斗目标，也是习近平新时代中国特色社会主义思想的基本内核。党的十九大报告进一步指明："人民是历史的创造者，是决定党和国家前途命运的根本力量。必须坚持人民主体地位，坚持立党为公、执政为民，践行全心全意为人民服务的根本宗旨，把党的群众路线贯彻到治国理政全部活动之中，把人民对美好生活的向往作为奋斗目标，依靠人民创造历史伟业。"[③]由此衍生出人民性理念三方面的具体内涵，即：以人民为主体；为人民服务；贯彻党的群众路线，[④]三者构成了人民性理念相互关联、密不可分的思想理论体系。以人民为主体，是马克思历史唯物主义的基本要求，也是推动人类历史前进的客观要求；为人民服务，是中国共产党的根本宗旨，也是广大党员的行动纲领；贯彻党的群众路线，是实践主观与客观相一致、保证革命与建设的各项事业取得成功的方法论和基本路径。人民性理念是中国共产党在继承马克思主义理论精华的基础上立足中国现实不断进行创新的伟大历史性成果，坚持了人民主体地位和人民共享理念，丰富和发展了马克思主义理论的基本内涵，是国家治理和

①　马克思恩格斯文集(第 1 卷)[M].北京：人民出版社，2009：295.
②　毛泽东选集(第 3 卷)[M].北京：人民出版社，1977：1031.
③　习近平.决胜全面建成小康社会，夺取新时代中国特色社会主义伟大胜利——在中国共产党第十九次全国代表大会上的报告[M].北京：人民出版社，2017：21.
④　唐秀华，雍婧.习近平新时代中国特色社会主义思想的人民性品格[J].科学社会主义，2018(5).

社会治理现代化的根本理念。

二、人民性理念的要求

人民性理念贯穿于社会治理领域就是要"打造共建共治共享的社会治理格局"。[①] 共建共治共享，是以人民为中心，以均衡为导向，以公共服务供给为载体的社会治理模式，是对马克思主义社会治理理论的继承和现代治理理念的吸收，顺应了社会发展的客观规律，体现了社会主义治理实践的丰富内涵，具备明晰的逻辑理路。共建是社会治理的基本要求，也是马克思历史唯物史观的根本要求。中国共产党领导中国革命、建设和改革开放取得伟大胜利的实践充分证明，只有依靠人民，发挥人民主体作用，才能推动历史前进，取得事业成功。共治是社会治理的核心要求，是党的十九大在社会治理领域做出的重大理论创新，是人民当家做主的充分体现和现代社会善治的基本要求，也是弥补单一主体有限理性，发挥集体合力，增强治理效能的基本方式。[②] 共享是社会治理的根本目标。我国是中国共产党领导下的社会主义国家，改革与发展的根本目的在于增进全体人民的福祉，让人民平等地享有治理成果，而不是为了一部分人甚至少数人谋利，这也是中国特色社会主义社会治理的根本性优势所在。

城市居民社区感培育是一项面广根深的复杂工程，唯有依靠人民、服务人民，引导人民群众有序参与，满足人民美好生活需要，才能获得人民的拥护，构筑起稳固的社会基础。城市居民社区感培育中的人民性理念可体现在两个层面：

首先，以人民为社区感培育的主体，发挥居民的主动性，做到"全员"培育、"全程"培育。在城市基层，"人民"不仅表现为城市居民，也包括由居民组织而

---

① 习近平.决胜全面建成小康社会,夺取新时代中国特色社会主义伟大胜利——在中国共产党第十九次全国代表大会上的报告[M].北京:人民出版社,2017:49.

② 徐勇.中国城市居民自治有效实现形式研究[M].北京:中国社会科学出版社,2015:5.

成的各类企业和社会组织，还包括代表广大居民利益、为居民谋幸福的党组织和政府。基层党组织、基层政府、各类社会组织和居民共同构成社区感培育的多元化主体。作为居民社区感培育主导力量的政府，要充分尊重居民的首创精神，调动社会组织和居民参与社区感培育的积极性主动性创造性，在横向上让居民参与到社会保障、社区治安、社区生态、社区文化、社区管理等社区感培育所涉及的各个领域；在纵向上让居民充分参与到社区感培育的研究、实施、评估和反馈过程，引导居民参与自我教育、家风培育、社区教育、社区营造等各个层次。在培育前，要集中居民的智慧，探索社区感培育各领域、各层次、各方面的具体路径机制，构建起满足人民需求的多元化、多层次、多方面社区感培育模式；在培育中，要鼓励居民积极主动地参与社区感培育实践、积极主动地参与到生龙活虎的社区生活实践中，展开自我管理、自我教育与自我服务；在培育工作开展以后，要让居民积极反馈社区感培育的成效，共享社区感培育后的美好社区生活，提出进一步巩固和完善社区感培育的新方案，并推动新一轮社区感培育的开始，构建社区感培育与美好社区生活之间的良性循环。

其次，以人民为社区感培育的客体，让社区感培育的成果惠及所有居民，做到"全方位"培育、"全体居民"受益。在居民社区感的直接培育中，要在把握居民需求的基础上，将宣传教育活动覆盖到全体居民，做到点面结合。可通过社区感较强的共产党员、社会组织成员、青少年和老年人群体来带动普通居民、中青年人和流动群体参与，开展主题多元、形式多样、线上—线下同步进行的培育课程来满足居民多元化的需求，吸引尽可能多的居民投入到社区学习中。在居民社区感的间接培育中，要让社区感培育贯穿于社区共建共治共享的全过程。主要表现在三个方面，第一，共建，在社区建立之前，居民参与社区空间规划和社区实体建设，党委、政府、居民自治组织、居民和社会力量共同决策、共同管理、共同服务、共同监督；在社区建立之后，居民参与社区管理制度、社区文化、社区公共服务体系等制度构建，共建美好社区的发展蓝图。第二，共治，基层党委、基层政府、居民自治组织、各类社会组织和居民共同参与社区公共事务的管理和社区公共服务供给,共同促进社区公共利益最大化,培育社区社会资本,塑造和谐的社区氛围。第三,共享,社区全体居民共同享有社区公共利益,做到一切为了居民、为了一切居民、为了居民一切。也就是说,所有的社区治理与社区感培育机制都必须围绕居民幸福展开,必须关怀到包括特殊人群和流动人口在内的所有居民,必须满足居民多元化、多层次、多方面的美好生活需要。"共建"和"共治"是"共享"的前提和基础,"共享"是"共建"和"共治"的基本方向和目标,"共建共治共享"共同构成人民性理念对居民社区感培育的基本要求。

人民性理念要求打造共建共治共享的居民社区感培育,落实到各主体层面,就是要坚持:第一,党建引领,中国共产党代表中国最广大人民的根本利益,坚持人民立场首先就是要坚持党对一切工作的领导,只有在基层党组织的领导下,才能保证社区感培育的人民性品格。第二,政府主导,一方面,要转"全能型"政府为"主导型"政府,通过政府与社会组织、公众协同培育模式的构建,实现社区感培育过程的民主化与培育成效的最大化;另一方面,要转"管控型"政府为"公共服务型"政府,切实以居民需求为导向,在公共空间建设和平安社区、健康社区、绿色社区、和谐社区建设等方面,有的放矢地提供高质量、精细化的公共产品和公共服务,满足居民对美好生活的需求,让居民有更多的安全感、获得感和幸福感。第三,社会组织协同,一方面,作为社会力量的凝结,社会组织本身就是公民参与的基本形式,参与社会组织活动是公民意识培育的基本途径;另一方面,社会组织的独立性、非营利性和专业性等特征也有助于其在社区感培育中发挥独特的作用。第四,居民参与,社区是由居民组成的社会生活共同体,居民是社区的主体,也是社区感培育的主体,居民是社区感培育的力量源泉,可通过多种形式与途径参与社区感培育。关于多元行动主体在社区感培育中的角色与功能,本研究将在第七章第一节做出深入的阐述。

第二节 居民社区感培育的公共性理念

作为现代政治的主要特征，民主就是"容许任何公民一律参加"的政体，也就是说，民主是一种使人们直接或间接参与决策的社会管理体制。因此，民主的本质是怎样实现公共性的问题，公共性是民主的价值诉求，民主性与公共性是本质上相一致的理念。

一、公共性理念的内涵

马克思没有在其著作中明确使用过"公共性"的提法，但是不能因此而否认其理论中蕴含着丰富的"公共性"理念。马克思的研究旨趣在于推动共产主义社会早日实现，而"共产主义"概念本身就包含着"公共主义"的意蕴，其基本状态就是"消除异化"，即"公共性"。[①] 公共性意味着"在公共领域中展现的任何东西都可为人所见、所闻，具有可能最广泛的公共性"。[②] "公共性"是一个复数概念，具有相互关联的三层含义，其一是"多元性"，由多个独立自主、身份平等的主体组成既肯定自我又肯定他人的"类"本质的公共空间。其二是"公开性"，每个人可见、可闻、可接近，即通常所说的"透明性"。其三是"共同性"与"共享性"，每个成员都置身其中并共同分享。"公共性"根植于人的社会性。任何人都有对其他人和组织的依赖。人们必须将自己的活动与他人分享才能确认自己、成就自己。所以说，社会性是公共性的基本前提，公共性是社会性的本质规定。

正如公共关系在各学科中的多种含义，具有公共属性的人们之间的关系

---

① 桑明旭.马克思的"公共性"概念[J].宁夏社会科学，2019(1).
② ［美］汉娜·阿伦特.人的条件[M].竺乾威等译.上海：上海人民出版社，1999：38.

也是多方面的,从而构成公共性的现实含义,主要表现在五个方面:第一,共同性。人总是与其他事物共同存在于同一空间下,因而人类在同一时空场景中的共同生活是构成公共性的现实基础,这也是人类生活的一个简单的经验事实。第二,普适性。即适用于所有个体。罗尔斯在正义的第二个原则中指出,对于人们在社会经济中的权利和地位的设计和安排,应该"被合理地期望适合于每一个人的利益,并且依系于地位和职务向所有人开放"。[①] 也就是说,在一个正义的社会中,所有公民无一例外地拥有同样的基本权利,由此衍生出公共性的不变原则。第三,同质性与差异性的统一。差异是共在世界的经验事实,公共性并不是用同质性去消除差异性,而是追求差异性基础上的同质性,由此衍生出公共性的宽容原则。[②] 第四,多元主体之间的趋同。一方面,多元主体有着各自不同的经历和期待,人类共在世界的形成是多元主体之间通过协商、对话、契约、竞争等手段得以趋同的结果。另一方面,由于公共是多元主体的共在,共在总体性的"一"与共在现实性的"多"共存,[③]因此,公共性本身就蕴涵着和谐的价值追求,由此衍生出公共性的和谐原则、趋同原则。第五,规范性。人们在认同差异的基础上形成的共识具有一定的规范性,通过理性、制度、道德、法律等形式表现出来。其中,理性是公共性的规范性基础,由此衍生出公共性的合理性原则,制度、道德、法律是公共性的外在表现形式,由此衍生出公共性的合法性原则与合道德性原则。

二、现代社会的公共性危机

由于市场经济对个人身份与利益的过分凸显,以及工业文明与消费主义引起的公共精神的弱化,现代社会出现了一系列的公共性危机,主要表现在以

---

① [美]约翰·罗尔斯.正义论[M].何怀宏,何包钢,廖申白译.北京:中国社会科学出版社,1988:61.
② 郭湛.社会公共性研究[M].北京:人民出版社,2009:94.
③ 郭湛.社会公共性研究[M].北京:人民出版社,2009:95.

下三个方面：

其一，公共生活危机。市民社会分为经济生活和社会生活两个部分，前者是市民社会的私人领域，后者是市民社会的公共领域。在公共领域中，人们就共同关心的政治、经济、文化等社会问题展开讨论，形成公共文化或者公共舆论，从而形成社会统一的价值观念，增强市民社会的凝聚力，促进市民社会与政治国家之间的互动。① 但是，市场经济的物质追求使人们片面追求物质满足，无暇顾及公共事务，打破了市民社会内部公共领域与私人领域之间的平衡，出现了现代社会公共生活的危机。主要表现在三个方面：其一，只顾个人利益，缺乏人际沟通。物质财富的获得成为个人最为重要的价值追求，无暇顾及人们之间的交流，社会缺乏沟通网络。其二，不关心公共事务，公共生活逐渐消失。个人只追求自己的个人利益，要么无暇或者无心关心公共事务，要么只关心与个人利益直接相关的公共事务，缺乏理想、信念、价值观，不属于任何政党或社会组织，对自己生活的社区也漠不关心，成为一个个孤独的、冷漠的原子。其三，缺乏认同感和理性，容易被不法分子所利用。一方面，在现代社会，人们往往陷于对物质的追逐中，价值理性为工具理性所吞噬，人逐渐成为非理性的存在；另一方面，尽管人们成为一个个孤独的原子，但是，人的社会性本质不会改变，人的归属感、认同感等客观需要也不会改变，没有理性精神又有着强烈的归属需要的人，很容易被不法分子所利用，加入到危害公共安全和公共秩序的行动中，造成严重的公共生活危机。

其二，公共政治危机。现代社会的原子化，不仅导致公共生活危机，还将诱发公共政治危机。主要表现在两个方面：其一，社会生活行政化。政府的公共行政由公职人员代表民众管理国家公共事务，社会公共生活由民众参与管

---

① ［德］哈贝马斯. 在事实与规范之间：关于法律和民主法治国的商谈理论［M］. 童世骏译. 北京：生活·读书·新知三联书店，2003：445－477.

理社会公共事务,监督政府行政权力的实施。两个领域分工不同,互为补充。① 当现代社会中的人们成为孤立、冷漠的原子,无暇关注公共事务,公共生活也就无从谈起,从而失去了对政府行政权力的监督,与此同时,政府借助于科层制不断扩张,导致了社会领域的行政化倾向。其二,公共权力私人化。公共权力的本质在于其公共性,即公共权力的行使者代表公共主体行使权力。但是,公共权力必须借助于科层组织来得以实施,科层组织很可能会形成具有人格特征和自身利益的集团,再加上科层集团中每个成员自身的个人利益,就使得公共权力的公共性难以得到保证,呈现出私人化倾向,滋生出政绩工程、部门主义、权力寻租等乱象。

其三,公共环境危机。世界是普遍联系的整体,联系不仅包括人与人、人与社会的普遍联系,而且包括人与自然的普遍联系。大自然是全人类共享的资源。人类时刻都在与大自然进行着物质、能量与信息的交换。环境的公共性,一方面,表现为环境为所有人所共享,所有人平等地拥有利用自然的权利;另一方面,也表现为自然界其他物种与人类有着共同的生存与发展权利。但是,在过度崇尚物质消费的现代社会,大工业生产以自然资源的消耗为条件,使得人类面临着严峻的资源约束和环境污染问题,空气污染、水污染、气候变暖、交通拥堵等现象已成为现代社会公认的"城市病"。

三、公共性理念的要求

我国社会转型期的基层治理所面临的异质化、参与度不高、居民自治组织行政化、社区感培育政绩化等现象,本质上都是现代社会公共性危机的表现。因此,摆脱我国城市基层治理困境的关键,就在于发展公共性,重塑公共精神,搭建民主参与渠道,促进主体间交往与对话,培育公共文化,开展公民教育,加

---

① [德]哈贝马斯. 在事实与规范之间:关于法律和民主法治国的商谈理论[M]. 童世骏译. 北京:生活·读书·新知三联书店,2003:445-477.

强社会整合，构建和谐的社会共同体。落实到居民社区感培育方面，就是要培育以公共精神为核心的公民意识，具体可以从以下七个方面入手：

第一，开展公民教育，培育公共精神。公共性的核心在于公共精神，培育公共精神的关键在于公民教育。社区感培育要综合性地利用家庭教育、学校教育、社会教育等多种形态，培育爱国、敬业、诚信、友善的现代公民，调动每个居民的主体性和责任感，投身于社区公共事务。

第二，保持政府权力的公共性，构建服务型政府、整体性政府。政府是居民社区感培育的主导力量，但是，政府本身也具有因科层制分工而导致的碎片化问题和私人化倾向，影响到政府行政权力的公共性。因此，服务型政府建设与整体性政府建设，是保持政府行政权力公共性的一剂良药。

第三，开辟公共生活空间，促进主体间交往与对话。公共生活是公共精神的载体。交往理性可以克服世界的原子化问题。个体化并非孤独的原子的自我实现，而是以语言为中介的社会化建构过程，只有社会化的个体才能确认了自己的认同。[①] 以交往实践达成的公共生活成为人们幸福生活的一种方式。与交往实践相对的是人们生活方式的"原子化"与心理状态的"疏离化"。在现代化住宅小区中，当居民步入火柴盒般的密闭空间——家，也就阻断了与公共生活的连接。居民社区感培育要开辟社区生活的公共物理空间和公共心理空间，从空间规划、公共设施、社区制度、生活方式、公共话题等多个角度开辟多样化、多层次的公共生活空间和公共生活样态，促进社会共同体的发育。

第四，共建共治共享，平等、公正地对待全体居民。所有居民都平等地受到尊重，平等地拥有参与社区感培育、参与社区治理、享有公共利益的权利，特别关注外来流动人口和贫困、残障、失业、失独等弱势群体，通过文化建设和制度建设弥补既有实践中的缺位。

---

① ［德］于尔根·哈贝马斯. 后形而上学思想［M］. 曹卫东，付德根译. 南京：译林出版社，2012：173－174.

第五，自治德治法治。法治和德治是社会秩序的一体两面，道德是善治的基石，法律是善治的保障，自治是人民当家做主最直接、最有效、最广泛的途径。自治法治德治在居民社区感培育方面主要体现在三个方面：一是自治，推动居民参与社区感培育和社区公共事务管理，完善协商共治机制和居民参与机制，促进政府治理和社会自我调节、居民自治良性互动，增强居民的社区认同与公民意识。二是法治，一方面，要维护法律的尊严和权威，加强基层政府的法治政府建设，推进依法行政，严格执法、规范执法、公正执法和文明执法，为居民创设安全有序的社区环境，促进居民的安全感，另一方面，要弘扬社会主义法治精神，加强法治教育，引导居民知法、懂法、守法、用法，运用法治思维和法治方式化解矛盾，协调关系、解决问题，促进社会公平正义，建设可持续的平安社区。三是德治，通过社区文化和社区心理服务体系建设，推动社会主义核心价值观融入日常生活，继承和发扬中华优秀传统文化和传统道德，以家风建设促进社区精神文明建设，把崇高的追求转化为现实的行动。

第六，统一与多元的结合，主要表现在公共管理与公共服务供给方面，既考虑整个社区的整体性，又包容个别事件的特殊性；既包含全体居民的普遍性需求，也兼顾不同群体的多元化需求，推行精细化培育模式，不搞自上而下、整齐划一的"一刀切"。

第七，构建协同机制与和谐文化。一方面，通过协商、对话、契约、法律等体制机制，为多元主体间达成共识创造基础与平台；另一方面，通过疏导、说服、调解、示范等思想教育手段，为多元主体间求同存异塑造风俗与习惯，从制度建设和文化建设两方面共同营造和谐共处的社区共同体。

第三节　居民社区感培育的整体性理念

当全球学者的目光被英国的第三条道路思潮所吸引，布莱尔政府推行的新一轮改革悄然而至。因该轮公共管理改革是继新公共管理运动之后，对原来新公共管理运动的扬弃和超越，所以被学界称为后新公共管理改革，其先锋为整体性治理。该理论被认为是涉及 21 世纪政府治理的大型理论，是行政学的第三波行政典范。[①]

一、整体性理念的内涵

整体性治理理念在理论界和实践界的提出和兴起有着复杂而深刻的背景。在治理理论兴起之前，西方国家普遍开展新公共管理运动，以缓解传统官僚制的效率低下、成本高昂等问题。一方面，公民被当成顾客，政府被类比于市场，政府和公民个人都是理性经济人，根据各自的切身利益给出所谓的理性选择，也就忽视了公共利益的存在及其诉求；另一方面，过分注重专业化和市场化导致部门主义盛行，条块分割、目标冲突、效率低下，政府治理碎片化。与此相伴而生的是，现代社会的矛盾和风险正在加剧，风险的无国界性使得治理边界愈发模糊，倒逼政府适时调整以适应社会发展需求。另外，网络信息时代的公民对公共服务的需求及对政府行为的态度呈现出分散化状态，电子政府建设、信息高速公路建设都是政府应对信息化时代的举措。20 世纪 90 年代，英国学者佩里·希克斯完整地论述了整体性治理理论，认为"二十一世纪的政府不应该再放任政府各不同功能和专业部门间的单打独斗，而应推动整体性治理，通过制度化以落实政府各机关间的沟通协调"。[②] 我国学者总结了其组织、方法论和价值基础，即从职能再造转向功能再造，从以经验为导向转向以问题解决为导向，从政府部门自身便捷性出发转向以公众需求为核心。[③] 可归结为三个方面：第一，重视公民需求和问题解决。新公共管理运动中政府致

---

① 彭锦鹏. 全观型治理：理论与制度化策略[J]. 政治科学论丛，1994(23).

② 刘毅. 整体性治理视角下的县级政府社会管理体制创新研究[D]. 华中师范大学博士学位论文，2014.

③ 谢微，张锐昕. 整体性治理的理论基础及其实现策略[J]. 上海行政学院学报，2017,18(6).

力于追求自身特殊利益,而忽视了公众需求,导致了一系列碎片化、空心化问题。作为回应新公共管理缺陷的新兴理论,整体性治理理念以满足公众真实需求和解决问题为核心,努力实现公共利益最大化。在网络信息时代,政府开通电子政务服务,更好地与公众沟通,了解和回应公众真实需求。第二,强调整合与协调。基于功能建立起来的政府机构不能解决所有问题,为了更好地解决更多的问题,只能推动各专业、层级和部门之间的协调和整合。整体性治理的整合过程本质上就是对组织结构的重组和优化。第三,运用数字手段。整体性治理需要一种新的信息分类和系统,并使用数字化手段进行治理层次上的政策协调。现代网络技术已经广泛渗入各行各业的层级管理模式中。

二、整体性理念的要求

党的十八届三中全会提出社会治理能力建设体系和现代化目标任务,为中国城市社区走向现代的社会生活共同体指明了路径。要实现社会生活共同体,就要通过提升社区自治能力,构建社区治理体系,提高社区组织化水平,化碎片化社区为整体性的社区,借助国家权力的"在场",依靠国家及其执行机构的资源和能力,培育和发展基层社会。①

整合是事务之间由分散走向联合的过程,整体化是由分裂化转向整体系统的过程。整体性的社区,即政府、社区、社会组织三个治理主体在实现自身整体化的基础上,加强互动合作,满足居民公共服务需求,实现自治能力提升的理想型社会生活共同体状态。具体说来,表现为以下三个方面:

第一,建立整体性政府,即以公民需求为导向架构政府部门管理结构,而非仅关注政府部门的功能分工原则,引导政府部门功能的互相沟通,最终实现功能的有效整合。在基层政府中,通过建立跨部门协作机构、跨部门信息系统等制度体系,整合各部门资源,调整权力运作方式,提高社区公共服务的整体

---

① 林尚立.制度创新与国家成长[M].天津:天津人民出版社,2005:503.

性与和谐性。

第二，建立整体性社区。从情感角度来说，社区是一种生活共同体，承载着共同的"集体记忆"，是一种文化符号。从秩序角度来说，社区是一种组织联合体，强调各类组织在一定规则体系的引导下，有序运行，平等相处。谁能在社区内承担协调和整合的重任？当然是居委会。社区居委会不仅是由居民选举产生，代表着全体居民共同的利益，而且还起着沟通政府、街道和居民的桥梁作用。其他社会组织仅仅代表本组织成员的利益，不能担当协调与整合的重任。社区居委会的工作内容应该由行政职责向社会工作、社会服务的思路转变，借助对话协商、社区工作方法等专业社会工具，将分散和冲突的社会组织进行有机整合。

第三，建立整体性培育网络。随着现代社会组织体制的建立，我国正逐步形成纵横交错的连接政府、企业、社会组织、公民的信息互通网络，在培育公共精神、提供公共服务等方面发挥重大作用。在城市基层，区级或街道多元主体网络平台的搭建，可有效缓解社区公共服务供需矛盾的局面，降低因政府部门生产供给而导致的效率低下、规模臃肿等弊端。不断涌现的支持型社会组织，也为社区自治运行提供能力和技术。借助于基金会组织与企业的联系，企业参与社区治理和社区感培育的积极性也将提高。

多元主体自身内部与主体之间的整合可以有效减少培育主体的碎片化和部门利益，彰显出培育工作的人民性和公共性，也成为整个社会整合的微观基础。

第四节　居民社区感培育的精细化理念

2017 年初，习近平总书记对我国城市治理提出要求："坚持以人民为中心的发展思想,着力推进社会治理创新,使超大城市精细化管理水平得到提升。"①精细化治理理念迅速成为我国政界和学界共同关注的热点。

一、精细化理念的内涵

精细化理念是对传统的粗放式、经验化治理理念的反思和超越,来自于现代企业的科学管理理念,其与 20 世纪 90 年代兴起于英国的整体性治理理念有着一定程度上的相似性,是在整体性治理理念基础上发展而来的具体策略之一,秉持了整体性治理服务于公众需求、整合治理资源等理念,彰显了民主价值和效率价值,随着整体性治理成为世界各国政府改革的基本框架,精细化理念也成为我国政府改革和城市治理的主导性政策。

关于精细化治理理念的内涵,学者们从不同的角度给予了不同的界定。有学者从"技术—服务"两个维度、"政府—社会"两个层次来看,认为精细化是政府职能转变和社会治理转型两个层面的统一,是推动治理转型的"机制性"策略。② 也有学者从宏观层面来看,认为精细化治理就是通过社会治理中公共权力的结构、运行和主体关系来实现精细化。③ 还有学者综合了上述观点,认为精细化治理首先是一种治理价值观;其次是要把这种价值观贯穿到宏观的权力结构、中观的运行机制构建和多元主体关系中;最后是把精细化的理念、原则落实到微观实践中的具体制度、措施、操作手段和治理技术之中,达成高效能、强回应的治理效果。④ 因此,精细化治理就是根据精细化的价值理念,通过精巧的制度设计、细致的过程推进和精微的治理技术,使城市治理由被动回应转向主动适应,达成精准、精细和精致的治理目标。⑤ 其具有四个显

---

① 人民日报人民论坛. 城市管理应该像绣花一样精细[EB/OL]. 人民网,2019 - 07 - 24.
② 蒋源. 从粗放式管理到精细化治理:社会治理转型的机制性转换[J]. 云南社会科学,2015(5).
③ 赵孟营. 社会治理精细化:从微观视野转向宏观视野[J]. 中国特色社会主义研究,2016(1).
④ 吴晓燕,关庆华. 从管理到治理:基层社会网格化管理的挑战与变革[J]. 理论探讨,2016(2).
⑤ 吴晓燕. 精细化治理:从扶贫破局到治理模式的创新[J]. 华中师范大学学报(人文社会科学版),2016(6).

著特点:一是回应性,即以"提供公共服务,满足公共需求"为治理价值观;二是多元性,即党委、政府、社会组织、公众等多元主体协同共治;三是智能化,即利用现代信息科学技术实现资源整合与共享;四是规范化,即按照科学管理的方法设计精巧的制度体系和运作机制,提高治理绩效。[①] 从这四方面的特征,可以看出,精细化治理内在地包含相互交错、相互融合的四个方面的精细化:服务供给精细化、公众参与精细化、制度设计精细化、流程再造精细化。简而言之,精细化就是本着以人民为中心的理念,利用现代科学技术精准掌握人民需求,改造制度设计和服务流程,提供高质量、个性化和智能化的公共服务。

二、精细化理念的要求

精细化理念将工匠精神融入政府管理,其对居民需求和工作流程、成果的精细化要求是对新时代人民的多元化需要的有效回应。

精细化理念将对城市基层中的居民社区感培育起到巨大的助推作用,原因有三:其一,理念一致,精细化理念与居民社区感培育都是本着"以人民为中心"理念,以为居民创造更加美好的生活为目标。其二,要素一致,精细化理念所强调的回应、参与、问题导向、流程再造等要素适用于我国的居民社区感培育,其精准、精致、精微的特质也很好地契合了对于微妙的心理体验的培育。其三,技术增效,主要体现于现代信息技术的应用方面,现代信息技术打破传统的公共空间的局限性,开辟新的公共交往空间,使交流的即时化和信息的共享化成为现实,极大地推动了居民间的公共交往,促进培育流程的再造以及各主体之间、主体内部的整合,推动了居民需求与公共服务之间的精准匹配,从而增强社区感培育的成效。

贯穿着精细化理念的居民社区感培育,必须高度回应人民需求,展开多元主体之间的协同培育,充分利用现代信息技术,实现社区感培育的智能化和专

---

① 唐皇凤. 我国城市治理精细化的困境与迷思[J]. 探索与争鸣,2017(9).

业化。其中，最为关键的是要通过智能化手段的全覆盖以达到"便捷"、"精准"和"整合"三个目标。一是便捷。社区感培育是一项复合型的系统工程，包括直接培育和间接培育两个层次，还包括家庭教育、学校教育、社会教育三种基本形态和课堂教学、课外活动和社会实践等多种途径。面对着日趋原子化、流动化的社区结构，在社区感培育的所有层次、形态、途径和领域中，智能化手段的运用都将突破时间和空间的限制，使居民随时随地都可以处于社区感培育的情境与氛围中，实现培育过程的共建共治共享。二是精准。智能化手段的应用有助于培育主体精准把握社区治理中的问题以及居民的多元化需求，有的放矢地展开各项培育工作，提高基层公共服务和自治法治德治的效能。三是整合。居民社区感培育是一项综合性的系统工程，涉及多主体、多层次、多途径、多领域，智能化手段的应用将有效促进各培育机制和环节之间的资源共享和功能衔接，实现培育的整体化、规范化和透明化。

新时代的社会主要矛盾和社区感培育现状要求本研究城市居民社区感培育必须坚守人民性理念、公共性理念、整体性理念和精细化理念。人民性理念是新时代国家发展的根本性价值，为社区感培育明确了力量源泉与基本使命；公共性理念是对人民性理念的承接与落实，是追求平衡发展、充分发展、构建共建共治共享"人类命运共同体"的客观要求；整体性理念和精细化理念是人民性理念和公共性理念得以落实的实践工具，也为社区感培育良好成效的取得提供了坚强的保证。因此，人民性理念、公共性理念、整体性理念和精细化理念是贯穿于整个社区感培育各领域、各层次、全过程的基本原则。

第六章　城市居民社区感培育的资源：
　　　　多种资源整合

本文在第五章中，重点探讨了城市治理中居民社区感培育的理念，本章是第五章的延伸，是理念基础上的资源研究。资源是实践的前提与基础，实践是资源的利用与显现。多元化的城市特征决定了千差万别的可用资源，但秉持人民性、公共性、整体性和精细化理念的城市居民社区感培育最为核心和基本的资源在于中国特色社会主义的政党资源、制度资源以及现代信息技术资源。政党资源是中国特色社会主义居民社区感培育的根本前提，只有坚持党的领导，才能够将分散的社会个体整合成推动社区感培育的强大力量，保证个人—社区—国家利益的一致，实现居民幸福、社区和谐和国家富强。制度资源是公共规则的体现，是居民社区感培育得以落实的保障，只有在既有的制度框架内，才能够保证社区感培育工作合法、合情、合理。技术资源是城市居民社区感培育必须借助的手段，与其他理念与资源相融合，成为理念与资源得以落地并提升培育效能的有力工具。

第一节　居民社区感培育的政党资源

政治稳定的先决条件在于有一个能够同化现代化过程中产生的新兴势力

的政党制度。① 我国的政党制度是中国共产党领导的多党合作和政治协商制度。中国共产党是执政党,各民主党派是参政党,中国共产党和各民主党派是亲密战友。中国共产党代表广大人民掌握人民民主专政的国家政权,各民主党派参加国家政权与国家事务的管理、参与国家方针、政策、法律、法规的制定与执行。我国的政党制度能够最大限度地实现人民民主,保证社会的稳定发展和人民的幸福安康,并充分发挥各民主党派的政治智慧和卓越才能。② 其核心在于坚持中国共产党的领导。2017 年 6 月,中共中央、国务院发布了《关于加强和完善城乡社区治理的意见》(以下简称《意见》),指出:要"把加强基层党的建设、巩固党的执政基础作为贯穿社会治理和基层建设的主线,以改革创新精神探索加强基层党的建设引领社会治理的路径"。要"加强和改进街道(乡镇)、城乡社区党组织对社区各类组织和各项工作的领导"。③ 党的十九大报告再次明确了基层党组织的五大职能,即"宣传党的主张、贯彻党的决定、领导基层治理、团结动员群众、推动改革发展",进一步明晰了基层党组织领导基层治理的功能。④ 这样的表述强调了党对基层社会治理的绝对领导,明确强调了基层党组织在社区各类组织和各项工作中的领导单位。作为我国国家与社会治理现代化的领导核心,中国共产党在基层治理与服务创新中具有举足轻重的地位,理应成为城市居民社区感培育的领导力量,其政治资源和组织资源在社区感培育过程中发挥引领与整合作用。

一、政治资源

在党的十九大报告中,习近平同志把"中国特色社会主义最本质的特征是

---

① [美]塞缪尔·亨廷顿. 变化社会中的政治秩序[M]. 李盛平,杨玉生等译. 北京:华夏出版社,1988:386-391.

② 陈诚,刘诚. 中国政党制度的特有优势[J]. 红旗文稿,2018(9).

③ 民政部编写组. 中共中央国务院关于加强和完善城乡社区治理的意见[M]. 北京:人民出版社,2017:3.

④ 习近平. 决胜全面建成小康社会,夺取新时代中国特色社会主义伟大胜利——在中国共产党第十九次全国代表大会上的报告[M]. 北京:人民出版社,2017:65.

中国共产党领导，中国特色社会主义制度的最大优势是中国共产党领导"①作为新时代中国特色社会主义思想"八个明确"的压轴内容，强调党是最高政治领导力量，提出了新时代党的建设总要求。同时，把"坚持党对一切工作的领导"作为新时代坚持和发展中国特色社会主义"十四条"基本方略的第一条，强调"党政军民学，东西南北中，党是领导一切的"。② 这些重要表述总结历史、立足现实、面向未来，深刻阐述了党的全面领导的重大意义、丰富内涵和实践要求，对于党始终成为中国特色社会主义事业的坚强领导核心具有重大意义。居民社区感培育中党的政治资源的运用主要表现于理论资源、群众资源和制度资源三个方面。③

理论资源是根本。先进的意识形态是党保持政治权威的基础，社会主义意识形态本身就蕴含着积极的革命与改造精神，表现于党的理论观点、思想方法和精神状态等一系列的理论资源，包括马克思列宁主义、毛泽东思想、邓小平理论、"三个代表"重要思想、科学发展观、习近平新时代中国特色社会主义思想以及党在革命、建设与改革开放的不同时期的一系列路线、方针、政策在内的思想理论宝藏。党的理论资源是马克思列宁主义与中国具体的国情和现实相结合的产物，为居民社区感培育提供了思想武器和方法指导。

群众资源是核心。思想教育的擅长是中国共产党的优势和特点，这些优势和特点是在革命战争年代的特殊社会历史背景下，经过长期艰苦卓绝的革命斗争实践形成和发展起来的。因此，中国共产党具有其他中国政党无与伦比的群众基础和政治权威。党的初心和使命，就是为人民谋幸福，为民族谋复兴。党坚持以人民为中心的发展理念，以全心全意为人民服务为宗旨，依靠人

① 习近平.决胜全面建成小康社会，夺取新时代中国特色社会主义伟大胜利——在中国共产党第十九次全国代表大会上的报告[M].北京：人民出版社，2017：20.

② 习近平.决胜全面建成小康社会，夺取新时代中国特色社会主义伟大胜利——在中国共产党第十九次全国代表大会上的报告[M].北京：人民出版社，2017：20.

③ 何妍.党执政实践中对政治资源的开发及其现实启示[J].当代世界与社会主义，2011(3).

民创造伟业。① 党和国家在革命、建设和改革开放过程中取得的举世瞩目的伟大成就,都离不开群众的拥护和支持,群众是我国革命、建设和改革开放取得胜利的决定性力量。共建共治共享的社会治理格局是党深厚的群众资源在新时代的充分体现,也必将继续使党获得群众更加坚定的支持和拥护。坚定不移的人民性品格是党赢得民心的基础,也是城市基层治理创新和居民社区感培育必须坚守的基本理念。

制度资源是保障。制度是对党、政府、公众、社会和市场等诸要素之间关系的安排方式,对国家政治和社会经济发展都起着决定性的作用。制度资源开发得好,有利于党的执政和国家社会经济的稳定和发展;反之,对党和国家的事业就会造成极大的危害性。党的十八大以来,我党充分认识到制度资源的重要性,通过一系列制度创新逐步实现国家治理现代化。党的制度资源为城市基层治理中的居民社区感培育提供了根本性的保障,保障了社区感培育能够沿着正确的方向、按照正确的方式进行,并取得良好的成效。

二、组织资源

人民是推动人类历史前进的主力军,中国共产党是中国社会最强有力的组织力量,党依靠在社会领域广泛的组织网络而拥有得天独厚的凝聚能力和组织资源,成为分散的社会主体间沟通与联接的枢纽,担负起协调社会分歧、维护社会稳定的重任。② 党对社会的组织功能主要通过党员、党的基层组织之间的"联动"带动多元社会主体间的"联动",以党建促社建,实现国家与社会之间的连接,具体表现在四个方面:

第一,党的基层组织建设,党的基层组织是党扎根群众、扎根社会、实现有效执政的基础,也是确保党的路线方针政策和决策部署得以贯彻落实的基础。

---

① 习近平.决胜全面建成小康社会,夺取新时代中国特色社会主义伟大胜利——在中国共产党第十九次全国代表大会上的报告[M].北京:人民出版社,2017:21.

② 刘玉东.基层党组织在社会领域的功能建设[J].中州学刊,2018(1).

基层党组织是社区治理与居民社区感培育的引领者,是确保居民社区感培育沿着正确的政治方向不走偏路的组织保障。

第二,党员的先锋模范示范作用。中国共产党员是中国工人阶级中有共产主义觉悟的先锋战士,如前文所述,居民党员具有更强的主体意识、参与意识,社会资本更加丰富,幸福感水平和社区感水平也更高。中国共产党员来自于群众、服务于群众,是党和群众之间的天然纽带,也是广大群众学习的榜样和楷模。以基层党组织领导广大党员、以党员带动普通群众,构建起"基层党组织—党员—群众"之间的沟通学习交流机制,是党领导社会、组织社会的基本形式,也是基层党组引领社区治理与社区感培育的基本组织形式。①

第三,"多元化"、"区域化"、"动态化"党组织建设与联动。面对一个日益原子化、流动化的社会,固守传统的党建领域已无法实现对整个社会的领导、整合与组织,城市基层治理中的居民社区感培育需要把与基层治理息息相关的各类党组织都吸纳进来,构建基层党组织、驻地单位党组织、"两新"组织党组织协同联动机制,通过组织的全覆盖实现人员的全覆盖。

第四,"党工青妇"统筹建设的群众组织与服务网络。以工会、共青团、妇联为主的群众性组织作为党组织的支持性网络,既是传递公众需求的重要渠道,也是公众参与社区感培育和基层治理的重要力量。以党建带工建、团建、妇建,通过整体性的网络构建,将分散的社会力量凝聚起来,壮大社区感培育的队伍,齐抓共育,自我管理、自我教育、自我服务,共同促进城市基层治理和居民社区感培育工作的开展。

中国共产党在政治上的先进性和组织上的广泛性决定其必然成为中国社会的领导与组织力量,将分散的社会个体组织起来,向着正确的发展方向迈步前进。领导与整合是中国共产党的政治使命。党的资源包含民主党派政治资源、国外新兴资源、经济资源、历史资源等一切有助于实现党的领导和整合功

---

① 徐玉生、张彬. 新时期基层党组织建设与社会治理耦合互动研究[J]. 探索,2016(1).

能的要素。这里主要例举的是在社区感培育中起着基础性作用的政治资源和组织资源。需要说明的是,这里对党的资源的分类不是绝对化的非此即彼的区分,而是在互相交融、互为补充中又各有侧重,比如党的理论资源里也包含了制度安排和组织建设,而组织资源里也必然包含了制度资源与群众资源。在党实现领导的所有资源中,制度资源最为关键,甚至政党资源本身也是一种制度资源,这里,只是为了强调政党资源的重要性而将其单列出来。制度,是一切行为必须遵守的规则。为此,本研究把城市居民社区感培育的制度资源单独列为本章第二节,做出进一步的阐述。

第二节　居民社区感培育的制度资源

信任是社会连接的第一心理机制,也是社区感培育的题中应有之义。但是,宏观社会结构变迁导致的信任危机及其带来的社会心理焦虑已成为影响中国人幸福感和安全感获得的根源之一。重建社会信任必须获得充分的制度保障,它是建立在完满的顶层设计和一系列百无一疏的技术措施基础上的。[①] 政治学起源于对制度的研究。[②] 制度是关于社会活动主体间权利与义务关系的规定,是人们必须要遵守的规则与秩序。罗尔斯认为制度是一种公开的规则体系,由这一体系确定职务和地位以及相应的权利、义务、权力、豁免等等,[③]强调制度的规则性以及权利、义务的根据性。亨廷顿认为,制度是一种稳定的、受到尊重的和不断重现的行为模式,[④]强调制度的非实体性以及对社

---

① 朱虹.信任危机与中国体验[J].江苏行政学院学报,2012(5).
② [美]B.盖伊·彼得斯.政治科学中的制度理论:新制度主义[M].王向民,段红伟译.上海:上海人民出版社,2016:1.
③ [美]约翰·罗尔斯.正义论[M].何怀宏,何包钢,廖申白译.北京:中国社会科学出版社,1988:54.
④ [美]塞缪尔·亨廷顿.变化社会中的政治秩序[M].李盛平,杨玉生等译.北京:华夏出版社,1988:12.

会的塑造功能。马克思·韦伯认为制度是社会关系中的行为准则,[①]老制度学派代表人物康芒斯认为制度是"集体行动对个人行动的控制",[②]新制度主义的代表诺斯认为,制度是"一系列被制定出来的规则、守法程序和行为的道德伦理规范,它旨在约束追求主体福利或效用最大化的个人利益行为"。[③]综合上述观点,可以看出,对于制度的理解可以从两个角度来把握,从功能的角度来说,制度是一种规范,是对人们行为的约束;从内容的角度来说,制度是一种关系,是人际关系的一种结构。[④] 制度的本质决定其具有不同的表现形式,从不同的角度可将制度进行不同的分类,比如从领域的角度可分为政治制度、经济制度、社会制度等,从层次的角度可分为宏观制度、微观制度等。但是,无论哪一种形式的制度都必须通过正式制度和非正式制度的形式表现出来。

一、正式制度

现代新制度主义代表人物柯武刚和史漫飞认为,正式制度由代理人设计,通过政治过程获得权威,对违反者施加制裁以强制实施。[⑤] 因此,正式制度是由特定的人为了实现某种秩序而制定的强制性的行为规范,是正式组织运行的基本框架,包括国家和地方政府制定的法律法规和各种组织中的制度。由于社区感培育包含直接培育与间接培育两个层次,直接培育是有目的、有计划、有组织地直接对居民开展心理与行为的教育和塑造,因此,直接培育中的正式制度通常表现为各培育机构的基本运行制度,比如学校教育制度、社区教育制度等;社区感的间接培育是通过良善的社区治理与公共服务,满足居民的美好生活需要,增强居民的获得感、幸福感和安全感,因此,间接培育中的正式

---

① [德]马克思·韦伯. 经济与社会(上)[M]. 林荣远译. 北京:商务印书馆,1997:62.
② [美]约翰·康芒斯. 制度经济学(上)[M]. 赵睿等译. 北京:商务印书馆,1962:87.
③ [美]道格拉斯·C. 诺斯. 经济史中的结构与变迁[M]. 陈郁、罗华平译. 上海:上海人民出版社,1994:225—226.
④ 李松玉. 制度权威研究——制度规范与社会秩序[M]. 北京:社会科学文献出版社,2005:25.
⑤ [澳]柯武刚,[德]史漫飞,[美]贝彼得. 制度经济学:财产、竞争和政策[M]. 柏克,韩朝华译. 北京:商务印书馆,2018:36-37.

制度通常是与居民美好生活需要相关的运行制度,大致可分为两个方面:

一是利益引导制度。利益引导制度类似于市场交换机制,社区感培育的客体认同、服从培育主、参与公共事务,是因为可以获得物质利益报酬或者培育主体答应给客体某种物质利益报酬作为回报,来引导客体的行为。物质利益原则是马克思主义唯物史观的根本原则之一,人们要生存下去,首先要解决自己生存所需要的物质利益问题,利益源自人的需要。这里的利益引导制度主要指国家层面的民生保障制度和与居民生活密切相关的城市生活管理制度等。党的十九大报告中强调要"提高保障和改善民生水平,加强和创新社会治理"①、"优先发展教育"②、"加强社会保障体系建设"③等,住房、教育、医疗、食品安全等民生领域要加大财政投入和监管力度,同时,还要改革一些影响公平正义彰显的社会管理制度,比如在实践中限制外来人口权利的户籍管理制度、医疗保险制度等。城市生活管理制度涉及的都是日常小事,却与居民利益息息相关,体现的是居民的生活质量和城市温度。例如对高空抛物、社区养犬、垃圾分类、社区停车等问题的管理制度等,都会影响到居民的社区生活体验。

二是民主政治制度。政治权力本身就是一种情感存在。权力意志只有内化为"心悦诚服"的认同情感才可确立其正当性。如果无法获得居民的忠诚情感,也就无法获得社会的长治久安。④ 随着人们拥有物质财富的增长,民主意识、法治意识、自主意识、公平意识、正义观念也在不断提升,对公共政治生活萌生了强烈的参与愿望。城市居民社区感培育过程中人们的参与和诉求的路径主要有两个方面:其一,直接选举,即通过直接选举选出居民委员会和业主委员会成员。其二,社区治理,即在政府主导、科技助推之下社会组织、居民等

① 习近平.决胜全面建成小康社会,夺取新时代中国特色社会主义伟大胜利——在中国共产党第十九次全国代表大会上的报告[M].北京:人民出版社,2017:44.
② 习近平.决胜全面建成小康社会,夺取新时代中国特色社会主义伟大胜利——在中国共产党第十九次全国代表大会上的报告[M].北京:人民出版社,2017:45.
③ 习近平.决胜全面建成小康社会,夺取新时代中国特色社会主义伟大胜利——在中国共产党第十九次全国代表大会上的报告[M].北京:人民出版社,2017:47.
④ 尹继武,刘训练.政治心理学[M].北京:高等教育出版社,2011:150-152.

多元培育主体迅速发展，并结成的纵横交错的信任网络，提升居民的公民意识和自治能力。比如厦门模式的两张清单制度、协商共治制度等。

居民社区感培育是多主体、多层次、多领域的复合行动，其中的每一个主体、每一个层次和每一个领域都具有自身的一系列的强制性的制度安排，对培育对象的心理与行为起着引导、塑造和规范的作用，在此不一一举例。

二、非正式制度

非正式制度主要表现为人们的风俗、习惯、信仰、文化传统、行为模式等具有自发意识倾向的心理趋同与行为规范，是人们经过长期的共同生活而形成的自动化了的思维方式和行为方式，构成了非正式组织存在的基本框架，是非正式组织成员之间相互联系的纽带，依靠人们自觉遵守和社会舆论得以实现。非正式制度不具有强制性，对其处罚措施往往表现为人际关系的亲疏远近或者社会舆论的好坏，[1]比如在公共场合不修边幅的人发现自己不再受到邀请。作为共同体成员之间自发的心理连接，非正式制度对于居民社区感培育具有独特的功能与作用，将在潜移默化中对人们的行为进行塑造和约束。比如在国外的典型经验中，志愿服务已然内化为居民的一种生活方式。

社区文化是社区非正式制度的主要形式。文化是人们普遍认可的进行交流的意识形态，具有整合、导向和组织功能，对个体的规训作用是根本性的、可持续的、全方位的。文化机制对于居民社区感培育的作用，主要表现在六个方面：第一，价值观培育。十九大报告指出，要"培育和践行社会主义核心价值观。社会主义核心价值观是当代中国精神的集中体现，凝结着全体人民共同的价值追求"。[2] 居民社区感培育首先要坚定理想信念，树立正确的价值观

---

① 李松玉.制度权威研究——制度规范与社会秩序[M].北京：社会科学文献出版社，2005：34-36.

② 习近平.决胜全面建成小康社会，夺取新时代中国特色社会主义伟大胜利——在中国共产党第十九次全国代表大会上的报告[M].北京：人民出版社，2017：42.

念,将社会主义核心价值观教育融入居民社区感培育,形成居民的情感认同和行为习惯。第二,中华优秀传统文化传承。中华优秀传统文化是中华民族延续与发展的灵魂所在,是中华儿女的精神慰藉和心理支撑,是维系国家统一、民族团结的精神纽带,是增强国家软实力的坚实基础,是促进道德建设的宝贵财富,也是凝聚社会成员、塑造社区归属感与认同感、发展社区社会资本的基本资源。第三,社区道德培育。社区道德是居民身边的志愿服务、好人好事、善行义举,用身边事教育身边人,更容易引起共鸣和榜样示范效应。第四,家风家训培育。家风家训是道德建设的重要载体,是个人、家庭和社区之间的精神连接,是社区感培育的思想资源,家风家训培育是社会主义核心价值观和居民社区感培育落细落小落实的行动基础。第五,社区特色文化。社区特色文化是社区特有的文化与心理密码,特色文化的挖掘和宣传更容易引起居民的认同感,增强社区的凝聚力和向心力,发展社会资本,提升社区温度。第六,社区教育。社区教育是人的社会化的主要机制,也是社区感培育的主要形态。居民社区感培育中的社区教育,可在两个层面同时发挥作用。一方面,社区教育是直接培育的主要途径。开展有计划、有目的、有组织的教育活动可直接塑造居民的社区心态;另一方面,社区教育还兼具社区治理功能,[①]可以促进居民获得美好的生活体验,从而间接提高居民的社区感。

在城市居民社区感培育中,作为刚性手段的正式制度和作为柔性手段的非正式制度,本质上就是法治与德治的关系,通过外部机制的强制力和心理机制的内驱力,共同对人的心理与行为进行塑造。"制度是活的东西",[②]对于制度资源的运用,需要特别注意其灵活性,一方面要注意融汇贯通,通过法治可以促进德治,通过德治也可以促进法治。这一点在新加坡经验和枫桥经验中都得到了充分的体现;另一方面要注意不断调整,根据社会主要矛盾的转化和

① 张瑾.社区教育的社区治理功能透析[J].山西农业大学学报(社会科学版),2017(6).
② 曹沛霖.制度的逻辑[M].上海:上海人民出版社,2019:1.

不同城市、社区以及居民的特征而做出相应的调整，从而使社区感培育工作能够与时俱进、有的放矢，提高成效。

第三节　居民社区感培育的技术资源

"技术"一词，在《辞海》中被解释为："泛指根据生产实践经验和自然科学原理发展成的各种工艺操作方法与技能，还包括相应的生产工具和其他物质设备，以及生产的工艺过程和作业程序、方法"，[①]可以看出，此概念所覆盖到的范围非常广阔。由于居民社区感培育是个复杂的综合性系统工程，蕴含其中的各主体、各层次、各领域都具有自身相应的技术体系，因此，社区感培育所涵盖的技术资源十分浩瀚。基于人民性、公共性、整体性和精细化理念的居民社区感培育亟需开辟公共空间，促进公共交往，开展公共生活。本研究较为关注线上和线下两个层面公共空间的开发和利用，这两个层面主要涉及的是现代信息技术与城市规划技术。

一、现代信息技术

随着经济社会的持续转型，城市基层治理必须直接面对无数多元异质且快速流动的社会"原子"，但是，由于属地管理的需要，他们同时又是"社区人"，因此，居民社区感培育面临着"如何才能把异质化、动态化的个体凝聚成社区共同体"以及"如何才能开展精准的公共服务"这两个难题。党的第十九届中央委员会第四次全体会议提出，要完善"科技支撑的社会治理体系"。[②] 现代信息技术对上述这两个难题提供了解决方案。

---

① 辞海编辑委员会. 辞海（上）［M］. 上海：上海辞书出版社，1979：1532.
② 中国共产党第十九届中央委员会第四次全体会议公报［M］. 北京：人民出版社，2019：13.

在互联网技术与大数据技术的联合推动下，一个全新的网络数据时代已经到来。大数据技术提供了把握因果规律的新方法与新技术，使得对现象的发现、解释和预测有了更高层次上实现的可能。信息的即时传播与水平传播，使得基层社会被忽视的部分也得到关注，社会结构和社会关系日渐趋于扁平化，①水平管理渐渐取代传统的垂直管理，顶层与基层的连接逐渐成为现实，为社区公共服务的精准化提供了基础。

与此同时，时空特性也在发生转变。时间结构重组，空区层面交错，将异时异空汇聚为同一场域，历史景观变为现实景观，构成所谓"穿越"之感，时空的共时化、永恒的在场化成为现实。② 在城市基层社会，互联网、大数据与新媒体融合，并通过手机等移动电子终端改变了人们的生活方式和交往方式。一方面，传统的空间限制被打破，信息的公开性和即时性得以实现；另一方面，网络化以后的社会也不再缺场，而呈现出时时在场的特征，为公众"言论"和公开"行动"奠定了基础。

现代信息技术催生了民主、法治、平等等现代公民意识，促进了公民参与，推动着政务公开、决策民主和舆论监督，也成为重要的社区感培育资源。社区感培育主体依赖现代信息技术来提升培育效能，增进居民认同与参与。服务于"整合"与"精准"两大培育目标，现代信息技术对于居民社区感培育的功能主要体现于再造社区感培育的流程，包括两个方面：一是在直接培育层面，协调和衔接各培育主体之间的关系以及各主体内部部门之间、层级之间的关系，实现信息共享；二是间接培育层面，通过智慧城市、智慧社区、智慧党建的精准实施助推城市治理，达至基层善治，继而提高居民幸福感。简而言之，就是构建智能化培育模式，将现代信息技术运用到培育主体再造、培育流程再造、精

---

① 杨敏."国家—社会"互构关系视角下的国家治理与基层治理——兼论治理技术手段的历史变迁及当代趋向[J].广西民族大学学报(哲学社会科学版),2016(2).

② 杨敏."国家—社会"互构关系视角下的国家治理与基层治理——兼论治理技术手段的历史变迁及当代趋向[J].广西民族大学学报(哲学社会科学版),2016(2).

准公共服务供给过程中，最后达到提升居民幸福感的国家治理目标。

二、城市规划技术

城市公共空间承载了绝大多数居民的集体记忆，是居民可以共享并自由使用的城市空间，包括街道、广场、绿地等，强调空间的社会性，人们因为"需要这里"而聚集于此。① 20世纪90年代兴起于西方的新城市主义运动把人本主义理念融入城市规划与设计，它所表达的公共交往、邻里融洽、人的尊严和亲近行人等原则，②体现出对人的需求的高度关怀，对于我国满足人民需求的公共空间规划具有较强的应用价值。具体而言，主要体现在以下五个方面：

第一，强调社会公平，关怀弱势群体。本着社会公平正义的视角，新城市主义规划技术探寻打破社会阶层分化与隔离的方法，主要体现在以下两个方面：一是倡导混合型的居住模式，提供多种类型的住宅，让不同阶层的居民实现有机整合。③ 在具体规划设计中，将不同收入阶层的住房按比例混合在一起，并精心设计街道和建筑物，以实现和谐的社区环境和邻里关系。二是构建适宜步行的邻里社区，强调从人性化的角度来规划公共场所。例如，TOD开发模式要求以10分钟的步行时间来组织社区中心和公交站点；而TND模式则要求从邻里中心到社区边界5分钟内步行可达等等。

第二，多功能复合，吸引居民融入公共生活。新城市主义倡导社区功能的复合化，将住宅、购物、学校、休闲等日常生活场所均衡地安排在以公交站点为中心，步行距离为半径的范围之内，并提供尽可能多的就业岗位，把居民的日常生活和工作全部纳入社区范围中，从而增进居民的公共交往，加强与改善人际关系，引导居民参与公共活动。复合化的公共空间设计增进了公共空间的意义与功能，使人们找到了梦想中的城市家园。

---

① 胡一可，丁梦月.解读《街道的美学》[M].南京：江苏凤凰科学技术出版社，2016：7-8.
② 丁文静.新城市主义的人本理念及其在中国的应用[J].城市问题，2006(3).
③ 金勇.新城市主义城市设计运作趋向研究[J].规划师，2003(12).

第三，营造公共空间，塑造社区认同。新城市主义主张建造有易识别性和历史感的公共空间，促使人们形成强烈的地方归属感。在具体规划设计中，首先，将公共空间安排在社区的显著位置。广场、草坪、图书馆等公共空间作为社区活动的中心，被设置在社区的中心位置。大型开放的公共设施应别具特色，容易识别，从而成为社区的标志。其次，将社区的传统文化资源和特色自然资源纳入社区公共空间的规划与设计中，通过延续地方历史文脉和自然特色，形成具有鲜明历史感的地区个性。

第四，人性化交通，满足多元化需求。具体表现在两个方面，其一，在公交体系的设计上，尽可能地在公交站点附近步行可达的区域内设置住宅、办公和购物等生活和工作场所，鼓励居民使用公交系统和步行系统、自行车系统等，减少能源消耗和空气污染，满足人和社会的多元需求。其二，在道路系统的设计上，以网格将街道组成相互联系的紧密网络，从而降低汽车的行驶速度，增加交通安全水平，缓解交通拥挤，为人们提供多元化的出行方式。①

第五，重视公众参与，尊重公众意见。新城市主义规划反对闭门造车，以"公众认可"作为规划设计方案确定的必要条件，将"公众参与"贯穿规划设计全过程中，在设计前—设计中—设计后都会邀请地方领导、公众、开发商、规划师、建筑师等及其他利益相关者，自由地发表意见，并现场设计或改进方案。②"自下而上"的规划流程，很好地促进了城市设计的供需匹配，也为居民提供了一个共建美好家园的平台。

社区感培育是多主体、多层次、多领域的协同培育，其中每一个主体、每一个层次、每一个领域的培育路径都是根据自身条件对资源的灵活运用，比如"学习强国"教育平台，就是融政党资源、制度资源、技术资源于一体的综合性运用。培育的具体方式，在于培育主体对已有资源的创新性利用和对其他资

---

① 李晓慧. 新城市主义溯源[J]. 中外建筑，2003(3).
② 桂丹，毛其智. 美国新城市主义思潮的发展及其对中国城市设计的借鉴[J]. 世界建筑，2000(10).

源的创造性开发。因此,各培育主体只有在人民性、公共性、整体性和精细化理念的指引下,创新资源开发和资源利用方式,才能开创出满足多元化居民需求的社区感培育路径。

第七章　城市居民社区感培育的机制：参与服务协同

列斐伏尔在《空间的生产》一书中写到："思想、表征或价值如果不能成功地在空间上留下痕迹并从而生成一种合适的形态，他们就会失去内在精髓，仅仅变成一些符号、抽象的描述，甚至是幻想。"[①]空间的本质是政治的，它不仅是容纳社会互动发生的容器，还是物理空间、历史遗产、象征意义和生活经验的结合体，由各种政治和社会力量共同生产而成。社会主义不仅是由一套理念组成的理论，它要依靠现实资源，通过具体的制度框架和运行机制，以具体的生活形态体现出来。[②] "机制"原指"机器的构造和动作原理"，[③]在生物学和医学中也指"生物结构组成部分的相互关系"。[④] 居民社区感培育的机制问题就是培育系统的内在工作方式，主要涉及的是主体与客体、主体与主体之间连接与互动的肌理。作为国家治理与社会治理现代化的基层探索之一，居民社区感培育必须根据新时代居民多元化、多层次、多方面的需求，以社区公共服务供给为载体，构建起多元化、多层次、多领域的社区感培育机制。基于本研究的理论基础、新时代社会主要矛盾和社区感培育现状，本研究重点关注居民

① Henri Lefebvre. The Production of Space[M]. Oxford: Blackwell, 1991: 416-417.
② 刘建军. 社区中国：通过社区巩固国家治理之基[J]. 上海大学学报(社会科学版)，2016(6).
③ 辞海编辑委员会. 辞海(中)[M]. 上海：上海辞书出版社，1979: 2862.
④ 辞海编辑委员会. 辞海(中)[M]. 上海：上海辞书出版社，1979: 2862.

社区感培育中必不可少的三类机制：多元参与机制、系统整合机制和服务供给机制。

第一节　居民社区感培育的多元参与机制

"谁来培育"是居民社区感培育的核心问题。多元参与机制，旨在对居民社区感培育的行动主体及主体之间的关系做出界定。新中国成立以来，我国从单位制到社区制转变的实质，是政府与社会关系的转变与调整，即由政府的"一元管控"向"党委领导、政府负责、社会协同、公众参与、法治保障"的多元协同治理格局转变。[①]　相应地，作为基层治理重要组成部分的居民社区感培育，其培育主体及主体间关系也应该是：党建引领、政府主导、社会组织协同、居民参与的多元协同培育体系。

一、党建引领机制

现代政治是政党政治，政党政治的核心问题是获得执政权，任何政党要想获得执政党地位，民心向背是关键性的因素。中国共产党在近百年的历史征程中，其执政合法性既是先天形成的，也是后天构建的：没有中国共产党在革命战争年代领导中国人民浴血奋战，就没有人民当家做主的新中国；没有中国共产党领导中国人民走改革开放之路，就没有中国特色社会主义的伟大成就。在中国特色社会主义新时代，社会主要矛盾转化为人民日益增长的美好生活需要和不平衡不充分的发展之间的矛盾。人民美好生活需要日益广泛，不仅对物质文化生活提出了更高要求，而且在民主、法治、公平、正义、安全、环境等

---

① 习近平.决胜全面建成小康社会，夺取新时代中国特色社会主义伟大胜利——在中国共产党第十九次全国代表大会上的报告[M].北京：人民出版社，2017:49.

方面的要求日益增长。新时代社会主要矛盾和人民的重托决定了中国共产党必须加快转变执政方式，积极回应民众重大关切，获取民众支持，增强党的凝聚力和影响力，提升人民群众对党的心理认同和政治认同，巩固党执政的合法性基础。

2017 年 6 月，中共中央、国务院发布了《关于加强和完善城乡社区治理的意见》（以下简称《意见》），首次以党中央的名义对社区治理进行了顶层设计和宏观布局，指出：要"把加强基层党的建设、巩固党的执政基础作为贯穿社会治理和基层建设的主线，以改革创新精神探索加强基层党的建设引领社会治理的路径"，要"加强和改进街道（乡镇）、城乡社区党组织对社区各类组织和各项工作的领导"。① 作为城市基层治理创新路径的居民社区感培育，只有在基层党组织的领导下，才能够保证培育工作的方向与成效。党的基层组织担负着组织群众、宣传群众、凝聚群众、服务群众、把党的路线方针政策落实到基层的重要职责。基层党组织在社区感培育中的引领作用主要表现在三个方面：

第一，发挥意识形态的引领和凝聚功能。一方面，要发挥意识形态的引领和导向功能，将社会主义制度的优越性落到实处。理想信念的能动作用是巨大的，在血雨腥风的革命战争年代，无数革命先烈坚定马克思主义理想信念，抛头颅、洒热血，有着对理想社会制度的崇高追求。今天行进在中华民族伟大复兴道路上，也必须坚定对中国共产党的信任，坚定中国特色社会主义共同理想，坚持"四个自信"。要在保证国家安全和社会稳定的前提下，发挥制度优势，激发社会活力，完善公平正义的价值取向，调控利益分化，改善和保障民生，完善社会保障制度和弱势群体救助制度，让全民共享改革开放成果，彰显社会主义公平正义。另一方面，要发挥意识形态的沟通和凝聚功能，使党的政治主张和社区居民的政治心理相一致，包括两个方向，其一要把社区居民的价

---

① 民政部编写组.中共中央国务院关于加强和完善城乡社区治理的意见[M].北京：人民出版社，2017：3.

值诉求、政治心理传递给党,使党掌握群众心理和群众需求,合理吸纳,使党的政治主张反映群众的利益诉求。其二要把党已经做出的政治主张和政治决策自上而下传递给广大居民,要针对不同群体的特点,采用群众喜闻乐见的形式加以宣传,以获得居民的理解、认同和支持,转化为居民的行动指南。在实践中,有些城市为了精简机构创造性地将街道党校与社区教育中心合并,直接培育社区感;有些城市设立基层党建项目培育草根社会组织,促进共建共治共享,都体现了党对居民社区感培育的领导。

第二,发挥党对基层社会的组织整合功能。中国共产党是拥有近 9 000 万党员的世界第一大政党,也是中国最强有力的组织力量。党的基层组织是党的全部工作和战斗力的基础,是党进行思想培育最基本的力量。党的组织整合就是指通过党组织的延伸拓展,使党的组织网络成为引导和整合基层社会的核心力量,保证党的路线、方针、政策在基层贯彻执行,推动党的事业发展。党支部是党的基层政权建设的组织基础,党支部建设是我国最重要的基本建设。[①] 2018 年 10 月,中共中央印发了《中国共产党支部工作条例(试行)》(以下简称《条例》),对党支部的职责做出明确规定,"党支部是党的基础组织,是党在社会基层组织中的战斗堡垒,是党的全部工作和战斗力的基础,担负直接教育党员、管理党员、监督党员和组织群众、宣传群众、凝聚群众、服务群众的职责。"[②]可见,基层党支部不但具有党员教育的职责,而且还具有群众教育的职责,是社区感培育的天然载体,主要表现在三个方面:

其一,以支部建设为阵地,直接培育居民社区感。加强党员和群众教育,引领群团组织建设,通过以党支部为核心的"党支部(各群团组织)-党员(流动党员)-群众"学习机制,形成巨大的辐射效应和凝聚效应,将受教育人群拓展到工会、共青团、妇女组织等群团组织和普通群众,共同学习马克思列宁主义、

---

① 樊得智.党支部建设是最重要的基本建设[J].党建,2017(8).
② 新华社.中共中央引发《中国共产党支部工作条例》(试行)[EB/OL].中国政府网,2018 – 11 – 25.

毛泽东思想、邓小平理论、"三个代表"重要思想、科学发展观、习近平新时代中国特色社会主义思想，宣传党的路线、方针、政策，加强流动党员管理，发挥党员先锋模范作用，通过党员带动群众、联系群众，了解群众实际诉求，维护群众的合法权利，做好群众的思想政治工作。

其二，以公共服务为载体，增强居民政治认同。社区作为城市最基本的单位结构，人缘相近，地缘相亲，开展社区感培育具有天时地利人和的优势。社区党组织要充分利用这种优势，帮助群众解决实际困难，增强群众的凝聚力和认同感。一方面，在服务内容上，社区党组织要从群众生活实际出发，掌握群众的思想态度和实际困难，帮助他们化解矛盾，解决困难。社区党组织要加强对社区公共事务的协调引导，特别要加强对业主委员会和物业的协调指导，既保障物业合法权益，也关注每个业主的合法权益；要依法加强对业委会的监督，保证业委会正确履行职责，不能将业主赋予的权力转变为欺压业主的异己力量，也不能和物业勾结起来形成利益群体；要领导解决城市社区普遍的安全问题、停车问题、居民养老问题、儿童学龄前放学后托管问题、低收入阶层和弱势群体问题，帮助解决他们的就业、医疗、住房等民生问题，提供精细化的公共服务，增强他们的政治认同，扩大党在社区的凝聚力和影响力。

其三，领导多元治理主体参与社区感培育。首先，党组织引领社区感培育的方向。党组织发挥总揽全局、协调各方的领导核心作用、战斗堡垒作用和党员的先锋模范作用，引领各主体共同有序参与社区感培育，保证社区感培育不走偏路、不走歪路，始终沿着社会主义和为人民谋幸福的方向进行。其次，党组织领导各主体开展培育工作。例如，领导各民主党派展开政治协商和民主监督。民主党派是接受中国共产党领导，和中国共产党通力合作，共同致力于社会主义事业的亲密友党，是参政党。民主党派居民社区感显著高于一般居民，他们既联系上层建筑，又联系社会基层，通过自身组织和成员帮助政府展开各种协商、沟通和平衡工作，向党和政府传达社会群体的诉求和建议，反映社情民意，及时发现工作中的错误和缺点，推动上下左右互联互促和公共决策的民主化、科学化。①

　　总之，基层党组织通过自身的党支部建设，以及对包括民主党派成员在内的其他参与主体的领导，使得居民社区感培育始终沿着正确的方向行进，将人民性、公共性、整体性和精细化理念贯穿始终，最终达到实现基层善治、促进人民幸福的根本目的。

二、政府主导机制

　　2017 年 6 月，中共中央、国务院发布了《关于加强和完善城乡社区治理的意见》，指出："到 2020 年，基本形成基层党组织领导、基层政府主导的多方参与、共同治理的城乡社区治理体系"。② 政府在社区治理中的主体性主要在于树立正确的理念、设置公平的制度、提供均等的服务、激励企业和公众的参与，③在居民社区感培育中主要表现于三个方面：其一，政府主导的社区教育是直接培育社区感的主要形式；其二，政府主导的基层治理与公共服务，满足居民对美好社区生活的需求，间接培育居民社区感；其三，政府主导多元主体参与精细化培育流程，以保证社区感培育的有序和高效。

（一）社区教育

　　社区教育是基层政府的重要职能，具有重要的社区治理功能，旨在通过推动社区成员的全面发展，促进社区的全面发展。与学校教育和家庭教育相比，社区教育具有四个方面的优越性，其一，终身性。社区教育以社区内的全体居民为教育对象，在身份上囊括了居住在社区内的所有居民，在年龄上跨越居民的一生，根据多元化居民群体的不同特征设置相应的教育课程，既有针对性，

---

　　① 林荣光. 中国民主党派的地位与作用[J]. 中央社会主义学院学报，1999(11).

　　② 民政部编写组. 中共中央国务院关于加强和完善城乡社区治理的意见[M]. 北京：人民出版社，2017：2.

　　③ 陈伟东. 论社区建设的中国道路[J]. 学习与实践，2013(2).

又有覆盖性。其二,区域性。社区教育带有自身社区的人文、地理、社会特征,立足社区、依靠社区、服务社区、促进社区和居民的发展,根据社区面临的实际问题和居民现实的需要进行课程设置。其三,灵活性。由于居民群体的差异,社区教育的教育内容和教育方式都具备极强的灵活性,每个社区居民接受教育的时间、方式都有可能不一样。其四,实践性。社区教育的重点在于实践参与,而不是知识传授,这是社区教育与其他教育形式最大的区别。[①] 居民在社区教育中获得的知识、技能、情感、态度、价值观等,通过协商、对话都可渗透到社会政治、经济、文化等各层面的建构之中,影响着整个社会的行动力与价值观。因此,社区教育成为学习型社会建设的基本途径,也是社会主义核心价值观教育和现代公民教育的基本载体。一方面,社区教育促进个体的持续学习和终身学习,内提素质,外增能力,增强居民的生活能力、主体意识、参与意识和参与能力,帮助居民更好地处理个人事务和社会公共事务;另一方面,社区教育是连接公民、社会和国家的精神纽带,社区教育机构整合社区内外资源,有目的、有计划、有组织地向社区所有居民传授以社会主义核心价值观为基础的现代公民意识,培育公共精神,促进居民参与,推动社会善治。社会主义核心价值观是社会主义意识形态的重要组成部分,是对我国的国家建设目标、社会建设目标和公民基本道德规范的生动描述。社区是社会主义核心价值观教育融入日常生活的重要载体。只有通过社区教育培育以社会主义核心价值观为主要内容的现代公民教育,才能使社区感培育发挥其保持社会稳定和发展的精神依托作用,使居民树立起正确的理想信念和价值方向,并转化优秀的公民行为,促进社会与国家的发展。

(二) 基层治理与公共服务

空间的本质是政治的。从社区空间建设的程序来划分,共建共治共享的

---

① 叶忠海.社区教育学[M].北京:高等教育出版社,2009:34 - 35.

治理格局下的政府培育的主导性作用主要体现于社区建设之前的人本主义城市规划和社区建立之后的治理与公共服务两个方面：

1. 人本主义城市规划

规划也是一种治理，环境本身就意味着一种行为规范，会改变人们的社会心态和交往方式。① 公共空间是社区中最重要的共享资源之一。无论是阿伦特的古希腊市政广场，还是哈贝马斯基于18世纪资产阶级聚集的图书馆、咖啡馆、俱乐部进行对话的公共领域，都需要具有向所有人开放、促进人们交往、能够产生公众言论和公开行动的公共空间。公共空间具有民主政治功能，能够容纳居民进行政治参与和各种公共活动。在新型城镇化快速推进的时代，通过合理的城市规划建设宜居的公共空间，是居民社区感培育的重要方面。秉持人本主义理念的新城市主义规划设计对此有着直接和现实的参考价值，主要表现在五个方面：

第一，公平分配空间，促进阶层融合。随着我国经济社会持续发展，空间资源分配不公所导致的阶层分化问题已经显现。新城市主义通过规划手段公平分配空间资源，协调不同阶层群体之间的关系，促进各阶层之间的和谐共处。第二，土地混合使用，促进公共交流。通过一地多用塑造新的公共空间和公共生活，使居民把原先消耗于上班途中的时间用于增进邻里之间的公共交流。第三，书写公共符号，保护特色文化。随着社会的流动性和风险性加强，人们更加渴望一个可以认同的珍存着记忆的稳定之所，这是满足人们归属感和安全感的必要因素。城市规划中应提高社区的可识别性，建设富有特色的公共空间与建筑设施，塑造居民的文化认同与身份认同。第四，倡导步行生活方式，完善行人道路系统。在我国，汽车工业的扩张与土地资源的紧缺已构成严峻的矛盾，由此带来的交通拥堵、空气污染等问题已成为我国"城市病"的重要根源。行人道路系统的设计是对最普通居民权利的关怀，也促进了人际交

---

① 林尚立，马佳艺. 城市治理五维度[N]. 联合时报，2014－06－13.

往和公共交流。第五，促进居民参与，把握居民需求。随着政治民主化的推进，自上而下的行政管理规划方式已经发生转变，政府只有通过多种形式的居民调查，把握居民需求，将居民参与贯穿到从规划编制到具体实施的全过程，才能够协调各方利益，实现城市的共建共治共享。

2. 基层治理与公共服务

党的十九大报告指出，中国特色社会主义进入新时代，社会主要矛盾已经转化为人民日益增长的美好生活需要和不平衡不充分的发展之间的矛盾。作为社会的基本单元，社区是多元利益的交汇点、社会矛盾的频发点，也是落实党的路线方针政策的最后一公里，体现着政府治理水平和服务效能的高低。精细化的治理与服务，是居民安全感、获得感和幸福感的保证。针对于城市居民对美好社区生活的需要和当下的社区感培育现状，基层政府的主导作用主要体现在三个方面：

第一，确立法律权威，实现认同整合。法律和制度不仅是社会文明进步的标志，而且是社会公平正义的保障。首先，法律保障公平竞争和依法行政。市场经济是法治经济，内在地蕴含着独立自主、权责明确、公平竞争等价值准绳，法律规范主体行为，防范市场经济利益驱动下的不择手段、唯利是图；与此同时，政府行政也要在宪法和法律框架内展开，政府的给政府，市场的给市场，社会的给社会，居民运用法律维护自身权益，通过法律化、制度化的途径表达利益诉求。其次，法律和制度保障社区居民基本权利。《食品安全法》、《环境保护法》、《义务教育法》等法律和住房制度、劳动制度、社保制度、基层选举制度等民生与政治制度构成了满足居民美好生活需求的基本保障。要大力改革那些有失公平的制度设计，为各阶层居民创设机会均等的生存和发展机会，比如户籍制度。改革开放以来，随着社会资源和人员流动的加速，户籍制度有所松动，但仍然具有一定的身份确认功能，比如经济发达城市的流动人口子女入学问题，户籍制度常被拿出来作为一道门槛；部分城市的中高端职位只招聘具有本地户籍的人员。再次，法治思维是现代公民素质的基本内容。在全社会弘扬法治思维，依法办事，根据宪法和法律、制度的规定处理个人与他人、个人与社会、个人与国家之间的关系，依法维护权益，履行法律义务，通过法律手段解决社会矛盾和利益冲突。

第二，明晰权责边界，发扬基层民主。基层是民主政治的试验田，是社会力量的孵化地。共建共治共享社会治理格局的构建客观上要求基层政府一方面要履行社区治理的主导职责，加强对社区的政策支持、财力物力保障和治理能力的指导，提高指导社区治理的水平；另一方面要切实推动治理重心下移，明晰权责边界，真正发挥基层群众自治组织的基础性作用，增强基层群众自治组织开展民主协商、服务社区居民的能力，发挥自治章程、居民公约的作用，弘扬公序良俗，增进自治、德治、法治相融合。

第三，制定相关政策，完善服务供给。社区是人们的生活家园，也是政府公共服务供给的"最后一公里"，居民生活需求的满足、公平正义的彰显都必须通过实实在在的服务得以体现。政府在社区公共服务中的主导性作用主要体现在三个方面：其一，制定相关政策，保障和改善民生。一方面，提供民生保障，政府制定相关政策和规章制度，解决与居民生活关系最直接的住房、教育、社保等物质利益问题，协调解决弱势群体生活困难问题；另一方面，建设平安社区，加强基层警务建设，以社区综治中心为依托，加强社区治安防控网络建设，防范和打击黑恶势力，提高社区治安综合治理水平，与此同时，将法治教育与公民道德教育结合起来，完善利益表达机制、心理疏导机制、矛盾纠纷调处机制，引导人民调解员、法律工作者、心理咨询师等专业人员和社会组织成员，在物业纠纷、家事矛盾、邻里纠纷等方面发挥积极作用，保障居民生活安全。其二，合理利用空间，发展社会资本。一方面，在城市规划上，如上文所述，要改善社区基础设施，营造美好的生活环境，建设资源节约型、环境友好型社区。①

---

① 民政部编写组.中共中央国务院关于加强和完善城乡社区治理的意见[M].北京：人民出版社，2017：5-6.

另一方面,在网络空间上,要建设智慧社区,塑造社区网络公共空间,增强居民主体性和社区社会资本,利用现代信息技术实现社区治理与公共服务的精准化。其三,提供心理服务,培育社会心态。关于民生保障机制、智慧社区建设和心理服务机制的相关内容将于本章第二节、第三节专门做出论述。

(三)精细化培育流程

英国和日本分别于 2018 年和 2021 年正式设立"孤独大臣"职位,负责减少民众的社会疏离感,增进民众幸福。以政府为主导,以政治参与理论、社会整合理论、协同治理理论为理论基础,秉持人民性、公共性、整体性和精细化理念,多主体、多层次的中国城市居民社区感培育也理应纳入政府工作体系,建立精细化的社区感培育流程。这样的培育流程可包括相互关联的三个方面。

首先,政府主导的多主体参与、协同、服务机制,即政府作为社会政策的制定者和社会资源的掌握者,激励市场主体承担社会责任,培育和引导社会组织、公众参与各层次的居民社区感培育,整合各方力量和资源,建立社区感培育的规则和标准,并对各主体的参与行为进行规范和评估。

其次,政府主导的综合性信息化平台。社区感培育是一项庞大的综合性工程,涉及到多主体、多层级、多形式、多领域,整合各方资源,强化联动协同,创新培育方式,提高培育效率,促进信息共享和社会共治,实现从粗放式、等级化、碎片化培育向精细化、公共性、整体性培育的转变。本章第二节"智慧共享机制"部分将对此做出专门论述。

再次,政府主导的应急干预机制。现代社会具有高风险性特征,社会资本的缺失将增大社会风险发生的可能。人口聚集的城市社区,心理问题往往成为基层社会矛盾的源头,引发诸如邻里冲突、邻避冲突、征地冲突等社会问题。十八大以来,习近平总书记多次提及坚持底线思维,防范化解重大风险。党委领导、政府主导、人民参与的中国特色制度优势被证明为最能体现中国精神和中国效率的应急干预机制。政府应设立包含党委、相关部门、心理学专业人士、医护人员、警务人员、基层和社区工作者在内的应急干预机制，以应对可能发生的重大社会风险。

三、社会协同机制

党的十九大报告提出，要"加强社会治理制度建设，完善党委领导、政府负责、社会协同、公众参与、法治保障的社会治理体制"，[①]这里的"社会协同"机制的主体主要指的企业和社会组织。

（一）企业

社区治理是政府、市场和社会之间的交互。伴随着经济社会进入新常态，部分企业原先对经济效益的一味追求而导致的假冒伪劣、环境污染、劳资关系紧张等现象越来越多地影响到居民的切身利益和社会的和谐发展。我国社区建设专家陈伟东认为，"政府部门应倡导和激励企业履行自己的社会责任，参与当地的社区建设"，实现中央提出的"共驻共建，资源共享"目标。[②] 企业的社会责任主要指的是企业对顾客的责任、对环境的责任、对员工的责任和对社区的责任，企业的顾客和员工多数是城市居民，环境和社区是居民生活的空间。所以，企业履行社会责任的表现直接影响到城市居民对社区生活的体验。对应于顾客、环境、员工、社区四类客体，企业应履行的社会责任主要包括四个方面：

其一，弘扬工匠精神，提供高质量的产品与服务。新时代的城市居民对美好生活的需要不仅包括对数量的追求，而且包括对品质的要求，并随着人口结构的分化，呈现出多元化、个性化、差异化的特点。弘扬精益求精的工匠精神，提供高质量的产品与服务，是解决"不平衡不充分"发展问题的必由之路。

---

① 习近平. 决胜全面建成小康社会，夺取新时代中国特色社会主义伟大胜利——在中国共产党第十九次全国代表大会上的报告[M]. 北京：人民出版社，2017：49.

② 陈伟东. 论社区建设的中国道路[J]. 学习与实践，2013(2).

其二，坚持绿色发展，共建美丽社区。进入 21 世纪以来，我国的工业化和城镇化进程加速，环境污染问题越来越严峻。党的十八届五中全会提出的"绿色发展"思想是指导我国"十三五"时期发展的科学发展理念，超越了传统的粗放型发展模式，不仅包括节约发展、低碳发展、循环发展，而且包括清洁发展、均衡发展和安全发展。企业需要自觉调整好"绿水青山"和"金山银山"、眼前利益和长远利益、局部利益与整体利益的关系，坚持绿色发展，建设资源节约型、环境友好型社区。

其三，履行社会保障责任，规范劳动关系。由于社会保障责任的增加会增加劳动力成本，[①]部分企业受利益驱动，存在着刻意压低缴费基数、参保险种不均衡、对劳动者区别对待、减少必要的安全投入、侵犯劳动者民主权利等现象，损害劳动者权益和心理健康状况。企业应自觉意识到自身的社会责任与伦理道德，切实保障工人权益，接受社会认证，[②]促进自身与社会的和谐与可持续发展。

其四，参与公益创投，助力公益事业。公益创投是将公众，特别是社会组织提出的公益项目放在统一的信息平台上，有意愿的企业在此信息平台上认领项目并提供所需资金，实现资源与社会需求的对接。参与公益创投以提供资金的方式推动社会公益事业的开展，也可为企业自身赢得良好的社会声誉。

（二）社会组织

共同体是以公共精神为内在本质，以社会组织为外在结构的人们所组成的群体。[③] 社会组织是现代公共关系的三大要素之一，因具有组织性、非营利性、私有性、自治性、自愿性五个基本特征，[④]在很大程度上弥补了政府失灵和

---

① 周小川. 社会保障与企业盈利能力[J]. 经济社会体制比较，2000(6).
② 黄岩，吴桂林. 全球化生产与社会认证：工人权益保护的政策新工具[J]. 管理世界，2016(11).
③ 郑琦. 论公民共同体：共同体生成与政府培育作用研究[M]. 北京：中国社会出版社，2010：1.
④ [美]莱斯特·M. 萨拉蒙. 全球公民社会——非营利部门视界[M]. 贾西津，魏玉等译. 北京：社会科学文献出版社，2007：3.

市场失灵的弊端，而成为民主价值与效能价值的结合。无论是帕特南在其著作《使民主运转起来：现代意大利的公民传统》《独自打保龄：美国社区的衰落与复兴》里对意大利、美国社会组织的描述，还是托克维尔在《论美国的民主》里对美国社会组织的定位，都将社会组织定位为"公民参与网络，都属于密切的横向互动"①，是培育公共精神的有效载体。社会组织在社区感培育中的作用主要表现在两个方面，其一是通过学校组织开展公民教育；其二是参与社区治理与公共服务。

第一，学校公民教育。根据办学经费来源的差异，可将我国的学校分为公办学校和民办学校。由政府财政划拨经费而办的学校称为"公办学校"，属于"事业单位"性质，目前正在处于向社会组织改制的整体推进阶段；由社会组织或个人自筹经费而办的学校称为"民办学校"，其中部分民办学校不具有营利性目的，也有部分民办学校具有营利性目的。严格地来说，只有公办学校和不具有营利性目的的民办学校可称为"社会组织"。由于目前我国非营利性学校占据绝大多数，且《中华人民共和国教育法》（2015年修正）规定我国所有的教育活动都必须开展社会主义核心价值观教育、爱国主义教育、集体主义教育、中国特色社会主义教育、民族团结教育等，②所以这里没有根据"是否具有营利性"对学校严格做出区分，只是把学校笼统地归为"社会组织"一类。学校是政治社会化的重要场域和制度设置。在学校里，学生提高文化素质，并以此为基础，理解政治进而理性参与政治，建构国家认同。③我国的学校是有计划、有组织、有目的地培育未来公民的基本场所，担负着现代公民教育的基本使命。学校中的公民教育主要从两方面入手：

其一，学校组织自身的"治理"。学校本身也是一个民主治理的公共生活空

---

① ［美］罗伯特·D.帕特南.使民主运转起来：现代意大利的公民传统［M］.王列，赖海榕译.北京：中国人民大学出版社，2015：203.

② 新华社.中华人民共和国教育法［N］.人民日报，2016-02-23.

③ 尹继武，刘训练.政治心理学［M］.北京：高等教育出版社，2011：150-152.

间,民主理念倡导教师和学生对学校治理权利的共享,因此,引导教师与学生通过协商、对话、合作以及公民伙伴关系等方式积极参与学校公共事务的管理,可以扩大和提升学校的公共利益,培育学生更为健全的公民品质。因此,学校"治理"与公民教育之间可结成有机联结,学校组织的"治理"可以为公民教育提供坚实的生活基础和制度保障,而公民教育则可以通过唤醒学生的公民意识和治理意识,进一步推动学校"治理"。①

其二,学校课程教育功能。在我国,公民意识及公共精神的培育基本上都是由思想政治教育课程来完成,虽然已取得了较大的成果,但是,仍然有很多可以改进之处。首先,在课程设置上,可加大公民意识教育和公共精神培育的权重,把培育公民意识和公共精神作为单列的考虑因素并把这些内容课程化而成为独立的教学科目,并制定独立的评价考核体系。其次,在课程内容、教学途径和教学方法上,要突出实践性。公共精神的形成源于社会公共生活的需要,同时它又必须在社会公共生活实践中养成。公共生活是公共精神的母体,也是公共精神的实践场所。公共精神的培育绝不能关起门来照本宣科,要来自活生生的社会公共生活形态,才能够使学生产生真实的共鸣和体验。因此,在教学内容上,要侧重因地制宜、贴近生活的校本课程开发;在教学途径上要侧重于校社互动、课外活动、社会实践等多种多样的实践活动形式;在教学方法上,要转"填鸭式"为"启发式",教师之间、学生之间组成合作团队,展开良性互动、平等交流与理性商谈。② 与此同时,还要注重班级风气养成、教风师德培育、校园文化建设等。

第二,参与社区治理与公共服务。贝尔在《后工业社会的来临》中,将西方社会发展历程分为前工业社会、工业社会和后工业社会,指出前工业社会以农业为生产方式,社会就是扩大了的家庭;工业社会是机器大生产带来的商品生

---

① 叶飞."治理"视域下公民教育的实践建构[J].教育科学,2014(1).
② 施良方,崔允漷.教学理论:课堂教学的原理、策略与研究[M].上海:华东师范大学出版社,1999:75-85.

产的社会；后工业社会是以服务行业为基础的"公共"社会，社会活动的单位是社群而不是个人，人们之间以协商达成"社会决策"，以实现对人的管理。[①]　我国正在由工业社会向后工业社会过渡过程中，[②]即将迈入"公共"社会，国家与社会关系发生重大变化，党和政府简政放权，社会组织迅速发展，成为社会发育的重要载体，在居民社区感培育中可发挥其独特的作用。

首先，增进利益表达。多元化的利益主体具有多元化的利益取向，而单个社会成员政治参与的成本往往过高，导致单个成员的政治参与和利益表达的效率较低。社会组织代表不同社会群体的利益，通过深入倾听基层社会成员的诉求，加以综合并规范表达，呈交给党和政府，这种理性表达比公民个人表达有效得多；党和政府做出政治决策后，社会组织又向本组织成员及相关群众宣传党和政府的政治决策，充当着上情下达的"传声筒"作用。例如，浙江温州商会的宗旨可概括为"为企业服务、为社会服务、为政府服务"，商会通过代理政府的某些市场与行业管理和维护的职能、参加公益事业以及参与政治过程等途径与政府保持着密切的联系，政府也通过本身占有的资源优势与权威优势保持着对商会的重要影响力，直接对商会的行政干预越来越少。[③]

其次，整合社会资源。国外的社会组织和社会基层有着广泛而密切的联系，富有公共服务精神，没有复杂的政府科层结构的弊端，在重大危机时刻，社会组织往往最先到达现场，展开人道主义救助。我国的"希望工程"、"中国扶贫基金会"、"蓝天救援队"等社会组织也已越来越多地参与国家和社会公共事务，增强了居民对党和政府的政治认同，为构建国家和社会间的良性互动发挥着不可替代的作用。

再次，弘扬公共精神。社会公益组织因致力于社会公益事业而成为公共

[①]　［美］丹尼尔·贝尔.后工业社会的来临［M］.高铦，王宏周，魏章玲译.南昌：江西人民出版社，2018：43－121.

[②]　张康之.论后工业化进程中的社会治理变革路径［J］.南京社会科学，2009（1）.

[③]　郁建兴.行业协会：寻求与企业、政府之间的良性互动［J］.经济社会体制比较，2006（2）.

精神的载体。社会公益组织运行的过程本质上就是帮助大家、传递大爱的公共精神传播的过程。比如红十字会倡导人道主义援助、绿色环保组织倡导环境友好、蓝天救援队倡导"危机面前竭尽所能"等价值理念。

社会组织对于减轻政府压力，履行社会责任，更新居民价值观念，推动人们的政治参与，起到了重要的促进作用。目前服务于我国城市基层的社会组织，根据其来源和规模，可大致分为动力自上而下形成的社会组织动力和自下而上形成的民间社区组织两类。① 动力自上而下形成的社会组织，大致存在着两种形式：全国性社会组织和由基层党政自上而下构建起来的社会互动网络。这两种社会组织一般具有较强的公益属性、专业背景和可持续性，比如红十字会、环保协会、救援组织等，在进驻社区开展服务时面临着"嵌入国家"和"嵌入社会"的互动关系。社区感是其在参与社区治理与服务过程中与社区嵌入关系的重要表现形式。② 动力自下而上形成的民间社区组织，是由原本分散的居民自愿、主动参加的社区共同体，基于共同的目标，源于共同的生活，扎根社区，服务社区，推动居民参与和社区民主自治，具有强大的社会联结能力和动员能力。③ 在民间社区组织参与治理与服务的过程中，居民平等相处、互相信任、互相帮助，发展社会资本，传播志愿精神；以民主协商的方式处理分歧和公共事务，提高民主意识，增强参与能力。④

社会组织是居民社区感培育的重要载体。本研究的现状调查结果也说明，社会组织成员的社区感水平要高于非社会组织成员，为社区做出贡献的意愿也更强烈。近年来，伴随着我国社会组织的蓬勃发展，一些贴近居民生活的

---

① 黎熙元，陈福平，童晓频. 社区的转型与重构——中国城市基层社会的再整合[M]. 北京：商务印书馆，2011：169-174.

② 王名，张雪. 双向嵌入：社会组织参与社区治理自主性的一个分析框架[J]. 南通大学学报（社会科学版），2019(2).

③ 金太军，张国富. 基层政权、社会组织和居民参与社区治理的策略性合作[J]. 阅江学刊，2019(2).

④ 罗家德，孙瑜，楚燕. 云村重建纪事——一次社区自组织实验的田野记录[M]. 北京：社会科学文献出版社，2014：3-6.

教育类、环保类、文体类组织广受居民欢迎,并随着政府向社会组织购买公共服务机制的实施,社会组织的力量日益增强,推动着基层的良善治理与社区公共利益最大化。

四、居民参与机制

积极心理学研究认为,个体身心健康、人格健全、积极的自我态度、自我实现等问题的发展,可作为社会和谐发展的内在心理力量,影响社会健康和稳定发展。[①] 积极心理学三大支柱包括积极的人格特质、积极的社会组织系统、积极的情感体验,三者之间相互联系。居民参与是个体积极的人格特质、积极的情感体验和积极的社会组织系统之间的纽带,也是社区治理的内在动力,[②]强调居民自觉自愿参与社区公共事务,与基层党组织、基层政府、各类社会组织和其他居民之间展开良性互动,共同管理社区公共事务,增进社区公共利益,共享社区治理成果。居民参与机制的运行有利于居民扩大公共交往,发展社会资本,增强社区凝聚力,增进社区公共决策的民主化和科学化,实现居民自我管理、自我教育和自我服务。居民,既是社区感培育的主体,也是社区感培育的客体;作为社区感培育的主体,居民是社区感培育的力量源泉,作为社区感培育的客体,居民幸福是新时代国家治理的出发点和落脚点。社区感培育的起点在于居民参与,[③]离开了居民参与,社区感培育无异于无源之水无本之木。

首先,居民是自我管理、自我教育和自我服务的主体。修身齐家治国平天下是儒家传统道德修养的内核,也是中国人的基本人格走向。致力于社区心态的培育,一方面,从社区整体心态培育的角度出发,居民要参与社区感培育

---

① 孟维杰,高树倩.积极心理学视域下的创造力:主张与关联[J].苏州大学学报(教育科学版),2018(2).

② 涂晓芳,汪双凤.社会资本视域下的社区居民参与研究[J].政治学研究,2008(3).

③ 张永理.社区治理[M].北京:北京大学出版社,2014:154.

的规划与决策、社区感培育体系的组建与运行、组织社区感培育活动、对社区感培育的成效展开评价,改变当下政府既当"运动员"又当"裁判员"的状况,构建社区居民组成的第三方评估机构,把评价权还给居民;另一方面,从居民个体心态培育的角度出发,居民要从我做起,严格要求自己,培育优良家风,从个人的文化素养和精神面貌开始自我培育,要涵养社会主义核心价值观,在日常生活中把社会主义核心价值观内化于心、外化于形,落细落小落实,提升自我修养,提高公共精神和志愿精神,培育正确的思想观念和生活方式,协调好个人与共同体之间的关系,坚持学习、勇于担当、积极参与、互帮互助,增进公共交往,培育社会资本,塑造守望相助、美美与共的社区共同体。

其次,作为社区感培育的客体,居民参与包括所有与社区感培育相关的事务和活动。[①] 主要包括两类,一是参与由基层党组织、基层政府和各种社会力量有计划、有目的、有组织地开展的各类直接培育活动,主要是基层党支部建设和社区文化教育活动,比如读书节、书画展、公民意识教育等。二是参与公共交往与社区治理,比如参与式预算、民主协商、棋牌比赛等。在协商讨论中实践民主,在交往交流中培育理性与社会资本,提升自身的获得感、安全感和幸福感。

社区感培育过程中居民参与的广度和深度值得关注。所谓居民参与的广度,包括两层含义,一是各年龄、职业、性别、收入、来源参与者分布的广泛程度,二是居民参与社区感培育相关事务的广泛程度。局限于某一特征的居民参与,无法代表整个社区的民意;局限于参与某一方面的培育事务,也无法覆盖到整个社区心态的培育。只有让参与者的分布尽可能地广泛,并且让居民参与到尽可能广泛的事务中,在参与的主体和客体两个方面都力争"广泛",才能够算是汲取了整个社区的力量投入到整个社区心态的培育中,体现现代民主政治的要求。所谓居民参与的深度,就是居民参与的充分程度。阿恩斯坦

---

① 胡央波.城市社区教育公民参与问题研究[D].浙江工业大学博士学位论文,2013.

将公民参与程度分为三个层次八个梯级，处于阶梯最底层的层次属于"未参与"层次，包括"操纵"和"治疗"两个梯级，这一层次的目的是为了"教育"和"治疗"参与者们；第二个层次属于"象征性参与"层次，包括"通知"、"咨询"、"安抚"三个梯级，在这一层次，公民具有知情权，管理者就某些事务对公民进行咨询和安抚，但是公民权力不足，其意见不一定会被重视；处于阶梯最高层的第三层次的是"公民权力"层次，包括逐级上升的"伙伴关系"、"代理权力"和"公民控制"三个梯级。① 显然，公民参与的核心是作为主体和行政系统构成平等伙伴关系，共同参与决策。因此，社区感培育中的居民参与不能局限于被动的参与，对社区感培育和社区治理产生有限的作用，而是要脱离单一的自上而下的行政化培育模式，由居民自下而上地自主参与到整个社区感培育的运行过程中，与政府形成平等的伙伴型关系，并共享决策和管理权。

与此同时，作为社区治理与社区感培育的主体，居民不但具有积极参与、修齐治平的责任，而且也有监督、批评、制止、举报、惩治的责任与义务。"惩恶扬善"是社区治理的核心问题，只有依靠居民监督，及时发现、及时纠正并及时惩治，才能防止"破窗效应"，②维护好社区的秩序与发展。

第二节　居民社区感培育的系统整合机制

"制度化是组织和程序获得价值和稳定性的过程。"③当下社区感培育的单一主体及其内含的部门主义弊病，牺牲了社区的整体利益，割裂了真正的居民需求，偏离了培育的公共性轨道。因此，基于政治参与理论、社会整合理论、

①　Sherry Arnstein. A ladder of Citizen Participation[J]. Journal of the American Institute of Planners，1969，35(4)：216－224.

②　燕继荣. 走向协同治理——基层社会治理创新的宁波探索[M]. 北京：人民出版社，2017：278.

③　[美]塞缪尔·亨廷顿. 变化社会中的政治秩序[M]. 李盛平，杨玉生等译. 北京：华夏出版社，1988：12.

协同治理理论的居民社区感培育系统亟需构建起一套精细化的整合机制,理顺多元培育主体之间的关系,实现社区感培育的整体化、精准化、透明化,提高社区感培育的成效。本研究认为,精细化的培育体系需要三种机制来支撑:街居权责机制、网络联动机制和智慧共享机制。

一、街居权责机制

社区是居民生活的基本单元,居委会是社区权力的中心,也是国家与基层连接,实现自上而下的对话与自下而上的诉求表达最重要的通道。社区感培育的所有路径最终都要落实到社区层面,因此,居委会的角色与功能是居民社区感培育无法回避的一个核心问题。《中华人民共和国城市居民委员会组织法》规定社区居民委员会的性质是"居民自我管理、自我教育、自我服务的基层群众性自治组织",它与基层政府的关系是"不设区的市、市辖区的人民政府或者它的派出机关对居民委员会的工作给予指导、支持和帮助。居民委员会协助不设区的市、市辖区的人民政府或者它的派出机关开展工作"。[①] 但是,在以"条条"为主要方式运作的政府管理体制中,区级部门将大量不属于街道的工作转移到街办,下放到社区,但是,在任务下放的同时,职权、经费并没有随之下移。"区—街"关系和"街—居"关系不顺导致的居委会行政化是影响居民社区感培育的原因之一。

对于"街—居"关系而言,在"国家与社会"理论关照下,居委会行政化的本质就是"国家中的社会"形塑下的实践图景,[②]并正在随着"国家—社会"关系的调整而向着"自治"的方向改革,但是这个过程也需要政府行政管理体制的综合改革和整体推动。[③] 对于"区—街"关系,学者们开出了不同的药方。主要有三种思路,一是做"实",将街办建成一级政府,实施"三级政府三级管理"

---

① 中华人民共和国城市居民委员会组织法[M].北京:中国法制出版社,2018:4-5.
② 侯利文.去行政化的悖论:被困的居委会及其解困的路径[J].社会主义研究,2018(2).
③ 孙柏瑛.城市社区居委会"去行政化"何以可能? [J].南京社会科学,2016(7).

或者"两级政府两级管理"体制；二是做"虚"，抽离其管理职能，淡化其行政色彩，发挥政府与社区的协调职能；三是撤销街办，区政府直接管理和服务于城市社区。无论哪一种思路，都意味着现行街道体制和职能的改革。本研究无意于改变主题去研究街道和居委会的全面改革，只是沿着街居改革的总体方向，探索街道和居委会在居民社区感培育中应有的权责问题。

不同于西方相互对立的国家与社会关系，中国人话语中的国家与社会没有相互对立的关系，两者之间相互渗透、相互嵌套，国家消融在社会里，社会与国家相浑融。社区和居委会的建立、发展和变迁时刻受到国家力量的形塑和制约，①本研究的社区感培育也是服务于国家治理的一种路径。因此，致力于社区感培育的居委会职能不可能撇开国家的影响去寻求"自治"，而是要在政府的指导下，运用居民的力量办好居民的事。因此，一方面，在社区外部，要减少居委会承载的行政事务，在"区—街"和"街—居"两个层面要明确权责边界；另一方面，在社区内部，要构建以社区感培育为基础的居委会的工作职能。

减少居委会承载的行政事务，一方面，在"区—街"层面，可按照条块结合、以块为主的原则，理顺街道和区级政府部门之间的权限与责任，制定政府和街道的权责清单。在强化政府调控能力的基础上，将与社区感培育紧密相关的规划权、建设权、人事权、财政权等权力赋予街道，使街道能够拥有更多的自主权，可以有的放矢地对社区的规划与建设、人才使用与服务购买等进行自主选择；同时，针对政府部门缺位、错位、越位等现象，赋予街道监督权、反映权和要求政府部门限时办结等方面的权力。另一方面，在"街—居"层面，可厘清街道与居委会之间的权责边界，明确社区居委会承担的社区工作事项清单及协助政府的社区工作事项清单，除这两项清单之外的其他事项，街道通过授权委托、外包购买等形式向居委会和社会组织购买服务。同时，街道与居委会之间履行双向评价机制，居委会有权就街办履行清单情况进行评价。

---

① 侯利文.去行政化的悖论：被困的居委会及其解困的路径[J].社会主义研究,2018(2).

在减少居委会行政任务的基础上，构建以社区感培育为基础的工作职能，就是要突出居委会的"服务性"功能，满足居民美好生活需求。为此，需要从增强能力和加强监督两个方面着手展开居委会工作：

第一，增强能力，需要增强两个方面的能力，其一，"自我造血"的能力，经费依赖街道拨款是居委会难有自主性的一个重要原因，为此，居委会要充分利用和拓展社区内外的一切资源，增强"自我造血"的能力，因地制宜地探寻适合于本社区的社区感培育和公共服务供给路径；其二，服务居民的能力，居委会要发挥紧密贴近群众的优势，展开社区居民需求调查，并以此为依据，创设高质量、多元化的公共服务供给路径，提高居民的获得感和幸福感。

第二，加强监督，在当前政府主导的管理体制下，居委会成员选用由街道提名的程序不可能立刻改变，居委会需要向街道申请活动经费的程序也不可能立刻改变，因此，所谓的居委会"去行政化"不可能立刻实现。但是，作为法定的基层群众性自治组织，居民有权通过多元化的监督和评价机制来增强居委会工作的透明度，使其回归到为居民服务的轨道上来。

作为居民自我管理、自我教育、自我服务的基层群众性自治组织，居委会的职能重构本身也是居民自我培育的一个重要体现。这意味着居委会和居民之间关系的重构和居委会自身工作理念、范围和方式的调整，期间的沟通、协商、契约、委托和购买等关系的建立，为国家—社会之间的良性互动和合作提供了实践的平台。

二、网格联动机制

打破部门、层级和职能之间的边界，提供以公众需求为导向的精细化、个性化、全方位的服务是公共管理理论和实践试图解决的问题。[1] 网格化治理是将社区划分为若干"网格"单元，配备网格管理员展开动态巡视，并依靠数字

---

[1] 竺乾威.公共服务的流程再造：从"无缝隙政府"到"网格化管理"[J].公共行政评论，2012(2).

信息平台构建起指挥与监控相分离①，以实现从"单向一元"到"多维平行"、从"碎片化管理"到"整体性治理"的社会治理模式。② 网格化的优势在于能够形成"专群（专业力量与社区群众）结合、条块（职能部门与属地）结合、社群（社会力量与社区群众）结合"的工作格局。③ 借助于网格化治理的基本思路，社区感培育需要构建起多元主体之间的联动机制，即将政党领导、政府主导、社会协同和居民参与力量整合到一个网络体系中去，充分发挥网络在自下而上的即时观察、信息收集、日常化解、层层上报，以及自上而下的宣传教育、矛盾化解、集中整治、隐患排查等方面的功能，通过数字化平台实现社区感培育主体之间的联动性，从而提高培育的成效。城市居民社区感培育网络应包含三个层级：

第一级，区级社区感培育工作网络，即区级党政领导，民政卫健、公安、司法、教育、城市综合执法、民宗、妇联、工会等相关职能部门和社会组织协同，专业支撑、居民参与的多元协同工作网络，包括三个部分，其一，各部门和社会组织建立与自身领域相关的居民心态培育机制，比如区司法局组织"职工权益保障知识"普及、法律知识大讲堂等；区教育局组织青少年素质拓展训练、亲子读书节；区民宗局开展"中华民族一家亲"美食节等活动。其二，区级党政领导的跨部门（及社会组织）协同工作机制，即设立综合性的居民心态培育办公室，作为各部门和社会组织心态培育的领导机构，并展开区一级跨领域的综合性心态培育，比如整合司法、民政卫健、妇联等部门和社会组织开展"反家庭暴力"知识宣传；整合教育、民政卫健、司法等部门开展"青少年性教育"活动等。其三，区级心理突发事件应急管理机制，即区级党政领导、区级心态培育办公室、心理危机干预专家、心理咨询师团队、相关职能部门、相关街道党政负责人和相关社会组织、居民共同参与的协同工作机制，对因心理问题引起的突发性事

---

① 秦上人，郁建兴. 网格化管理到网格化治理——走向基层社会治理的新形态[J]. 南京社会科学，2017(1).
② 姜晓萍，焦艳. 从"网格化管理"到"网格化治理"的内涵式提升[J]. 理论探讨，2015(6).
③ 求是杂志政治编辑部调研组. 社会服务管理网格化：创新社会服务管理的有效途径——来自"走转改"一线的报告[J]. 求是，2011(21).

件进行处理,维护居民的生命财产安全和基层社会的良好秩序。

第二级,街道层面的社区感培育工作网络,即街道党政领导,民政卫健、综治、教育等相关科室和社会组织协同,专业支撑、居民参与的多元协同工作网络,包括三个部分:其一,相关科室建立与自身领域相关的居民心态培育机制,比如街道党组织开展青年党员义务植树活动;街道文化站开展国学大讲堂活动等。其二,街道设立综合性的居民心态培育办公室,作为各科室和社会组织心态培育的领导机构,落实区级政府安排的居民社区感培育任务,并因地制宜地展开跨领域、综合性的社会心态培育。其三,街道心理突发事件应急管理机制,即街道党政领导,心理咨询师团队、相关科室、相关社区负责人和相关社会组织、居民共同参与的协同工作机制,对于街道范围内发生的心理突发性事件,及时干预,及时上报。

第三级,社区层面的社区感培育工作网络,即建立以社区党支部为核心、以社区心理服务三级网络为支撑的社区心理服务综合体系,该体系包含三个梯级:其一,建立含社区工作者、网格员、楼栋长、居民小组长、社区民警、民政专干、社保专干、助残员、志愿者、中小学校、社会组织等在内的关怀帮扶网络,定期组织心理学知识培训,提高他们发现问题和及时疏导的能力,让心理疾病和有可能因心理问题而引起的矛盾纠纷化解在萌芽状态,共同创设健康和谐的社区心理环境。其二,设置专门的社区心理服务中心,由社区党支部直接领导,配备专职的社区心理咨询师。社区心理咨询师由获得心理咨询师国家认证的专业人员担任,负责社区居民的日常心理咨询、心理健康知识的宣传普及、定期开展居民心理普查和排查、建立社区居民心理档案、开展居民团体心理辅导、构建畅通的专家网络,定期组织专业督导,及时发现问题、及时解决问题。其三,社区党支部,将社区感培育作为社区党支部的基本职责制度化、常态化。建立由关怀帮扶网络、社区心理服务中心和社区党支部构成的由低到高、依次上升的内部三级心理服务网,发现问题及时疏导、分级上报、分级干预、职责明确、各司其职,又互相关联、统筹协调,对于居民心理和行为问题做到及时发现、及时处理、分级干预，从苗头消除有可能影响到社区和谐的心理隐患。对于社区无法解决的重大问题或突发性问题，及时上报。

构建覆盖全区的社区感培育数字化工作平台，实现三级培育网络之间以及各层级、各单元之间的协同联动。出于心理工作的职业伦理要求，对于一般发展性的心理问题，由社区心理服务中心负责干预，对于社区无法诊断与处理，或者影响到他人生命财产安全和社会秩序稳定的重大心理问题，启动社区—街道—区三级应急管理机制，逐级上报，逐级解决，逐级负责，实现"纵向到底，横向到边"。

网格化建设实现了以政府为主导的培育主体在层级、职能和部门之间全方位的打通，再造了政府工作流程，为全方位的培育奠定了基础。但是，网格化也存在着两方面的问题：其一，以"全方位管控"为核心的网格化如何与居民的自我管理和人文关怀结合起来？其二，以政府为主导的网格化如何与公共服务的社会化结合起来？[①] 网格化的缺陷呼唤着现代信息技术的使用向着更加民主化的方向转变。

三、智慧共享机制

智慧化是信息化进程中演化出的崭新形态，[②]超越了网格化的缺陷，通过现代信息技术建立大数据平台和管理系统，由完全依靠政府主体的"被治理、被服务、被供给"转变为多元主体间的"协同治理、自我服务、参与供给"，[③]实现居民共享便利、政府高效透明目标的人类—网络—物理系统，[④]是塑造平安

---

① 竺乾威.公共服务的流程再造：从"无缝隙政府"到"网格化管理"[J].公共行政评论，2012(2).

② 习近平.决胜全面建成小康社会，夺取新时代中国特色社会主义伟大胜利——在中国共产党第十九次全国代表大会上的报告[M].北京：人民出版社，2017：49.

③ 姜晓萍，张璇.智慧社区的关键问题：内涵、维度与质量标准[J].上海行政学院学报，2017(6).

④ Chiu I. Feng The Application of Information，Technology and Big Data in City Governance——Take intelligent community construction in China as example [C]. Proceedings of the 3rd International Conference on Mechatronics，Robotics and Automation(ICMRA2015)，2015，15：386 - 391.

社区、健康社区、和谐社区、幸福社区等价值目标为一体的现代社区模式。作为针对心理体验的社区感培育,特别强调人文关怀,不仅包含政府主导力量的培育和供给,而且包括社会力量的自我培育和供给;不仅包括"行政机制",而且包括"社会机制"和"市场机制"。因此,智慧共享是能够真正做到共建、共治、共享和自治、德治、法治相结合的居民社区感培育机制。

智慧化培育主要是运用现代信息技术手段建立以居民社区感培育为主题的统一的基层数据采集共享目录体系,实现"跨主体信息资源共享"和"跨层次信息资源共享"的交互,通过信息共享增强培育工作的整体性、精准性、透明性、便捷性,以提高培育的成效。"跨主体信息资源共享",就是运用现代信息技术打破各培育主体之间的信息壁垒,将各主体的资源进行信息化存储和管理,加强培育流程的整合与衔接、信息资源的互通共享,实现"多元合一"的培育信息管理模式。跨主体的信息共享既包括党组织、政府、市场主体、社会组织、居民等培育主体,也包括各主体内部的各部门比如政府内部的规划、综治、教育、民政卫健、住房、综合执法等,以及各部门内部的各层级,真正做到社区感培育主体的"一家人"。一人采集、多人共享。"跨层次信息资源共享",就是通过现代信息技术将社区感的直接培育和间接培育两个层次贯通起来,将居民需求与社区感培育及公共服务供给联系起来,实现"多层合一"的培育信息管理模式。比如,将"学习强国"的在线学习积分与大城市"积分入户"制度结合起来,将"两新组织"党建情况与公共服务项目化供给结合起来,将居民对社区环境的评价与垃圾分类知识教育结合起来等。智慧化的社区空间是集家庭生活、社区交往、基层治理、公共服务于一体的信息共享平台。

统一的基层数据采集共享目录体系,既包括人口、法人、经济、地理空间等基础性数据,也包含网格化展开的有针对性的数据采集;既包括一般性的培育数据,也包括社会情绪监控数据,[①]以及时发现消极的社会情绪,采取积极的

① 俞国良,谢天. 社会转型:社会心理服务与社会心理建设[J]. 心理与行为研究,2017(4).

应对策略。智慧化的社区感培育需要特别重视信息的即时更新制度，大力应用移动终端、红外线探测、移动采集器、二维码等现代科技手段，全面加强对社区人口、房屋、公共场所、社会组织等各类基础信息的实时采集、即时录入，以确保信息的精准性。

第三节　居民社区感培育的服务供给机制

居民社区感培育的服务供给机制是对新时代社会主要矛盾的集中回应。精准的公共服务供给是满足居民美好生活需要的必要条件。根据美国心理学家马斯洛提出的需要层次理论，人类的需求从低到高依次分为生理需求、安全需求、社交需求、尊重需求和自我实现需求五个层次。这五个需求层次可以大致分为物质性需求和精神性需求。其中，人们的物质性需求呼唤着精细化的民生保障机制，精神性需求呼唤着精细化的文化道德机制和心理服务机制。

一、民生保障机制

发展的目的是保障和改善民生，解决人民最关心的现实利益问题。社区，作为公共服务的最后一公里，直接关乎人民群众的生活体验。精细化的民生保障机制，可以切实提高全社会的福利供给水平，发挥其"减震器"、"稳定器"和"安全网"的功能，有效解决发展的不平衡不充分的问题，促进社会公正，让人民在发展中更有安全感、获得感与幸福感。为此，党的十九大提出明确要求，要"全面建成覆盖全民、权责清晰、保障适度、可持续的多层次社会保障体系"。[①] 根据十九大的具体要求，本研究将民生保障的对象划分为传统特殊人

---

① 习近平.决胜全面建成小康社会,夺取新时代中国特色社会主义伟大胜利——在中国共产党第十九次全国代表大会上的报告[M].北京:人民出版社,2017:47.

群、流动人口和一般人群。

（一）面向传统特殊人群的民生保障

传统特殊人群指的是老年人、儿童、残疾人三类群体，这是民生保障需要覆盖的首要对象。已有研究显示，在老年人的民生保障服务供给方面，由于社区缺乏资源，基础设施不足，居民对社区的服务供给能力不够信任，很少有居民选择"依托社区"进行养老。在儿童的社会保障服务供给方面，除了北京、上海、广州等经济社会发展较好的城市之外，其他大部分城市的儿童社会保障服务还仅停留在大病社会保险制度和低收入家庭儿童帮扶制度的层次上，城市家庭亟需的社区内儿童之家建设、农民工子女教育等服务等较高层次的需求尚未得到回应。在残疾人社会保障方面，接受过社会服务的残疾人比例很小，大多数的残疾人没有接受过社会保障。① 由此可见，现有的民生保障服务供给不足，难以满足老、幼、残对美好生活的需求。

参与主体、资源和社会支持网络是民生保障机制的三个基本要素。主体单一、资源不足和社会支持网络的缺失是引起当前"福利漏洞"的主要问题。因此，克服当前的福利困境，应从以下三个方面入手：

第一，规范政府购买，推动社会参与。在共建共治共享的社会治理格局之下，社会组织和居民不但是社会治理的主体，也是公共服务的主体。民生保障要由单一的政府供给走向政府引导与资助、社会组织运作与生产、居民协助与参与的"委托—合作—参与"服务供给模式。② 在政府层面，要依法购买。要加强相关的法律法规建设，明确政府与服务供给者双方在公共治理中的角色与职责，规范购买行为，构建高效、透明的政府购买制度，推动政府购买法治化。在社会层面，要培育专业机构，培养专业人才。一方面，政府要利用政策

---

① 彭华民.民生为本的社会建设[M].北京:社会科学出版社,2018:83.
② 王浦劬.政府向社会组织购买公共服务研究——中国与全球经验分析[M].北京:北京大学出版社,2010:27.

杠杆鼓励社会资源投入社会保障服务事业，形成多元化、多层次、个性化的服务供给渠道；另一方面，要提高工作人员的专业能力，引入职业资格认证制度，培养高层次、复合型的专业化人才，改变人手不足、专业水平低的困境，造就一支结构合理、素质优良的社会保障服务人才队伍。在公众层面，要增强居民主体性，推动居民参与。社区感培育要弘扬志愿文化，鼓励居民志愿参与社区保障服务，开辟公共服务渠道，传递社会温暖。

第二，转变投入机制，拓展资金来源。在经费来源上，应转变单一性的财政投入的机制，建立以财政投入为主，社会慈善捐赠、福利彩票、福利企业回报基金、社区单位扶持、社会各界支持的多元化资金保障机制。同时，社区要增强"自我造血"的能力，树立经营理念，可以鼓励各类社会组织在社区内创办经济实体或服务性组织，形成社区经济特色；也可对各种便民措施实行无偿、低偿和有偿服务相结合的机制；对于政府下派的超出社区居委会工作事项清单的行政事务性工作，应通过"向社会组织购买服务"机制实行有偿服务，实行"权随责走，费随事转，事费配套"的制度。

第三，构建支持网络，实现协同发展。民生保障机制的支持网络包括面向服务供给方之间的协同支持网络和面向服务对象的社会支持网络两个层次。一方面，完善社会福利事业工作协调机制，建立多层次多功能的协同工作模式，多元组织通力合作、各司其职，为民生保障事业社会化发展提供有力保障，确保社会服务事业健康、有序、可持续发展。另一方面，作为社会生活的基本单元，社区应当引导居民发展现有的社会支持网络，并强化其社会网络的支持功能和关系品质，丰富网络构成及社会支持的来源，避免其遭遇社会排斥，发展社会资本。支撑网络不再局限于传统的实物救济，而是要根据居民多元化的生活需要，丰富社会服务的内容与质量，如日间照料、情感慰藉、专业咨询等。通过招募社会组织、志愿者团队、公众力量等方式，拓展支持网络，实现互帮互助，最终构建起一个党委领导、政府负责、社会协同、居民参与的多层次社会支持网络。

(二) 面向流动人口的民生保障

1992 年,党的十四大提出发展社会主义市场经济后,被长期束缚在农村的剩余劳动力开始向城市转移,开启了我国大规模人口流动的序幕,并一直持续至今。当大规模的流动人口以一种"外来打工者"的身份出现时,"城里人"自然产生了一种防范心理。

改革总是具有不同步性,防范心理和计划式管理模式的结合形成了针对流动人口的以治安防范为核心的管理模式,其隐含的意思就是将流动人口预设为可能或者已经危害城市安全的人群,旨在以行政命令的方式实现对流动人口的有序管理。随着城镇化与社会流动性的加速,这种治安管理导向的流动人口管理模式所带来的诸如社区不够和谐、权益保障不够完善、子女教育问题等负面效应日益影响到流动人口的现实利益和心理感受,也影响到了社会的整体利益。因此,走出流动人口管理的困境,政府必须改变治安导向型的流动人口管理模式,实现公共服务的均等化和精细化。具体可以从以下六个方面入手:

第一,加快住房制度改革,缩小社会财富差距。住房问题是重要的民生问题,俗话说安居才能乐业,房子是家的基本载体,能否解决好居民的住房问题,是党和政府获得人民认同的重要问题。[①] 在我国,大部分城市公共服务都直接或间接与住房挂钩,住房成为人们接入社会财富的主要接口,拥有住房和租赁住房具有完全不同的财富意义。城市房价上涨和住房分化形成的社会分层结构,阻碍市民化和城镇化进程。[②] 形成多主体住房供应模式,并对私人财产征税,建立兼顾社会功能和市场功能的住房政策,建立起让所有人公平接入社

---

① 杨小明.新中国成立以来中国共产党的政治动员研究[M].北京:中国社会科学出版社,2014:206.

② 吴开泽,魏万青.住房制度改革与中国城市青年住房获得——基于住房生涯视角和离散时间事件史模型的研究[J].公共行政评论,2018(11).

会财富的接口，才能从根本上避免资本主义固有的贫富悬殊弊病。

第二，加快户籍制度改革，实现同城同工同待遇。户籍制度及所附带的利益分配机制，构成了流动人口融入城市社会的制度障碍，使得流动人口无法享受到与城市市民同等的公共服务，与之伴随的身份区隔也使流动人口的社会服务常常被忽视。因此，可以率先开放对具有稳定住所、相对固定职业的流动人口的落户限制，在自愿的基础上使其转为城镇户口。

第三，健全流动人口社会保障体系，解除流动人口后顾之忧。建立流动人口社会保险制度，敦促用人单位为符合条件的流动人口缴纳和办理"五险一金"，建立流动人口大病城市医疗救助制度，帮助解决流动人口进城务工期间的住院医疗救助问题，建立实施低费率、广覆盖、可转移的流动人口养老保险制度。

第四，保障流动人员子女平等接受义务教育，给予经济扶助和心理关怀。义务教育是公共服务均等化的基本内容。城市的建设与发展离不开流动人员的工作与付出，子女教育是流动人员家庭的基本民生问题，流入地政府应竭力解决流动人口子女义务教育问题。一方面，政府要倡导公立学校接受辖区范围内流动人口子女上学，由于背井离乡，流动人口子女很容易产生社会适应性问题，学校心理咨询机构要密切关注流动人口子女的心理和行为问题，及时给予心理辅导；另一方面，政府要继续加大教育投入，对接收流动人员子女就读的公立学校给予财政补贴，对子女上学有经济困难的流动人口家庭要给予经济救助，同时倡导社会资助。

第五，开展就业服务，提供就业帮助。积极为流动人口提供免费的职业介绍服务、就业技能培训和创业培训，拓宽帮助流动人口就业的渠道。向流动人口提供相关法律知识，增强他们的劳动权益保护意识，形成渠道顺畅、切实有效的权益表达机制和保障机制。

第六，营造和谐社区环境，帮困解难促进共治。社区是包括流动人口在内的所有居民的生活场所，理应将流动人口纳入社区服务体系，帮助解决实际困难,推动参与社区共治。一方面,帮助流动人口解决实际困难,建立专门针对流动人口开展工作的社会工作者队伍和诸如"五湖四海一家亲"等专门性服务机构,提供包括技能培训、法律援助、心理咨询等在内的专业服务。另一方面,促进流动人口的社区融合,消除相关的社会排斥机制,培育多元包容的社区文化,将流动人口纳入社区治理结构,推动流动人口参与公共事务,增强他们的归属感和认同感,实现留人留心和共享共治。

(三)面向一般人群的民生保障

一般来讲,社会经济发展水平越高,人们的需要也就越加趋于多元。基于新时代社会主要矛盾的民生保障机制要坚持服务供给主体的多元化和服务供给模式的精细化。

首先,服务供给主体的多元化就是要构建党委领导、政府主导、社会组织协同、居民参与的民生保障供给体系。一方面,坚持党和政府的引领和主导作用,继续加大对社会保障事业的投入,拓宽保障力度;另一方面,发挥社会组织和居民的协同参与的功能。一是调动社会组织参与,将分散的社会资源和服务需求集合起来,架通供需之间的桥梁,提高社会服务效能。二是动员居民参与,弘扬邻里互助精神。居民既是服务的提供者,又是服务的消费者,可通过个人捐赠和邻里服务等多种形式参与社会服务。居民之间的互惠行为,可以有效地促进社会融合,提升社会资本。

其次,服务供给模式的精细化就是根据社区居民的实际需求,有的放矢地确定民生保障服务的内容和方式,提供高质量、精准化的公共服务,避免传统的粗放式的"一刀切"。首先,要利用网格化和智能化手段,建立起精细化的需求管理系统,实现信息采集的全员、全天候、全方位。其次,在精准把握需求信息的基础上,要建立精细化的民生保障服务标准,利用现代科技,规范服务流程,提高服务质量,为新时代的居民提供高质量、多元化的民生保障服务,实现社会服务供需的精准匹配。

二、文化道德机制

文化与道德是岁月沉淀的结晶，是被传承和延续的价值符号和心理认同，对个体具有持续的、全方位的、根本性的规训作用，一旦内化为人们的信念，就会使个体自觉为维护这种信念而努力。① 社区，既是一个生活共同体，又是一个文化共同体。德国社会学家滕尼斯认为，共同体是一种具有共同价值观念和生活习惯的人们所构成的守望相助、美美与共的场域。② 因此，在社会学语境之中，社区居民之间的相互信任、守望相助和休戚与共的关系，认同感、归属感与责任感的意识，道德规范、理想信念与价值准则，参与、自治、义务等公共性，社会资本和文化认同构成了社区的实质性要素。③ 因此，可以说，社区在本质上是一种文化。文化是共同体成员心灵连接的纽带，也是社区认同与国家认同的基石。面对社会转型期出现的"个体化"困局，正如费孝通先生所言，"社会问题起源于文化失调，"④社区个体化的实质也是社区文化失调的结果，因此，社区共同体重建的根本在于调适社区文化，重构整体性的社区生活方式，主要可通过以下四种方式展开：

第一，社区文化空间塑造。文化不仅是一种时间维度，而且是一种空间维度。社区文化空间表征和再现着社区共同体生活方式，运转着展示的文化政治，重塑社区的集体规范，增进社区共同体要素成长。文化的塑造以具体、生动的社会生活场景为基础，呈现出多样化的现实形态。社区中的文化空间，可通过两种途径表现出来：其一，实体性文化空间的塑造，社区内的生活类空间和展览类空间，可使居民在无声无息中感受文化符号的意义，自觉接受社会价值体系以及社区共同体的传统，激起居民共同体的潜在意识，产生情感共鸣和

① 张瑾. 社区教育的社区治理功能透析[J]. 山西农业大学学报（社会科学版），2017（6）.
② ［德］斐迪南·滕尼斯. 共同体与社会[M]. 张巍卓译. 北京：商务印书馆，2019：87－90.
③ 李山. 社区文化治理的理论逻辑与行动路径[M]. 北京：高等教育出版社，2017：4.
④ 费孝通. 文化与文化自觉[M]. 北京：群言出版社，2010：1.

凝聚力,转化成符合共同体规范的且具有共同体意识的社区意识,实现社区情感整合。其二,虚拟文化空间的塑造,虚拟空间是公共空间的重要形式,超越了时间、空间和身份的限制,居民自由表达观点,展开对话、协商与交流,促进居民之间的人际交往,增进互惠合作,发展社会资本,培育社区公共性。

第二,社区传统节庆展演。形象化的社区传统节庆展演承载着社区的集体记忆,附着着人们的集体情感,能够唤起居民的共同记忆与想象,获得共同体的统一性与人格性,构建群体性的社会秩序,增强社区的凝聚力和认同感。趋于原子化的社区,必须唤起居民的集体情感,形成社区的集体意志,实现社区精神的构建。社区传统节庆及其文化展演是唤起居民集体情感的有力途径。在春节、清明节、中秋节等我国传统民族节庆之时,社区可举办具有地方传统特色的文化展演活动,不断再现社区曾经的共同体生活场景,强化居民的集体记忆,凝聚居民的认同感。在春节期间,突出追忆过去、辞旧迎新、展望未来等主题,营造家庭和睦、社区和谐、国泰民安的氛围;在清明节期间,开展祭祖追忆仪式,引导居民形成根深叶茂的归属感与认同感,珍惜当下的幸福生活;在中秋节期间,围绕团圆、收获等感恩主题,体验家庭温暖、社区和谐的温馨氛围。

第三,社区社规民约。依法治国是中国特色社会主义的本质要求。法治能够规范个体行为,调整社会关系,塑造社会秩序,有助于社会的整合和国家的发展。我国城市基层社会的社规民约内含着法治思维,成为基层治理乃至国家治理的具体形式。当下的社规民约表达着社会核心价值体系、民主政治话语、法治理念与现代公民意识等方面的内容,主要表现在三个方面:第一,以马列主义、毛泽东思想、邓小平理论、"三个代表"重要思想、科学发展观、习近平新时代中国特色社会主义思想为指导思想,以党的路线、方针与政策为基本原则,以推进社区治理与国家治理作为目标追求。第二,重视弘扬与培育社会主义核心价值观,凝聚社区生活共识,协调社区社会关系,引导居民合作互惠,发展社区社会资本。第三,充分体现政治民主理念与程序,尊重居民的民主权利，引导居民有序参与，增强社区自我管理能力，维护全体居民公共利益，提升社区民主自治水平。社规民约宣传政治意识形态、社会核心价值观与道德观以及现代法治观念，塑造具备社会公德、法治理念及现代公民意识的居民，培育积极行动于公共领域的"公共人"，为社区治理与发展奠定群众基础。

第四，社区文化艺术活动。人是社会性的动物。人们在公共交往行动中，形成了社会关系的调节机制：道德。文化认同是道德教育的价值根据与基础。① 作为最为广泛的基层群众交往活动，社区文化艺术活动是道德生成与运行的基本载体，发挥着道德规训与居民身份认同等多方面的功能。社区文化艺术活动所展示的社会进步思想，一方面，能够培育社会主义核心价值观，形成社会主义先进文化，抵制不良文化的侵袭；另一方面，也能够有效地引导居民参与，形成社区公共交往活动，培养居民的协商共治能力与理性宽容心态，提升社区自治能力，追寻正义的社区生活。因此，开展社区文化艺术活动，有助于构建有德性的共同体生活。

三、心理服务机制

个体身心健康是社会和谐发展的基础。作为新时代的社会治理创新路径，心理服务机制是对居民的个体心理服务需求和国家的城市基层治理整体需求的双重回应。满足居民个体的心理服务需求，意味着心理服务将关注居民个体的心理健康水平；满足国家的城市基层治理整体需求，意味着心理服务将超越个体心理健康范畴，服务于国家治理与社会治理现代化的实现。党和国家高度重视心理服务机制的作用。2016 年 12 月，国家卫计委等 22 个部门联合印发的《关于加强心理健康服务的指导意见》指出："加强心理健康服务、健全社会心理服务体系是改善公众心理健康水平、促进社会心态稳定和人际

---

① 康淑霞. 主流文化认同：道德教育的价值根据与基础[J]. 东北师大学报（哲学社会科学版），2016(4).

和谐、提升公众幸福感的关键措施,是培养良好道德风尚、促进经济社会协调发展、培育和践行社会主义核心价值观的基本要求,是实现国家长治久安的一项源头性、基础性工作。"①2017年10月,党的十九大从"打造共建共治共享的社会治理格局"的角度,提出要"加强社会心理服务体系建设,培育自尊自信、理性平和、积极向上的社会心态。"②2018年11月,国家卫生健康委、中央政法委、中宣部等国家十部委联合印发《全国社会心理服务体系建设试点工作方案》,提出社会心理服务体系建设试点工作目标:即到2021年底,试点地区逐步建立健全社会心理服务体系,将心理健康服务融入社会治理体系、精神文明建设,融入平安中国、健康中国建设。③ 社区是社会生活的基本单元,基于平安中国、健康中国和精神文明建设的社会心理服务体系建设只有深入基层,深入社区,才能真正贴近于"人"的心理与行为,通过"人"的改变,促进社会健康、平安与和谐。因此,建立起社区层面的心理服务机制势在必行。而党和国家这一系列政策文件也给社区心理服务的内容指明方向。主要包括三个方面:

其一,心理健康服务。现代科学意义上"健康"的内涵,并非指的是单纯的身体健康,而是包括心理健康和身体健康两方面在内的全面的"健康"定义。2016年,国家疾病控制中心在《关于加强心理健康服务的指导意见》中指出:"心理健康服务是运用心理学及医学的理论和方法,预防或减少各类心理行为问题,促进心理健康,提高生活质量,包括心理健康宣传教育、心理咨询、心理疾病治疗、心理危机干预等。"④这是受到学界普遍认可的心理服务内容,也已在国家十三五规划及相关战略里得到体现。心理健康服务主要是针对每个居

---

① 国家疾病控制中心. 关于加强心理健康服务的指导意见[EB/OL]. 中华人民共和国国家卫生健康委员会,2017-01-20.

② 习近平. 决胜全面建成小康社会,夺取新时代中国特色社会主义伟大胜利——在中国共产党第十九次全国代表大会上的报告[M]. 北京:人民出版社,2017:49.

③ 国家疾病控制中心. 全国社会心理服务体系建设试点工作方案[EB/OL]. 中国政府网,2018-12-04.

④ 国家疾病控制中心. 关于加强心理健康服务的指导意见[EB/OL]. 中华人民共和国国家卫生健康委员会,2017-01-19.

民开展个性化的心理教育、心理咨询或危机干预,目的是帮助居民排忧解难,增进居民个体的心理健康水平,营造健康的社区氛围。

其二,社会心态培育。在由计划经济转向市场经济这一历史性社会变革的过程中,伴随着中国人社会心态的嬗变。这一社会心态的嬗变主要体现于由传统的内缘的集体主义转向现代的外缘的个体主义。个体主义是一把“双刃剑”,一方面,推动了现代社会制度体系的确立;另一方面,也造成了人际关系的疏离和归属感的缺失。① “人民日益增长的美好生活需要和不平衡不出发的发展之间的矛盾”成为当下中国社会主要矛盾,②引发出关于贫富差异、住房问题、医患关系、干群关系、劳资关系等一系列城市居民高度关注的社会热点,容易导致社会情绪和社会舆论的波动。党的十九大提出,要“加强社会心理服务体系建设,培育自尊自信、理性平和、积极向上的社会心态。”③社会心态培育,是城市基层治理中社区心理服务的题中应有之义;运用政治学、社会学、心理学等学科的知识加以识别和培育,是新时代社会心态培育的基本内容。

其三,共同体认同建构。党的十九大报告提出要“推动构建人类命运共同体”。④ 习近平总书记也多次倡议要构建不同类型和不同层次的“共同体”,也多次在不同场合提到“认同”问题。共同体的本质在于其成员的认同。认同是一种重要的社会心理机制,“指向心理认识上的一致性和由此形成的社会关系”,突出认同的共性,将“我”塑造为“我们”、将“我们”区别于“他们”,⑤以形成共同体的凝聚力和向心力。社区心理服务中共同体认同建构的目标可设为

---

① 王俊秀,杨宜音.社会心态理论前沿[M].北京:社会科学文献出版社,2018:24 - 25.
② 习近平.决胜全面建成小康社会,夺取新时代中国特色社会主义伟大胜利——在中国共产党第十九次全国代表大会上的报告[M].北京:人民出版社,2017:11.
③ 习近平.决胜全面建成小康社会,夺取新时代中国特色社会主义伟大胜利——在中国共产党第十九次全国代表大会上的报告[M].北京:人民出版社,2017:49.
④ 习近平.决胜全面建成小康社会,夺取新时代中国特色社会主义伟大胜利——在中国共产党第十九次全国代表大会上的报告[M].北京:人民出版社,2017:57.
⑤ 詹小美,王仕民.文化认同下的政治认同[J].中国社会科学,2013(9).

由内而外的三个层次,第一,社区认同,以整合社区力量,发展社区社会资本,形成社区凝聚力。第二,国家认同,以提高文化自信,为实现中华民族伟大复兴的中国梦凝聚心理动力。第三,人类命运共同体认同,形成世界性的影响力和号召力,为解决人类社会共同面临的问题提供中国自信和中国智慧。

思想领先是党和国家各项工作的主要原则。在党的七大上,毛泽东强调:"掌握思想教育,是团结全党进行伟大政治斗争的中心环节。"[①]习近平总书记在党的十九大报告中提出,要"加强社会心理服务体系建设,培育自尊自信、理性平和、积极向上的社会心态"。[②] 社会心态培育是通过全社会的努力使得社会心态环境不断改善,个人和社会的心理更加健康,社会关系更加和谐,社会凝聚力更高,不断发展进步的社会实践。[③] 社区是人们生活的单元,也是培育公共精神的摇篮。城市居民社区感培育将成为我国社会心态培育的基础性工程,为增进新时代的居民幸福、社会和谐与国家富强提供坚实而有力的心理动能。

---

① 毛泽东选集(第3卷)[M].北京:人民出版社,1991:1094.
② 毛泽东选集(第3卷)[M].北京:人民出版社,1991:1094.
③ 王俊秀,杨宜音.中国社会心态研究报告(2015)[M].北京:社会科学文献出版社,2015:12.

结 论

中国特色社会主义进入新时代，标定了中国社会发展新的历史方位。社会转型期的基本特征是传统的总体性社会的瓦解和新兴社会要素的兴起，[①]社会人口由静态转为流动、价值观念由统一转向异质、居民需求由单一走向多元。社会转型期的原子化倾向给居民幸福、社会和谐和共建共治共享社会治理格局的构建带来挑战。因此，我国的基层治理创新面临着推进居民参与和推动社会和谐的基本任务。

创新基层治理、实现共建共治共享的一个重要前提，就是要提升社会的自我管理水平，以多元化的路径来促进社区自主力量的生成，构建国家与社会之间的伙伴关系。而培育居民的健康心理和积极心态、提高居民的社区意识以及培育以公民意识为导向的社区感，不仅是提升社区居民的主体意识的重要路径，也为整合资源、汇聚人心、培育社会内生力量、满足人民美好生活需要，以及平安中国、健康中国、幸福中国建设奠定社会心理基础。

本研究突破现有研究的心理学或社会学等的理论阈限，把城市居民社区感的培育问题置于政治学视域中进行研究。一方面，梳理了新中国成立以来不同的社区感培育模式，指出：社会主要矛盾是确定城市居民社区感培育模式的宏观依据，新时代居民对美好生活的需求呼唤着以满足多元化需要为导向

[①] 王云骏.执政党的社会性功能及其建构[J].南京大学学报（哲学·人文科学·社会科学），2015(4).

的社区感培育;另一方面,以特定的问题意识,厘清城市基层治理中的居民社区感的概念和结构,开发出新的测量工具,通过对居民社区感个体水平的测量,探究当前我国城市居民社区感培育的现状及影响因素,为本研究的居民社区感培育提供微观依据。与此同时,通过对国内外典型经验的梳理,发现成功的社区感培育模式都具有一定的共同之处,即"共建共治共享"与"自治德治法治"相融合。在研究过程中,坚持理论与现实的统一,以政治参与理论、社会整合理论和协同治理理论为基础,力图建构本研究居民社区感培育的基本框架。社区感的培育既要追求整体效能,又要回应人民需求,实施精细化培育。

在上述基础上,着力于还原心理学和政治学理论之间相互建构的切入基点和内在机制,以改变当下居民政治冷漠、参与不足的现状,提升居民幸福感,增进社区凝聚力,并提出本研究城市居民社区感培育的模式,包含培育的理念、资源和机制三个部分。首先,讨论居民社区感培育的基本理念。理念是行动的先导。新时代满足居民美好生活需求的社区感培育,应该在坚持人民性理念的基础上深化与扩展出居民社区感培育的公共性理念、整体性理念和精细化理念,公共性理念决定着社区感培育的方向,整体性理念和精细化理念保证了社区感培育的路径和效能。其次,基于上述四个基本理念,讨论居民社区感培育赖以依靠的三个主要资源:政党资源、制度资源和技术资源。其中,政党资源是中国特色社会主义社会治理的根本前提;制度资源是居民社区感培育得以落实的保障;技术资源是居民社区感培育必须借助的手段。最后,在卓越的政党领导、健全的制度保障和精准的技术手段之下,城市居民社区感培育的具体机制呼之欲出,即多元参与机制、系统整合机制和服务供给机制。

本研究已经蕴涵的可予以进一步深入研究的维度在于:城市基层治理创新与居民社区感培育之间的相互建构关系及其逻辑机理。其一,如何在我国的城市治理实践中处理好现行的社会治理和社区感培育的关系?是前者包含后者,还是后者包含前者?抑或其他?众所周知,自2016年英国政府设立"孤独委员会"后,2018年又正式设置"孤独大臣"这一正部长级职位,负责让公众减少社会疏离感,增进社会活力。① 2021 年,日本政府也设立这一职位,以应对由疏离感引发的社会问题。"孤独委员会"和"孤独大臣"作为一个单列的政府机构与卫生、食药、国防、外交等机构并列设置。而在上文的"厦门经验"中,厦门市也将"培育社区精神"作为与"扩大公众参与"、"协商共治机制"等并列的基本经验。与"孤独"一样,"社区感"也是复杂的综合性心理体验。本研究中的居民社区感培育包括直接培育和基于社区治理的间接培育两个层次,在实践中特别是在机构、人员和职责设置上如何处理好两者之间的关系,还有待进一步探究。其二,社会转型和人口结构的不断分化将给社区感培育模式的研究带来哪些变化? 比如,如上文所述,沿我国胡焕庸线、长城线和秦岭-淮河线将中国分成的四类区域间人们的集体主义精神存在显著差异,而本研究对社区感概念、结构和培育现状的探索基于对江苏省内苏南 S 市和苏北 Y 市的调查取样,那么,与江苏存在集体主义差异的其他区域居民的社区感结构是否与江苏有所不同? 社区感培育现状又如何? 正在到来的老龄化社会给居民社区感培育提出哪些新的要求? 随着城镇化地不断加速和人口结构的持续分化,是否依然将外来流动人口视为预设中的"弱势群体"来对待?② 其三,以信息技术革命为核心的信息化与网络化浪潮以及由此型构的互联性网络空间的出现,使得网络虚拟社会与现实社会交融而型构出的虚拟文化,既有可能推动现实社会问题的解决,也有可能造成现实社会的失序和混乱。人类新的社会互动模式"网络虚拟社群"日趋成为变革社会秩序的巨大力量。③ 因此,在网络虚拟空间中考察社会领域的分化、民族国家与其公民之间的关系结构,网络虚拟社群对政治文化、政治生态及居民社区感培育可能产生的影响就具有了理论与现实的双重意义。

---

① 新京报快评.英国设正部级"孤独大臣"? 这真不是开玩笑!〔EB/OL〕.新京报评论,2018-01-23.

② 周晓虹.中国中产阶层调查〔M〕.北京:社会科学文献出版社,2005:223-226.

③ 杨嵘均.论网络虚拟空间的组织结构及其对官僚制层级结构的影响与治理〔J〕.教学与研究,2015(11).

参考文献

(一)著作类

1.《马克思恩格斯全集》,北京:人民出版社,1958 年版。

2.《马克思恩格斯文集》,北京:人民出版社,2009 年版。

3.《列宁全集》,北京:人民出版社,1988 年版。

4.《毛泽东选集》,北京:人民出版社,1977 年版。

5.《毛泽东文集》,北京:人民出版社,1999 年版。

6. [英]安东尼·吉登斯,田禾译:《现代性的后果》,南京:译林出版社,2011 年版。

7. [美]安东尼·奥勒姆,葛云虎译:《政治社会学导论》,杭州:浙江人民出版社,1989 年版。

8. [美]B·盖伊·彼得斯,吴爱明、夏宏图译:《政府未来的治理模式》,北京:中国人民大学出版社,2013 年版。

9. [美]B.盖伊·彼得斯,王向民、段红伟译:《政治科学中的制度理论:新制度主义》,上海:上海人民出版社,2016 年版。

10. [古希腊]柏拉图,忠洁译:《理想国》,北京:红旗出版社,2017 年版。

11. [英]边沁,时殷弘译:《道德与立法原理导论》,北京:商务印书馆,2000 年版。

12. ［美］卞历南，卞历南译：《制度变迁的逻辑——中国现代国营企业制度之形成》，杭州：浙江大学出版社，2011 年版。

13. ［美］查尔斯·J·福克斯，休·T·米勒，楚艳红、曹沁颖等译：《后现代公共行政——话语指向》，北京：中国人民大学出版社，2002 年版。

14. ［英］戴维·米勒、［英］韦农·波格丹诺主编，邓正来译：《布莱克威尔政治学百科全书》，北京：中国政法大学出版社，1992 年版。

15. ［美］戴维·奥斯本、特德·盖布勒，周敦仁等译：《改革政府：企业家精神如何改革着公共部门》，上海：上海译文出版社，2006 年版。

16. ［法］达尼洛·马尔图切利，姜志辉译：《现代性社会学——20 世纪的历程》，南京：译林出版社，2007 年版。

17. ［美］丹尼尔·贝尔，高铦、王宏周、魏章玲译：《后工业社会的来临》，南昌：江西人民出版社，2018 年版。

18. ［美］道格拉斯·C·诺斯，陈郁、罗华平译：《经济史中的结构与变迁》，上海人民出版社，1994 年版。

19. ［美］弗朗西斯·福山：《公民社会与发展》，载自曹荣湘主编《走出囚徒困境——社会资本与制度分析》，上海：上海三联书店，2003 年版。

20. ［德］斐迪南·滕尼斯著，张巍卓译：《共同体与社会》，北京：商务印书馆，2019 年版。

21. ［法］古斯塔夫·勒庞，段鑫星译：《乌合之众：群体心理研究》，北京：人民邮电出版社，2016 年版。

22. ［德］哈贝马斯，童世骏译：《在事实与规范之间：关于法律和民主法治国的商谈理论》，北京：生活·读书·新知三联书店，2003 年版。

23. ［德］哈贝马斯，洪佩郁、蔺青译：《交往行动理论——论功能主义理性批判》（第 2 卷），重庆：重庆出版社，1994 年版。

24. ［英］哈特利·迪安，岳经纶、温卓毅等译：《社会政策学十讲》，上海：上海人民出版社，2009 年版。

25. ［美］汉娜·阿伦特，竺乾威等译：《人的条件》，上海：上海人民出版社，1999 年版。

26. ［澳］柯武刚、［德］史漫飞、［美］贝彼得，柏克、韩朝华译：《制度经济学：财产、竞争和政策》，北京：商务印书馆，2018 年版。

27. ［美］理查德·博克斯，孙柏瑛等译：《公民治理：引领 21 世纪的美国社区》，北京：中国人民大学出版社，2013 年版。

28. ［美］罗伯特·A. 达尔，曹海军，佟德志译：《民主及其批评者》，长春：吉林人民出版社，2006 年版。

29. ［美］罗伯特·艾克斯罗德，吴坚忠译：《对策中的制胜之道——合作的进化》，上海：上海人民出版社，1996 年版。

30. ［美］罗伯特·帕特南，刘波、祝乃娟等译：《独自打保龄球：美国社区的衰落与复兴》，北京：北京大学出版社，2011 年版。

31. ［美］罗伯特·D. 帕特南，王列、赖海榕译：《使民主运转起来：现代意大利的公民传统》，北京：中国人民大学出版社，2015 年版。

32. ［美］罗伯特·D. 帕特南，李筠、王路遥、张会芸译：《流动中的民主政体——当代社会中社会资本的演变》，北京：社会科学文献出版社，2014 年版。

33. ［美］林南，张磊译：《社会资本——关于社会结构与行动的理论》，上海：上海人民出版社，2005 年版。

34. ［美］莱斯特·M. 萨拉蒙，贾西津、魏玉等译：《全球公民社会——非营利部门视界》，北京：社会科学文献出版社，2007 年版。

35. ［美］莱斯特·M. 萨拉蒙，田凯译：《公共服务中的伙伴——现代福利国家中政府与非营利组织的关系》，北京：商务印书馆，2008 年版。

36. ［美］迈克尔·巴泽雷，孔宪遂、王磊等译：《突破官僚制：政府管理的新愿景》，北京：中国人民大学出版社，2002 年版。

37. ［英］密尔，顾肃译：《论自由》，南京：译林出版社，2012 年版。

38. ［德］马克思·韦伯，林荣远译：《经济与社会》，北京：商务印书馆，

1997 年版。

39. ［法］皮埃尔·卡蓝默,高凌翰译:《破碎的民主·试论治理的革命》,北京:生活·读书·新知三联书店,2005 年版。

40. ［美］乔·萨托利,冯克利、阎克文译:《民主新论》,北京:东方出版社,1998 年版。

41. ［古罗马］圣·奥古斯丁,唐译译:《忏悔录》,北京:北京燕山出版社,2009 年版。

42. ［法］塞奇·莫斯科维奇,许列民、薛丹云、李继红译:《群氓的时代》,南京:江苏人民出版社,2003 年版。

43. ［美］塞缪尔·亨廷顿,李盛平、杨玉生等译:《变化社会中的政治秩序》,北京:华夏出版社,1988 年版。

44. ［美］塞缪尔·P·亨廷顿、琼·纳尔逊,汪晓寿、吴志华等译:《难以抉择——发展中国家的政治参与变化社会中的政治秩序》,北京:华夏出版社,1989 年版。

45. ［日］山崎亮,林明月、付奇鑫、黄泽民译:《全民参与社区设计的时代》,北京:海洋出版社,2017 年版。

46. ［法］托克维尔,董果良译:《论美国的民主》,北京:商务印书馆,2018 年版。

47. ［美］威廉·麦独孤,俞国良、雷雳、张登印译:《社会心理学导论》,北京:北京大学出版社,2010 年版。

48. ［古希腊］亚里士多德,廖申白译:《尼各马可伦理学》,北京:商务印书馆。

49. ［德］于尔根·哈贝马斯,曹卫东、付德根译:《后形而上学思想》,南京:译林出版社,2012 年版。

50. ［英］约翰·洛克,熊春文译:《教育片论》,上海:上海三联书店,2014 年版。

51. ［英］约翰·里德，赫笑丛译：《城市》，北京：清华大学出版社，2010年版。

52. ［美］约翰·康芒斯，赵睿等译：《制度经济学》，北京：商务印书馆，1962年版。

53. ［美］约翰·罗尔斯，何怀宏、何包钢、廖申白译：《正义论》，北京：中国社会科学出版社，1988年版。

54. ［美］约翰·克莱顿·托马斯，孙柏瑛等译：《公共决策中的公民参与：公共管理者的新技能与新策略》，北京：中国人民大学出版社，2005年版。

55. ［美］詹姆斯·科尔曼，邓方译：《社会理论的基础》，北京：社会科学文献出版社，1999年版。

56. ［美］詹姆斯 N·罗西瑙，张胜军、刘小林等译：《没有政府的治理——世界政治中的秩序与变革》，南昌：江西人民出版社，2001年版。

57. 不列颠百科全书公司：《不列颠百科全书》，北京：中国大百科全书出版社，1999年版。

58. 曹沛霖：《制度的逻辑》，上海：上海人民出版社，2019年版。

59. 陈振明：《公共管理学》，北京：中国人民大学出版社，2017年版。

60. 陈家刚：《协商民主——视点丛书》，上海：上海三联书店，2004年版。

61. 曹峰：《中国公共管理思想经典：1978—2012》，北京：社会科学文献出版社，2014年版。

62. 邓正来、［美］杰弗里·亚历山大：《国家与市民社会：一种社会理论的研究路径》（增订版），上海：上海人民出版社，2006年版。

63. 方然：《"社会资本"的中国本土化定量测量研究》，北京：社会科学文献出版社，2014年版。

64. 费孝通：《社会学初探》，厦门：鹭江出版社，2003年版。

65. 费孝通：《江村经济》，北京：北京大学出版社，2012年版。

66. 费孝通：《文化与文化自觉》，北京：群言出版社，2010年版。

67. 风笑天:《社会研究方法》,北京:高等教育出版社,2006 年版。

68. 郭湛:《社会公共性研究》,北京:人民出版社,2009 年版。

69. 郭治安:《协同学入门》,成都:四川人民出版社,1988 年版。

70. 郭秋永:《当代三大民主理论》,北京:新星出版社,2006 年版。

71. 贺雪峰:《新乡土中国》,北京:北京大学出版社,2013 年版。

72. 何绍辉:《陌生人社区:整合与治理》,北京:社会科学文献出版社,2017 年版。

73. 胡一可、丁梦月:《解读"街道的美学"》,南京:江苏凤凰科学技术出版社,2016 年版。

74. 季乃礼:《政治心理学导论》,北京:中国人民大学出版社,2010 年版。

75. 梁溯溟:《中国文化要义》,载自《梁溯溟全集(第 3 卷)》,济南:山东人民出版社,1990 年版。

76. 梁丽萍:《政治社会学》,北京:中央编译出版社,2009 年版。

77. 黎熙元、陈福平、童晓频:《社区的转型与重构——中国城市基层社会的再整合》,北京:商务印书馆,2011 年版。

78. 罗家德、孙瑜、楚燕:《云村重建纪事——一次社区自组织实验的田野记录》,北京:社会科学文献出版社,2014 年版。

79. 李强:《当代中国社会分层》,北京:生活书店出版有限公司,2019 年版。

80. 李强:《转型时期的中国社会分层结构》,哈尔滨:黑龙江人民出版社,2002 年版。

81. 李袅:《多元主体参与下的我国城市社区协同治理研究》,北京:经济科学出版社,2018 年版。

82. 李山:《社区文化治理的理论逻辑与行动路径》,北京:高等教育出版社,2017 年版。

83. 李松玉:《制度权威研究——制度规范与社会秩序》,北京:社会科学文献出版社,2005 年版。

84. 林尚立、赵宇峰:《中国协商民主的逻辑》,上海:上海人民出版社,2016 年版。

85. 林尚立:《制度创新与国家成长》,天津:天津人民出版社,2005 年版。

86. 刘建军:《单位中国——社会调控体系重构中的个人、组织与国家》,天津:天津人民出版社,2000 年版。

87. 刘君德:《中国大城市基层行政社区组织重构》,南京:东南大学出版社,2013 年版。

88. 刘鑫淼:《当代中国公共精神的培育研究》,北京:人民出版社,2010 年版。

89. 柳海民:《教育原理》,长春:东北师范大学出版社,2007 年版。

90. 蒙培元:《中国哲学主体思维》,北京:人民出版社,2005 年版。

91. 潘维:《信仰人民:中国共产党与中国政治传统》,北京:中国人民大学出版社,2017 年版。

92. 彭华民:《民生为本的社会建设》,北京:北京社会科学出版社,2018 版。

93. 任孝鹏、向媛媛:《中国人集体主义地区差异的三线理论》,载自黄希庭主编《社区心理学研究(第 5 卷)》,北京:社会科学文献出版社,2018 年版。

94. 孙小逸:《城市社区治理:上海的经验》,上海:上海人民出版社,2017 年版。

95. 沙莲香:《社会学家的沉思:中国社会文化心理》,北京:中国社会出版社,1998 年版。

96. 施良方、崔允漷:《教学理论:课堂教学的原理、策略与研究》,上海:华东师范大学出版社,1999 年版。

97. 上海市规划和国土资源管理局:《上海 15 分钟社区生活圈规划研究与实践》,上海:上海人民出版社,2017 年版。

98. 田毅鹏：《"单位共同体"的特征与城市社区重建》，北京：中央编译出版社，2014 年版。

99. 童星：《中国应急管理：理论、实践、政策》，北京：社会科学文献出版社，2012 年版。

100. 汪新建：《西方心理学史》，天津：南开大学出版社，2011 年版。

101. 王雷：《社会教育原理》，北京：中国社会科学出版社，2015 年版。

102. 王孟成：《潜变量建模与 Mplus 应用》，重庆：重庆大学出版社，2014 年版。

103. 王浦劬：《政治学基础》，北京：北京大学出版社，1995 年版。

104. 王浦劬：《政府向社会组织购买公共服务研究——中国与全球经验分析》，北京：北京大学出版社，2010 年版。

105. 王维国：《公民有序政治参与的途径》，北京：人民出版社，2007 年版。

106. 王俊秀、杨宜音：《社会心态理论前沿》，北京：社会科学文献出版社，2018 年版。

107. 王俊秀、杨宜音：《中国社会心态研究报告（2015）》，北京：社会科学文献出版社，2015 年版。

108. 王春能、王春玲、郎永霞：《没有围墙的住宅小区》，北京：中国建筑工业出版社，2017 年版。

109. 王立胜：《新时代中国特色社会主义思想研究》，济南：济南出版社，2019 年版。

110. 王颖：《城市社会学》，上海：上海三联书店，2005 年版。

111. 吴铎、张人杰：《教育与社会》，北京：中国科学技术出版社，1991 年版。

112. 吴文藻：《论社会学中国化》，北京：商务印书馆，2010 年版。

113. 徐勇：《中国城市居民自治有效实现形式研究》，北京：中国社会科学出版社,2015 年版。

114. 熊月之:《都市空间、社群与市民生活》,上海:上海社会科学院出版社,2008 年版。

115. 邢占军:《中国幸福指数报告 2011—2015》,北京:社会科学文献出版社,2018 年版。

116. 晏阳初:《平民教育与乡村建设运动》,北京:商务印书馆,2014 年版。

117. 燕继荣:《投资社会资本——政治发展的一种新维度》,北京:北京大学出版社,2006 年版。

118. 燕继荣:《走向协同治理——基层社会治理创新的宁波探索》,北京:人民出版社,2017 年版。

119. 尹浩:《碎片整合:社区整体性治理之道》,北京:社会科学文献出版社,2019 年版。

120. 尹继武、刘训练:《政治心理学》,北京:高等教育出版社,2011 年版。

121. 俞可平:《论国家治理现代化》,北京:社会科学文献出版社,2014 年版。

122. 俞可平:《中国的治理变迁(1978—2018)》,北京:社会科学文献出版社,2018 年版。

123. 杨宜音、李原、陈满琪:《社会心态研究新进展》,北京:社会科学文献出版社,2018 年版。

124. 叶忠海:《社区教育学》,北京:高等教育出版社,2009 年版。

125. 周晓虹:《中国中产阶层调查》,北京:社会科学文献出版社,2005 年版。

126. 周晓虹:《全球化视野下的中国研究》,北京:中国社会科学出版社,2012 年版。

127. 周晓虹:《中国体验:全球化、社会转型与中国人社会心态的嬗变》,

北京:社会科学文献出版社,2017 年版。

128. 周红云:《社会资本与民主》,北京:社会科学文献出版社,2011 年版。

129. 张永理:《社区治理》,北京:北京大学出版社,2014 年版。

130. 翟学伟:《中国人行动的逻辑》,北京:生活·读书·新知三联书店,2017 年版。

131. 张登贵:《大题小作》,北京:中国广播电视出版社,2002 年版。

132. 张晓明:《主体幸福感模型的理论建构——幸福感的本土心理学研究》,沈阳:辽宁人民出版社,2015 年版。

133. 郑琦:《论公民共同体:共同体生成与政府培育作用研究》,北京:中国社会出版社,2010 年版。

134. 赵晶:《在线健康社区中成员价值共创行为》,武汉:武汉大学出版社,2014 年版。

135. 邹宇春:《中国城镇居民的社会资本与信任》,北京:社会科学文献出版社,2014 年版。

136. 章志光:《社会心理学》,北京:人民教育出版社,1996 年版。

137. 中国社会科学院社会学研究所:《中国社会学》(第 2 卷),上海:上海人民出版社,2003 年版。

138. 中国国务院发展研究中心与新加坡国家发展部(宜居城市中心联合课题组):《城市发展的挑战与改革:中国与新加坡的治理经验》,北京:中国发展出版社,2017 年版。

139. 中国大百科全书总编辑委员会:《中国大百科全书(社会学)》,北京:中国大百科全书出版社,1991 年版。

140. 中国法学会"枫桥经验"理论总结和经验提升课题组:《枫桥经验的理论构建》,北京:法律出版社,2018 版。

（二）论文类

1. 白雪：古代中国和希腊幸福观对比研究，《山西农业大学学报（社会科学版）》，2011/12

2. 包国宪、郎玫：治理、政府治理概念的演变与发展，《兰州大学学报（社会科学版）》，2009/02

3. 贝阿特·科勒-科赫、波特霍尔德·利特伯格、吴志成、潘超：欧盟研究中的"治理转向"，《马克思主义与现实》，2007/04

4. 边燕杰：城市居民社会资本的来源及作用：网络观点与调查，《中国社会科学》，2004/03

5. 陈周旺：国家治理现代化之路：改革开放的政治学逻辑，《学海》，2019/01

6. 蔡小慎、牟春雪：治理现代化背景下我国城市基层治理模式的比较与选择，《学习与实践》，2016/02

7. 陈伟东：论社区建设的中国道路，《学习与实践》，2013/02

8. 陈伟东、舒晓虎：城市社区服务的复合模式——苏州工业园区邻里中心模式的经验研究，《河南大学学报（社会科学版）》，2014/01

9. 陈家刚：基层治理：转型发展的逻辑与路径，《学习与探索》，2015/02

10. 陈岳堂、李青清：基层治理制度变迁逻辑与公共服务供给侧改革协作路径，《中国行政管理》，2019/04

11. 陈建胜、毛丹：论社区服务的公民导向，《浙江社会科学》，2013/05

12. 陈鹏："社区"概念的本土化历程，《城市观察》，2013/06

13. 陈剩勇、赵光勇："参与式治理"研究述评，《教学与研究》，2009/08

14. 陈叶秀、宁艳杰：社区环境对居民主观幸福感的影响，《城市问题》，2015/05

15. 陈永胜、牟丽霞：西方社区感研究的现状与趋势，《心理科学进展》，

2007/01

16. 陈柏峰、吕健俊：城市基层的网格化管理及其制度逻辑，《山东大学学报（哲学社会科学版）》，2018/04

17. 陈振明、李云东："政治参与"概念辨析，《东南学术》，2008/04

18. 陈友华、佴莉：社区共同体困境与社区精神重塑，《吉林大学社会科学学报》，2016/04

19. 陈诚、刘诚：中国政党制度的特有优势，《红旗文稿》，2018/09

20. 程蓉：以提品质促实施为导向的上海15分钟社区生活圈的规划和实践，《上海城市规划》，2018/02

21. 崔岩：流动人口心理层面的社会融入和身份认同问题研究，《社会学研究》，2012/05

22. 丁文静：新城市主义的人本理念及其在中国的应用，《城市问题》，2006/03

23. 丁元竹：习近平新时代中国特色社会主义社会治理思想研究，《国家行政学院学报》，2018/03

24. 丁元竹：积极探索建设平台政府，推进国家治理现代化，《经济社会体制比较》，2016/06

25. 樊得智：党支部建设是最重要的基本建设，《党建》，2017/08

26. 方文：转型心理学：以群体资格为中心，《中国社会科学》，2008/04

27. 高小平、刘晶：《政府理论在治理实践中发展》，《中国行政管理》，2014/07

28. 桂丹、毛其智：美国新城市主义思潮的发展及其对中国城市设计的借鉴，《世界建筑》，2000/10

29. 郭圣莉：国家的社区权力结构：基于案例的比较分析，《上海行政学院学报》，2013/06

30. 郭彩琴、卢佳月：沃伦夫妇"三-六"社区分类理论对我国城市社区治

理的启示——基于苏州工业园区社区分类治理的实践,《山西农业大学学报(社会科学版)》,2017/06

31. 郭台辉:市民、臣民与选民:现代公民的角色整合与嬗变,《浙江学刊》,2008/06

32. 郝丽、崔永刚:现代国家治理中三个重要部分的价值与目标论要,《探索》,2015/01

33. 郝美英:北欧、美国、日本和新加坡社区教育理念探析,《成人教育》,2010/12

34. 何海兵:我国城市基层社会管理体制的变迁:从单位制、街居制到社区制,《管理世界》,2003/06

35. 何绍辉:政策演进与城市社区治理 70 年(1949—2019),《求索》,2019/03

36. 何军:江苏省农民工城市融入程度的代际差异研究,《农业经济问题》,2012/01

37. 何妍:党执政实践中对政治资源的开发及其现实启示,《当代世界与社会主义》,2011/03

38. 何增科:做社会治理和社会善治的先行者,《学术探索》,2013/12

39. 和泉润,王郁译:日本区域开发政策的变迁,《国外城市规划》,2004/03

40. 侯利文:去行政化的悖论:被困的居委会及其解困的路径,《社会主义研究》,2018/02

41. 侯慧丽、李春华:梯度城市化:不同社区类型下的流动人口居住模式和住房状况,《人口研究》,2013/02

42. 胡承槐:从马克思的历史总体观视角看国家治理体系现代化的内涵、实质和路径,《浙江社会科学》,2015/05

43. 胡江霞:人民幸福观实践路径的心理探析,《江汉论坛》,2013/11

44. 黄希庭:社区心理学研究的三个问题,《社区心理学研究》,2016/02

45. 黄毅、文军:从"总体-支配型"到"技术-治理型":地方政府社会治理创新的逻辑,《新疆师范大学学报(哲学社会科学版)》,2014/02

46. 黄岩、吴桂林:全球化生产与社会认证:工人权益保护的政策新工具,《管理世界》,2016/11

47. 黄伶俐:新加坡社区社会组织:政府主导与社区自治,《中国民政》,2018/24

48. 江必新、李沫:论社会治理创新,《新疆师范大学学报(哲学社会科学版)》,2014/02

49. 姜晓萍:国家治理现代化进程中的社会治理体制创新,《中国行政管理》,2014/02

50. 姜晓萍、焦艳:从"网格化管理"到"网格化治理"的内涵式提升,《理论探讨》,2015/06

51. 姜晓萍、张璇:智慧社区的关键问题:内涵、维度与质量标准,《上海行政学院学报》,2017/06

52. 蒋源:从粗放式管理到精细化治理:社会治理转型的机制性转换,《云南社会科学》,2015/05

53. 蒋卓晔:党建引领中国社会治理的实践逻辑,《科学社会主义》,2019/02

54. 焦永纪、温勇、孙友然:江苏流动人口特征、服务管理现状及差异——基于苏南、苏中和苏北的调查,《人口与发展》,2013/02

55. 金太军、鹿斌:协同治理生成逻辑的反思与调整,《行政论坛》,2016/05

56. 金太军、张国富:基层政权、社会组织和居民参与社区治理的策略性合作,《阅江学刊》,2019/02

57. 金勇:新城市主义城市设计运作趋向研究,《规划师》,2003/12

58. 孔繁斌:政府社会管理改革:一个理解框架及其解释,《甘肃社会科学》,2012/04

59. 孔繁斌:治理对话统治——一个政治发展范式的阐释,《南京社会科学》,2005/11

60. 李泉:治理理论的谱系与转型中国,《复旦学报(社会科学版)》,2012/06

61. 李春玲:城乡移民与社会流动,《江苏社会科学》,2007/02

62. 李德嘉:儒家"德治"思想的社会治理创新价值,《理论与改革》,2016/01

63. 李利平:社区治理体制改革的理论与实践创新——社区治理体制改革与基层社区治理创新座谈会观点综述,《中国机构改革与管理》,2015/06

64. 李萌:基于居民行为需求特征的"15 分钟社区生活圈"规划对策研究,《城市规划学刊》,2017/01

65. 李培林:社会治理与社会体制改革,《国家行政学院学报》,2014/04

66. 李强:从邻里单位到新城市主义社区——美国社区规划模式变迁研究,《世界建筑》,2006/07

67. 李维安:抗疫情亟需提升应急治理的有效性,《经济管理》,2020/03

68. 李铁映:城市与城市学,《城市问题》,1983/01

69. 李文茂、雷刚:社区概念与社区中的认同建构,《城市发展研究》,2013/09

70. 李晓慧:新城市主义溯源,《中外建筑》,2003/03

71. 李秀峰、韩亚栋,崔兴硕:深圳"织网工程":创新社会治理的新标本,《行政管理改革》,2014/10

72. 梁军、韩庆祥:问题、模式与路径:"社会工程"视域下的国家治理现代化,《西安交通大学学报(社会科学版)》,2017/04

73. 林瑞钦:社区意识的概念、测量与提振策略,《社区发展研究学刊》,

1994/31

74. 林尚立:社区:中国政治建设的战略性空间,《毛泽东邓小平理论研究》,2002/02

75. 林尚立:重构府际关系与国家治理,《探索与争鸣》,2011/01

76. 林尚立:国家制度与国家治理:中国的逻辑,《中国行政管理》,2015/05

77. 林尚立、王华:创造治理:民间组织与公共服务型政府,《学术月刊》,2006/05

78. 林荣光:中国民主党派的地位与作用,《中央社会主义学院学报》,1999/11

79. 凌军芬:借鉴美国社区治理经验推进新区社区建设,《浦东开发》,2014/05

80. 刘建军:社区中国:通过社区巩固国家治理之基,《上海大学学报(社会科学版)》,2016/06

81. 刘林平:企业的社会资本:概念反思和测量途径——兼评边燕杰、丘海雄的《企业的社会资本及其功效》,《社会学研究》,2006/02

82. 刘银喜、任梅:精细化政府:中国政府改革新目标,《中国行政管理》,2017/11

83. 刘玉东:基层党组织在社会领域的功能建设,《中州学刊》,2018/01

84. 娄胜华、姜姗姗:"邻避运动"在澳门的兴起及其治理——以美沙酮服务站选址争议为个案,《中国行政管理》,2012/04

85. 鹿斌、金太军:国家治理现代化进程中的社会治理创新,《天津社会科学》,2016/02

86. 苗元江:幸福感:指标与测量,《广东社会科学》,2007/03

87. 牟丽霞:中国城市居民社区感:概念、结构和测量,《第十一届全国心理学学术会议论文摘要集》,2007 年

88. 穆占一：均衡发展之路——日本国土规划的历程及特点，《中国党政干部论坛》，2012/03

89. 欧庭宇、闫艳红：美国社区教育的发展与展望，《思想政治课教学》，2017/04

90. 钱宁：多方参与的社会治理创新：发展社会福利的新路径，《山东社会科学》，2014/09

91. 求是杂志政治编辑部调研组：社会服务管理网格化：创新社会服务管理的有效途径——来自"走转改"一线的报告，《求是》，2011/21

92. 秦上人、郁建兴：网格化管理到网格化治理——走向基层社会治理的新形态，《南京社会科学》，2017/01

93. 舒晓虎、张婷婷、张文静：行政与自治衔接——对我国城市基层治理模式的探讨，《学习与实践》，2013/02

94. 苏思铭：原始佛教涅槃思想初探，《五台山研究》，2017/02

95. 孙立平："自由流动资源"与"自由活动空间"——论改革过程中中国社会结构的变迁，《探索》，1993/01

96. 孙立平：社区、社会资本与社区发育，《学海》，2001/04

97. 孙柏瑛：城市社区居委会"去行政化"何以可能？，《南京社会科学》，2016/07

98. 孙平：参与式发展：社区教育发展的新观点，《高教探索》，2014/03

99. 桑明旭：马克思的"公共性"概念，《宁夏社会科学》，2019/01

100. 唐皇凤：我国城市治理精细化的困境与迷思，《探索与争鸣》，2017/09

101. 唐鸣、祁中山：理解社会治理创新的三个维度，《科学社会主义》，2015/02

102. 唐秀华、雍婧：习近平新时代中国特色社会主义思想的人民性品格，《科学社会主义》，2018/05

103. 陶传进、刘程程：专业嵌入行政：一种社会治理创新模式，《吉首大学学报（社会科学版）》，2017/05

104. 腾明政：习近平的国家治理现代化思想研究——推进国家治理体系和治理能力现代化，《大连理工学院学报（社会科学版）》，2018/01

105. 田北海、耿宇瀚：农民工与市民的社会交往及其对农民工心理融入的影响研究，《学习与实践》，2013/07

106. 田北海、雷华、佘洪毅、刘定学：人力资本与社会资本孰重孰轻：对农民工职业流动影响因素的再探讨——基于地位结构观与网络结构观的综合视角，《中国农村观察》，2013/01

107. 涂晓芳、汪双凤：社会资本视域下的社区居民参与研究，《政治学研究》，2008/03

108. 田凯：关于农民工的城市适应性的调查分析与思考，《社会科学研究》，1995/05

109. 田晓明：孤独：中国城市秩序重构的心理拐点，《学习与探索》，2011/02

110. 汪庆华：中国的"善治"研究：主题、观点和政策主张，《上海大学学报（社会科学版）》，2017/04

111. 王名、刘国翰：增量共治：以创新促变革的杭州经验考察，《社会科学战线》，2015/05

112. 王名、张雪：双向嵌入：社会组织参与社区治理自主性的一个分析框架，《南通大学学报（社会科学版）》，2019/02

113. 王浦劬、季程远：新时代国家治理的良政基准与善治标尺——人民获得感的意蕴和量度，《中国行政管理》，2018/01

114. 王浦劬、汤彬：论国家治理能力生产机制的三重维度，《学术月刊》，2019/04

115. 王俊秀：社会心理服务体系建设与应急管理创新，《人民论坛·学术

前沿》,2019/05

116. 王新松:国家法团主义:新加坡基层组织与社区治理的理论启示,《清华大学学报(哲学社会科学版)》,2015/02

117. 王小海:社区警务是这样产生的——美国警察的理论与实践,《贵州社会科学》,2015/01

118. 王勤:推进社会治理创新 维护社会和谐稳定,《新西部(理论版)》,2014/21

119. 王勇:社会治理创新与政府积极作为,《国家行政学院学报》,2017/01

120. 王云骏:执政党的社会性及其建构,《南京大学学报(哲学·人文科学·社会科学)》,2015/04

121. 文军:从移植与融合到反思与重建:1980 年代以来欧美社会学理论在中国的引进与发展,《社会科学研究》,2005/05

122. 吴晓林:社会整合理论的起源与发展:国外研究的考察,《国外理论动态》,2013/02

123. 吴晓燕、关庆华:从管理到治理:基层社会网格化管理的挑战与变革,《理论探讨》,2016/02

124. 吴晓燕:精细化治理:从扶贫破局到治理模式的创新,《华中师范大学学报(人文社会科学版)》,2016/06

125. 吴新叶:基层治理需要跨越科层制范式的藩篱——与王龙飞博士商榷,《探索与争鸣》,2016/01

126. 吴一鸣:参与式治理应对邻避冲突问题探究,《中国行政管理》,2017/11

127. 辛自强:社会治理中的心理学问题,《心理科学进展》,2018/01

128. 馨元:公民概念之演变,《当代法学》,2004/04

129. 徐国冲:"组屋"的政治学密码——来自新加坡住房政策的启示,《中

国行政管理》,2017/03

130. 徐光、张雪:基于虚拟社区感知与社区参与动机影响的社会资本与组织公民行为关系研究,《管理评论》,2016/07

131. 徐林、徐畅:公民性缺失抑或制度供给不足?——对我国社区参与困境的微观解读,《苏州大学学报(哲学社会科学版)》,2018/02

132. 徐永祥、侯利文:城市基层治理的路径分析,《社会科学辑刊》,2015/04

133. 徐玉生、张彬:新时期基层党组织建设与社会治理耦合互动研究,《探索》,2016/01

134. 徐扬:美国早期国家建构之谜:"共和监护"视域下的西部领地,《史林》,2018/02

135. 徐长江、于丽莹:虚拟社区公民行为在虚拟社区感与知识共享意图间的中介作用:自我效能感的调节机制,《心理科学》,2015/04

136. 徐震:论社区意识与社区发展,《社会建设》,1995/90

137. 燕继荣:"中国式民主"的理论构建,《经济与社会体制比较》,2010/03

138. 燕继荣:关于国家治理现代化的对话,《科学社会主义》,2014/01

139. 燕继荣:协同治理:公共事务治理新趋向,《人民论坛·学术前沿》,2012/17

140. 杨宏斌、查淑华:铜陵:推进政府购买服务 促进社会治理创新,《中国社会组织》,2014/22

141. 杨菊华:流动人口在流入地社会融入的指标体系——基于社会融入理论的进一步研究,《人口与经济》,2010/02

142. 杨敏:"国家-社会"互构关系视角下的国家治理与基层治理——兼论治理技术手段的历史变迁及当代趋向,《广西民族大学学报(哲学社会科学版)》,2016/02

143. 杨敏：公民参与、群众参与与社区参与，《社会》，2005/05

144. 杨嵘均：论网络虚拟空间的组织结构及其对官僚制层级结构的影响与治理，《教学与研究》，2015/11

145. 杨宜音：当代中国人公民意识的测量初探，《社会学研究》，2008/02

146. 杨宜勇：全面开启社会治理现代化新征程，《人民论坛·学术前沿》，2018/03

147. 杨玉芳、郭永玉：心理学在社会治理中的作用，《中国科学院院刊》，2017/02

148. 姚舜、张德伟：日本区域教育发展模式管窥——以社区学校为例，《全球教育展望》，2015/05

149. 叶飞："治理"视域下公民教育的实践建构，《教育科学》，2014/01

150. 叶战备：坚持文化自信是创新社会治理的本源，《江苏社会科学》，2018/01

151. 殷昭举：基层自治：纵向分权和多元治理——基于地方治理的分析框架，《华南理工大学学报（社会科学版）》，2011/02

152. 俞光华、黄瑞雄：论新时代人民幸福思想的内在逻辑，《中国特色社会主义研究》，2018/03

153. 俞可平：全球治理引论，《马克思主义与现实》，2002/01

154. 俞可平：社会自治与社会治理现代化，《社会政策研究》，2016/01

155. 俞可平：治理和善治引论，《马克思主义与现实》，1999//05

156. 俞可平：治理理论与中国行政改革（笔谈）——作为一种新政治分析框架的治理和善治理论，《新视野》，2001/05

157. 俞可平：治理和善治：一种新的政治分析框架，《南京社会科学》，2001/09

158. 俞祖成：战后日本社区政策的逻辑起点——基于政策文本的分析，《社会科学》，2019/01

159. 俞国良、谢天：社会转型：社会心理服务与社会心理建设，《心理与行为研究》，2017/04

160. 郁建兴、王诗宗：治理理论的中国适用性，《哲学研究》，2010/11

161. 虞崇胜：将新时代社会主要矛盾研究引入更高层次，《云南行政学院学报》，2020/04

162. 尹浩：碎片化社区的多维整合机制研究，《社会主义研究》，2015/05

163. 张必春、周娜：社区公益券：社区治理的新抓手，《四川师范大学学报（社会科学版）》，2018/02

164. 张康之：论合作治理中行动者的独立性，《学术月刊》，2017/07

165. 张康之：合作治理中行动者的非主体化，《学术研究》，2017/07

166. 张康之：全球化、后工业化中的合作治理之构想，《理论探索》，2016/02

167. 张康之：社会治理建构的反思性阐释，《行政论坛》，2018/02

168. 张康之：论后工业化进程中的社会治理变革路径，《南京社会科学》，2009/01

169. 张永、道格拉斯·珀金斯：美国社区教育的缘起、演进与启示，《全球教育展望》，2016/11

170. 张国清：公共危机管理和政府责任——以 SARS 疫情治理为例，《管理世界》，2003/12

171. 张立荣、冷向明：协同学语境下的公共危机管理模式创新探讨，《中国行政管理》，2017/10

172. 张瑾：社区教育的社区治理功能透析，《山西农业大学学报（社会科学版）》，2017/06

173. 赵玲、鲁耀斌、邓朝华：基于社会资本理论的虚拟社区感研究，《管理学报》，2009/09

174. 赵景芳：新加坡依法治国建设的基本经验及启示，《当代世界与社会

主义》,2016/04

175. 赵孟营:社会治理精细化:从微观视野转向宏观视野,《中国特色社会主义研究》,2016/01

176. 赵秀玲:近年来中国基层治理创新趋向及其思考,《福建论坛(人文社会科学版)》,2017/08

177. 赵秀玲:习近平基层治理思想的特征及其价值,《学习与探索》,2016/05

178. 赵延东、罗家德:如何测量社会资本:一个经验研究综述,《国外社会科学》,2005/02

179. 郑巧、肖文涛:协同治理:服务型政府的治理逻辑,《中国行政管理》,2008/07

180. 钟一彪:青年微公益的社会学分析,《中国青年研究》,2015/07

181. 周进:新加坡道德治理概述,《道德与文明》,2014/04

182. 周小川:社会保障与企业盈利能力,《经济社会体制比较》,2000/06

183. 周巍、沈其新:马克思市民社会理论与当代中国社会治理创新,《甘肃社会科学》,2016/01

184. 周庆智:政社互嵌结构与基层社会治理变革,《南京大学学报(哲学·人文科学·社会科学)》,2018/03

185. 竺乾威:公共服务的流程再造:从"无缝隙政府"到"网格化管理",《公共行政评论》,2012/02

186. 詹小美、王仕民:文化认同下的政治认同,《中国社会科学》,2013/09

187. 钟坚:马克思主义时代观与现时代的主要特征,《社会主义研究》,2004/05

188. 朱虹:信任危机与中国体验,《江苏行政学院学报》,2012/05

189. 中共天津市委党校课题组:京津冀区域疫情联防联控的经验与启示,《求知》,2020/06

（三）法律文件类

1.《中共中央文件选集》，人民出版社，2013 年版

2.《中国共产党第十八届中央委员会第三次全体会议公报》，人民出版社，2013 年版

3.《中共中央国务院关于加强和完善城乡社区治理的意见》，人民出版社，2017 年版

4.《中华人民共和国城市居民委员会组织法》，中国法制出版社，2018 年版

5.《物业管理条例》，中国法制出版社，2018 年版

6.《中国共产党第十九届中央委员会第四次全体会议公报》，人民出版社，2019 年版

7.《城市居民委员会组织条例》，中国人大网，2000 - 12 - 10

8.《民政部关于在全国推进城市社区建设的意见》，光明日报，2000 - 12 - 13

9.《中共中央关于经济体制改革的决定》，中国网，2008 - 11 - 11

10.《关于人民公社若干问题的决议》，中国网，2009 - 11 - 26

11.《关于加强和改进城市社区居民委员会建设工作的意见》，人民网，2010 - 11 - 10

12.《美丽厦门战略规划》，厦门网，2014 - 03 - 04

13.《关于调整城市规模划分标准的通知》，中国政府网，2014 - 11 - 20

14.《中华人民共和国教育法》，人民日报，2016 - 02 - 23

15.《上海市城市总体规划(2016—2040)》．上海政府网，2016 - 08 - 22

16.《关于加强心理健康服务的指导意见》，中华人民共和国国家卫生健康委员会网站，2017 - 01 - 19

17.《中国共产党支部工作条例》(试行)．中国政府网，2018 - 11 - 25

18.《全国社会心理服务体系建设试点工作方案》,中国政府网,2018 - 12 - 04

19.《民政部关于在全国推进城市社区建设的意见》,央视网,2018 - 12 - 12

20.《全国人民代表大会. 中华人民共和国宪法(1954 年)》,找法网,2019 - 05 - 01

(四）学位论文类

1. 胡央波:城市社区教育公民参与问题研究,浙江工业大学博士学位论文,2013 年

2. 罗智红:教育水平对居民幸福感的效应及机制分析——基于阶层流动的视角,山东大学博士学位论文,2020 年

3. 刘毅:整体性治理视角下的县级政府社会管理体制创新研究,华中师范大学博士学位论文,2014 年

4. 刘航:我国新型城市社区治理模式研究,首都经济贸易大学硕士学位论文,2011 年

5. 宋念谦:都市居民社区意识与景观管理维护态度关系之研究——以台中市黎明住宅社区为例,东海大学硕士学位论文,1997 年

(五）报纸类

1. 林尚立、马佳艺:《城市治理五维度》. 联合时报,2014 - 06 - 13。

2. 刘建军:《联动式治理:社区治理与社会治理的中国模式》. 北京日报,2018 - 10 - 15。

3. 龙兴海:《大力培育公民的公共精神》. 光明日报,2007 - 09 - 13。

4. 王名:《公共利益决定社会治理的公共性》. 北京日报,2019 - 09 - 09。

5. 吴晓林:《社区治理未必全都网格化》.学习时报,2015-09-17。

6. 朱虹:《从"亲而信"到"利相关"》.北京日报,2017-04-10。

(六) 工具书类

1. 辞海编辑委员会:《辞海》,上海:上海辞书出版社,1979 年版

2. 中国社会科学院语言研究所词典编辑室:《现代汉语词典》,北京:商务印书馆,1992 年版

3. 中国社会科学院语言研究所词典编辑室:《新华字典》,北京:商务印书馆,2004 年版

(七) 外文文献类

1. Alejandroed Portes. Structural Holes：the Social Structure of Competition，The Economic Sociology of Immigration［M］. New York：Russell Sage Foundation，1995.

2. David Lockwood. Exploration in Social Change［M］. London：Routledge，1964：244-256.

3. Henri Lefevre. The Production of Space［M］. Oxford：Blackwell，1991.

4. Oran Young. International Governance. Protecting the Environment in a Stateless Society［M］. Ithaca：Cornell University Press，1994.

5. Omoto A. M，Synder M. Influences of phychological sense of community on voluntary helping and prosocial action. The phychology of prosocial behaviour：Group processes，intergroup relations，and helping［M］. Chichester，UK：Wiley-Blackwell，2009.

6. R A W Rhodes. Understanding Governance：Policy Networks，Governance，Reflexivity，and Accountability［M］. Philadelphia，PA：Open

University Press，1997.

7. Ronald Burt. Structural Holes：the Social Structure of Competition [M]. Cambridge：Harvard University Press，1992.

8. Robert Keohane，Joseph Nye. Governance in Globalizing World [M]. Washington：Brookings Institution Press，2000.

9. S. N. Eisenstadt. The Absorption of Immigrants[M]. London：Routledge and Kegan Paul，1954.

10. Sarason S. B. The psychological sense of community：Prospects for a community psychology[M]. San Francisco：Jossey-Bass，1974.

11. Talcott Parsons. Theory of Society[M]. New York：Fress Press，1961.

12. Abfalter D. ，Zaglia M. E. Sense of virtual community：A follow up on its measurement[J] . Computers in Human Behavior，2012，28(2)：400 - 404.

13. Adrian Leftwich. Governance，Democracy and Development in the Third World[J]. Third World Quarterly，1993(3)：605 - 624.

14. Bramston P，Bruggerman K，Pretty G. Community perspectives and subjective quality of life [J]. International Journal of Disability, Development and education，2002，49(4)：385 - 395.

15. Brodsky A. E. ，Marx C M. Layers of identity：Multiple psychological senses of community within a community setting[J]. Journal of Community Psychology，2001，29(2)：161 - 178.

16. Brodsky A. E. PSOC in community context：Multi-level correlates of a measure of psychological sense of community in low-income，urban neighborhoods[J]. Journal of Community Psychology，1999，27(6)：659 - 679.

17. Deneui D. L. An investigation of first-year college students' psychological sense of community on campus [J]. College Student Journal, 2003, 37(2): 224 – 234.

18. Eldon E, Snyder. A Study in the Development of Social Integration in a New Social Group[J]. Journal of Educational Sociology, 1962, 36(4): 63.

19. Farrell S. J., Aubry T, Coulombe D. Neighborhoods and neighbors: Do they contribute to personal well-being? [J]. Journal of Community Psychology, 2004, 32(1): 9 – 23 .

20. G. Stoker. Governance as Theory: Five Propositions [J]. International Social Science Journal, 1998, 115(1): 19 – 26.

21. Gattino S. , Fassio O. Quality of life and sense of community: A study on health and place of residence [J]. Journal of Community Psychology, 2013, 41(7): 811 – 826.

22. George A, Hillery J R. Definitions of community: areas of agreas of agreement[J]. Rural Sociology, 1955(20): 118.

23. Henrik Bang, Anders Esmark. Good Governance in Network Society: Reconfiguring the Political from Politics to Policy [J]. Administrative Theory &Praxis, 2009(1): 7 – 37.

24. Herben S. Klein. The Social and Economic Integration of Portuguese Immigrants in Brazil in the Late Nineenth and Twentieth Centuries[J]. Journal of Latin American Sudies, 1991, 23(2): 309 – 337.

25. Jones P N. The American Indian Church and its sacramental use of peyote: A review for professionals in the mental-health arena[J]. Mental Health, Religion & Culture, 2005, 8(4): 277 – 290.

26. Kitchen P. , Williams A. Sense of community belonging and health

in Canada: A regional analysis[J]. Social Indicators Research, 2012, 107
(1): 103 - 126.

27. Lounsbury J. W. , Loveland J. M, Gibson L. W. An investigation
of psychological sense of community in relation to big five personality traits
[J]. Journal of Community Psychology, 2003, 31(5): 531 - 538.

28. Martin R Doombos. Good Governance: The Pliability of a Policy
Concept[J]. Trame, 2004(4): 373.

29. Mc Millian D W, Chavis D M. Sense of Community: A definition
and Theory[J]. Journal of Community Psychology, 1986, 14: 6 - 20.

30. Mc Millian D W. Sense of Community[J]. Journal of Community
Psychology, 1996, 24(4): 315 - 325.

31. Moscardino U. , Scrimin S. , Capello F. Social support, sense of
community, collectivistic values, and depressive symptoms in adolescent
survivors of the 2004 Beslan terrorist attack[J]. Social Science & Medicine,
2010, 70(1): 27 - 34.

32. Obst P. L. , White K. A. Revisiting the sense of community index:
A confirmatory factor analysis [J]. Journal of Community Psychology,
2004, 32(6): 691 - 704.

33. Obst P L, White K. M. An exploration of the interplay between
psychological sense of community, social identification and salience [J].
Journal of Community & Applied Social Psychology, 2005, 15(2): 127 -
135.

34. Phyllis Moen, Robin M. Williams. Social Integration and
Longevity: An Event His-tory Analysis of Women's Roles and Resilience
[J]. American Sociological Review, 1989, 54(4): 638.

35. R A W Rhodes. The New Governance: Governing Without

Government? [J]. Political Studies, 1996, 44(9): 652 - 667.

36. Steven Dijkstra, Karin Geuijen, Arie Deruiter. Multicultur-alism and Social Integration in Europe[J] . International Political Science Review, 2001, 22(1): 56.

37. SherryArnstein. A ladder of Citizen Participation[J]. Journal of the American Institute of Planners, 1969, 35(4): 216 - 224.

38. T. V. Parasuraman, Rachel Rose. Development of a Model of Social Integration[J] . Quality of Life Research, 2000, 9(3): 338.

39. Talò C. , Mannarini T.. A Sense of community and community participation: A meta-analytic review [J]. Social Indicators Research, 2014, 117(1): 1 - 28.

40. William H. Kirk Dansereau. Union Member Orienlations and Patterns of Social Integration[J]. Industrial and Labor Relations Review, 1957, 2(1): 3 - 12.

41. Yetim N. , Yetim Ü. Sense of community and individual well-being: A research on fulfillment of needs and social capital in the Turkish community[J]. Social Indicators Research, 2014, 115(1): 93 - 115.

附　录

城市基层治理中居民社区感调查问卷

尊敬的＿＿＿＿＿＿＿＿＿＿＿社区的女士/先生:您好!

我是□□大学的研究人员,为了研究基层治理中居民社区感状况,我们将进行此项问卷调查,恳望得到您的支持。此问卷为无记名问卷,问卷结果对您本人没有任何影响。为保证研究信度,请您真实回答。关于社区感的研究耽误了您不少时间,非常抱歉。希望我们的研究成果能对您有益。感谢您百忙之中给予的帮助!

一、一般项目:(择一打勾)

1. 性别:A. 男　　　　B. 女

2. 年龄:A. 10—19　B. 20—29　C. 30—39　D. 40—49　E. 50—59 F. 60 以上

3. 文化程度:A. 初中及以下　B. 高中　C. 大专　D. 本科　E. 硕士及以上

4. 政治面貌:A. 群众　B. 民主党派　C. 共青团员　D. 共产党员

5. 社区身份:A. 本地居民　B. 暂住人员　C. 社区社会组织成员

D. 社区工作者　E. 社区干部

二、请结合您的实际情况,确定以下各题的表述与您相符的程度,并在相应的数字上打√。

例如:

完全不符合　　　　　完全符合

0——1——2——3——4——5

1. 我喜欢与他人慢慢交谈

如果您的符合程度为 0%,就在"0"上打"√"

如果您的符合程度为 20%,就在"1"上打"√"

如果您的符合程度为 40%,就在"2"上打"√"

如果您的符合程度为 60%,就在"3"上打"√"

如果您的符合程度为 80%,就在"4"上打"√"

如果您的符合程度为 100%,就在"5"上打"√"

1. 我对居委会的工作非常信任　　　　0——1——2——3——4——5

2. 我对社区社会组织的工作非常信任　0——1——2——3——4——5

3. 我经常帮助比自己生活境况差的人　0——1——2——3——4——5

4. 我遵守社区的规章制度　　　　　　0——1——2——3——4——5

5. 我和邻居们相处得很好　　　　　　0——1——2——3——4——5

6. 我经常参与社区志愿服务　　　　　0——1——2——3——4——5

7. 我过年会给邻居们拜年　　　　　　0——1——2——3——4——5

8. 我对居委会提出的意见经常得到采纳

0——1——2——3——4——5

9. 我现在的社区生活比过去要好　　　0——1——2——3——4——5

10. 生活在这里我得到了实实在在的好处

0——1——2——3——4——5

11. 在社区我受到了公平公正的对待　0——1——2——3——4——5

12. 生活在社区我感到很安全　0——1——2——3——4——5

13. 社区生活让我感到温暖　0——1——2——3——4——5

14. 如果离开社区,我会非常想念这里　0——1——2——3——4——5

15. 到了社区就如同回到了家　0——1——2——3——4——5

16. 我是社区的一员　0——1——2——3——4——5

17. 我是社区的主人翁　0——1——2——3——4——5

18. 我以自己是社区人为荣　0——1——2——3——4——5

19. 我愿为社区公共事务做出贡献　0——1——2——3——4——5

20. 我相信法律的权威　0——1——2——3——4——5

21. 我积极参加居委会直选　0——1——2——3——4——5

22. 我是业委会成员　0——1——2——3——4——5

23. 我经常参加居民论坛、居民议事会、居民听证会或社区预算制定过程

0——1——2——3——4——5